Manfred Tücke
unter Mitarbeit von Ulla Burger

Entwicklungspsychologie des Kindes- und Jugendalters für (zukünftige) Lehrer

W0075705

Osnabrücker Schriften zur Psychologie

herausgegeben von
Prof. Dr. Josef Rogner
Prof. Dr. Henning Schöttke
Prof. Dr. Manfred Tücke

Band 6

LIT

Manfred Tücke

unter Mitarbeit von Ulla Burger

Entwicklungspsychologie des Kindes- und Jugendalters für (zukünftige) Lehrer

Dritte Auflage

Bibliografische Information der Deutschen Nationalbibliothek
Die Deutsche Nationalbibliothek verzeichnet diese Publikation in der
Deutschen Nationalbibliografie; detaillierte bibliografische Daten sind
im Internet über http://dnb.d-nb.de abrufbar.

3. Auflage 2007

ISBN 978-3-8258-0157-1

© LIT VERLAG Berlin 2007
Auslieferung/Verlagskontakt:
Fresnostr. 2   48159 Münster
Tel. +49 (0)251–62 03 20   Fax +49 (0)251–23 19 72
e-Mail: lit@lit-verlag.de   http://www.lit-verlag.de

Inhaltsverzeichnis

Kindersand

Das Schönste für Kinder ist Sand.
Ihn gibt's immer reichlich.
Er rinnt unvergleichlich
Zärtlich durch die Hand.

Weil man seine Nase behält,
Wenn man auf ihn fällt,
Ist er so weich.
Kinderfinger fühlen,
Wenn sie in ihm wühlen,
Nichts und das Himmelreich.

Denn kein Kind lacht
Über gemahlene Macht.
Kinder weinen.
Narren warten.
Dumme wissen.
Kleine meinen.
Weise gehen in den Garten.

Joachim Ringelnatz (1883 - 1934)

0 Vorworte

„Es ist fast nicht möglich, etwas Gutes zu schreiben, ohne dass man sich dabei jemanden oder auch eine gewisse Auswahl von Menschen denkt, die man anredet. Es erleichtert wenigstens den Vortrag sehr in tausend Fällen gegen einen. "

Georg Christoph Lichtenberg (1742 - 1799)
Sudelbücher, Heft L, 614

0.1 Vorwort zur Neuauflage 2006

Sieben Jahre nach dem ersten Erscheinungstermin dieses Buches habe ich mich zu einer „Runderneuerung" entschlossen. Sie betrifft im Wesentlichen formale Aspekte, z.b. die Anpassung an die neue Rechtschreibung, Auswahl und Qualität der Bilder und Grafiken sowie die Einbeziehung neuerer Literatur. Außerdem habe ich natürlich Fehler der vorherigen Auflagen – soweit ich sie entdeckt habe – korrigiert. Von grundlegenden inhaltlichen Änderungen habe ich abgesehen, weil ich die Auswahl und Schwerpunktsetzung auch jetzt noch für richtig halte. Dem Hecheln nach neuesten Psycho-Moden habe ich mich wiederum nicht angeschlossen – auch wenn mir Kritiker der vorhergehenden Auflagen z.B. vorgeworfen haben, dass „besonders im Bereich der kognitiven Entwicklungspsychologie … in dem Buch fast alle aktuellen und wichtigen Ansätze" fehlen (Schölmerich, 2000, S. 239). Dies ist schließlich ein Lehrbuch und kein Forschungsbericht.

Die Vermutung, dass dem Buch „ein leicht antiquiertes Modell vom Lehrer in der Gesellschaft durchzuschimmern" scheint (Schölmerich, 2000, S. 240), kann ich aus tiefster Überzeugung bestätigen. In meinem Verständnis sollen Lehrer auch in unserer Gesellschaft vor allem unterrichten und damit den ihnen anvertrauten Schülern effektiv Wissen vermitteln. Dazu sind auf der Seite der Lehrer ein solides Fachwissen und eine hohe professionelle Kompetenz unabdingbar – so wie wir es z.B. von Handwerkern oder Piloten erwarten. Akademisches Gerede und abgehobene Visionen sind da wenig nützlich.

Und die gängigen Übertreibungen bezüglich der Leistungen und Leistungsfähigkeit von Kindern (Tabelle 0-1) tragen wenig dazu bei, der gesellschaftlichen Bildungsaufgabe als Vermittlung von grundlegendem Wissen und basalen Fertigkeiten wieder den Stellenwert zu verschaffen, der ihr bei der Sicherung unserer Zukunft zukommt.

„Ihr seid ja toll, eigentlich braucht ihr gar nicht mehr auf die Uni", begeistert sich Professorin Viola Mokrosch für die etwa 130 Schülerinnen und Schüler beim Kindercampus der Fachhochschule. Die Musikpädagogin ließ die kleinen Kunstfans hören, wie ein Bild klingt, welche Farben Töne haben und wie man das alles in Bewegung umsetzt.

Neue Osnabrücker Zeitung, 20. Mai 2006

Tabelle 0-1: **Mit gängigen Übertreibungen wird die Tätigkeit der Lehrer entwertet**

Das sind auch die wesentlichen Gründe dafür, dass nach wie vor „mehr als die Hälfte der Textseiten ... den Grundlagen des Faches und dem Kleinkind- und Vorschulalter gewidmet" sind (Schölmerich, 2000, S. 240). Die Lehrerausbildung ist eine akademische Ausbildung, und dazu gehört eben auch eine grundlegende Auseinandersetzung mit methodischen und wissenschaftstheoretischen Fragen. Dass zukünftige Lehrer selbstverständlich wissen sollten, auf welches entwicklungspsychologische Fundament ihr Unterricht nach der Einschulung aufbauen kann und über welche immensen Kompetenzen schon Vorschulkinder verfügen, hat mich bewogen, diesen Bereich eben nicht zu kürzen – auch wenn das dem zeitgeistkonformen Zuge der „Bachelorisierung" und „Modularisierung" universitärer Ausbildung vielleicht zuwiderläuft.

Ich habe mich allerdings bemüht, noch enger als bisher Verbindungen zwischen entwicklungspsychologischen Befunden und ihrer Bedeutung im Familien-, Kindergarten- und Schulalltag zu ziehen.

Dem Lit-Verlag danke ich erneut für die hervorragende Zusammenarbeit und meiner Familie, Erika und Klara Kassenbrock, für viel Geduld, wenn ich in meiner Arbeitsklause gewerkelt und nicht so viel Anteil an ihren schulischen Erfahrungen genommen habe, wie es sich für einen Pädagogischen Psychologen eigentlich gehört hätte. Klara danke ich außerdem besonders, weil ich viele sehr private Fotos von ihr für diese Neuauflage verwenden durfte.

Zu diesem Buch gibt es ein Arbeitsbuch (Tücke, 2007). Es enthält Wiederholungs- und Vertiefungsaufgaben und ergänzende Texte, die Ihnen bei der Vorbereitung auf eine Klausur oder Prüfung sowie bei einer vertieften eigenständigen Erarbeitung der hier dargestellten Themen helfen können.

Osnabrück, im November 2006

Manfred Tücke

0.2   Vorwort zu den ersten Auflagen

Von den LeserInnen meines Buches „Psychologie in der Schule – Psychologie für die Schule" (Tücke, 1998; Neuauflage, 2005b) und HörerInnen[1] meiner Einführungsvorlesungen für Nebenfachstudenten an der Universität Osnabrück bin ich gebeten worden, meine relativ ungeordneten Notizen zum Thema „Entwicklungspsychologie des Kindes- und Jugendalters" zu strukturieren und als Buch zu einem vernünftigen Preis zugänglich zu machen.

Angesichts der hervorragenden deutschsprachigen Lehrbücher zur Entwicklungspsychologie (z.B. Oerter & Montada, 1995; oder Wendt, 1997) bzw. der didaktisch hervorragend aufgearbeiteten amerikanischen Werke (z.B. Berk, 1997; Feldman, 1998; oder Kail, 1998) ist das kein leichtes Unterfangen, zumal für jemanden wie mich, der zwar über mehr als 20 Jahre hinweg regelmäßig Vorlesungen und Seminare zur Kinder- und Jugendpsychologie angeboten hat, dessen Forschungsinteressen und -schwerpunkte aber immer in der (allerdings verwandten) Pädagogischen Psychologie gelegen haben und noch liegen. Aber womöglich hat der Blick eines halbgebildeten wissenschaftlichen Laien auf ein Teilgebiet der Psychologie auch Vorteile. Vielleicht ist man so weniger anfällig für vorherrschende Modetrends (die Psychologie scheint besonders empfänglich dafür zu sein), man kann sich (wenn man hart daran arbeitet) gegen konzeptuelle und begriffliche Eintagsfliegen zur Wehr setzen und auch dem bewährten, historisch gewachsenen Fundus psychologischer Erkenntnisse den ihm gebührenden Raum lassen.

Dieses Buch ist nicht in erster Linie als einigermaßen vollständige und aktuelle Übersicht zur Psychologie des Kindes- und Jugendalters gedacht. Vielmehr soll es einerseits entwicklungspsychologisches Basiswissen für (zukünftige) Lehrer vermitteln, andererseits möchte ich den Leser ausrüsten „für seine tägliche Arbeit, ihn sicherer und unabhängiger" machen (Rübeling & Schweißgut, 1997 - tut mir Leid, ich kann es nicht besser ausdrücken). Nebenbei sollten Überschneidungen mit meiner o.a. Einführung in die Pädagogische Psychologie möglichst gering sein.

In der Darstellung habe ich versucht, mich einigermaßen allgemeinverständlich auszudrücken – was nicht unbedingt heißen muss, auf exakte Formulierungen oder die Einführung notwendiger Fachbegriffe und deren Verwendung zu verzichten. Bei der Stoffauswahl habe ich, meinen Vorlieben folgend, häufig älteren, meist klassischen Studien den Vorzug gegenüber den komplexer angelegten neueren Untersuchungen gegeben und deren Ergebnisse, wo notwendig, ergänzend kommentiert. Ich hoffe, damit bei den Lesern trotz des damit verbundenen Verzichts auf allerneueste Forschungsergebnisse Anklang zu finden und ihr Verständnis für oft komplexe Fragen didaktisch leichter vertiefen zu können.

Wesentlichen Anteil an der Entstehung dieses Buches haben Ulla Burger, die mir in gemeinsamen Aus- und Fortbildungsveranstaltungen den Blick für praktische Um- und Übersetzungen psychologischer Erkenntnisse geschärft und unschätzbare Anregungen besonders zu den Kapiteln 4 und 5 gegeben hat; dann die Studenten in meinen Vorlesungen und Se-

---

[1] Dies ist die einzige Stelle im Buch, an der ich von der jedem vernünftigen Sprachgefühl widersprechenden „MenschInnen"-Schreibweise Gebrauch mache. Geneigte Leser mögen sich bei generischen Begriffen die jeweils geschlechtsspezifische Form hinzudenken.

minaren, die durch Verständnisfragen und rege Diskussionen die jetzige Themenauswahl und -darstellung maßgeblich beeinflusst haben und noch beeinflussen; meine Kollegen Josef Rogner, Henning Schöttke und Hartmut Rübeling, die ich in Gesprächen nach dem Mittagessen bei einer Tasse Espresso oft mit Fragen belästigt habe; Frank Elsner vom Rechenzentrum der Universität Osnabrück, der mir bei mancherlei Computerproblemen wieder auf die Beine geholfen und wertvolle Hinweise auf Hilfsprogramme gegeben hat; und schließlich Erika und Klara Kassenbrock, die mich aus psychologischen Wolken immer wieder sanft in die durchaus erfreuliche empirische Realität zurückgeholt haben.

Besonders danken möchte ich wieder unseren Sekretärinnen Ulla Krimphoff und Marlies Lücking für vielerlei Entlastung und Unterstützung sowie dem Lit-Verlag (besonders Michael Rainer und Frank Weber) für die nun schon mehrjährige gute Zusammenarbeit und das große Entgegenkommen bei der Ausstattung und Preisgestaltung.

Das vorangestellte Gedicht findet sich in den gesammelten Gedichten von Joachim Ringelnatz (1996) auf Seite 388. Die Lichtenberg-Zitate kann man bei Friederici (1985) nachlesen. Die Umschlagillustrationen habe ich beim Durchblättern von Wilhelm Buschs „Knopp-Trilogie" (Busch, o.J.) wiederentdeckt.

Wenn Sie mir ihre Meinung zu diesem Buch mitteilen, Kritik oder Verbesserungsvorschläge machen möchten, würde ich mich freuen. Sie können mich jederzeit erreichen:

- per E-Mail: manfred.tuecke@uni-osnabrueck.de
- oder per Fax: 0541-9694858

1 Womit beschäftigt sich die Entwicklungspsychologie?

„Der Deutsche liebt die scharfen Distinktionen."
Georg Christoph Lichtenberg (1742 - 1799)
Sudelbücher, Heft L, 143

1.1 Das Konzept der Entwicklung

In dem Konzept der Entwicklungspsychologie vereinigen sich Vorstellungen von „Entwicklung" und „Psychologie". Beginnen wir zunächst mit dem Begriff der Entwicklung, der im Bertelsmann Universallexikon (Bertelsmann Electronic Publishing, 1997) wie folgt definiert wird:

> „Entwicklung, Fortschreiten von einem Zustand zum anderen, wobei der frühere Zustand als Vorstufe des nächsten aufgefasst wird. ... Als Entwicklung eines Organismus wird der Ablauf derjenigen Formveränderungen verstanden, die die Herausbildung eines Organismus bis zur Erlangung der Geschlechtsreife zur Folge haben; heute meist auch weiter gefasst unter Einbeziehung aller Veränderungen bis zum Tod des Organismus. Phasen der Entwicklung: 1. Embryonalentwicklung; 2. Jugendentwicklung (Wachstumsphase); 3. Geschlechtsreife (erwachsenes Tier; Phase der Fortpflanzung); 4. Altersperiode (Seneszenz)."

Beim Entwicklungskonzept schwingen konnotativ die Vorstellungen mit, ...

- *dass ein Zielzustand existiert, auf den der Entwicklungsprozess zusteuert*: ein Film wurde vor der Zeit der Digitalkameras entwickelt, damit man die darauf befindlichen Urlaubsbilder bewundern konnte; aus einem Engerling entwickelt sich ein Maikäfer; aus einer undifferenzierten „Vorgestalt" entwickelt sich eine Spielfigur (Abbildung 1-1). Auch dem menschlichen Leben wird manchmal solch ein letztendliches Ziel unterstellt.

Abbildung 1-1: **„Entwicklung" der Nintendo-Spielfiguren „Metroid"**

- *dass der Prozess im Sinne einer Höherentwicklung voranschreitet*: aus Küchenabfällen entwickelt sich Kompost; ein Mensch „entwickelt sich weiter" (oder eben nicht).

- *dass im Lauf dieses Prozesses mehrere u.U. auch qualitativ unterscheidbare Stufen durchlaufen werden*: so machen fast alle Insekten

   „während ihrer Entwicklung zum erwachsenen Tier eine Verwandlung (Metamorphose) durch: Aus dem Ei schlüpft zunächst die Larve (Made oder Raupe), und erst aus dieser schlüpft das fertige Insekt. Bei vielen Arten ist noch ein Ruhestadium als Puppe eingeschoben" (Meyers Lexikon-Redaktion, 1989, S. 277).

Abbildung 1-2: **Larve, Puppe und fertiges Insekt (Marienkäfer)**

In der älteren Entwicklungspsychologie hat man versucht, auf ähnliche Art Entwicklungsstufen oder -phasen beim Menschen zu unterscheiden (vgl. Abschnitt 1.6.2).

- *dass der Entwicklungsablauf mehr oder weniger in der genetischen Ausstattung des Organismus selbst angelegt ist und von diesem selbst („endogen") gesteuert wird, wenn nur bestimmte Randbedingungen erfüllt sind*. So entwickelt sich aus einer Apfelblüte eine leckere Frucht, wenn die Blüte bestäubt wurde, wenn ausreichend Sonne und Regen in ausgewogener Mischung zur Verfügung stehen und wenn schließlich und endlich die „normalen" widrigen Umweltbedingungen (Würmer, Fäulnisbakterien, Schimmelpilze) nicht überhand nehmen. Die Kontroverse um die endogene Steuerung der menschlichen Entwicklung ist immer noch aktuell; ihr widme ich deshalb ein eigenes Kapitel (Kapitel 3).

Die Entwicklung des Menschen kann man unter mehreren Gesichtspunkten betrachten (Abbildung 1-3):

„Die Entwickelung zerfällt in Ontogenie (Keimesgeschichte), Lehre von der Entwickelung des Organismus aus dem Ei, und Phylogenie (Stammesgeschichte), Lehre von der
Entwicklung der Art, Gattung" (Meyers Lexikon-Redaktion, 1892/93, S. 557).

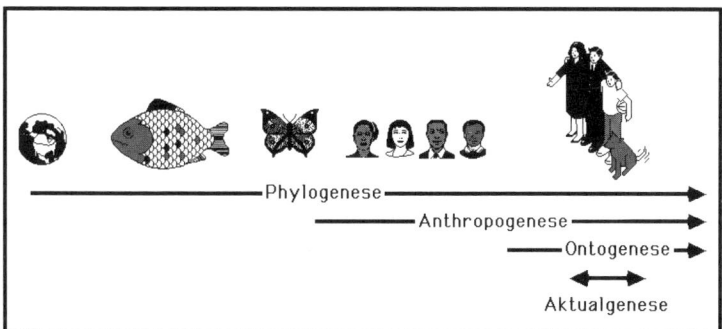

Abbildung 1-3:   **Verschiedene Blickwinkel beim Entwicklungsbegriff** (Bild aus:
Stangl-Taller, 2006a)

Frühere Vorstellungen versuchten, Parallelen zwischen der phylogenetischen (stammes-
geschichtlichen) und der ontogenetischen (individuellen) Entwicklung des Menschen zu
ziehen, etwa in Form des „biogenetischen Grundgesetzes", in dem die Ontogenese als ver-
kürzte Wiederholung der Phylogenese dargestellt wird (Haeckel, 1874). Diese Auffassung
ist in der Alltagspsychologie zwar noch verbreitet, jedoch kommt ihr in der wissenschaftlichen Psychologie nur noch historischer Wert zu. Stammesgeschichtliche Überlegungen
spielen seit dem Aufkommen der Humanethologie (der Wissenschaft von den stammesge-
schichtlichen Einflüssen auf menschliches Verhalten - Eibl-Eibesfeldt, 1984; Wuketits,
1995) generell nur noch eine untergeordnete Rolle, haben aber besonders in der frühkindlichen Entwicklung einen größeren Stellenwert (vgl. z.B. Schleidt, 1989).

1.2 Psychologie als Wissenschaft vom menschlichen Erleben und Verhalten

Nach Tücke (2005b, S. 23)

„beschäftigt sich die Psychologie mit (objektiv beobachtbarem) menschlichen Verhalten
und (subjektiv beobachtbarem) menschlichen Erleben sowie deren Beziehungen und
Wechselwirkungen. Dabei legen die meisten Psychologen großen Wert auf eine (jedenfalls prinzipielle) Überprüfbarkeit psychologischer Aussagen. Auf Einzelfällen, anekdo-
tischen Berichten oder wesentlich ideologisch fundierten Merksätzen lässt sich kaum ein
seriöses Wissenschaftsgebäude errichten."

In ihrem Bemühen, menschliches Verhalten sowohl im Einzelfall zu verstehen als auch
generalisierbare, wissenschaftlich überprüfbare Aussagen über menschliches Verhalten zu
machen, befindet sich die Psychologie in einem Dilemma, das Cole & Cole (1993, S. 21)
wie folgt auf den Punkt bringen:

„Je mehr Psychologen über einzelne Menschen erfahren möchten, desto mehr müssen sie über dessen Lebensgeschichte und augenblicklichen Lebensumstände wissen. Aber je mehr sie sich auf Einzelfälle und einmalige Einflussgrößen konzentrieren, desto weniger sind ihre Befunde auf andere Menschen generalisierbar."[2]

1.3 Alltagsvorstellungen über die Entwicklung von Kindern und Jugendlichen

Die unterschiedlichen Bemühungen von Psychologen um wissenschaftlich exakte Kenntnisse einerseits und andererseits um Handlungsanweisungen, die in der Praxis am individuellen Menschen umgesetzt werden können, gelingt nicht immer: viele in unserer Alltagspsychologie fest verankerte Maximen decken sich nicht oder nur wenig mit wissenschaftlich nachvollziehbaren Erkenntnissen. So ist etwa in unserem Alltagswissen wie selbstverständlich verankert, dass die „kindgerechte" Gestaltung von Lesebüchern mit vielen zusätzlichen Bildern und anderen grafischen „Lesehilfen" dem Lesenlernen nützlich ist – das Gegenteil ist wahrscheinlich der Fall (Tücke & Schnittger-Bähr, 1998). Andererseits sind einige (auch entwicklungspsychologische) Erkenntnisse von der erzieherischen Praxis weit entfernt oder (z.B. aus ideologischen Gründen) nicht durchsetzbar. Wahrscheinlich werden sich in unserer Gesellschaft recht viele Eltern weigern, eine Enuresis ihrer Kinder apparativ nach den Prinzipien des operanten Konditionierens behandeln zu lassen – trotz guter Erfolgsaussichten (Stegat, 1973, 1996); diese Techniken gelten häufig als „Dressur" und sind deshalb in der Kindererziehung tabuisiert.

Alltagsvorstellungen über Kinder und deren Entwicklung haben teilweise den Status „kultureller Selbstverständlichkeiten" und werden außerhalb der wissenschaftlichen Forschung nicht mehr hinterfragt, obwohl es ernst zu nehmende widersprechende Forschungsbefunde gibt (McDevitt & Ormrod, 2002). Einige Beispiele dafür sind im Folgenden aufgeführt.

- *Selbstverständlichkeit: Verletzungen (Traumata) in der Kindheit wirken sich auf das gesamte weitere Leben aus.*

  Widersprechender Befund: Viele Kinder gehen auch mit schweren Belastungen während ihrer Kindheit kompetent um, z.B. wird – wenn beide Elternteile mithelfen – auch eine Trennung oder Scheidung oft effektiv und ohne nachweisbare Langzeitfolgen bewältigt (vgl. z.B. Lehmkuhl, 2004; Simon & Ott, 2004).

- *Selbstverständlichkeit: Schüler, die dem Lehrer „nicht in die Augen schauen", haben ein schlechtes Gewissen oder sind am Unterricht nicht interessiert.*

  Widersprechender Befund: In manchen (Sub-)Kulturen gilt es als Zeichen mangelnden Respekts, wenn Kinder Erwachsenen direkt in die Augen schauen oder unaufgefordert ein Gespräch mit Erwachsenen beginnen.

- *Selbstverständlichkeit: Das Jugendalter ist eine Sturm- und Drangperiode, die für Eltern, Lehrer und Schüler große Probleme mit sich bringt.*

  Widersprechender Befund: Grob & Jaschinski (2003, S. 20) schreiben:

---

[2] Diese und folgende Übersetzungen sind von mir.

„Eine der ältesten Debatten in der Jugendpsychologie besteht darin, zu erforschen, ob die Jugendzeit wirklich eine stressvolle und von Krisen durchzogene Zeit oder vielmehr ein Lebensabschnitt wie jeder andere ist. Wissenschaftliche Untersuchungen bestätigen die letzte Annahme ...: Bei der überwiegenden Mehrheit der Jugendlichen verläuft diese Zeit ohne dramatische Krisen."

- *Selbstverständlichkeit: In unseren Schulen wird die „linke Hirnhälfte" zu stark betont. Da die „rechte Hirnhälfte" vernachlässigt wird, können Schüler ihr Begabungspotenzial nicht voll entfalten* (vgl. Abbildung 1-4).

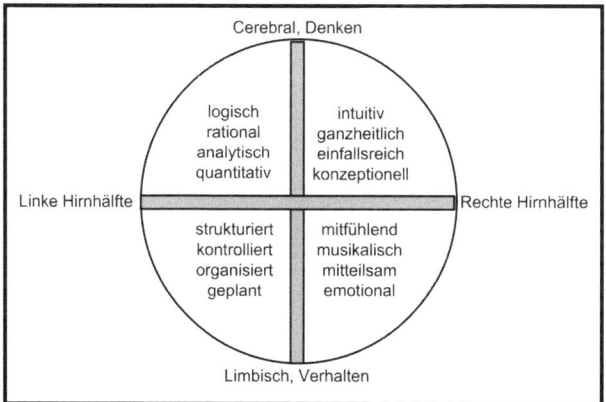

Abbildung 1-4: **Alltagspsychologische Vorstellung von den Funktionen der linken und rechten Hirnhälfte** (nach: Stangl-Taller, 2006b)

Widersprechender Befund: Stangl-Taller (2006b) schreibt dazu:

„Sogar bei Sperry (1968) wies die Mehrzahl der untersuchten Patienten keine deutlichen Unterschiede in der Funktion der beiden Hirnhälften auf, bei anderen waren sie sogar im Sinne der Theorie vertauscht. Tatsache ist zwar, dass meist die Hirnhälfte größer ist, in der das primäre Sprachzentrum liegt, doch dies muss keineswegs immer die linke sein – und dass sie größer ist, muss noch lange nicht bedeuten, dass wir diese Hälfte mehr nutzen, sondern nur, dass Sprache so komplex ist, dass ihre Verarbeitung und Produktion mehr Raum im Gehirn benötigt."

Dass an diesen einfachen Vorstellungen immer noch festgehalten wird, mag daran liegen, dass mit daraus abgeleiteten Versprechen bezüglich der Steigerung der Lern- und Leistungsfähigkeit offensichtlich viel Geld verdient werden kann ("Superlearning" - siehe z.B. Edelmann, 2000).

Selbstverständlich hegen auch zukünftige Lehrer manche Alltagsvorstellungen bezüglich der kindlichen Entwicklung und ziehen daraus u.U. für eine effektive schulische Bildung und Erziehung kontraproduktive Konsequenzen[3]; einige Beispiele (nach: McDevitt & Ormrod, 2002, S. 33):

- Viele zukünftige Lehrer betonen die emotionalen Bedürfnisse von Kindern und vernachlässigen die für die schulische Bildung wichtigen kognitiven Variablen und das Arbeitsverhalten der Schüler (Weinstein, 1988).

- Viele zukünftige Lehrer haben unrealistische Vorstellungen über die Probleme, mit denen sie später im Unterricht konfrontiert werden, und sind überzeugt, dass sie über all das Wissen und diejenigen Fähigkeiten verfügen, die sie für einen effektiven Unterricht benötigen.

- Viele zukünftige Lehrer unterstützen traditionelle Unterrichtsformen und sehen wenig Veranlassung für Veränderungen im Bildungswesen.

- Viele zukünftige Lehrer tendieren zu der Ansicht, dass sich Schüler an das bestehende Bildungssystem anpassen sollten, statt dass sie Lehrer als Sozialisationsagenten sehen, die auch das Schulsystem ändern können.

Eine recht gute Möglichkeit, sich gegen problematische Alltagsvorstellungen zu schützen, besteht in der regelmäßigen kritischen Lektüre der einschlägigen Fachliteratur. Da reichen das jeweilige Schulverwaltungsblatt oder die gewerkschaftlichen Mitteilungen eben nicht.

1.4 Entwicklungspsychologie

Nach Nickel (1975, S. 17) bilden

> „die in einem inneren Zusammenhang stehenden psychischen Veränderungen im Verlauf der individuellen Entwicklung"

den Gegenstand der Entwicklungspsychologie. Ihr Augenmerk richtet sich dabei im Wesentlichen auf solche Veränderungen, von denen man vernünftigerweise erwarten kann, dass sie mit dem Lebensalter zusammenhängen, und die längerfristige und/oder nachhaltige Folgen für den weiteren Entwicklungsverlauf haben. Nicht alles jedoch ändert sich im Laufe eines menschlichen Lebens: so bleibt z.B. in aller Regel die Geschlechtszugehörigkeit oder die Blutgruppe konstant. Auch solche weitgehend unveränderten Merkmale, Verhaltens- und Erlebnisweisen sind als „Entwicklungskonstanten" Gegenstand der Entwicklungspsychologie.

Während der traditionelle Schwerpunkt entwicklungspsychologischer Forschung bis weit in die 70er Jahre hinein in der Kinder- und Jugendpsychologie lag[4], umfasst sie heute

---

[3] Das soll ja auch bei manchen Bildungswissenschaftlern zutreffen, die wissenschaftliche Befunde abwerten und/oder ausblenden und ihre eigenen Gedankengebäude für Realität halten…

[4] Das mag mit der heute so nicht mehr haltbaren Vorstellung zusammenhängen, dass eine Entwicklung im Sinne einer Höherentwicklung mit dem Eintritt ins Erwachsenenalter weitgehend abgeschlos-

als „Entwicklungspsychologie der Lebensspanne" auch das komplette Erwachsenenalter und die Seneszenz. Sicherlich spielte bei dieser Erweiterung des wissenschaftlichen Horizonts, neben neuen Erkenntnissen zur produktiven Entwicklung im Alter, auch die Tatsache eine Rolle, dass die Gruppe der älteren Menschen durch eine wesentlich vergrößerte Lebenserwartung zugenommen hat. Immerhin verdanken wir dieser Forschung überraschende Daten zur Leistungsfähigkeit älterer Menschen und Anregungen zur konstruktiven Gestaltung des höheren Lebensalters (siehe auch: Wender & Strohmeyer, 1992, S. 3-4).

Innerhalb der Entwicklungspsychologie lassen sich folgende globale Fragestellungen unterscheiden:

- Welche Veränderungen und Konstanzphänomene zeigen sich im Lauf des menschlichen Lebens?

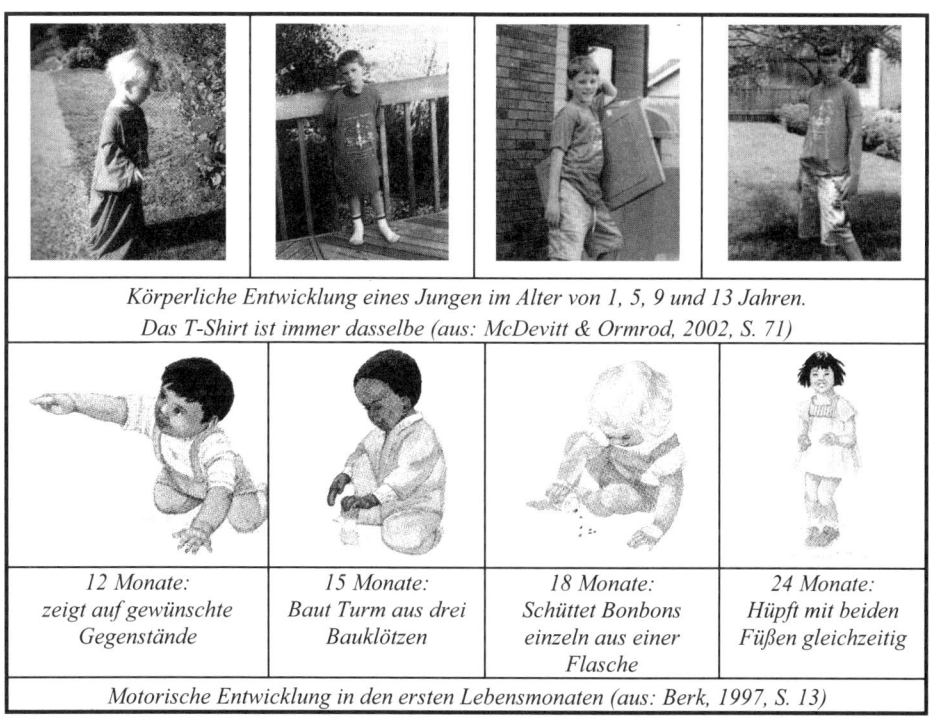

Körperliche Entwicklung eines Jungen im Alter von 1, 5, 9 und 13 Jahren.
Das T-Shirt ist immer dasselbe (aus: McDevitt & Ormrod, 2002, S. 71)

12 Monate: *zeigt auf gewünschte Gegenstände*	*15 Monate:* *Baut Turm aus drei Bauklötzen*	*18 Monate:* *Schüttet Bonbons einzeln aus einer Flasche*	*24 Monate:* *Hüpft mit beiden Füßen gleichzeitig*

Motorische Entwicklung in den ersten Lebensmonaten (aus: Berk, 1997, S. 13)

Abbildung 1-5: **Beispiele für deskriptiv orientierte entwicklungspsychologische Forschung**

Bei diesem „*deskriptiven Aspekt*" tritt der Gesichtspunkt der möglichst vollständigen und genauen Beschreibung der psychischen Funktionen von Kindern in den verschie-

---

sen sei und Veränderungen im weiteren Lebenslauf vor allem mit Abbauprozessen einher gehen würden.

denen Lebensjahren und die Aufdeckung altersbedingter Entwicklungsmerkmale dieser Funktionen in den Vordergrund. Probleme dieser Art wurden schon in den Anfängen der entwicklungspsychologischen Forschung bearbeitet und sind nach wie vor Gegenstand intensiver Forschung. Sie sind vergleichbar der Kartierung der auf der Erde befindlichen Ölvorräte oder der Analyse unserer Erdatmosphäre zu verschiedenen Zeiten. Typische Ergebnisse dieser Forschungsrichtung werden oft in Veränderungsreihen oder -kurven für die jeweils untersuchten psychischen Merkmale ("Entwicklungskurven", "Entwicklungstabellen" oder Normtabellen) dargestellt. Beispiele für solche Untersuchungen zeigt Abbildung 1-5.

- *Wie und für welche Verhaltensweisen lassen sich Entwicklungsverläufe vorhersagen?* Bei diesem *„prognostischen Aspekt"* geht es um wahrscheinliche Veränderungen im zukünftigen Lebenslauf eines Menschen. Beispiele zeigt Abbildung 1-6.

Mädchen mit einem Ullrich-Turner-Syndrom (vgl. Abschnitt 3.2.3.2) werden unbehandelt nur ca. 145 cm groß, da u.a. der Wachstumsschub in der Pubertät ausbleibt. Obwohl bei dieser Erkrankung kein Wachstumshormonmangel festzustellen ist, kann man mit einer rechtzeitig eingeleiteten Wachstumshormontherapie Größenzugewinne von etwa 10 cm erreichen. Damit erreichen die Mädchen die untere Norm der Erwachsenengröße und können, abgesehen von der Unfruchtbarkeit, ein ganz normales Leben führen.

Kinder mit Down-Syndrom (vgl. Abschnitt 3.2.1) müssen besonders gefördert werden. Ob für sie eine Integrationsklasse in der normalen Schule oder eine Einschulung in eine Sonderschule am besten ist, hängt entscheidend vom Schweregrad ihrer Behinderung und damit von der Prognose ihrer Intelligenzentwicklung ab.

Abbildung 1-6: **Beispiele für prognostisch orientierte entwicklungspsychologische Forschung**

Solche Prognosen stellen natürlich nicht nur Psychologen, Lehrer (z.B. bei der Schullaufbahnempfehlung am Ende der Grundschulzeit) oder Ärzte (etwa bei der Prognose der zukünftigen Körpergröße eines Kindes anlässlich der Frage, ob die Gabe von Wachstumshormonen sinnvoll sein könnte), sondern z.B. auch Hand- und Kartenleserinnen oder Astrologen. Im Unterschied zu wissenschaftlich fundierten Prognosen bleibt aber hier meist unklar, wie und auf Grund welcher Daten die Vorhersage der künftigen Entwicklung erstellt wird. Auch eine Überprüfung der Richtigkeit einer Prognose ist in den letzteren Fällen eher selten.

Selbstverständlich sind auch entwicklungspsychologische Prognosen mit sehr viel Unsicherheit behaftet (Montada, 1995b, S. 21):

(a) „weil nicht alle Einflussfaktoren bekannt sind;

(b) weil nicht alle individuell wirkenden Einflüsse vorhersehbar sind;

(c) weil grundsätzlich Freiheiten zur Selbstgestaltung der eigenen Entwicklung anzunehmen sind, also die Freiheit zu entwicklungsrelevanten Entscheidungen.

Entwicklung ist in vielen Bereichen „plastisch", d.h. nicht durch Anlagen und vorausgegangene Entwicklungsschritte völlig determiniert, sondern beeinflussbar und gestaltbar."

- *Welche Faktoren stehen wie mit den verschiedenen Entwicklungsverläufen in Beziehung und welche Bedingungen wirken sich förderlich oder hinderlich darauf aus?* Bei diesem *„erklärenden Aspekt"* versucht man, möglichst ursächliche Zusammenhänge zwischen verschiedenen Verhaltens- und Erlebnisweisen von Menschen nachzuweisen. Beispielsweise kann man untersuchen, welche Zusammenhänge zwischen der frühkindlichen Mutter-Kind-Interaktion und bestimmtem Problemverhalten bestehen (Keller et al., 1996) oder welche Einflüsse zwischen dem Alkoholkonsum der Mutter während der Schwangerschaft und eventuellen vor- und nachgeburtlichen Entwicklungsbeeinträchtigungen des Kindes nachweisbar sind (Steinhausen, 1995). Mögliche Erklärungen sind angesichts fortschreitender Erkenntnisse stets vorläufig – und können auch ganz und gar falsch sein. Bei dem Beispiel in Abbildung 1-7 könnte man z.B. an Furcht vor Schmerz (vgl. z.B. Tücke, 2003, Abschnitt 6.6.2) oder Lernen durch Nachahmung (vgl. z.B. Tücke, 2003, Abschnitt 2.8) bei den betroffenen Kindern denken. Wie das Beispiel zeigt, sind einfache, eindimensionale Erklärungen oft unzureichend.

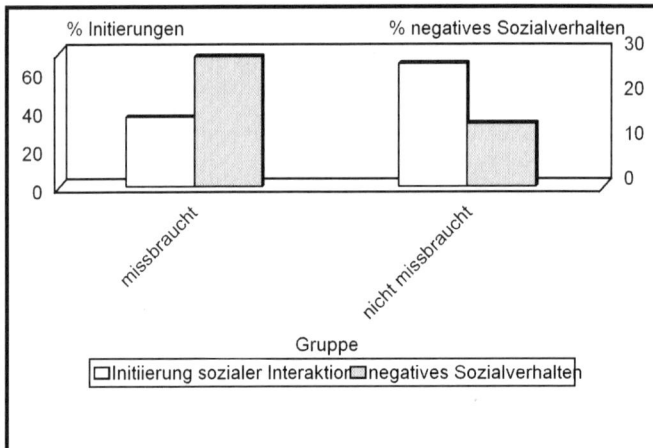

Haskett & Kistner (1991) untersuchten die Frage, welche Auswirkungen Gewalterfahrungen in der Familie auf die Entwicklung betroffener Kinder haben. Die Autorinnen stellten fest, dass Kinder mit familiären Gewalterfahrungen beim freien Spiel weniger soziale Interaktionen initiierten und häufiger antisoziales Verhalten als Vergleichskinder ohne Erfahrung mit Gewalt in der Familie.

Abbildung 1-7:   **Beispiel für erklärend orientierte entwicklungspsychologische Forschung**

- *Welche Ziele eines Entwicklungsverlaufs kann man einzelnen Personen oder Gruppen setzen? Unter welchen Umständen können diese Ziele erreicht werden und welche Interventionen sind dafür erforderlich?* Bei diesem „*Interventionsaspekt*" steht im Vordergrund, wie bestimmte Entwicklungsaufgaben erfüllt und welche hindernden Faktoren geändert bzw. unterstützenden Maßnahmen eingesetzt werden können. Beispielsweise ist seit einigen Jahren bekannt, dass das Risiko, ein Kind mit dem „Down-Syndrom" zu bekommen, mit dem Alter der Mutter steigt. Bei diesen Kindern ist das 21. Chromosom dreimal vorhanden (deshalb spricht man auch von „Trisomie 21"), und diese Chromosomenveränderung führt zu einigen Beeinträchtigungen in der körperlichen und kognitiven Entwicklung (vgl. Abschnitt 3.2.1). Durch geeignete Frühförderung (z.B. Bewegungstherapie und heilpädagogische Behandlungen, später auch individuelle schulische Förderung, vgl. M. Papousek, 1996; Rauh, 1997; Rübeling & Schweißgut, 1997, S. 97) können die Defizite aber gemildert werden. Ein weiteres Beispiel für interventionsorientierte entwicklungspsychologische Forschung zeigt Abbildung 1-8.

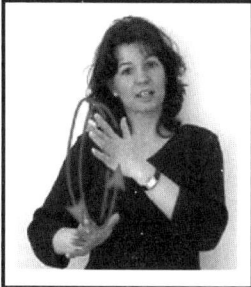 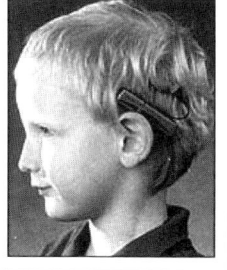

| *Gebärdensprache* | *Cochlea-Implantat* | *Ungefähr eins von 1000 Kindern kommt mit einer Schädigung des Hörsystems auf die Welt. Hörstörungen sind zwar nicht lebensbedrohlich, die geistige und soziale Entwicklung eines Kindes wird aber entscheidend von der Hörfähigkeit beeinflusst. Vielen Patienten kann man durch Cochlea-Implantate helfen, andere sollten frühzeitig die Gebärdensprache lernen, damit Entwicklungsrückstände minimalisiert werden.* |

Abbildung 1-8: **Beispiel für interventionsorientierte entwicklungspsychologische Forschung**

1.5 Veränderungen und Konstanz in der Zeitdimension: Entwicklungskurven

Wie wir oben gesehen haben, bilden die Veränderungen und Konstanzen menschlicher Erlebnis- und Verhaltensweisen im Lauf des individuellen Lebens und die mit diesen zeitlichen Veränderungen kovariierenden Randbedingungen den Gegenstand der Entwicklungspsychologie.

Das impliziert natürlich keineswegs, dass man die Zeit (d.h. in der Regel das Lebensalter) als *Ursache* für die gefundenen Veränderungen (bzw. Konstanzen) ansieht, sondern das Lebensalter ist eher als „Blickwinkel", als Ordnungskategorie experimenteller und empirischer Befunde zu sehen. So wie der wissenschaftliche Schwerpunkt der Allgemeinen Psychologie bei der Erstellung allgemeiner psychischer Gesetzmäßigkeiten und derjenige der Differentiellen Psychologie bei der Beschreibung und Erklärung individueller Unterschiede liegt, so ist das verbindende Element entwicklungspsychologischer Problemstellungen überwiegend in der *Bezugnahme auf die Zeitdimension* (d.h. das Lebensalter) zu sehen.

Ergebnisse entwicklungspsychologischer Untersuchungen werden oft als „Entwicklungskurven" oder grafische Darstellungen von (ontogenetischen) Entwicklungsverläufen zusammengefasst, die den durchschnittlichen Entwicklungsprozess recht gut charakterisieren. Viele der hier zu diskutierenden Probleme lassen sich am deutlichsten an Beispielen aus der körperlichen Entwicklung zeigen. Deshalb stammen im Folgenden viele Beispiele aus diesem Bereich. Prinzipiell lässt sich das dort Gesagte aber auf die Entwicklung von Verhaltens- und Erlebnisweisen übertragen.

Eine der ältesten dokumentierten Entwicklungskurven wurde von de Montbeillard an Hand regelmäßiger Messungen der Körpergröße seines Sohnes erstellt (Abbildung 1-9).

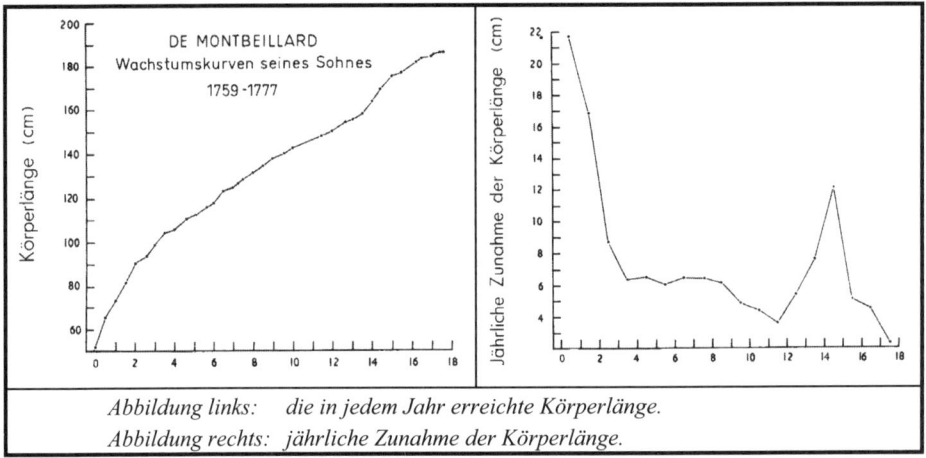

Abbildung links: die in jedem Jahr erreichte Körperlänge.
Abbildung rechts: jährliche Zunahme der Körperlänge.

Abbildung 1-9:   **Das Längenwachstum des Sohnes von de Montbeillard** (aus: Tanner, 1962, S. 2)

Die linke Kurve verläuft einigermaßen gleichförmig und zeigt einen für viele (besonders körperliche) Merkmale charakteristischen Verlauf: zu Beginn des Entwicklungsprozesses sind die Veränderungen relativ groß und werden tendenziell mit zunehmendem Alter immer kleiner. Schließlich lässt sich keine Veränderung mehr nachweisen. Man spricht deshalb auch von „negativ beschleunigten" Entwicklungskurven. Noch deutlicher wird dieser Kurvenverlauf in Abbildung 1-10.

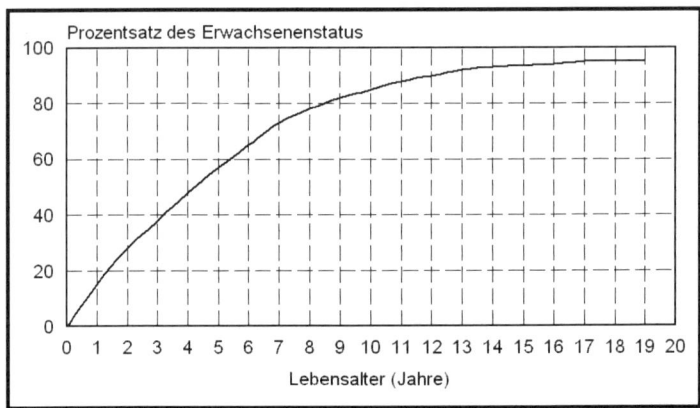

Abbildung 1-10:   **Eine typische intellektuelle Wachstumskurve** (nach: Nickel, 1975, S. 59)

Die rechte Kurve in Abbildung 1-9 macht einen weniger regelmäßigen Eindruck. Zwar sieht man auch hier, dass das Längenwachstum in den ersten Jahren nach der Geburt am größten ist, danach im Trend abnimmt und (in diesem Beispiel) im Alter von 18 Jahren zum

Stillstand gekommen ist, jedoch ist zwischen 12 und 17 Jahren noch ein Wachstumsschub eingeschoben: der „puberale Wachstumsschub" (vgl. Abschnitt 7.2.1). Besonders die Betrachtung von Unregelmäßigkeiten in Entwicklungskurven liefert Hypothesen über zugrunde liegende Einflussgrößen und bildet einen wesentlichen Übergangspunkt vom deskriptiven zum erklärenden Aspekt der Entwicklungspsychologie.

Zwar werden negativ beschleunigte Entwicklungskurven für viele psychologische Merkmale gefunden, aber auch andere Verläufe sind nicht selten. In Abbildung 1-11 sind verschiedene Typen von Entwicklungskurven veranschaulicht.

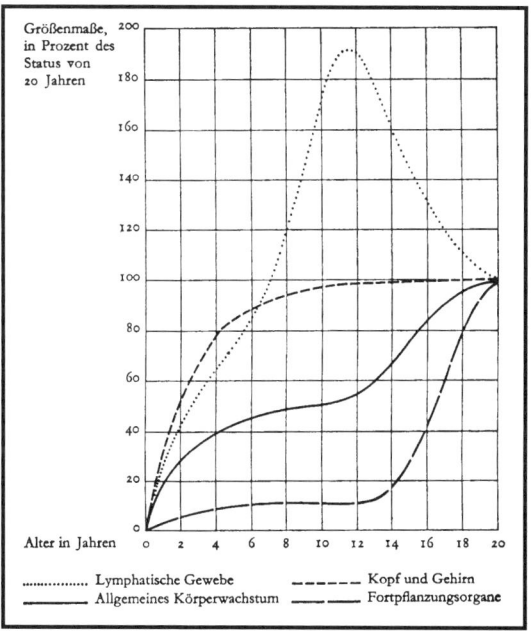

Abbildung 1-11: **Verschiedene Typen von Entwicklungskurven** (aus: Nickel, 1975, S. 58)

Allerdings kann die individuelle Entwicklung stark vom Durchschnitt abweichen: die Unterschiede von Kind zu Kind sind – wie Abbildung 1-12 zeigt – immens, auch wenn die Kinder fast gleichaltrig sind.

27

Die drei Mädchen sind 12 Jahre, die beiden Jungen 14 Jahre alt. Ihr körperlicher Entwicklungsstand ist offensichtlich sehr unterschiedlich.

Abbildung 1-12: **Beispiel für individuelle Entwicklungsunterschiede** (aus: Fischer & Lazerson, 1984, S. 569)

Durchgängige Unterschiede gibt es vor allem zwischen Jungen und Mädchen: So beginnt bei Mädchen die Pubertät ca. 1½ Jahre eher als bei Jungen (Abbildung 1-13), und generell sind die Unterschiede zwischen Mädchen einer Altersgruppe geringer als vergleichbare Unterschiede bei den Jungen.

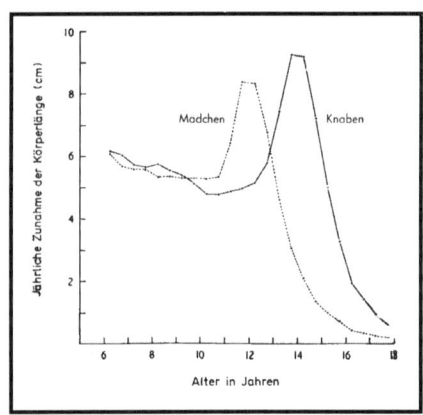

Abbildung 1-13: **Puberaler Wachstumsschub bei Mädchen und Jungen** (aus: Tanner, 1962, S. 3)

Die Darstellung von Entwicklungsverläufen mit Durchschnittskurven birgt das Risiko, dass individuelle Besonderheiten und Abweichungen vom allgemeinen Trend abgeschwächt werden können, auch wenn die einzelnen Verläufe prinzipiell gleich sind. Das sei am puberalen Wachstumsschub veranschaulicht (Abbildung 1-14).

28

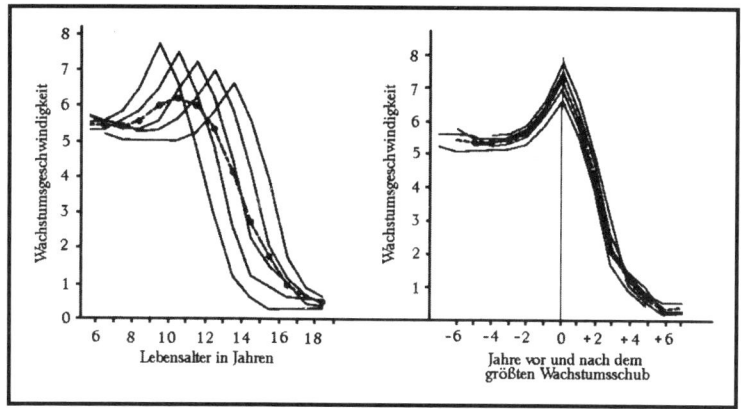

Abbildung 1-14: **Individuelle Verläufe und Durchschnittskurve des puberalen Wachstumsschubs** (aus: Wendt, 1997, S. 342)

In der linken Abbildung sind die Wachstumsgeschwindigkeiten in Beziehung zum chronologischen Alter gesetzt; in der rechten Abbildung sind sie so angeordnet, dass die Maxima zeitlich zusammenfallen.

Tanner (1962, S. 10) schreibt hierzu:

> „Es ist deutlich zu erkennen, dass diese Linie [die gepunktete Durchschnittskurve in der linken Abbildung – M.T.] den Durchschnitt aus allen Geschwindigkeitskurven nur sehr ungenügend, ja sogar entstellt wiedergibt. Der puberale Wachstumsschub wird abgeflacht und gleichsam entlang der Zeitachse auseinandergezerrt. Boa hat dies 1892 als erster erkannt und betonte deshalb ... sehr nachdrücklich, dass nur aus Längsschnitterhebungen einwandfreie Erkenntnisse über das Wachstum des Menschen zu erwarten seien."

Die speziellen Probleme der Interpretation von Befunden aus Längs- und Querschnittsuntersuchungen werden im Abschnitt 2.2 ausführlicher besprochen.

1.6 Kontinuierliche (quantitative) und sprunghafte (qualitative) Entwicklung

Entwicklungsbedingte Veränderungen im Lauf des menschlichen Lebens lassen sich unter quantitativen und qualitativen Gesichtspunkten beschreiben. Quantitative Betrachtungen umfassen im Wesentlichen eine Zu- oder Abnahme in Bezug auf einen bereits erreichten Entwicklungsstand, qualitative Änderungen beziehen sich auf sprunghafte Veränderungen im Erscheinungsbild, im Verhalten oder im Erleben.

Gerade in der älteren und/oder populärwissenschaftlichen Literatur wird – besonders in der Kommunikation mit Laien – das menschliche Leben als Abfolge einzelner, für ein bestimmtes Lebensalter jeweils charakteristischer Stufen oder Phasen dargestellt (siehe Abbildung 1-15). Diese Art der Darstellung ist insofern problematisch, als sie die Gleichförmigkeit von Entwicklungsverläufen betont und individuelle Unterschiede vernachlässigt.

Abbildung 1-15:   **Das menschliche Leben als Stufenfolge**

Viele Entwicklungsverläufe sind eine Kombination aus beiden Faktoren. Das möchte ich an einem Beispiel aus der motorischen Entwicklung erläutern.

Wichtige Voraussetzungen dafür, dass sich ein Kind in seiner Umwelt bewegen kann, sind u.a. seine motorischen Fähigkeiten: es muss über ausreichende Muskelkraft verfügen (*Kraftaspekt*), es muss seine verschiedenen Bewegungen koordinieren *(Koordinationsaspekt)* und es muss zunehmend schneller auf Umweltreize reagieren können (*Schnelligkeitsaspekt*). Alle genannten Aspekte kann man zunächst unter dem quantitativen Aspekt betrachten: Kraft, Koordination und Schnelligkeit nehmen zu. Die Ergebnisse am Beispiel der Entwicklung des Gehens zeigt Abbildung 1-16 links.

An einem anderen Beispiel wird der enge Zusammenhang zwischen quantitativer Entwicklung und qualitativen Veränderungen noch deutlicher: am Erlernen des Fahrradfahrens (Abbildung 1-16 rechts). Kleine Kinder zunächst nur in der Lage, sich z.B. auf einem Dreirad fortzubewegen (Abbildung 1-16 rechts oben). Diese Fertigkeit erweitert ihren möglichen Erfahrungsraum. Wenn ihre Körperkoordination und Kräfte weiter ausgebildet sind, können sie dann (ggf. mit etwas Hilfe oder Stützrädern; Abbildung 1-16 rechts Mitte) auch Fahrrad fahren und wiederum einen größeren Teil ihrer Umgebung selbständig erkunden – was z.T. mit Ängsten seitens ihrer Eltern verbunden ist (Abbildung 1-16 rechts unten).

Ein Kind, das Fahrrad fahren kann, unterscheidet sich insofern „qualitativ" von einem Kind, das diese Fähigkeit (noch) nicht hat.

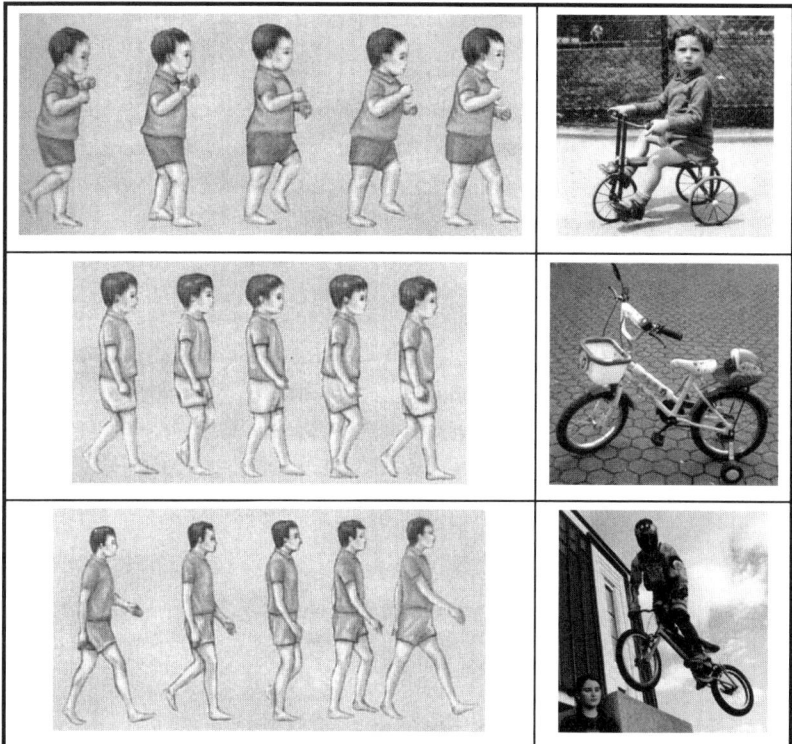

Abbildung 1-16: **Charakteristische Stufen der Entwicklung des Gehens und des Fahrradfahrens** (Bilder links aus: McDevitt & Ormrod, 2002, S. 73)

Besonders deutlich wird das Zusammenwirken von quantitativer und qualitativer Entwicklung bei den Insekten: bei ihnen lassen sich qualitativ drei Entwicklungsstufen (Larve, Puppe, fertiges Insekt) unterscheiden. Innerhalb der jeweiligen Erscheinungsformen überwiegen quantitative Veränderungen.

Manchmal ist die Diskussion, ob die menschliche Entwicklung eher in qualitativ unterscheidbaren Sprüngen oder quantitativ kontinuierlich verläuft, wohl auch nur eine Frage des Blickwinkels oder der zur Verfügung stehenden Daten. Das möchte ich am Beispiel der körperlichen Entwicklung zeigen. In Abbildung 1-17 links wird die körperliche Entwicklung als kontinuierlicher Wachstumsprozess aufgefasst. Veranschaulicht wird das oben durch die entsprechende Entwicklungskurve, die keine Brüche oder Stufen aufweist, und unten durch die kontinuierlichen Veränderungen des körperlichen Erscheinungsbilds. In der rechten Spalte von Abbildung 1-17 wird die körperliche Entwicklung – z.B. im Anschluss an Zeller (1952) – als Abfolge der qualitativ unterscheidbaren Stufen der „Kleinkindform", der „Schulkindform" und der „Erwachsenenform" aufgefasst, die jeweils durch den besonders schnell verlaufenden ersten (Kleinkindform → Schulkindform) bzw. zweiten Gestaltwandel (Schulkindform → Erwachsenenform) verbunden sind.

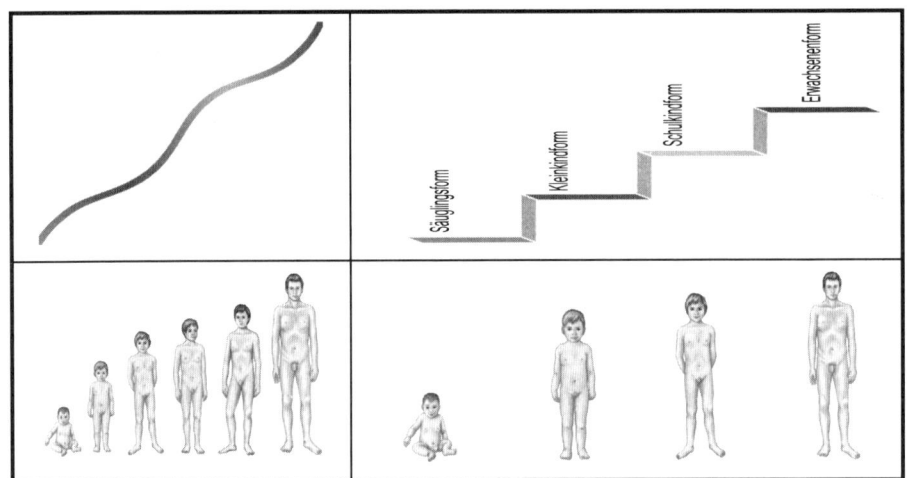

Abbildung 1-17: **Quantitative (links) und qualitative Entwicklung (rechts)**

Man sieht in der linken Darstellung, dass sich die entwicklungsbedingten Veränderungen kontinuierlich und allmählich („quantitativ") vollziehen. Bei dem rechts dargestellten Entwicklungsverlauf mit der Fokussierung auf qualitative Veränderungen zeigen sich während der vier Entwicklungsstufen keine oder nur geringe Veränderungen, während die Übergangsphasen („Gestaltwandel") durch sprunghafte, geradezu krisenhafte „qualitative" Entwicklungsschübe gekennzeichnet sind.

1.6.1 Quantitative Entwicklung

Die Entwicklung vieler körperlicher und psychischer Merkmale kann durch die oben skizzierten Entwicklungskurven hinreichend charakterisiert werden. Trautner (1995, S. 37) schreibt hierzu:

> „Die quantitative Betrachtung der Entwicklung ist historisch eng mit dem *Wachstums-begriff* verknüpft. Der Begriff Wachstum stammt ursprünglich aus der Entwicklungs*bio-logie* ... Mit *Wachstum* werden in der Entwicklungsbiologie quantitative Veränderungen im Sinne einer Volumenzunahme bezeichnet. ... In der Entwicklungs*psychologie* versteht man unter Wachstum hingegen einen Teilaspekt von Entwicklung, nämlich den einer eindimensionalen quantitativen Betrachtungsweise von Entwicklungsvorgängen."

Wie schon gesagt, sind solche Wachstumsmodelle für viele (auch psychische) Entwicklungsverläufe durchaus adäquat, z.B. in den meisten Bereichen der körperlichen Entwicklung, bei der Charakterisierung des kindlichen Wortschatzes, Einzelaspekten der Intelligenz, im Bereich der Wahrnehmung und Motorik, bei der Gedächtnisleistung oder auch bei der Herausbildung musikalischer Fertigkeiten.

Allerdings ist bei der Interpretation von Wachstumskurven eigentlich immer zu hinterfragen, ob das gemessene Merkmal wirklich über die Zeit gleich geblieben ist. Das sei an zwei Beispielen erläutert. In Abbildung 1-18 ist der Prozentsatz von Jungen und Mädchen dargestellt, die mit einem Ball eine bestimmte Zielscheibe treffen. Das gemessene Merkmal (getroffen oder nicht) ist gut definiert und bleibt für alle Versuchspersonen (Vpn) konstant.

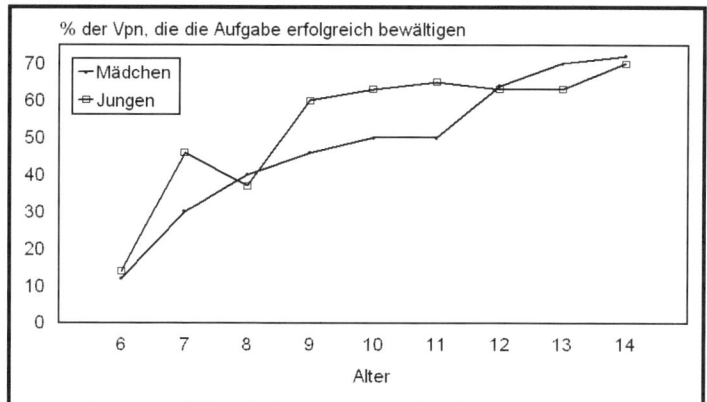

Abbildung 1-18: **Entwicklung der grobmotorischen Geschicklichkeit** (nach: Nickel, 1975, S. 60)

Problematischer zu interpretieren sind die in Abbildung 1-19 dargestellten Wachstumskurven der Intelligenz, denn was in verschiedenen Altersstufen unter „intelligentem Verhalten" zu verstehen ist, ändert sich, wie Hofstätter bereits 1958 nachweisen konnte. In Abbildung 1-19 sind die Entwicklungsverläufe für drei Grundfertigkeiten dargestellt, die für Intelligenzleistungen bei Kindern von Bedeutung sind. Sie wurden von Hofstätter (1958) als

      1. *senso-motorische Wachheit* (F1),
      2. *Persistenz* (F2) und
      3. *Symbolverständnis und sprachliches Denken* (F3)
bezeichnet.

Es wird deutlich, dass senso-motorische Wachheit nur in den ersten Lebensmonaten von Bedeutung ist. Später spielen Ausdauer und Konzentration (Persistenz) eine große Rolle, und ab einem Alter von ca. 9 Jahren sind Intelligenzleistungen fast ausschließlich bedingt durch Symbolverständnis und sprachliches Denken. Hinter dem Konzept der Intelligenz verbergen sich also je nach Altersgruppe ganz unterschiedliche Begabungen und Leistungen. Die Charakterisierung der Intelligenzentwicklung durch eine Wachstumskurve wie in Abbildung 1-18 wäre also (gelinde gesagt) problematisch.

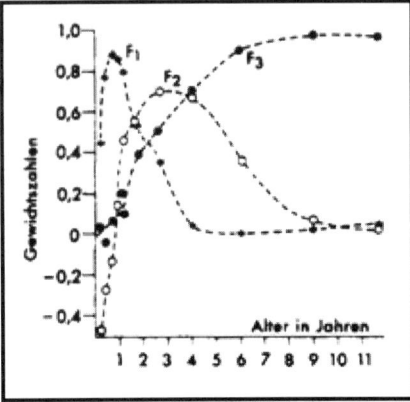

Abbildung 1-19: **Veränderung der Intelligenz mit dem Alter** (aus: Hofstätter, 1958, S. 192)

1.6.2   Qualitative Entwicklung, Stufen- und Phasenlehren

Während man bei der Erstellung von Wachstumskurven die kontinuierlichen, quantitativen Veränderungen in den Vordergrund der Betrachtung stellt, werden aus dem Blickwinkel der qualitativen Entwicklung sprunghafte Veränderungen betont: Der Entwicklungsvorgang wird als diskontinuierlich, als Abfolge gut unterscheidbarer Entwicklungsschritte aufgefasst. Ein berühmtes Beispiel findet sich bei William Shakespeare (o.J.) in der Komödie „Was ihr wollt" im zweiten Akt:

> „Sein Lebenlang spielt einer manche Rollen
> Durch sieben Akte hin. Zuerst das Kind,
> Das in der Wärtrin Armen greint und sprudelt;
> Der weinerliche Bube, der mit Bündel
> Und glattem Morgenantlitz wie die Schnecke
> Ungern zur Schule kriecht; dann der Verliebte,
> Der wie ein Ofen seufzt, mit Jammerlied
> Auf seiner Liebsten Brau'n; dann der Soldat,
> Voll toller Fluch und wie ein Pardel bärtig,
> Auf Ehre eifersüchtig, schnell zu Händeln,
> Bis in die Mündung der Kanone suchend
> Die Seifenblase Ruhm. Und dann der Richter
> Im runden Bäuche, mit Kapaun gestopft,
> Mit strengem Blick und regelrechtem Bart,
> Voll weiser Sprüch und abgedroschner Beispiel;
> So spielt er seinen Part. Das sechste Alter
> Macht den besockten, hagern Pantalon,
> Brill auf der Nase, Beutel an der Seite;
> Die jugendliche Hose, wohl geschont,
> 'ne Welt zu weit für die verschrumpften Lenden;
> Die tiefe Männerstimme, umgewandelt
> Zum kindischen Diskante, pfeift und quäkt
> In seinem Ton. Der letzte Akt, mit dem

Die seltsam wechselnde Geschichte schließt
Ist zweite Kindheit, gänzliches Vergessen,
Ohn Augen, ohne Zahn, Geschmack und alles."

Die Einteilung der menschlichen Entwicklung in „Stufen" oder „Phasen" hat eine lange Tradition und (besonders in der Kommunikation mit Laien) durchaus praktische Vorteile. Dass bei einem Kind, das sich in der „Trotzphase" befindet, Probleme in der Eltern-Kind-Interaktion gehäuft auftreten können, vermittelt schon der Begriff (Kroh, 1928; Schenk-Danzinger, 1984). Und das Konzept des „Gestaltwandels" (K. Thomas, 1979; Zeller & Thomas, 1964) lässt ohne weitere Erläuterungen erwarten, dass sich das äußere Erscheinungsbild des Kindes in dieser Zeit schnell verändert.

Die Einteilung des Entwicklungsprozesses in Entwicklungssequenzen erleichtert die Einarbeitung und das Zurechtfinden auch ohne sehr fundiertes Grundwissen – wie man z.B. an den durchaus brauchbaren Darstellungen von Radigk (1982a; , 1982b) sehen kann. Darüber hinaus kommen Einteilungen des menschlichen Lebenslaufs in mehr oder weniger deutlich abgrenzbare Stufen praktischen gesellschaftlichen Bedürfnissen entgegen,

„die sich aus der Notwendigkeit ergeben, dass Menschen mit anderen Menschen unterschiedlichen Alters umgehen und bestimmte Forderungen an diese stellen müssen bzw. dass von ihnen eine Anpassung an Sitten und Normen verlangt wird. Man muss wissen, was man von einem Menschen in einem bestimmten Alter zu erwarten hat, zu welchen Leistungen er fähig ist, dann kann man auch über die Art der zu stellenden Forderungen und eine adäquate Form der Behandlung entscheiden. So entsprechen den unterschiedlichen gesellschaftlichen Bedürfnissen auch jeweils verschiedenartige Stufeneinteilungen. Sie reichen von den Stufen der sozialen Tüchtigkeit und zugleich der rechtlichen Stellung, die wir schon im Altertum finden, bis zu den unterschiedlichen Stufen der Geschäftsfähigkeit und strafrechtlichen Verantwortlichkeit, wie sie die Gesetzgebung moderner Staaten kennt.

Nicht zuletzt handelt es sich dabei aber auch um Erziehungs- und Ausbildungsstufen, die sich in Ansätzen bereits in so genannten primitiven Gesellschaften nachweisen lassen und die eine klar strukturierte Ordnung für die Art der Behandlung von Kindern und Jugendlichen unterschiedlichen Alters ermöglichen sollen. Aus diesem Grunde bedienten sich auch verschiedene pädagogische Systeme, insbesondere solche der Schulorganisation, einer entsprechenden Stufengliederung als Grundlage für eine bestimmte Abfolge verschiedener Erziehungs- und Ausbildungsarten" (Nickel, 1975, S. 41-42).

Ausgehend von den gesellschaftlichen Bedürfnissen entstanden in der Entwicklungspsychologie schon relativ früh so genannte Stufen- und Phasenlehren, die sich von vorwissenschaftlichen Einteilungen dadurch unterschieden,

„dass sie von der Annahme eines oder mehrerer durchgängiger Prinzipien ausgehen, die den Entwicklungsverlauf bestimmen, bzw. von entwicklungsimmanenten Gesetzmäßigkeiten und Kriterien der Unterscheidung einzelner Lebensabschnitte" (Nickel, 1975, S. 42).

Den meisten Stufenkonzepten ist gemeinsam,

- dass der Entwicklungsverlauf nach einem *durchgängigen Prinzip* (einer „Leitvariablen") beurteilt wird. So sind bei der bekannten Einteilung der kindlichen Entwicklung nach Freud in (1) Orale Phase, (2) Anale Phase, (3) Phallische Phase, (4) Latenzphase und (5) Genitale Phase das Zentrum des (sexuellen) Lustgewinns und damit zusammenhängende charakteristische Konflikte maßgeblich (vgl. Mund, 1987).

- dass dem Entwicklungsprozess eine *einheitliche Theorie* zugrunde gelegt wird. Charlotte Bühler geht z.B. davon aus, dass sich während der kindlichen Entwicklung Phasen der Hinwendung zur Umwelt und der Hinwendung zur eigenen Person abwechseln (Bühler, 1928).

- dass eine bestimmte Entwicklungsstufe *für einen Lebensabschnitt bestimmend* ist:

  „Während dieser Zeit vollzieht sich keine wesentliche Änderung. Das Erreichte wird lediglich ausgebaut und gefestigt" (Oerter, 1975, S. 53).

Zwischen den einzelnen Stufen liegen kurze Abschnitte mit relativ dramatischer Veränderung. Wohl am konsequentesten findet sich diese Betrachtung in der Stufenlehre von Oswald Kroh (1928; , 1932), der die psychische Entwicklung im Kindes- und Jugendalter in drei relativ ruhig verlaufende Stufen (Frühe Kindheit, Eigentliche Kindheit und Reifezeit) unterteilt. Diese werden von zwei krisenhaften Übergangsphasen mit jeweils dramatischen Änderungen unterbrochen (erste Trotzperiode zwischen früher und eigentlicher Kindheit, zweite Trotzperiode zwischen eigentlicher Kindheit und Reifezeit).

- dass die Stufen bei allen Kindern in einer *festgelegten Reihenfolge* aufeinander folgen, die oft als genetisch bedingt angesehen wird. Eine jeweils frühere Stufe bildet die notwendige Voraussetzung für das Erreichen der nächsten. Individuelle Abweichungen gibt es allenfalls in der zeitlichen Dauer. Beispiele für solche Überlegungen finden sich z.B. bei Jean Piaget, bei dem z.B. die in der „sensumotorischen Phase" (Abschnitt 5.5.3.1) sich herausbildende Objektpermanenz (d.h. die Fähigkeit eines Kindes, einen Gegenstand der Umwelt auch dann als existent anzusehen, wenn es ihn nicht sieht) als ein erster Schritt zur Unterscheidung von Objekt und Symbol und damit als Vorstufe des symbolischen Denkens angesehen wird (vgl. Wendt, 1997, S. 294-296).

- dass die Abfolge der Entwicklungsstufen *universell* ist, d.h. in verschiedenen Regionen und (Sub-) Kulturen prinzipiell gleich verläuft. Die Universalität wird oft aus der vermuteten genetischen Bedingtheit der Stufenfolgen abgeleitet.

Die Betrachtung der menschlichen Entwicklung als feste Abfolge von Stufen oder Phasen ist mehrfach unter verschiedenen Gesichtspunkten kritisiert worden. Die wesentlichen Kritikpunkte fasst Trautner (1995, S. 54) wie folgt zusammen:

1. „Stufeneinteilungen der Gesamtentwicklung beruhen eher auf einer gedanklichen Konstruktion als auf einer empirisch gewonnenen Induktion.

2. Stufeneinteilungen lassen das Entwicklungsgeschehen innerhalb einer Stufe weit einheitlicher erscheinen als es tatsächlich ist, weil in der Regel nur bestimmte ins Auge fallende Aspekte zur Charakterisierung herausgegriffen werden.

3. Da der Wechsel von einer zur anderen Stufe als auffällige Veränderung konzipiert ist, wird die Diskontinuität der Entwicklung häufig überschätzt.

4. Stufeneinteilungen lassen interindividuelle Unterschiede der Entwicklung unberücksichtigt. Sie verführen dazu, das Augenmerk auf die Altersgleichheit zu verlegen, anstatt von der Gleichheit der mitgebrachten Voraussetzungen auszugehen.

5. Ungeklärt bleibt in der Regel, wodurch es zu bestimmten Zeitpunkten zur Ablösung einer Stufe durch eine andere kommt. Es werden eher Zustände beschrieben als Übergangsmechanismen mit Erklärungscharakter dargestellt.

6. Verschiedene Stufentheoretiker kommen zu völlig unterschiedlichen Stufeneinteilungen, was die Zahl der Stufen, die zentralen Inhalte und die einzelnen Altersabschnitte betrifft."

Zusammenfassend kann man vielleicht festhalten, dass entwicklungspsychologische Phasen- und Stufenlehren wissenschaftlich nicht unproblematisch sind. In der Veranschaulichung von Entwicklungsverläufen, zur Groborientierung und besonders in der Kommunikation mit Laien bieten sie aber brauchbare Ordnungsschemata, besonders wenn immer wieder auf individuelle Differenzen und mögliche Einschränkungen hingewiesen wird.

1.7   Zur Bedeutung kultureller Einflüsse

Die menschliche Entwicklung von der Geburt bis zum Tod unterliegt mannigfachen Einflüssen. Urie Bronfenbrenner (1981; , 1986) kommt das Verdienst zu, nicht nur auf die Wichtigkeit der Interaktion zwischen Individuum und Umwelt, sondern mit seinem ökologisch orientierten Ansatz auch auf die Wichtigkeit des Zusammenwirkens verschiedener Umweltsysteme hingewiesen zu haben. In seinem ökopsychologischen Modell charakterisiert Bronfenbrenner die menschliche Entwicklung als Prozess verschiedener ineinander verschachtelter und interagierender Systeme, in deren Mittelpunkt das Kind steht (Abbildung 1-20). Ein Vorteil dieser Betrachtungsweise besteht darin, dass unmittelbar einsichtig wird, dass Veränderungen in einem System (z.B. die Geburt eines Geschwisters) Auswirkungen auf das Gesamtsystem hat.

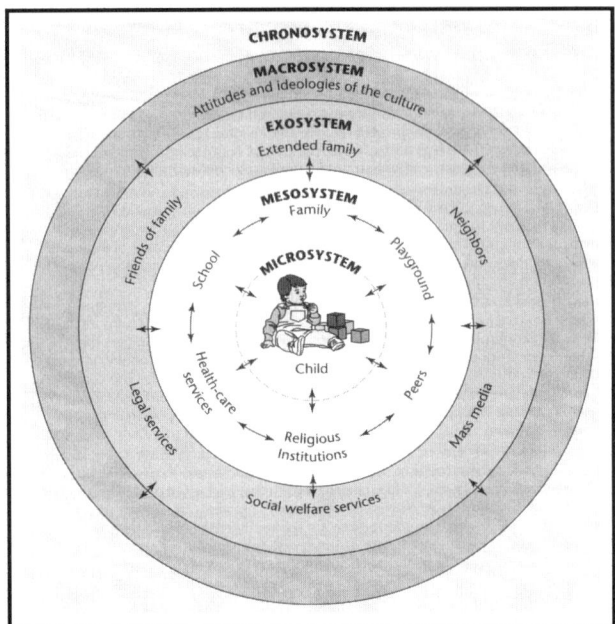

Abbildung 1-20:   **Das ökopsychologische Entwicklungsmodell von Bronfenbrenner** (aus: Hetherington & Parke, 2003, S. 26)

Bronfenbrenners ökopsychologisches Modell umfasst im Einzelnen fünf ineinander geschachtelte Systeme, nämlich:

1. Das *Mikrosystem* ist das unmittelbare Umfeld, das unmittelbare System, in dem das Kind lebt. Es umfasst zunächst die Familie (Eltern, Geschwister, Pflegeeltern, Betreuungspersonen), später u.U. auch enge Freunde und Freundinnen. Die Ökopsychologie berücksichtigt jedoch nicht nur die personellen Beziehungen, sondern auch physische und materielle Bedingungen, z.B. die Wohnverhältnisse.

2. Das *Mesosystem* stellt die nächsthöhere Ebene dar und beinhaltet die Bezüge zwischen zwei oder mehr Mikrosystemen. Dabei stehen die Wechselbeziehungen im Vordergrund. Im Allgemeinen umfasst das Mesosystem z.B. Beziehungen zwischen der eigenen Familie, dem Kindergarten und den Lehrern sowie den Freunden des Kindes.

3. Das *Exosystem* besteht aus einem oder mehreren Mikro- bzw. Mesosystemen, mit denen das Kind normalerweise nicht direkt interagiert, die aber indirekt mit dem Individuum in Wechselwirkung stehen. Dies ist z.B. für das Schulkind die von den älteren Geschwistern besuchte Schule oder für ein Vorschulkind die von den Möglichkeiten des Wohnorts abhängige finanzielle und personelle Ausstattung des Kindergartens.

4. Das *Makrosystem* bezieht sich als höchstes System auf gesamtgesellschaftliche Zusammenhänge, wie z.B. die kulturellen Werte bezüglich der Erziehung von

Kindern oder die allgemeinen Festlegungen für berufliche Arbeit (Möglichkeiten zur Teilzeitarbeit, Vereinbarkeit von Arbeit und Familie). Darüber hinaus gehören auch allgemein gesellschaftlich geteilte Rollenerwartungsmuster in Bezug auf Väter und Mütter zum Makrosystem.

5. Das *Chronosystem*, wurde von Bronfenbrenner ergänzend eingeführt; es umfasst die zeitliche Entwicklung des Gesamtsystems.

Aus Bronfenbrenners Modell wird die Bedeutung kultureller und subkultureller Einflüsse auf die Entwicklung von Kindern (und Erwachsenen) einsichtig:

> „Kulturelle Vielfalt und genetische Vielfalt existieren gemeinsam in der menschlichen
> Art, aber die Kulturen definieren, was gelernt werden soll, was geglaubt werden soll und
> wie man sich zu verhalten hat" (Oerter, 1995b).

Beispiele für diese Einflüsse im Bereich der Schule zeigt Abbildung 1-21.

| Englische Schüler | Japanische Schüler | Deutsche Schülerinnen | Indische Schülerinnen |

Abbildung 1-21: **Beispiele für kulturelle Einflüsse auf die Entwicklung von Kindern**

1.8 Probleme bei der Definition des Alters

Der unbefangene Leser mag bei dieser Überschrift eher an randständige Probleme außerhalb unseres Kulturbereiches denken: ist doch den meisten Mitbürgern nicht nur der Tag, sondern oft auch die Stunde ihrer Geburt genau bekannt, so dass jeder auf die Frage seines Alters eine schnelle und eindeutige Antwort geben kann. Schwierig wird diese Frage allerdings dann, wenn man sich klarmacht, dass in der Entwicklungspsychologie Alter als Synonym für die Zeitdimension steht: uns interessiert also das Entwicklungsalter, und es ist keineswegs zwingend, chronologisches Alter (das ist die alltagssprachliche Definition des Alters) und Entwicklungsalter gleichzusetzen. So könnte man als Alter auch die Zeit seit der Vereinigung von Ei- und Samenzelle definieren (das ist das sog. „Konzeptionsalter"), oder die Zugehörigkeit zu einer bestimmten Generation als Indikator für die Zeitdimension wählen (wie es einmal ein bekannter Politiker in Bezug auf einen ebenso bekannten Nachwuchspolitiker tat, als er über letzteren sagte: „So jung, und schon ein Fossil!").

Im Bereich der körperlichen Entwicklung von Kindern und Jugendlichen sind folgende Altersindikatoren gebräuchlich:

1. Das *Konzeptionsalter*. Das ist die Zeit, die seit der Befruchtung der Eizelle vergangen ist. Es ist allerdings (von Ausnahmen abgesehen) schwierig zu bestimmen. Verwendet wird es vor allem bei der Beschreibung der vorgeburtlichen Entwicklung.

2. Das *Gestationsalter*. Darunter versteht man die Zeit ab dem Beginn der letzten Menstruation vor der Schwangerschaft. Dieses Maß ist ebenfalls bei der Charakterisierung der vorgeburtlichen Entwicklung gebräuchlich; aber auch für die ersten Wochen nach der Geburt (besonders bei zu früh geborenen Kindern) wird es angewandt.

3. Das *Skelettalter*, das röntgenologisch vor allem aus Form und Ausdehnung der Wachstumsfugen der Handknochen durch Vergleich mit einer Serie von „Normbildern" ermittelt wird. Diese Altersdefinition ist bis zum Abschluss des Körperwachstums anwendbar, ist aber mit Belastungen durch Röntgenstrahlen verbunden und deshalb nur sehr eingeschränkt (z.B. bei der Beratung von Eltern, deren Kinder Wachstumsprobleme haben) verwendbar.

4. Das *Zahnalter*, das entweder röntgenologisch oder durch Anzahl und Zustand von Milch- und bleibenden Zähnen bestimmt wird. Nach Tanner (1962, S. 87) hat man mit dem Reifegrad des Gebisses noch nicht genug Erfahrungen gesammelt, um den praktischen Wert der Methode beurteilen zu können. Aus dem Bereich der psychologischen Forschung sind mir auch keine neueren Arbeiten bekannt (Zentralstelle für Psychologische Information und Dokumentation (ZPID), 2006). Von Bedeutung ist das Zahnalter z.B. bei Entscheidungen, ob bzw. wann ein Kind eine Zahnspange bekommen soll oder ob eine operative Gebisskorrektur notwendig und sinnvoll ist.

5. Das *morphologische Alter*, das sich im Wesentlichen auf die Größenverhältnisse verschiedener Körperteile zueinander stützt. Wie Abbildung 1-22 links zeigt, verändern sich die Proportionen einzelner Körperteile zueinander in charakteristischer Weise; insbesondere nimmt die Länge von Extremitäten und Rumpf im Vergleich zum Kopf zu. Diese Veränderungen macht sich das so genannte „Philippiner Maß" zunutze, bei dem mit einer Hand über den Kopf hinweg an das gegenüberliegende Ohr gegriffen werden muss. Dieses Maß war früher ein (unsinniges) Kriterium für die Schulreife. Zur Kritik an diesem Maß vgl. Tücke (2005b, S. 138-139). Das morphologische Alter kann bis zum Ende des körperlichen Wachstums verwendet werden.

6. *Altersbestimmung nach der Entwicklung der sekundären Geschlechtsmerkmale*; diese Altersbestimmung ist besonders während der Pubertät sinnvoll.

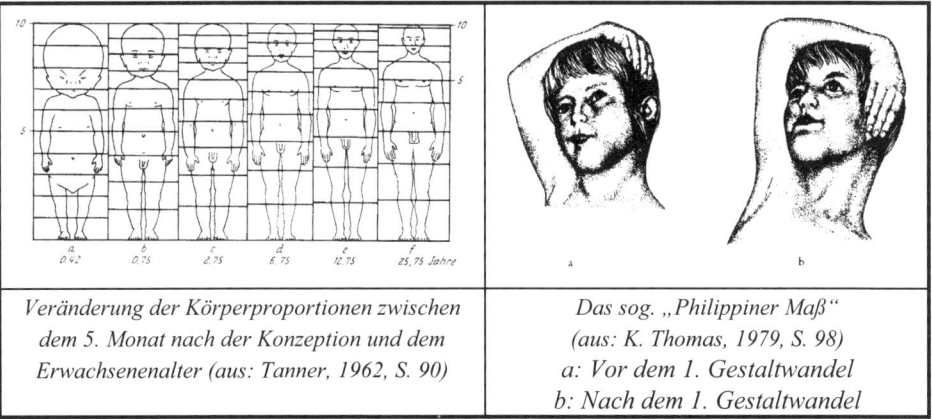

Veränderung der Körperproportionen zwischen dem 5. Monat nach der Konzeption und dem Erwachsenenalter (aus: Tanner, 1962, S. 90)	Das sog. „Philippiner Maß" (aus: K. Thomas, 1979, S. 98) a: Vor dem 1. Gestaltwandel b: Nach dem 1. Gestaltwandel

Abbildung 1-22: **Veränderung der Körperproportionen im Lauf der körperlichen Entwicklung**

Im Bereich der kognitiven und sozialen Entwicklung sind folgende Altersbestimmungen gebräuchlich:

1. Das *Entwicklungsalter*. Es wird auf Grund der Testergebnisse in Entwicklungstests bestimmt, die über den Leistungsstand besonders von Säuglingen und Kleinkindern auf definierten Gebieten Auskunft geben. Beispiele für Entwicklungstests sind z.B.:

   - Der Wiener Entwicklungstest (Kastner-Koller & Deimann, 2002);
   - alle Einschulungstests (vgl. z.B. Tücke, 2005b, Abschnitt 4.5);
   - die Entwicklungstests für das Schulalter (Schenk-Danzinger, 1965);
   - der Fragebogen zur Erfassung von Entwicklungsauffälligkeiten bei Fünfjährigen (Ohrt, Schlack, Largo, Michaelis, & Neuhäuser, 1993);
   - oder das Diagnostische Inventar motorischer Basiskompetenzen bei lern- und entwicklungsauffälligen Kindern im Grundschulalter (Eggert & Ratschinski, 1993).

   Das aus den Testergebnissen zu berechnende Entwicklungsalter hängt im Allgemeinen sehr eng mit dem weiter unten skizzierten Intelligenzalter zusammen.

2. Das *soziale Alter*. Es soll Aufschluss über die erreichte soziale Kompetenz eines Kindes geben. So ist es etwa für einzuschulende Kinder wichtig, dass sie ein gewisses Ausmaß an Selbständigkeit erreicht haben: sie müssen längere Zeit ohne ihre Eltern sein können, sollten gelernt haben, sich eigenständig an- und auszuziehen, und sollten zur Kooperation mit anderen Kindern in der Klasse in der Lage sein. Als Beispiel für ein Testverfahren aus diesem Bereich sei die „Pädagogische

Analyse und Curriculum der sozialen und persönlichen Entwicklung des geistig behinderten Menschen" (Günzburg, 1977) genannt.

3. Das *Intelligenzalter*. Es wird aus den Leistungen eines Kindes in einem dafür geeigneten Intelligenztest bestimmt, z.B. mit dem Kramer Intelligenz Test (Kramer, 1972) oder der nicht-verbalen Intelligenztestreihe von Snijders & Snijders-Ooomen (Snijders & Snijders-Oomen, 1977). Es gibt Aufschluss über den allgemeinen Stand der Intelligenzentwicklung eines Kindes (besonders bei lern- oder geistig behinderten Kindern) und ist wegen seiner Anschaulichkeit besonders im Kontakt mit Eltern gebräuchlich. Ausführlichere Angaben hierzu und eine Kritik dieses Maßes finden sich z.B. bei Tücke (2005b, S. 205-206).

Der Sinn dieser unterschiedlichen Altersdefinitionen liegt in erster Linie in der mangelnden Synchronizität verschiedener Entwicklungsverläufe sowie (pragmatisch) in der Reduktion individueller Differenzen bei ihrer Untersuchung. Für die jeweils betrachteten Teilbereiche der kindlichen Entwicklung sind die Zusammenhänge zwischen dem untersuchten Merkmal (z.B. dem Interesse an Sexualität) und derjenigen Altersvariable, die näher am Merkmal liegt (hier z.B. die Altersbestimmung aufgrund der sekundären Geschlechtsmerkmale) durchweg enger als die jeweiligen Beziehungen zum chronologischen Alter.

In diesem Buch soll immer, wenn vom „Alter" die Rede ist, das chronologische Alter gemeint sein; auf Abweichungen weise ich gesondert hin. In Übereinstimmung mit der gebräuchlichen Schreibweise wird das Alter z.B. als „5;7 Jahre" geschrieben; das bedeutet, dass das entsprechende Kind 5 Jahre und 7 Monate alt ist.

1.9 Wo können entwicklungspsychologische Forschungsergebnisse in Familie und Schule besonders hilfreich sein?

Entwicklungspsychologische Forschung orientiert sich in den letzten Jahren großenteils an gesellschaftlichen Bedürfnissen und deren mittelfristige Umsetzungsmöglichkeiten in praktische Familien-, Schul- und Sozialpolitik. Langfristig angelegte Grundlagenforschung ist im Zeitalter der Verwertbarkeit von wissenschaftlichen Ergebnissen leider mehr und mehr in den Hintergrund getreten.

Einen wesentlichen Vorteil eines Wertewandels bezüglich wissenschaftlicher Forschung möchte ich nicht verkennen: Prinzipiell können sich wesentliche Politikfelder für empirisch fundierte Erkenntnisse öffnen, und politische Entscheidungen könnten damit rationaler, überprüfbar und ggf. schneller als bisher revidierbar sein. Ob das in unserer Gesellschaft allerdings gewünscht ist, steht auf einem ganz anderen Blatt.

Im Folgenden habe ich – einer Anregung von Berk (1997, S. 30-37) folgend – beispielhaft und ohne Anspruch auf Vollständigkeit einige Bereiche der Familien- und Schulpolitik zusammengestellt, in denen fundierte entwicklungspsychologische Erkenntnisse vorliegen und entsprechend umgesetzt werden können.

- *Trennung, Ehescheidung und Patchworkfamilien.* In Deutschland wird mehr als jede zweite Ehe geschieden – mit Konsequenzen für den Unterhalt und Aufenthalt der Kinder sowie die oft strittige Frage des gemeinsamen Sorgerechts (vgl. z.B. Rabaa, 2004; oder: Sander, Endepohls-Ulpe, & Gollia, 2005).

- *Suchtprobleme bei Kindern, Jugendlichen und Erwachsenen.* In Deutschland werden pro Einwohner (Babys und alte Menschen eingerechnet) mehr als 10 Liter reiner Alkohol konsumiert, und das Einstiegsalter beim Gebrauch aller legalen und illegalen Drogen verlagert sich nach vorn (vgl. z.B. Deutsche Hauptstelle für Suchtfragen, 2005).

- *Junge Mütter und Väter.* Zwar gibt es in Deutschland relativ weniger sehr junge Mütter und Väter als z.B. in Großbritannien oder den USA, aber mit der Vorverlagerung des Pubertätseintritts ist das Problem virulent (siehe z.B. Bundeszentrale für gesundheitliche Aufklärung, 2005b);

- *Vernachlässigung und Missbrauch von Kindern.* Hierbei ist weniger an die dramatischen, in den Medien breitgetretenen Einzelfälle des körperlichen und sexuellen Missbrauchs mit Todesfolge zu denken als an die alltägliche Gewalt gegen Kinder, z.B. als Folge von Alkoholmissbrauch bei den Eltern. Ob es in diesen Fällen sinnvoll ist, kleine Kinder bei diesen Eltern zu lassen und ihnen damit quasi-therapeutische Aufgaben zu übertragen, darf füglich bezweifelt werden (vgl. z.B. Haupt et al., 2003; oder: Kury & Obergfell-Fuchs, 2005).

- *Heimerziehung.* Der Bereich der Heimerziehung hat, ohne dass das heute noch gerechtfertigt ist, den Ruch des für ein Kind Schädlichen. Deshalb (und natürlich aus finanziellen Gründen) wird auch da, wo eine Heimeinweisung für das Kindeswohl eigentlich unerlässlich wäre, ein Kind bei den (häufig überforderten) Eltern gelassen oder kurzzeitig in Pflegefamilien gegeben (siehe z.B. Gabriel & Winkler, 2003).

- *Kinder- und Jugendkriminalität.* Laut polizeilicher Kriminalstatistik ist z.B. die Kinder- und Jugendkriminalität in Deutschland in den letzten Jahren kontinuierlich angestiegen. Hier gilt es, Ursachen und effektive Präventions- und Interventionsstrategien zu entwickeln und zu überprüfen (de Boor, 2002; Heinz, 2003).

- *Einschulung.* Deutsche Kinder werden im internationalen Vergleich spät eingeschult, und besonders Migrantenkinder sind sprachlich schlecht auf die Schule vorbereitet (Tiedemann & Billmann-Mahecha, 2004). Es ist zu prüfen, ob z.B. ein früherer und flexibler Einschulungstermin, wie er in manchen Bundesländern auch schon eingeführt ist, der kindlichen Entwicklung besser gerecht wird (vgl. z.B. Fthenakis & Textor, 2004).

- *Umgang mit behinderten Kindern.* In Deutschland werden beispielsweise lern- und körperbehinderte Kinder immer noch häufig in die entsprechende Sonderschule eingeschult, obwohl es weltweit (und auch im deutschen Sprachraum - vgl. z.B. Klicpera & Gasteiger-Klicpera, 2004) gute Erfahrungen mit Integrationsklassen gibt.

- *Bildungsberatung und Schulabbruch.* Stärker als in anderen Ländern ist beispielsweise in Deutschland die Nutzung der Bildungseinrichtungen vom sozialen Hintergrund der Familie abhängig (Prenzel et al., 2005, Kapitel 9 und 10), und jeder fünfte ausländische Jugendlicher verlässt die Schule ohne Abschluss (Cortina, Baumert, Leschinsky, Mayer, & Trommer, 2003, S. 745). Das ist umso verwunderlicher, als schulische Bildung in Deutschland eigentlich keine wesentlichen Kosten für die Eltern verursacht. Hier sind Gründe und Maßnahmen zu analysieren.

- *Schwangerschaft und frühkindliche Entwicklung.* In Deutschland besteht keine Pflicht, sich während einer Schwangerschaft an regelmäßigen Vorsorgeuntersuchungen zu beteiligen. Das führt dazu, dass bei einzelnen Bevölkerungsgruppen Schwangerschaftsvorsorgeuntersuchungen nur sehr unzureichend durchgeführt werden können – mit entsprechenden Risiken für die intrauterine Entwicklung des Kindes. Auch die Vorsorgeuntersuchungen für Säuglinge und Kleinkinder werden nur lückenhaft genutzt. Hier gilt es, Ursachen aufzudecken und geeignete Maßnahmen (Kürzung des Kindergeldes oder der Sozialhilfe?) zu überlegen und zu evaluieren.

- *Kinderarmut.* Da sich auch in Deutschland die sozialen Unterschiede vergrößern, sind relativ viele Kinder von Armut und Obdachlosigkeit betroffen (Stichwort: Straßenkinder – siehe Abbildung 1-23)

Abbildung 1-23:   **Straßenkinder in Deutschland**

- *Vermittlung gesellschaftlicher Werte und Orientierungen.* Nach einem Artikel im „Spiegel"10/2006 entwickelt sich Deutschland zu einer „Gesellschaft von Egoisten". Auch in den Schulen spielt die Diskussion um eine gezieltere Werteerziehung eine bedeutende Rolle (Landesinstitut für Schule und Weiterbildung, 1995; Standop, 2005). Hier kann die Entwicklungspsychologie wesentliche Hinweise bezüglich Angemessenheit, Akzeptanz und Vermittlung geben.

2 Wie kommt die Entwicklungspsychologie zu ihren Daten?

> *„Die Frage: Ist dieses auch wahr? ja bei allem zu tun*
> *und dann die Gründe aufzusuchen, warum man Ursache*
> *habe zu glauben, dass es nicht wahr sei."*
> Georg Christoph Lichtenberg (1742 - 1799)
> Sudelbücher, Heft J, 1252

Methodische Überlegungen, wie sie in diesem Kapitel angestellt werden, sind für „inhaltlich interessierte" Leser meistens uninteressant, und weil sie offensichtlich häufig überlesen werden, finden sie sich in manchen einführenden Büchern zur Psychologie am Ende, manchmal sogar nur als Anhang. Ich finde das schade, denn methodisches Grundwissen gehört nun einmal dazu, wenn man Forschungsergebnisse beurteilen möchte oder muss. Aus Platzgründen kann und möchte ich hier nur auf solche methodischen Fragen eingehen, die für eine grundlegende Beurteilung entwicklungspsychologischer Befunde aus meiner Sicht unverzichtbar sind. Für eine etwas intensivere, aber (hoffentlich) allgemeinverständliche Darstellung methodischer Probleme, die für die Interpretation psychologischer Untersuchungen für Lehrer von Interesse sind, verweise ich auf Tücke (2005b, Kapitel 2).

An einem sehr berühmten Beispiel möchte ich im Folgenden zeigen, dass die Beschäftigung mit den methodischen Grundlagen entwicklungspsychologischer Untersuchungen auch durchaus praktische Konsequenzen hat. 1957 veröffentlichten Pressey & Kuhlen ein sehr einflussreiches Buch zur lebenslangen Entwicklung des Menschen (Pressey & Kuhlen, 1957). Darin wurden u.a. Entwicklungskurven für die Intelligenz am Beispiel von Testergebnissen in drei damals sehr verbreiteten Intelligenztests (Wechsler-Intelligenz-Test, Army Alpha Test und Otis Intelligenz-Test) dargestellt (siehe Abbildung 2-1).

> „Die Entwicklung der mittleren intellektuellen Leistungsfähigkeit zeigt unabhängig vom verwendeten Test einen gleich bleibenden Verlauf. Während der ersten fünfzehn Lebensjahre steigt die Leistung stark an, dann wird die Zunahme geringer, bis sie mit ungefähr 20 Jahren einen Höhepunkt erreicht hat. Dann sinkt die Leistung langsam ab" (Oerter, 1975, S. 412).

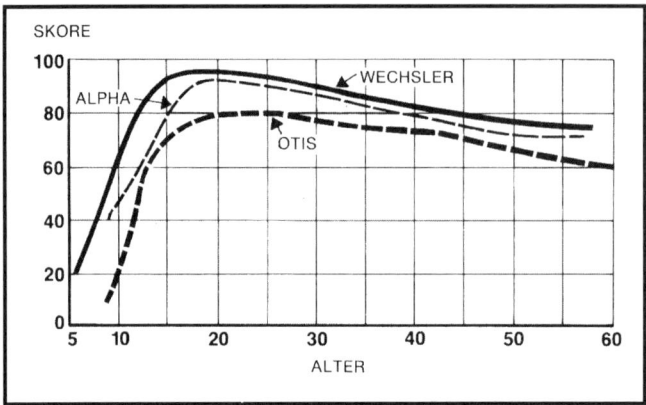

Abbildung 2-1: **Entwicklung der Intelligenzleistungen in drei Tests** (aus: Oerter, 1975, S. 413). Weitere Erläuterungen im Text.

Nun wäre ein solcher Verlauf der Intelligenzentwicklung ja einigermaßen fatal, denn dann wäre der typische Lehramtsanwärter ja schon intellektuell auf dem absteigenden Ast – gar nicht zu reden von Professoren oder Leitenden Angestellten, die ja in der Regel erst in ihre Positionen gelangen, wenn sie das 30. Lebensjahr weit überschritten haben. Dass Erwachsene jenseits des 20. Lebensjahrs schon von beginnenden Intelligenzbeeinträchtigungen geplagt sein sollen, widerspricht eigentlich dem gesunden Menschenverstand und wäre gesamtgesellschaftlich auch einigermaßen fatal: man denke nur an Regierungen und Parlamente oder an deutsche Lehrerkollegien, deren Durchschnittsalter mittlerweile mehr als 50 Jahre beträgt ...

Zum Glück auch für mein Selbstbewusstsein (ich wurde 1945 geboren) kann man an den o.a. Entwicklungskurven methodische Kritik anbringen, die ihren Verlauf erklären und in bessere Übereinstimmung mit unserem Alltagswissen und sonstigen Studien zur Entwicklungspsychologie bringen kann. Den Entwicklungskurven in Abbildung 2-1 liegen nämlich Daten aus so genannten „Querschnittsuntersuchungen" zugrunde, bei denen langfristige gesellschaftliche und kulturelle Trends entwicklungsbedingte Veränderungen verstärken oder auch kompensieren können.

Eine mögliche Erklärung für die eigenartigen Kurvenverläufe in Abbildung 2-1 ergibt sich aus den hypothetischen Überlegungen in Abbildung 2-2. Die Allgemeinintelligenz entwickelt sich nämlich nicht unabhängig von wesentlichen gesellschaftlichen und persönlichen Rahmenbedingungen, die sich förderlich (verbesserte Bildungschancen (vgl. z.B. Weinert, 1994), veränderte berufliche Anforderungen oder vermehrte Angebote zur persönlichen und beruflichen Weiterbildung) oder hinderlich – z.B. Alkoholgebrauch der Mutter während der Embryonalentwicklung (vgl. Löser, 1996) oder wenig förderliche Umweltbedingungen (vgl. die klassische Untersuchung von Elfriede Höhn an den Kindern englischer Kanalschiffer: Höhn, 1974) – auswirken können.

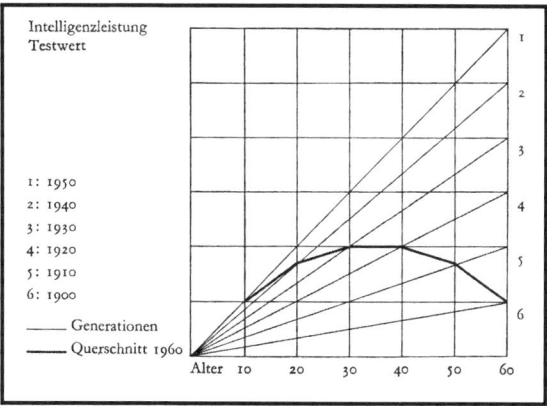

Abbildung 2-2: **Generationsunterschiede und ihre Auswirkungen auf Quer-schnittsuntersuchungen** (aus: Nickel, 1975, S. 100). Hypothetisches Beispiel; weitere Erläuterungen im Text.

Es ist nicht unplausibel, dass die o.a. und andere Bedingungen dazu führen, dass für verschiedene Altersgruppen die Geschwindigkeit der Intelligenzentwicklung unterschiedlich ist. So könnte z.B. für die Generation der im Jahre 1900 geborenen Menschen, die 1960 sechzig Jahre alt waren, die Intelligenzentwicklung zumindest in Teilbereichen der unteren Geraden entsprechen; für die Generation der 1950 geborenen (die 1960 10 Jahre alt waren) könnte sie der oberen Geraden folgen. Dass diese Überlegungen nicht ganz aus der Luft gegriffen sind, zeigen z.B. Untersuchungen zum Flynn-Effekt (Flynn, 1996) oder Ergebnisse aus der Bonner Längsschnittstudie (siehe z.B. Rudinger & Rietz, 1995). Wenn man nun z.B. 1960 die Intelligenz verschiedener Altersgruppen getestet und die Ergebnisse in einer „Entwicklungskurve" dargestellt hätte, wäre diese vielleicht der dicker gezeichneten Linie nahe gekommen. Man hätte dann fälschlicherweise folgern können, dass die Intelligenz ab dem 40. Lebensjahr abfällt, obwohl sie im angeführten (nochmals: hypothetischen!) Beispiel zumindest bis ins 60. Lebensjahr ansteigt – wenn auch mit unterschiedlicher Geschwindigkeit.

Ich denke, dass mit diesem Beispiel die Relevanz methodischer Grundkenntnisse auch für „nur inhaltlich" interessierte Leser dokumentiert ist. Ich werde mich bemühen, auch in diesem Kapitel verständlich zu bleiben und die hier angesprochenen Probleme auf notwendige zentrale Punkte zu beschränken.

Auch mit den ausgefeiltesten Methoden kann man allerdings manche im alltäglichen Leben oder in werteorientierten Diskussionen wichtige Fragen nicht beantworten. Stellen Sie sich einmal vor, eine um die Erziehung ihres ersten Kindes besorgte Mutter sagt zu Ihnen: „Jetzt hast du dich doch schon mehrere Semester mit Psychologie beschäftigt, und da hast du doch auch viel über Kinder und Jugendliche gelernt. Wie ist das nun eigentlich: Sind Kinder von Natur an rein und gut (Abbildung 2-3 links), oder sind sie von Natur aus böse (Abbildung 2-3 rechts)?". Diese Frage können wir mit den uns bis jetzt zur Verfügung stehenden Methoden nicht bearbeiten oder gar beantworten.

Sind Kinder von Natur aus „Unschuldslämmer" oder „kleine Teufel"?

Abbildung 2-3: **Manche im Alltag wichtige Fragen lassen sich auch mit den ausgeklügelsten Methoden nicht beantworten** (Bilder aus: Shaffer, 1999, S. 8)

2.1 Entwicklungspsychologische Datenquellen

Die Güte und Interpretierbarkeit entwicklungspsychologischer Befunde hängt ganz entscheidend davon ab, welches Datenmaterial ihnen zugrunde liegt. Im Umgang mit Kindern sind ganz besonders strenge Maßstäbe an psychologische Untersuchungen anzulegen, damit eventuelle Beeinträchtigungen der Probanden ausgeschlossen werden. Untersuchungen etwa zur Konditionierung von Angst, wie sie z.B. Watson & Rayner (1920) durchgeführt haben, wären nach unseren heutigen Vorstellungen undenkbar (siehe Abschnitt 2.3). Darüber hinaus verweigern viele Eltern aus teilweise irrationalen Vorbehalten heraus die Mitarbeit an psychologischen Untersuchungen. Deshalb werden in der entwicklungspsychologischen Forschung auch solche Datenquellen genutzt, die nicht oder nur teilweise den strengen wissenschaftlichen Anforderungen bezüglich Objektivität, Zuverlässigkeit und Gültigkeit genügen (Tücke, 2005b, Abschnitt 6.4). Diese Daten waren historisch zunächst die wichtigsten. Später konnten sie ergänzt werden durch „genauere" Befunde. Z.Zt. werden sie im Zuge der Betonung subjektiver Erlebnis- und Verarbeitungsweisen in der Psychologie sowie der weithin spürbaren Skepsis von wichtigen Einrichtungen für Kinder und Jugendliche (Kindergärten, Schulen, Heimen, Jugendzentren) gegenüber empirischen Forschungsprojekten und bürokratischer Hemmnisse (oft kaschiert unter der Decke des „Datenschutzes") notgedrungen wieder wichtiger.

2.1.1 Datenerhebung ohne planmäßige Kontrolle der Randbedingungen

In diesem Abschnitt werden Datenquellen beschrieben, bei denen die möglichst genaue Beschreibung von Entwicklungsverläufen im Vordergrund steht und die unter natürlichen Randbedingungen anfallen. Der Forscher beschränkt sich bei der Auswertung dieser Quellen auf die Dokumentation und Interpretation der Befunde.

> „Dementsprechend sind die so gewonnenen Befunde in der Regel allein auch nicht geeignet, daraus allgemeine Schlüsse abzuleiten, Fragen verlässlich zu beantworten oder Hypothesen zu entscheiden. Wohl aber können sie dort, wo eine experimentelle Über-

prüfung bisher nicht möglich war, erste wichtige Hinweise geben und außerdem in Verbindung mit Beobachtungen unter kontrollierten Bedingungen und insbesondere mit Experimenten wertvolle ergänzende Aufschlüsse liefern. Sie ermöglichen u.a. einen Einblick in relativ komplexe Vorgänge des Erlebens und Verhaltens auf verschiedenen Altersstufen, so etwa in die Denkstrukturen, sozialen Beziehungen und das emotionale und motivationelle Verhalten und deren vielfältige kulturelle und gesellschaftliche Abhängigkeiten" (Nickel, 1975, S. 84).

2.1.1.1   Einzelfallstudien

Die genaue Beobachtung von Entwicklungsverläufen an Individuen und deren Dokumentation kann wertvolle Hypothesen insbesondere über solche Bereiche liefern, die noch relativ unerforscht sind. Gut dokumentierte Einzelfälle können darüber hinaus in späterer Zeit wertvolle historische Datenquellen sein, wie wir z.B. bei Abbildung 1-9 gesehen haben. Auch längerfristig angelegte und gut dokumentierte Foto- oder Videodokumentationen einzelner Entwicklungsverläufe können spannende Datenquellen sein (Abbildung 2-4).

Abbildung 2-4:   Stationen der körperlichen Entwicklung eines Mädchens zwischen 1;8 und 16 Jahren (Kunz & Kunz, 1993)

Insbesondere in der Frühzeit der Entwicklungspsychologie basierten zentrale Forschungsaussagen auf Verallgemeinerungen von Einzelbeobachtungen an den Kindern der jeweiligen Autoren – mit allen daraus resultierenden Fehlermöglichkeiten, besonders bezüglich der Repräsentativität so gewonnener Erkenntnisse.

2.1.1.2   Analyse von Tagebüchern und anderen Aufzeichnungen

Viele Kinder (insbesondere Mädchen) machen auch heute noch – besonders zum Zeitpunkt ihrer Pubertät – zumindest sporadisch Aufzeichnungen über wesentliche Ereignisse in ihrem Leben, ihre Sehnsüchte und Enttäuschungen, ihre Probleme und Erfolge. Diese Quellen sind für die entwicklungspsychologische Forschung insoweit relevant, als in ihnen häufig sehr intime oder gar tabuisierte Bereiche angesprochen werden, an die man anders nicht „rankommt". Eine historisch aufwendige Analyse von Tagebüchern hat Charlotte Bühler vorgelegt (Bühler, 1934); in neuerer Zeit wurden Tagebuchaufzeichnungen z.B. bei der Genese eines Selbstmordes (Hauck, 1996) oder zur Beschreibung der Entwicklung im Jugendalter (vgl. z.B. Soff, 1989; oder: Soff, 1996) eingesetzt. Tagebuchaufzeichnungen sind höchst subjektiv, manchmal verfälscht oder rechtfertigend und überdies kulturell überformt, so dass ihr wesentlicher Wert historisch ist (vgl. Hetzer, 1989).

Abbildung 2-5: **Berühmte Tagebuchaufzeichnungen: Anne Frank (links) und Samuel Pepys (rechts)**

Berühmte Beispiele für entwicklungspsychologisch und historisch interessante Tagebuchaufzeichnungen (Abbildung 2-5) sind die Tagebücher der Anne Frank (Frank, Pressler, & Frank, 2002) oder des Samuel Pepys (Pepys, 1980).

2.1.1.3   Analyse von Kinderzeichnungen und anderen Gestaltungen

Die meisten Eltern beobachten die motorischen und besonders die zeichnerischen Fortschritte ihrer Kinder mit Interesse und Wohlgefallen, und da ist es eigentlich kein Wunder, dass sich das Interesse der Entwicklungspsychologen schon früh der Kinderzeichnung und den „Bauten" von Kindern zugewandt hat. Die Kinderzeichnung ist in der Auswertung nach Goodenough (1926; deutsch adaptierte Fassung: Ziler, 1977) für Kinder zwischen ca. vier und zwölf Jahren ein akzeptabler Indikator für die Allgemeinintelligenz (vgl. Abbildung 2-6). Versuche, Kinderzeichnungen persönlichkeitspsychologisch zu deuten, waren weniger erfolgreich. Auch die Deutung von Kinderbauten, wie sie etwa im Welt-Test Verwendung fanden (Bühler, 1955), ist problematisch.

Neben der Kinderzeichnung sind auch andere Produkte von Kindern entwicklungspsychologisch interessant: Klosprüche (Rühmkorf, 1969), in der Klasse abgefangene Spickzettel oder „Liebesbriefe", Kritzeleien auf Schultischen, in Schulheften oder Büchern[5] oder auch Graffiti (Beispiele siehe Abbildung 2-7).

---

[5] Dazu eignen sich öffentliche (Universitäts-)Bibliotheken sehr gut. Man kann die dort ausleihbaren Bücher kaum noch lesen, weil sie so vollgeschmiert sind.

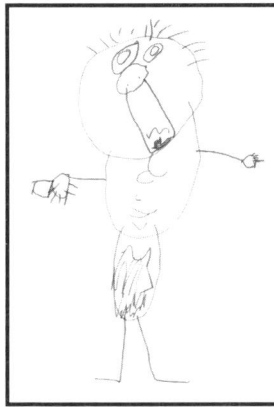

Abbildung 2-6: **Menschzeichnung unserer Tochter Klara im Alter von 4;3 Jahren** (verkleinert; einzelne Körperteile sind noch stark schematisiert; der Rumpf wird schon abgebildet; die Anzahl der Finger an der rechten Hand ist korrekt; Profildarstellungen fehlen)

„Auf diesem Scheißhaus wohnt ein Geist,
der jedem, der zu lange scheißt
von unten in die Eier beißt.
Mich aber hat er nicht gebissen.
Ich hab ihm ins Gesicht geschissen.
Und die Moral von der Geschicht:
Beschissne Geister beißen nicht."

Abbildung 2-7: **Beispiele für weitere entwicklungspsychologisch interessante „Gestaltungen" von Schülern: Klosprüche, Kritzeleien in Schulheften und Büchern, Graffiti**

Im Zuge aktueller Suchen nach sexuellem Kindesmissbrauch[6] ist es in Mode gekommen, vom Spiel mit „anatomischen Puppen" und sich daran anschließender geradezu inquisitorischer Befragung der Kinder – häufig durch psychologisch nicht hinreichend geschulte und ideologisch voreingenommene Laien – auf Entwicklungsbeeinträchtigungen insbesondere durch sexuellen Missbrauch der Kinder durch Erwachsene zu schließen. Die wissenschaftliche Solidität dieses Vorgehens ist in Anbetracht der mangelnden diagnostischen Güte dieses Datenmaterials mehr als fragwürdig (vgl. z.B. Greuel, 1997; Scholz & Endres, 1996; Sporer & Bursch, 1997)[7].

---

[6] Um Missverständnissen vorzubeugen: Ich möchte das Problem des Kindesmissbrauchs in jeder Form keineswegs verharmlosen. Kinder sind in jeder Hinsicht schutzwürdig. Nicht nachvollziehen kann ich allerdings modische Trends, die mit dem Rückenwind der guten Sache häufig angebrachte Sorgfalt vermissen lassen und damit das Leben unrechtmäßig Beschuldigter mit zweifelhaften „Anhaltspunkten" ruinieren.

[7] Wenn man sich die „anatomisch korrekten Puppen" einmal unvoreingenommen ansieht, wundert es

2.1.1.4 Literarische Quellen

Auch literarische Verarbeitungen von Kindheitserinnerungen sind als Anregung für entwicklungspsychologische Forschungen durchaus interessant, wenn man ihnen nicht unbedingt wissenschaftliche Exaktheit unterstellt, sondern sie als das nimmt, was sie sind: literarische Zeugnisse einer bestimmten Zeit. So habe ich etwa Erwin Strittmatters großartige Trilogien „Der Wundertäter" (Strittmatter, 1991) und „Der Laden" (Strittmatter, 1990-1992) mit großem Genuss gelesen, nebenher einiges über Kindheit und Jugend bei der sorbischen Minderheit in der Lausitz erfahren und obendrein auch Ungewohntes über die gesellschaftliche Entwicklung in den Anfangsjahren der DDR. Und auch jetzt haben für mich literarische Verarbeitungen der gesellschaftlichen Verwerfungen im Zuge der deutschen Vereinigung, ihre Herleitungen und Rechtfertigungen nicht nur Unterhaltungs- und Informationswert, sondern sie stellen neben den „seriösen" Studien zur Kindheits- und Jugendentwicklung im vereinten Deutschland (siehe z.B. Hille, 1991; Jugendwerk der Deutschen Shell (Hrg.), 1997, besonders ab S. 277) eine nicht zu vernachlässigende Informationsquelle dar. Literarische Quellen können Aufschluss geben über Subkulturen, zu denen man als Forscher nicht ohne weiteres Zugang hat (vgl. z.B. Fascher & Flesch, 2006; oder: Welt, 1997), oder historische Kontexte (vgl. z.B. Bosetzky, 1997; oder: Lentz, 2004). Auch wenn diese Quellen literarisch überformt und in Teilen ins Reich der Phantasie gehören, können Sie dennoch nicht nur unterhaltsam, sondern auch als ernst zu nehmende wissenschaftliche Datenquelle nützlich sein, wie z.B. die „Prinzessinnen-Tagebücher" von Meg Cabot (2001) oder Franz Kafkas „Brief an den Vater" (Kafka, 1999) zeigen.

Abbildung 2-8: **Kinder beim Spiel. Die Beobachtung von Kindern beim Spiel kann anregende Informationen über die motorische Entwicklung, Sozialverhalten oder auch (sub)kulturelle Entwicklungsunterschiede liefern.** (Bildausschnitt links aus: H. Gardner, 1978, S. 245)

---

eigentlich nicht, dass Kinder an deren Geschlechtsteilen spielen: die anderen Sachen sind ziemlich langweilig, bekannt und müssen von der kindlichen Neugier nicht mehr erforscht werden.

2.1.1.5   Beobachtungen in natürlichen Situationen

Zu den Beobachtungen in natürlichen Situationen gehören zunächst Gelegenheits- oder Zufallsbeobachtungen. *Gelegenheitsbeobachtungen* sind eher zufällige, anekdotische Wahrnehmungen (Abbildung 2-8).

Z.B. könnte ein Elternpaar beim Spiel seines Kindes beobachten, dass es häufig mit den Augen zwinkert, und die Vermutung hegen, dass das Kind kurzsichtig sein könnte. Diese Hypothese könnte dann, um eventuelle Entwicklungsbeeinträchtigungen zu verhindern, von einem Augenarzt überprüft werden, der ggf. Korrekturmaßnahmen empfehlen und einleiten könnte. Gelegenheitsbeobachtungen sind wenig kontrolliert und vielen Fehlern bei der Registrierung des Verhaltens unterworfen:

> „Sie reichen von der subjektiven, mehr oder weniger willkürlichen Auswahl dessen, was aufgefasst wird, über Veränderungen der Wahrnehmungsinhalte durch Einstellungen, Haltungen und Emotionen des Beobachters, wie solche der Sympathie oder Ablehnung und erzieherischen Missbilligung, bis zu Erinnerungstäuschungen und Ausfällen aufgrund von Erinnerungslücken bei der meistens wesentlich später erfolgenden schriftlichen Fixierung. Da die Ereignisse ferner oft nicht nur überraschend eintreten, sondern auch gänzlich unkontrolliert ablaufen, ist es für den Beobachter häufig recht schwer, sich auf das Wesentliche zu konzentrieren und weniger Bedeutsames oder Irrelevantes zu vernachlässigen (Nickel, 1975, S. 81-82).

Systematische Beobachtung wird im Gegensatz zur Gelegenheitsbeobachtung absichtlich und nach einem vorgegebenen Plan durchgeführt; häufig werden auch besonders geschulte Beobachter oder zusätzliche Hilfsmittel (Videodokumentationen, Protokollbögen, Beobachtungsschemata) eingesetzt, die die Genauigkeit erhöhen sollen. Systematische Beobachtungen sind insbesondere bei kulturvergleichenden Untersuchungen von unschätzbarem Wert. So leisteten etwa Beobachtungen von Dennis & Dennis (1940) an einer besonderen Art der Kinderbetreuung, dem sog. „Swaddling", bei dem Neugeborene auf einem Weidenkorb („cradle board") festgebunden und von der Mutter getragen werden können (Abbildung 2-9), wertvolle Hinweise zur Erbe/Umwelt-Diskussion der menschlichen Entwicklung (vgl. Kapitel 3). Übrigens hat sich gezeigt, dass das Swaddling durchaus auch positive Einflüsse auf die kindliche Entwicklung haben kann (Brackbill, 1971; Tronick, Thomas, & Daltabuit, 1994).

Allerdings muss man auch bei systematischen Beobachtungen mit Fehlern bei der Registrierung und Interpretation des Verhaltens rechnen (vgl. z.B. Krekeler, 1995; oder: Tücke, 2005b, Kapitel 11).

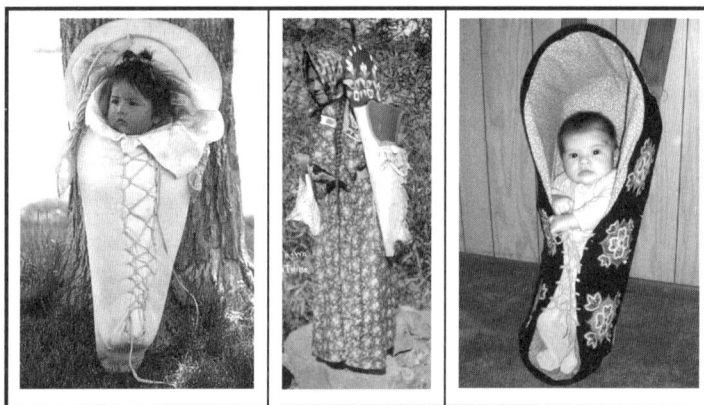

Abbildung 2-9: **„Swaddling" bei den Shoshone-Indianern (links und Mitte) und bei den Creek-Indianern** (Bild links aus: Gleitman, 1994, S. 503)

Eine berühmte Kontroverse um mögliche Fehler bei der systematischen Beobachtung bei interkulturellen Untersuchungen rankt sich um die Studien der berühmten Anthropologin Margaret Mead über das Verhältnis der Geschlechter und soziale Beziehungen bei verschiedenen Stämmen in Neuguinea. 1925/26 reiste sie als junge Anthropologin allein nach Samoa, wo sie heranwachsende Mädchen beobachtete und (mit Hilfe eines Dolmetschers) befragte. Mit einigem Erstaunen hielt sie fest, dass die bis dahin als starr geltenden sozialen Rollen kulturell vorgegeben waren und nicht – wie bisher allgemein angenommen – für alle Menschen allgemein gültig waren (vgl. Mead, 2002).

Abbildung 2-10: **Margaret Mead und Derek Freeman. Erläuterungen im Text**

„1983 widersprach Derek Freeman Meads Ergebnissen in einer neuen Studie (Freeman, 1999). Anders als Mead war Derek Freeman der samoanischen Sprache kundig. Seitdem stellt sich die Frage, ob Meads Forschungen als widerlegt gelten müssen, ob sich die samoanische Gesellschaft in fünfzig Jahren wirklich so stark verändern konnte oder ob das Geschlecht der Forscher in diesem Fall eine größere Rolle spielte, das heißt, Mead und Freeman als weibliche beziehungsweise männliche Forscher unterschiedliche Per-

spektiven der selben Gesellschaft zu Gesicht bekamen"
(de.wikipedia.org/wiki/Margaret_Mead).

Es lohnt sich, sich exemplarisch über diese Kontroverse genauer zu informieren. Dazu eignet sich meines Erachtens das Buch von Hal Hellman: „Zoff im Elfenbeinturm", in dem auch andere „große" wissenschaftliche Kontroversen ausführlich, kompetent und verständlich dargestellt werden (Hellman, 2000, Kapitel 10), besonders gut.

Die Vorteile der Methoden ohne planmäßige Kontrolle der Randbedingungen sind vor allem ihre weitgehende Lebensnähe und ihre Anwendbarkeit auch bei komplexen Problemstellungen, während ihre Grenzen vor allem in ihrer mangelnden Eignung liegen, kausale Zusammenhänge aufzudecken:

> „A description can only tell *what* is, explanations as to *why* remain lacking"[8] (Sheppard & Willoughby, 1975)

2.1.2 Datenerhebung mit weitgehender Kontrolle der Randbedingungen

Im Gegensatz zu den im Abschnitt 2.1.1 beschriebenen Methoden wird bei den hier erwähnten Vorgehensweisen Wert darauf gelegt, dass möglichst viele potentiell störende Einflüsse auf die interessierenden Verhaltens- und Erlebnisweisen irgendwie kontrolliert werden. Das kann geschehen durch:

- *Ausschalten von Störvariablen.* So könnte man etwa vermuten, dass die Fähigkeit von kleinen Kindern, vor ihren Augen verborgene Gegenstände zu suchen, durch subtile Hinweise anwesender Eltern beeinflusst wird. Entsprechende Untersuchungen könnten dann in Abwesenheit der Eltern durchgeführt werden.

- *Konstanthalten von Störvariablen.* Wegen unterschiedlicher Sozialisationsbedingungen könnte die Rollenfindung bei türkischen und deutschen Kindern unterschiedlich verlaufen. Man könnte deshalb das Merkmal „Nationalität" konstant halten und z.B. den Entwicklungsverlauf nur bei türkischen Kindern untersuchen (vgl. z.B. Akgün, 1993).

- *Zufällige Aufteilung der Probanden („Randomisierung").* Hier teilt man die Probanden zufällig auf die zu untersuchenden Untersuchungsbedingungen auf – in der Hoffnung, dass sich damit mögliche Störeinflüsse wechselseitig aufheben. Ein solcher Plan wurde z.B. von Kaplan & Chadwick (1987) bei einem Bewältigungstraining an Jugendlichen mit Typ-I-Diabetes erfolgreich angewandt.

- *Statistische Kontrolle von Störeinflüssen.* Viele Entwicklungsverläufe sind bei Jungen und Mädchen schon deshalb unterschiedlich, weil die körperliche Entwicklung bei Mädchen schneller verläuft. Will man Daten in gemischten Spielgruppen erheben,

---

[8] Sinngemäße Übersetzung: „Eine Beschreibung gibt nur darüber Aufschluss, *was* ist. Erklärungen, *warum* es so ist, fehlen."

kann man dann unter gewissen Voraussetzungen z.B. Geschlecht und Alter „statistisch" kontrollieren. Dazu braucht man aber den Rat eines kompetenten Methodikers.

2.1.2.1 Systematische Beobachtung in kontrollierten Situationen

Bei dieser Art der Datenerhebung werden die Kinder in einer vorher möglichst genau definierten Situation beobachtet, entweder in ihrer vertrauten Umgebung (Abbildung 2-11) oder in einem speziell hergerichteten Beobachtungsraum (Abbildung 2-12).

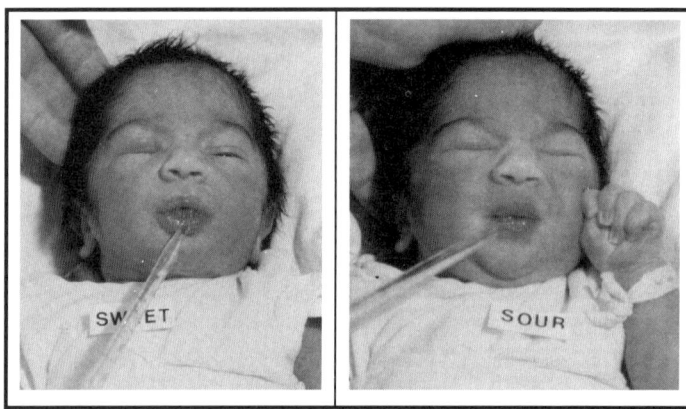

Abbildung 2-11:   **Untersuchung von Geschmackspräferenzen bei Neugeborenen** (aus: Schrader, 1993, S. 32). Die Präferenz für Süßes ist offenbar angeboren, wie man dem Ausdrucksverhalten des Neugeborenen entnehmen kann.

Abbildung 2-12:   **Beispiele für einen Kinderbeobachtungsraum** (Bild links aus: Hetherington & Parke, 2003, S. 44; Bild rechts aus: Thompson, 1962, S. 38)

Beide Vorgehensweisen haben Vor- und Nachteile: in ihrer vertrauten Umgebung „fremdeln" Kinder weniger und zeigen ihr „natürliches" Verhalten, in speziellen Beobachtungsräumen sind dagegen die Kontrolle der Umgebung und technische Hilfsmittel in der Regel besser realisierbar. Allerdings sind Eingewöhnungszeiten unerlässlich.

2.1.2.2   Empirische Erhebungen

Empirische Erhebungen sind z.B. Befragungen oder Beobachtungen, die unter Beachtung von Prinzipien der psychologischen Untersuchungsplanung durchgeführt werden, wie sie z.B. bei Tücke (2005b) im Kapitel 2 zusammengestellt sind.

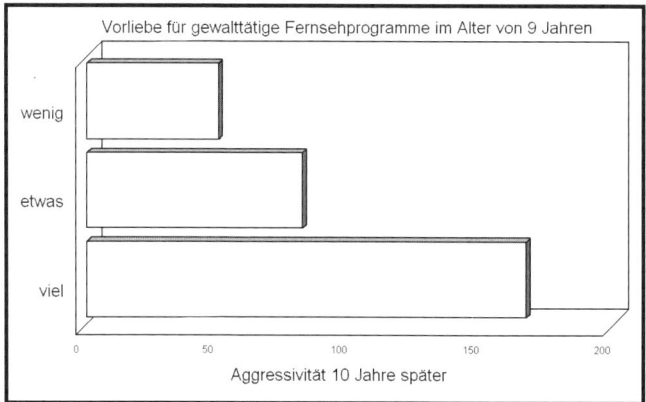

Abbildung 2-13:   Fernsehgewohnheiten und Aggressivität (nach: Eron, Huesmannn, Lefkowitz, & Walder, 1972)

Als Beispiel für eine empirische Untersuchung möchte ich eine Untersuchung von Eron, Huesmann, Lefkowitz & Walder (1972) anführen. Die Autoren interessierten sich für Entwicklungsbedingungen aggressiven Verhaltens bei Kindern und Jugendlichen. Sie registrierten zunächst bei neunjährigen Jungen (das Geschlecht wurde konstant gehalten) deren Konsum gewalttätiger Fernsehsendungen. Dann ließen sie 10 Jahre später bei denselben Probanden deren Aggressivität durch Gleichaltrige beurteilen. Es ergab sich der in Abbildung 2-13 dargestellte Zusammenhang.

In einer Folgeuntersuchung zeigte sich, dass dieser Zusammenhang bis ins Erwachsenenalter hinein weiter besteht: die Vorliebe für aggressive Fernsehsendungen ging mit einer verstärkten Neigung zu kriminellen Handlungen einher (L. Huesmann, Moise-Titus, Podolski, & Eron, 2003). So weit, so gut. Wie ist nun aber der Zusammenhang zu erklären? Die relativ nahe liegende Vermutung, dass Gewalt im Fernsehen Kinder aggressiv macht, ist nur eine von mehreren möglichen. Es könnte auch sein, dass aggressive Kinder gewalttätige Sendungen im Fernsehen bevorzugen, oder dass Störvariablen (z.B. soziale Schicht oder die Erziehungsintensität der Eltern) den gefundenen Zusammenhang hinreichend erklären – kurz: aus empirischen Untersuchungen Kausalzusammenhänge abzuleiten, ist außerordentlich schwierig. Im vorliegenden Fall führen die Autoren zwar viele statistische Tests und Überlegungen an, die einen ursächlichen Zusammenhang zwischen gewalttätigen

Fernsehsendungen und Aggressivität unterstützen. Die von Eron vor einem Komitee des US-Senats vorgetragene Feststellung (Eron, 1999):

„Over 40 years of research by many behavioral scientists has validated the causal connection between the observation of television violence and the subsequent violent behavior of young viewers, with a significant carryover into adulthood... A number of national commissions composed of eminent scholars who have reviewed all of the available studies have all come to the same conclusion – there is a causal relation between viewing violent television and subsequent behavior."

ist zwar plausibel und als Handlungsleitlinie bis zum Beweis des Gegenteils haltbar – wissenschaftlich exakt bewiesen ist der Kausalzusammenhang allerdings nicht (und aus ethischen Gründen – vgl. Abschnitt 2.3 – wohl auch kaum zu führen).

Die Problematik der Kausalinterpretation empirischer Befunde möchte ich noch an einem weiteren Beispiel erläutern. Nehmen wir mit La Barba (1981, S. 22) einmal an, wir würden uns für den Zusammenhang zwischen Geburtsgewicht (der „unabhängigen Variablen") und späteren Lernschwierigkeiten in der Schule (der „abhängigen Variablen") interessieren und feststellen, dass Kinder mit unterdurchschnittlichem Geburtsgewicht später häufiger Lernstörungen haben. Eine Kausalinterpretation würde sich schon deshalb verbieten, weil das Geburtsgewicht von vielen externen Faktoren abhängt (u.a. davon, ob die Mutter während der Schwangerschaft geraucht hat – vgl. Abschnitt 3.3). Viele entwicklungspsychologische Befunde beruhen auf empirischen Erhebungen und sind bezüglich der auf Kausalannahmen beruhenden Folgerungen jederzeit offen für Revisionen.

Weitere Hinweise zum Problem der Kausalität bei empirischen Untersuchungen finden sich z.B. bei Tücke (2005b, S. 53-70).

2.1.2.3   Experimentelle Untersuchungen

In experimentellen Untersuchungen können die Randbedingungen (insbesondere die „unabhängige Variable" und wichtige „Störvariable") noch besser kontrolliert werden als bei empirischen Erhebungen. Deshalb sind daraus abgeleitete kausale Erklärungen oft verlässlicher. Allerdings sind entwicklungspsychologische Experimente oft aufwendig und müssen in für die Kinder ungewohnten Umgebungen durchgeführt werden. Das wiederum kann die Übertragbarkeit der Ergebnisse beeinträchtigen. Als Beispiel für eine experimentelle Untersuchung sei eine Studie zur Imitation bei Neugeborenen angeführt.

Meltzoff & Moore (1977) untersuchten in einer klassischen (aber später durchaus kontrovers diskutierten Studie) die Frage, inwieweit die Fähigkeit zur Nachahmung schon kurz nach der Geburt ausgeprägt (also angeboren) ist. Erwachsene „Modelle" führten im Blickfeld des Neugeborenen (Neugeborene können noch nicht so gut sehen wie Erwachsene) ausgewählte, gut sichtbare Bewegungen aus: sie streckten z.B. die Zunge heraus (Abbildung 2-14 links), öffneten den Mund weit, streckten die Lippen vor und bewegten die Finger (,,unabhängige Variablen"). Gleichzeitig wurden die Reaktionen der Neugeborenen registriert (,,abhängige Variablen"). Zumindest für das Herausstrecken der Zunge ist mittlerweile gut nachgewiesen, dass schon Neugeborene diese Bewegung imitieren können

(Abbildung 2-14 rechts). Die Ergebnisse von Meltzoff & Moore (1977) wurden zunächst angezweifelt und später sehr kritisch überprüft; sie konnten nicht immer bestätigt werden. Wichtig für eine Anregung zur Nachahmung scheint zu sein, dass die jeweilige Bewegung für die Babys gut wahrnehmbar ist (Vinter, 1986). Man sieht, dass auch experimentell gewonnene Ergebnisse für kontroverse Interpretationen offen sind.

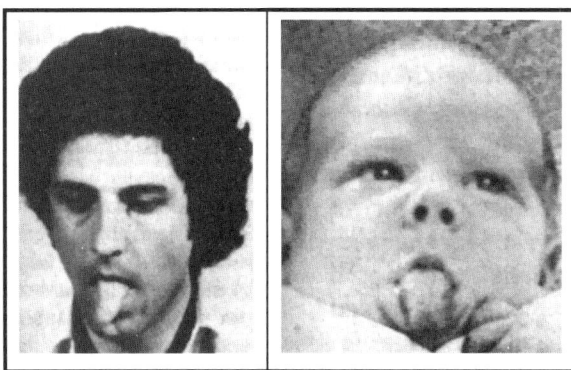

Abbildung 2-14: **Nachahmung bei Neugeborenen** (aus: A. Clarke-Stewart, Friedman, & Koch, 1985, S. 195). Das vom Modell gezeigte „Zunge-Herausstrecken" (links) wird vom Baby imitiert (rechts).

Aus ethischen Gründen verbieten sich viele experimentelle Untersuchungen an Kindern, etwa zum Einfluss längerer Trennung von der Mutter, zur Bedeutung von Nahrung und Sozialkontakten für die Entwicklung oder zum Einfluss von Stress oder Umweltvariablen auf die intrauterine Entwicklung. Hier kann man u.U. auf Ergebnisse der Tierpsychologie zurückgreifen – auch wenn die dort früher durchgeführten Experimente nach unseren heutigen Maßstäben mit dem Tierschutz nicht mehr vereinbar sind. Wohl die einflussreichsten Untersuchungen zur Entwicklung des Sozialverhaltens in Abhängigkeit von verschieden langer und unterschiedlich gearteter Isolation wurden von Harlow durchgeführt (Harlow, 1958, 1959; siehe auch: K. Scherer, Stahnke, & Winkler, 1987). Die wohl beeindruckendsten Ergebnisse aus diesen Untersuchungen zeigt Abbildung 2-15.

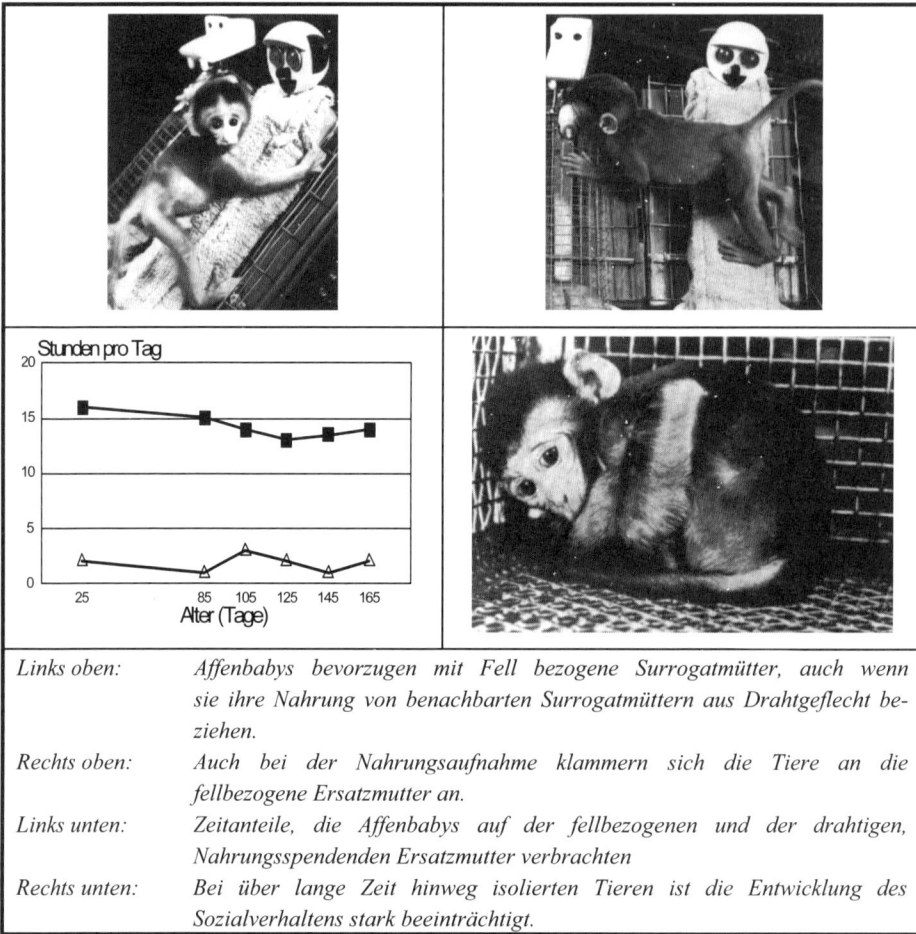

Links oben:	Affenbabys bevorzugen mit Fell bezogene Surrogatmütter, auch wenn sie ihre Nahrung von benachbarten Surrogatmüttern aus Drahtgeflecht beziehen.
Rechts oben:	Auch bei der Nahrungsaufnahme klammern sich die Tiere an die fellbezogene Ersatzmutter an.
Links unten:	Zeitanteile, die Affenbabys auf der fellbezogenen und der drahtigen, Nahrungsspendenden Ersatzmutter verbrachten
Rechts unten:	Bei über lange Zeit hinweg isolierten Tieren ist die Entwicklung des Sozialverhaltens stark beeinträchtigt.

Abbildung 2-15: **Wesentliche Ergebnisse aus den Untersuchungen Harlows an Rhesusaffen**

Übrigens: wie Tabelle 2-1 zeigt, können Experimente und daraus abgeleitete Interpretationen und Folgerungen durchaus unsinnig sein – nicht nur in Ostfriesland!

Ostfriesen-Logik

Ostfriesische Motorradfahrer müssen ab nächstem Jahr statt eines Helmes eine Zipfelmütze tragen. Wissenschaftliche Tests haben ergeben, daß Zipfelmützen besser schützen als Helme. Von einem 20 Meter hohen Turm ließen die Wissenschaftler einen Sturzhelm fallen - das Ding brach in zehn Stücke. Daraufhin ließen sie eine Zipfelmütze runterfallen – und die blieb unversehrt.

Tabelle 2-1: **Beispiel für ein unsinniges Experiment** (aus: Neue Osnabrücker Zeitung vom 24.04.1998)

2.1.3 Übersicht über die verschiedenen Methoden zur Datenerfassung in der Entwicklungspsychologie

Zwar sind Lehrer in ihrem Beruf weder Forscher noch Therapeuten, jedoch erfordern sich ändernde Verhältnisse in der Schule immer wieder, dass im Rahmen des „normalen" Fachunterrichts, bei Projekttagen, bei Beteiligung an einem schulischen Modellprojekt oder bei der Einführung neuer Unterrichtsmethoden oder –hilfsmitteln auch Lehrer mit den ihnen zur Verfügung stehenden Mitteln (und ggf. nach vorheriger Schulung) Daten erheben, eigene kleinere Untersuchungen durchführen oder Interventionsmaßnahmen auf ihre Wirksamkeit hin beurteilen.

Deshalb finden Sie in der folgenden Tabelle 2-2 eine Übersicht über die verschiedenen Methoden zur Erfassung entwicklungspsychologischer Daten. Ergänzend zu Ihrem methodischen Grundwissen sollten Sie bei der Erhebung von Daten in Ihrem schulischen Umfeld die folgenden Gesichtspunkte beachten (nach: McDevitt & Ormrod, 2002, S. 56-59):

- Machen Sie sich die Erfahrungen „altgedienter" Kollegen zunutze.

- Arbeiten Sie daran, Ihre Gesprächsführung zu optimieren (vgl. z.B. Tücke, 2005b, S. 352-354).

- Verbessern Sie Ihre Fähigkeit zur Beobachtung von Ereignissen in Ihrer schulischen Umwelt. Schauen Sie genau hin!

- Verlassen Sie sich niemals nur auf eine Informationsquelle. Lassen Sie sich niemals nur einseitig informieren. Sichern Sie Gesprächsmitteilungen ab, wo immer es möglich ist.

- Berücksichtigen Sie, dass Ihre eigenen Erfahrungen, Theorien und Vorurteile Ihre Schlussfolgerungen beeinflussen und dementsprechend die „Objektivität" Ihrer Urteile beeinflussen können.

- Hinterfragen Sie immer Ihre eigenen Hypothesen und denken Sie darüber nach, ob in einer Situation auch Alternativerklärungen und –folgerungen möglich sind.

Untersuchungstyp	Beschreibung	Vorteil(e)	Nachteil(e)
Einzelfallstudien	Eine Person wird in allen relevanten Aspekten möglichst genau beobachtet und beschrieben	Wenig aufwendig	Mangelnde Vergleichbarkeit, mangelnde Verallgemeinerbarkeit
Analyse von Tagebüchern	Schriftliche Aufzeichnungen von Kindern oder auch Eltern werden inhaltlich ausgewertet	Oftmals Zugang zu „intimen" oder tabuisierten Themen	Oft Überinterpretation, mangelnde Relevanz der Daten
Analyse von Kinderzeichnungen	Produkte von Kindern, z.B. Zeichnungen, werden nach vorgegebenen Kriterien analysiert	Oft hohe Objektivität	Mangelnde Kontrolle der Randbedingungen, fehleranfällig
Analyse literarischer Quellen	Analyse literarischer Gestaltungen über Entwicklungsprozesse, z.B. „Entwicklungsromane"	Kann Aufschluss geben über eine bestimmte Zeitperiode	Fiktion; Repräsentativität und wissenschaftliche Exaktheit nicht überprüfbar
Beobachtung in natürlichen Situationen	Beobachtung in der natürlichen Umgebung	Daten geben „Szenen aus dem Alltag" wider	Subjektiv eingefärbte Darstellung, nicht repräsentativ
Beobachtung in kontrollierten Situationen	Verhaltensbeobachtung unter möglichst genau kontrollierten Bedingungen	Kann alltagsnah durchgeführt werden	Aufwändig, Untersuchungsbedingungen oft wenig realitätsnah
Empirische Studien (Korrelationsstudien)	Datenerhebung nach einem genau festgelegten Untersuchungsplan, allerdings keine Zufallszuweisung der Vpn zu EG bzw. KG	Randbedingungen sind für alle Vpn gleich	Keine Kausalinterpretation zwischen UV und AV möglich
Experimentelle Untersuchungen	Datenerhebung nach einem genau festgelegten Untersuchungsplan, Zufallszuweisung der Vpn zu EG bzw. KG	Kausalinterpretation zwischen UV und AV möglich	Keine vertraute Umgebung. Repräsentativität der Situation oft unklar

Tabelle 2-2: **Übersicht über verschiedene Methoden der Datenerhebung in der Entwicklungspsychologie**

2.2   Die Erfassung von Veränderungen in der Zeit

Gegenstand der entwicklungspsychologischen Forschung sind – wie in Kapitel 1 skizziert – vor allem Veränderungen in der Zeit, die die wesentlichen Entwicklungsverläufe als Prozess widerspiegeln, d.h. man versucht, gegenwärtiges Verhalten auf vorausgehende Bedingungen zurückzuführen oder aber zukünftiges Verhalten vorherzusagen.

Um diese zeitlichen Veränderungen adäquat bei der Datenerhebung berücksichtigen zu können, sind im Wesentlichen drei Erhebungsmethoden anwendbar, die im folgenden näher skizziert werden sollen.

2.2.1   Die Querschnittsmethode

Bei der Querschnittsmethode werden *verschiedene Altersgruppen zum gleichen Zeitpunkt* untersucht. Der Vorteil dieser Methode liegt vor allem in ihrer Zeitökonomie; Nachteile sind vor allem zu sehen in der Schwierigkeit, für alle untersuchten Altersgruppen gleich repräsentative Stichproben zu ziehen und unterschiedliche systematische Selektionseffekte zu vermeiden, sowie in der begrenzten Möglichkeit, globale Trends auszuschalten.

Vorgehen und Problematik bei der Querschnittsmethode möchte ich kurz an den schon zu Beginn dieses Kapitels vorgestellten Befunden zur Intelligenzentwicklung (Abbildung 2-1) erläutern. Wenn man zu annähernd demselben Zeitpunkt Probanden verschiedener Altersgruppen z.B. bezüglich der Intelligenz untersucht und die Unterschiede zwischen den Altersgruppen im Sinne eines Entwicklungsverlaufs interpretiert (wie es bei der Querschnittsmethode häufig gemacht wird), sind solche Untersuchungen zwar relativ ökonomisch, weil man auf die Daten nicht lange warten muss, aber die Folgerungen sind anfällig für globale Trends oder z.B. Änderungen der sozialen und gesellschaftlichen Rahmenbedingungen (vgl. Abbildung 2-2). Diese Alters- oder Generationseffekte sind durchschnittlich umso größer, je weiter die erfassten Altersgruppen sich unterscheiden. Dementsprechend sind Querschnittsuntersuchungen für die Erfassung *kurzfristiger* Veränderungen (z.B. Änderungen in der Mode oder von Vorbildern bei Kindern und Jugendlichen) eher geeignet als für *langfristige* Entwicklungstrends (Wertewandel, Änderungen politischer oder religiöser Überzeugungen). Die längerfristige Aussagekraft von Querschnittsuntersuchungen ist desto geringer, je schneller sich Veränderungen vollziehen und je größer die betrachteten Zeiträume sind.

2.2.2   Die Längsschnittmethode

Bei der Längsschnittmethode wird *dieselbe Probandengruppe zu unterschiedlichen Zeitpunkten* untersucht. Der Vorteil dieser Methode liegt in der Möglichkeit, den Einfluss vergangener Ereignisse auf gegenwärtiges Verhalten relativ genau aufdecken zu können; die wesentlichen Nachteile liegen in ihrer mangelnden Flexibilität, in ihrem immensen Zeitbedarf und den damit verbundenen Kosten, den unterschiedlichen Selektionsraten mit fortschreitendem Alter der Stichprobe (z.B. Umzug oder Tod von Probanden) sowie der schwierigen Kontrolle von Wiederholungs- und Übungseffekten bei wiederholten Messungen.

Auch die Längsschnittmethode möchte ich an einem Beispiel demonstrieren. Im Abschnitt 2.1.2.2 habe ich schon die Untersuchung von Eron, Huesmann, Lefkowitz & Walder (1972) vorgestellt, in der es um den Zusammenhang zwischen der Vorliebe für gewalttätige Fernsehsendungen in der Kindheit (im Alter von 9 Jahren) und der Aggressivität im Jugendalter (mit 19 Jahren) ging (siehe Abbildung 2-13). In dieser Studie wurden dieselben Probanden zehn Jahre nach der ersten Erhebung wiederum untersucht: es handelte sich um eine Längsschnittuntersuchung. Das Beispiel zeigt aber auch, dass das prinzipielle Problem der Kausalinterpretation bei nicht-experimentellen Untersuchungen auch bei Längsschnittuntersuchungen auftritt. Das sei an einer weiteren Studie verdeutlicht. In einer aufwendigen Längsschnittstudie erhoben Keller & Zach (1993) Entwicklungskonsequenzen von Blickkontaktmustern zwischen Mutter und Kind in den ersten Lebensmonaten. Die Mutter-Kind-Paare wurden bis zum Alter von zwölf Jahren regelmäßig erneut untersucht. Kinder, die im Säuglingsalter den Blickkontakt zur Mutter vermieden hatten, entwickelten diverse Anpassungsstörungen, Verhaltensprobleme und Entwicklungsverzögerungen bis zum sechsten Lebensjahr. Sie wiesen zudem mit zwei Jahren ein reduziertes Explorationsverhalten im Umgang mit neuen Objekten auf. Bei Kindern mit normalem Blickkontaktverhalten in der Säuglingszeit zeigte sich ein günstiger Entwicklungsverlauf in der Vorschulzeit. Selbstverständlich ist die suggerierte Kausalinterpretation nicht zwingend, weil mannigfache Störvariablen eine Rolle gespielt haben können. Ein Verhalten, das zeitlich auf ein anderes folgt, muss nicht notwendigerweise durch das vorhergehende Verhalten verursacht oder auch nur beeinflusst worden sein.

Längsschnittuntersuchungen haben entscheidende methodische Nachteile, die mit ihrer langen Zeitdauer zusammenhängen. So können durch die wiederholte Teilnahme Übungs- und Wiederholungseffekte auftreten (vielleicht auch Langeweile oder Aversionen: „Nein – nicht schon wieder dieser Test!"). Es ist auch nicht auszuschließen, dass sich die untersuchte Stichprobe im Lauf der Zeit systematisch ändert, z.B. durch Umzüge, Teilnahmeverweigerung, Krankheit oder Tod (besonders bei Untersuchungen, die mehrere Jahre umfassen) und dass dann die Stichprobe nicht mehr repräsentativ ist. Ein gravierendes Argument gegen über lange Zeit hinweg verfolgte Längsschnittstudien sind auch mögliche Generationeneffekte. Nehmen wir einmal an, wir möchten über mehrere Jahre hinweg die Wandlung der Beziehungen zwischen den Geschlechtern untersuchen. In meiner Generation stand männliche Homosexualität noch unter Strafe, und manche Varianten der Sexualität waren „Perversionen". Wenn sich also z.B. in meiner Generation die Einstellung zur Homosexualität oder die Einschätzung „normalen" Sexualverhaltens geändert haben sollte, muss das nicht unbedingt auf Änderungen in der Person zurückzuführen sein, sondern kann auch z.B. Ergebnis der Änderung der Rahmenbedingungen sein.

2.2.3 Die Verbindung von Längs- und Querschnittsmethode („Kohorten-Sequenz-Analyse")

Die Kohortenanalyse verbindet die Vorteile von Quer- und Längsschnittmethode und kann einige ihrer Nachteile vermeiden. Dabei werden *Stichproben unterschiedlichen Alters jeweils bis zum nächsten oder übernächsten Erhebungszeitpunkt* beobachtet.

Auch dieses Vorgehen sei an einem besonders klaren Beispiel erläutert. Coates, Anderson & Hartup (1972) interessierten sich für Änderungen der Mutter-Kind-Interaktion zwischen dem 10., dem 14. und dem 18. Lebensmonat. Bei einer *Querschnittsuntersuchung* hätte man *drei verschiedene Stichproben* (10, 14 und 18 Monate alt) annähernd *gleichzeitig* untersucht (Dauer der Datenerhebung: vielleicht einige Tage). Bei einer *Längsschnittuntersuchung* hätte man *dieselbe Stichprobe dreimal* beobachtet (Dauer der Datenerhebung: ca. 8 Monate). Bei der hier eingesetzten Kohorten-Sequenz-Analyse wurden zwei Stichproben im Alter von 10 bzw. 14 Monaten an zwei Zeitpunkten im Alter von 14 bzw. 18 Monaten untersucht (Dauer der Datenerhebung: ca. 4 Monate). Die Ergebnisse wurden dann gemeinsam interpretiert. Ein solches Vorgehen erlaubt einerseits Aussagen über durchschnittliche oder individuelle Entwicklungsverläufe, andererseits werden Unterschiede zwischen verschiedenen Alterskohorten deutlich (die hier wegen des geringen Zeitabstands aber wohl vernachlässigbar sind); schließlich spart ein solches Vorgehen Zeit und Geld.

Die hauptsächlichen Merkmale der verschiedenen Erhebungsstrategien sind nochmals in Tabelle 2-3 zusammengefasst.

	Querschnitt-Methode	Längsschnittmethode	Kohorten-Sequenz-Analyse
Wesentliche Merkmale	Verschiedene Stichproben (A,B,C,D) werden zum gleichen Zeitpunkt untersucht. Alter Stichprobe 2 A 4 B 6 C 8 D	Dieselbe Stichprobe (A) wird zu verschiedenen Zeitpunkten untersucht. Alter Stichprobe 2 A 4 A 6 A 8 A	Verschiedene Stichproben (A,B,C) werden zu verschiedenen Zeitpunkten untersucht. Alter Stichprobe 2 A 4 A B 6 B C 8 C
Dauer	*kurz*: Zeit für die Datenerhebung bei jedem Kind.	*lang*: 6 Jahre	*mittel*: 2 Jahre

Tabelle 2-3:   **Verschiedene Methoden zur Erfassung von Veränderungen in der Zeit**

2.3   Ethische Gesichtspunkte in Bezug auf Forschung mit Kindern

Bei Untersuchungen mit Kindern (insbesondere mit schutzbedürftigen kleinen Kindern) sind besonders strenge ethische Maßstäbe anzulegen, damit einerseits mögliche Schäden für die beteiligten Kinder vermieden werden (das ist eigentlich selbstverständlich), andererseits aber auch mögliche positive Effekte, die sich vielleicht während einer Untersuchung schon herauskristallisieren, zum Wohl der Kinder schnell umgesetzt werden können.

Die American Psychological Association (2002) und die Society for Research on Child Development (1991) haben als weltweit maßgebliche wissenschaftliche Gesellschaften für die entwicklungspsychologische Forschung umfangreiche ethische Maßstäbe für Untersuchungen an Kindern festgelegt. Hetherington & Parke (2003, S. 61) haben die wesentlichen Punkte dieser Empfehlungen zusammengefasst; sie sind in Tabelle 2-4 zusammengestellt.

Kinderrechte bei entwicklungspsychologischen Untersuchungen

- *Recht auf vollständige Information.* Jedes Kind hat das Recht auf vollständige, wahrheitsgemäße Information über die Ziele der Untersuchung, an der es teilnehmen soll, und der dort geplanten Vorgehensweise.

- *Recht auf freiwillige Zustimmung zur Teilnahme.* Jedes Kind hat das Recht, die Teilnahme an einer Untersuchung entweder mündlich oder schriftlich abzulehnen. Bei minderjährigen Kindern müssen die Erziehungsberechtigten gefragt werden.

- *Recht auf Unversehrtheit in jeder Hinsicht.* Jedes Kind muss sich darauf verlassen können, dass sie nirgendwo in der Untersuchung physischen oder psychischen Schaden erleidet.

- *Recht auf jederzeitige Beendigung der Teilnahme.* Jedes Kind kann auch während einer laufenden Studie jederzeit die Mitarbeit einstellen.

- *Recht auf Information über die Ergebnisse.* Jedes Kind hat ein Recht auf Information über die Ergebnisse der Studie (ggf. in Form von anonymisierten, zusammengefassten Ergebnissen). Bei kleineren Kindern müssen auch die Erziehungsberechtigten informiert werden.

- *Recht auf Vertraulichkeit.* Jedes Kind muss sich darauf verlassen können, dass im Rahmen einer Studie erhobene Daten absolut vertraulich behandelt und an niemanden weitergegeben werden.

- *Recht auf vollständige Kompensation.* Jedes Kind hat ein Recht, für seine Teilnahme entsprechend materiell oder immateriell entschädigt zu werden, auch wenn die Teilnahme vorzeitig abgebrochen wird.

- *Recht auf vorteilhafte Behandlung.* Jedes Kind hat ein Recht auf vorteilhafte Behandlung, auch wenn sie zunächst für andere Untersuchungsgruppen vorgesehen war. Wenn man von einer Behandlung positive Effekte erwarten kann (z.B. bei der Evaluation von Förderprogrammen) haben auch die Kontrollgruppen Anspruch auf vergleichbare andere Behandlungen.

Tabelle 2-4: **Kinderrechte bei entwicklungspsychologischen Untersuchungen** (nach: Hetherington & Parke, 2003, S. 61)

Sicherlich werden Sie als Lehrer irgendwann einmal gefragt, ob Ihre Schüler an einer Studie teilnehmen können. Prüfen Sie genau, ob alle der o.a. ethischen Voraussetzungen erfüllt sind – insbesondere auch das Recht auf Information über die Ergebnisse der Studie. Die Ihnen als Lehrer anvertrauten Schüler sind nicht in erster Linie „Untersuchungsobjekte", sondern oft kompetente Partner bei entwicklungspsychologischen Studien.

Abbildung 2-16: **Kinder sind nicht in erster Linie „Untersuchungsobjekte", sondern Partner bei Forschungsprojekten** (Bild aus: Shaffer, 1999, S. 11)

3 Die Anlage-Umwelt-Kontroverse: Reifung und Lernen

> *„Um an etwas zu zweifeln ist es freilich oft bloß nötig, dass man es nicht versteht. Diesen Satz wollten einige Herren gar zu gern umkehren, indem sie behaupten, man verstehe ihren Satz nicht, wenn man ihn bezweifelt.“*
>
> Georg Christoph Lichtenberg (1742 - 1799)
> Sudelbücher, Vermischte Schriften II, 101

Die menschliche Entwicklung beginnt mit der Vereinigung von Eizelle und Spermium und wird kontinuierlich mehr oder weniger von den in den 46 Chromosomen (je 23 von der Mutter und vom Vater, davon 2 Geschlechtschromosomen) angelegten Genen und den im Lauf des menschlichen Lebens wirkenden Umwelteinflüssen bestimmt. In diesem Kapitel setze ich die wesentlichen biologischen Vorgänge, wie sie etwa in der Mittel- und Oberstufe des Gymnasiums vermittelt werden, als bekannt voraus und beschränke mich auf solche Inhalte, die im Schulalltag von einiger Bedeutung sind. Lesern, die sich intensiver mit den in diesem Kapitel angesprochenen Fragen befassen möchten, kann ich die ausgezeichnete Monographie von Wendt (1997, besonders S. 23-135) sowie (zu tiefergehenden methodischen Fragen) das auch nach fast 30 Jahren noch lesenswerte Buch von Merz & Stelzl (1977) empfehlen.

Bei der psychologischen Betrachtung der menschlichen Entwicklung steht das beobachtbare oder relativ eindeutig erschließbare Verhalten und Erleben im Vordergrund; beide Bereiche sind Bestandteile des äußeren Erscheinungsbildes, des „Phänotyps". Die genetische Ausstattung, der „Genotyp", spielt insofern eine Rolle, als dadurch ein Entwicklungsrahmen, eine „Reaktionsnorm", vorgegeben wird, innerhalb dessen Umwelteinflüsse wirksam werden können.

Das Zusammenspiel von Erbanlagen und Umwelteinflüssen sei an zwei einfachen Beispielen gezeigt. Beim überwiegend weißen Himalayakaninchen sind in seiner natürlichen Umgebung lediglich die Ohren, die Nase, der Schwanz und die Pfoten schwarz eingefärbt (Abbildung 3-1a). Entfernt man ein Stück Fell und befestigt dort ein Stück Eis (Abbildung 3-1b), so ist das nachwachsende Fell schwarz (Abbildung 3-1c).

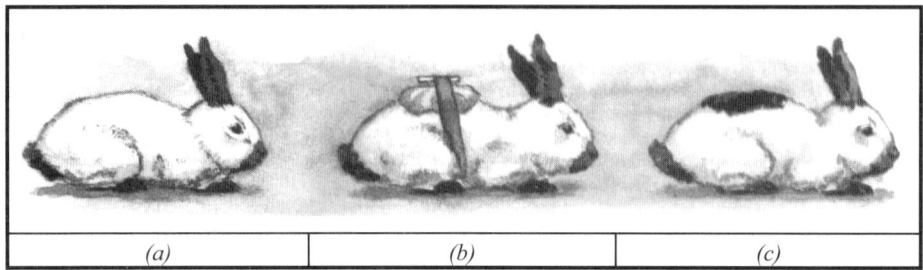

(a)	(b)	(c)

Abbildung 3-1: **Beispiel für die Interaktion von Erbanlagen und Umweltein-flüssen beim Himalayakaninchen** (aus: Cole & Cole, 1993, S. 59 - Erläuterungen im Text)

Das zweite Beispiel demonstriert das Wesen der Reaktionsnorm etwas „psychologienäher":

> In einer Untersuchung von Cooper und Zubek wurden junge Ratten aus einem intelligenten und einem dummen Stamm „in drei verschiedenen Umgebungen aufgezogen. Im einen Fall war die Umgebung möglichst einfach, bot also kaum Anregungen für Erfahrungen der jungen Tiere; im zweiten Fall wurden die Tiere in »normaler« Umgebung aufgezogen, im dritten in einer Umgebung, welche besonders viele Anregungen für die Tiere bot. Später wurden die Tiere aller drei Gruppen auf ihre Leistung beim Labyrinthlernen geprüft. Die Ergebnisse dieser Versuche sind in Abbildung 3-2 dargestellt. Wie zu sehen ist, sind die Unterschiede zwischen den Stämmen nur dann deutlich, wenn die Tiere in »normaler« Umgebung aufgezogen worden waren; in den beiden anderen Fällen sind die Leistungen beider Stämme nahezu gleich, entweder gut oder schlecht" (Merz & Stelzl, 1977, S. 21).

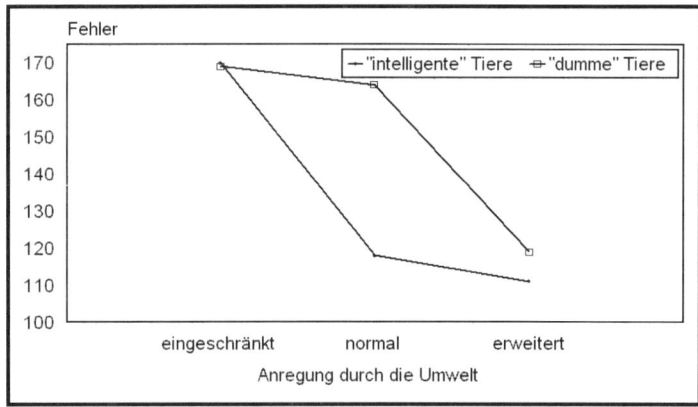

Abbildung 3-2: **Fehlerzahl von zwei genetisch verschiedenen Stämmen beim Erlernen eines Labyrinthes nach verschiedenen Aufzuchtbedingungen** (nach: Merz & Stelzl, 1977, S. 21)

Man sieht in Abbildung 3-1 und Abbildung 3-2 eindrucksvoll das mögliche Zusammenwirken zwischen genetischen und Umweltfaktoren: einerseits können gleiche Genotypen je nach Umwelteinfluss zu unterschiedlichen Phänotypen führen, andererseits ist denkbar, dass – entsprechende Umweltbedingungen vorausgesetzt – Unterschiede im Genotyp im Erscheinungsbild (also phänotypisch) nicht in Erscheinung treten.

Merz & Stelzl (1977, S. 22) drücken das so aus:

> „Die Rede von genetisch bedingten im Gegensatz zu erworbenen Merkmalen wird durch diese Betrachtung relativiert. Jede Eigenschaft eines Organismus ist trivialerweise zugleich sowohl genetisch als auch umweltbedingt. Genetisch bedingt, insofern sich andere Organismen (mit anderen Genotypen) denken lassen, die in dieser Umwelt die Merkmale nicht zeigen – umweltbedingt insofern sich denken lässt, dass der gleiche Organismus in einer andersartigen Umwelt das Merkmal nicht zeigen würde."

Allport (1949, S. 103) stellte die in Tabelle 3-1 aufgeführten beiden extremen Standpunkte bezüglich der Erb- oder Umweltbedingtheit unseres Verhaltens gegenüber. Sie haben heute nur noch historischen Wert. Sie zeigen aber, mit welcher Vehemenz die Anlage-Umwelt-Kontroverse geführt wurde (und leider oft noch wird) und von welchen Ideologien, Einengungen des Blickwinkels, politischen Überzeugungen und/oder impliziten oder expliziten Wertungen sie überlagert wird.

Extreme Anlagebedingtheit	Extreme Umweltbedingtheit
„Die Vererbung und nicht die Umgebung macht den Menschen. ... Nahezu alles Elend und alles Glück in der Welt sind *nicht* auf die Umgebung zurückzuführen. ... Die Unterschiede zwischen den Menschen sind durch Unterschiede der Keimzellen verursacht, mit denen sie geboren werden" (Wiggam, zitiert nach: Allport, 1949, S. 103).	„Man gebe mir ein Dutzend gesunde, gut gebaute Kinder und meine besondere Welt, um sie aufzuziehen; dann garantiere ich, aus jedem nach Wahl irgendeinen Spezialisten zu machen: Arzt, Rechtsanwalt, Künstler, Kaufmann, ja, sogar Bettler und Dieb, ohne Rücksicht auf die Talente, Eigenheiten, Neigungen, Fähigkeiten, die Berufe und die Rasse seiner Vorfahren. Es gibt nicht so etwas wie eine Vererbung der Leistungsfähigkeit, des Talents, des Temperaments, der geistigen Konstitution und der Charaktereigenschaften" (Watson, zitiert nach: Allport, 1949, S. 103).

Tabelle 3-1:   **Extreme Standpunkte bezüglich der Anlage- und Umweltbedingtheit des menschlichen Verhaltens** (aus: Allport, 1949, S. 103)

Ich möchte in diesem Kapitel die Anlage-Umwelt-Kontroverse in ihren Grundzügen darstellen – kritisch und weitgehend frei von Wertungen. Die Fragestellung ist zu wichtig, als dass man sie Politikern und/oder Ideologen überlassen oder populäre Missverständnisse stehen lassen sollte.

Obendrein können Erbe und Umwelt noch wesentlich komplizierter miteinander inter-agieren, als es oben dargestellt wurde. So sind (um nur einige zu nennen) folgende Interaktionsmöglichkeiten denkbar:

- Erbanlagen und Umweltbedingungen können den Entwicklungsverlauf irreversibel „*kanalisieren*". So kann sich der Entwicklungsprozess, wie in Abbildung 3-3 prinzipiell veranschaulicht, immer mehr verzweigen.

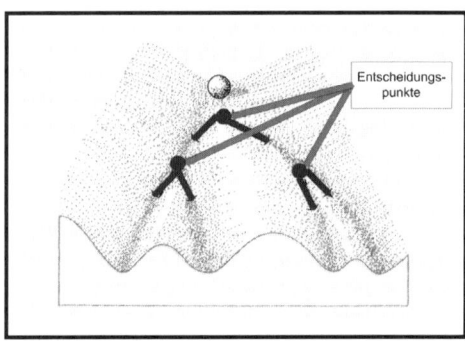

Abbildung 3-3:   **Erbe und Umwelt können im Sinne einer „Kanalisation" auf den Entwicklungsprozess einwirken** (aus: Cole & Cole, 1993, S. 61). Der Entwicklungsprozess wird durch die Kugel symbolisiert.

| *Sportkindergarten* | *Sportinternat* | *Basketballspielerin* |

Abbildung 3-4:   **Beispiel für Kanalisierung: Sportförderung und Selektion**

Beispiel: Aufgrund seiner genetischen Ausstattung ist ein Mädchen besonders groß kräftig und lebhaft. Der Körperbau zeigt sich schon sehr früh, und die Eltern überle-gen, ob sie ihre Tochter in einen Sportkindergarten schicken oder nicht (1. Entschei-dung). Nach der Kindergartenzeit stünde dann vielleicht eine Entscheidung dazu an, ob das Mädchen zur Förderung ihrer besonderen Anlagen ein Sportinternat besuchen soll oder nicht (2. Entscheidung). Je nachdem, wie die Entscheidungen ausfallen, können die resultierenden Entwicklungsverläufe sehr unterschiedlich sein (vgl. Abbildung 3-4).

- Bestimmte Umweltreize können nur während genetisch vorgegebener Zeitperioden wirksam werden (*„Prägung"*; vgl. Abbildung 3-5).

Konrad Lorenz war nach dem Schlüpfen von Graugansküken in ihrer Nähe. Die Küken wurden auf Lorenz geprägt und folgten ihm überallhin nach (Lorenz, 1935).	*Das Entenküken folgt der Attrappe nach, wenn diese im Zeitraum bis zu ca. 20 Stunden nach dem Schlüpfen zugegen ist, sich bewegt und rhythmische Laute von sich gibt. Die Prägung ist irreversibel. (nach: Hess, 1959; aus: Kleber, 1974, S. 31)*

Abbildung 3-5: **Prägung in der natürlichen Umgebung und im Experiment**

Beispiel: Frisch geschlüpfte Küken (z.B. bei Stockenten oder Graugänsen) folgen jedem Objekt nach, das sich in ihrer Nähe bewegt und rhythmische Geräusche von sich gibt. In der freien Natur ist das meist das Muttertier.

- *Positive Rückkopplung*: Eine genetische Disposition wird durch Umwelteinflüsse verstärkt.

Abbildung 3-6: **Zwei Beispiele für positive Rückkopplung: Auswahl von Leistungssportlern sowie Fernsehen und Übergewicht** (Bild links aus: Cole & Cole, 1993, S. 64)

Beispiel: Beispielsweise könnten in autoritären Staaten gezielt Kinder mit bestimmten körperlichen Merkmalen für eine bestimmte Sportart ausgewählt und darin verstärkt ausgebildet werden; so könnte man zum Ruhme des eigenen Landes Leistungssportler „züchten". Oder zu Übergewicht neigende Kinder könnten diese Neigung durch übermäßiges Fernsehen, einseitige Ernährung und Bewegungsmangel noch verstärken (Abbildung 3-6).

- *Negative Rückkopplung:* Eine genetische Disposition wird durch Umweltmaßnahmen kompensiert.

Abbildung 3-7: **Ein Beispiel für negative Rückkopplung: Der griechische Redner Demosthenes**

Beispiel: Plutarch berichtet von Demosthenes (384 - 322 v. Chr.), einem der berühmtesten griechischen Politiker und Redner, dass er einen Sprachfehler überwand, indem er mit einem Stein unter der Zunge gegen das Meeresrauschen ansprach (Abbildung 3-7).

3.1 Methoden zur Untersuchung von Erb- und Umwelteinflüssen auf die menschliche Entwicklung

Zur Untersuchung des Einflusses genetischer Dispositionen und von Umweltfaktoren auf die menschliche Entwicklung wurden verschiedene Methoden entwickelt, die in den folgenden Abschnitten in ihren Grundzügen dargestellt werden.

3.1.1 Zuchtexperimente

In Zuchtexperimenten werden Tiere nach bestimmten Eigenschaften oder Verhaltensweisen für die Zucht ausgewählt und untereinander gekreuzt. In einer klassischen Untersuchung von Tryon (1940) durchliefen Laborratten ein einfaches T-Labyrinth. Tiere, die die wenigsten („kluge" Ratten) bzw. die meisten Fehler machten („dumme" Ratten) wurden untereinander gekreuzt. Die so erhaltenen Zuchtlinien unterschieden sich nach mehreren Generationen so stark, dass auch die „dümmsten" Tiere aus der Gruppe der „klugen" mit dem Labyrinth besser zurechtkamen als die „klügsten" Tiere aus der Gruppe der „dummen" (vgl. Abbildung 3-8).

Das Ausmaß, in dem sich die verschiedenen Zuchtlinien bezüglich der ausgewählten Merkmale nach einigen Generationen unterscheiden, wird bei dieser Methode als genetischer Einfluss interpretiert. Beim Menschen verbietet sich selbstverständlich dieses Vorgehen aus ethischen Gründen.

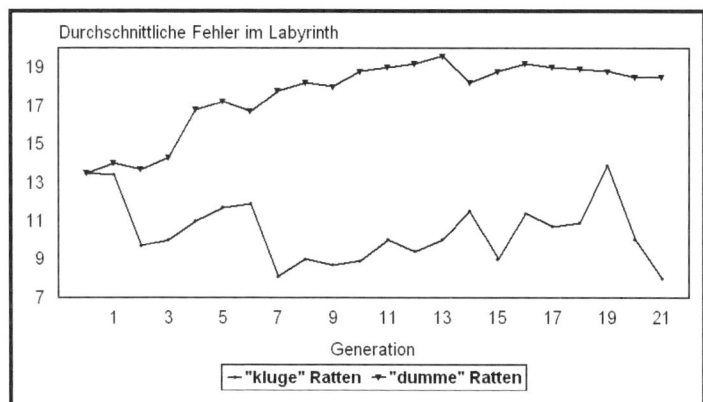

Abbildung 3-8:   **Labyrinthleistung zweier Zuchtstämme von Laborratten** (nach: Tryon, 1940)

3.1.2   Stammbaumanalysen

Analysen von Familienstammbäumen können besonders gut Aufschluss über solche Merkmale geben, die nur durch ein Gen bedingt und/oder relativ selten sind. Dazu gehören etwa die Bluterkrankheit oder die Phenylketonurie (PKU; vgl. Abschnitt 3.2.2).

Als Beispiel für eine Stammbaumanalyse möge ein Ausschnitt aus der Geschichte der Familie Bach dienen (Abbildung 3-9).

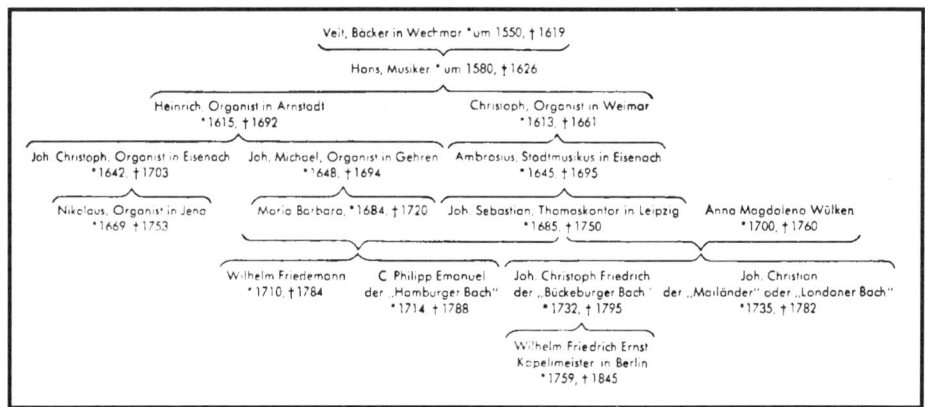

Abbildung 3-9:   **Auszug aus dem Stammbaum der Familie Bach** (aus: Brockhaus Lexikon Redaktion, 1953, S. 565)

Wenn in einer Familie bestimmte Merkmale oder Verhaltensweisen gehäuft auftreten, kann das zwar für einen Erbeinfluss sprechen, muss es aber nicht. Vielmehr können auch familiäre Traditionen, familiär bedingte Umweltkonstellationen (etwa das Vorhandensein eines Klaviers oder eines erheblichen Familienvermögens) oder kulturelle Einflüsse eine Rolle spielen: Wenn die Eltern gern „Big Macs" essen und die Kinder ebenfalls, muss das nicht für eine genetische Bedingtheit dieser Vorliebe sprechen.

3.1.3 Deprivationsstudien

Bei Deprivationsuntersuchungen, die man manchmal auch – in Anlehnung an eines der berühmtesten „Wilden Kinder" – „Kaspar-Hauser-Versuche" nennt, werden den Versuchsobjekten (in der Regel Tiere; derlei Untersuchungen verbieten sich selbstverständlich bei Kindern) normale Lernerfahrungen vorenthalten. Wird der Entwicklungsverlauf beeinträchtigt, wird das als Beleg für den Einfluss von Umweltreizen interpretiert, verläuft die Entwicklung nach dem Ende der Isolationsphase normal, spricht das für eine genetische Bedingtheit des entsprechenden Entwicklungsprozesses.

In einer der berühmtesten Serien von Deprivationsexperimenten wurden Frosch- und Salamanderlarven (Rana sylvatica bzw. Amblystoma punctatum) in Wasser großgezogen, das mit einem Betäubungsmittel versetzt war. Die Tiere konnten deshalb keine Schwimmbewegungen machen. Bei einem Vergleich von Tieren, die betäubt worden waren, mit nicht betäubten Tieren ergab sich bei der Entwicklung der Schwimmbewegungen kein Unterschied (vgl. Carmichael, 1926, 1927, 1928).

Kulturelle und familiäre Besonderheiten haben dazu geführt, dass einzelne Kinder unter sehr stark eingeschränkten Interaktionsmöglichkeiten mit der Umwelt aufwuchsen. So berichtet Herodot (zitiert nach: D. Zimmer, 1989, S. 259):

„Vor zweieinhalb Jahrtausenden fand am Nil ein Experiment statt. Ein klassischer Forschungsbericht hält fest, was es klären sollte, wie es verlief und welches sein Ausgang war. Es schreibt Herodot:

»Die Ägypter hielten sich bis auf die Zeit des Königs Psammetich (664-610 v. Chr.) für das älteste Volk. Seitdem aber Psammetich Ermittlungen darüber angestellt, welches die ältesten Menschen wären, glauben sie, die Phryger wären noch älter als sie, sie selbst aber älter als alle übrigen. Nachdem Psammetich sich lange vergebens bemüht hatte, das ausfindig zu machen, versuchte er es auf folgende Weise. Zwei neugeborene Kinder beliebiger Eltern gab er einem Hirten mit zu seiner Herde und befahl ihm, sie auf die folgende Weise aufzuziehen: In ihrer Gegenwart sollte niemand ein Wort sprechen, er sie ganz allein in eine Kammer legen, zu bestimmter Zeit Ziegen zu ihnen bringen und, wenn sie sich an deren Milch satt getrunken, sie wieder allein lassen. Das tat und befahl Psammetich aber, weil er hören wollte, welches Wort die Kinder zuerst aussprechen würden, wenn sie über das erste Lallen hinaus wären. Und das gelang ihm auch. Denn nachdem der Hirt es zwei Jahre so gemacht hatte und er eines Tages die Kammertür öffnete, kamen ihm beide Kinder mit ausgestreckten Armen entgegen und riefen *bek bek*. Zuerst sagte er nichts davon, als er aber, wenn er sich nach ihnen umsah, immer dasselbe Wort hörte, teilte er es dem Könige mit und führte dann auf dessen Wunsch ihm die Kinder vor. Als Psammetich es nun auch selbst gehört hatte, erkundigte er sich danach, ob >bek bek< in irgendeiner Sprache etwas bedeutete, und erfuhr nun, dass die Phryger das Brot >bekos< nannten. Infolgedessen erkannten die Ägypter an, dass die Phryger noch älter seien als sie selbst. So habe ich die Sache von den Hephaistos-Priestern in Memphis gehört.«

So weit Herodot über die psycholinguistische Forschung im alten Ägypten.“

Abbildung 3-10: **Beispiele für Deprivationsuntersuchungen: Kaspar Hauser (links) und „Genie" (rechts).** Weitere Erläuterungen im Text

Mit sehr eingeschränkten Erfahrungsmöglichkeiten wuchsen auch die in der Literatur bekannt gewordenen „Wilden Kinder" auf: Kaspar Hauser (Abbildung 3-10 links), der „Wilde Knabe vom Aveyron" und der „Wolfsjunge" aus Indien. Die Geschichten dieser Kinder sind hervorragend bei D. Zimmer (1989) im ersten Kapitel zusammengestellt. In jüngerer Zeit wurde von einem mehr oder weniger isoliert aufgezogenen Mädchen aus Los Angeles berichtet, das unter dem Namen „Genie" in die Literatur einging (Abbildung 3-10 rechts) und dessen spätere Entwicklung gut dokumentiert wurde (vgl. Jones, 1995; Rymer,

1993, 1994). Eine umfassende Sammlung kompetenter Informationen zu „Wilden Kindern" findet sich im Internet unter: www.feralchildren.com/de/index.php.

Auch die schon im Kapitel 2 erwähnte Untersuchung von Höhn (1974) an den Kindern englischer Kanalschiffer und die in Abschnitt 2.1.1.5 angeführten Studien zum „Swaddling" (Dennis & Dennis, 1940) gehören zu den Deprivationsstudien.

3.1.4   Förderungsuntersuchungen

Förderungsuntersuchungen sind quasi das Gegenteil von Deprivationsuntersuchungen: während die Probanden bei letzteren daran gehindert werden, bestimmte „normale" Erfahrungen mit ihrer Umwelt zu sammeln und dadurch zu lernen, wird ihnen bei Förderungsuntersuchungen in den untersuchten Funktionsbereichen eine besondere Förderung zuteil. In dem Ausmaß, in dem das Verhalten stabil (d.h. unbeeinflusst durch die Förderung) ist, wird auf genetische Bedingtheit geschlossen.

Zu den berühmtesten Untersuchungen zählt eine historische Studie von Gesell & Thompson (1929). Die Autoren beobachteten an einem Paar eineiiger Zwillinge (Mädchen) deren motorische Entwicklung von der frühesten Kindheit bis zum Alter von 18 Monaten. Das eine Mädchen wurde gezielt z.B. im Treppensteigen und der Manipulation von Holzklötzchen gefördert, während das andere Mädchen normal spielte. Zwar zeigte sich während der Förderung ein kleiner Effekt, aber am Ende holte die nicht geförderte Schwester den kurzfristigen Vorsprung wieder auf. Dieser Befund wurde als Beleg dafür angesehen, dass die frühe motorische Entwicklung weitgehend genetisch gesteuert ist. Heute wird diese Interpretation wegen methodischer Probleme der Originalstudie und neuerer Befunde relativiert.

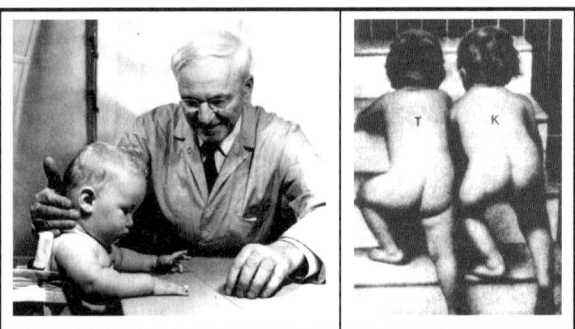

Abbildung 3-11:   **Beispiel für eine Förderungsuntersuchung: Arnold Gesell und ein von ihm untersuchtes Zwillingspaar** (Bild rechts aus: Mietzel, 1997, S. 12)

Zu den Förderuntersuchungen zählen auch Versuche, die Fähigkeiten von Menschenaffen zum Erlernen sprachähnlicher Strukturen zu untersuchen. Eine der berühmtesten und auch heute noch spannend zu lesenden bzw. anzuschauenden Studien sind die Dokumentationen des amerikanischen Psychologenehepaares Beatrice und Allen Gardner über ihre Bemühungen und Erfolge, einem in der Wildnis geborenen Schimpansenmädchen, das sie

„Washoe" nannten, die American Sign Language beizubringen (vgl. den Film von A. Gardner & Gardner, 1973; oder die Zusammenfassung der Untersuchungen bei: A. Gardner & Gardner, 1978).

Umweltmanipulationen in Deprivations- und Förderuntersuchungen sind insofern problematisch, als Eingriffe in die normale Umwelt selbstverständlich Nebenwirkungen haben, die die Interpretation der so gewonnenen Ergebnisse erschweren. Das sei an einer Untersuchung von Brackbill (1971) gezeigt. Die Autorin interessierte sich für die Effekte verschiedener kontinuierlicher Reize auf die Aktivität von Babys. Dazu untersuchte sie vier verschiedene Arten der kontinuierlichen Stimulation an N=24 ca. 1 Monat alten Babys, nämlich:

1. *Geräusch*:   Einspielen eines Herzschlag-Geräuschs;
2. *Beleuchtung*:   Abgedunkelter Raum;
3. *Temperatur*:   eine konstante Raumtemperatur (ca. 31°C);
4. *Swaddling*:   Enges Einwickeln der Kinder in Windeln.
5. *Kontrollbedingung*: keine besondere Stimulation.

Neben der Gesamtaktivität wurden Schlafdauer und Weinen registriert. Ein Auszug aus den Ergebnissen findet sich in Abbildung 3-12. Man sieht, dass Swaddling offenbar einen sehr beruhigenden Effekt auf die untersuchten Kinder hat. Vor dem Hintergrund dieser Ergebnisse scheint fraglich, ob die Ergebnisse aus Studien zum Swaddling den Deprivationsuntersuchungen zugeordnet werden können.

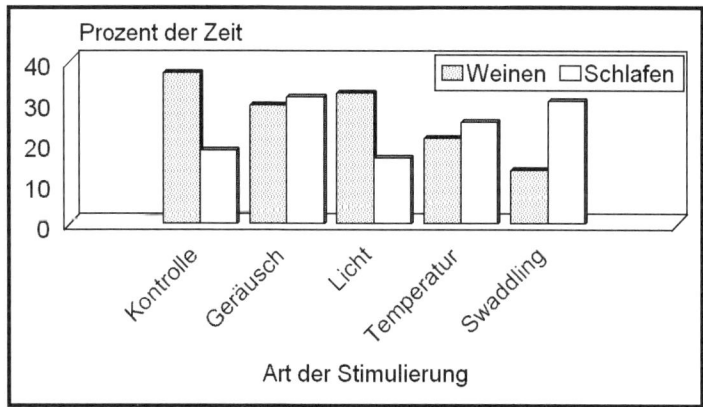

Abbildung 3-12:   **Effekte verschiedener konstanter Reize auf Weinen und Schlaf bei 24 einmonatigen Babys** (nach: Brackbill, 1971)

3.1.5   *Untersuchungen an getrennt aufgewachsenen eineiigen Zwillingen*

Als z.Zt. wichtigste Erkenntnisquelle zum Einfluss von Erbe und Umwelt werden Vergleichsstudien an eineiigen und zweieiigen Zwillingen angesehen. Eineiige Zwillinge entwickeln sich aus derselben befruchteten Eizelle und sind deshalb genetisch identisch, während sich zweieiige Zwillinge aus zwei verschiedenen befruchteten Eizellen entwickeln. Dementsprechend unterscheiden sie sich genetisch wie normale Geschwister.

Eineiige Zwillinge sind sich auch im Phänotyp, d.h. im äußeren Erscheinungsbild, sehr ähnlich und unterstreichen ihre Gemeinsamkeiten oft durch die gleiche Kleidung, gleiche Haarfärbung und -frisur usw.; sie gleichen sich deshalb „wie ein Ei dem anderen" (Abbildung 3-13). Werden bei ihnen Unterschiede gefunden, so interpretiert man sie als umweltbedingt.

Abbildung 3-13: **Eineiige Zwillinge unterstreichen ihre Ähnlichkeit oft zusätzlich durch die gleiche Kleidung oder gleiche Frisuren**

Von besonderem Interesse für die psychologische Forschung sind getrennt aufgewachsene eineiige Zwillinge. Hier gefundene Ähnlichkeiten, die oftmals überraschend groß sind, können ein Indiz für erbliche Bedingtheit des jeweiligen Entwicklungsprozesses sein. So hat man etwa aus weitgehenden Übereinstimmungen von nach der Geburt getrennten eineiigen Zwillingen (Abbildung 3-14) auf die überwiegende Erbbedingtheit der Intelligenz geschlossen.

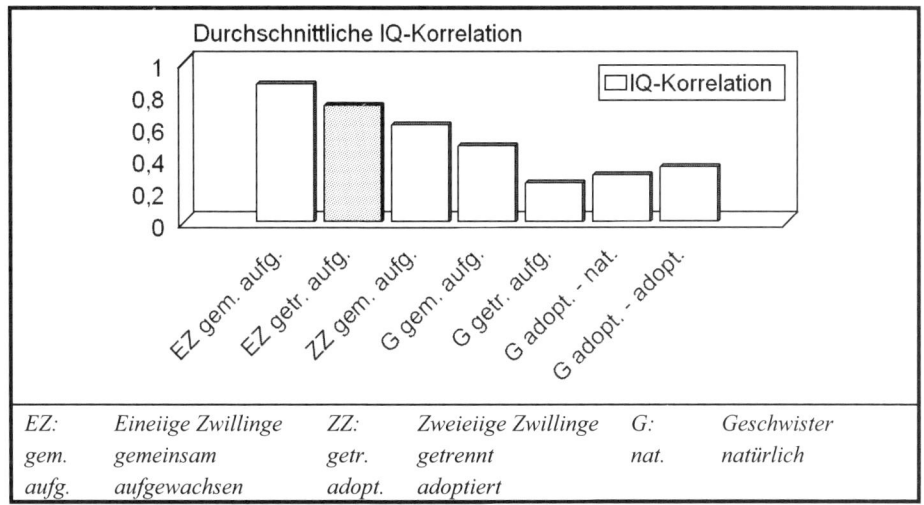

EZ:	Eineiige Zwillinge	ZZ:	Zweieiige Zwillinge	G:	Geschwister
gem.	gemeinsam	getr.	getrennt	nat.	natürlich
aufg.	aufgewachsen	adopt.	adoptiert		

Abbildung 3-14: **Durchschnittliche IQ-Korrelationen bei verschiedenen Geschwisterkonstellationen** (nach: Bouchard, 1981)

Nun ist ein solcher Schluss von Übereinstimmungen zwischen getrennt aufgewachsenen Kindern auf eine eventuelle Erbbedingtheit des betreffenden Merkmals problematisch. So ist unwahrscheinlich, dass z.B. mögliche gemeinsame Vorlieben für „Adidas"-Schuhe oder „Rolex"-Armbanduhren vererbt werden: kulturelle Einflüsse können das Ausmaß vermuteter Erbeinflüsse vergrößern. Und da die Intelligenzentwicklung recht intensiven und langen kulturellen Einflüssen in Form von familiärer und schulischer Sozialisation unterliegt, ist eine eindeutige Interpretation obiger Ergebnisse schwierig.

3.2 Schulisch relevante genetische Einflüsse auf die menschliche Entwicklung

Es gibt eine Reihe von Veränderungen im Erbgut, die man auch als (zukünftiger) Lehrer kennen sollte; sie sind zwar selten, aber davon betroffene Kinder bedürfen u.U. besonderer Aufmerksamkeit und spezieller schulischer Maßnahmen.

3.2.1 Trisomie 21 (Down'sches Syndrom, „Mongolismus")

Die am meisten verbreitete Veränderung der genetischen Ausstattung besteht darin, dass das Chromosom 21 entweder dreimal (statt doppelt) vorhanden ist oder Bruchstücke davon sich an ein anderes Chromosom angeheftet haben (vgl. Abbildung 3-15 links).

Z.Zt. wird in Deutschland ca. jedes 600. Kind mit einer Trisomie 21 geboren; das Risiko steigt mit dem Alter der Mutter (Abbildung 3-15 rechts). Die Trisomie 21 ist damit die am häufigsten auftretende chromosomal bedingte Einzelursache für Behinderungen. Eine Frühdiagnose ist z.B. durch eine Entnahme von Fruchtwasser in den ersten Schwangerschaftswochen möglich.

Alter der Mutter	Risiko	
20 Jahre	1:	1527
25 Jahre	1:	1352
30 Jahre	1:	895
32 Jahre	1:	659
34 Jahre	1:	446
35 Jahre	1:	356
36 Jahre	1:	280
38 Jahre	1:	167
40 Jahre	1:	97
42 Jahre	1:	55
44 Jahre	1:	30

Die Zahlen bezeichnen die Chromosomenpaare. X und Y sind die Geschlechtschromosomen. Man sieht, dass Chromosom 21 dreimal statt nur doppelt vorhanden ist.

Abbildung 3-15: **Links: Chromosomenbild („Karyotyp") eines Mädchens mit Trisomie 21 („Down'sches Syndrom"). Rechts: Risiko in Abhängigkeit vom Alter der Mutter**

Kinder mit Down'schen Syndrom haben ein charakteristisches Erscheinungsbild: sie sind eher klein und rundlich, haben ein flaches Gesicht mit einer „Mongolenfalte" über den Augen (daher die heute ungebräuchliche Bezeichnung „Mongolismus"), oft eine vorstehende Zunge, Muskelschwäche und Sehbehinderungen (Abbildung 3-16). Sie sind außerdem in ihrer Intelligenzentwicklung behindert und bedürfen besonderer Förderung. Mit entsprechenden unterstützenden Maßnahmen können sie, wenn ihre Behinderung weniger schwer ist, durchaus einen Hauptschulabschluss erreichen.

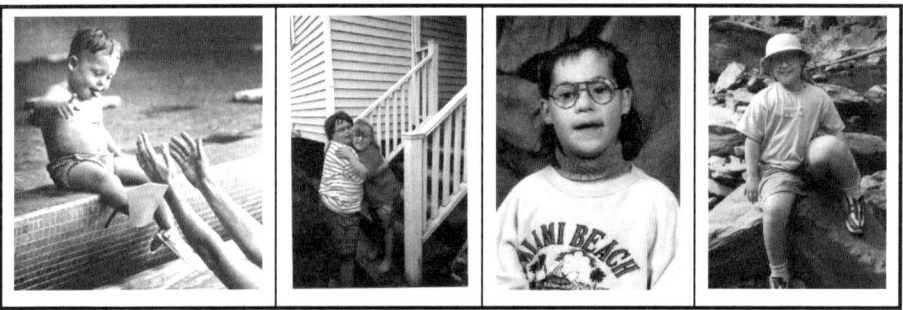

Abbildung 3-16: **Kinder mit Trisomie 21 bedürfen besonderer Förderung** (Bild links aus: Cole & Cole, 1993, S. 68)

Weitere Informationen über Kinder mit Down'schen Syndrom, Hinweise für Fördermaßnahmen bzw. ihre Integration in Kindergarten und Schule finden sich z.B. in den Büchern von Hofmann, Hoffmann & Stengel-Rutkowski (1998) oder Wendeler (1996) bzw. auf den sehenswerten Videokassetten von Spiering & Baumann (1993) oder Hoster (1994).

3.2.2 Phenylketonurie (PKU)

Die Phenylketonurie (PKU) ist eine Stoffwechselstörung, die rezessiv vererbt wird und – wenn man sie nicht gleich nach der Geburt erkennt – zu massiven geistigen Behinderungen und motorischen Störungen führt. In Deutschland werden alle neugeborenen Kinder auf PKU untersucht; auch während der Schwangerschaft ist schon eine Diagnose möglich. Kinder mit PKU müssen dann besonders in den ersten Lebensjahren speziell ernährt werden und entwickeln sich dann mehr oder weniger normal. Später kann man dann unter Beachtung einiger Grundsätze die Ernährung liberalisieren (Abbildung 3-17).

PKU ist selten (ca. 1 Kind auf 12.000 Geburten), aber ca. 1 von 100 Menschen ist Genträger.

Lehrer sollten über das PKU-Risiko und die daraus folgende Notwendigkeit von Schwangerschafts-Vorsorgeuntersuchungen hinweisen und insbesondere jüngere Kinder bei der Einhaltung ihrer speziellen Diät unterstützen, damit sich die Kinder normal entwickeln können.

Diese „Zielscheibe" erleichtert die Auswahl phenylalaninarmer Lebensmittel. Je weiter ein Nahrungsmittel vom Zentrum entfernt ist, desto mehr Phenylalanin enthält es. Nahrungsmittel außerhalb der Zielscheibe sollten vermieden werden.

Abbildung 3-17: **Ernährungshinweise für phenylalaninarme Ernährung bei PKU** (aus: depts.washington.edu/pku/diet.html)

3.2.3 Störungen der Geschlechtsfestlegung

Das Geschlecht wird genetisch im Wesentlichen durch die Geschlechtschromosomen festgelegt: Mädchen haben zwei X-Chromosomen, Jungen je ein X- und ein Y-Chromosom (vgl. Abbildung 3-18). Durch Fehler bei der Zellteilung der Ei- und Spermienzellen („Meiose") kann es (selten) zu Abweichungen von diesem Schema kommen („Non-Disjunktion"), wie es beispielhaft in Abbildung 3-19 dargestellt ist.

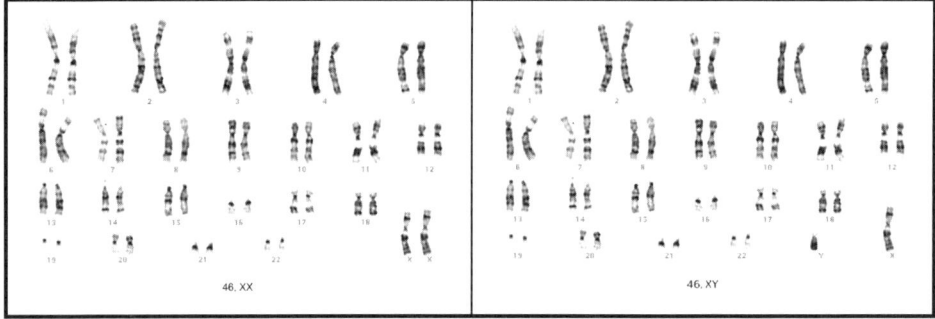

Abbildung 3-18: Normaler Chromosomensatz eines Mädchens und eines Jungen

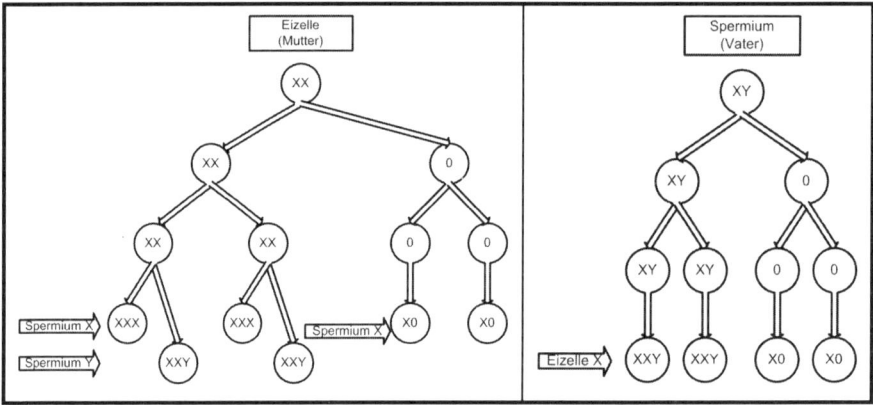

Abbildung 3-19: Veranschaulichung der Non-Disjunktion bei der Meiose und Entstehung von Turner (X0)- und Klinefelter (XXY)-Syndrom

3.2.3.1 Adrenogenitales Syndrom (AGS)

Bei Mädchen mit AGS wurden – meist genetisch bedingt – während ihrer vorgeburtlichen Entwicklung zu viele männliche Sexualhormone produziert, was zu einer „Vermännlichung" im äußeren Erscheinungsbild (z.B. an den äußerlich sichtbaren Geschlechtsorganen) und im Verhalten führt. Mädchen mit AGS haben vermehrt „männliche" Interessen, bevorzugen typisches Jungenspielzeug sowie Jungenspiele und gleichen in ihrer kognitiven Entwicklung eher Jungen. Die Folgen sind auch in höherem Alter noch spürbar (Kappes, 1988). Wird AGS früh erkannt, können durch gezielte Hormongaben, ggf. auch operative Eingriffe, die Auswirkungen gemildert werden (Bullinger, Heinzelmann, & Kuhnle-Krahl, 1996).

Im Zuge der Änderungen des Erscheinungs- und Rollenbildes von Männern und Frauen in unserer Gesellschaft sowie vermehrter Toleranz bei Abweichungen vom traditionellen geschlechtsspezifischen Verhalten kann man wohl davon ausgehen, dass sich Beeinträchtigungen für Mädchen mit AGS verringert haben.

3.2.3.2   Turner-Syndrom

Menschen mit Turner-Syndrom (im deutschen Sprachraum meist Ullrich-Turner-Syndrom genannt; ca. 1 von 5000) haben nur 45 (statt 46) Chromosomen: bei ihnen fehlt das männliche Geschlechtschromosom. Deshalb spricht man auch von Monosomie X0 (Abbildung 3-19). Menschen mit Monosomie X0 sind phänotypisch eher weiblich (Abbildung 3-20), allerdings im Durchschnitt kleiner, und ihre äußeren und inneren Geschlechtsorgane sind meist unvollständig ausgebildet.

Das Turner-Syndrom bleibt oft bis zur Pubertät unentdeckt. Die betroffenen Menschen fühlen sich typischerweise als Mädchen bzw. Frauen und entwickeln sich bei entsprechender Hormonbehandlung sowie ggf. unterstützender Psychotherapie zur Überwindung des „Diagnoseschocks" auch in sexueller Hinsicht durchaus wie „normale" Frauen (Bühren & Blin, 1991); allerdings bleiben sie meist unfruchtbar.

Abbildung 3-20:   Erscheinungsbild des Ullrich-Turner-Syndroms (links) und des Klinefelter-Syndroms (Mitte und rechts). Erläuterungen im Text

3.2.3.3   Klinefelter-Syndrom

Beim Klinefelter-Syndrom ist trotz vorhandenem Y-Chromosom das X-Chromosom doppelt vorhanden (Risiko: ca. 1:1000); die Betroffenen haben also 47 Chromosomen (Abbildung 3-19). Äußerlich sehen sie männlich aus (Abbildung 3-20), haben jedoch (wie Frauen) häufig einen höheren Anteil an Körperfett, und ihre Geschlechtsorgane bilden sich bei Nichtbehandlung während der Pubertät nur unvollständig aus. Allerdings kann auch hier eine Hormonbehandlung oft Abhilfe schaffen.

Auch das Klinefelter-Syndrom bleibt häufig bis zur Pubertät unentdeckt. Diese Menschen fühlen sich (ihrem äußeren Erscheinungsbild entsprechend) eher als männlich. Auch bei rechtzeitig einsetzender Behandlung bleiben später oft noch einige Feminismen zurück (kleiner Penis, unterentwickelte Hoden, spärliche „weibliche" Behaarung). Nach einer Übersicht von Rovet, Netley, Keenan, Bailey, & al. (1996) verläuft ihre kognitive Entwicklung unterdurchschnittlich.

3.3 Schädliche Umwelteinflüsse während der vorgeburtlichen Entwicklung

Von der befruchteten Eizelle bis zur Geburt ist es (nicht nur zeitlich) ein langer Weg. Während der vorgeburtlichen Entwicklung ist das sich entwickelnde Kind so vielen möglichen Schädigungen ausgesetzt, dass ein großer Teil von Schwangerschaften spontan abgebrochen wird. Mehr als 5% der Kinder werden mit geistigen oder körperlichen Behinderungen geboren. Dabei sind (wie während der gesamten Lebenszeit) männliche Organismen empfindlicher als weibliche. Manche Forscher gehen davon aus, dass zum Zeitpunkt der Befruchtung bis zu 130 männliche auf 100 weibliche Zygoten kommen. Bei der Geburt kommen auf 100 Mädchen ca. 108 Jungen, und erst mit dem 40. Lebensjahr ist das Geschlechterverhältnis ausgeglichen. Mit fortschreitendem Alter verschiebt es sich immer stärker zugunsten der Frauen, deren durchschnittliche Lebenserwartung in Deutschland ca. 6 Jahre länger ist als diejenige der Männer.

Im nächsten Abschnitt möchte ich einen kurzen Überblick über die vorgeburtliche Entwicklung und wichtige schädigende Faktoren geben, wobei ich die wesentlichen biologischen Vorgänge als bekannt voraussetze.

3.3.1 Übersicht über die vorgeburtliche Entwicklung

Die vorgeburtliche Entwicklung wird gemeinhin in drei Phasen eingeteilt: das Stadium der Zygote (die ersten zwei Wochen), das Embryonalstadium (Konzeptionsalter drei bis acht Wochen) und das Fötalstadium (Konzeptionsalter ca. neun Wochen bis zur Geburt).

Eine Zygote entsteht bei der Befruchtung durch Verschmelzung zweier Geschlechtszellen (einer Eizelle und einer Samenzelle). Durch vielfache Zellteilungen entsteht dann relativ schnell ein mehrzelliger, noch ziemlich undifferenzierter Organismus.

Die anschließende Entwicklungsphase heißt „Embryonalstadium" und umfasst ca. die 3. bis 8. Schwangerschaftswoche. Tabelle 3-2 gibt einen Überblick über wesentliche Eckpunkte der Embryonalentwicklung.

	Übersicht über die Embryonalentwicklung
	Tage 10 bis 13: Die Zellen teilen sich in Ektoderm, Entoderm und Mesoderm. Die Neuralplatte, aus der später u.a. das Zentralnervensystem (ZNS) entsteht, bildet sich aus dem Ektoderm.
	Dritte Woche: Am Ende der dritten Woche bilden sich die drei wesentlichen Hirnregionen heraus. Einfache Adern und Blutzellen werden gebildet. Das Herz entsteht und beginnt gegen Ende der Woche zu schlagen. **Vierte Woche:** Knospung der Extremitäten. Augen, Ohren und das Verdauungssystem nehmen Gestalt an. Die großen Arterien und Venen werden komplettiert. Erste Knochen und Nervenleitungen sind sichtbar.
	Fünfte Woche: Die Nabelschnur tritt in Funktion. Die spätere Lunge wird angelegt. Vorstufen der Muskeln werden gebildet und die Handteller geformt. **Sechste Woche:** Der Kopf dominiert den gesamten Embryo. Ober- und Unterkiefer sowie Ohrmuschel entstehen. Das ZNS wird weiter ausdifferenziert.
	Siebte Woche: Gesicht und Hals sind gut erkennbar. Der Verdauungstrakt wird herausgebildet, die Muskulatur differenziert sich. Die Anzahl Nervenzellen explodiert geradezu. **Achte Woche:** Der gesamte Embryo rundet sich, alle Organe sind verkleinert vorhanden. Kopf und Hals setzen sich vom Rumpf ab. Das Ohr wird weiter ausdifferenziert. Der Embryo macht kleine Bewegungen und reagiert auf Stimulation der Mundregion.

Tabelle 3-2: **Übersicht über die Embryonalentwicklung** (nach: Cole & Cole, 1993, S. 84; leicht verändert)

Das anschließende Fötalstadium ist gekennzeichnet vom schnellen Wachstum des Körpers und der Organe. Eine weitere Differenzierung der entwickelten Gewebe findet kaum mehr statt, nur mehr eine Ausreifung. Tabelle 3-3 gibt einen Überblick über wesentliche Entwicklungsverläufe in dieser Phase.

Übersicht über die Fötalentwicklung	
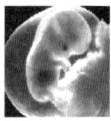	**Zehnte Woche** Der Kopf ist aufrecht. Die inneren Organe befinden sich an ihrer endgültigen Stelle im Körper.
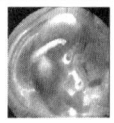	**Zwölfte Woche** Mädchen und Jungen sind äußerlich unterscheidbar. Im Knochenmark wird Blut gebildet. Die Augen nehmen ihre endgültige Gestalt an.
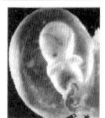	**Ende des vierten Monats** Der Fötus sieht wie ein „normales" Baby aus. Das Haar beginnt zu wachsen. Der Rumpf wächst stärker als der Kopf. Das Gehirn wird weiter ausdifferenziert. Uterus und Vagina sind bei den Mädchen zu erkennen. Bei den Jungen sind die Hoden angelegt, aber noch nicht in den Hodensack gewandert. Die meisten Knochen und Gelenke sind gut unterscheidbar. Die beiden Hirnhälften sind zu erkennen. Einzelne Reflexe (z.B. Schluck- und Saugreflex) können ausgelöst werden.
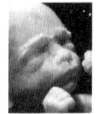	**Ende des fünften Monats** Herausbildung von braunem Körperfett zur Wärmeisolation. Weitere Differenzierung des Großhirns. Alle Nervenzellen sind gebildet. Die Nervenbahnen beginnen zu funktionieren. Dieser Prozess setzt sich über die Geburt hin fort.
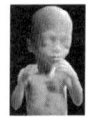	**Ende des sechsten Monats** Beginn der Lungenfunktion bei vorzeitiger Geburt. Die beiden Hirnhälften sind sehr gut getrennt.
	**Ende des siebten Monats** Die Lunge kann eigenständig die Sauerstoffatmung sicherstellen. Das ZNS ist soweit ausgebildet, dass die lebenswichtigen Funktionen gesteuert werden können. Gewichtszunahme durch Bildung von Fett; dadurch Glättung der Haut. Die Augen öffnen sich und können auf Lichtreize reagieren.
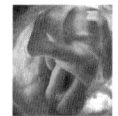	**Ende des achten Monats** Die Haut ist glatt und weich, Arme und Beine wirken dicklich. Die meisten Gehirnfurchen sind zwar ausgebildet, aber auch dieser Prozess setzt sich über die Geburt hin fort.
	**Neunter Monat** Der Fötus legt in diesem Monat 50% seines Gewichts zu. Viele Reflexe funktionieren, und der Fötus ist aktiv. Mit Herannahen des Geburtstermins nimmt die Aktivität wegen Platzmangels ab.

Tabelle 3-3:   **Übersicht über die Fötalentwicklung** (nach: Cole & Cole, 1993, S. 87; leicht verändert)

3.3.2 Teratogene Einflüsse

Unter Teratogenen (das bedeutet: Missbildungen hervorrufend) oder teratogenen Einflüssen versteht man solche Faktoren, die geistige und/oder körperliche Behinderungen, Missbildungen oder gravierende Entwicklungsbeeinträchtigungen hervorrufen können.

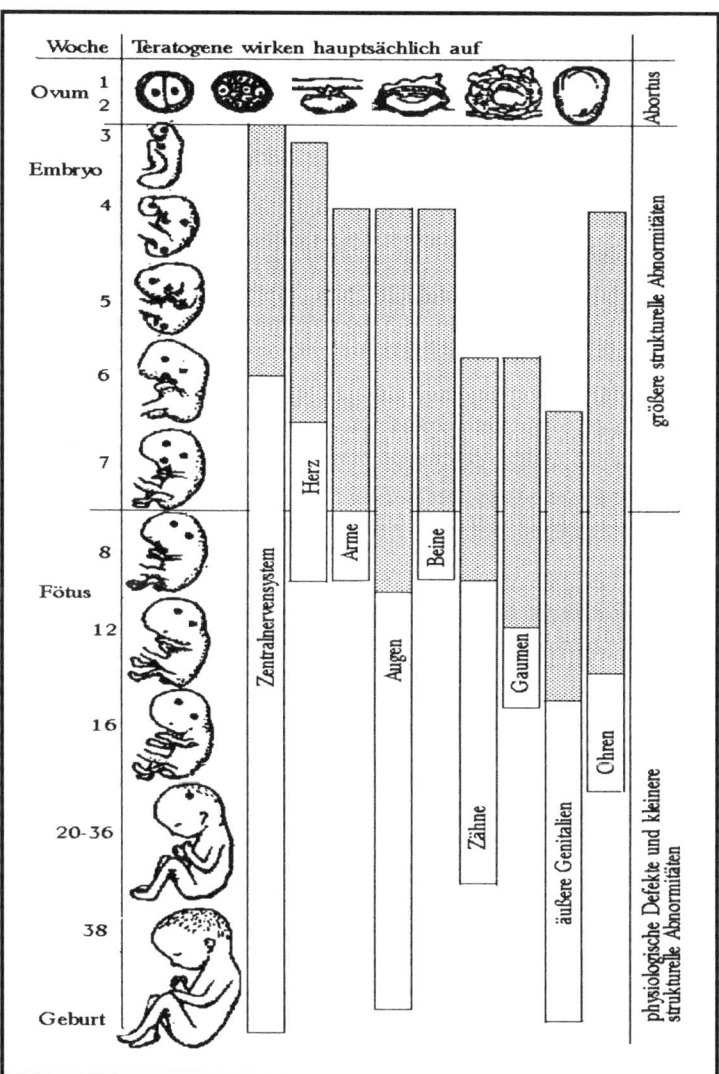

Abbildung 3-21:   **Typische Gefährdungszeiten für bestimmte Organe während der Zeit vor der Geburt** (aus: Wendt, 1997, S. 99). Gerasterte Bereiche: hoch gefährdet, weiße Bereiche: mäßig gefährdet durch schädigende Einflüsse

Wie Abbildung 3-21 zeigt, wirken sie vor allem während der Embryonal- und der frühen Fötalentwicklung. Generell gilt, dass die Auswirkung einer intrauterinen Schädigung umso größer ist, je eher sie einsetzt. Das hat u.U. fatale Konsequenzen bei ungeplanten Schwangerschaften: bis zum Bemerken der Schwangerschaft gehen insbesondere bei Frauen mit unregelmäßigem Menstruationszyklus (besonders bei Jugendlichen) sechs Wochen oder gar noch mehr ins Land, während der z.B. Alkohol, harte Drogen oder Rauchen schon schädliche Auswirkungen haben können.

Viele der im Folgenden skizzierten negativen Auswirkungen kann man verhindern, wenn die Eltern aufgeklärt werden und (zumindest bei geplanten Schwangerschaften) ihr Verhalten entsprechend einrichten. Hier hat auch die Schule ihre Funktion: man muss vorher aufklären, denn während der Schwangerschaft ist es oft zu spät. Allerdings möchte ich auch vor Panikmache warnen. Oft werden auch von gut aufgeklärten zukünftigen Eltern die Gefahren von Umwelteinflüssen auf die vorgeburtliche Entwicklung überschätzt. Das kann bei ihnen zu übermäßiger Besorgnis, Verhaltenseinschränkungen und nicht zuletzt sehr eingeschränkter Lebensqualität und Genussfähigkeit führen. Dass man als Lehrer intensiv und kompetent auf die in unserer Gesellschaft allgegenwärtigen Alltagsdrogen Alkohol und Rauchen eingehen muss, gebietet allerdings die Verantwortung vor dem Leben. Das mag sich pathetisch anhören, aber in den entsprechenden Abschnitten werde ich diese Forderung weiter belegen.

3.3.2.1   Röntgen- und radioaktive Strahlen

Diese energiereichen Strahlen verändern die Erbmoleküle: sie „zerschießen" die Chromosomen und erhöhen damit die Mutations- und Missbildungsrate. Ihre schädigende Wirkung ist seit langem bekannt. Neue Röntgengeräte, die mit wesentlich geringeren Strahlendosen auskommen, und präventive Schutzmaßnahmen (Bleischürzen) haben aber zur Reduzierung der Risiken geführt.

Übrigens sind nach dem heutigen Erkenntnisstand Schädigungen durch Handys, Mikrowellengeräte oder Elektrosmog nicht nachgewiesen. Nach neueren Untersuchungen ist allerdings nicht ausgeschlossen, dass nachgeburtliche Diagnostik mit Röntgenstrahlen das Risiko für eine Erkrankung an Leukämie bei Kindern erhöht (Infante-Rivard, Mathonnet, & Sinnett, 2000).

3.3.2.2   Umweltgifte

Von einigen Schädlingsbekämpfungs- und Holzschutzmitteln ist nachgewiesen, dass sie zu Entwicklungsstörungen führen können. Ebenso ist seit 1953 die so genannte Minamata-Krankheit bekannt, eine Quecksilbervergiftung, die durch regelmäßigen Verzehr von belastetem Fisch hervorgerufen wurde und sich in schwerwiegenden Beeinträchtigungen der Entwicklung des ZNS äußert (Abbildung 3-22 links). Auch bei Blei, das von der Schwangeren z.B. durch veraltete Wasserleitungen kontinuierlich aufgenommen wurde, kann eine Entwicklungsschädigung nicht ausgeschlossen werden: Blei ist ein relativ starkes und immer noch omnipräsentes Umweltgift (vgl. Winneke, 1985). Auch extreme Luftverschmutzung, wie sie z.B. in Cubatão in Brasilien als Ergebnis ungehemmter Industrieansiedlung bis in die 80er Jahre hinein gefunden wurde, ist ein nennenswerter teratogener Faktor. Ob in Deutschland bekannt gewordene Belastungswerte einen Einfluss auf die vorgeburtliche Entwicklung haben, ist noch strittig.

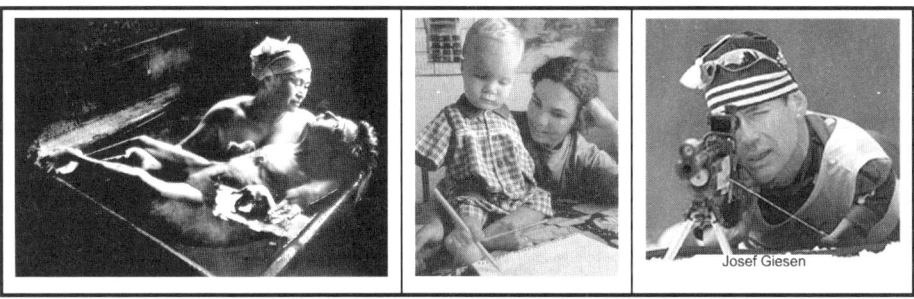

Abbildung 3-22: **Folgen von Quecksilbervergiftung (Minamata-Krankheit; links) und Contergan-Schädigung (Mitte und rechts)** (Bild Mitte aus: Shaffer, 1999, S. 122)

3.3.2.3 Medikamente

Einige Medikamente dürfen während der Schwangerschaft nur bei strenger Indikation und in sehr enger Absprache mit dem behandelnden Arzt verwendet werden. Einigen Lesern wird vielleicht der sog. „Contergan"-Skandal in Erinnerung sein: Contergan (Thalidomid) war als Schlaf- und Beruhigungsmittel auch schwangeren Frauen verabreicht worden und führte gehäuft zu Missbildungen bei den Kindern (Abbildung 3-22 Mitte und rechts).

Man sollte während der Schwangerschaft auch bei scheinbar harmlosen Medikamenten darauf achten, ob einer der Wirkstoffe die Plazenta-Schranke durchbricht oder (später) in die Muttermilch übergeht. In diesem Fall sollte der Arzt um umfassende Aufklärung gebeten werden. Dazu ist jeder Arzt verpflichtet.

Da jedes Medikament unterschiedliche Haupt- und Nebenwirkungen hat, kann man, von allgemeinen Hinweisen zur Vorsicht abgesehen, hierzu keine weiteren detaillierten Angaben machen. Das ist – um es noch einmal zu sagen – Sache eines Arztes.

3.3.2.4 Blutgruppenunverträglichkeit zwischen Mutter und Kind

Ist der Rhesusfaktor des väterlichen Blutes positiv (Rh+) und derjenige der Mutter negativ (Rh-), so ist das Kind meist Rh+. Im Blut der Mutter zirkulierende Blutanteile des Kindes stimulieren dann die mütterliche Immunabwehr gegen das Blut des eigenen Kindes. Das ist bei der Erstgeburt unproblematisch, kann aber bei weiteren Schwangerschaften zu Abstoßungsreaktionen und ggf. Abort führen. Durch eine routinemäßige Frühdiagnostik bei kritischen Elternkonstellationen und eine rechtzeitige Therapie (z.B. Blutaustausch beim Kind) können schädliche Auswirkungen vermieden werden.

3.3.2.5   Gebrauch illegaler und legaler Drogen während der Schwangerschaft

3.3.2.5.1   Heroin, Kokain und andere illegale Drogen

Wenn in unserer Gesellschaft von Drogengebrauch während der Schwangerschaft die Rede ist, denken wohl die meisten an so genannte „harte Drogen", wie Heroin, Ecstasy, Kokain oder Crack. In der Tat werden Kinder von drogenabhängigen Müttern ebenfalls abhängig geboren und müssen unmittelbar nach der Geburt einen Entzug über sich ergehen lassen („Crack Babys; Abbildung 3-23). In Einzelfällen können diese körperlichen Belastungen für die Neugeborenen so stark sein, dass sie zum Tod führen (Lester, Boukydis, & Tworney, 2000).

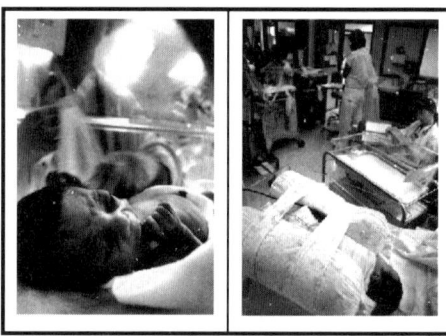

Abbildung 3-23:   **Kinder von drogenabhängigen Müttern müssen nach der Geburt entgiftet werden**

Die betroffenen Kinder haben durchschnittlich Beeinträchtigungen, die auch einige Monate anhalten; sie sind weniger schwer, wenn die Mütter die Drogen im dritten Schwangerschaftstrimester absetzen. Im Lauf ihrer weiteren Entwicklung haben diese Kinder oft Bindungs- und Kontaktprobleme in Bezug auf Erwachsene, schreien und weinen häufiger und zeigen gehäuft auffälliges Sozialverhalten. Allerdings gibt es Anhaltspunkte dafür, dass die Auswirkungen in Kampagnen in den Massenmedien übertrieben dargestellt wurden (vgl. z.B. Inciardi, Surrat, & Saum, 1997). Nachgewiesene Entwicklungsbeeinträchtigungen (vgl. z.B. G. Wilson, 1992) lassen sich nach neuesten, gut kontrollierten Studien zumindest teilweise auch auf die Probleme der Lebenssituation drogenabhängiger Eltern oder methodische Probleme der Untersuchungen zurückführen (Lester, Boukydis, & Tworney, 2000; Ornoy, Michailevskaya, Lukashov, Bar-Hamburger, & al., 1996).

Auch die lange behaupteten Langzeitauswirkungen von Marihuana-Gebrauch während der Schwangerschaft sind wohl in der Vergangenheit stark übertrieben worden – zumal wenn man eventuelle Störvariablen (Rauchen!) ausschaltet (Dalterio & Fried, 1992; Fried, 1989).

3.3.2.5.2 Alkohol

Die aus meiner Sicht für die vorgeburtliche Entwicklung in Deutschland gefährlichste Droge ist überall legal käuflich, besonders unter Jugendlichen[9] weit verbreitet, ausgesprochen billig und wird von wohlmeinenden Menschen nicht den Drogen, sondern den „Genussmitteln" zugeordnet. Es handelt sich natürlich um das hochwirksame Zellgift Alkohol. Nun ist es kaum möglich, alle für die kindliche Entwicklung schädlichen Wirkungen von Alkohol in einem Einführungsbuch darzustellen. Ich empfehle deshalb zum vertieften Studium ausdrücklich den Übersichtsartikel von Löser (1996).

Die mit Abstand schwerwiegendste Komplikation bei Alkoholgebrauch während der Schwangerschaft ist die Alkoholembryopathie (engl.: Fetal Alcohol Syndrome – FAS). Das ist ein Sammelbegriff für körperliche und geistige Behinderungen, die durch Alkoholkonsum besonders während der Phase der Embryonalentwicklung hervorgerufen werden können. Die Symptome reichen von Veränderungen im Gesichtsausdruck (breite Nase, weit auseinander stehende Augen, flaches Gesicht) und einem abnorm kleinen Kopf mit entsprechend kleinem, nicht voll ausgebildeten Gehirn über körperliche Missbildungen bis hin zum Fehlen ganzer Körperteile und massiver geistiger Behinderung (Abbildung 3-24).

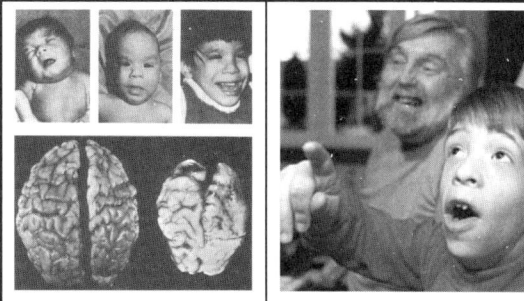

Die obere Bildzeile zeigt links dasselbe Kind mit FAS nach der Geburt, im Alter von 8 Monaten und mit 4½ Jahren. Die untere Bildzeile zeigt links das Gehirn eines normalen Babys (6 Wochen alt), rechts dasjenige eines gleichaltrigen Babys mit FAS. Es ist kleiner, unvollständig entwickelt, geschädigt und weniger windungsreich. Der Junge in der Mitte und das Mädchen oben rechts zeigen typische FAS-Symptome: weit auseinander stehende Augen und ein flaches Gesicht.

Abbildung 3-24: **Alkoholembryopathie (Fetales Alkohol-Syndrom – FAS). Kinder mit FAS sind oft geistig und körperlich stark behindert.** (Bild links aus: Cole & Cole, 1993, S. 98; Bild rechts aus: Shaffer, 1999, S. 123)

Die Alkoholembryopathie ist die häufigste umweltbedingte Ursache für Behinderungen aller Art in Deutschland. Hier zeigt sich ein besonderes Problem der Aufklärung: auch wenn Frauen, die erfahren, dass sie schwanger sind, mit dem Alkoholkonsum sofort aufhö-

---

[9] Zwar ist der Verkauf an Jugendliche eingeschränkt, aber in Deutschland und einigen europäischen Nachbarländern werden in dieser Hinsicht beide Augen (und die Hühneraugen!) zugedrückt...

ren, ist es u.U. zu spät. Dazu kommt, dass wahrscheinlich auch schon kleinere Alkohol-
mengen ausreichen, das Risiko für FAS stark zu erhöhen.

Für die Schule ergibt sich aus meiner Sicht daraus die Konsequenz, durch Aufklärung
darauf hinzuwirken, dass zumindest bei geplanten Schwangerschaften die Mutter schon
vorher mit dem Trinken komplett aufhört. Und auch der positive Schwangerschaftstest
sollte nicht mit Sekt begossen werden. Informationsmaterial zu diesem Thema können
Lehrer bei der Bundeszentrale für gesundheitliche Aufklärung schriftlich (Bundeszentrale
für gesundheitliche Aufklärung, Postfach 91 01 52, 51071 Köln) oder im Internet
(http://www.bzga.de) bestellen.

Auf das z.Zt. ebenfalls dramatische Problem des Alkoholkonsums Jugendlicher gehe ich
im Abschnitt 7.7.2 ausführlicher ein.

3.3.2.5.3   Rauchen

Zwar ist für viele junge Menschen eine (geplante) Schwangerschaft Anlass und Grund,
auch längerfristig mit der Qualmerei aufzuhören (Brenner & Mielck, 1993), aber ein großer
Teil der Frauen raucht weiter. Das ist eigentlich kein Wunder – ist doch das Suchtpotential
von Nikotin relativ stark. Kinder rauchender Mütter haben ein durchschnittlich geringeres
Geburtsgewicht (Abbildung 3-25 Mitte). Außerdem ist das Risiko für Fehl- und Totgeburten sowie beim „Plötzlichen Kindestod" beträchtlich erhöht (vgl. auch Abschnitt 7.7.1).
Nach   Erhebungen   der   Kanadischen   Regierung
(www.hrsdc.gc.ca/en/cs/sp/sdc/pkrf/publications/bulletins/1997-000020/page01.shtml)
zeigen sich diese Beeinträchtigungen besonders bei Familien mit geringem Einkommen
(Abbildung 3-25 rechts). Diese Ergebnisse könnten die Vermutung stützen, dass bei Geld-
mangel Zigaretten eine sehr hohe Priorität haben und andere Lebensnotwendigkeiten (auch
für die Entwicklung des ungeborenen Kindes) der eigenen Sucht untergeordnet werden.

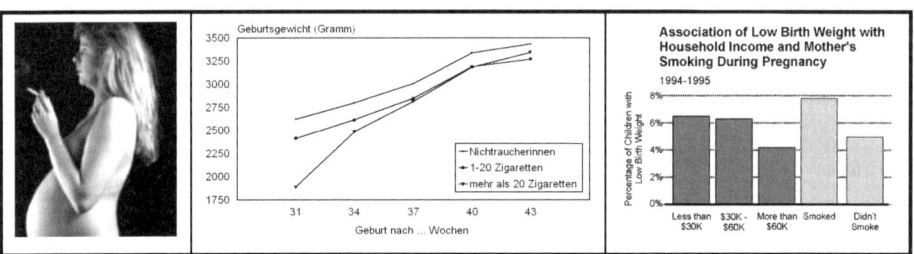

**Abbildung 3-25:   Rauchende schwangere Frau und durchschnittliches Geburts-
gewicht von Kindern rauchender und nichtrauchender Mütter**
(Abbildung Mitte nach: Cole & Cole, 1993, S. 97)

Da – denke ich – sollten sich Lehrer überlegen, ob es eine gute Strategie ist, an oder in
der unmittelbaren Umgebung von Schulen Raucherecken zu dulden oder die Aufstellung
von Zigarettenautomaten in Schulnähe widerspruchslos hinzunehmen...

Übrigens hat sich nach neueren Untersuchungen gezeigt, dass rauchende Eltern auch nach der Geburt ihren Kindern schaden: die Kinder rauchen passiv mit, und das ist Kindern nicht zuträglich (Tabelle 3-4). Dieser Befund zeigt sich auch schon, wenn in der Familie nur wenig geraucht wird.

Zigarettenrauch der Eltern hinterlässt Spuren im Baby-Urin

Amerikanische Forscher fanden Krebs auslösende Substanzen

Bei Kleinkindern von Rauchern haben amerikanische Forscher erhöhte Werte von krebsauslösenden Substanzen im Urin gefunden. Bei rund der Hälfte der untersuchten Babys, die zu Hause oder im Auto Zigarettenrauch ausgesetzt waren, entdeckten die Forscher die Krebs erregende Substanz NNAL.

Dieser Stoff ist ein giftiges Abbauprodukt und damit ein Anzeiger für einen der wichtigsten Krebsauslöser des Tabaks, das Nitrosamin NKK. Ihre Ergebnisse stellen Stephen Hecht von der Universität von Minnesota und seine Kollegen im Fachmagazin „Cancer Epidemiology, Biomarkers & Prevention" vor. Die Forscher untersuchten Urinproben von 144 Babys und verglichen die Werte mit den Rauchgewohnheiten in der Familie. Lag der aufaddierte Zigarettenkonsum in der Familie bei wöchentlich 76 und mehr Zigaretten, so konnten die Forscher bei 47 Prozent der Kleinkinder deutlich messbare Konzentrationen des Krebsauslösers NNAL feststellen. Bei weniger als 27 Zigaretten pro Woche war die Substanz nicht mehr messbar.

Tabelle 3-4: **Auch nach der Geburt schaden rauchende Eltern noch ihren Kindern** (aus: Neue Osnabrücker Zeitung, 12. Mai 2006)

3.3.3 *Frühere oder aktuelle Krankheiten der Mutter*

Eine Reihe von früheren oder während der Schwangerschaft auftretenden Erkrankungen der Mutter können die vorgeburtliche Entwicklung stören. Dazu gehören etwa die sexuell übertragenen Krankheiten Syphilis, Gonorrhöe und HIV-Infektionen sowie eine Reihe anderer Erkrankungen, wie Diabetes, Bluthochdruck, Hepatitis, Toxoplasmose oder Mumps. Auch lange für harmlos gehaltene Infektionen mit dem Herpes-simplex-Virus können nach neueren Erkenntnissen schädliche Auswirkungen auf das Kind haben.

Einen Sonderfall stellen die Röteln dar. Wenn eine Frau während der Frühphase einer Schwangerschaft die für Erwachsene harmlosen Röteln bekommt, beträgt das Risiko, ein behindertes Kind zu bekommen, bis zu 50%. Abhilfe können hier relativ leicht eine Impfung vor der Schwangerschaft und ein entsprechender Test auf Antikörper aus einer vorherigen Infektion schaffen. Darauf sollten Lehrer hinweisen.

Eine Übersicht über wichtige Einflüsse mütterlicher Erkrankungen während der Schwangerschaft zeigt Tabelle 3-5.

Krankheit	Erhöhtes Risiko für ...			
+ nachgewiesener Einfluss ? möglicher Einfluss 0 nach bisherigen Befunden kein Einfluss	Spontan-abort	körperliche Behinde-rung	geistige Behinde-rung	Frühge-burt/ Ent-wick-lungsver-zögerung
VIRUSINFEKTIONEN				
HIV-Virus	0	+	+	?
Cytomegalovirus	+	+	+	+
Röteln	+	+	+	+
Windpocken	0	+	+	+
Herpes simplex	+	+	+	+
Mumps	+	?	0	0
Masern	+	0	0	+
BAKTERIELLE INFEKTIONEN				
Syphilis	+	+	+	?
Tuberkulose	+	?	+	+
PARASITENBEFALL				
Malaria	+	0	0	+
Toxoplasmose	+	+	+	+

Tabelle 3-5: **Übersicht über Krankheitseinflüsse auf die intrauterine Entwicklung** (nach: Berk, 1991, S. 95; Berk, 1997, S. 97; und: Hetherington & Parke, 2003, S. 116-119)

3.3.4 Einflüsse der Ernährung

Schwangere Frauen sollten sich ausgeglichen und ausreichend (aber nicht übermäßig) ernähren. Bei gravierendem Nahrungsmangel während der Schwangerschaft scheint der allgemeine Gesundheitszustand der Kinder schlechter, die allgemeine Anfälligkeit für Kinderkrankheiten größer zu sein. Außerdem ist das Geburtsgewicht der Kinder geringer (Abbildung 3-26 links). Gravierender Nahrungsmangel während des dritten Schwangerschaftstrimesters erhöht außerdem die Wahrscheinlichkeit für eine Totgeburt (Abbildung 3-26 rechts).

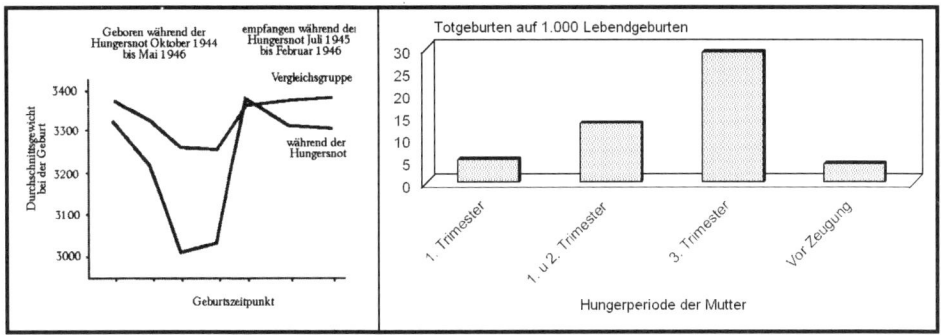

Abbildung 3-26: Geburtsgewichte (links) und Totgeburten (rechts) von Kindern, die in Rotterdam während der schwersten Hungerzeit geboren wurden (rechts nach: Stein, Susser, Saenger, & Marolla, 1975; links aus: Wendt, 1997, S. 104)

Ein in letzter Zeit gravierender gewordenes Problem ist die Änderung des weiblichen Schönheitsideals (magersüchtige Frauen gelten besonders bei Models als chic) mit der Folge, dass offenbar viele Frauen während der Schwangerschaft einfach zu wenig essen (Abbildung 3-27). Die Folgen dieses Verhaltens sind noch nicht absehbar.

Viele Frauen nehmen in der Schwangerschaft weniger Kalorien zu sich als notwendig – oft sogar weniger, als für Nichtschwangere empfohlen wird. Viele werdende Mütter äßen auch zu wenig Eisen und Ballaststoffe, so das Ergebnis einer Studie der britischen Manchester Metropolitan University. Mit durchschnittlich 1907 Kalorien am Tag lagen die zurückhaltenden Schwangeren deutlich unter den in Großbritannien empfohlenen 2140 Kalorien – und immerhin 33 Kalorien (und damit etwa eine Scheibe Knäckebrot) unter der Richtlinie für Nichtschwangere; und statt der gewünschten 14,8 führten sie ihrem Körper nur 12,5 Milligramm Eisen zu. „Das ist beunruhigend", kommentiert Ernährungswissenschaftlerin Emma Derbyshire. „Es scheint, als ob Frauen immer noch eher ihr Gewicht halten wollen, als sich und ihre Babys richtig zu ernähren." Mögliche Folgen des Kalorienmangels: untergewichtige Kinder und Schwierigkeiten mit der Milchproduktion. „Und Eisenmangel ist besonders in den letzten drei Schwangerschaftsmonaten oft die Ursache für Blutarmut", warnt die Forscherin. Eine Botschaft immerhin hat die Frauen inzwischen erreicht, meint Derbyshire: Für 79 Prozent war Alkohol in der Schwangerschaft tabu.

Abbildung 3-27: **Schwangere auf Diät** (aus: Spiegel 11/2006, S. 134)

3.3.5 Sonstige Einflüsse

Zu weiteren Einflussgrößen auf die intrauterine Entwicklung sind etwa Persönlichkeitseigenschaften der Mutter (z.B. besondere Ängstlichkeit), Stress vor der Geburt (Stress erhöht wahrscheinlich das Fehlgeburts-Risiko (siehe auch Samlicki, 1994)), die Einstellung zum

Kind und die Stabilität der Partnerschaft zu rechnen. Die Einflüsse können hier aus Platzgründen aber nicht im Einzelnen erläutert werden.

3.4 Anlage, Umwelt und Ideologie: einige Klarstellungen

Zu der kontroversen Diskussion um die Bedeutung von Erbe und Umwelt schreibt Tücke (2005b, S. 219-220) im Zusammenhang mit der Frage der Erblichkeit von Intelligenz:

„Die Diskussion der Intelligenz ist leider in weiten Bereichen von Halbwissen und ideologischen Überformungen belastet. Heiß und immer noch kontrovers diskutiert wird besonders die Frage, inwieweit Intelligenz vererbt wird bzw. durch bestimmte Umweltkonstellationen bedingt ist. Gerade in letzter Zeit ist diese Diskussion angeheizt worden durch das Erscheinen des Buches „The Bell Curve", in dem durch mancherlei (auch zweifelhafte) Statistiken belegt werden soll, dass verschiedene Bevölkerungsgruppen in den USA genetisch bedingt unterschiedliche Ausprägungen der Intelligenz haben (Herrnstein & Murray, 1994; siehe aber auch: Jacoby & Glauberman, 1995).

Aus der Sicht der Pädagogischen Psychologie ist die Kontroverse, inwieweit Intelligenz genetisch bedingt ist, unergiebig und von Missverständnissen geprägt. In der Behandlung dieser Frage werden leider immer noch zwei unzulässige Gleichsetzungen vorgenommen, nämlich dass erbbedingte Verhaltensweisen weitgehend unveränderbar sind, und dass umweltbedingte Verhaltensweisen relativ leicht(er) beeinflusst werden können. Die Gleichsetzungen: erbbedingt = schwer veränderbar und umweltbedingt = leicht veränderbar schwingen leider besonders bei vehement geführten Auseinandersetzungen zu diesem Thema immer noch mit, obwohl sie bei einigem Nachdenken leicht zu entkräften sind.

Ein Beispiel, wie die Auswirkungen eines erbbedingten Merkmals (und nur um die schulischen und/oder lebenspraktischen Auswirkungen kann es in diesem Kontext gehen) durch frühe Erkennung und entsprechende Maßnahmen relativ einfach zu beeinflussen sind, zeigt das Beispiel der Phenylketonurie (PKU; vgl. Abschnitt 3.2.2). Diese genetisch bedingte Stoffwechselerkrankung führt unbehandelt zu schweren Beeinträchtigungen der Intelligenz. Frühzeitig erkannt, entwickeln sich PKU-Kinder, bei Einhaltung einer bestimmten Ernährung, fast völlig normal. Wie gesagt, die Ursache für diese Störung ist damit nicht beseitigt (das würde man auch nur schaffen, wenn man Genmanipulationen am Menschen zulassen würde), aber die für die Betroffenen nachteiligen Auswirkungen können durch Früherkennung verhindert werden.

Dass erlernte Verhaltensweisen durchaus nicht leicht beeinflussbar sein müssen, wird jeder bestätigen, der mit Nägelkauen aufhören möchte, eine unerträgliche Flugangst überwinden muss oder während eines Abenteuerurlaubs mit dem Angebot konfrontiert wird, gebratene Termiten zu essen.

Wie schon Merz & Stelzl (1977, besonders S. 86-90) überzeugend nachweisen konnten, ist die Frage, ob und inwieweit Intelligenz erbt sei, im wesentlichen eine methodische und eine pädagogisch unergiebige Frage. Wichtig ist allein, dass Beeinträchtigungen der Intelligenzentwicklung frühzeitig erkannt und für die betroffenen Kinder entsprechende Fördermaßnahmen bereitgestellt werden – möglichst in ihrer vertrauten Umgebung und mit möglichst wenigen Einschränkungen bei der Beschulung. Etwas vergröbernd, kann man zur Diskussion um die Erb- und/oder Umweltbedingtheit der Intelligenz vielleicht dasselbe sagen wie zur Kurzsichtigkeit: „Es ist für die Schule egal, ob ein Kind erblich bedingt oder z.B. durch einen Unfall kurzsichtig ist. Wichtig ist, dass die Beeinträchtigung frühzeitig erkannt wird, dass das Kind eine passende Brille bekommt und dass das Kind deswegen keine unnötigen sozialen oder sonstigen Nachteile in Kauf nehmen muss."

Inhaltlich ist diesem Resümee auch in entwicklungspsychologischem Kontext nichts hinzuzufügen. Ich möchte aber die Sinnlosigkeit der Diskussion um die „Anteile" von Erbe und Umwelt an der Entwicklung einzelner Merkmale und Verhaltensweisen (etwa nach dem Muster: „Auf Grund neuester Zwillingsuntersuchungen muss man heute davon ausgehen, dass 75% der Intelligenz erbbedingt sind") an einem hypothetischen Beispiel veranschaulichen.

Nehmen wir einmal an, wir hätten eine Stichprobe kleiner Kinder aus benachteiligten Wohngegenden zufällig auf eine Kontrollgruppe und eine Fördergruppe aufgeteilt. Die Kontrollgruppe möge in ihrer Umgebung geblieben sein, die Fördergruppe möge über ein Jahr hinweg eine kognitive Förderung erhalten haben. Am Ende des Zeitraums soll der Leistungsstand beider Gruppen mit zwei Tests (einem „leichten" Test; Abbildung 3-28 links) und einem schweren Test (Abbildung 3-28 rechts) erfasst worden sein. Der leichte Test soll sich dadurch vom schweren unterscheiden, dass in ihm 60 sehr leichte Aufgaben enthalten sind, die jedes der Kinder beantworten kann. Das Förderprogramm soll wirksam gewesen sein; das möge sich in der Differenz von 20 Punkten zwischen Kontroll- und Fördergruppe zeigen.

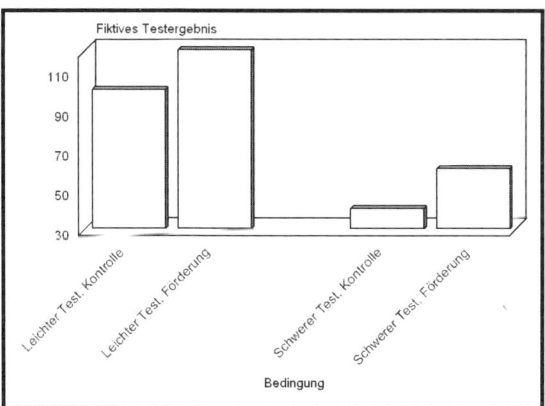

Abbildung 3-28:   **Hypothetisches Beispiel für die Problematik der Berechnung von prozentualen Erbe/Umweltanteilen an der Entwicklung** (weitere Erläuterungen im Text)

Wie ist das nun aber, wenn wir die Punktdifferenz prozentuieren? 20 Punkte beim ersten Test bedeuten einen Leistungsunterschied zwischen Kontroll- und Fördergruppe von 20%. Dieselben Gruppen unterscheiden sich aber um 50%, wenn sie fiktiv mit dem „schweren" Test untersucht werden. Eine solche Interpretation ist einfach nicht sinnvoll. Diese Überlegungen kann man auch auf die Interpretation von Erb- und Umweltanteilen bei verschiedenen Entwicklungsprozessen übertragen. Eine lesenswerte Zusammenfassung der methodischen Probleme bei Erblichkeitsschätzungen findet sich bei Velden (1995a; , 1995b; , 1997).

Überlagert wird die Diskussion um das Ausmaß der Erb- bzw. Umweltbedingtheit der Entwicklung bestimmter Merkmale, Verhaltens- und Erlebnisweisen durch subtile oder auch offene ideologische Beschränkungen. So wäre es ja nicht unbedingt wissenschaftlich unerträglich, wenn sich wirklich herausstellen würde, dass einzelne Bevölkerungsgruppen genetisch bedingt weniger Entfaltungsmöglichkeiten haben als andere: genetisch bedingte Unterschiede bei Blutgruppen und Haarfarbe akzeptieren wir ja auch als selbstverständlich, und ich habe weiter oben schon ausgeführt, dass damit noch herzlich wenig über die Veränderbarkeit gesagt ist. Nur sind offenbar für unsere Gesellschaft wichtige Merkmale so stark tabuisiert, dass eine der vorherrschenden Ideologie widersprechende Meinung oft von der politischen Korrektheit unterdrückt wird.

Traditionell verteilen sich die Anhänger der „Umwelthypothese" und der „Erbhypothese" auch politisch auf unterschiedliche Lager: ersteres gilt (zumindest in Deutschland und für die meisten Merkmale[10]) durchaus als „progressiv" oder „links", wohingegen letztere Argumentationsstränge eher als „konservativ" oder „rechts" bis „faschistisch" gelten. Das kann auch dazu führen, dass Wissenschaftler bestimmte Standpunkte wider besseren Wissens nicht mehr öffentlich vertreten oder aber, weil sie einem bestimmten „Lager" zugeordnet werden, sich immunisieren gegen neue Argumente und einseitige Theorien aufrechterhalten.

Festzuhalten ist hier: die Diskussion um quantitative Anteile von Erbe und Umwelt an der menschlichen Entwicklung ist im schulischen Kontext unergiebig, irrelevant und methodisch problematisch. Es ist z.B. für pädagogische Maßnahmen völlig egal, ob eine Kurzsichtigkeit erb- oder umweltbedingt ist. Immens wichtig hingegen ist, dass die Beeinträchtigung rechtzeitig erkannt wird und möglichst frühzeitig entsprechende Maßnahmen zu ihrer Kompensation ergriffen werden.

---

[10] Prominente Ausnahme: Homosexualität. Hier wird die vorgebliche genetische Bedingtheit auch von „progressiven" Menschen manchmal als „Entschuldigung" zugelassen.

4 Geburt und die ersten Lebensmonate

> *„Die Muttermilch für den Leib macht die Natur; für den*
> *Geist wollen unsere Pädagogen sie machen."*
> Georg Christoph Lichtenberg (1742 - 1799)
> Sudelbücher, Vermischte Schriften I, 222

Die Geburt eines Kindes bedeutet für Eltern und Kinder einen tiefen Einschnitt: Eltern (und ggf. Geschwister) müssen sich auf ein zusätzliches, weitgehend hilfloses, aber anspruchsvolles Familienmitglied einstellen, und das Neugeborene selbst muss elementare Funktionen, wie Atmung, Körpertemperatur und Blutkreislauf sowie Nahrungsaufnahme und Verdauung, eigenständig regeln. Mit der Abnabelung von der Mutter beginnt ein langwieriger Prozess der Anpassung an verschiedene Umweltbedingungen (bzw. die Auseinandersetzung mit ihnen), der zunehmenden Selbständigkeit, der Erkundung neuer Umgebungen und der Bearbeitung zunehmend schwieriger Anforderungen und Probleme.

Die Neugeborenen verfügen zwar schon mit der Geburt über erstaunliche Fähigkeiten, die ihnen in enger Beziehung mit einer Bezugsperson (in der Regel der Mutter) ihre weitere Entwicklung sichern, aber diese Fähigkeiten sind noch unfertig; andere Fertigkeiten müssen erst noch erlernt werden. In den ersten Lebenswochen und -monaten liegt der Entwicklungsschwerpunkt im körperlichen Bereich, in der Vervollkommnung grundlegender Sinnesleistungen und bei der Herausbildung elementarer motorischer Fertigkeiten. Schon in dieser Phase treten angeborene Verhaltensmuster immer mehr zurück und schaffen Raum für individuelle Erfahrungen.

Gerade in den ersten Lebensmonaten verläuft die menschliche Entwicklung sehr schnell. In den letzten Jahren haben Beobachtungen, dass Babys schon wenige Tage oder Wochen nach der Geburt in der Lage sind, erstaunliche Leistungen zu vollbringen, zu einer Änderung der Einschätzung ihrer Fähigkeiten geführt. Während bisher ein Säugling als weitgehend hilfloses, passives Wesen dargestellt wurde, stehen jetzt dessen aktives Erkundungsverhalten und Kompetenzen im Vordergrund. Gut beschrieben wird dieser Wandel des Blickwinkels vom häufig gebrauchten Konzept des „kompetenten Säuglings" (vgl. Dornes, 1996; Haug-Schnabel, 1994).

4.1 Die Geburt und das Verhaltensinventar Neugeborener

Durchschnittlich werden Kinder 266 Tage nach der Befruchtung der Eizelle oder 280 Tage nach der letzten Menstruation der Mutter geboren. Sie sind dann im Durchschnitt 51 bis 54 cm lang und wiegen zwischen 3,0 und 3,5 kg. Kinder, die vor der 37. Schwangerschaftswoche zur Welt kommen, gelten als Frühgeburten.

Für die Mutter ist eine Geburt mit großer körperlicher Anstrengung und Schmerzen verbunden; und nicht selten stellen Befürchtungen um ihren Ablauf und mögliche Komplikationen eine zusätzliche starke Belastung dar. Auch für das Baby bedeutet die Geburt eine schlagartige Umstellung auf eine komplett neue Umwelt, und es reagiert mit der Ausschüttung großer Mengen von Stresshormonen. In der Vergangenheit spielte die Diskussion um das so genannte „Geburtstrauma" besonders in der analytisch orientierten Psychologie eine ziemliche Rolle; gelegentlich taucht diese Vorstellung auch heute noch in der Literatur auf. Es sollte für die Entstehung diverser Ängste, Zwänge und Depressionen bedeutsam sein (siehe z.B. Hungar, 1997). Diese Auffassung mag zwar etliche Psychotherapeuten ernährt haben (vgl. z.B. Manne, 1994; Petzold, 1994), aber einer soliden wissenschaftlichen Überprüfung hält sie nicht stand. Vielmehr haben die bei der Geburt ausgeschütteten Stresshormone des Kindes ausgesprochen positive Wirkungen: sie verbessern die Durchblutung seines Herzens und Gehirns, unterstützen seine ersten Atemzüge und erhöhen sein Aktivierungsniveau.

In diesem Zusammenhang ist wohl auch die Diskussion um eine Klinik- oder Hausgeburt eher eine ideologische Entscheidung. In Deutschland kommen (im Gegensatz etwa zu den Niederlanden) die meisten Kinder im Krankenhaus zur Welt. Unsere medizinische Infrastruktur ist darauf abgestellt; dass Kinder daran psychischen Schaden nehmen, ist unwahrscheinlich. Allerdings sollte möglichst sichergestellt sein, dass die Geburt in einer vertrauten und vertraulichen, entspannten, möglichst „normalen" Atmosphäre stattfindet, in der sich die Eltern wohl fühlen (Abbildung 4-1). Dass weiße Kacheln und Kittel dabei wenig hilfreich sind, hat sich auch in den Krankenhäusern schon herumgesprochen.

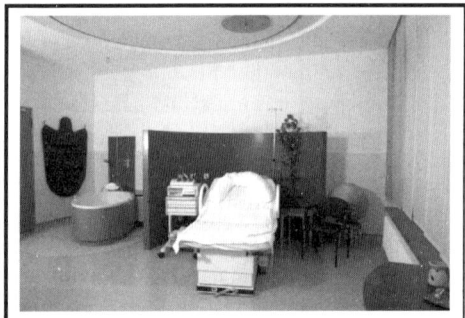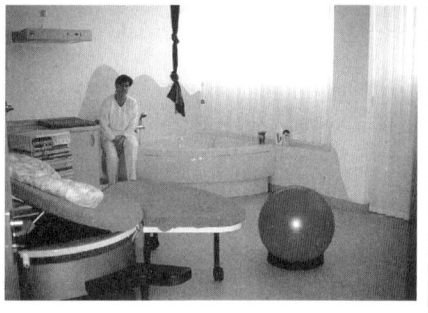

Abbildung 4-1:   Beispiele für nach neueren Gesichtspunkten umgestaltete Kreißsäle

4.1.1   Geburtskomplikationen

Generell kann man sagen, dass viele der Geburtsrisiken schon während der Schwangerschaft vorhergesagt werden können, so dass dann bei der Geburt entsprechende Vorkehrungen getroffen werden. Oben in den Abschnitten 3.2 und 3.3 schon erwähnt habe ich genetische Einflüsse, das Alter der Mutter, Alkoholgebrauch, Rauchen und sonstige teratogene Einflüsse.

Die häufigsten Geburtskomplikationen bestehen in einer vorzeitigen Geburt. Kinder, die vor der 37. Schwangerschaftswoche geboren werden, gelten als Frühgeburten; sie sind kleiner, ihr ZNS ist noch nicht vollständig entwickelt, sie können häufig Kreislauf und Atmung noch nicht eigenständig aufrechterhalten. Ihre Reflexe sind häufig noch so schwach, dass sie auch noch nicht eigenständig Nahrung aufnehmen können. Trotz aller medizinischen und psychologischen Verbesserungen der letzten Jahrzehnte zeigt ein großer Teil früh geborener Kinder später Entwicklungsrückstände und ist anfälliger für Behinderungen und Probleme (vgl. z.B. Wolke, 1997). Abweichende Befunde berichten allerdings Brandt, Sticker & Höcky (1997).

Wie wichtig eine frühzeitige Diagnose und Intervention hier ist, zeigen die Ergebnisse von Bradley et al. (1994). Während nur jedes zehnte frühgeborene Kind aus der Kontrollgruppe (diese Kinder wurden nach der Geburt nicht kontinuierlich besonders gefördert) im Alter von drei Jahren in den drei untersuchten Bereichen normal entwickelt waren, erreichten vier von zehn Kindern aus der Interventionsgruppe (diese Kinder wurden kontinuierlich medizinisch überwacht und psychologisch betreut) ein normales Entwicklungsniveau (Abbildung 4-2).

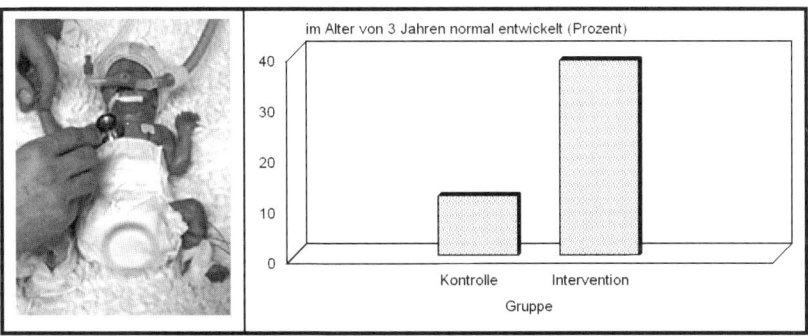

Abbildung 4-2:   **Ein großer Teil frühgeborener Kinder kann sich bei kontinu-ierlicher Betreuung und Förderung normal entwickeln** (nach: Bradley et al., 1994)

Zu den später schulisch relevanten Geburtskomplikationen gehört außerdem Sauerstoffmangel während der Geburt; durch entsprechende Vorsorge und ggf. einen Kaiserschnitt hat sich dieses Risiko allerdings verringert. Sauerstoffmangel während der Geburt kann, wenn er länger andauert, die Funktion des ZNS bleibend beeinträchtigen.

4.1.2   *Die Beurteilung der Vitalität Neugeborener*

60 Sekunden (bzw. 5 und 10 Minuten) nach der Geburt wird die körperliche Vitalität des Neugeborenen an Hand des Apgar-Index beurteilt. Er wurde 1953 von der amerikanischen Ärztin Virginia Apgar entwickelt und umfasst fünf Funktionsbereiche (Tabelle 4-1). Die Einzelwerte werden addiert. Je größer der Apgar-Wert ist, desto besser die Vitalität. Gesamtwerte von 7 bis 10 gelten als normal, 4 bis 6 als nicht normal. Kinder mit einem Wert von 0 bis 3 sind in der Regel ohne unterstützende Maßnahmen nicht lebensfähig.

Bereich	Bewertung		
	0	1	2
Pulsfrequenz	kein Pulsschlag	< 100	100 - 140
Atmung	keine Atmung während 60 Sekunden	unregelmäßig, flach	gut, Schreien
Reflexe	nicht nachweisbar	schwache Reaktionen	gut, Schreien, Husten
Muskeltonus	sehr schlaff	schwache Beugung von Armen und Beinen	aktive Bewegung
Hautfarbe[11]	überall bleich oder blau	Rumpf rosig, Beine und Arme blau	überall rosig

Tabelle 4-1:   **Der Apgar-Index zur Beurteilung der Vitalität Neugeborener**

Zur Einschätzung des Verhaltens Neugeborener wurde die Brazelton Neonatal Assessment Scale (BNAS) entwickelt (Brazelton, 1973; Brazelton & Nugent, 1995), dessen routinemäßige Anwendung aber schwieriger und aufwendiger ist (Schedle, 1989).

4.1.3   *Das Verhaltensinventar Neugeborener*

Neugeborene schlafen viel: durchschnittlich über 16 Stunden täglich (allerdings geht das Schlafbedürfnis schnell zurück; Nolte, 1990). Außerdem haben sie einen anderen Schlaf-Wach-Rhythmus, der aus einer relativ schnellen Aufeinanderfolge von Wach- und Schlafphasen besteht (Wendt, 1997, S. 139).

Am hervorstechendsten ist aber wohl die Ausstattung des Neugeborenen mit Reflexen, die in Tabelle 4-2 und Tabelle 4-3 im Überblick dargestellt sind.

Die angeborenen Reflexe werden schon in den ersten Lebenswochen durch erlernte Verhaltensweisen ergänzt und überlagert, die den Säugling für spätere Erkundungen seiner Umwelt fit machen:

> „Früher nahm man an, Säuglinge seien in den ersten Lebensmonaten passiv ihrer Umwelt ausgeliefert. – Vor allem in jüngster Zeit haben aber genaue Beobachtungen und Untersuchungen bei Neugeborenen und Säuglingen gezeigt, dass sie schon sehr bald aktiv auf ihre Umgebung einwirken können und sich so verhalten, dass angenehme Ereignisse häufiger auftreten" (Rübeling & Schweißgut, 1997, S. 49-50).

---

[11] Die Körperfarbe ist wegen des noch vorhandenen Schutzfilms am wenigsten leicht zu beurteilen.

Name	Beschreibung	Abbildung
Babinski-Reflex	*Bei Berührung der Fußsohle spreizen sich die Zehen und zeigen dann einen „Greifreflex". Er wird im Alter von ca. 8 bis 12 Monaten zurückgebildet.*	
Greifreflex	*Bei Berührung der Handinnenflächen schließt sich die Hand so fest, dass das Kind eine Zugkraft von ca. 1 kg halten kann. Der Reflex schwächt sich nach ca. 3 Monaten ab und verschwindet am Ende des ersten Lebensjahres.*	
Moro-Reflex	*Schreckreaktion. Als Reaktion auf laute Geräusche oder ruckartige Bewegung strecken sich Arme und Beine nach hinten. Verschwindet nach ca. 6 Monaten (Bild aus: Flake-Hobson, Robinson, & Skeen, 1983, S. 100).*	
Rückziehreflex	*Bei Kitzeln der Fußsohle werden die Beine angezogen (Bild aus: Mussen, Conger, & Kagan, 1974, S. 139).*	
Saugreflex	*Bei Berührung der Mundregion versucht das Kind, an dem entsprechenden Gegenstand zu saugen. Wird im Lauf von ca. 2 Monaten verfeinert und besser koordiniert (Bild aus: Flake-Hobson, Robinson, & Skeen, 1983, S. 101).*	
Schreitreflex	*Das senkrecht gehaltene Kind zeigt rhythmische „Gehbewegungen", wenn die Fußsohlen den Boden berühren. Verschwindet nach ca. 3 Monaten.*	

Tabelle 4-2:   **Wesentliche Reflexe des Neugeborenen (1)**

Name	Beschreibung	Abbildung
Suchre-flex	*Bei Berührung der Wange dreht das Kind seinen Kopf in die entsprechende Richtung. Verschwindet nach ca. 3 bis 6 Monaten (Bild aus: Flake-Hobson, Robinson, & Skeen, 1983, S. 100).*	
Toni-scher Nacken-reflex	*In Rückenlage gebracht, dreht das Kind seinen Kopf in eine Richtung (meist nach rechts). Arme und Beine auf dieser Seite sind gestreckt. Die Extremitä-ten auf der dem Gesicht abgewandten Seite sind gebeugt. Verschwindet im Lauf des ersten Halbjah-res (Bild aus: Flake-Hobson, Robinson, & Skeen, 1983, S. 101).*	

Tabelle 4-3:   **Wesentliche Reflexe des Neugeborenen (2)**

4.2   Entwicklung der Wahrnehmung

Zwar bemerken Babys schon unmittelbar nach der Geburt Umweltreize, jedoch sind ihrer Wahrnehmung noch Grenzen gesetzt, weil wichtige Reifungsprozesse noch nicht abge-schlossen sind. Gerade in den letzten Jahren haben jedoch die Erkenntnisse über die er-staunlichen Fähigkeiten Neugeborener zugenommen. Im Abschnitt 2.1.2.3 habe ich schon die frühe Nachahmung einfacher Bewegungen erwähnt. Neugeborene erkennen aber auch schon einige Tage nach der Geburt ihre Mutter an Hand des Geruchs, ihrer Stimme und ihres Gesichts (Schrader, 1993, S. 30). Neugeborene können bei ausreichender Helligkeit in einer Entfernung von ca. 25 bis 30 cm grobe Muster unterscheiden und Bewegungen wahr-nehmen. Allerdings konvergieren ihre Augen noch nicht richtig, und die Anpassung an verschiedene Helligkeiten funktioniert mehr schlecht als recht. Die Fähigkeit zur Farb-wahrnehmung ist noch eingeschränkt.

Bahnbrechende Untersuchungen zur Entwicklung der visuellen Wahrnehmung bei Neu-geborenen wurden stimuliert durch die Entwicklung eines speziellen Guckkastens von Fantz (1961). Mit dieser Vorrichtung konnten verschiedene Gegenstände und Beleuchtun-gen im Nahbereich des Babys ausprobiert und die Reaktionen registriert werden (Abbildung 4-3 links). Besonders interessant war und ist die Gesichtswahrnehmung. Neu-geborene sehen – wie oben gesagt – ja noch nicht sehr gut. Zwar können sie einfache Schwarz-Weiß-Muster erkennen (Abbildung 4-3 Mitte); aber ihre Fähigkeit, individuelle Gesichter zu erkennen, ist noch eingeschränkt. Das ist in Abbildung 4-3 rechts veranschau-licht.

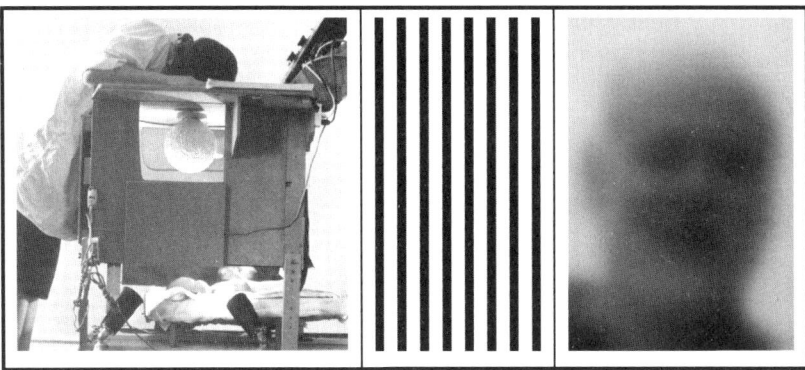

Abbildung 4-3: **Links: Der Guckkasten nach Fantz. Mitte: Neugeborene können einfache Schwarz-Weiß-Muster unterscheiden. Rechts: So ungefähr sieht ein Kind in den ersten Lebenswochen ein Gesicht**

Nach Untersuchungen von Fantz (1961; , 1963) sah es so aus, als ob schon Neugeborene menschliche Gesichter gegenüber anderen Mustern bevorzugen (Abbildung 4-4), jedoch haben Folgeuntersuchungen widersprüchliche Ergebnisse gezeigt. Neuerdings gibt es aber sogar Anhaltspunkte dafür, dass schon kurz nach der Geburt das Gesicht der Mutter erkannt wird (vgl. Bushnell, Sai, & Mullin, 1989; Pascalis, de Schonen, Morton, Deruelle, & et al., 1995).

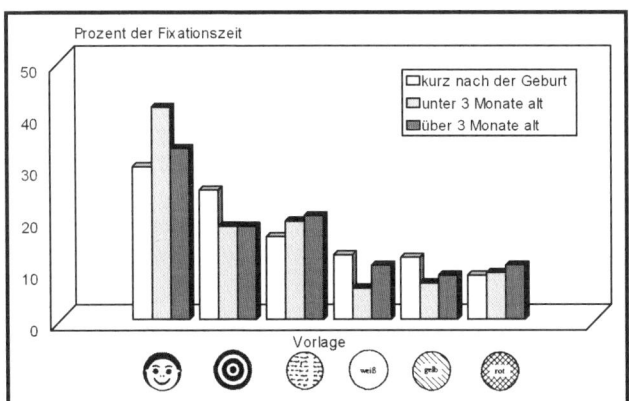

Abbildung 4-4: **Neugeborene bevorzugen komplexe Formen wie menschliche Gesichter** (nach: Fantz, 1961, 1963)

Auch die Fähigkeit der Tiefenwahrnehmung in den ersten Lebensmonaten wird schon relativ lange untersucht. Man bedient sich dabei der visuellen Klippe. Das ist ein Apparat, der oben von einer stabilen Glasplatte bedeckt ist. Darunter befinden sich zwei mit einem Schachbrettmuster versehene Platten. Eine davon kann abgesenkt werden, so dass für das

Kind optisch ein Tiefeneindruck entsteht. Das Kind könnte die „Klippe" aber über die Glasplatte überqueren (Abbildung 4-5). Im Alter von einigen Monaten zeigen Babys bei der Annäherung daran aber schon Symptome von Furcht.

Abbildung 4-5: **Die visuelle Klippe zur Untersuchung der Tiefenwahrnehmung** (aus: Flake-Hobson, Robinson, & Skeen, 1983, S. 139)

Bei Neugeborenen funktioniert auch das Gehör schon von der Geburt an; sie können Tonhöhen und Lautstärken unterscheiden und schon nach kurzer Zeit die Stimme ihrer Mutter erkennen. Sie wenden sich Schallquellen zu und reagieren besonders auf bekannte Sprach- und sprachähnliche Laute. Babys können auch Musik von anderen Geräuschen unterscheiden, Melodien und sogar verschiedene Musikstile erkennen Allerdings ist das Gehör bei Neugeborenen weniger empfindlich als bei Erwachsenen. Besonders tiefe Töne können sie nicht gut wahrnehmen. Das ist vielleicht der Grund dafür, dass Erwachsene ihre Stimme anheben, wenn Sie Babys ansprechen (siehe Abschnitt 5.4.3).

Für uns erwachsene Menschen spielt der Geruchssinn zur Orientierung nur eine untergeordnete Rolle. Dennoch achten wir (z.B. durch tägliches Duschen und regelmäßiges Wechseln der Unterwäsche sowie mit Hilfe von Deodorants und Duftwässerchen) darauf, dass wir gut riechen. Der Geruch hat bei Neugeborenen offenbar eine elementarere Funktion: sie folgen bei der Suche nach Nahrung ganz wesentlich ihrer Nase und erkennen charakteristische Gerüche ihrer Mutter schon sehr schnell (Schleidt & Genzel, 1990).

4.3   Entwicklung der Motorik

Wie wir in Abschnitt 4.1.3 gesehen haben, kommt das Neugeborene mit einer Reihe fertiger Verhaltensweisen zur Welt, die teilweise schon in der vorgeburtlichen Entwicklung nachweisbar, oft phylogenetisch ableitbar sind und sein unmittelbares Überleben in enger Beziehung zur Mutter sicherstellen oder zumindest erleichtern. Mehr und mehr jedoch werden angeborene Verhaltensweisen ergänzt oder ersetzt durch erlernte, die dem Kind ermöglichen, eigene Erfahrungen zu sammeln und sich immer besser auf neue Herausforderungen der Umwelt einzustellen.

Schon kurz nach der Geburt beginnt das Kind mit der aktiven Erkundung seiner Umwelt und macht dabei sehr schnell neue Erfahrungen. Seine Fähigkeit, Reize wahrzunehmen, wieder zu erkennen, einzuordnen und in ihrer Bedeutung für das eigene Verhalten zu beurteilen, ermöglicht dem Baby eigene Lernerfahrungen. Schon früh (teilweise vorgeburtlich) erlernt es Verknüpfungen zwischen Reizen („Klassisches Konditionieren"), es verändert sein Verhalten in Abhängigkeit von der darauf folgenden Konsequenz („Lernen am Erfolg" bzw. „Operantes Konditionieren"), und es ahmt seine Umwelt nach („Lernen durch Imitation"; vgl. Abschnitt 4.4.5).

In den ersten Lebensmonaten und -jahren erkundet das Kind seine Umwelt im wesentlichen durch eigenes Handeln und erweitert seine Kenntnisse vom Mund- in den Greifraum sowie über den Krabbel- zum Gehraum, bis es schließlich mit entsprechenden Hilfsmitteln (Dreirad, Roller, Fahrrad) noch weitere Bereiche seiner Welt erfahren kann. Später sind eigene Erfahrungen nicht mehr so wichtig: während ein kleines Kind durch schmerzhafte eigene Erfahrungen lernen muss, dass auch kuschelig aussehende Hunde manchmal zubeißen können, vertrauen wir Erwachsene oft auf die Aussagen des Besitzers (die allerdings falsch sein können – aber da macht wohl jeder seine eigenen Erfahrungen). Die vermittelte, „symbolische" Interaktion mit der Umwelt wird mit zunehmendem Alter immer wichtiger und ersetzt immer mehr die eigene Erfahrung – nicht immer korrekt und nicht immer wünschenswert, aber effektiv.

Wesentlich für die ersten Erfahrungsbildungen des Kleinstkindes ist sein immer differenzierter werdendes Inventar motorischer Verhaltensweisen. Dabei kann man grobmotorisches Verhalten von feinmotorischem unterscheiden. Ersteres bezieht sich auf den Einsatz größerer Muskelgruppen an Armen, Beinen und Rumpf, letzteres auf den Gebrauch kleinerer Muskeln an den Händen, Fingern und Zehen. Alle motorischen Abläufe werden verfeinert und besser koordiniert. Insbesondere verbessert sich die visuelle Kontrolle der motorischen Abläufe, die sog. „Auge-Hand-Koordination".

Weil die Fortschritte im Bereich der Motorik in der frühen Entwicklung eine so zentrale Bedeutung haben, hat man sie zur Konstruktion von Tests und Normen der Kleinkindentwicklung benutzt. Das bekannteste dieser Verfahren ist der Denver Entwicklungstest (Flehmig, Schloon, Uhde, & v. Bernuth, 1973), eine deutsche Adaptation des Denver Developmental Screening Test (Frankenburg & Dodds, 1967), mit dem besonders bei behinderten Kindern frühzeitig und gezielt Verhaltenseinschränkungen festgestellt und entsprechende Fördermaßnahmen eingeleitet werden können. Auszüge aus diesen Entwicklungsnormen sind in Tabelle 4-4 zusammengefasst.

Aus der Tabelle wird die immense Bedeutung individueller Unterschiede schon in der frühesten Entwicklung deutlich. Während sich die „schnellsten" 25% der Kinder schon im Alter von 6 Monaten in den Stand ziehen, passiert das bei den „langsamsten" 10% erst nach dem 10. Lebensmonat. Diese Differenzen sind durchaus normal und vergrößern sich im Lauf des Lebens.

Verhalten	...% zeigen das Verhalten im Alter von ... Monaten			
	25%	50%	75%	90%
hebt Kopf aus Bauchlage an				0,7
hebt Kopf aus Bauchlage um 45°			1,9	2,6
hebt Kopf aus Bauchlage um 90°	1,3	2,2	2,6	3,2
drückt Oberkörper mit den Armen aus Bauchlage hoch	2,0	3,0	3,5	4,3
sitzt mit aufrechtem Kopf	1,5	2,9	3,6	4,2
rollt sich auf eine andere Seite	2,3	2,8	3,8	4,7
unterstützt Gewicht auf den Beinen	3,4	4,2	5,0	6,3
zieht sich in Sitzposition, Kopf aufrecht	3,0	4,2	5,2	7,7
sitzt ohne Unterstützung aufrecht	4,8	5,5	6,5	7,8
steht mit Festhalten	5,0	5,8	8,5	10,0
zieht sich in den Stand	6,0	7,6	9,5	10,0
sitzt über längere Zeit frei	6,1	7,6	9,3	11,0
steht für kurze Zeit frei	9,1	9,8	12,1	13,0
geht mit Festhalten	7,3	9,2	10,2	12,7
steht sicher ohne Hilfe	9,8	11,5	13,3	13,9
bückt sich und richtet sich wieder auf	10,4	11,6	13,2	14,3
geht sicher	11,3	12,1	13,5	14,3
geht rückwärts	12,4	14,3	18,2	21,5
steigt Treppenstufen hoch	14,0	17,0	21,0	22,0
tritt einen Ball vorwärts weg	15,0	20,0	22,3	24,0

Tabelle 4-4: **Entwicklungsnormen ausgewählter grobmotorischer Verhaltensweisen** (nach: Frankenburg & Dodds, 1967, S. 186)

Im Zusammenhang mit Entwicklungsnormen sind deshalb Vorsichtsmaßnahmen angebracht, die man in Anlehnung an Flake-Hobson, Robinson, & Skeen (1983, S. 134-135) so zusammenfassen kann:

1. Entwicklungsnormen betonen die *Gemeinsamkeiten* der Entwicklung, *nicht die individuellen Unterschiede.*
2. Je nach Tabelle unterscheiden sich Entwicklungsnormen für dasselbe Verhalten bei den Zeitangaben.
3. Einige Entwicklungsnormen basieren oft auf alten Daten. Infolge der säkularen Entwicklungsbeschleunigung („Akzeleration"; vgl. Abschnitt 7.2.2) sind sie heute nur noch bedingt brauchbar.
4. Entwicklungsnormen spiegeln Verlaufsdifferenzen bei verschiedenen Bevölkerungsgruppen nur unzureichend wider.
5. Geschlechterunterschiede werden meist nicht berücksichtigt. Da Mädchen bis zur Pubertät einen „Vorsprung" von ca. 1½ Jahren aufbauen, werden Geschlechterunterschiede mit zunehmendem Alter immer wichtiger.

Obendrein besteht die Gefahr, dass eine Orientierung an Entwicklungsnormen seitens der Eltern zu Missverständnissen führen kann:

> „Manchmal werden Normen durch wohlmeinende Eltern und Fachleute missbraucht. Erwachsene meinen ab und an, dass Kinder bestimmte Verhaltensweisen gemäß einem „vorgegebenen Plan" entwickeln sollten. Es ist bekannt, dass manche Eltern sich Sorgen machen, wenn ihr Kind im unteren Normbereich liegt, und dass sie an eine besondere Begabung ihres Kindes glauben, wenn das Verhalten im oberen Normbereich ist. Natürlich ist keine dieser extremen Vermutungen gerechtfertigt. Einzelne Kinder entwickeln ihre physisch-motorischen Fähigkeiten nicht genau nach demselben Plan, weil sie alle unterschiedliche biologische Uhren haben, die dieselben Fähigkeiten mit unterschiedlichen Geschwindigkeiten beeinflussen. Manchmal können Normen negative Vergleiche zwischen Kindern begünstigen. Eltern, deren Kinder hinter der Norm „zurückhinken", regen sich vielleicht auf oder entwickeln Schuldgefühle und üben vielleicht unangemessenen oder gar schädlichen Druck auf ihre Kinder aus, wenn diese sich später entwickeln" (Flake-Hobson, Robinson, & Skeen, 1983, S. 135).[12]

4.4 Frühes Sozialverhalten

Schon kurze Zeit nach der Geburt bilden sich meist enge Bindungen zwischen Mutter, Vater und Kind heraus, die sich in enger körperlicher Nähe und intensivem Blickkontakt zeigen (Abbildung 4-6).

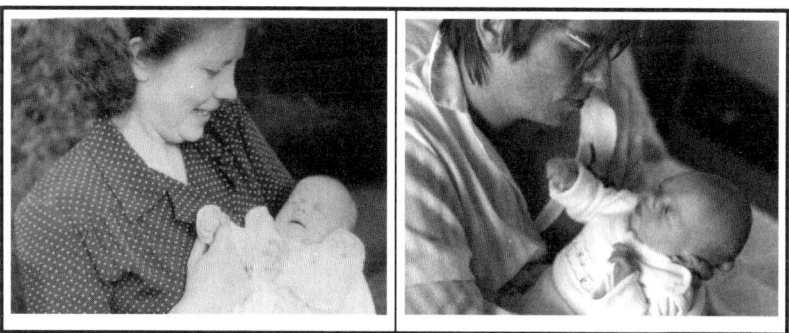

Abbildung 4-6:   **Zwischen Mutter und Kind entwickelt sich schnell eine innige Beziehung** (links: Großmutter mit Mutter, rechts Mutter mit Kind. Die Verhaltensmuster unterscheiden sich wenig.)

Einige Autoren sprechen den ersten Stunden nach der Geburt einen besonderen Stellenwert für die Entwicklung der emotionalen Beziehung zwischen Mutter und Kind zu. Diese sehr frühe emotionale Bindung („Bonding") soll, je nachdem ob sie gelingt oder nicht, weit reichende Auswirkungen für die spätere Entwicklung und insbesondere das spätere Sozialverhalten haben (vgl. Canetti, Bachar, Galli-Weisstub, Kaplan-De-Nour, & al., 1997; Kumar, 1997; H. Papousek & Papousek, 1992). Allerdings ist die Datenbasis für viele weit

---

[12] Die sinngemäße freie Übersetzung ist von mir.

reichende Vermutungen oft unzureichend, und manche Studien weisen methodische Einschränkungen auf, die die Interpretation der Ergebnisse sehr erschweren. Darauf habe ich schon zu Beginn des Abschnitts 4.1 hingewiesen.

Nach Rauh (1995, S. 184) haben die Überlegungen zum Bonding (unabhängig von ihrer wissenschaftlichen Beweiskraft)

„großen Einfluss auf die Geburtspraxis gehabt und diese revolutioniert: man ist seither zurückhaltender mit Betäubungsmitteln für die Mutter geworden, um das Kind nicht mit zu betäuben; der Vater oder eine der Mutter vertraute Person darf während der Geburt anwesend sein; das Umfeld der Geburt erhält immer mehr „wohnlichen" Charakter; das Kind wird nach der Geburt zunächst eine Weile bei der Mutter belassen; während des Aufenthaltes auf der Entbindungsstation ist das Kinderbett zumindest tagsüber dauernd im Zimmer der Mutter („rooming-in"); Besuch, auch der von Geschwistern, ist willkommen. Selbst auf Frühgeborenenstationen wurde die früher generelle Ausschließung aller Personen, auch der Eltern, gelockert, und die jungen Eltern werden in die Pflege des Kindes einbezogen."

Vielleicht liegt in diesen praktischen Konsequenzen ja der eigentliche Verdienst der Überlegungen zum Bonding...

4.4.1 Angeborene Faktoren

Immelmann & Keller (1987) schreiben auf S. 45:

„Die Eltern-Kind-Beziehung entwickelt sich von beiden Seiten, das heißt vom Kind als auch von den Eltern her, auf der Grundlage weitgehend angeborener Verhaltensprogramme."

Besonders wichtig für die frühe Eltern-Kind-Interaktion sind nach den o.a. Autoren mehr oder weniger universelle „Schlüsselreize". Dazu gehören etwa Weinen, Schreien und Lachen sowie Berührungen, Schaukeln oder eine besondere Sprechweise. Aber auch bestimmte Merkmale des Kopfes wecken bei den meisten Menschen Sympathie und Zuwendung. Dazu gehören etwa große Augen, ein im Verhältnis zum Rumpf großer Kopf und ein rundes Gesichtsprofil. Dieses „Kindchenschema" wurde von Lorenz (1942) erstmals beschrieben und ist in Abbildung 4-7 links dargestellt.

Dass Merkmale des Kindchenschemas die Beurteilung der Attraktivität von Gesichtern auch noch bei Erwachsenen beeinflussen, konnten Braun, Gründl, Marberger & Scherber (2001) in einer hübschen Untersuchung zeigen. Sie konstruierten aus Fotografien von Kinder- und Erwachsenengesichtern künstliche Gesichter mit unterschiedlich großen Anteilen von Kindern im Vorschulalter mit Gesichtern von Erwachsenen (Abbildung 4-7 Mitte und rechts). Die Attraktivität dieser Gesichter ließen sie dann von Erwachsenen beurteilen. Gesichter mit einem substanziellen Anteil der Kindergesichter wurden durchweg als attraktiver beurteilt als die „reinen" Erwachsenengesichter.

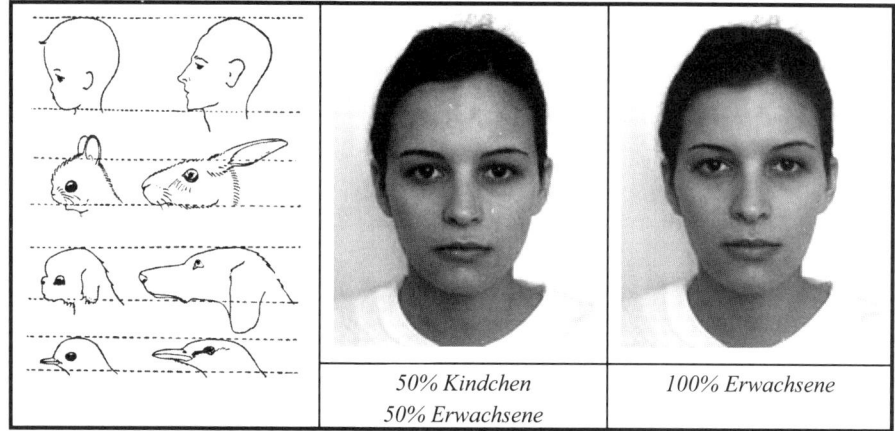

50% Kindchen
50% Erwachsene

100% Erwachsene

Abbildung 4-7: **Das Kindchenschema bei Mensch und Tier und seine Auswirkungen** (Bild Mitte und rechts aus: Braun, Gründl, Marberger, & Scherber, 2001; Bild links aus: Lorenz, 1942, S. 276). Weitere Erläuterungen im Text.

4.4.2 *Zur Bedeutung von Bezugspersonen und Gleichaltrigen*

In den historischen Studien zum „Hospitalismus"[13] und in den Tierexperimenten von Harlow & Harlow (1962) wurde die Bedeutung der Bezugsperson für eine adäquate soziale Entwicklung herausgestellt (vgl. Abschnitt 2.1.2.3, Abbildung 2-15). Dabei scheint es günstiger zu sein, wenn ein Baby nicht nur von einer, sondern von einigen wenigen Personen betreut wird, wie z.B. eine Studie von Collard (1967) an Kätzchen zeigte. Junge Katzen wurden unter drei Bedingungen aufgezogen: sie wurden entweder von mehreren Personen betreut oder nur von einer Person. Die Tiere der Kontrollgruppe wurden nur versorgt. Einmal wöchentlich wurden darüber hinaus alle Katzen von einer fremden Person untersucht. Registriert wurden die Fluchtversuche der Tiere. Die von mehreren Personen betreuten Tiere kamen mit fremden Personen besser zurecht. Die Tiere der Kontrollgruppe zeigten die meisten Fluchtreaktionen (Abbildung 4-8).

---

[13] Unter „Hospitalismus" versteht man gravierende Entwicklungsverzögerungen durch längere Aufenthalte in Krankenhäusern oder Heimen. Das Syndrom wurde erstmalig von René Spitz (1945; , 1946) beschrieben und auf mangelnde emotionale Zuwendung zurückgeführt. Zwar wurden seine Ergebnisse und Folgerungen in der Folge kritisiert (Pinneau, 1955), aber seine Überlegungen haben zu massiven Änderungen in der Heimerziehung und bei der Betreuung längerfristig kranker Kinder geführt. Wegen dieser Änderungen kommt dem Hospitalismus bei uns nur noch ein wissenschaftshistorischer Wert zu.

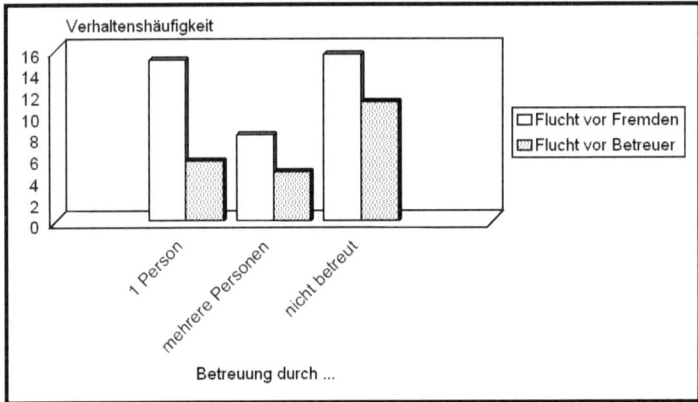

Abbildung 4-8: **Einfluss der Betreuung auf das Fluchtverhalten bei Katzen** (nach: Collard, 1967)

Kinder können schon sehr früh stabile soziale Beziehungen nicht nur zu ihrer Mutter, sondern auch zu Großeltern, Erziehern, dem Vater oder ihren Geschwistern aufbauen, und in manchen Fällen sind Eltern sogar durch gleichaltrige Sozialpartner ersetzbar. Auch dieser Befund wird durch Tierexperimente von Harlow & Harlow (1962) und Beobachtungen an Kindern gestützt, die als Kriegsfolge ihre Eltern verloren hatten (Freud & Dann, 1951).

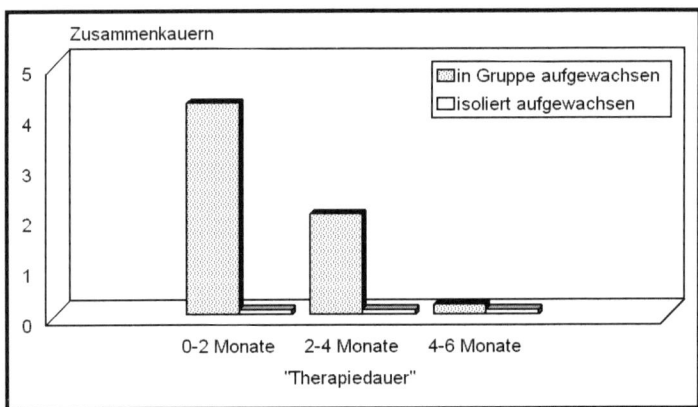

Abbildung 4-9: **Veränderung des Sozialverhaltens isoliert aufgezogener männlicher Affen durch „Therapie" mit jüngeren weiblichen Tieren** (nach: Suomi, Harlow, & McKinney, 1972)

Dass die aus mangelnder sozialer Betreuung resultierenden Entwicklungsdefizite bei entsprechenden Maßnahmen zumindest teilweise kompensierbar sind, zeigten Suomi, Harlow & McKinney (1972) im Tierexperiment. Vier männliche Affen, die sechs Monate lang komplett isoliert aufgezogen worden waren, wurden mit drei, in einer Gruppe Gleichaltriger aufgezogenen, drei Monate jüngeren weiblichen Tieren zusammengebracht. Nach sechs

Monaten hatte sich das Sozialverhalten der isoliert aufgezogenen Tiere normalisiert (Abbildung 4-9), und im Alter von zwei Jahren zeigten sie ein normales Sexualverhalten.

Eine direkte Übertragung dieser Ergebnisse auf den menschlichen Bereich ist wohl kaum möglich, obwohl Langzeitbeobachtungen an sozial benachteiligten bzw. isolierten Kindern und frühzeitige Intervention Anhaltspunkte dafür erbracht haben, dass zumindest einige Spätfolgen sozialer Isolation kompensiert werden können (Skeels, 1966). Diese und andere Ergebnisse haben auch in Deutschland die Struktur der Heimerziehung beeinflusst – soweit, dass man sich mittlerweile fragen muss, ob die Ideologie, Kinder auch bei sehr problematischen Eltern in der Familie zu belassen, noch gerechtfertigt ist.

4.4.3   *Gesichtswahrnehmung und soziales Lächeln*

Nach Rauh (1995) zeigen bereits Neugeborene eine deutliche Vorliebe für menschliche Gesichter und gesichtsähnliche Reizvorlagen. Gerade zur Gesichtswahrnehmung und dem eng damit zusammenhängenden sozialen Lächeln gibt es zwar eine Menge Untersuchungen, aber die Ergebnisse werden nach wie vor kontrovers diskutiert. Zwar bevorzugen – wie bereits in Abschnitt 4.2 dargestellt – schon Neugeborene komplizierte, gesichtsähnliche Reize gegenüber einfachen, geometrischen Mustern; allerdings ist fraglich, ob sie sie schon unmittelbar nach der Geburt als Gesichter wahrnehmen können.

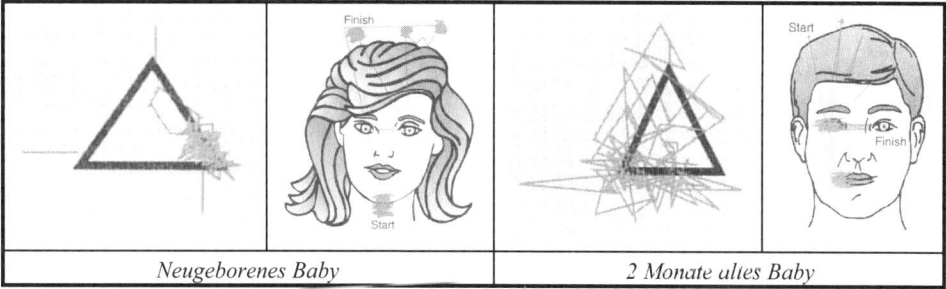

| Neugeborenes Baby | 2 Monate altes Baby |

Abbildung 4-10:   **Visuelle Erkundung von komplexen Reizen und von Gesichtsregionen durch ein neugeborenes (links) bzw. 2 Monate altes Baby (rechts)** (aus: Berk, 1997, S. 166)

Wegen der bekannten Wahrnehmungseinschränkungen (vgl. Abbildung 4-3) halte ich das für sehr unwahrscheinlich, zumal sich auch das Blick- und Zuwendungsverhalten gegenüber Gesichtern in den ersten Lebenswochen systematisch ändert. Während 1 Monat alte Babys bei komplexen Reizvorlagen, also auch bei Gesichtern, vor allem auf einzelne kontrastreiche (aber „unwichtige") Reizmerkmale achten (Abbildung 4-10 links), schauen sie im Alter von 2 Monaten gezielt auf die Augen und Mundpartie und erkunden offenbar das Gesicht visuell (Abbildung 4-10 rechts).

Ein in diesem Kontext interessanter Zusammenhang ergibt sich vielleicht auch aus dem Lächeln: in den ersten ca. 8 Wochen lächeln Säuglinge eher selten; dieses sog. „spontane

Lächeln" (Wolff, 1963) hängt auch noch nicht von äußeren Reizen ab und tritt häufig während des Schlafens (besonders während der REM[14]-Schlafphasen) auf. Erst danach lässt sich das „soziale Lächeln" beobachten, das allerdings noch undifferenziert ist („nichtselektives soziales Lächeln"; Abbildung 4-11 links). Nach Untersuchungen von Fraiberg (1975) tritt dieses undifferenzierte soziale Lächeln auch bei blind geborenen Kindern auf. Wenn sie z.B. eine bekannte Stimme hören, „gucken" sie in Richtung der Schallquelle und lächeln.

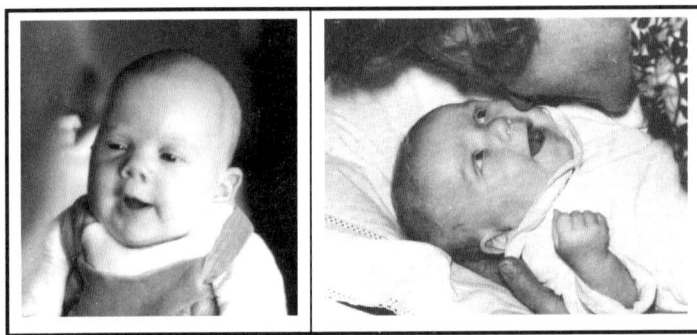

Abbildung 4-11: **Das soziale Lächeln ist in den ersten Lebensmonaten noch nicht selektiv (links). Auch blind geborene Kinder reagieren z.B. auf bekannte Stimmen mit Lächeln (rechts).** (Bild rechts aus: Cole & Cole, 1993, S. 171)

Nach Lewis (1969) beachteten 3 Monate alte Babys das in Abbildung 4-12 links dargestellte „Zyklopengesicht" genauso lange wie das normale Gesicht. Die beiden Vorlagen links wurden länger betrachtet als die rechten.

6 Monate alte Babys dagegen beachteten die beiden „normalen" Gesichter länger als die beiden abgewandelten „Gesichter". Mit geziemendem Zweifel kann man diese Befunde so interpretieren, dass individuelle Gesichter zuverlässig wohl erst relativ spät erkannt werden und dass dementsprechend „selektives soziales Lächeln" erst im Alter von ca. sechs Monaten auftritt – interessanterweise in enger zeitlicher Kopplung mit der Fremdenangst (siehe unten, Abschnitt 4.4.4). Aber auch diese Ergebnisse sind durchaus kontrovers – und in Anbetracht der gerade in den letzten Jahren zunehmenden Erkenntnisse über die mannigfachen Fähigkeiten von Neugeborenen und Säuglingen mit Vorsicht zu genießen.

---

[14] REM: Rapid Eye Movements. In manchen Schlafphasen bewegen sich die Augen sehr schnell hin und her. Diese Phasen nennt man REM-Phasen. Dieses Lächeln heißt deshalb manchmal auch „REM-Lächeln".

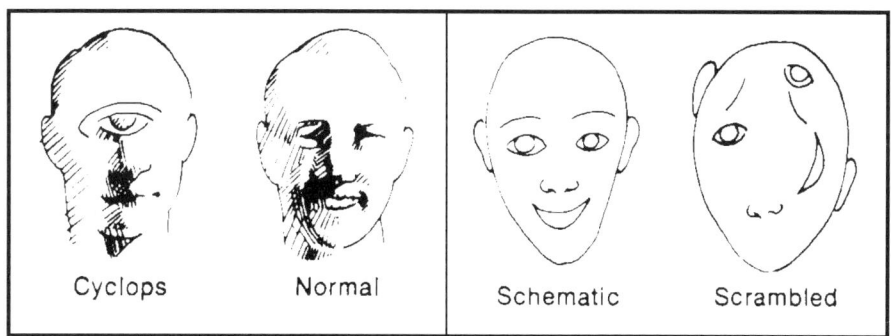

Abbildung 4-12: **Verschiedene Vorlagen zur Untersuchung der Gesichtswahrnehmung bei Säuglingen** (nach: Lewis, 1969, S. 77)

4.4.4 Fremdenfurcht

Bei Säuglingen, die ca. sechs bis acht Monate alt und sicher in der Lage sind, bekannte und unbekannte Gesichter (und damit Personen) zu unterscheiden, kann man, wenn sie das Gesicht einer unbekannten Person erblicken, charakteristische Reaktionen beobachten: sie fixieren das Gesicht einige Sekunden lang, ihre Gesichtsmuskulatur spannt sich an, sie wenden ihr Gesicht und den Körper ab und fangen heftig an zu weinen. Diese ersten Furchtreaktionen treten plötzlich und auch für die Eltern überraschend so regelmäßig mit einem Höhepunkt im Alter von acht Monaten auf, dass sich dafür nach Spitz (1950) der Begriff der „Acht-Monats-Angst" sogar in der Umgangssprache eingebürgert hat. Diese Furchtreaktion nimmt einige Monate lang zu und danach langsam wieder ab, allerdings gibt es – wie eigentlich überall – große individuelle und kulturelle Unterschiede.

> „Nicht alle Kinder zeigen heftiges Fremdeln. Bei einigen finden sich nur mildere Formen, wie das Versteifen des Körpers und furchtsames Anstarren des Fremden oder Blickabwenden, sowie deutliche Anzeichen des Absinkens der Stimmung. Nimmt man diese milderen Formen hinzu, dann kann man Fremdeln bei nahezu allen Kindern irgendwann zwischen sechs Monaten und zwei Jahren beobachten mit einem Höhepunkt zwischen acht und zwölf Monaten. Es tritt bei Kindern mit und ohne viel Besucher-Erfahrung (z.B. auch bei Kibbuz-Kindern und in Großfamilien) auf, dabei normalerweise früher und intensiver bei Kindern mit viel Mutter-Kind- oder Vater-Kind-Interaktionserfahrung. Zwar kann u.U. (z.B. in unvertrauter Umgebung) bereits der schiere Anblick eines Fremden aus gewisser Distanz die Fremdelreaktion auslösen; meist aber zeigen die Kinder auf Distanz noch positive Neugier, reagieren aber verängstigt und abweisend, wenn er (oder sie) versucht, ihnen zu nahe zu kommen oder gar sie zu berühren und aufzunehmen" (Rauh, 1995, S. 230-231).

Fremdenfurcht ist ein völlig normales „Durchgangsstadium" der Entwicklung in den ersten Lebensmonaten und zeigt in erster Linie, dass das Kind in der Lage ist, bekannte Personen wieder zu erkennen und von Unbekannten zu unterscheiden. Grund zur Unruhe ist sie in der Regel nicht. Die Hypothese, dass diese frühkindliche Fremdenangst eine wesentliche Ursache für die bei Jugendlichen und Erwachsenen zu beobachtende Angst vor den Angehörigen fremder Kulturen sei, ist unbewiesen.

4.4.5 Frühes Lernen

Schon wenige Stunden nach der Geburt können Säuglinge ihr Verhaltensrepertoire durch Lernen erweitern. Voraussetzung dafür ist die Wahrnehmung von Umweltreizen, d.h. die Lernfähigkeit ist in den ersten Lebensmonaten eng an die Reifung der Sinnesorgane und des ZNS gekoppelt. Ausgangspunkt für Lernvorgänge können zunächst die im Abschnitt 4.1.3 dargestellten angeborenen Reflexe sein, die teilweise durch Lernen verändert werden können. Es gibt aber auch weitere angeborene Reiz-Reaktions-Kopplungen, die Lernen in Gang setzen können. So reagieren Kinder z.B. auf laute Geräusche mit Furcht; durch geeignete (aber ethisch bedenkliche) Anordnungen können Kindern damit Angstreaktionen „andressiert" werden, wie es von Watson & Rayner (1920) gezeigt wurde[15]. Die im Folgenden skizzierten einfachen Lernformen kann ich aus Platzgründen nicht ausführlich beschreiben; eine allgemeinverständliche und gleichzeitig fundierte Darstellung findet sich z.B. bei Rübeling & Schweißgut (1997, S. 24-40).

4.4.5.1 Orientierungsreaktion und Habituation

Voraussetzung für sehr viele Lernvorgänge ist eine (unspezifische) Aktivitätsänderung, die als „Orientierungsreaktion" (OR) bezeichnet wird. Sie zeigt sich z.B. in einer Pulsbeschleunigung, erhöhter Aufmerksamkeit, Kopfdrehen zur Reizquelle hin und Änderungen in der Atmung (Abbildung 4-13):

> „Die Orientierungsreaktion ist gewissermaßen eine »Was ist los?-Reaktion«, bei der wir uns dem Neuen aufmerksam zuwenden" (Rübeling & Schweißgut, 1997, S. 26).

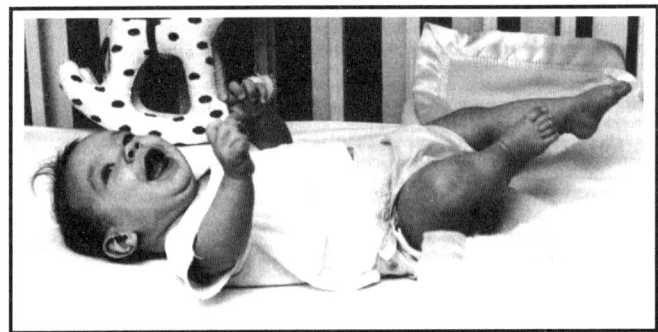

Abbildung 4-13: **Gegenüber neuen und ungewöhnlichen Reizen zeigen Säuglinge eine unspezifische Orientierungsreaktion** (aus: Sheppard & Willoughby, 1975, S. 214)

Die mit der OR verbundenen Aufmerksamkeitsänderungen, die erhöhte Muskelspannung und Änderungen im Herz-Kreislaufsystem ermöglichen uns, auf ungewöhnliche, mögli-

---

[15] Eine auch heute noch lesenswerte literarische Verarbeitung dieser schon damals kontrovers diskutierten Studie findet sich bei Huxley (1972, 28-30).

cherweise bedeutsame (oder gar gefährliche) Reize schnell zu reagieren (vgl. z.B. Tücke, 2003, Abschnitt 2.3.1).

Man kann sich die OR als stark abgeschwächte Angstreaktion vorstellen. Sie wird ausgelöst durch neue und ungewöhnliche Reize oder „Signalreize" (das sind solche Reize, die eine besondere Bedeutung für eine Person haben: z.B. unser Name oder bei Eltern das Weinen oder Schreien ihrer Kinder).

Für das tägliche Leben wäre es geradezu fatal, wenn wir die OR bei demselben Reiz allzu lange zeigen würden: wir wären gar nicht mehr handlungsfähig, weil wir viel zu „aufgeregt" wären. Bei wiederholtem Kontakt mit denselben Reizen wird die OR deshalb immer schwächer, wir gewöhnen uns an den neuen Reiz. Diesen Vorgang nennt man „Habituation" (Abbildung 4-14 links).

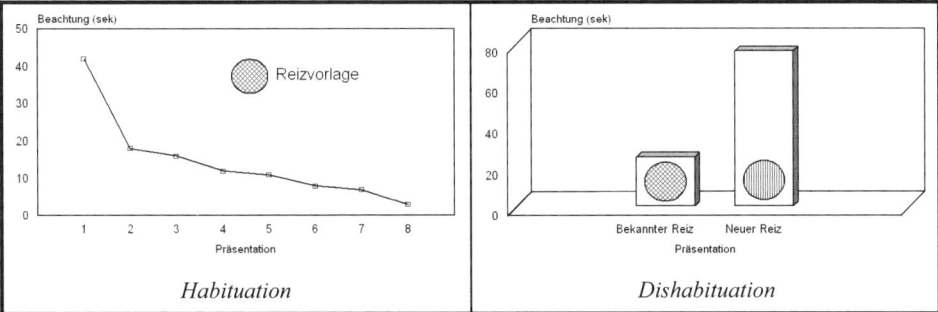

Abbildung 4-14:   **Habituation und Dishabituation** (nach: Slater, Morison, & Somers, 1988)

Verändert sich allerdings etwas an den Reizgegebenheiten (und werden diese Veränderungen auch bemerkt), so tritt wiederum eine (etwas abgeschwächte) OR auf. Den Vorgang der erneuten Aufmerksamkeitszuwendung an Reize, an die wir uns eigentlich schon gewöhnt haben, nennt man „Dishabituation" (Abbildung 4-14 rechts). Habituation und Dishabituation ermöglichen zusammen eine Anpassung an neue Situationen.

Die OR ist schon einige Stunden nach der Geburt beobachtbar – wenn der Säugling wach ist.

4.4.5.2   Signallernen (Klassisches Konditionieren)

Signallernen (Klassisches Konditionieren; d.h. die Kopplung vorhandener Reaktionen an neue, ursprünglich irrelevante Reize) ist ebenfalls schon einige Stunden nach der Geburt nachweisbar und besonders bei der Kopplung angenehmer (Freude) und unangenehmer Gefühle (Furcht) an bestimmte Situationen von Bedeutung.

Den Vorgang des Signallernens kann man sich an Hand der Untersuchung von Watson & Rayner (1920) klarmachen (Abbildung 4-15). Die Autoren untersuchten ein 11 Monate altes Kind, den „Kleinen Albert". Er fürchtete sich (UCR) vor lauten Geräuschen (UCS), aber nicht vor weißen Ratten (NS). Jedes Mal, wenn Albert nun nach der weißen Ratte greifen wollte, schlugen die Autoren einen lauten Gong an. Schon nach sieben Wiederholungen brach Albert in Tränen aus, wenn er nur eine weiße Ratte (CS) sah. Fünf Tage später hatte sich die Furcht des Kindes auf weiße Kaninchen und ähnliche Objekte generalisiert[16]. Näheres zum klassischen Konditionieren finden Sie z.B. bei Tücke (2003, Abschnitt 2.4 und 2.5).

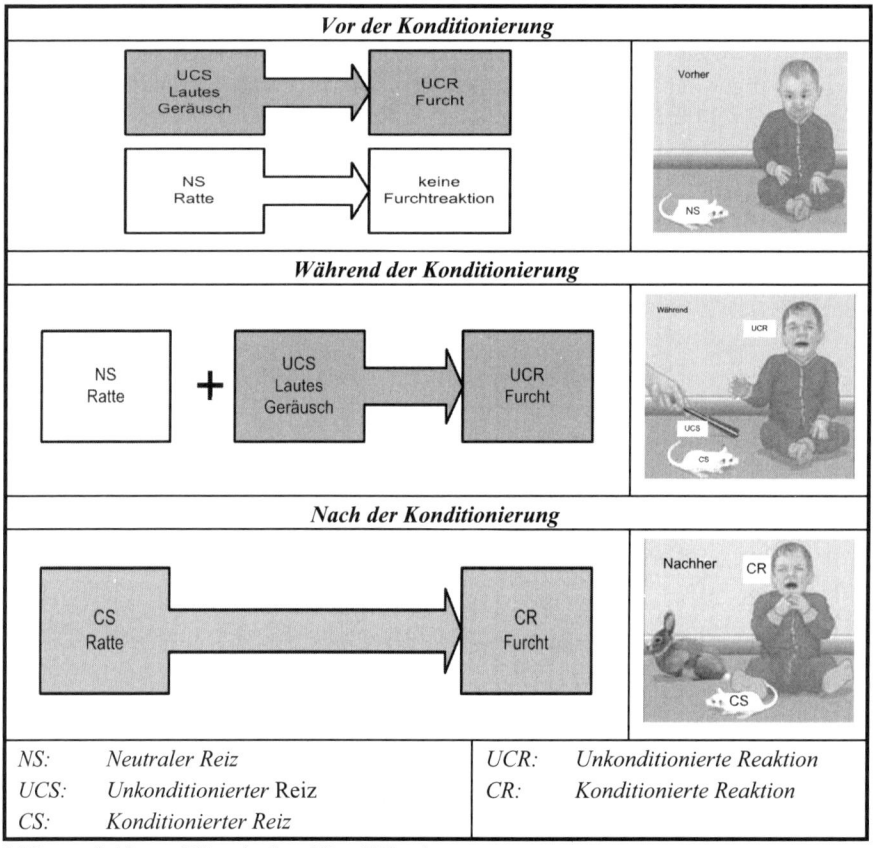

Abbildung 4-15:   Klassisches Konditionieren

4.4.5.3   Lernen am Erfolg (Operantes Konditionieren)

Während beim Signallernen die den entsprechenden Auslösern vorausgehenden oder damit gleichzeitig auftretenden Reize das Verhalten beeinflussen, wirkt sich beim Lernen am

---

[16] Nach der Publikation dieser Untersuchung verlor Watson seine Professorenstelle an der Johns Hopkins Universität – aber nicht (wie in vielen Büchern berichtet) als Folge der Untersuchung, sondern weil er eine außereheliche Affäre mit einer Mitarbeiterin hatte, die er später heiratete. So ändern sich die Maßstäbe. Übrigens wurde Watson ein sehr erfolgreicher Werbepsychologe.

Erfolg (dem operanten Konditionieren) vor allem die Verhaltensfolge (Konsequenz) auf dessen Häufigkeit aus. Lernen am Erfolg ist beim Säugling ebenfalls schon bald nach der Geburt nachgewiesen: so verbessert sich etwa das Saugverhalten durch die positive Konsequenz der wohlschmeckenden Milch. H. Papousek (1962) entwickelte ein auch heute noch sehr gebräuchliches Verfahren zur Untersuchung des Lernens am Erfolg bei Säuglingen, das sich die Kopfbewegungen zunutze macht. Damit lernen Säuglinge z.B., Lichter an- und auszuschalten.

Je nachdem, was auf das Verhalten folgt, nimmt seine Häufigkeit zu oder ab: als positiv empfundene Konsequenzen führen zu einer Zunahme der Verhaltenshäufigkeit, als negativ empfundene Konsequenzen zu einer Verringerung oder Vermeidung (vgl. Übersicht in Tabelle 4-5). Beispiele für operantes Konditionieren im Kleinkindalter zeigen Abbildung 4-16 bis Abbildung 4-19. Näheres zum operanten Konditionieren finden Sie z.B. bei Tücke (2003, Abschnitt 2.6).

Die Verhaltens-folge (Konsequenz) ist ...	Durch das operante Verhalten ...	
	... wird etwas hinzugefügt oder etwas beginnt	... wird etwas weggenommen oder etwas hört auf
... angenehm	*Belohnung* *Das Verhalten wird **häufiger***	*Bestrafung vom Typ II* *Das Verhalten wird **seltener.***
... unangenehm	*Bestrafung vom Typ I* *Das Verhalten wird **seltener***	*Negative Verstärkung* *Das Verhalten wird **häufiger***

Tabelle 4-5: Verschiedene Konsequenzen und ihre Auswirkungen auf das vorhergehende Verhalten

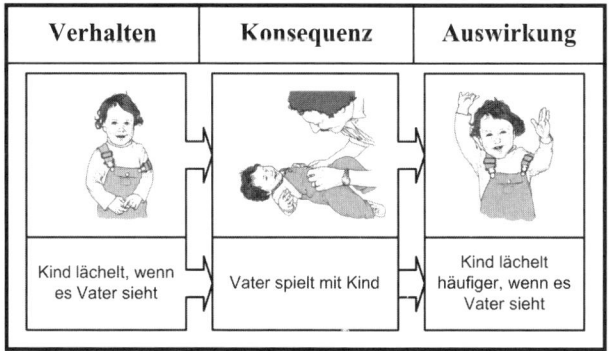

Verhalten	Konsequenz	Auswirkung
Kind lächelt, wenn es Vater sieht	Vater spielt mit Kind	Kind lächelt häufiger, wenn es Vater sieht

Abbildung 4-16: **Beispiel für Belohnungslernen** (nach: Shaffer, 1999, S. 217)

121

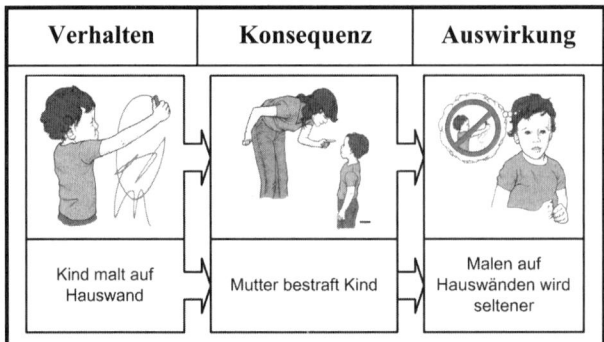

Abbildung 4-17: **Beispiel für Bestrafungslernen (Typ I)** (nach: Shaffer, 1999, S. 217)

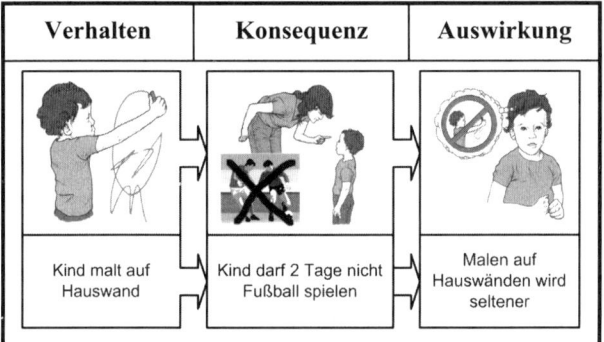

Abbildung 4-18: **Beispiel für Bestrafungslernen (Typ II)**

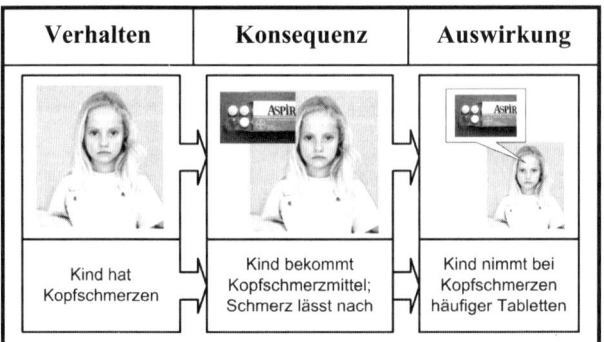

Abbildung 4-19: **Beispiel für Lernen durch negative Verstärkung**

4.4.5.4 Lernen durch Nachahmung

Dass Säuglinge schon unmittelbar nach der Geburt prinzipiell zur Nachahmung in der Lage sind, wurde schon im Abschnitt 2.1.2.3 dargestellt. Zwar sind der Fähigkeit zur Imitation in den ersten Lebensmonaten wegen der noch nicht vollständigen Funktionsfähigkeit der Sinnesorgane, der noch weiter fortschreitenden Ausreifung des ZNS und der noch notwendigen Koordination verschiedener Funktionsbereiche (z.B. Muskelgruppen oder Auge-Hand) noch enge Grenzen gesetzt, aber jenseits des ersten Lebensjahres wird das Lernen durch Nachahmung zur wichtigsten Lernform bei Kindern überhaupt. Dass dabei nicht nur Erwachsene, sondern besonders Spielkameraden imitiert werden (und nicht nur deren „vorbildliche" Verhaltensweisen), versteht sich von selbst. Ein Beispiel für Lernen durch Nachahmung bei älteren Kindern zeigt Abbildung 4-20. Näheres zum Lernen durch Nachahmung finden Sie z.B. bei Tücke (2003, Abschnitt 2.8).

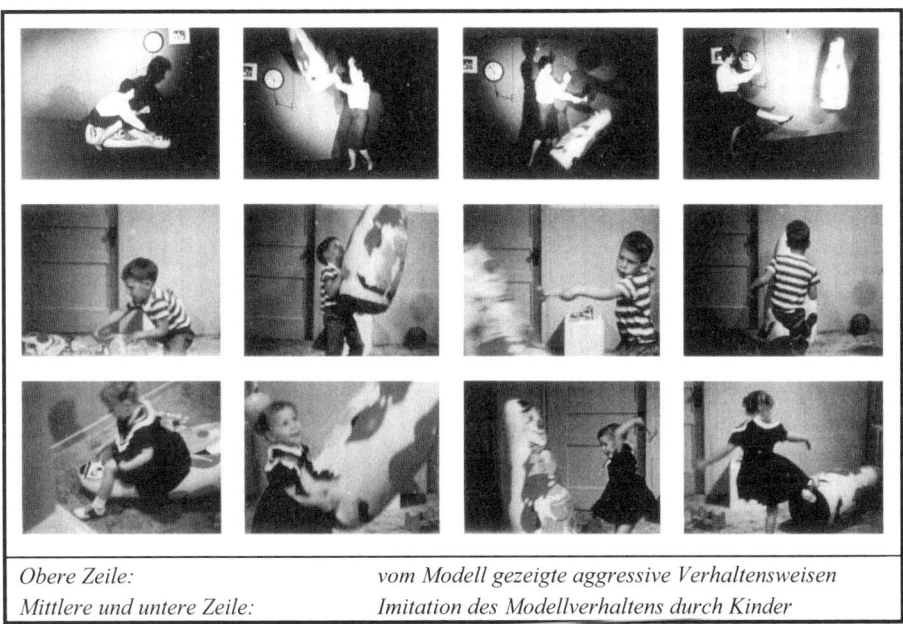

Obere Zeile:	*vom Modell gezeigte aggressive Verhaltensweisen*
Mittlere und untere Zeile:	*Imitation des Modellverhaltens durch Kinder*

Abbildung 4-20: **Albert Banduras berühmte Untersuchung zur Imitation von Aggression** (Bilder aus: Morris & Maisto, 2002, S. 222)

123

5 Kleinkind- und Vorschulalter

> *„Rousseau sagt: Ein Kind, das nur seine Eltern kennen lernt, das kennt auch diese nicht. Sehr schön und wahr."*
>
> Georg Christoph Lichtenberg (1742 - 1799)
> Sudelbücher, Heft J, 414

Gegen Ende des ersten Lebensjahres explodiert das Verhaltensinventar des kleinen Kindes förmlich: es lernt laufen und erweitert sein „Revier" dadurch beträchtlich; es lernt zu sprechen und kann sich dadurch gegenüber seiner Umwelt besser durchsetzen (was von manchen Eltern als „Trotz" empfunden wird); es entwickelt in der handelnden Auseinandersetzung mit seiner Umwelt grundlegende kognitive Fähigkeiten und schafft damit die Grundlagen für einen noch langen Weg zum abstrakten Denken und Problemlösen; seine Sozialkontakte erweitern sich über die unmittelbare Familie (besonders die Eltern) hinaus auf die Spielgruppen (wenn es sie denn gibt und wenn die Eltern das zulassen bzw. unterstützen). Kurz und gut: das Kleinkind entwickelt sich zu einer eigenständigen Persönlichkeit.

Wendt (1997) meint dazu:

> „Die erworbene Autonomie versucht das Kind durch die Beherrschung des eigenen Körpers zu demonstrieren, durch die Bewegung großer Gegenstände, z.B. dadurch, dass es beim Spazierengehen die Karre selbst ziehen oder schieben will, womöglich noch mit einem anderen Kind darin, oder dadurch, dass es alle möglichen Dinge auseinander nimmt und auch wieder zusammenzusetzen versucht, aber letzteres selten erfolgreich. Kurzum, es ist das Alter, in dem eine Haftpflichtversicherung ratsam werden kann" (Wendt, 1997, S. 186-187).

Man muss sich als „verständiger" Erwachsener immer wieder klarmachen, was Kleinkinder alles lernen müssen und können: sie müssen sich vertraut machen mit bisher nie gesehenen und gekannten Gegenständen, sie werden mit Verboten konfrontiert (die sie noch nicht einsehen können und entsprechend selten einhalten), und sie bewegen sich in einer Umwelt, die sie erst mental konstruieren müssen.

Viele der so gemachten Erfahrungen sind unumkehrbar, wie man an Hand des Beispiels in Abbildung 5-1 demonstrieren kann. Viele Menschen sehen auf diesem Bild zunächst nur eine Verteilung weißer und schwarzer Flecken. Wenn man aber genauer hinsieht und schon einmal einen Dalmatiner-Hund gesehen hat, wird man vielleicht rechts im Bild einen solchen schnüffelnden Hund erkennen, der sich auf einen Baum (links oben im Bild) zu bewegt. Wenn man das einmal erkannt hat, ist es schlichtweg unmöglich, das Bild als Ansammlung von Schwarz-Weiß-Mustern zu interpretieren: wir sehen immer wieder den Hund und den Baum.

So ähnlich ist das auch mit unseren Lernerfahrungen: wenn wir einmal gelernt haben, dass Brennnesseln bei Berührung weh tun, kann man diese Erfahrung zwar unterdrücken (z.B. um vor anderen Menschen mutig zu erscheinen) oder schlichtweg vergessen – aber dieser Zustand ist mit demjenigen vor dem Lernen eben nicht identisch. Insofern kann man wohl auch nichts vollständig „verlernen": Naivität ist nur ein Durchgangsstadium.

Abbildung 5-1: **Auf diesem Bild kann man etwas erkennen** (aus: Fischer & Lazerson, 1984, S. 185). Erläuterungen im Text.

5.1 Neugier- und Erkundungsverhalten

Die meisten Tiere und alle Menschen sind für ihr eigenständiges Überleben darauf angewiesen, ihre Umwelt aktiv zu erkunden und neue Erfahrungen zu machen. Das ist natürlich mit gewissen Risiken (u.U. auch für Leib und Leben) verbunden: so konnte unsere ca. 1jährige Tochter Klara in Abbildung 5-2 links natürlich nicht erkennen, dass ihr bei ihrer Verfolgung der Gänse eine Croquet-Kugel an den Kopf fliegen kann; das musste die Vor(aus)sicht der älteren Spieler verhindern. Oder dass man Dinge, an denen man kaut, auch versehentlich verschlucken kann (Abbildung 5-2 rechts); da ist permanente Aufmerksamkeit der Eltern gefragt.

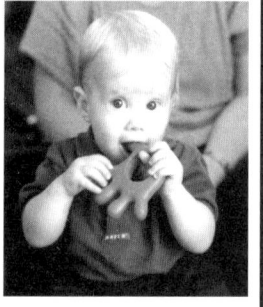

Abbildung 5-2: **Unsere ca. 1jährige Tochter Klara erkundet ihre Umwelt**

Wenn man Kinder in einer neuen Umgebung beobachtet, so zeigen sie dort ein charakteristisches Verhaltensmuster: sie halten sich zunächst an Bekanntes (z.B. die Mutter, wenn sie erreichbar ist), schauen sich dann um und machen sich schließlich auf unterschiedlichste Art und Weise mit ihrer neuen Umgebung vertraut: sie bewegen sich auf interessante Gegenstände (z.B. Spielzeug) zu und hantieren mit ihnen (nehmen sie z.B. in den Mund oder hauen drauf, Abbildung 5-2 rechts).

Allerdings ist das geschilderte Erkundungsverhalten offenbar daran gekoppelt, dass die Umgebung einigermaßen anregend (neu, interessant) ist. Wenn sie zuwenig Anregung bietet, resultiert oft Langeweile; wenn zuviel Neues angeboten wird, kann Angst aufkommen:

> „Das resultierende Explorationsverhalten – und dies ist vielfach experimentell nachgewiesen worden – kann sich nur im Anschluss an einen mittleren oder optimalen Bereich der Intensität diskrepanter Reize äußern. Extreme nach oben und unten werden als aktivitätshemmend angesehen" (Keller & Voss, 1976, S. 49).

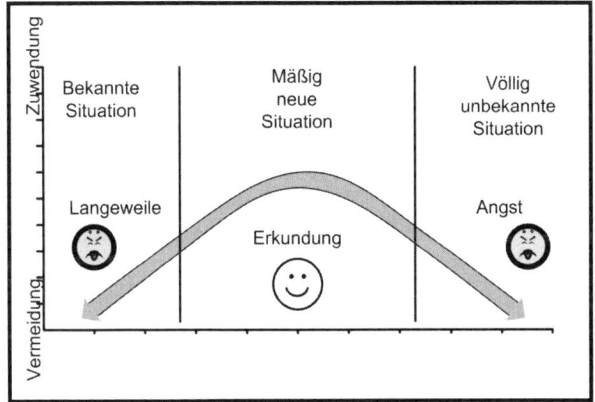

Abbildung 5-3:   **Der Zusammenhang zwischen Vertrautheit und Neugier**

Dieser Sachverhalt ist in Abbildung 5-3 verdeutlicht[17]. Die Erkundung neuer Gegebenheiten ist also eine stetige Gratwanderung:

> „Das Neue ist nur innerhalb einer Mittelregion aktiv. Ist es zu vertraut, wird es langweilig, ist es zu fremd, flößt es Angst oder Unbehagen ein. So lässt sich auch das Neugiermotiv aus dem Wechselspiel von Hoffnung und Furcht verstehen: Hoffnung (Erwartung) auf Neues und Interessantes, Furcht vor unangenehmen oder erschreckenden Ereignissen. ... In einer Mittelregion der Vertrautheit ist das aufsuchende Verhalten am größten. Der Konflikt zwischen Aufsuchen und Meiden ist bei kleinen Kindern deutlich

---

[17] Bei Erwachsenen ist das übrigens ganz ähnlich. So möchte ich zwar gern einmal mit einer Achterbahn einen Looping fahren, habe aber ziemlichen Respekt davor. Da kam mir eine kleine Achterbahn im Familienpark „Koningin Julianatoren" bei Apeldoorn ganz recht. Dort war eine kleinere Achterbahn ohne Looping – quasi zum Ausprobieren. Der „Achterbahn-Looping" ist damit als neue Erfahrung für mich nähergerückt.

zu beobachten. Sie entfernen sich von der Mutter auf den begehrten Gegenstand zu, zögern aber, wenn sie sich ihm genähert haben, und kehren häufig wieder um" (Oerter, 1995c), S. 769).

So wirkt unsere Tochter in Abbildung 5-4 angespannt. Klara kennt zwar die Ziegen im Streichelzoo, aber Ziegen beißen beim Füttern manchmal auch fest zu (links). Ob Osterhasen wirklich so harmlos sind, wie sie aussehen (Mitte)? Und mit dem Wackelpferd in der Osnabrücker Innenstadt[18] (rechts) hatte Klara noch nicht viele Erfahrungen gesammelt (große Diskrepanz). Nach einigen weiteren Kontakten schaukelte sie wild und locker (mittlere Diskrepanz) und verlor später das Interesse (zu geringe Diskrepanz). Das Interesse hat aber in keinem Fall lange angehalten – und das ist ja z.B. beim Einkauf oder bei einem Rundgang im Zoo durchaus erwünscht.

Abbildung 5-4:   Die Erkundung der Umwelt ist mit Aufregung verbunden

Die Kenntnis über den Zusammenhang zwischen der Neuigkeit einer Situation und dem Erkundungsverhalten kann man nutzen, um Kinder an neue, notwendige Verhaltensmuster heranzuführen. So haben Grude & Preuss für Kinder im Vor- und Grundschulalter Sportgeräte praxisnah so zusammengestellt, dass sie die kindliche Neugier anregen und ihnen dabei gleichzeitig neue Bewegungserfahrungen vermitteln können, denn:

> „Beobachtet man Kinder im Vorschul- und Grundschulalter, wird man feststellen, dass sie fast ununterbrochen in Bewegung sind. Sie sind von Natur aus neugierig, begierig, ihre Umwelt mit den ihnen zur Verfügung stehenden Mitteln zu erforschen und kennen zu lernen" (Grude & Preuss, 1995, S. 9).

Die Überlegungen könnten vielleicht auch zur erneuten Diskussion um „kindgerechtes" Spielzeug herangezogen werden: viele von Erwachsenen aus ästhetischen oder pädagogischen Gründen bevorzugte Spiele (z.B. manches Holzspielzeug oder Kooperationsspiele) haben für Kinder nur einen geringen Neuigkeits- und Überraschungswert und werden des-

---

[18] Mittlerweile sind fast alle Spielgeräte in der Osnabrücker Innenstadt abgeschafft – soviel zur Kinderfreundlichkeit unserer Städte.

halb schnell langweilig, wohingegen von vielen erwachsenen „Fachleuten" abgelehntes Spielzeug aus grellbuntem Plastik auch im vertrauten Umgang durch mannigfache neue Zusammensetzungs- und Verwendungsmöglichkeiten für Kinder noch interessant ist.

5.1.1 Anregungskonstellationen können Erkundungsverhalten begünstigen

Neugier- und Erkundungsverhalten kann durch solche Umgebungsbedingungen gefördert werden, die für das Kind nicht vollständig vorhersagbar und kontrollierbar sind, bei deren Bewältigung man auch scheitern kann und die u.U. sogar recht gefährlich sein können[19]. Solche Situationen hat Heckhausen (1973, S. 160-163) im Konzept der „Anregungskonstellationen" typisiert (siehe Tabelle 5-1).

Anregungskonstellation	Definition	Beispiel
Neuigkeit oder Wechsel	Diskrepanz zwischen *gegenwärtigen* Wahrnehmungen und *früheren* Wahrnehmungen oder Erlebnissen.	Ein Kind entdeckt an seiner Schaukel eine Ansammlung von Schnecken, die über Nacht daran hoch gekrochen sind. Es wird sie wahrscheinlich erkunden und darüber das Schaukeln vorübergehend vergessen.
Überraschungsgehalt	Diskrepanz zwischen gegenwärtigen *Wahrnehmungen* und *Erwartungen*	Vor den Augen eines Kindes lässt der Vater – begleitet von Zaubersprüchen – ein Geldstück verschwinden, das schließlich in der Mütze des Kindes wieder auftaucht. Das Kind wird die Hände des Vaters und die Mütze erkunden – wenn es das denn darf.
Verwickeltheit	Diskrepanz zwischen *Teilen des gegenwärtigen Wahrnehmungs- bzw. Erlebnisfeldes*	Ein Kind versucht, aus vielen Teilen ein sinnvolles Ganzes herzustellen, z.B. ein Puzzle oder den Inhalt eines Überraschungseis zusammenzusetzen.
Ungewissheit oder Konflikt	Diskrepanz zwischen *verschiedenen Erwartungen*	Ein Kind versucht, auf einer Mauer zu balancieren, die so hoch ist, dass ein Absturz wehtäte. Oder ein Kind versucht, als Mutprobe auf der Straße ein Auto anzuhalten.

Tabelle 5-1: **Einige Anregungskonstellationen** (nach: Heckhausen, 1973, S. 160-163; verändert)

---

[19] Ich kann mich erinnern, dass es mir als Kind streng verboten war, auf Trümmergrundstücken oder in alten Bunkern zu spielen. Und wo haben wir gespielt...? - Es „kribbelte" halt so schön.

Diese Anregungskonstellationen können von den Eltern, Betreuern oder Lehrern hergestellt werden, aber sie können auch (u.U. mit Unterstützung durch Erwachsene) von den Kindern selbst erzeugt werden, wenn man ihnen entsprechende Materialien an die Hand gibt.

5.1.2 Besonderheiten und Grenzen von Neugier und Erkundungsverhalten

5.1.2.1 Geschlechterunterschiede

Mädchen und Jungen unterscheiden sich schon relativ früh darin, wie sie ihre Umwelt erkunden. Schon bald erkunden Jungen ihre Umwelt aktiver als Mädchen (Schneider, Moch, Sandfort, Auerswald, & Walther-Weckman, 1983). Sie bewegen sich auch eher auf neue Objekte zu und probieren sie eher und intensiver aus („physische Erkundung"; Abbildung 5-5 links), während Mädchen häufiger in einiger Entfernung verharren und die neue Situation betrachten („visuelle Erkundung"; Abbildung 5-5 rechts). Während Jungen relativ flott mit neuen Gegebenheiten umgehen, ohne sonderlich auf Einzelheiten zu achten, kann man bei Mädchen häufiger feststellen, dass sie zunächst alle Einzelheiten genau untersuchen (Keller, Föse, & Schölmerich, 1985). Aber selbstverständlich finden sich beide Erkundungsarten bei beiden Geschlechtern – sie sind nur unterschiedlich häufig. Willemsen (1979, S. 153-154 und 232-233) weist darauf hin, dass diese schon früh nachweisbaren Unterschiede in der Interaktion mit der Umwelt tief greifende Einflüsse auf die weitere Entwicklung haben können (siehe auch Abschnitt 5.2.4).

Abbildung 5-5:   **Physische (links) und visuelle Erkundung (rechts)**

Vielleicht sind ja die immer wieder berichteten Unterschiede von Jungen und Mädchen im Umgang mit den für sie oft noch neuen Computern in der Schule Folgen solcher unterschiedlichen Explorationsstrategien? Ob dann eine vorübergehende Aufhebung der Koedukation im Informatikunterricht oder einigen naturwissenschaftlichen Fächern die behauptete Benachteiligung von Mädchen kompensieren kann, erscheint mir zumindest fragwürdig.

5.1.2.2   Grenzen und Frustrationen

Im Lauf der Erkundung der Umwelt stoßen Kinder immer wieder an Barrieren und Grenzen (Abbildung 5-6 links). Kinder versuchen, teilweise begleitet von heftigen Wutanfällen, oft diese Grenzen zu verschieben oder zu beseitigen (Abbildung 5-6 Mitte). Einige Eltern geben diesem Verhalten nach und versuchen nun, auch für eine normale Interaktion und den sozialen Umgang notwendige Grenzen weit hinauszuschieben. Ob dieses erzieherische Vorgehen vorteilhaft ist, bedarf weiterer Forschung. Einerseits sollten vermeidbare Verhaltenseinschränkungen von Kinder sicherlich weitgehend ferngehalten werden, andererseits bedeutet eine erfolgreiche Überwindung von Grenzen und Barrieren auch eine große subjektive Befriedigung (Abbildung 5-6 rechts) – wie man auch als Erwachsener nachvollziehen kann, wenn man zum ersten Mal allein mit einem Gleitschirm geflogen ist oder in einer Prüfung Erfolg gehabt hat, die man für besonders schwierig gehalten hatte.

Abbildung 5-6:   **Durch Erkundungen der Umwelt lernen Kinder auch Grenzen kennen (links), auszutesten (Mitte) und ggf. zu überwinden (rechts)** (Bild links aus: Willemsen, 1979, S. 151)

Man kann sich auch fragen, was es bedeutet, wenn man Kindern lange Zeit quasi unbegrenzte Erkundungsmöglichkeiten beläßt: Lernen sie dann später noch, notwendige Grenzen zu akzeptieren? Erschwert man ihnen vielleicht dadurch, ihre eigenen Stärken und Schwächen realistisch einzuschätzen? Wie gehen diese Kinder später mit Frustrationen um, denen sie ja unausweichlich ausgesetzt sind? Und wie ist das mit der Emotionskontrolle in solchen Situationen, die Ärger auslösen können? Wie entwickelt sich der Egoismus von Kindern, denen lange Zeit die Interessen anderer Kinder und Erwachsener untergeordnet wurden?

Mir scheint, dass eine kindgerechte Erziehung auch diese Fragen mit einbeziehen muss: Grenzen bedeuten ja nicht nur Einschränkungen, sondern u.U. auch Herausforderungen und Vorbereitung auf die soziale Integration in die Gesellschaft (vgl. Wunsch, 1998). Mir scheint es darüber hinaus plausibel (ohne dass ich das empirisch belegen kann), dass der in Westdeutschland besonders penetrante Egoismus nicht unerheblich darauf zurückzuführen ist, dass von der frühen Kindheit an keine Abwägung zwischen individuellen Interessen und gesellschaftlichen Notwendigkeiten vorgenommen wird.

5.1.2.3   Erlernte Hilflosigkeit

Das Konzept der erlernten Hilflosigkeit wurde 1975 von Seligman popularisiert (vgl. Seligman, 1992; siehe auch: Tücke, 2005b, S. 392-396); es beschreibt das Phänomen, dass
manche Tiere (und Menschen) neue Herausforderungen nicht aktiv bewältigen, sondern
sich auch in unangenehme Situationen hineinfinden, weil sie in der Vergangenheit die Erfahrung gemacht haben, dass sie selbst dort ohnehin nichts bewirken können. Während
Seligmans Ausführungen sich auf Erfahrungen beziehen, die weder vorhersehbar noch
kontrollierbar waren, spricht man in den letzten Jahren besonders in der Alltagssprache
auch von erlernter Hilflosigkeit als Ergebnis einer Kette von Misserfolgen (Stiensmeier-
Pelster & Schlangen, 1996).

Kinder, die in ihrer Exploration der Umwelt allzu häufig schlechte Erfahrungen gemacht
haben, können als Folge davon ihr Erkundungsverhalten einschränken – mit längerfristig
sehr unerwünschten Folgen bezüglich der Selbständigkeit, der Kreativität oder der Bewältigung neuer Probleme. Diese Kinder tendieren später auch häufiger dazu, über ihre eigenen
Fähigkeiten und Unzulänglichkeiten nachzudenken. Darüber hinaus sind sie von sich selbst
naturgemäß weniger überzeugt und führen Erfolge seltener auf ihre eigenen Fähigkeiten
zurück. Vom Aufzeigen und Einhalten von Grenzen bis zur erlernten Hilflosigkeit ist es
zwar ein langer Weg. Eltern sollten sich aber kontinuierlich dieses Übergangs bewusst sein
und für ihre Kinder Freiheiten dort erlauben, wo es ohne Probleme möglich ist, und Einschränkungen mit Zurückhaltung handhaben.

5.2   Entwicklung des Spielverhaltens

Grude & Preuss (1995) beschreiben auf S. 11 typisches Verhalten des 2½jährigen Hendrik
wie folgt:

> „Er nimmt regelmäßig mit seiner Mutter am Eltern-Kind-Turnen teil. Im Laufe einer
> Turnstunde hat Hendrik eine Matte entdeckt, die eigentlich funktionslos und schlapp
> von einer Langbank herunterhängt. Mehr zufällig als bewusst gewollt, gelingt ihm ein
> Purzelbaum die Matte hinunter. Den Rest der Stunde ist Hendrik nun ununterbrochen
> damit beschäftigt, pausenlos die Bank hinaufzuklettern und die Matte hinunter zu pur-
> zeln. Irgendwann nach längerer Zeit beendet er sein Spiel freudestrahlend mit den Wor-
> ten: »Jetzt kann ich's, jetzt bin ich groß!« und wendet sich anderen Aktivitäten zu.“

Hendriks Verhalten demonstriert wesentliche Merkmale solcher Verhaltensweisen, die
wir alltagssprachlich[20] „Spielverhalten" oder einfach „Spielen" nennen. Spielen ist (neben

---

[20] Wissenschaftlich ist eine Definition dessen, was unter Spielverhalten zu verstehen sei, offenbar
schwierig:

> „Nur wenige Tätigkeiten des Menschen haben so viele, so einseitige und so wider-
> sprüchliche Beschreibungen wie das kindliche Spiel" (Mogel, 1991, S. IX).

> „Die begriffliche Fassung des Phänomens Spiel hat die wissenschaftlichen Disziplinen,
> die sich mit ihm auseinandersetzen, vor beinahe unlösbare Probleme gestellt"
> (Einsiedler, 1991, S. 9).

Schlafen) bei Klein- und Vorschulkindern die häufigste Beschäftigung und hat für die weitere Entwicklung eine zentrale Bedeutung. Selbstverständlich spielen auch ältere Kinder und Erwachsene noch – aber eben wegen anderer Tätigkeiten weniger häufig, und dem Spiel kommt in der Regel nicht mehr die zentrale Bedeutung wie im Vorschulalter zu: andere Dinge werden wichtiger.

5.2.1 Spiel setzt Vertrautheit voraus

Nach Hutt (1966) fangen Kinder erst an zu spielen, wenn sie eine neue Situation erkundet haben und hinreichend mit ihr vertraut sind. Die Autorin verwendete den in Abbildung 5-7 schematisch dargestellten „Spielapparat".

> „Dieses Spielzeug bestand aus einem großen roten Metallkasten auf vier Beinen, an dessen Oberseite ein langer Hebel angebracht war, der mit einem blauen Holzball abschloss. Der Hebel ließ sich in vier verschiedene Richtungen bewegen, die man an Anzeigegeräten sichtbar machen konnte. Ebenso war es möglich, in Verbindung mit bestimmten Manipulationen am Hebel entsprechende akustische Rückmeldungen zu vermitteln: einen Glockenton für horizontale und einen Summton für vertikale Bewegungen. Das Spielzeug konnte von den Kindern im Stehen bedient werden. Der Reiz zum Herumspielen bestand in den verschiedenen Signalen, die durch die Manipulation am Hebel und dessen Bewegung ausgelöst wurden" (Schmidtchen & Erb, 1976, S. 41-42).

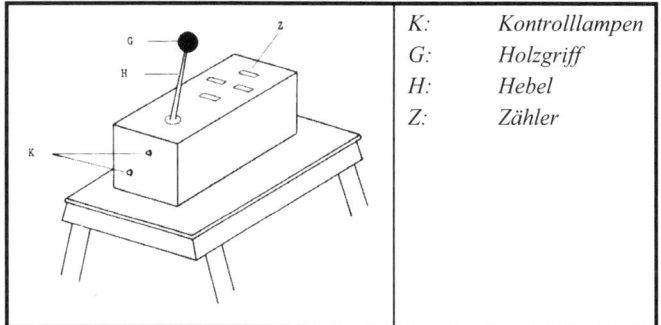

K:	Kontrolllampen
G:	Holzgriff
H:	Hebel
Z:	Zähler

Abbildung 5-7: **Der Hutt'sche Spielapparat** (aus: Schmidtchen & Erb, 1976, S. 41)

Die Autorin konnte zeigen, dass Kindergartenkinder, die das Gerät noch nicht kannten, zunächst seine Eigenschaften erkundeten. Dieses Verhalten nahm aber schnell ab und machte spielerischen Aktivitäten Platz. Je vertrauter die Kinder mit dem Gerät waren, desto vielseitiger war ihr Spiel damit. Gleichzeitig ließ sich ein Interessenwandel beobachten: die Kinder interessierten sich zu Beginn eher dafür, mehr über die Eigenschaften des Apparates herauszubekommen. Im Spiel dagegen richtete sich ihr Interesse eher darauf, eigene Handlungsmöglichkeiten mit dem Apparat auszuprobieren.

5.2.2   Merkmale des Spielverhaltens

Unter Spielverhalten werden verschiedene Verhaltensklassen zusammengefasst, deren wichtigste gemeinsame Merkmale im Folgenden zusammengestellt sind.

5.2.2.1   Zweckfreiheit: Spielen trägt seinen Zweck in sich selbst

> „Hendrik klettert, rollt und kugelt ohne Ende. Es interessiert ihn nicht, ob er etwas dafür bekommt, ob es ihm etwas nützt, ob es ihm Anerkennung einbringt. Er wiederholt seine Rollen aus reinem Spaß an der Sache selbst" (Grude & Preuss, 1995, S. 11).

Man spielt um des Spielens willen, übergeordnete Ziele spielen gar keine oder eine untergeordnete Rolle. Selbstverständlich kann Spielen in einem anderen Kontext sinn- und zweckvoll sein. So übt ein Kind, das mit dem Computerspiel „Autobahn-Raser" „ohne Regeln gnadenlos über deutsche Autobahnen" fegt, vielleicht sein späteres Fahrverhalten; Seilhüpfen schult die motorische Koordination, und das Spiel „Die Siedler von Catan" (Teuber, o.J.) vermittelt ein Gefühl dafür, dass man mit Rohstoffen etwas machen oder sie eintauschen kann. Entscheidend ist aber, dass der übergeordnete Zweck sekundär und für das Spiel unbedeutend ist.

Unter diesem Gesichtspunkt können auch „Lernspiele" kritisch betrachtet werden, nämlich dann, wenn nicht mehr das Spiel im Vordergrund steht, sondern sein Zweck (z.B. Rechenregeln zu lernen oder die Rechtschreibung zu verbessern). Der Spielcharakter geht verloren, wenn übergeordnete Ziele bestimmend werden: Erzwungenes Klavierspiel ist kein Spiel mehr – und macht vielleicht auch keinen Spaß.

Zweckfreiheit bedeutet auch, dass man innerhalb eines weiten Rahmens die Anforderungen selbst festlegen kann und dass Erfolg und Misserfolg vor dem Hintergrund der selbstgesteckten Ziele (und nicht im Vergleich mit einem objektiven Maßstab) erlebt werden. Das bedeutet aber nicht, dass man sich im Spiel allen Verpflichtungen jederzeit entziehen kann (dann findet man nach einiger Zeit keine Spielpartner mehr) oder dass Leistungsanforderungen keine Rolle spielen: Hendrik „übt" seinen Purzelbaum, bis er selbst beschließt, dass er ihn kann.

5.2.2.2   Freude: Spielen macht Spaß

Spielen macht Spaß. Und wenn es keinen Spaß mehr macht, tendiert man dazu aufzuhören. Sicherlich gibt es beim Spiel auch Phasen, an denen man wenig Freude hat (z.B. wenn man versucht, mit einem Tennisschläger und dem entsprechenden Ball ein bestimmtes Feld an der Wand zu treffen), aber sie fallen im Vergleich zur „Spielfreude" kaum ins Gewicht. Maßgeblich ist hier die Perspektive des Kindes. So stand für Klara und ihre Freundinnen (Abbildung 5-8) beim Baden der Spaß im Vordergrund, während für die Eltern die „reinigende Nebenwirkung" des Bades im Vordergrund stand.

Freude äußert sich häufig in Lachen, Kichern, Ausgelassenheit, Quieken und Schreien. Das gehört einfach zum Spiel, und eine gewisse Toleranz Erwachsener ist hier auch angebracht. Dass man sich auch still freuen, in sich hineinlachen kann, muss man erst mühsam lernen. Besondere Freude und Erleichterung kommt natürlich nach einer erfolgreichen Spielhandlung auf: wenn man beim „Mensch ärgere dich nicht" einen Gegner „rausge-schmissen" hat, mit dem Computerspiel-Klassiker „Commander Keen" wieder eine Episo-de erfolgreich beendet und abgespeichert hat oder der eigene Beitrag zur Weihnachtsfeier des Kindergartens von den anwesenden Eltern beklatscht wurde.

Abbildung 5-8:   **Spielen macht Spaß.** Für die Kinder steht der Spaß beim Baden im Vordergrund, für die Eltern vielleicht der „eigentliche Zweck", die Reinigung.

5.2.2.3   Quasi-Realität: Spielen findet in einer eigenen Realität statt

Im Spiel kann jeder reale oder fiktive Gegenstand die Identität eines anderen annehmen und mit neuen Funktionen belegt werden; Grenzen werden lediglich durch die Phantasie des Kindes gesetzt.

Abbildung 5-9:   **Spielen findet in einer eigenen Realität statt.** Ein Karton wird zum Boot, Papier zum Segel, und der Rasen wird zum (allerdings begehbaren) Wasser. Klaras Brille hat (im Gegensatz zu derjeni-gen ihrer Mutter) keine Gläser.

135

So kann ein Pappkarton zum Boot und im nächsten Augenblick zu einer Hütte umdefiniert werden (Abbildung 5-9 links); ein Filzschreiber kann eine Grenze markieren, ein Wächter der „Playmobil- Burg" sein oder als Rakete deren mittelalterliche Idylle zerstören. Und auch die Brille in Abbildung 5-9 rechts trägt Klara nur, weil ihre Eltern auch Brillenträger sind. Im Spiel wird also eine eigene Realität, die „Quasi-Realität", konstruiert.

Offensichtlich können Kinder schon sehr früh zwischen der spielerischen Realität und ihren Möglichkeiten sowie der „wirklichen" Realität und ihren Grenzen unterscheiden. Auch ein abrupter Wechsel ist möglich: der Raumschiffkapitän unterbricht seine Mission, um sich seinen Gummibären-Nachschub zu sichern, und Prinzessin Isabell flucht ganz unhöfisch, wenn ihr die Pappkrone vom Kopf fällt. Ob Kinder Verhaltensmöglichkeiten aus der Spielrealität quasi mechanisch auf ihre Lebensrealität übertragen, scheint mir nicht hinreichend nachgewiesen. Vielleicht kann diese Erkenntnis ja auch dazu beitragen, dass besorgte Eltern etwas gelassener auf Vorlieben ihrer Zöglinge für Aktions- oder Kriegsspielzeug reagieren (vgl. Hopf, 1991). Schließlich sind auch Märchen nicht frei von Aggression und Grausamkeit.

5.2.2.4 Aktivierungszirkel und Wiederholung: Interessante Spielelemente werden häufig wiederholt

Wichtig ist für Hendriks oben (Abschnitt 5.2.2.1) beschriebene Purzelbaumübungen,

> „dass ihm dieses Spiel mit der eigenen Bewegung, mit dem eigenen Körper im Moment Spaß macht, ihn herausfordert, diese ihm noch unbekannte Bewegung zu bewältigen und mit Spannung dem ungewissen Ausgang der Übung entgegenzufiebern. In dem Moment, als für ihn klar ist, dass er den Purzelbaum kann, der Erfolg also sicher ist, fällt die erforderliche Spannung fort, das Spiel wird langweilig, er hört damit auf" (Grude & Preuss, 1995, S. 11).

Interessante Spielsequenzen werden so lange wiederholt, bis sie nicht mehr interessant sind. Für manche Erwachsene ist diese Wiederholung nervtötend, und einige Psychologen sprechen gar von „Wiederholungszwängen". Insgesamt pendelt der gesamte Spielverlauf um einen mittleren Grad innerer Spannung: wird die Spannung zu groß, entsteht subjektiv Angst, die zum Spielabbruch führen kann (aber nicht muss: ein wenig Angst ist durchaus lustvoll, wie das angenehme Kribbeln im Bauch z.B. beim Achterbahn fahren zeigt). Fällt die Spannung zu stark ab, wird das als Langeweile empfunden, und das Spiel wird ebenfalls beendet oder ergänzt durch zusätzliche Anreize. Das stetige Pendeln zwischen Spannung (Angst) und Entspannung (Langeweile) bei den wiederholten Spielsequenzen hat Heckhausen (1973) „Aktivierungszirkel" genannt. Schematisch ist das in Abbildung 5-10 dargestellt.

Das Pendeln zwischen Anspannung und Langeweile kann man beim Versteckspiel gut beobachten: Das Spiel beginnt damit, dass sich ein Kind die Augen zuhält und abzählt, während die anderen Kinder sich verstecken (1). Nach dem Abzählen beginnt die Suche: die Spannung steigt an (2). Dauert die Suche zu lange, wird die Spannung unerträglich: die Suche wird u.U. durch ein leises „Piep!" erleichtert (3). Ist ein Kind gefunden und als nächster „Sucher" benannt, fällt die Spannung plötzlich ab (4) und ein neuer Zyklus kann beginnen (5).

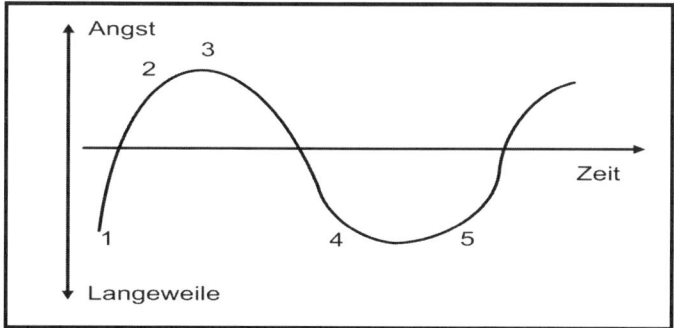

Abbildung 5-10:   Schematische Darstellung eines Aktivierungszirkels

Den Aktivierungszirkeln geht in neuen Situationen Erkundungsverhalten voraus. In Gang gesetzt wird Erkundungs- und Spielverhalten z.B. durch die in Abschnitt 5.1.1 näher erläuterten Anregungskonstellationen.

5.2.3   Formen des Kinderspiels

Das Verhaltensinventar der Kinderspiele ist besonders reichhaltig, und jede Klassifikation muss unvollständig bleiben. Ein besonders einfacher und übersichtlicher Klassifikationsvorschlag stammt von Schmidtchen & Erb (1976). Sie ordnen verschiedene Spielformen danach, ob sie einzeln oder in Gemeinschaft stattfinden und ob die Spielinhalte konkret oder fiktiv-symbolisch sind (vgl. Tabelle 5-2). Selbstverständlich vermischen sich im konkreten Spiel verschiedene Formen, und auch die angedeuteten Entwicklungslinien sind nur als grobe Information zu sehen: es gibt viele Umwege und Nebenstrecken!

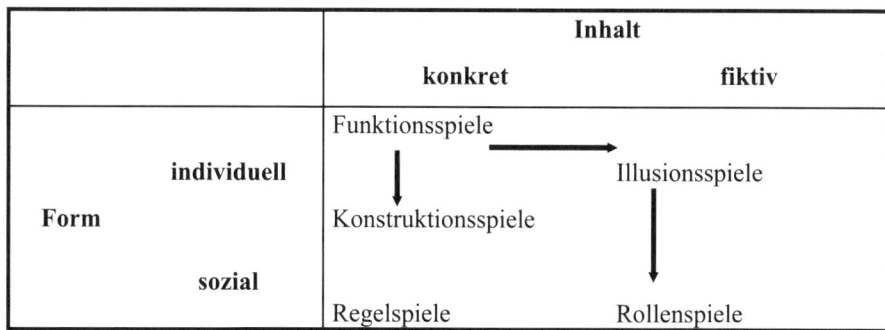

Tabelle 5-2:   Klassifikationsschema für Kinderspiele (nach: Schmidtchen & Erb, 1976, S. 20). Pfeile kennzeichnen die hauptsächlichen Entwicklungsrichtungen der Spielformen.

Innerhalb des so entstandenen Vierfelderschemas kann man bei den individuellen Spielen mit konkretem Inhalt noch einmal untergliedern und erhält dann die in Tabelle 5-3 bis Tabelle 5-7 erläuterten grundlegenden Formen der Kinderspiele.

Funktionsspiele

Funktions- oder sensumotorische Übungsspiele werden bevorzugt im ersten und zu Beginn des zweiten Lebensjahres gespielt. In diesem Alter spielen die Kinder oft mit ihren eigenen Körperteilen. Sie spielen mit Fingern und Zehen oder bewegen Arme und Beine. Sie untersuchen Objekte in ihrer Umgebung, nehmen sie z.B. in den Mund, schütteln sie oder werfen sie zum Ärger ihrer Eltern immer wieder weg. Sie wiederholen mit großer Freude einzelne Bewegungsabläufe und koordinieren sie immer besser. In dieser Zeit machen sich Kinder spielerisch mit Materialeigenschaften und Funktionen von Gegenständen ihrer Umgebung vertraut und erlernen einfache Beziehungen zwischen ihrem eigenen Tun und Auswirkungen auf die Umwelt. Die Kinder ahmen einfache Bewegungen ihrer Spielpartner nach und erkunden ihre Umwelt.

Tabelle 5-3: **Wesentliche Merkmale der Funktionsspiele**

Konstruktionsspiele

Konstruktionsspiele sind ab dem zweiten Lebensjahr beobachtbar. Kinder lernen schnell, Gegenstände in ihrer Umgebung spezifisch einzusetzen und damit etwas herzustellen. Aus Knetmasse entsteht ein Ball oder ein Krokodil (das allerdings zunächst nur für das Kind erkennbar ist; dasselbe Teil kann auch ohne Änderung zum Hund umbenannt werden), aus Bauklötzen oder Sand und Wasser entstehen Türme und später Häuser, und mit Hilfe von Filzstiften werden Menschen, Bäume und Häuser aufs Papier gezaubert (allerdings sind die gezeichneten Gegenstände ebenfalls zunächst nur für die Kinder erkennbar; die Kritzeleien werden erst im Nachhinein gekennzeichnet, und die Kennzeichnung kann sich ändern). Im Vorschulalter werden gezielt auch kompliziertere Dinge hergestellt und mechanische Gesetze berücksichtigt. Kinder gehen auch dazu über, Werkzeuge (z.B. aus Stöcken) und Spielumgebungen (z.B. die Burg für die Playmobil-Ritter) selbst herzustellen, wenn sie dazu angeregt werden.

Tabelle 5-4: **Wesentliche Merkmale der Konstruktionsspiele**

Illusionsspiele

Illusions-, Fiktions- oder Symbolspiele treten ebenfalls etwa ab dem zweiten Lebensjahr auf. In ihnen werden einzelne Gegenstände der kindlichen Umgebung umgedeutet (z.B. ein Pappkarton zum Boot; Abbildung 5-9), oder ganze Ausschnitte der Wirklichkeit werden zur Quasi-Realität des Spiels: das Kinderzimmer wird mit Hilfe von aneinander gelegten Filzschreibern („Mauern") zum Grundriss einer Wohnung, eine Stuhlreihe wird zur Eisenbahn oder der Bettkasten zur Drachenhöhle. Fiktionsspiele sind besonders häufig ab dem dritten oder vierten Lebensjahr.

Tabelle 5-5:   **Wesentliche Merkmale der Illusionsspiele**

Rollenspiele

Rollenspiele sind vielleicht die interessantesten Kinderspiele überhaupt. Man kann sie als komplizierte Fiktionsspiele auffassen. Hier werden nicht nur einzelne Gegenstände umgedeutet, sondern der gesamte Spielrahmen wird so gestaltet, dass Gegenständen und Spielpartnern eine fest umschriebene Funktion gegeben wird: aus der Freundin wird die Mutter, der kleine Bruder wird zum Hund erklärt, und der Vater darf als Elefant kleine Glaskugeln als Nüsse „essen". In den Rollenspielen werden häufig Familienszenen oder Begebenheiten aus dem Kindergarten bzw. der Schule nachgespielt. Rollenspiele beginnen im Vorschulalter, nehmen mit Erreichen des Schulalters zu und sind – wie Abbildung 5-11 zeigt – auch noch im Erwachsenenalter anzutreffen.

Tabelle 5-6:   **Wesentliche Merkmale der Rollenspiele**

Abbildung 5-11:   **Rollenspiele bei Kindern und Erwachsenen.** Die 5jährige „Mutter" links ist für einen Spaziergang mit ihrem „Kind" gut gerüstet. Der „Prinz" in der Mitte, die männlichen „Ballettmädchen" und der „römische Legionär" rechts nehmen ihre Rollen recht ernst.

Regelspiele

Regelspiele sind ebenfalls ab dem Vorschulalter beobachtbar und rechnen zu den sozialen Spielen. Sie laufen (wie der Name schon sagt) nach festen Regeln ab, die für alle Spielpartner verbindlich und strikt einzuhalten sind. Besonders kleinere Kinder bestehen oft darauf, dass Spielregeln streng und unveränderbar sind. Zu den Regelspielen gehören etwa Hüpfspiele (wie „Himmel und Hölle"), Sportspiele, Brett- und andere Gesellschaftsspiele oder Kartenspiele. Da die Regeln streng vorgegeben sind, ist auch ein „Leistungsvergleich" zwischen verschiedenen Spielern oder Mannschaften möglich, der einen großen Reiz des Spiels ausmacht.[21] Ab ca. dem achten Lebensjahr erfinden Kinder auch eigene Spielregeln oder modifizieren bestehende gezielt, um Neues auszuprobieren oder auch um die eigenen Fähigkeiten besser einsetzen zu können.

Tabelle 5-7: **Wesentliche Merkmale der Regelspiele**

Für alle angeführten Spielformen gilt, dass die verschiedenen Formen in der Realität selten in reiner Form auftreten, und auch die Zuordnung zu verschiedenen Altersgruppen ist nur grob. So kann man durchaus auch bei einem Erwachsenen, der zum ersten Mal ein Jo-Jo in die Hand bekommt, sensumotorisches Übungsspiel beobachten. Übrigens können Kinder und Erwachsene auch „einfache" Spiele zusammen erleben. Einige Anregungen dafür finden sich z.B. in einer von der Bundeszentrale für gesundheitliche Aufklärung (1993) herausgegebenen Broschüre. Sie wird – wie die meisten Materialien der BZgA – kostenlos abgegeben[22].

5.2.4   Soziale Interaktion im Spiel

Zwar wachsen in Deutschland viele Kinder als Einzelkinder auf, aber die meisten von ihnen haben im eigenen Wohngebiet oder spätestens im Kindergarten regelmäßigen Kontakt mit gleichaltrigen Spielkameraden. Frühe Spielformen (Funktions- und Konstruktionsspiele) sind meist individuelle Spiele; eine echte Interaktion und Kooperation mit anderen Kindern findet nicht statt. Spätestens mit dem Eintritt in den Kindergarten und den damit verbunde-

---

[21] Aus ideologischen Bedenken gegen frühzeitigen Wettbewerb wurden auch Spiele entwickelt, bei denen es keine Sieger oder Besiegte gab („kooperative Spiele"). In einer (allerdings keineswegs repräsentativen) Erhebung in Kindergärten wurden diese Spiele meinen Studenten gegenüber oft als langweilig bezeichnet; die Kinder bestätigten das, indem sie murrten, wenn man sie bat, damit zu spielen.

[22] Weitere Informationen über Broschüren, die von der Bundeszentrale für gesundheitliche Aufklärung herausgegeben werden (u.a. zur Entwicklung von Säuglingen, Gesundheit von Kindern, Rauchen, Alkohol, Kinder und Fernsehen oder jugendliche Essstörungen finden Sie im Internet unter http://www.bzga.de.

nen vielen Möglichkeiten, etwas gemeinsam zu tun, nehmen aber Häufigkeit und Bedeutung sozialer Spiele zu.

In einer klassischen Untersuchung von Parten (1932; siehe auch: Parten & Newhall, 1943) wurden Vorschulkinder in einer freien Spielsituation beobachtet. Das gezeigte Verhalten wurde u.a. nach den folgenden Gesichtspunkten eingeteilt:

- *Einzelspiel*: die Kinder spielen einzeln. Beispiel: Ein Kind spielt allein in einer Spielecke mit Playmobil-Figuren.

- *Parallelspiel*: die Kinder spielen im Wesentlichen einzeln, aber dieselben oder ähnliche Spiele wie andere Kinder in der Gruppe. Es gibt allerdings keinen Einfluss der Gruppe auf die individuellen Spielverläufe. Beispiel: In einer Spielgruppe bauen alle Kinder, aber jedes im Wesentlichen für sich, aus Playmobil-Figuren verschiedene Szenen auf. Jedes Kind hat seinen eigenen Kasten mit Figuren.

- *Assoziatives Spiel*: Kinder spielen in einer Gruppe, in der sie gelegentlich Spielsachen tauschen. Jedes Kind in der Gruppe spielt aber im Wesentlichen eigenständig. Beispiel: Eine Kindergruppe baut aus Duplo-Steinen Häuser. Jedes Kind baut zwar sein eigenes Haus, aber die Kinder helfen sich gegenseitig mit Steinen aus.

- *Kooperatives Spiel*: Die Kinder in der Gruppe spielen gemeinsam. Die Spielhandlungen sind aufeinander bezogen und koordiniert. Jedes Kind spielt im Rahmen des Gruppenprojekts etwas anderes. Beispiel: Eine Gruppe hat aus Lego-Steinen eine Zirkus-Szene gebaut und stellt jetzt eine Vorstellung nach: ein Kind ist Ansager, ein anderes Reiter, ein drittes macht Kunststücke mit einem Auto und ein viertes bedient das notwendige Feuerwehrauto.

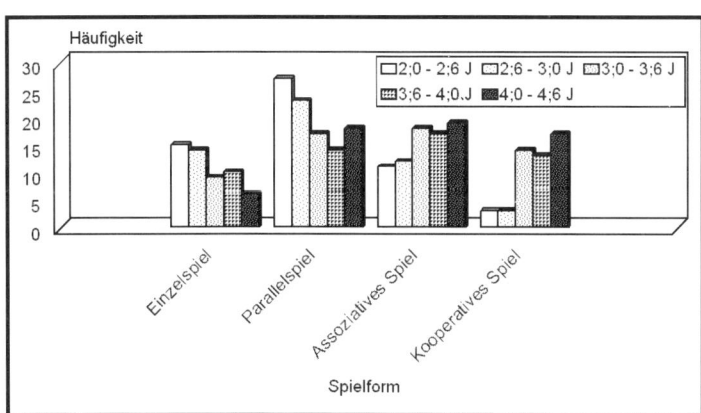

Abbildung 5-12: **Häufigkeit verschiedener Sozialformen im Spiel von Vorschulkindern** (nach: Parten & Newhall, 1943)

141

Mit zunehmendem Alter zeigt sich – wie in Abbildung 5-12 dargestellt – ein allmählicher Trend vom Einzel- zum kooperativen Spiel; insbesondere Einzel- und Parallelspiele werden seltener. In späteren Längsschnittuntersuchungen konnten die wesentlichen Befunde der Arbeitsgruppe um Mildred Parten zwar bestätigt werden; jedoch bildet die Folge: „Einzelspiel – Parallelspiel – Assoziatives Spiel – Kooperatives Spiel" keine Entwicklungssequenz in dem Sinne, dass eine Spielform die andere ersetzt; vielmehr findet man in allen Altersgruppen mehrere Spielformen gleichzeitig. Darüber hinaus nimmt bis zum Ende des Vorschulalters nicht-soziales Spiel einen großen Raum ein (vgl. auch Abschnitt 6.5.2; Abbildung 6-39).

Oerter (1995a, S. 261) hat die Entwicklungslinien verschiedener sozialer Spielformen nach einer Untersuchung von Howes & Matheson (1992) zusammengestellt. Die stark vereinfachte Zusammenfassung in Abbildung 5-13 zeigt deutlich, dass verschiedene soziale Spielformen ab ca. dem dritten Lebensjahr eine immer größere Bedeutung bekommen. Zwar kann man (absolut gesehen) Einzel- und Parallelspiel auch bei den älteren Kindern noch häufig beobachten, aber Spiele mit unterschiedlich intensiver sozialer Interaktion nehmen noch stärker zu.

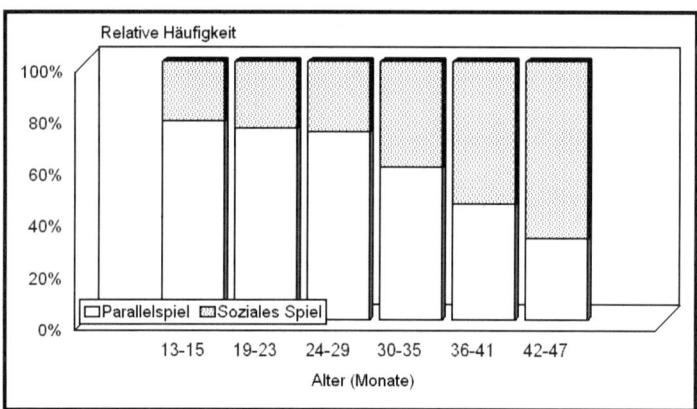

Abbildung 5-13: **Parallelspiel und soziales Spiel im Vorschulalter** (nach: Oerter, 1995a, S. 261; vereinfacht)

Dass Mädchen und Jungen anders spielen, zeigt sich schon sehr früh; hier setzen sich die im Abschnitt 5.1.2.1 erwähnten Geschlechterunterschiede fort. In einer heute klassischen Untersuchung beobachtete Janet Lever (1978) N=181 amerikanische Schulkinder der fünften Jahrgangsstufe beim Spielen, befragte sie und wertete die Aufzeichnungen der Kinder über ihr Spiel aus. Sie klassifizierte dann die Spiele nach ihrer Komplexität. Als komplex ordnete sie Spiele ein, bei denen die Teilnehmer verschiedene Rollen spielen müssen, die einem gemeinsamen Ziel dienen (z.B. beim Fußball ein Tor für die eigene Mannschaft zu erzielen) und die auf Regeln beruhen, die allen Teilnehmern bekannt sein müssen. Die wichtigsten Ergebnisse zeigt Tabelle 5-8.

Komplexitätsgrad und Beispiele Je höher der Wert, desto komplexer das Spiel.	Mädchen (% der Zeit)	Jungen (% der Zeit)
Komplexität 0: Rollschuh laufen, Fahrradfahren, Schallplatten hören	42%	27%
Komplexität 1: Singen, Kriegen spielen, Kegeln, Fahren mit Modellautos	7%	12%
Komplexität 2: Seilhüpfen, einfache Kartenspiele, einfache Rollenspiele	31%	15%
Komplexität 3: Brettspiele, wie Halma oder Dame	8%	15%
Komplexität 4: Schnitzeljagd	2%	1%
Komplexität 5: Mannschaftsspiele	10%	30%

Tabelle 5-8: **Mädchen und Jungen unterscheiden sich hinsichtlich der Komplexität ihrer bevorzugten Spiele** (nach: Lever, 1978)

Darüber hinaus konnte Lever nachweisen, dass die Spielgruppen der Jungen größer waren als diejenigen der Mädchen. Während Jungen häufig in großen Gruppen mit 10 bis 25 Mitgliedern spielten, bevorzugten Mädchen kleine Gruppen mit zwei bis maximal sechs Spielgefährten. Außerdem beobachtete die Autorin, dass sich Mädchen beim Spielen häufiger unterhielten als Jungen.

5.2.5 *Spielzeug*

Im früheren Sommersitz der niederländischen Könige, dem Schloss „Het Loo" bei Apeldoorn, sah ich ein Kind, das angesichts eines karg ausgestatteten Kinderzimmers feststellte: „Das ist ja gar kein Kinderzimmer. Hier ist ja gar kein Spielzeug." Als ich dann auf Puppen und Zubehör, eine Küche und ein Schaukelpferd hinwies, war die Antwort: „Na und? Das ist doch langweilig."

Spielzeug in nicht geringem Umfang gehört heute selbstverständlich zum Spiel. Man mag bedauern, dass Kinder bei uns in immer geringerem Umfang Spielzeug selbst herstellen, dass sie ohne „Hilfsmittel" nur selten spielen, man mag bejammern, dass moderne Technik und modische Barbie-Puppen auch im Kinderzimmer Einzug gehalten haben (war das nicht schon immer so, etwa zu Zeiten der Dampfmaschine, der sprechenden Puppen oder der Modelleisenbahnen?) – ändern wird das wenig: Spielzeugherstellung und -verkauf sind besonders in Deutschland ein zu wichtiger ökonomischer Faktor (Roper Starch Worldwide, 1997). Man kann und sollte sich allerdings Gedanken machen, welches Spielzeug sinnvoll ist und welches nicht.

Leider ist die Diskussion zu diesem Thema ideologisch überlagert, und bei der Beurteilung wird oft eine „Erwachsenenästhetik" zugrunde gelegt:

> „Künstlerische Verfremdungen, die das Auge der gebildeteren Erwachsenen erfreuen, sollten lieber in der Kunstgalerie oder in Omas Vitrine bleiben, wenn sie sie schon mal gekauft hat – vielleicht begeistert sich das Kind ja später als Teenager dafür, jetzt kann es jedenfalls nichts damit anfangen, und das gilt sicher für die Zeit bis mindestens zum Ende des dritten Lebensjahres. Im Gegensatz zum Aberglauben auch gerade pädago-

gisch engagierterer Eltern, Großeltern, Tanten und SpielzeughändlerInnen ist es auch nicht richtig, dass solches künstlerisch gestaltetes Spielzeug »die Phantasie angeregt« oder etwas mit künstlerischer Früherziehung zu tun hätte" (Wendt, 1997, S. 239).

Warum Spielzeug aus Holz „besser" sein soll als anderes, bleibt mir z.B. in Anbetracht der Lokomotive in Abbildung 5-14 links oder des klobigen Dreirads (Abbildung 5-14 Mitte) verborgen. Die Teile haben Ecken und Kanten, die Räder dürften bei Belastung schnell wegbrechen, und die Spielmöglichkeiten sind z.B. im Vergleich zu einer „realistischeren" Playmobil-Lok oder gar dem Bobby-Car (Abbildung 5-14 rechts) aus solidem Plastikmaterial geringer.

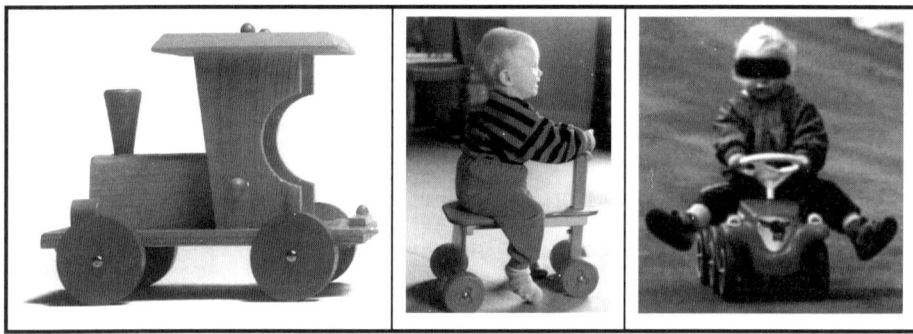

Abbildung 5-14: **Gutes Spielzeug muss nicht aus Holz sein.** Oft ist der Spielwert von Holzspielzeug (links und Mitte) geringer als der Spielwert von Spielzeug aus Plastik (rechts) (Bild links aus: Bundeszentrale für gesundheitliche Aufklärung, 1993, S. 35).

Ohnehin bevorzugen nach einer klassischen Studie von McLoyd (1983) Kinder im Vorschulalter „realistisches" Spielzeug (z.B. Puppen, Lastwagen). Die in Abbildung 5-15 zusammengefassten Ergebnisse zeigen, dass Jungen realistisches Spielzeug stärker bevorzugen als Mädchen und dass mit zunehmendem Alter bei Jungen und Mädchen die Präferenz für „untypisches" Spielzeug (z.B. Schachteln, Bauklötze) zunimmt.

Die Verteufelung ganzer Spielzeugkategorien (in manchen Kindergärten sind Aktionsspielzeuge oder Teile aus Plastik unerwünscht oder gar verboten) ist eigentlich unangebracht, zumal empirisch begründete Aussagen zu diesem Bereich Mangelware sind:

„Manchmal vermengen auch Spielzeug-»Gutachter«, die »Tests« durchgeführt haben, Aussagen, die auf Beobachtungen zurückführbar sind, mit unreflektierten pädagogisch-tiefenpsychologischen Wissenselementen und nicht belegbaren Behauptungen" (Einsiedler, 1991, S. 160-161).

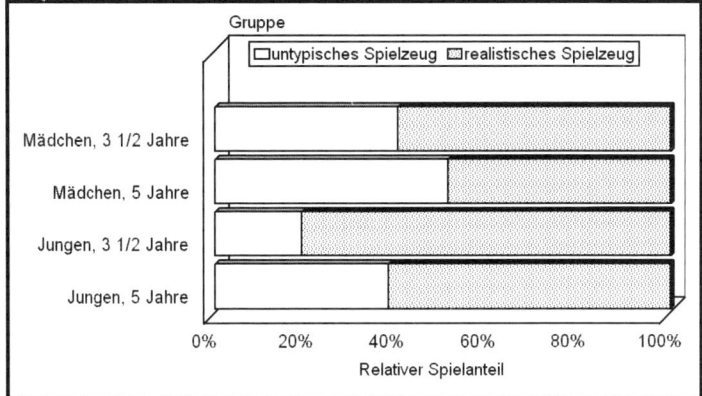

Abbildung 5-15: **Bevorzugung verschiedener Spielzeuge im Vorschulalter** (nach: McLoyd, 1983)

Gutes Spielzeug sollte m.E. zunächst unter spielimmanenten Gesichtspunkten bewertet werden:

- Entspricht das Spielzeug dem aktuellen Entwicklungsstand des Kindes?
- Regt das Spielzeug wirklich zum Spielen an und spielen Kinder gern damit?
- Erlaubt das Spielzeug auch über längere Zeit hinweg eine spannungsreiche Beschäftigung oder wird es nach kurzer Zeit eintönig und langweilig?
- Erlaubt das Spielzeug ein Spiel in der Gruppe oder kann es nur jeweils von einem Kind sinnvoll benutzt werden?
- Ist das Spielzeug ggf. auch für altersheterogene Gruppen interessant?
- Erfordert das Spielzeug besondere, schwer zu erlernende Fertigkeiten?
- Ist die Zeit für das Erlernen des Umgangs mit dem Spielzeug vertretbar?

Bei weiteren Überlegungen können dann auch individuelle oder gesellschaftliche Wertungen einbezogen werden, wie sie etwa Einsiedler (1991, S. 166-168) zusammengestellt hat, z.B. Fragen des „guten" Geschmacks, ethische Grundsätze, Haltbarkeit oder Preiswürdigkeit.

Mehr Gelassenheit, mehr Distanz zur eigenen Ideologie und intensivere empirische Forschung scheint mir bei der Beurteilung von Kinderspielzeug geboten – zumal die Auswirkungen verschiedener bevorzugter Spielzeugtypen auf den späteren Entwicklungsverlauf keineswegs so eindeutig sind, wie unser „Alltagswissen" suggerieren mag (vgl. z.B. Fritz, 1990; aber auch: Retter, 1991).

5.2.6 Spielförderung

Dass Kleinkinder manchmal stereotyp Spielhandlungen wiederholen, ist – wie wir bei Hendrik (Abschnitt 5.2.2.1) gesehen haben – völlig normal. Auch dass Kinder manchmal nicht wissen, was sie spielen sollen, und sich dann an ihre Eltern wenden, gehört zum All-

145

tag geplagter Eltern. Und dass Kinder ausgiebige Ruhepausen benötigen, in denen sie halt nicht spielen, ist selbstverständlich. Auch wir Erwachsene sitzen ja manchmal nur herum, ohne etwas zu tun oder an etwas zu denken, und reagieren – wie Loriot in einem urkomischen Zeichentrickfilm demonstriert hat – ausgesprochen sauer, wenn man uns dabei stört.

In der lesenswerten, schon in Abschnitt 5.2.3 erwähnten, Broschüre der Bundeszentrale für gesundheitliche Aufklärung (1993) finden sich auf S. 7 etwas überzeichnete Haltungen Erwachsener dem Kinderspiel und einigen anderen Erziehungssituationen gegenüber. Dort werden vier „Spieltypen" unterschieden:

Typ 1: Gewähren- und wachsen lassen;
Typ 2: Anregen und unterstützen;
Typ 3: Fördern und lenken;
Typ 4: Behüten und beschützen.

Spielförderung beinhaltet von jeder der o.g. Verhaltensweisen etwas:

- *Gewähren und wachsen lassen*: Kinder brauchen Freiräume, in denen sie Neues ausprobieren können. Sie benötigen Ruhephasen, in denen sie Erfahrungen durcharbeiten können. Sie müssen sich zumindest zeitweise aus gemeinsamen Aktivitäten ausklinken können (wenn das vertretbar ist: zum gemeinsamen Singen oder einem kleinen, von allen Kindern einer Spielgruppe aufgeführten Theaterstück gehören nun einmal alle Kinder). Und Kinder sind in der Regel durchaus in der Lage, Anregungskonstellationen in ihrer Umgebung zu entdecken, ohne dass sie von Erwachsenen darauf gestoßen werden müssen.

- *Anregen und unterstützen*: Kleinere Kinder reagieren auf Spielanregungen von Erwachsenen dann positiv, wenn die Vorschläge den Interessen und Vorlieben des Kindes entgegenkommen. Als Erwachsener kann man durchaus dazu beitragen, dass die Umwelt des Kindes voller Anregungen ist. Das bedeutet nicht, dass das Kinderzimmer mit Spielzeug vollgestopft wird, sondern dass man Kindern Spielmöglichkeiten in ihrer Umwelt aufzeigt. Dass Erwachsene von den Reaktionen der Kinder („Langweilig!" „Öde!") manchmal enttäuscht sind, versteht sich von selbst: Kinder finden halt andere Sachen interessant als wir.

- *Fördern und lenken*: Spiel ist ja eigentlich durch Zweckfreiheit gekennzeichnet und trägt seine Ziele in sich selbst. Aber man kann als Erwachsener durchaus Spielelemente zur Förderung und Vertiefung späterer Fertigkeiten einsetzen: Kinder im Vorschulalter hantieren gern mit Filzstiften und ahmen gern nach: was spricht also dagegen, ihnen schon Grundelemente des Schreibens beizubringen, wenn sie das wollen? Kinder können schon früh eigenständig Eis und Gummibären einkaufen – warum sollen sie da nicht lernen, mit ihrem Geld umzugehen? Ist es wirklich „kindgerecht", wenn man Kindern – damit sie Erfolgserlebnisse haben und Misserfolge von ihnen ferngehalten werden – vorwiegend mit Dingen beschäftigt, die sie schon können? Und Kinder freuen sich am Wettkampf – ist es dann sinnvoll, Wettbewerb von Kindern möglichst lange fernzuhalten?

- *Behüten und beschützen*: Zwar müssen Kinder lernen, ihre eigenen Fähigkeiten realistisch einzuschätzen, und damit auch Risiken und Gefahren kennen lernen. Aber sie sollten auch davor geschützt werden, ihre eigenen Kräfte zu überschätzen. Müssen z.B. für dreijährige Kinder wirklich Bambiniläufe organisiert werden, die ihnen Seitenstiche oder Luftnot verursachen? Ist es verantwortbar, wenn Kinder z.B. in ihrem Lieblingssport extrem einseitigen Belastungen unterworfen werden, deren langfristige Schädlichkeit sie noch nicht überschauen können?

Eltern und Betreuer haben verschiedene Möglichkeiten, auf das Spielverhalten ihrer Kinder Einfluss zu nehmen. Sie können entweder direkt die Spiele bestimmen ("direkte Spielführung" nach: Hetzer, 1950) oder wesentliche Rahmenbedingungen beeinflussen ("indirekte Spielführung" nach: Hetzer, 1950). Direkte Spielführung (siehe Abbildung 5-16 links) hat ihre Berechtigung, wenn gemeinsame Spiele erarbeitet und eingeübt werden, indirekte Spielführung (siehe Abbildung 5-16 rechts) ist bei allen anderen Gegebenheiten vorzuziehen:

„Es trifft zweifellos zu, dass Erfahrungen, die Kinder in ihrem Spiel machen, zu ihrer Förderung entscheidend beitragen. Allerdings kann diese Förderung nur in einem freibleibenden Angebot bestehen, das anzunehmen oder abzulehnen, den Kindern überlassen wird, nicht in Forderungen, von denen erwartet wird, dass die Kinder sie erfüllen. Damit seine Angebote akzeptabel werden, muss der Erwachsene sich ständig an den Kindern orientieren" (Hetzer, 1990, S. 84).

Abbildung 5-16: **Direkte Spielförderung im Eltern-Kind-Kreis (links) ist nur eine von vielen Möglichkeiten, das Spielverhalten zu beeinflussen – aber wahrscheinlich nicht die beste. Meist ist indirekte Spielförderung (rechts) vorzuziehen.** (Bild links aus: Bundeszentrale für gesundheitliche Aufklärung, 1993, S. 49)

5.3   Soziale Bindung („Attachment")

Ein Baby ist für seine Entwicklung lange Zeit auf eine enge Bindung an Eltern oder Betreuer angewiesen, und zwar nicht nur zur Befriedigung „elementarer" Wünsche, wie Trinken, Essen und Sauberkeit, sondern auch zur Erfüllung sozialer Bedürfnisse: das Kind braucht

Trost, Anregungen, Unterstützung und Schutz. Dass diese sozialen Bedürfnisse schon im Tierreich offenbar wichtiger sind als die „elementaren" physiologischen, hat sich schon in den Untersuchungen von Harlow (1958) gezeigt (vgl. Abbildung 2-15).

In den Mittelpunkt dieses Abschnitts möchte ich die Theorie der sozialen Bindung von Mary Ainsworth (1973) stellen, die sie im Anschluss an eine mehrmonatige Beobachtung von 28 Müttern (die auch interviewt wurden) und Babys in Uganda entwickelt hat (Ainsworth, 1967). Ihre Arbeiten basieren auf Überlegungen des englischen Psychiaters John Bowlby (1958). Beide Ansätze sind zentrale Komponenten der Erforschung der sozialen Bindung („Attachment") und sollen im Folgenden deshalb etwas ausführlicher besprochen werden. Im Anschluss daran möchte ich an Hand ausgewählter empirischer Ergebnisse zu der Frage Stellung nehmen, welche Bedeutung die soziale Bindung des Kindes zur Mutter hat und wie man vor diesem Hintergrund die Betreuung durch Kinderkrippen und Tagesmütter sowie die Berufstätigkeit von Müttern in Bezug auf die weitere Entwicklung der betroffenen Kinder bewerten kann.

5.3.1   Die Arbeiten von John Bowlby

Das Interesse an der Bedeutung der sozialen Bindung zwischen (in der Regel) Mutter (bzw. Eltern) und Kind wurde entscheidend beeinflusst durch Untersuchungen, die Bowlby und einige seiner Kollegen im Auftrag der WHO in den späten 40er Jahren zu der Frage durchführten, welche Effekte eine (z.B. kriegsbedingte) Trennung von der Mutter auf die betroffenen Kinder hat. Die Ergebnisse wurden 1951 publiziert (Bowlby, 1951) und kamen zu der Aussage, dass für eine gedeihliche Entwicklung in der frühen Kindheit eine enge, liebevolle Mutter-Kind-Beziehung von zentraler Bedeutung ist und dass es Kindern in Heimerziehung besonders an emotionaler Zuwendung fehlt.

Weitere Überlegungen Bowlbys bezogen damals neue Erkenntnisse aus der Ethologie ein. Insbesondere das von Lorenz (1935) beschriebene Nachfolgeverhalten von Graugansküken schien ein faszinierendes Paradigma für die soziale Bindung eines Menschenbabys an seine Mutter zu sein: Graugansküken folgen – genetisch vorgegeben – einem beliebigen Gegenstand oder Lebewesen in ihrer Umgebung nach, wenn es nur einige Stunden nach dem Schlüpfen (der „sensiblen Periode") anwesend ist, sich bewegt und rhythmische Laute von sich gibt (siehe Abbildung 3-5). In einer klassischen Arbeit stellte Bowlby (1953) die Parallelitäten zwischen der Prägung bei Graugänsen und der engen, fast universellen Mutter-Kind-Bindung heraus und entwickelte in den folgenden Jahren seine sehr einflussreiche Theorie der sozialen Bindung. Nach Bowlby (1969) hat die soziale Bindung zwischen Mutter und Kind evolutionäre Ursachen: Kinder mit enger Mutterbindung hätten größere Überlebenschancen.

Das Bindungsverhalten, das z.B. Saugen, Weinen, Lächeln, Aufmerksamkeitszuwendung, „Babbeln" oder auch Blickkontakte umfasst, entwickelt sich – genetisch gesteuert – in den ersten drei Lebensjahren in vier unterscheidbaren Phasen. Besonders gegen Ende des dritten Lebensjahres tritt das Bindungsverhalten gegenüber der Tendenz, Neues zu erkunden, zurück. Stabile soziale Bindungen sind aber eine wichtige „Ausgangsbasis", mit neuen Situationen und Gegebenheiten umzugehen und eventuell auftretende Probleme konstruktiv bewältigen zu können.

5.3.2 Zur Entwicklung der Mutter-Kind-Bindung

Sobald Kinder in der Lage sind, sich eigenständig krabbelnd oder laufend zu bewegen, erkunden sie aktiv immer größere Bereiche ihrer Umwelt. Dabei machen sie (wie bereits in Abschnitt 5.1 beschrieben) nicht nur positive Erfahrungen und benötigen insbesondere in den ersten Lebensmonaten eine „sichere Basis". Das ist in der Regel die Mutter oder diejenige zeitlich praktisch immer anwesende Betreuungsperson, zu der sie ggf. zurückkehren können, die ihnen Trost spendet und mit deren Hilfe sie zunächst bedrohliche Situationen besser meistern können (Abbildung 5-17).

Mit der Erweiterung der Bewegungsmöglichkeiten ändert sich auch die sozial-emotionale Beziehung des Kindes zu seinen primären Bezugspersonen: während Kinder vor dem sechsten Lebensmonat kaum auf eine Trennung von der Mutter reagieren, ändert sich das mit dem Auftreten der „Acht-Monats-Angst" (vgl. Abschnitt 4.4.4). Babys zeigen bei Entfernung der Mutter oder wenn sie mit einer fremden Person allein sind, oft emotionale Reaktionen, die Eleanor Maccoby (1980) wie folgt beschreibt:

- Babys suchen die Nähe der primären Betreuungsperson (Mutter).

- Babys zeigen bei Trennung von ihrer Mutter Anzeichen von Beunruhigung (Suchen, Weinen).

- Babys freuen sich, wenn sie (wieder) mit ihrer Mutter zusammen sind.

- Bei ihren Erkundungen orientieren sich die Babys an der Mutter, auch wenn sie nicht in ihrer unmittelbaren Umgebung ist. Sie beobachten sie und achten auf ihre Stimme.

Abbildung 5-17: **Für Säuglinge ist die Mutter eine „sichere Basis" für Erkundungen in der Umwelt**

Diese Verhaltensweisen kann man als Zeichen dafür sehen, dass sich zwischen Mutter als primärer Betreuungsperson und Baby ein emotionales Band entwickelt hat, das man als „soziale Bindung" (englisch: „Attachment") bezeichnet.

Die Mutter-Kind-Bindung ist zunächst asymmetrisch. Während Mütter in aller Regel schon vor oder spätestens mit der Geburt eine emotionale Beziehung zu ihren Kindern entwickeln, bildet sich umgekehrt die Beziehung des Kindes zur Mutter erst allmählich heraus. Schaffer & Emerson (1964) unterscheiden die in Tabelle 5-9 aufgeführten Entwicklungsabschnitte.

Entwicklungsphase	Beschreibung
Asoziale Phase *(Geburt bis 6 Wochen)*	Orientierungsverhalten. Praktisch alle sozialen und nicht-sozialen Umgebungsreize rufen beim Säugling positive Reaktionen hervor (siehe Abbildung 4-6).
Unspezifische Bindung *(6 Wochen bis 6/7 Monate)*	Soziale Signale (Blick, soziales Lächeln) sind nicht personenspezifisch (siehe Abbildung 4-11).
Spezifische Bindung *(7 bis 9 Monate)*	Mit Auftreten der Fremdenfurcht entwickeln Babys soziale Bindungen an spezifische, ihnen bekannte Personen. Klare Unterscheidung zwischen bekannten und unbekannten Personen. Differenzielles Lächeln. Protest bei Verschwinden einer bekannten Person oder Annäherung eines Fremden (vgl. Abbildung 5-18).
Multiple spezifische Bindungen	Über die spezifische Bindung an die primäre Bezugsperson (Mutter) entwickeln sich individuelle Bindungen an andere Bezugspersonen (Vater, Großeltern, Geschwister). Im Alter von 18 Monaten haben fast alle Kinder Mehrfachbindungen entwickelt (vgl. Abbildung 5-18).

Tabelle 5-9:   **Entwicklung der primären sozialen Bindung** (nach: Schaffer & Emerson, 1964)

Schon im Abschnitt 4.4.4 habe ich dargestellt, wie sich das soziale Lächeln als Kontakt-Indikator von einem nach der Geburt unspezifischen Verhalten verändert: wenn Kinder bekannte und unbekannte Personen unterscheiden können, beschränken sie ihr Lächeln auf bekannte Personen und zeigen gegenüber Fremden Anzeichen von Furcht. Nach einer sehr einflussreichen Studie von Schaffer & Emerson (1964), die die Protestreaktionen von 60 Kleinkindern beobachteten, wenn eine ihnen fremde bzw. bekannte Person (z.B. die Mutter) aus ihrem Blickfeld verschwand, lässt sich ein vergleichbarer Trend bei der sozialen Bindung feststellen.

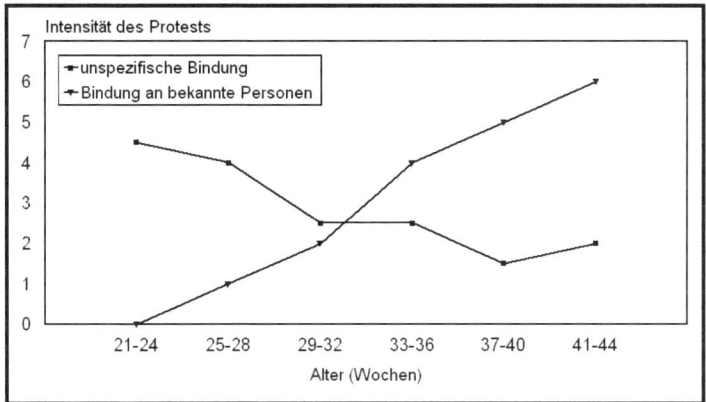

Abbildung 5-18: **Entwicklung der spezifischen sozialen Bindung** (nach: Schaffer & Emerson, 1964; vereinfacht)

Die Ergebnisse in Abbildung 5-18 zeigen, dass sich spezifische Bindungen verstärkt ab dem achten Lebensmonat aufbauen – also dann, wenn auch die 8-Monats-Angst beobachtet wird. Allerdings stellte sich in dieser Untersuchung auch heraus, dass ein substanzieller Teil der Kinder im Gegensatz zu den Annahmen Bowlbys durchaus in der Lage war, stabile Bindungen an mehrere Personen (z.B. Mutter und Vater) zu entwickeln und dass diese Bindungen im Allgemeinen sehr intensiv waren (Abbildung 5-19).

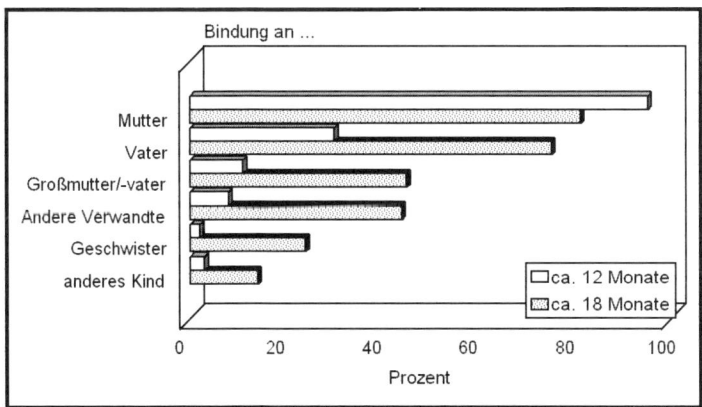

Abbildung 5-19: **Entwicklung spezifischer sozialer Bindungen an verschiedene Personen** (nach: Schaffer, 1996)

Auf Grund der o.g. Ergebnisse ist eine „Prägung" der sozialen Bindung analog derjenigen bei den Lorenz'schen Graugänsen an eine einzige Person (in der Regel die Mutter) wohl unwahrscheinlich; die Bedeutung der frühkindlichen Bindung an Betreuungspersonen für die weitere Entwicklung ist aber mehrfach belegt und heute weitgehend unbestritten (vgl. Grossmann, 1995; Spangler & Zimmermann, 1995).

5.3.3 Bindung und Erkundungsverhalten: die Arbeiten von Mary Ainsworth

Die Arbeiten Bowlbys wurden fortgeführt und erweitert durch Mary Ainsworth (Abbildung 5-20), eine ehemalige Mitarbeiterin von ihm.

> „Nach der Theorie Ainsworths werden ein »Bindungssystem« und ein »Erkundungssystem« komplementär zueinander aufgebaut, dabei das »Erkundungssystem« in dem Sinne, dass das Kind seine Bindungsperson als sichere Basis benutzt, von der aus es seine Umwelt exploriert und zu der es bei Angst und Gefahr zurückkehrt. ... »Komplementär« sind Bindungs- und Erkundungssystem insofern, als das eine zu Rückzug und Schutzsuche bei der Bindungsperson, das andere zu ihrem Verlassen und zur Exploration des Raumes weiter entfernt von ihr führt. Kennzeichen einer sicheren Bindung ist ein ausgewogenes Verhältnis zwischen Bindungsverhalten und Neugier" (Wendt, 1997, S. 218-219).

Abbildung 5-20: **Mary Ainsworth**

Zur Untersuchung der Bindungsart zwischen Betreuungsperson (Mutter) und Kind wurde ein spezielles Beobachtungsverfahren entwickelt, der „Strange Situation Test" („Fremdartige-Situation-Test" (vgl. Ainsworth, Blehar, Waters, & Wall, 1978; Gloger-Tippelt, Vetter, & Rauh, 2000). Dieses Verfahren besteht aus acht kurzen Beobachtungssequenzen (Abbildung 5-21), in denen die Reaktionen des Kindes bei einer kurzfristigen Trennung von der Mutter beobachtet werden.

Der „Fremdartige-Situation-Test" nach Ainsworth

1. Mutter und Kind werden vom Beobachter in einen Raum gebracht, in dem sich zwei Stühle und Spielzeug befinden. Der Beobachter verlässt den Raum.

   Dauer: 30 Sekunden

2. Das Kind darf den Raum erkunden. Die Mutter setzt sich auf einen Stuhl und schaut zu, aber greift nicht aktiv ein.

   Dauer: 3 Minuten

3. Eine für das Kind fremde Person betritt den Raum, bleibt ca. 1 Minute lang ruhig stehen, setzt sich auf den anderen Stuhl und unterhält sich mit der Mutter.

   Dauer: 3 Minuten

4. Die Mutter verlässt den Raum. Die fremde Person bleibt mit dem Kind allein, spielt aber nicht aktiv mit ihm. Ggf. tröstet sie das Kind, falls nötig.

   Dauer: 3 Minuten oder weniger, falls nötig

5. Die Mutter kommt wieder in den Raum begrüßt das Kind und tröstet es. Die fremde Person verlässt den Raum.

   Dauer: 3 Minuten oder mehr, falls nötig

6. Wenn das Kind wieder spielt, verabschiedet sich die Mutter von ihm und verlässt den Raum. Das Kind bleibt allein.

   Dauer: 3 Minuten oder weniger, falls nötig

7. Die fremde Person kommt wieder in den Raum und versucht, mit dem Kind in Kontakt zu kommen, mit ihm zu spielen und es ggf. zu trösten.

   Dauer: 3 Minuten oder weniger, falls nötig

8. Die Mutter kehrt in den Raum zurück, begrüßt das Kind, tröstet es ggf. und initiiert Spielverhalten. Die fremde Person geht hinaus.

   Dauer: 3 Minuten

Abbildung 5-21: **Der „Fremdartige-Situation-Test" nach Ainsworth** (Bilder aus: Cole & Cole, 1993, S. 230-231)

Je nachdem, wie die Kinder reagieren, wenn die Mutter (bzw. die hauptsächliche Betreuungsperson) den Raum verlässt oder wieder betritt, schließt man auf die Art der Mutter-Kind-Bindung. Wie in Tabelle 5-10 zusammengefasst, lassen sich vier „Bindungs-typen" unterscheiden.

Typen sozialer Bindung nach Ainsworth

1. *Sichere Bindung*: Diese Kinder weinen oder weinen nicht, wenn die Mutter den Raum verlässt, aber wenn sie zurückkommt, wird sie freudig begrüßt. Wenn die Kinder weinen, hören sie auf, wenn die Mutter wieder bei ihnen ist.

2. *Unsicher-vermeidende Bindung*: Die Kinder stören sich nicht daran, wenn die Mutter den Raum verlässt, ignorieren sie, wenn sie zurückkommt oder schauen weg.

3. *Ambivalent-unsichere Bindung*: Wenn die Mutter den Raum verlässt, sind die Kinder aufgeregt oder gar wütend, und wenn sie den Raum wieder betritt, sind sie „untröstlich".

4. *Desorganisierte, desorientierte Bindung*: Wenn die Mutter den Raum verlässt, verhalten sich die Kinder, als ob sie von dem Verhalten der Mutter verwirrt sind und nicht recht verstehen, was los ist.

Tabelle 5-10:   Typen sozialer Mutter-Kind-Bindung nach Ainsworth

5.3.4   *Zur Bedeutung des Vaters*

In dem lesenswerten, von Lieselotte Ahnert herausgegebenen Buch zur frühen Eltern-Kind-Bindung (2004) beschäftigt sich der Beitrag von Kindler & Grossmann (2004) mit der zweiten für die frühe Kindheitsentwicklung wichtigen Person, die ich aber bisher kaum erwähnt habe: dem Vater. In den meisten Kulturen ist die Mutter für Babys die erste und wichtigste Bezugsperson, aber in unserer Kultur wird schon im zweiten Lebensjahr auch der Vater eine bedeutsame Bezugsperson. Allerdings ist die Diskussion um die Wichtigkeit des Vaters für die kindliche Entwicklung in Deutschland von mannigfachen unbewiesenen Behauptungen, Statements von Lobbyisten und ideologisch bedingten Einschränkungen so stark durchsetzt, dass es schwer ist, Dichtung und wissenschaftliche Wahrheit auseinander zu halten.

Zwar trifft die Margaret Mead zugeschriebene Beschreibung:

„Fathers are a biological necessity, but a social accident."

heute in dieser Schärfe nicht mehr zu, aber auch heute noch verbringen Väter weniger Zeit mit ihren Kindern als Mütter (Abbildung 5-22 links). Außerdem legt die Rollenverteilung in unserer Gesellschaft für Väter eher die Rolle des „Spielkameraden" bereit, wohingegen für die täglichen, wiederkehrenden Verrichtungen und Pflichten (Körperpflege, Essen und Trinken, Trost und Unterstützung) eher die Mütter „zuständig" sind (Abbildung 5-22 Mitte und rechts). Allerdings gibt es große (sub-)kulturelle Unterschiede, und die Bedeutung des

Vaters für den Erfolg der Bindung hängt mehr von seinem Engagement und der Art seiner Interaktion mit dem Kind ab als von der Zeit, die er mit ihm verbringt.

% der Väter, die mehr als 3 Stunden täglich mit ihren Vorschulkindern verbringen	Väter sind vor allem Spielpartner	Mütter sind vor allem für Pflichten zuständig

Abbildung 5-22: **Zur Bedeutung von Vätern für kleine Kinder** (Bild links nach: Feldman, 1998; Erläuterungen im Text)

Nach neueren Forschungsergebnissen (Pancsofar & Vernon-Feagans, 2006) scheint sich die o.a. Rollenverteilung zwischen Müttern und Vätern in Bezug auf ihre kleinen Kinder auch auf deren Sprachentwicklung auszuwirken. Zwar sprechen Mütter im Rahmen ihrer „Zuständigkeit für die Grundversorgung" mehr mit ihren Kindern als Väter; aber offensichtlich benutzen sie dabei im Wesentlichen einen eingeschränkten Grundwortschatz. Wenn Väter dagegen mit ihren Kindern in einer Vielfalt verschiedener Spielsituationen interagieren, benutzen sie auch ein differenziertes Vokabular und fördern damit wahrscheinlich auch die Entwicklung des Sprachpotenzials ihrer Kleinkinder (Tabelle 5-11).

STUDIE

Vaters Worte

Väter haben einen unerwarteten Einfluss auf die Sprachentwicklung von Kindern. So das Ergebnis einer Studie der Universität von North Carolina. Psychologin Lynne Vernon-Feagans beobachtete 92 Paare mit Kleinkindern und untersuchte deren Sprachfähigkeit. Benutzte der Vater bei Zweijährigen ein größeres Vokabular, so entwickelte das Kind innerhalb eines Jahres eine höhere Sprachfähigkeit. Obwohl die Mütter mehr mit ihren Kindern sprachen, hatte der Umfang ihres Wortschatzes keine zusätzliche Wirkung auf das kindliche Lernen. Vernon-Feagans Schluss: Während die Mütter für den Grundwortschatz sorgen, hängt es vom Vater ab, ob die Kinder das volle Potential ausschöpfen.

Familie beim Essen

Tabelle 5-11: **Die "Rollenverteilung" zwischen Mutter und Vater hat wahrscheinlich auch einen längerfristigen Einfluss auf die Sprachentwicklung der Kinder** (aus: Der Spiegel, 46/2006, S. 68)

5.3.5   Einflussgrößen auf die soziale Bindung

Offensichtlich gibt es konsistente kulturelle Unterschiede bezüglich der Bindungsintensität, wie Abbildung 5-23 zeigt. Zwar herrscht in allen Untersuchungen eine „sichere" Bindung vor, aber der Anteil dieser Kinder ist in China und in Deutschland (alte Bundesländer) relativ am geringsten. Auch nach einer neueren Übersicht von Gloger-Tippelt, Vetter & Rauh (2000) ist der Anteil sicher gebundener kleiner Kinder mit knapp 60 Prozent in Deutschland im internationalen Vergleich konstant niedrig. Die Ursachen dafür sind wahrscheinlich komplex und im Einzelnen noch nicht zu benennen.

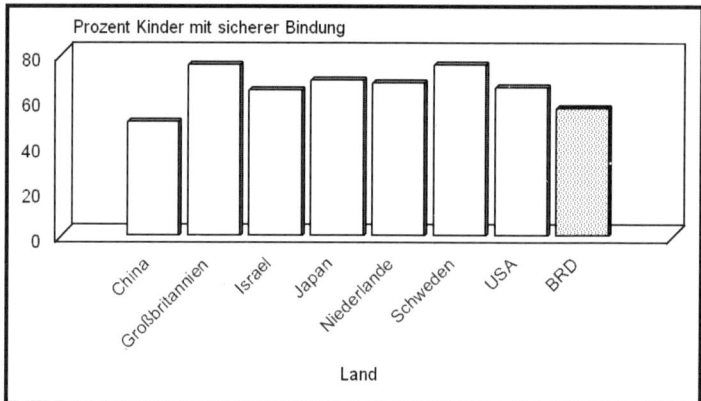

Abbildung 5-23:   Prozent Kleinkinder mit sicherer sozialer Bindung im internationalen Vergleich (nach: van Ijzendoorn & Kroonenberg, 1988)

Bekannt ist allerdings, dass beim Aufbau einer engen Beziehung zu einer Betreuungsperson (Mutter, Vater, Erzieherin) nach einer Untersuchung von K. Clarke-Stewart (1973) das Verhalten des Erwachsenen dem Kind gegenüber eine entscheidende Rolle spielt. Mütter von sicher gebundenen Kindern gingen häufiger liebevoll, verständnisvoll und spielerisch mit ihren Kindern um als Mütter von ambivalent oder vermeidend unsicher gebundenen Kindern (Abbildung 5-24). Diese Mütter zeigen mehr Empathie ihren Kindern gegenüber und reagieren sensibler auf die Signale ihres Kindes. Dieser Aspekt wird auch von Grossmann et al.(1989) vor dem Hintergrund einer großen Längsschnittstudie in Deutschland hervorgehoben.

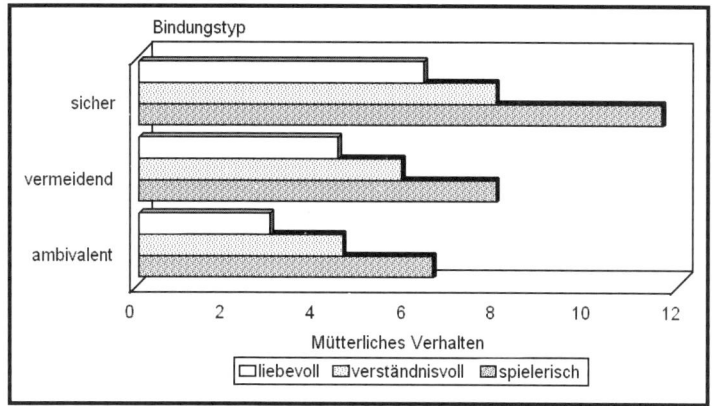

Abbildung 5-24: **Beziehung zwischen mütterlichem Verhalten und Mutter-Kind-Bindung** (nach: K. Clarke-Stewart, 1973)

Neuere Untersuchungen hatten die Bedeutung der „interaktionalen Synchronizität" zwischen Mutter und Kind für die soziale Bindung zum Gegenstand. Darunter versteht man die Art und Weise, wie die Harmonie zwischen Betreuungsperson (Mutter) und Kind in Bezug auf die Äußerung von Gefühlen ist, wie sensibel die Betreuungsperson auf die Emotionen des Kindes reagiert und wie konsistent die gefühlsmäßigen Reaktionen sind. Negativbeispiele wären etwa, wenn eine Betreuungsperson ein Kind nicht in Ruhe lässt, wenn es müde oder intensiv in ein Spiel involviert ist, oder wenn eine Betreuungsperson übermäßig viel Aufmerksamkeit auf sich zieht. Bei sicher gebundenen Kindern ist die Harmonie zwischen Betreuungsperson und Kind größer (Isabella & Belsky, 1991).

Mönks & Knoers (1996) weisen darauf hin, dass die Interaktion mit Gleichaltrigen stärker als bis dato vermutet für die weitere soziale Entwicklung eines Kindes bestimmend ist, und relativieren damit die Vermutung Bowlbys, dass die kontinuierliche Bindung an *einen* Interaktionspartner besonders günstig sei. Auch die Vermutung, dass die leibliche Mutter besonders günstige Voraussetzungen für die notwendige soziale Bindung biete, lässt sich vor dem Hintergrund empirischer Befunde nicht aufrechterhalten: 29% der Kinder in der schon erwähnten Studie von Schaffer & Emerson (1964) zeigten intensive Bindungen zum Vater und/oder zu anderen Erwachsenen, ohne dass die Qualität der Mutter-Kind-Beziehung darunter litt – im Gegenteil!

Wenn Mütter Probleme haben (Kindesmissbrauch, mentale Probleme), so hat das nach den Ergebnissen von van Ijzendoorn & Kroonenberg (1988) stärkere Auswirkungen auf die Bindungsqualität als eventuelle Probleme der Kinder (Schwerhörigkeit, Entwicklungsverzögerungen, Behinderungen): wenn Mütter gravierende eigene Probleme haben, sind ihre Kinder im Durchschnitt weniger sicher gebunden als in Stichproben mit Problemkindern oder im Vergleich zur Normalpopulation (Abbildung 5-25).

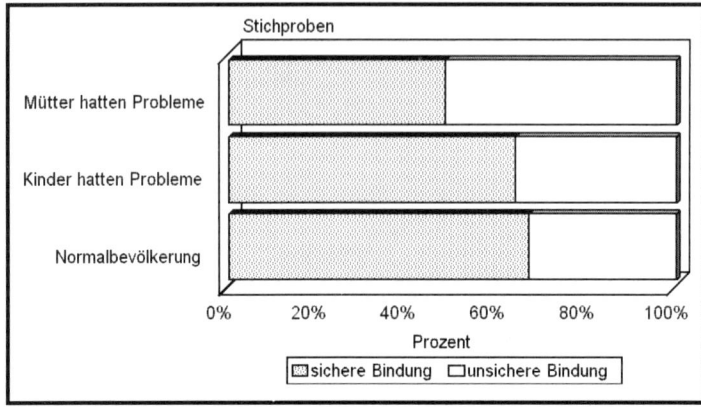

Abbildung 5-25: **Zusammenhänge zwischen mütterlichen und kindlichen Problemen und der Mutter-Kind-Bindung** (nach: van Ijzendoorn & Kroonenberg, 1988)

Besondere Probleme stellen Heimkinder dar, weil sie ja in der Regel von mehreren Personen betreut werden. Aber auch hier gilt: wenn der Rahmen stimmt, wenn die Erzieherinnen auf die Kinder eingehen, wenn die Betreuungsrelationen adäquat sind (und das sind sie in Deutschland), ist eine Heimerziehung *per se* kein Problem. Zwar zeigen Heimkinder in ihrer späteren Entwicklung mehr Probleme als Kinder, die in ihren eigenen Familien aufgewachsen sind, aber das kann auch andere Ursachen haben, die mit der Heimerziehung direkt nichts zu tun haben, sondern Anlass für die (leider oft viel zu späte) Heimeinweisung waren (Alkohol, Missbrauch, Vernachlässigung).

Auf die besondere Problematik der frühen sozialen Bindung in der Heimerziehung gehe ich weiter unten im Abschnitt 5.3.7 noch näher ein.

5.3.6 *Zur Bedeutung der sozialen Bindung für die weitere Entwicklung*

Sicher gebundene Kinder haben in ihrer weiteren Entwicklung offenbar einige Vorteile: sie kommen insgesamt sozial besser zurecht, und auch im kognitiven Bereich ist eine sichere Bindung an eine oder mehrere Betreuungspersonen offenbar von Vorteil.

Nach vorliegenden empirischen Untersuchungen zeigen sicher gebundene Kinder in ihrer späteren Entwicklung …

- mehr Konzentration im Spiel und angemessenere Bewältigungsroutinen bei einer (an Hand von Bildern vorgestellten) Trennung von den Eltern (Grossmann, 1995); außerdem gehen sie mehr auf Spielvorschläge ein und setzen sie kompetenter um (Meins, 1997);
- mehr Begeisterung, Flexibilität und Ausdauer bei der Bearbeitung von Problemen (Matas, Arend, & Sroufe, 1978);
- einfühlenderes und hilfsbereiteres Verhalten (Volland, 1995);

- bessere sprachliche Fähigkeiten im Umgang mit ihrer Mutter (Klann-Delius & Kauschke, 1996);
- konzentrierteres Leseverhalten, wenn sie mit ihrer Mutter ein Buch lesen (Bus & van Ijzendoorn, 1995).

In Bezug auf die Interpretation der Befunde zur sozialen Bindung kann ich mir einige Hinweise zur Vorsicht nicht verkneifen. Zum einen sind einige (besonders die älteren) Studien empirische Erhebungen. Wie ich bereits in Abschnitt 2.1.2 erläutert habe, ist hier eine Kausalinterpretation besonders problematisch. Zum anderen ist die soziale Interaktion zwischen Betreuungspersonen (z.B. Mutter, Vater, Erzieherin) immer in einen spezifischen Kontext eingebettet. Vor diesem Hintergrund ist es schwer, den Einfluss der spezifischen Bindung von anderen Einflussgrößen zu trennen (z.B. dem häuslichen Umfeld, dem sozialen Status, familiären Problemen oder der Einstellung der Mütter zu ihren Kindern). Man weiß also eigentlich nie genau, ob die beobachteten Beziehungen zwischen der sozialen Bindung und anderen Variablen zentral oder peripher bzw. ursächlich oder symptomatisch sind. Auch die methodische Erfassung der Bindungssicherheit ist besonders in interkulturellen Untersuchungen problematisch (vgl. Feldman, 1998, S. 199-200).

Vielleicht hilft auch hier der Dichter (Horn, o.J., S. 40):

> *„Wer mit der Wissenschaft sich sonnt,*
> *ganz gleich in welchen Themen,*
> *erweitert mit dem Horizont*
> *die Vielzahl von Problemen.*
> *Es ist der alte Hexenkreis,*
> *erhöht hier zum Quadrat,*
> *es sucht der mehr, der auch mehr weiß,*
> *das ist ganz adäquat. "*

5.3.7   Soziale Bindung und Heimerziehung

Vor dem Hintergrund stetig wachsender Berufstätigkeit der Frauen, weniger stabilen familiären Strukturen mit einem entsprechend hohen Anteil allein erziehender Eltern und in Anbetracht gravierender sozialer Probleme (besonders Alkoholmissbrauch und Misshandlung von Kindern) mit Auswirkungen auf einschlägige Institutionen (Krippen bzw. Heime) seien mir in diesem Zusammenhang noch einige Ausführungen zur Kinderbetreuung außerhalb der Familie gestattet.

Schon weiter oben habe ich darauf hingewiesen, dass Heimerziehung oder Betreuung durch mehrere Personen *per se* nicht zu Beeinträchtigungen der sozialen Bindungsfähigkeit führen muss: Kinder sind schon früh in der Lage, zu mehreren Bezugspersonen oder auch älteren Geschwistern und Gleichaltrigen intensive soziale Bindungen zu entwickeln. Mit einiger Sicherheit kann die Ideologie, dass Kindererziehung in der eigenen Familie oder in Pflegefamilien in jedem Fall einer Heimerziehung vorzuziehen sei, mit neueren Daten nicht belegt werden.

Das hängt ganz wesentlich damit zusammen, dass sich die Struktur der Kinderheime in den letzten Jahren massiv geändert hat. In der Zeit, in der sehr einflussreiche Untersuchungen über negative Auswirkungen der Heimerziehung erschienen, waren die Bedingungen dort wahrlich nicht rosig, wie aus dem folgenden Zitat hervorgeht:

> „Vorstellen können wir uns heute kaum noch, was es bedeutete, bis zu 130 Säuglinge und Kleinkinder zu versorgen – Waschmaschinen, Fertignahrung, Pampers usw. gab es noch nicht! Darüber hinaus gilt zu bedenken, dass es noch bis Ende des letzten Jahrhunderts nicht möglich war, Säuglinge ohne Muttermilch am Leben zu erhalten, denn erst seit der Zeit gibt es den für uns alle selbstverständlich gewordenen Muttermilchersatz, sowie Kenntnisse über Kinderkrankheiten und Hygienemaßnahmen. Wir mögen heute mit dem Kopf schütteln, wenn wir Bilder über recht sterile, kahl wirkende Säuglings- und Kleinkinderheime sehen; es darf jedoch nicht vergessen werden, dass es besonders in den Kriegs- und Nachkriegszeiten bis Anfang der 60er Jahre keine anderen Möglichkeiten gab, Kindern zu helfen, deren Eltern aus den verschiedensten Gründen (Flucht, Gefangenschaft, Ausbombung, Diskriminierung der ledigen Mütter usw.) in finanzielle und soziale Nöte geraten waren" (Kinderheim St. Johann, 1995, S. 2).

USA 1904

DDR 60er Jahre

Deutschland heute

Abbildung 5-26:   **Erziehung im Kinderheim früher und heute**

Nach den Ergebnissen einer Umfrage des Verbandes Katholischer Einrichtungen der Heim- und Heilpädagogik (1994) entsprechen die Gruppengrößen in den meisten Kinderheimen derjenigen einer Familie mit mehreren Kindern: die häufigste Gruppengröße liegt bei neun bis zwölf Kindern, die jeweils von drei bis vier Erzieherinnen betreut werden, wobei je nach Schwere der Behinderung auch andere Betreuungsverhältnisse gegeben sein können. Altersgemischten Gruppen wird in der Regel der Vorrang gegenüber altershomogenen Gruppen gegeben, und die Kinder besuchen, wo immer möglich, Kindergärten außerhalb des Heims.

Besonders problematisch erscheint vor dem Hintergrund der Untersuchung von van Ijzendoorn & Kroonenberg (1988) (siehe Abbildung 5-25) die Praxis vieler Jugendämter, Kinder auch bei bekannten gravierenden Problemen bei ihren Müttern zu belassen oder sie (quasi als „Therapeuten") an Mütter mit schwerwiegenden Drogen- oder Alkoholproblemen zurückzugeben. Zwar zeigen Kinder nach längerer Heimerziehung ein geringfügig weniger stabiles Bindungsverhalten und entwickeln später mehr Probleme, jedoch ist hier eher an Ursachen zu denken, die mit der Heimerziehung im engeren Sinn nichts zu tun haben (z.B. früher Missbrauch im Elternhaus, Alkoholmissbrauch der Eltern, Vernachlässigung).

Vielleicht auch noch ein Wort zu Kindern in Pflegefamilien. Nicht selten werden Kinder aus einer Pflegefamilie, in der sie gut betreut werden, in der sie sich wohlfühlen und zu der sie eine intensive Bindung aufgebaut haben, herausgerissen, weil z.B. die biologische Mutter darauf besteht. Das kann zu unerfreulichem Gezerre um das Kind und umfangreichen Papierkriegen führen – wohl kaum zum Wohl des Kindes[23].

Und dass eine kompetente Betreuung in Kindertagesstätten oder durch Tagesmütter quasi zwangsläufig einer Erziehung durch die leiblichen Eltern unterlegen und mit Nachteilen für die soziale Entwicklung des Kindes verbunden sein muss, gehört wohl nach unserem jetzigen Wissensstand ebenfalls in das reichhaltige Sortiment unbewiesener Behauptungen und Wandersagen.

5.4 Kommunikation und Sprache

Das Bertelsmann Universallexikon definiert Sprache als

> „Sammelbegriff für unterschiedliche Fähigkeiten und Sozialgebilde: 1. die allgemeine menschliche Fähigkeit des Zeichengebrauchs; 2. das ständig in Entwicklung begriffene Zeichensystem einer bestimmten Menschengruppe, einer Sprachgemeinschaft; 3. der charakteristische Sprachbesitz (-gebrauch) eines bestimmten Individuums; 4. Aussprache und Klangbild. Eine andere Einteilung unterscheidet Sprache als ein System von Möglichkeiten und Sprache als Realisierung dieser Möglichkeiten durch die Sprecher und Schreiber dieser Sprache" (Bertelsmann Electronic Publishing, 1997).

Damit ist der Rahmen für eine psychologische Beschreibung und Analyse Entwicklung der Sprache im Kindesalter abgesteckt.

5.4.1 Sprache als spezifisch menschliche Fähigkeit zur Kommunikation

Unsere Sprache ist wohl einmalig. Zwar können auch Tiere wichtige Informationen übermitteln (etwa vor Feinden warnen, Fresskonkurrenten bedrohen und von der Futterstelle

---

[23] Ein Heimkind formulierte das so: „Bei meiner Mutter war ich nur im Bauch. Du bist aber meine richtige Mama!"

verscheuchen oder ihr Revier z.B. durch laute Gesänge markieren), allerdings sind diese Kommunikationssysteme im Vergleich zur menschlichen Sprache sehr einfach. Insbesondere fehlen ihnen die wichtigen (komplizierten) grammatischen Strukturen, und Tiere scheinen auch nicht in der Lage zu sein, diese komplexen Regeln zu erlernen. Zwar berichteten R. Gardner & Gardner (1969) von einer imponierenden Untersuchung, in der sie einem Schimpansenweibchen namens „Washoe" eine ansehnliches Vokabular aus der (amerikanischen) Gebärdensprache der Taubstummen beigebracht haben. Wie die Autoren später auch in einem heute noch sehenswerten Film dokumentieren konnten (A. Gardner & Gardner, 1973), hat Washoe die Vokabeln auch auf neue Kontexte übertragen und die einzelnen Elemente neu zu satzähnlichen Strukturen kombiniert. In neueren Untersuchungen an einer anderen Schimpansenart erzielten Brakke & Savage-Rumbaugh (1995) zwar noch eindrucksvollere Ergebnisse als das Ehepaar Gardner, aber auch hier zeigte sich, dass Menschenaffen zum Erwerb sehr grundlegender „sprachlicher" Fähigkeiten mehrere Jahre und ein intensives tägliches Training benötigen. Und auch dann kommen sie an die sprachlichen Fertigkeiten eines 3jährigen Kindes bei weitem nicht heran.

Die Fähigkeit zum Spracherwerb ist nach dem heutigen Wissensstand wohl ganz wesentlich eine spezifisch menschliche Begabung. Dafür sprechen auch neuroanatomische Gegebenheiten. Von den in Abbildung 5-27 dargestellten Großhirnregionen sind vor allem die folgenden beiden Areale in der linken Hemisphäre des Großhirns von zentraler Wichtigkeit:

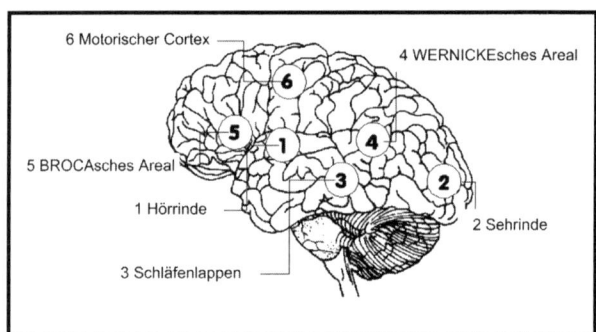

Abbildung 5-27: **Wesentliche an der Sprachverarbeitung beteiligte Großhirn-gebiete in der linken Hirnhälfte**

- Das *Brocasche Areal (5)* ist wesentlich an der *Sprachproduktion* beteiligt. Isolierte Verletzungen in diesem Bereich beeinträchtigen die gesprochene Sprache, aber nicht das Sprachverständnis. Menschen mit Beeinträchtigungen in diesem Areal sprechen im so genannten Telegramm-Stil, aber ihre gestammelten Sätze sind sinnvoll, und sie verstehen alles (*Broca-Aphasie*).

- Das *Wernickesche Areal (6)* ist maßgeblich am *Sprachverständnis* beteiligt. Isolierte Verletzungen führen zu einer mit unsinnigen Wörtern durchsetzten Sprechweise und Problemen, die gesprochene Sprache anderer zu verstehen. Menschen mit Beeinträchtigungen in diesem Bereich reden oft wie ein Wasserfall, aber ihre Wörterflut hat wenig mit dem zu tun, was sie eigentlich ausdrücken möchten.

Beide Zentren sind beim Menschen besonders ausgeprägt und wirken normalerweise mit den anderen in obiger Abbildung gekennzeichneten Großhirnarealen so zusammen, dass eine effektive Entwicklung sprachlicher Fähigkeiten gewährleistet ist. Schädigungen führen zu schon frühzeitig unterscheidbaren Problemen bei der Sprachproduktion und beim Sprachverständnis (vgl. z.B. Kroppenberg, 1991). Aufgrund neuerer Untersuchungen scheint nachgewiesen, dass eine fortschreitende Sprachentwicklung mit einer weitgehenden Spezialisierung dieser beiden Zentren einhergeht.

5.4.2   *Sprache und Sprachgebrauch*

In der Entwicklungspsychologie wird Sprache vor allem in ihrer Bedeutung als *gesprochene, geschriebene, gehörte oder gelesene Sprache* behandelt. Das bedeutet, dass (etwa im Unterschied zur Linguistik) das Zeichensystem, das unsere Sprache ausmacht, in seinen mannigfachen Bezügen zum Sprachproduzenten (dem „Sender") bzw. dem „Empfänger" sprachlicher Informationen analysiert wird. Sprache ist danach ein System, in dem ein Mensch einem anderen vielfältige Mitteilungen machen kann. Diese Überlegungen hat Karl Bühler (zitiert nach: Grimm, 1995b, S. 708-709) schon 1934 besonders prägnant zusammengefasst.

Nach Bühler kann man sprachliche Einheiten (Zeichen; „Z" in Abbildung 5-28) unter drei Aspekten betrachten, nämlich

1. *in ihrer Beziehung zum jeweiligen Sachverhalt*. So könnte z.B. die Aussage von Manfred Tücke, dass die Psychologie eine interessante Wissenschaft sei, schlicht dies bedeuten: dass Psychologie eben interessant ist (Abbildung 5-28 links oben). Die sprachliche Äußerung wäre dann ein „Symbol" für den beobachtbaren Tatbestand. Diesen Aspekt der Sprache nennt man „*Darstellungsfunktion*". Die Darstellung kann allerdings durch mancherlei Raffinessen beeinflusst werden: einen ironischen Unterton, einen abfälligen Tonfall, durch zusätzliche Kommentare oder auch den Kontext, in dem diese Aussage gemacht wird.

2. *in ihrer Beziehung zum Sprecher („Sender")*. Die sprachlichen Produktionen sind „Symptome" und geben Aufschluss über den Sender. So kann etwa der Ausspruch von Obelix, dass Psychologie spannend sei (Abbildung 5-28 links unten) durchaus richtig sein, kann aber in diesem Fall und unter Beachtung seines Audrucksverhaltens auch darauf hindeuten, dass er von Psychologie nichts versteht und seine Aussage mehr über ihn selbst aussagt als über die Psychologie. Diesen Aspekt der Sprache nennt man „*Ausdrucksfunktion*".

3. *in ihrer Beziehung zum Empfänger*. Beispielsweise muss eine Aussage, wie: „Deutsche Fußballfans sind besser als ihr Ruf", vor dem Hintergrund mannigfacher Schlägereien, regelmäßiger Alkoholexzesse oder verwüsteter Sonderzüge nicht un-

163

bedingt mit der beobachtbaren Realität übereinstimmen, sondern charakterisiert eher die Absicht oder den Wunsch des Sprechers, dass sich etwas in die vorgeschlagene Richtung hin ändern möge (Abbildung 5-28 rechts). Diesen Aspekt der Sprache nennt man „*Appellfunktion*".

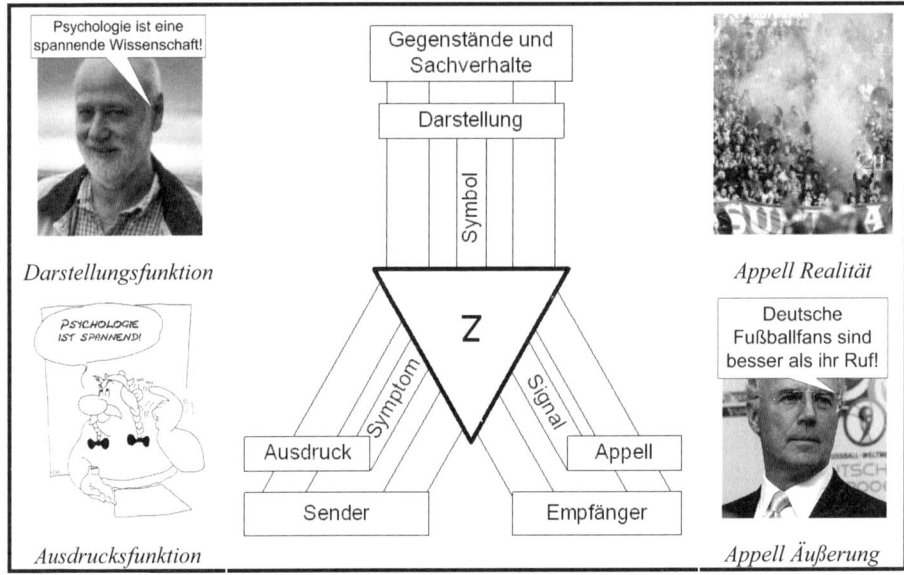

Abbildung 5-28: **Funktionen der Sprache nach Bühler** (Bild Mitte nach: Grimm, 1995b, S. 708; Bild links unten aus: von Scheidt, 1994, S. 30)

Eine sprachliche Äußerung hat gemäß dem oben Gesagten fast immer drei Funktionen, die mehr oder weniger wichtig sind: einen Sachverhalt darzustellen, Aufschluss über den Sprecher zu geben und beim Empfänger etwas zu bewirken. Die Funktionen sind in der Realität allerdings schwer zu trennen, wenn auch je nach Situation unterschiedliche Aspekte wichtig sind.

So steht etwa bei amtlichen Mitteilungen die Darstellung im Vordergrund („Sie haben Ihr Fahrzeug am ... um ... Uhr im absoluten Halteverbot geparkt"; Abbildung 5-29 links). Bei vielen alltäglichen Gesprächen in Deutschland (und auch in anderen Ländern) ist offenbar der Ausdruck der eigenen Befindlichkeit zentral („Heute ist aber auch wieder ein Wetter! Man kann ja kaum atmen!"; Abbildung 5-29 Mitte). Und bei manchen Politikersprüchen („Die Renten sind sicher!"; Abbildung 5-29 rechts) hat man den Eindruck, dass die Information hinter dem Appell zurücktritt.

| Darstellungsfunktion | Ausdrucksfunktion | Appellfunktion |

Abbildung 5-29: **Beispiele für das Überwiegen verschiedener sprachlicher Funktionen im Alltag**

Obige Überlegungen gelten prinzipiell auch für vorsprachliche Äußerungen, wie sie etwa ein Säugling produziert: seine Lautäußerungen (Schreien, Weinen, Lachen) sagen den Eltern etwas über seine wesentlichen inneren Zustände aus, sie vermitteln Informationen (wenn ein Säugling weint, geht's ihm halt nicht gut) und sollen etwas bei den Eltern bewirken (Fütterung, Schaukeln, Kontaktaufnahme).

Zur guten Beherrschung einer Sprache gehört, dass man mit den drei genannten Funktionen wie auf einem Klavier spielen kann, dass man nicht nur die in jedem Grundwortschatz-Wörterbuch aufgeführten „denotativen" Wortbedeutungen kennt, sondern auch deren je nach Zeit, Bezugsgruppe und Kontext mitschwingenden „konnotativen" Bedeutungen. Wenn ein älterer Mann als „geiler Bock" bezeichnet wird, hat das z.B. eindeutig sexuelle Bezüge, die gänzlich fehlen, wenn z.B. ein Jugendlicher davon schwärmt, dass Snowboards einfach „geil" seien.

Zur Sprachbeherrschung gehört auch das Erlernen von Regeln darüber, welcher Wortschatz in welchen Situationen adäquat ist und welche Wörter besser vermieden werden. So habe ich mich nach einem guten Essen bei den konservativen Eltern einer französischen Freundin einmal mit den Worten bedankt: „C'était une bonne bouffe![24]" – ein (Gott sei Dank!) verständnisvolles Lachen war nach einem kurzen Augenblick des Verwunderns die Folge. Viele der für uns selbstverständlichen sprachlichen Nuancen bereiten Kindern (aber auch vielen Erwachsenen) noch lange Schwierigkeiten. Ironie („Das ist aber toll, dass du auch in dieser Mathematikarbeit wieder eine „4" geschrieben hast"), Zynismus („Unser Schulsystem ist wirklich das beste der Welt!") oder paradoxe Instruktionen („Mach' nur weiter so, dann wird alles gut!") sollte man im Umgang mit Kindern vermeiden. Sie sind häufig Anlass für Missverständnisse.

---

[24] Sinngemäß übersetzt etwa: „Das war eine hübsche Fresserei!"

5.4.3   Wie Erwachsene mit Säuglingen sprechen

Alle wesentlichen Aspekte der Sprachbeherrschung muss das Kind erlernen – wobei nach wie vor kontrovers ist, ob nicht gewisse angeborene Strukturen diesen Vorgang erleichtern können. Sicher angeboren ist die Tendenz eines Kindes, verschiedenartige Laute zu produzieren. Für die weitere erfolgreiche Sprachentwicklung scheint allerdings eine akustische Rückmeldung entscheidend zu sein, denn bei hörgeschädigten Kindern verschwindet die Lautproduktion schon einige Monate nach der Geburt, wenn nicht eingegriffen wird (Eilers & Oller, 1994). Neben angeborenen Faktoren, die besonders von Chomsky in den Vordergrund gestellt wurden (vgl. Chomsky, 1978; aber auch: Herrmann, 1997), spielen beim Spracherwerb des Kindes aber eigentlich auch alle Lernprozesse eine Rolle: operantes Konditionieren, dessen Bedeutung von allem von Skinner (1957) betont wurde, klassisches Konditionieren und auch Imitationslernen (Kinder ahmen Wörter und Sprechweisen ihrer Umgebung leicht nach – oft zum Ärger ihrer Eltern).

Vom Zeitpunkt der Geburt an kommuniziert das Kind vor allem mit seiner Mutter und die Mutter mit ihrem Baby. Der wechselseitige Austausch von Informationen zwischen Mutter und Kind ist lebenswichtig, weil das Neugeborene als „sekundärer Nesthocker" noch lange Zeit auf die Pflege seiner Eltern angewiesen ist. In den ersten Monaten sind die vom Kind ausgesendeten Signale noch recht undifferenziert. Erwachsene tendieren im Kontakt mit Kleinkindern zu einer für sie untypischen Ausdrucksweise, der „Babysprache". „Da, da, da" oder „ei, ei, ei", der Name des Kindes und ähnlich einfache sprachliche Konstruktionen als typische (aber oft geradezu peinliche) Bestandteile der Babysprache, noch dazu in einer höheren Stimmlage als normal, mit stärkerer Betonung und wesentlich langsamer als üblich gesprochen, scheinen dazu angetan, dem Kind den späteren Spracherwerb zu erleichtern.

Englisch	Spanisch
1. Übertriebene Betonung	1. Übertriebene Betonung
2. Flüstern	2. Wiederholung
3. Hohe Stimmlage	3. Hohe Stimmlage
4. Wiederholung	4. Belehrende Betonung
5. Geringere Lautstärke	5. Zurufe
6. Verlängerte Vokale	6. Geringere Lautstärke
7. Quietschende Stimme	7. Größere Lautstärke
8. Belehrende Betonung eines Wortes	8. Verlängerte Vokale
9. Angespanntheit	9. Schnelles Sprechtempo
10. Kopfstimme	10. Ersetzung von Personalpronomina

Tabelle 5-12:   **Rangfolge der häufigsten Sprachmerkmale in der Unterhaltung von Erwachsenen mit Babys** (nach: Feldman, 1998, S. 182)

Unterschiede zwischen Babysprache und Erwachsenensprache sind in vielfacher Hinsicht untersucht und in ihren Auswirkungen diskutiert worden. Als Beispiel dafür, wie Erwachsene ihr Sprachverhalten ändern, wenn sie mit Kleinkindern reden, möchte ich Unterschiede in der Sprachproduktion (Tabelle 5-12) und in der Stimmlage (Abbildung 5-30) anführen.

Die in Tabelle 5-12 zusammengestellten Unterschiede im Sprachverhalten Erwachsener, wenn sie sich mit Babys einerseits oder Erwachsenen andererseits unterhalten, zeigen über die Sprachgrenzen hinweg Gemeinsamkeiten (Betonung, Wiederholung, verlängerte Vokale), aber auch Unterschiede (Zurufe, Flüstern), die vielleicht genetisch vorgegebene Strukturen auf der einen und umweltbedingte Unterschiede in der Sprachstruktur und im Sprachgebrauch widerspiegeln.

Die sprachübergreifenden Ähnlichkeiten beim Sprachgebrauch Erwachsener gegenüber Kindern springen geradezu ins Auge, wenn man die vorherrschenden Grundschwingungen betrachtet (Abbildung 5-30). Eltern zeigen selbst in strukturell so unterschiedlichen Sprachen wie Japanisch, Deutsch und im amerikanischen Englisch vergleichbare Stimmlagen, wenn sie mit ihren Kindern sprechen: Beide Elternteile sprechen mit wesentlich höherer Stimme als gewöhnlich, wobei die Unterschiede zur normalen Stimmlage bei den Müttern größer sind als bei den Vätern, die ihre Stimme nur relativ wenig anheben. Aber auch hier gibt es kulturelle Unterschiede: die Stimmlagen-Unterschiede zwischen „Erwachsenensprache" und „Babysprache" sind bei amerikanischen Eltern am größten.

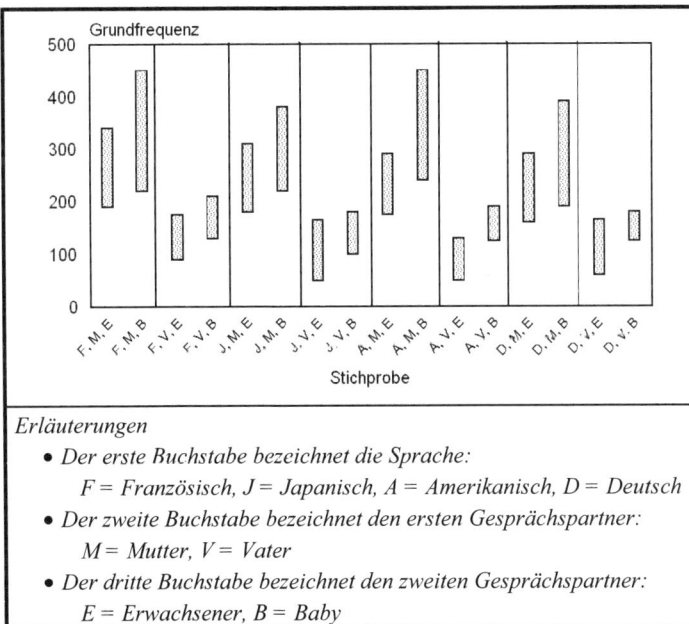

Abbildung 5-30: **Stimmlage erwachsener Sprecher in verschiedenen Sprachen bei der Unterhaltung mit Erwachsenen bzw. Babys** (nach: Fernald et al., 1989, vereinfacht)

167

Noch frappierender sind die sprachüberschreitenden Gemeinsamkeiten, wenn man die Sprachmelodie betrachtet, wie es H. Papousek & Papousek (1991) getan haben. Wie Abbildung 5-31 zeigt, sind im Chinesischen und im amerikanischen Englisch die elterlichen Sprachmelodien in vergleichbaren Situationen gleich: Eltern heben ihre Stimme an, wenn sie die Aufmerksamkeit ihres Kindes bekommen möchten oder eine Antwort von ihm erwarten, und sie senken die Stimme, wenn sie ihr Kind beruhigen oder warnen wollen.

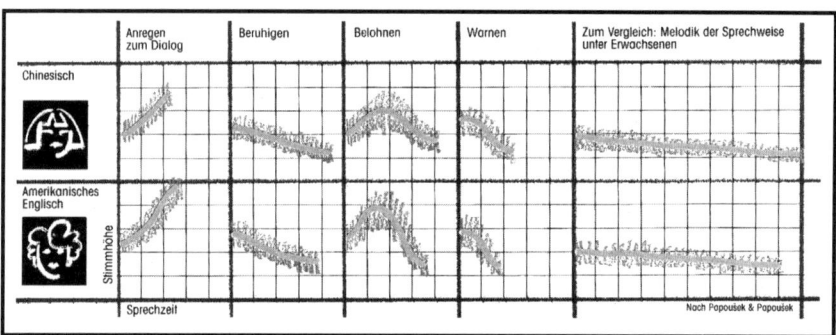

Abbildung 5-31:   **Sprachmelodien in verschiedenen Sprechsituationen** (aus: Haaf & Schrader, 1993, S. 46)

Nach den oben vorgetragenen Befunden stellen Erwachsene kulturübergreifend ihre Sprache um, wenn sie mit kleinen Kindern reden. Das scheint biologisch sinnvoll zu sein, denn schon sehr früh ziehen Babys die speziell an sie gerichtete Babysprache vor (vgl. Abschnitt 4.2). Über für die spätere Sprachentwicklung schädliche Einflüsse ist nichts bekannt, und krampfhaftes Bemühen um normale „Erwachsenensprache" einem Kleinkind gegenüber ist vor diesem Hintergrund nicht empfehlenswert.

Problematisch ist Babysprache wohl nur dann, ...

- *wenn sie hinter dem vom Kind erreichten Sprachniveau zurückbleibt.* Das kann z.B. Großeltern passieren, die ihr Enkelkind länger nicht gesehen haben oder die in den ersten Lebensjahren rapide voranschreitenden sprachlichen Fortschritte unterschätzen. Auch wenn z.B. nach einer Scheidung der Eltern ein Elternteil das Kind länger nicht gesehen hat, kann es zu sprachlich peinlichen Situationen kommen.

- *wenn sie für das Kind oder die Umwelt peinlich wird.* So hat eine mir bekannte Mutter in meiner Gegenwart ihre Tochter im Grundschulalter bei Schmuddelwetter daran erinnert, ihren „Hegenschirm" und ihre „Hegenjacke" nicht zu vergessen. Die Tochter wurde daraufhin puterrot.

- *oder wenn Kinder anfangen, ihre eigene Babysprache zu imitieren.* So habe ich nach den Erzählungen meiner Eltern als kleines Kind, wenn ich wieder einmal ein Spielzeug kaputtgemacht hatte, die Schuld dafür meinem Vetter Jürgen mit den Worten zugeschoben: „Hatte Süsü puttemacht!" („Das hat Jürgen kaputtgemacht!"). Diese Redensart habe ich auch in meinem hohen Alter noch beibehalten – quasi als Privatsprache.

5.4.4   Der Weg zur gesprochenen Sprache

5.4.4.1   Das vorsprachliche Stadium

Praktisch von Geburt an „unterhalten" sich Eltern mit ihren Kindern, wenn sie wach sind. Schon wenige Tage nach der Geburt können Babys „muttersprachliche" Laute aus ihrer vertrauten Umgebung von „fremdsprachlichen" Phonemen unterscheiden und bevorzugen muttersprachliche. Offensichtlich werden diese Laute auch schon sehr früh zu Lautkategorien zusammengefasst, so dass es uns später schwer fällt, in unserer Muttersprache nicht geläufige Lautdifferenzierungen zu erlernen[25].

Zunächst durch einfache, vokalähnliche Signale teilt das Baby seiner Betreuungsperson etwas über seine Bedürfnisse und seine inneren Zustände mit: es schreit, wenn es Nahrung benötigt oder sich unwohl fühlt, es lächelt mehr oder weniger differenziert bekannte und unbekannte Gesichter an, strampelt beim Wickeln, macht zufriedene „Bäuerchen" und gibt „zufriedene" Töne von sich, wenn es genug Milch oder Brei zu sich genommen hat.

Diese Äußerungen werden ab einem Alter von ca. 2 Monaten sehr schnell differenzierter, und Eltern können bald verschiedene Arten des Schreiens (Hunger, Schmerzen, Kälte, Müdigkeit) oder des Lallens (Sättigung, Spielen) unterscheiden. Ab ca. dem sechsten Lebensmonat werden wortähnliche Gebilde produziert, die dann auch stereotyp wiederholt werden (Abbildung 5-32)[26].

Abbildung 5-32:   Lallen und Babbeln kann man ca. ab dem 5. oder 6. Lebensmonat beobachten (aus: Radigk, 1982b, S. 12)

---

[25] Vielleicht kennen einige Leser den boshaften Witz noch nicht, in dem ein Amerikaner einen Chinesen fragt: „Do you have elections?", und der Chinese antwortet: „Yes, evely molning!".
[26] In der Literatur wird berichtet, dass die ersten Konsonanten die Explosivlaute (p, b) sind. Dass allerdings in allen mir bekannten Sprachen das Wort für die wichtigste Betreuungsperson, die Mutter, „Mama" und nicht „Papa" ist, erscheint mir damit nicht vereinbar.

Ab ca. dem siebten Lebensmonat werden Babys Lallmonologe melodisch: Tonhöhen und an- und absteigende Sprachmelodie sind beobachtbar. In diesem Alter sind auch schon kurze „Unterhaltungen" mit dem Kind möglich: ein Elternteil produziert eine Lautfolge, die vom Kind imitiert und ggf. leicht verändert wird („Echolalie"), darauf antworten wiederum Mutter oder Vater usw. In dieser Phase wird das Lautinventar des Babys schnell vergrößert, so dass am Ende des ersten Lebensjahres schon ca. die Hälfte des Lautvorrats der Muttersprache beherrscht wird.

Mit diesem immer umfangreicheren und differenzierteren Repertoire von akustischen, sprachähnlichen Signalen kann das Kind schon mehr oder weniger Kontrolle über seine Umwelt ausüben: es schreit nach Nahrung, verstärkt durch Babbeln und Lächeln z.B. intensiven Körperkontakt oder Schaukeln, spuckt geräuschvoll wenig schmackhafte Nahrung aus, deutet auf Gegenstände und „benennt" sie und kann sich auch schon mit vertrauten Erwachsenen „unterhalten". Die Voraussetzungen für die Produktion der ersten sinnvollen Wörter und Sätze sind gegeben.

5.4.4.2 Erste Wörter und Sätze

Ab dem Ende des ersten Lebensjahres[27] produzieren Kinder erste, einfache Wörter, die man auch schon als Sätze interpretieren kann („Ein-Wort-Sätze"). Allerdings muss man zur Interpretation dieser kindlichen Wörter noch die Situation kennen, in denen sie gebraucht werden. So kann das (schon sehr früh gebrauchte) Wort „Mama" etwa bedeuten, dass

- das Kind gerade seine Mutter gesehen oder erkannt hat;
- das Kind seiner Mutter etwas zeigen will;
- das Kind sich nicht wohl fühlt oder Schmerzen hat;
- es dem Kind gut geht;
- von der Mutter z.B. ein Spielzeug haben möchte, usw.

Wie aus Abbildung 5-33 links hervorgeht, ist der Wortschatz am Ende des ersten Lebensjahres (also zum Zeitpunkt der Ein-Wort-Sätze) noch sehr beschränkt: er umfasst überhaupt nur drei Wörter, und von grammatischen Strukturen ist zu dieser Zeit so gut wie nichts beobachtbar.

Mit der Erweiterung des Vokabulars (zunächst langsam, dann geradezu explosionsartig, nach dem fünften Lebensjahr wieder etwas langsamer: pro Jahr lernen Kinder etwa 200 bis 300 neue Wörter) werden dann erst komplexere Sätze möglich (die „Zwei-Wort-Sätze"), die zwischen dem 18. Und 24. Lebensmonat erstmalig gezielt produziert und eingesetzt werden.

Allerdings zeigen sich schon in dieser frühen Phase der Sprachentwicklung große soziale Unterschiede: während Kinder aus der amerikanischen sozialen Mittel- und Oberschicht am Ende des dritten Lebensjahres mehr als 1000 Wörter verstehen, sind das bei Kindern aus

---

[27] Im Bereich der Sprachentwicklung gibt es sehr große individuelle Unterschiede: manche Kinder beginnen erst am Ende des zweiten Lebensjahres, verständliche Wörter zu produzieren, ohne dass das eine Indiz für eine Behinderung sein muss.

Familien, die von öffentlicher Unterstützung leben, nur gut 500 Wörter (Abbildung 5-33 rechts). Sprache entwickelt sich eben nicht aus sich selbst heraus, sondern sie setzt verbale Interaktion mit den Kindern voraus.

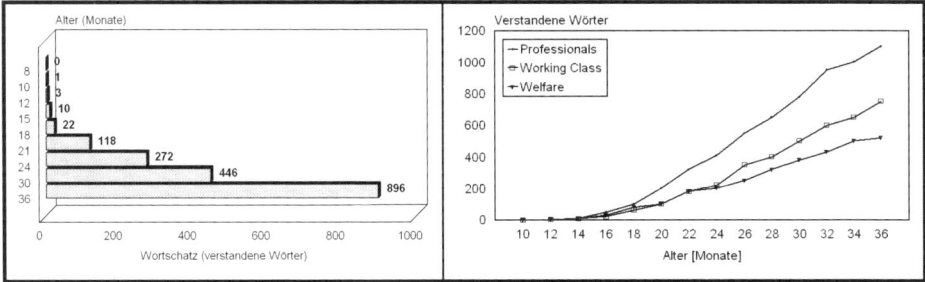

Abbildung 5-33: **Zunahme des Wortschatzes in den ersten drei Lebensjahren und seine Abhängigkeit von der sozialen Schicht** (Grafik rechts nach: Hetherington & Parke, 2003, S. 295; Grafik links nach: La-Barba, 1981, S. 349; vereinfacht)

Erläuterungen:

Ein abenteuerlustiger Hund verdingt sich als Babysitter. Er muss das Baby dazu bringen, dass es isst, oder er wird selbst vom Löwen im Keller gefressen.

(a)   Das Kind weigert sich zunächst mit den Worten: „No eat!" („Ich will nichts essen!"), etwas zu essen.

(b)   Daraufhin isst der Hund die verweigerte Mahlzeit auf. Das Kind sieht das nicht gern und fordert den Hund auf: „No eat!" („Iss' mein Essen nicht auf!").

(c)   Das Baby drückt einen Knopf, und der Hund fällt in den Keller, wo der Löwe ist. Aber versehentlich fällt auch das Kind hinunter, und ängstlich bittet es den Löwen: „No eat!" („Friss' mich bitte nicht auf!").

Abbildung 5-34: **Die vielfachen Bedeutungen von Zweiwortsätzen** (nach Maurice Sendak; aus: A. Clarke-Stewart, Friedman, & Koch, 1985, S. 428)

Zwei-Wort-Sätze bestehen (wie der Name schon sagt) aus zwei Wörtern, wobei Substantive und Verben bevorzugt werden. Sie sind – wie Abbildung 5-34 zeigt – vieldeutig und ebenfalls nur im gesprochenen Zusammenhang interpretierbar. Die Satzkonstruktion orientiert sich schon an der Erwachsenensprache, und die Sätze kann man mit einiger Übung auch recht gut interpretieren. Der entscheidende Fortschritt gegenüber Ein-Wort-Sätzen besteht darin, dass Kinder jetzt Beziehungen zwischen Dingen in ihrer Umwelt herstellen (z.B. „Tlara Ball" kann z.B. bedeuten: „Klara hat einen Ball" oder „Klara möchte einen Ball haben" oder „Dies ist Klaras Ball") oder Funktionen beschreiben können („Mama essen").

Regel	Beispiel
1. Agent + Aktion	„Papa essen"
2. Besitzer + Besitz	„mein Auto"
3. Aktion + Objekt	„gib Bombom" (gib mir ein Bonbon)
4. Agent + Objekt	„Papa Auto" (Papa ist im Auto)
5. Aktion + Ort	„mach Tisch" (tu das auf den Tisch)
6. Begriff + Ort	„Pupa Bett" (meine Puppe ist im Bett)
7. Eigenschaft + Begriff	„lecker Bei" (der Brei ist lecker)
8. Hinweis + Begriff	„da Pupa" (da ist meine Puppe)

Tabelle 5-13: **Acht universelle Regeln für die Bildung von Zweiwortsätzen bei Säuglingen** (nach: Kail, 1998, S. 234)

Nach Untersuchungen von Brown (1973) und Tager-Flusberg (1993; zitiert nach: Kail, 1998, S. 234-235) werden die Zweiwortsätze nach (maximal) acht Regeln konstruiert, die offenbar universell gültig sind. Sie sind in Tabelle 5-13[28] aufgeführt.

Aber natürlich ist die Kindersprache noch meilenweit von einer mehr oder weniger korrekten Erwachsenensprache entfernt. Insbesondere drei Merkmale sind für die Sprache des Kleinkindes noch relativ lange charakteristisch:

1. *Telegrammstil.* Darunter versteht man die Tendenz der Kinder, für die Bedeutung einer sprachlichen Äußerung nicht besonders wichtige Wörter einfach wegzulassen. Beispiele für den Telegrammstil sind in Tabelle 5-14 am Beispiel des Nachsprechens von längeren einfachen Sätzen aufgeführt.

2. *Übergeneralisierungen.* In den ersten Monaten und Jahren der Sprachentwicklung werden Wörter oft zu weit gebraucht, ihre Bedeutung wird ausgeweitet. So ist es nicht ungewöhnlich, dass Kinder nicht nur Hunde als „Wau-Waus" bezeichnen, sondern auch Kühe, Pferde oder Elefanten im Zoo (Abbildung 5-35 links).

---

[28] Die Beispiele wurden von mir sinngemäß übersetzt und geringfügig verändert.

Vorgesprochener Satz	Eve, 25 ½ Monate alt	Ivan, 28 ½ Monate alt
I showed you the book.	I show book.	(I show) book.
I am very tall.	(My) tall.	I (very) tall.
It goes in a big box.	Big box.	Big box.
I am drawing a dog.	Drawing dog.	I draw dog.
I will read the book.	Read book.	I will read book.
I can see a cow.	See cow.	I want see cow.
I will not do that again.	Do again.	I will that again.

Tabelle 5-14: **Beispiele für den Telegrammstil in der Kindersprache** (nach: Feldman, 1998, S. 178; vereinfacht)

3. *Bedeutungseinschränkungen.* Sie sind das Gegenteil der Übergeneralisierungen und bezeichnen einen zu engen Wortgebrauch. Z.B. kann es vorkommen, dass kleine Kinder das Wort „Wau-Wau" nur für große Hunde gebrauchen oder nur für bestimmte Hunderassen, die sie von zuhause oder von ihren Freunden her kennen (Abbildung 5-35 rechts).

Abbildung 5-35: **Übergeneralisierungen und Bedeutungseinschränkungen sind typisch für Kindersprache** (nach: McDevitt & Ormrod, 2002, S. 245)

Das Zwei-Wort-Stadium ist ein wichtiges, aber nur kurz andauerndes, Durchgangsstadium. Es wird relativ schnell verlassen: die Sätze werden länger, die grammatischen Konstruktionen komplizierter und „richtiger". Die Zunahme des Vokabulars (am Ende des zweiten Lebensjahres versteht ein Kind schon knapp 300 Wörter; vgl. Abbildung 5-33) und die allmähliche intuitive Vertrautheit mit wichtigen grammatischen Regeln ermöglichen sehr schnell längere Sätze und einen wesentlich differenzierteren Umgang mit der Sprache.

5.4.4.3   Wie Kinder effektiv mit der Sprache umgehen

Wenn Kinder einmal dem Zwei-Wort-Stadium entwachsen sind, lernen sie sehr schnell, sich effektiv ihrer Muttersprache (oder auch einer Zweitsprache; vgl. Abschnitt 5.4.5.5) zu bedienen. Kail (1998, S. 234) berichtet von seiner Tochter:

> „Beispielsweise sagte meine Tochter im Alter von 1½ Jahren „gimme juice" (gib mir Saft) oder „bye-bye Mom" (Tschüß, Mammi). Als sie 2½ Jahre alt war, meisterte sie Sätze wie: „When I finish my ice cream, I'll take a shower, okay?" (Wenn ich mein Eis aufgegessen habe, dusche ich noch, ja?) und „Don't turn the light out – I can't see better!" (Mach das Licht nicht aus – ich kann dann nicht besser sehen!). Ihr Fortschritt war auch für die meisten Kinder typisch."

Kinder in diesem Alter erfinden auch schon Wörter für Gegenstände, deren Bezeichnung sie noch nicht kennen, z.B. „Schreier" für einen Startenor oder „Brummer" für einen Computer mit lautem Lüfter. Diese erfundenen Wörter ersetzen sie aber, sobald sie die richtigen Bezeichnungen kennen. Sie können allerdings auch schon mit der Sprache spielen und die von ihnen selbst erfundenen Bezeichnungen beibehalten. So nennt unsere Tochter Klara „ihren" Weidenstrauch im Garten immer noch „Seh-dich-nicht-Baum", weil sie dort als Kleinkind „Verstecken" gespielt hat. Und der Werkzeugkasten in unserem Keller heißt immer noch „Zwergzeugkiste", weil Klara das Teil in grauer Vorzeit so genannt und beschriftet hat.

Die Bedeutungen von Wörtern erschließen sich Kindern im Vorschulalter im Wesentlichen über ihre Funktionen. Wenn man etwa ein 4jähriges Kind fragt, was ein Ball sei, antwortet es vielleicht: „Marie-Luise spielt damit". Später wird es diese Frage u.U. mit: „Das ist eine runde Plastik- oder Gummikugel zum Spielen" beantworten. Die Beziehungen zwischen verschiedenen Konzepten und Begriffen werden vielfältiger und klarer (vgl. z.B. Tücke, 2005b, Kapitel 5).

Schon gegen Ende des Vorschulalters lernen Kinder, dass manche Wörter doppeldeutig sind oder dass sie je nach Kontext im wörtlichen oder im übertragenen Sinn gebraucht werden können. „Du bist mir vielleicht ein Würstel!" können Kinder in diesem Stadium ohne weiteres auf sich beziehen und interpretieren – mit der oben im Abschnitt 5.4.2 schon erwähnten Einschränkung, dass sie ironische, zynische, verschmitzte oder humorig gemeinte Äußerungen u.U. nicht nachvollziehen können – wie Abbildung 5-36 links schön zeigt. Mit intellektuell anspruchsvolleren ironischen Äußerungen, die auch ein umfassenderes Wissen voraussetzen (Abbildung 5-36 rechts) sollte man sich als Lehrer generell zurückhalten, weil man von seinen Kindern auch später noch nicht oder leicht falsch verstanden wird.

Abbildung 5-36: **Ironische Äußerungen verstehen kleine Kinder häufig noch nicht** (Bild links aus: Fischer & Lazerson, 1984, S. 349)[29]

Zum differenzierten Sprachgebrauch gehört die Beherrschung wesentlicher grammatischer Regeln. Für den englischen Sprachraum wurde deren typische Entwicklung detailliert untersucht (R. Brown, 1973). Offenbar folgt der Gebrauch grammatischer Regeln einem typischen Schema, das zwischen dem zweiten und dritten Lebensjahr erlernt wird. Allerdings kann es Monate oder gar Jahre dauern, bis Kinder diese Regeln auch konsistent einsetzen können, und wie beim Erlernen des Vokabulars kann es auch hier zu charakteristischen Überregularisierungen kommen (vgl. Abbildung 5-37 links). Sie zeigen an, dass das Kind grammatische Regeln erlernt hat, und verschwinden normalerweise später wieder.

Abbildung 5-37: **Links: Falsche Anwendungen grammatischer Regeln („Überregularisierungen") sind ein normales Durchgangsstadium Entwicklung der Sprache. Rechts: Beispiel für Agrammatismus** (aus: Radigk, 1982b, S. 46-47)

---

[29] Übersetzung der Bildunterschrift links: „Natürlich habe ich ein Zuhause, Mr. Wilson. Das wissen Sie doch!". Bildüberschrift links: „Dynamische Führer tragen gern Militärgewänder."

Problematischer ist eine andere Form der Fehlanwendung grammatischer Regeln oder deren fast vollständiges Fehlen. Das etwa dreijährige Mädchen in Abbildung 5-37 rechts müsste eigentlich schon grammatisch einigermaßen korrekte Sätze bilden. Mit ihrem Satz: „Lotz legen Fenster auf!" will sie sagen, der rechts abgebildete Junge möge den Klotz, den sie in der Hand hält, auf die Fensterbank legen. Ihre Wörter bilden jedoch keine grammatisch der deutschen Sprache analoge Struktur – sie sind „agrammatisch" oder „dysgrammatisch".

Diese Sprachentwicklungsstörung soll nach Grimm (1995a) ca. 6 bis 8 % aller Vorschulkinder betreffen und sollte frühzeitig diagnostiziert und behandelt werden. Zur Diagnose ist der Heidelberger Sprachentwicklungstest geeignet (von Suchodoletz & Höfler, 1996); eine Zusammenstellung der bis dato veröffentlichten Arbeiten zu verschiedenen Sprachentwicklungsstörungen legten C. Scherer, Braun, Prager, Fromm & Schöler (1996) vor. Wer sich (besonders als Grundschullehrer) etwas mehr mit diesem Thema befassen möchte, dem sei das Buch von Hansen (1996) empfohlen.

5.4.5 Einzelfragen

Im Folgenden möchte ich auf einige Fragen und Probleme hinweisen, die im Kontext der Sprachentwicklung diskutiert werden, die ich aber aus Platzgründen nur sehr oberflächlich behandeln kann.

5.4.5.1 Geschlechterunterschiede

Bei der Behandlung geschlechtsspezifischer Unterschiede bei der Sprachentwicklung im Säuglings- und Kleinkindalter kann man zwei Aspekte unterscheiden.

Zunächst den Aspekt der Überlegenheit von Mädchen gegenüber Jungen beim Sprachverständnis und der Sprachproduktion (aus: Grimm, 1995b, S. 752):

> „Mädchen lernen ihre ersten Wörter früher als Jungen und bauen bis zum Alter von ungefähr 2;6 Jahren ihren Wortschatz auch schneller aus. Danach geht dieser Vorsprung verloren. Während des Vorschulalters produzieren Mädchen längere Äußerungen als Jungen, bilden variablere syntaktische Muster und machen weniger Fehler. Schließlich konnte für das Schulalter aufgezeigt werden, dass Mädchen signifikant schneller bei Benennungsaufgaben und dem Lesen einzelner Wörter sind. Wolf und Gow (1986) berechneten, dass Mädchen die Fähigkeit zur automatisierten Verarbeitung von Wörtern ein Jahr früher als Jungen ausbilden, die dann jedoch ab der 3. Schulklasse den Anschluss an die weiblichen Leseleistungen erreichen.

> Ein wichtiger und über die Entwicklung beständiger Vorteil des weiblichen Geschlechts ist in der Schnelligkeit zu sehen. So steigen weibliche Säuglinge früher und schneller in das Sprachsystem ein und zeigen als Mädchen während der Vorschul- und Schulzeit eine größere Sprachproduktion und eine bessere Wortflüssigkeit, was sich dann im Erwachsenenalter auch nicht mehr verliert. Wenn diese wichtigen Fähigkeiten nicht selten als typisch weibliche Geschwätzigkeit blamiert werden, so können dagegen allerdings solche Befunde angeführt werden, dass in gemischten Gesprächsrunden es gerade die Männer sind, die mehr als die Frauen sprechen und diese auch häufiger unterbrechen."

Exemplarisch wurde der Vorteil von Mädchen bei der Sprachentwicklung in einer Untersuchung von Reznick & Goldfield (1992) gezeigt (siehe Abbildung 5-38 links).

Der zweite Aspekt betrifft den Wortgebrauch erwachsener Sprechpartner gegenüber ihren Kindern. Mit kleinen Kindern sprechen Erwachsene anders als mit ihresgleichen; das habe ich schon in Abschnitt 5.4.3 angesprochen. Dass darüber hinaus mit kleinen Mädchen systematisch anders geredet wird als mit kleinen Jungen, hat die amerikanische Psychologin Jean Gleason mit ihrer Arbeitsgruppe am Beispiel des Gebrauchs von Verkleinerungen und der Ablehnung von Wünschen nachgewiesen. In Abbildung 5-38 rechts wird gezeigt, wie häufig Eltern gegenüber Kleinkindern im Alter zwischen 14 und 32 Monaten Verkleinerungsformen (z.B. dog → doggy; etwa Hund → Hündchen) gebrauchen. Zwar nimmt der Gebrauch von Verkleinerungsformen sowohl gegenüber Jungen als auch gegenüber Mädchen ab, aber gegen Ende ihres dritten Lebensjahres haben Mädchen etwa doppelt so viele „niedliche" Wortformen gehört wie Jungen (Gleason, Perlmann, Ely, & Evans, 1994).

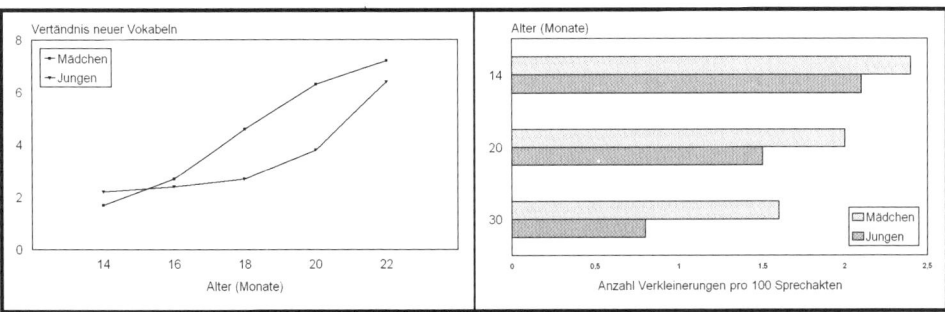

Abbildung 5-38: **Links: Zunahme des Verständnisses für neue Wörter bei Mädchen und Jungen** (nach: Reznick & Goldfield, 1992); **Rechts: Gebrauch von Verkleinerungsformen gegenüber kleinen Mädchen und Jungen** (nach: Gleason, Perlmann, Ely, & Evans, 1994)

Von ihren Kindern geäußerte Wünsche lehnen die Eltern ebenfalls in geschlechtsspezifischer Sprache ab. Nach Gleason, Ely, Perlmann & Narasimhan (1996) werden Wünsche von Jungen meist mit einem klaren „Nein" abgelehnt, während gegenüber Mädchen oft noch ein ablenkender Zusatz („Warum spielst du nicht etwas anderes?") oder eine emotionale Referenz („Das tut mir aber weh!") gemacht wird. Insgesamt werden Jungen mit klareren, deutlicheren Anweisungen konfrontiert, während die elterliche Sprache gegenüber Mädchen wärmer ist. Ob die geschlechtsspezifischen Unterschiede im Sprachgebrauch Erwachsener auf unterschiedliche sprachliche Sozialisation im frühen Kindesalter rückführbar sind, ist noch nicht nachgewiesen; man darf gespannt sein.

5.4.5.2 Gibt es eine „sensible Phase" für den Spracherwerb?

1970 wurde die besonders schwere Misshandlung eines damals 13jährigen Mädchens erstmals bekannt:

177

„Das war die Entdeckung von Susan W., die unter dem Namen »Genie« in die Literatur eingehen sollte. Genie – so nannten die Wissenschaftler, die in den folgenden Jahren mit ihm zu tun hatten, das Mädchen –, Genie sah aus wie eine Achtjährige, war aber dreizehneinhalb Jahre alt und hatte etwas hinter sich, für das »schrecklich« ein zu billiges Wort ist, eine Deprivation sondergleichen.

Die Mutter war eine nicht nur wegen ihrer schlechten Augen völlig hilflose Frau, der Vater ein tyrannischer und von Wahnideen heimgesuchter Mann. Er hatte etwas gegen Kinder, vor allem ihr Geschrei konnte er nicht ertragen. Als Genie zwanzig Monate alt war, nähte er mit eigener Hand eine Art Harnisch, mit dem er sie in einem kleinen und fast leeren Schlafzimmer nackt auf einen Toilettenstuhl fesselte. Und an diesem Ort, in dieser Lage verbrachte sie die folgenden zwölf Jahre. Wenn man sie nicht einfach vergaß, wurde sie abends in eine Zwangsjacke gesteckt und in ein Kinderbett gelegt. Nie verließ sie dieses lachsrote Zimmer mit den verhängten Fenstern, von dem aus nur ein Stück Himmel zu sehen war und in das kaum je ein Laut drang.

Gefüttert wurde sie mit Milch und Kinderbrei. Sie sah nur die Mitglieder ihrer Familie. Sprechen durfte niemand mit ihr, und sie selber durfte keinerlei Laut von sich geben oder Geräusch machen. War der Vater wütend auf sie, schlug er sie mit einem Holzknüppel; oder er – und später auch Genies älterer Bruder – knurrte, fletschte die Zähne und bellte sie an wie ein Hund" (D. Zimmer, 1989, S. 21).

Genie hat trotz dann einsetzender intensiver Betreuung und Förderung nie richtig sprechen gelernt. Ihre Sprachaneignung durchlief zwar die „normalen" Stadien – Lautäußerungen, einzelne Wörter, Einwortsätze, Zweiwortsätze, längere Sätze – aber alles dauerte sehr viel länger als bei kleinen Kindern. Keines der bekannt gewordenen „Wilden Kinder" hat normal sprechen gelernt, und diese Befunde sprechen zusammen mit den in Abbildung 5-39 aufgeführten Ergebnissen wohl dafür, dass ein quasi müheloses Erlernen der Muttersprache nach ca. dem sechsten Lebensjahr nicht mehr oder nur sehr schwer möglich ist.

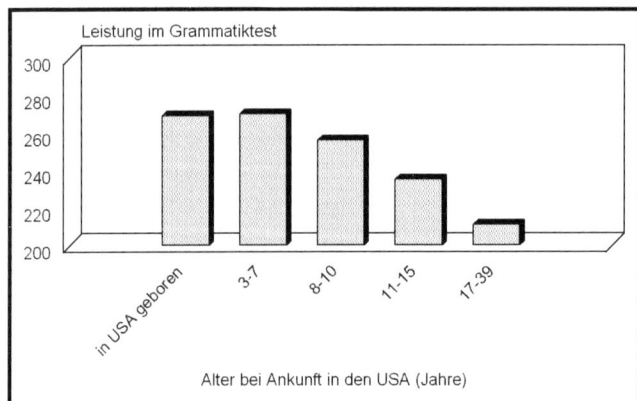

Abbildung 5-39:   **Grammatikleistung von Kindern chinesischer und koreanischer Einwanderer in Abhängigkeit von ihrem Alter bei der Ankunft in den USA** (nach: Johnson & Newport, 1989)

Dagegen kann man – wie wir alle wissen – eine zweite oder gar noch weitere Sprachen bis ins hohe Alter neu lernen, wenn man nur will und regelmäßig übt. Allerdings bleiben diese spät erworbenen Sprachkenntnisse eben „Fremdsprachen", in denen man sich besonders bezüglich der Aussprache und der Verwendung „typischer" Redensarten weniger leicht bewegt als in der Muttersprache.

5.4.5.3   Bedeutung der Geschwister, der sozialen Schicht und kulturelle Einflüsse

Seit langer Zeit ist bekannt, dass Zwillinge bei der Sprachentwicklung weniger schnell voranschreiten als Einzelkinder, dass ihre Sprache lange Zeit weniger differenziert und ihr Vokabular weniger umfangreich ist (vgl. z.B. Tomasello, Mannle, & Barton, 1989). Zur Erklärung dieses gut gesicherten Befundes kommen verschiedene Möglichkeiten in Betracht:

- *Biologische Faktoren*: Zwillinge mussten sich ja während der intrauterinen Entwicklung alle mütterlichen Ressourcen teilen. Sie sind bei der Geburt ca. ein Kilogramm leichter als einzeln geborene Kinder.

- *Eingeschränkte sprachliche Interaktion mit den Eltern*: Die Eltern sprechen meist mit beiden Kindern; dementsprechend hätten Zwillinge weniger elterliche Aufmerksamkeit und „Übungsmöglichkeiten".

- *Sondersprache*: Besonders eineiige Zwillinge kommunizieren häufig in einer für sie spezifischen „Geheimsprache", und das kann ihre sprachliche Entwicklung verzögern.

Neuere Untersuchungen, die komplexere Merkmale der gesprochenen Sprache einbezogen, haben hingegen gezeigt, dass jüngere Kinder von ihren älteren Geschwistern in mannigfacher Weise profitieren: bei gemeinsamen Unterhaltungen mit der Mutter sind die einzelnen Gesprächsbeiträge wesentlich länger als in Einzelgesprächen (Abbildung 5-40).

Die Kinder lernen besser zuzuhören, und sie passen ihre Sprache der gegebenen sozialen Situation leichter an. Ein in etwa gleichaltriges Geschwister zu haben, mag ein Nachteil sein, was den Umfang des Vokabulars angeht, ist aber von Vorteil für die Kommunikationsfähigkeit in sozialen Situationen.

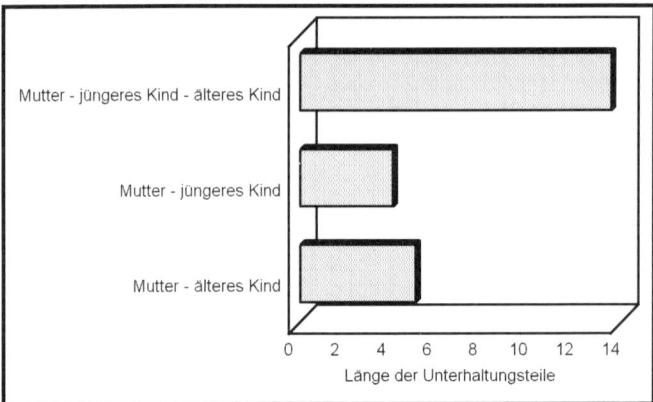

Abbildung 5-40: **Länge einzelner Beiträge bei verschiedenen Gesprächssituationen**

Bei der Untersuchung der Sprachentwicklung von Erstgeborenen und Einzelkindern findet man oft, dass diese ein größeres und differenzierteres Vokabular einsetzen und dass insbesondere jüngere Geschwister grundlegende sprachliche Fähigkeiten später entwickeln als ihre älteren Geschwister. Man hat diese Ergebnisse bisher häufig als Defizit als Folge der bei größeren Familien „zwangsläufig" reduzierten Mutter-Kind-Interaktion interpretiert.

Kinder erlernen ihre Muttersprache in den unterschiedlichsten (sub)kulturellen Kontexten. Sprachliche Äußerungen der Eltern sind dabei nur eines von mehreren Möglichkeiten der Eltern-Kind-Kommunikation. Dass dabei verschiedene Kommunikationskanäle in unterschiedlichen Kulturen unterschiedlich intensiv genutzt werden, konnten Rogoff, Mistry, Goncu & Mosier (1993) zeigen. In den USA, in der Türkei, in Indien und Guatemala wurden Mütter beobachtet, die ihren ein- bis zweijährigen Kindern zwei unbekannte Spielzeuge erklärten. Zwar benutzten alle Mütter dabei die Sprache, aber auch andere Kommunikationsmöglichkeiten waren je nach Kulturkreis unterschiedlich wichtig: z.B. wurden Blicke und Berührungen zwischen Mutter und Kind zwar in Indien und Guatemala eingesetzt, nicht aber in der Türkei und bei den amerikanischen Müttern (Abbildung 5-41).

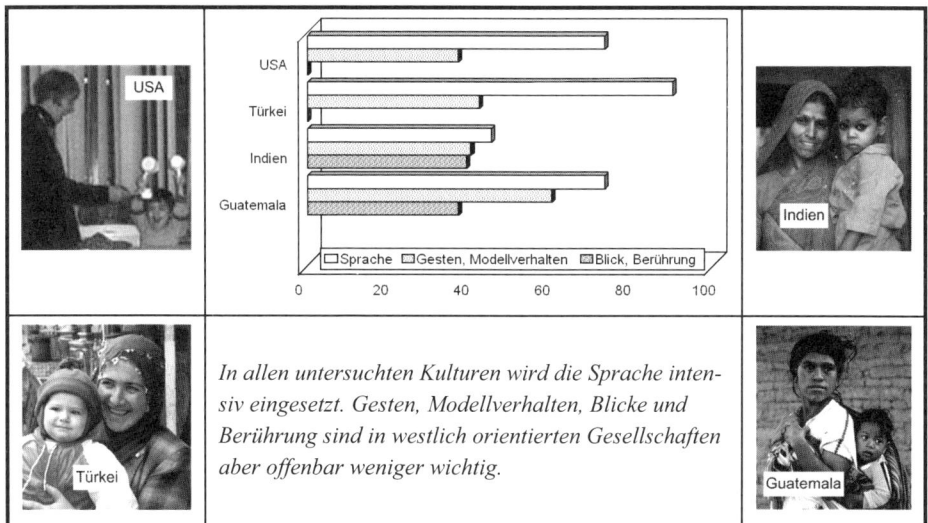

In allen untersuchten Kulturen wird die Sprache intensiv eingesetzt. Gesten, Modellverhalten, Blicke und
Berührung sind in westlich orientierten Gesellschaften
aber offenbar weniger wichtig.

Abbildung 5-41: **Kulturelle Einflüsse in der sprachlichen und nichtsprachlichen Kommunikation** (nach: Rogoff, Mistry, Goncu, & Mosier, 1993). Erläuterungen im Text

5.4.5.4 Sprachliche Benachteiligung und Förderung

Dass in unterschiedlichen sozialen Gruppen unterschiedlich gesprochen wird, ist so banal, dass man sich kaum traut, es aufzuschreiben. So ist etwa der „Sprachverfall" bei den Jugendlichen (also deren spezielle Jugendsprache) immer wieder Gegenstand von wissenschaftlichen Untersuchungen und mehr oder weniger begründeten Klagen, und seit den damals sehr populären Überlegungen des englischen Soziologen Basil Bernstein (vgl. z.B. Bernstein, 1970) sind sprachliche Unterschiede bei Angehörigen verschiedener sozialer Schichten verstärkt untersucht worden.

Bernstein unterschied zwei Sprachcodes, nämlich den *restringierten Code* und den *elaborierten Code*. Der restringierte Code soll vor allem in der sozialen Grundschicht verwendet werden; in der Kindererziehung sollen Unterschichtseltern vor allem kurze, einfach strukturierte, grammatisch einfache und leicht zu verstehende Sätze verwenden und auf elaborierte Begründungen verzichten. Im elaborierten Code hingegen, der vor allem von Mittel- und Oberschichtseltern eingesetzt wird, sollen Eltern großen Wert auf verbale Vermittlungen ihrer eigenen Handlungen legen, längere und grammatisch durchstrukturierte Sätze gebrauchen und Verbote oder Anweisungen ausführlich begründen.

Dieser unterschiedliche Sprachgebrauch soll nach Bernstein Unterschichtskinder in einer an der Mittelschicht orientierten Schule benachteiligen, weil sie im Sprachgebrauch weniger erfahren sind und abstrakte Probleme weniger gut bearbeiten können. Die Überlegungen Bernsteins passten damals offenbar gut in die politische Landschaft und wurden geradezu aufgesogen. Auch damals schon geäußerte methodische Kritik und damit im Widerspruch stehende empirische Untersuchungen (z.B. Ort, 1976) konnten sich nicht durchsetzen. Heute geht man eher davon aus, dass Sprache (in welcher Form auch immer) zwar eine wesentliche Hilfe beim Lösen von Problemen (auch schulischen Problemen; vgl. Lengert, 1979) ist, dass aber der Theorie Bernsteins in diesem Kontext nur eine wesentlich geringere Bedeutung zukommt als von ihm vermutet.

Davon unberührt ist die Tatsache, dass sprachliche Kommunikation zwischen Eltern und Kindern in der Mittel- und Oberschicht einen größeren Stellenwert hat als in der Unterschicht. In Untersuchungen von Hart & Risley (1992; , 1995) zeigten sich massive Unterschiede zwischen Angehörigen verschiedener sozialer Schichten hinsichtlich der Intensität des Sprachkontakts bei Eltern und Kindern (vgl. Abbildung 5-42).

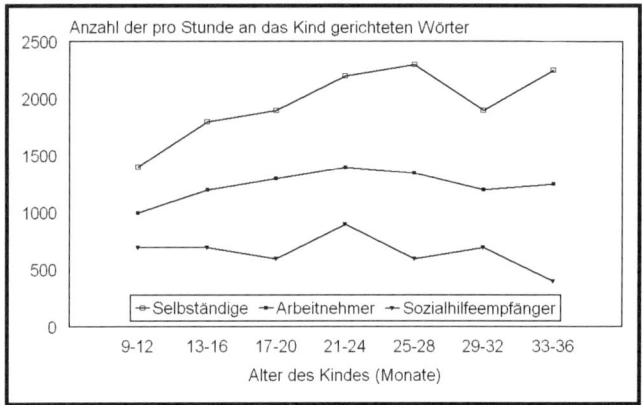

Abbildung 5-42:   **Soziale Unterschiede im Sprachgebrauch** (nach: Hart & Risley, 1995)

- Je wohlhabender die Eltern waren, desto mehr sprachen sie mit ihren Kindern.
- Wohlhabendere Eltern verbrachten fast doppelt so viel Zeit mit ihren Kindern wie Empfänger von Sozialhilfe.
- Im Alter von vier Jahren haben Kinder von Sozialhilfeempfängern fast 13 Millionen Wörter weniger gehört als Kinder von Selbständigen.

Nicht behinderte Kinder entwickeln in ihrem normalen elterlichen Kontext notwendige Sprachkenntnisse meist unproblematisch. In diesen Fällen müssen sich Eltern keine großen Gedanken machen. Wer trotzdem sein spontanes Erziehungsverhalten reflektieren und die Sprachentwicklung seines Kindes fördern möchte, findet in Tabelle 5-15 einige Hinweise. Schaden kann die Beachtung der Regeln wohl nicht.

Einige Regeln zur alltäglichen Sprachförderung

- Sprechen Sie häufig mit Ihren Kindern und behandeln Sie sie wie gleichwertige Gesprächspartner. Sprechen Sie mit Ihren Kindern interaktiv, nicht direktiv.

- Nutzen Sie die Sprache Ihres Kindes zur Einführung neuer Sprachformen. Erweitern Sie Äußerungen Ihres Kindes durch neue Vokabeln oder neue grammatische Konstruktionen. Formulieren Sie dysgrammatische Äußerungen um, damit die grammatisch richtige Ausdrucksweise klar wird.

- Ermutigen Sie Ihre Kinder, Sprache ausführlicher als unbedingt notwendig zu benutzen. Lassen Sie sie in ganzen Sätzen statt mit einzelnen Wörtern antworten und unspezifische Ausdrücke, wie „Kram" oder „so was", durch die adäquaten genauen Bezeichnungen ersetzen.

- Hören Sie zu. Diese Regel besteht aus zwei Teilen. Weil Kinder oft langsam sprechen, sind Erwachsene versucht, deren Sätze zu vervollständigen. Lassen Sie das sein. Achten Sie aufmerksam darauf, was Ihre Kinder Ihnen zu sagen haben und antworten Sie angemessen. Ihre Kinder sollen lernen, dass sprachliche Kommunikation sinnvoll und wirksam ist.

- Sorgen Sie dafür, dass Ihrem Kind das Sprachenlernen Spaß macht. Benutzen Sie angemessene Bücher, Reime, Lieder, Witze und Fremdwörter, um das Interesse am Sprachenlernen zu steigern.

Tabelle 5-15: **Einige Elternregeln zur Sprachförderung Ihrer Kinder** (nach: Kail, 1998, S. 239)

5.4.5.5 Bilinguale Erziehung

Vor dem Hintergrund fallender Grenzen, einem verbesserten Bildungsstand, zunehmenden Ausländeranteilen und einer entsprechend zunehmenden Zahl zweisprachiger Familien gewinnt die bilinguale Spracherziehung von Kindern an Bedeutung. Darunter versteht man das gleichzeitige Erlernen zweier Sprachen als Muttersprache. Frühere Bewertungen sahen in dieser Art des Spracherwerbs Nachteile für die Kinder. Heute kommt man zu einer durchaus positiven Bewertung zweisprachiger Erziehung (Mohanty & Perregaux, 1997). Zwar verwechseln bilingual erzogene Kinder in den ersten zwei Lebensjahren häufig beide Sprachen, lernen aber schnell, sie auseinander zu halten, wenn sie dabei unterstützt werden. Das kann am einfachsten so geschehen, dass jeder Elternteil gegenüber dem Kind seine eigene Muttersprache benutzt. In späteren Lebensjahren scheint die Sprachbeherrschung bilingualer Kinder sogar besser als diejenige einsprachiger Kinder zu sein.

Nicht zu verwechseln ist bilinguale Erziehung mit der Erziehungssituation von Migrantenkindern, deren Eltern die Sprache des aufnehmenden Landes beide nur unzureichend beherrschen, die bei der Einschulung dementsprechende Sprachdefizite haben und deren weitere Schulbildung wegen mangelnden Verständnisses der Unterrichtssprache massiv beeinträchtigt werden kann. Hier könnte vielleicht auch zweisprachiger Unterricht weiterhelfen – wenn schulische Bildung in Deutschland wieder den Stellenwert bekäme, der ihr zukommt. Aber solange hier im wesentlichen Finanz„fachleute" oder Finanz„politiker" das Sagen haben, ist mit einer Wende zum Besseren wohl allenfalls punktuell zu rechnen.

5.5 Kognitive Entwicklung im Vorschulalter

5.5.1 Einführung

Entwicklung vollzieht sich ganz wesentlich in der Auseinandersetzung („Interaktion") mit der Umwelt: Kinder lernen Zusammenhänge zwischen Umweltgegebenheiten (vgl. Abschnitt 4.4.5.2), sie lernen Auswirkungen ihres eigenen Verhaltens auf sich und ihre Umwelt kennen (vgl. Abschnitt 4.4.5.3) und sie versuchen nachzumachen, was ihnen andere vormachen (vgl. Abschnitt 4.4.5.4). Dazu müssen sie besonders im Anfang eigene Erfahrungen machen. Kinder erkunden ihre Umwelt *handelnd*, und manchmal sind die so gemachten Erfahrungen schmerzhaft.

Wir Erwachsenen sind da besser dran. Wir können (schriftlich oder mündlich vermittelte) verbale Informationen aufnehmen und befolgen (oder auch nicht). Wir müssen neue Situationen nicht unbedingt ausprobieren, sondern können Für und Wider abwägen und uns entsprechend entscheiden (z.B. bei etwas „kacheligem" Wind mit dem Gleitschirm zu starten oder eben nicht). Wir kennen uns mit unserer alltäglichen Umgebung einigermaßen aus und sind mit deren wesentlichen Tücken so vertraut, dass wir sie vermeiden können (z.B. indem wir bei einem alten Auto vor einer roten Ampel etwas Gas geben, damit der Motor nicht abstirbt). Und schließlich haben wir auch eine Zukunftsperspektive und können unser Verhalten danach ausrichten (z.B. indem wir ein durchaus langweiliges Buch lesen, weil sein Inhalt für eine anstehende Prüfung wichtig ist). Kurz gesagt: Erwachsene und ältere Kinder können eigenes Handeln ersetzen durch *Denken*, das wiederum auf vorheriger Aufnahme und Verarbeitung von Informationen in der jeweiligen Situation, vorhandenem Wissen, Problemlöse- und Entscheidungsstrategien beruht (vgl. z.B. Tücke, 2003, Kapitel 4; oder: Tücke, 2005b, Kapitel 5).

Unser Denken funktioniert nicht fehlerfrei, und besonders das kindliche Denken und dessen Vorstufen sind voller charakteristischer Fehler (darauf beruhen viele „Kinderwitze"), die zeigen, dass Kinder anders an die Herausforderungen ihrer Umwelt herangehen (müssen) als Erwachsene. Das hängt damit zusammen, dass Kinder wesentliche Eigenschaften ihrer Umwelt noch nicht erkennen konnten, weil sie noch nicht über ausreichende Erfahrungen mit ihr verfügen.

Hellgard Rauh (1974) hat diese Situation sehr anschaulich beschrieben:

> „Stellen Sie sich einmal vor, Sie sollten mit Zahlen logisch umgehen; aber die Zahlen ändern plötzlich dadurch, dass Sie mit ihnen umgehen, ihre absolute Wertigkeit: 3 ist nicht mehr drei, wenn es Teil der Menge 6 ist; 3 ist mehr, wenn es aus einer großen Menge stammt, als wenn es aus einer kleinen Menge stammt. – Ein Viereck ist nicht mehr ein Viereck, sondern ein ganz anderer Gegenstand, wenn es auf der Spitze steht. Ein Draht ist nicht mehr derselbe, wenn er verbogen wird, und zwar vor Ihren Augen! – Eine Katze kann sich ohne weiteres in ein Kaninchen verwandeln oder in einen Hund. – Sogar für Sie selbst steht nicht fest, ob Sie Ihre Geschlechtszugehörigkeit stets behalten.

– Und altern tun Sie nach ganz individuellem Tempo. – Möglicherweise existieren für Sie Menschen und Dinge nur solange, wie Sie sie wahrnehmen, und lösen sich z. B. hinter einem Schirm oder unter einer Decke auf bzw. verlieren ihre Identität bei kleinen äußeren Veränderungen.

Das klingt wie ein utopischer Gruselroman. In einer solchen Welt. in der nichts sicher, nichts vorhersagbar ist, könnten wir auf die Dauer nicht leben. Ständig müssten wir mit Überraschungen rechnen. Dabei könnten wir Überraschungen als solche gar nicht erkennen, weil wir ja auch keine Regeln haben, von denen sie sich als Ausnahmen unterscheiden.

Mit großer Sicherheit war aber auch Ihr Denken einmal so oder ähnlich. Denn die aufgezählten Beispiele stammten aus Untersuchungen mit Kindern und charakterisieren kindliches Denken auf verschiedenen Entwicklungsniveaus" (Rauh, 1974, S. 215).

Damit sich Kinder in ihrer und auch später in unserer Welt zurechtfinden, brauchen sie (neben einer guten Portion Zeit) vor allem zwei Dinge:

1. *Ausreichend Raum zum Sammeln eigener Erfahrungen.* Darunter ist einerseits *physischer* (Spiel-)Raum zu verstehen, weil besonders kleine Kinder ihre Umwelt handelnd erkunden (vgl. z.B. Grude & Preuss, 1995, Kapitel 3; oder: R. Zimmer, 1993). Andererseits gehört *psychischer* Raum dazu: Raum für eigene Entscheidungen im Rahmen des Möglichen und verbindlicher, allgemein akzeptierter Grenzen und Regeln.

2. *Kompetente Anleitung und kontinuierliche Rückmeldung.* Erwachsene oder ältere Kinder haben ja schon ausgiebig Erfahrungen mit den Eigenarten und Tücken ihrer Umwelt gesammelt; die können (und sollten) sie weitergeben – zumindest als Anregung für das kleine Kind. Anleitungen können und sollen eigene Erfahrungen des Kindes nicht vollständig ersetzen, aber kleine Hinweise hier und dort, kleine Korrekturen, Ermutigungen und Warnungen können schnell und effektiv zur Erweiterung des Erfahrungsraums von Kindern beitragen.

5.5.2 Wichtige Grundbegriffe der Theorie Jean Piagets

Wenn in der Psychologie von „kognitiver Entwicklung", also der Entwicklung der Fähigkeiten zur Aufnahme und Verarbeitung von Informationen aus der Umwelt, des Wissens, Erkennens und Entscheidens, die Rede ist, wird dieser Begriff oft synonym mit „Entwicklung des Denkens" oder „Entwicklung der Problemlösefähigkeit" gebraucht. Das möchte ich auch tun. Und der Autor, der zu unseren heutigen Kenntnissen über dieses Feld wohl am meisten beigetragen und außerdem eine konsistente (allerdings schwierige) Theorie zur lebenslangen Veränderung dieses Bereichs vorgelegt hat, ist der Schweizer Biologe und Psychologe Jean Piaget (1896-1980; Abbildung 5-43 links).

Piaget war ein guter Beobachter (Abbildung 5-43 Mitte): schon im Alter von 10 Jahren veröffentlichte er einen Artikel über einen Albinospatzen, und mit 15 Jahren hatte er einige auch von Spezialisten dieses Faches hochgeschätzte Arbeiten über Weichtiere geschrieben. Sein biologischer Hintergrund trug sicher dazu bei, dass zentrale Konzepte aus Piagets Entwicklungstheorie von dort entlehnt sind. In den 20er Jahren verlagerte sich sein Interessenschwerpunkt auf die Psychologie. Wesentliche Anregungen erhielt Piaget aus der Beobachtung der Entwicklungsfortschritte seiner eigenen Kinder Jacqueline, Lucienne und Laurent (Abbildung 5-43 rechts); ihr Verhalten und ihre Äußerungen waren eine wichtige (später durch andere Beobachtungen und Untersuchungen ergänzte) empirische Basis für die Formulierung seiner allgemeinen Entwicklungsprinzipien.

Abbildung 5-43: **Jean Piaget (1896-1980; oben links) war ein guter Beobachter seiner Umgebung (Mitte) und seiner eigenen Kinder (rechts)**

Piagets Theorie der kognitiven Entwicklung nimmt eine (wichtige) Sonderstellung innerhalb der Psychologie ein: seine Konzepte entwickelte er eigenständig, und noch heute bereitet die Herstellung von Bezügen zu anderen, besonders im angloamerikanischen Sprachraum entwickelten, Ansätzen Schwierigkeiten. Außerdem war er bis ins hohe Alter wissenschaftlich sehr produktiv und hat seine (ohnehin nicht sehr exakt definierten) wichtigen Aussagen mehrfach verändert. Ich werde deshalb manches vereinfachen müssen und verweise für eine ausführlichere Darstellung auf Arbinger (1997). Vieles aus Piagets Überlegungen ist – reich bebildert – in dem anregenden Buch von Mary Sime (1978) auf den Punkt gebracht; es ist auch heute noch als ergänzende Lektüre für (zukünftige) Lehrer empfehlenswert.

Noch etwas zu Piagets Theorie: er hat praktisch für alles seine eigenen Begriffe „erfunden", die zu verstehen manchen Leuten schwer fällt. Damit Sie bei den folgenden Erläuterungen nicht den in Abbildung 5-44 dargestellten „Jargon-Schock" erleiden, empfiehlt sich die eine oder andere Tee- oder Kaffeepause. Das wirkt Wunder!

Abbildung 5-44: **Ein menschlicher Leser erleidet angesichts der komplizierten Terminologie Piagets einen Jargon-Schock** (aus: Lefrancois, 1976, S. 153)

5.5.2.1   Kognitive Schemata

Nach Piaget vollzieht sich die Denkentwicklung bei Kindern in der permanenten Interaktion zwischen Umweltgegebenheiten und im Zuge der Evolution herausgebildeten, artspezifischen Strukturen („funktionalen Invarianten"), den *kognitiven Schemata*. Das Konzept der kognitiven Schemata kann man sich am einfachsten an einem Beispiel verdeutlichen, z.B. an dem im Abschnitt 4.1.3 behandelten Saugreflex. Wenn man die Mundregion eines Neugeborenen z.B. mit dem Finger berührt, versucht es, daran zu saugen. Dieses (angeborene) kognitive Schema hat also zwei Komponenten: die *Wahrnehmung* eines adäquaten Reizes und die *Reaktion* darauf (Tabelle 4-2).

Kognitive Schemata sind zunächst relativ allgemeine Wahrnehmungs-, Verhaltens- und Denktendenzen und stehen für deren Gemeinsamkeiten: sie sind also Abstraktionen oder allgemeine Eigenschaften des Zusammenspiels eines Kindes mit seiner Umwelt und können je nach Erfordernis der Situation variieren. Bei Säuglingen umfassen die kognitiven Schemata vor allem einfache Wahrnehmungen und Reaktionen darauf. Sie verändern sich allerdings: der Saugreflex wird z.B. feiner, differenzierter und effektiver. Die Veränderungen sind nicht nur quantitativ, sondern auch qualitativ: im Lauf der weiteren Entwicklung saugt das Kind nicht mehr an allen Gegenständen, sondern bevorzugt z.B. die Brust seiner Mutter oder sein eigenes Spielzeug. Später sucht der Säugling aktiv nach der Nahrungsquelle, dreht seinen Kopf, produziert „zufriedene" Geräusche und sorgt durch effektiveren Einsatz der Lippen dafür, dass möglichst wenig Milch verloren geht. Noch später werden physische Handlungen durch symbolische ersetzt, d.h. Kinder können Handlungen auf der Vorstellungsebene durchprobieren und deren Effekte vorwegnehmen.

Die kognitiven Schemata stehen nicht unverbunden nebeneinander, sondern in wechselseitiger Beziehung zueinander, sie bilden eine immer effektiver werdende *Organisation*. So ist z.B. die Nahrungsaufnahme beim Säugling in eine Handlungskette eingebettet (Herausnehmen aus dem Bett, Wickeln, Bauchklopfen, „Bäuerchen"), die insgesamt aber auch nicht starr ist. Das Kind kann sie verändern, indem es z.B. schreit, wenn es Hunger hat, oder den Kopf abwendet, wenn es satt ist. Die Veränderung der kognitiven Schemata setzt allerdings voraus, dass das Kind relevante Umweltgegebenheiten wahrnehmen und speichern kann und dass es letztendlich in der Lage ist, Eigenschaften der Umwelt zu internalisieren und daraus ein vereinfachtes mentales Modell zu konstruieren.

Der Fortschritt des Denkens besteht in einer immerwährenden Veränderung der bereits herausgebildeten kognitiven Schemata und deren Organisation.

5.5.2.2 Äquilibration

Die Wahrnehmungs- und Handlungsmöglichkeiten des Kindes sind zunächst noch sehr eingeschränkt und einfach. Mit komplexeren Umweltanforderungen kann das Kind noch nicht fertig werden. Mit zunehmendem Alter werden die Anforderungen, die an das Kind gestellt werden und die das Kind sich selbst stellt, immer komplexer, und entsprechend müssen sich die Bewältigungsmöglichkeiten, die kognitiven Schemata also, verändern.

Piaget nennt die Weiterentwicklung der kognitiven Schemata, so dass sie immer besser auf veränderte Umweltanforderungen eingestellt werden können, *Äquilibration.* Solange die kognitiven Schemata die Umweltanforderungen erfüllen, befinden sie sich in einem Fließgleichgewicht, und es findet kein Denkfortschritt statt. Wenn sich allerdings die Gegebenheiten in einer Situation ändern, stehen die kognitiven Schemata im Ungleichgewicht mit der Umwelt und werden verändert. Die (erfolgreiche) Bewältigung dieser Ungleichgewichte bewirkt Fortschritte in der Denkentwicklung. Auch das sei an einem Beispiel verdeutlicht.

Nehmen wir einmal an, ein Kind im Kindergartenalter habe bisher ausschließlich Schuhe mit Klettverschlüssen besessen und sei damit auch gut zurechtgekommen. Mit dem Zeitpunkt der Einschulung mögen nun die Eltern ihrem Kind Sandalen mit Schnallen gekauft haben. So ohne weiteres kommt das Kind mit den neuen Verschlüssen wahrscheinlich nicht zurecht (zwischen dem entsprechendem kognitiven Schema und der Anforderung der Situation besteht ein Ungleichgewicht). Es muss vielmehr lernen, wie man Schnallen öffnet und schließt, damit das kognitive Schema „Schuhe anziehen" ergänzt und so auf einer neuen Ebene das Gleichgewicht wieder hergestellt wird.

An diesem Beispiel kann man auch Veränderungen bezüglich der Organisation kognitiver Schemata verdeutlichen. Insbesondere Mädchen bevorzugen zum Zeitpunkt der Einschulung häufig Schnürschuhe (die feinmotorischen Fähigkeiten der Jungen lassen das wohl noch nicht zu). Damit sie damit umgehen können, müssen sie lernen, eine Schleife zu binden, und dieses Wissen auch auf die neuen Schuhe anzuwenden. Das kognitive Schema „Schuhe anziehen" muss mit dem „Schleife binden" adäquat verbunden werden.

Der Äquilibrationsprozess steuert sich selbst auf Grund erlebter Diskrepanzen zwischen Umweltanforderungen und den bereits entwickelten Bewältigungsmöglichkeiten, den kognitiven Schemata. Er kommt zum Stillstand, wenn sich die Umweltanforderungen nicht mehr ändern oder wenn seitens der Umwelt nur Anforderungen gestellt werden, die mit dem vorhandenen Inventar erledigt werden können. Ob es vor diesem Hintergrund sinnvoll ist, z.B. schulische Anforderungen so zu reduzieren, dass alle Kinder ihnen auch sicher gewachsen sind, scheint mir zumindest fragwürdig.

5.5.2.3   Adaptation durch Assimilation und Akkomodation

Im vorherigen Abschnitt habe ich schon ausgeführt, dass kognitive Schemata und die Anforderungen der Umwelt entweder im Gleichgewicht oder im Ungleichgewicht sein können. Der Gleichgewichtszustand ist dabei der bevorzugte und angenehme. Bei neuen oder veränderten Umweltbedingungen verändern sich nach Piaget die kognitiven Schemata im Zuge der Äquilibration so, dass Übereinstimmung herrscht. Den Prozess der immer besseren „Passung" zwischen dem mentalen System der kognitiven Schemata und den Umweltanforderungen nennt man *Adaptation* – analog der evolutionär bedingten Adaptation, d.h. der

> „Fähigkeit von Lebewesen, sich veränderten Umweltbedingungen durch Änderung in Verhaltens- und Lebensweise" (Bertelsmann Electronic Publishing, 1997)

anzupassen.

Bei der Adaptation der kognitiven Schemata an die jeweiligen Umweltbedingungen kann man zwei Prozesse unterscheiden, nämlich:

- *Assimilation* und

- *Akkomodation.*

Bei der Denkentwicklung wirken beide Prozesse zusammen.

Unter Assimilation versteht man die Anpassung eines bereits vorhandenen kognitiven Schemas an veränderte Umweltbedingungen, unter Akkomodation die Veränderung eines kognitiven Schemas aufgrund neuer Erfahrungen mit der Umwelt. Das Zusammenwirken beider Prozesse möchte ich an einem Beispiel (Abbildung 5-45) erläutern.

Nehmen wir einmal an, die kleine Luisa hätte eine Vorstellung davon erworben, was man unter einem „Wauwau" versteht (Abbildung 5-45a); mit anderen Worten, das kognitive Schema „Wauwau" habe sich entwickelt (z.B. weil in der Nachbarschaft ein gutmütiger Wauwau ist, weil sie in ihren Bilderbüchern mehrfach auf Wauwaus gestoßen ist, weil sie sich noch daran erinnert, den Wauwau der Großeltern gestreichelt zu haben, oder weil in Walt Disneys Videokassette „Susi und Strolch" so herzige Hunde auftreten). Das kognitive Schema „Wauwau" umfasst z.B. wahrnehmbare und erschlossene Eigenschaften des Hundes (links) und Luisas Handlungsmöglichkeiten Hunden gegenüber (rechts).

Weil kognitive Schemata Abstraktionen von konkreten Erfahrungen sind, bleibt zwar ihre Struktur recht lange erhalten, aber im Einzelnen sind sie z.T. gravierenden Änderungen unterworfen. Wenn Luisa z.B. während des Urlaubs auf dem Campingplatz einen neuen, gutmütigen Hund kennen lernt, wird sie die Inhalte ihres kognitiven Schemas (Eigenschaften und Handlungstendenzen) auf den neuen Hund übertragen, den neuen Hund in ihr vorhandenes Schema assimilieren (Abbildung 5-45b). Das durch Assimilation veränderte kognitive Schema „Wauwau" umfasst nun auch den neuen Hund.

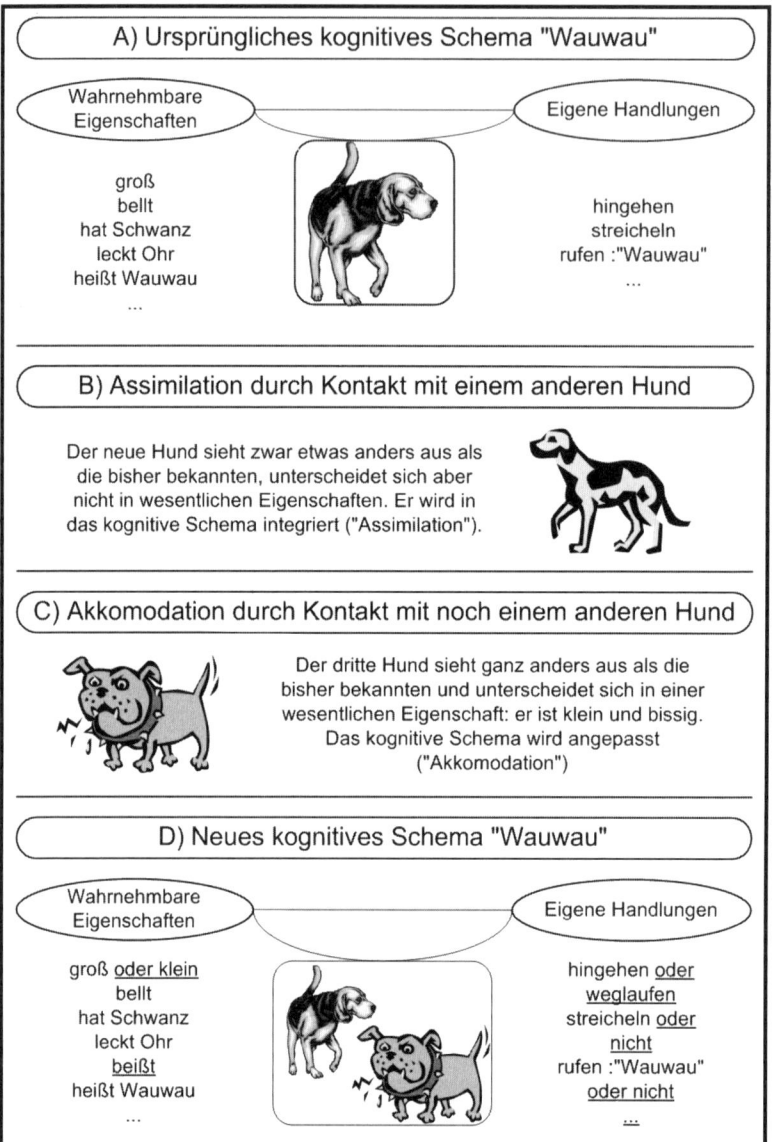

Abbildung 5-45: **Veränderung kognitiver Schemata durch Assimilation und Akkomodation**

Nach einiger Zeit kommt vielleicht ein neuer, kleinerer Hund auf dem Campingplatz an. Luisa wird sich ihm gegenüber wahrscheinlich so verhalten wie gegenüber den ihr bisher bekannten. Dieser neue Hund möge aber bissig sein und sie in die Wade kneifen. Dann wird das Kind, wenn es klug ist, sein kognitives Schema „Wauwau" durch Akkomodation so verändern, dass es den Eigenschaften von Hunden einiges für sie Unangenehme hinzufügt, und auch ihr Verhalten gegenüber diesen Tieren verändern: manchen Hunden geht man besser aus dem Weg (Abbildung 5-45c).

Resultat dieser kontinuierlichen, mannigfachen Erfahrungen mit Hunden ist ein verändertes kognitives Schema „Wauwau" (oder später „Hund"), in dem die jeweils aktuellen wesentlichen „hündischen" Eigenschaften und wichtige Verhaltensklassen diesen Tieren gegenüber zusammengefasst sind (Abbildung 5-45d). Auch das neue kognitive Schema verändert sich natürlich, wenn es (z.B. auf Grund neuer Erfahrungen mit noch mehr Hunden) nicht mehr der vom Kind erfahrenen Umwelt entspricht, wenn also das kognitive Schema und die Umwelt nicht mehr im Gleichgewicht sind.

Im obigen Beispiel ändert sich das Schema „Wauwau" durch eigene Erfahrungen; das ist schon eine einfache, wenn auch mühsame Form des „entdeckenden Lernens" (siehe z.B.: H. Gardner, 1993; oder: Kautter, Klein, Laupheimer, & Wiegand, 1988). Wesentlich effektiver ist die Anpassung kognitiver Schemata, wenn ein kundiger Erwachsener notwendige Informationen geben kann. Auch dazu ein Beispiel. Nehmen wir an, der kleine Alexander verfüge über das kognitive Schema „Muh-Kuh", in dem große, schwarz-weiße Tiere auf der Wiese enthalten sind. Wenn er nun mit anlässlich einer Fahrt ins Allgäu zum ersten Mal braun-weiße Kühe sieht, wird er vielleicht fragen: „Muh-Kuh?", und die hilfreiche Mutter könnte das bestätigen (Assimilation). Wenn dann ein braunes Pferd in Sicht kommt und Alexander wieder fragt: „Muh-Kuh?", könnte die Mutter leicht korrigieren: „Nein, Alexander, das ist ein Pferd" und damit eine Akkomodation in Gang setzen. Man sieht leicht, wie wichtig eine kontinuierliche Rückmeldung für die Denkentwicklung der Kinder ist.

5.5.2.4 Spiel und Assimilation, Nachahmung und Akkomodation

Wenn man Säuglinge und kleine Kinder beim Spielen beobachtet, so fällt auf, dass einzelne Spielsequenzen oft wiederholt werden, manchmal bis zur totalen Erschöpfung und zum Leidwesen eventueller erwachsener Spielpartner, die das vielleicht „langweilig" finden. Schon im Abschnitt 5.2.2.4 habe ich Wiederholungen im Kinderspiel am Beispiel eines Aktivierungszirkels dargestellt. In den Überlegungen Piagets kommt den spielerischen Wiederholungen von Handlungssequenzen eine wichtige Funktion bei der Stabilisierung kognitiver Schemata zu. *Wenn das kleine Kind fast stereotyp Spielsequenzen wiederholt, überwiegt die Assimilation* (Abbildung 5-46 links).

Beim Spiel bleiben oftmals die „objektiven" Eigenschaften der Spielgegenstände unbeachtet: Spielgegenstände des Kindes werden unterschiedslos in den Mund genommen (Abbildung 5-46 halblinks), eine Sandschaufel wird zum Esslöffel (Abbildung 5-46 halbrechts), ein Pappkarton wird zum Boot (Abbildung 5-9), ein Stuhl zum Schaukelpferd oder ein leer gemalter Filzstift zur Mauer einer Puppenstube. Die Unterbrechung einer Assimilationssequenz wird meist von heftigen Äußerungen des Unwillens begleitet (Abbildung 5-46 rechts). Durch diese Assimilation wird das entsprechende kognitive Schema stabiler und besser verfügbar.

Abbildung 5-46: **Bei vielen Kinderspielen überwiegt Assimilation** (Bild halb-rechts aus: H. Gardner, 1978, S. 65)

Ein weiteres im Kinderspiel schon früh und auch in der späteren Entwicklung noch sehr häufig beobachtbares Verhalten betrifft die Nachahmung. Kinder ahmen im Spiel praktisch alles nach, was ihnen begegnet: ihre Eltern (Abbildung 5-47 links und Mitte), Figuren aus dem Fernsehen (Abbildung 5-47 rechts), später ihre Lehrer. Nachahmung – auch wenn sie besonders am Anfang noch keineswegs perfekt ist – ist eine besonders effektive Art, sich neue Verhaltensweisen anzueignen oder Gegebenheiten der Umwelt zu internalisieren: *Nachahmung ist eine besonders effektive Art der Akkomodation.*

Abbildung 5-47: **Nachahmung ist eine effektive Art, kognitive Schemata durch Akkomodation zu verändern.**

Durch das Zusammenspiel von Wiederholung (Assimilation) und Nachahmung (Akko-modation) im Kinderspiel wird die kognitive Entwicklung angeregt. Spiel ist also (aus einem übergeordneten Blickwinkel betrachtet) nicht nur Vergnügen, sondern für eine ge-deihliche Entwicklung der Kinder durchaus notwendig.

5.5.2.5   Egozentrismus

Mit *Egozentrismus* wird in den Überlegungen Piagets die Tatsache bezeichnet, dass Kinder in vielen Situationen nicht in der Lage sind, sich in andere Personen hineinzuversetzen oder die Blickwinkel oder Erfahrungen anderer Menschen adäquat zu berücksichtigen. Das wird im Alltag z.B. an Bemerkungen deutlich, wie:

- „Wer von den Dinos gefällt dir denn am besten?" (Das Kind berücksichtigt nicht, dass es Leute geben könnte, die die Fernsehserie „Dinos" nicht kennen);

- „Nein, mein Bruder hat keine Schwester!" (Das kleine Mädchen bemerkt nicht, dass sie selbst die Schwester ihres Bruders ist);

- „Der Computer will nicht mehr!" (Dem Computer wird, weil er nicht mehr richtig funktioniert, analog dem eigenen Empfinden ein eigener „Wille" unterstellt[30]).

Kindlicher Egozentrismus ist ein Blickwinkel, eine Denkperspektive, die davon ausgeht, dass die Welt so ist, wie man sie selbst sieht. Dass andere Menschen andere Blickwinkel haben könnten, wird ignoriert[31]. Zum Egozentrismus des kindlichen Denkens gehört auch, dass Kinder häufig der Illusion erliegen, praktisch alles in ihrer Umwelt durch ihren eigenen Willen und ihre eigenen Interessen beeinflussen zu können: wann und wie viele „Kinder Hippos" sie essen, wer was wann mit ihnen spielt oder gar den auf dem Sofa schlafenden Dackel, der die angebotenen „Hippo"-Reste partout nicht fressen will, sondern leckere Landleberwurst bevorzugt.

Abbildung 5-48:   **Beispiel für Egozentrismus im kindlichen Denken.** Ein Kind „versteckt" sich vor anderen, indem es sich selbst ein Tuch vor die Augen legt (aus: Sheppard & Willoughby, 1975, S. 237)

Dass kindliches Denken über große Zeitspannen hinweg vom Bezug auf die eigene Perspektive geprägt ist, bedeutet aber nicht, dass Kinder überhaupt nicht in der Lage sind, Blickwinkel anderer Menschen zu übernehmen: Kinder können anderen helfen, wenn es

---

[30] Das sollen ja manche Erwachsene auch tun, wenn sie mit komplizierten, „eigenwilligen" Computerprogrammen nicht zurechtkommen...

[31] Auch hier soll es ja Erwachsene geben, die sich ebenso verhalten...

nötig ist (Abbildung 5-49 links). Dazu gehört allerdings, dass sich Erziehungsberechtigte die Mühe machen, die Imitationsfähigkeiten der Kinder zu nutzen und gezielt einzusetzen. Das kann man z.B. in der Familie machen, indem man auch kleinen Kindern kleine Pflichten überträgt (Hilfe beim Aufräumen oder Tischdecken; Abbildung 5-49 halblinks). Im Kindergarten können Kinder an Gemeinschaftsaufgaben beteiligt werden (Abbildung 5-49 halbrechts), und in der (Vor-)Schule können kleinere Kinder von älteren Schülern lernen (Abbildung 5-49 rechts). Allerdings setzt das voraus, dass Eltern und andere Betreuer dem Abbau des egozentrischen Denkens auch einen Wert beimessen und die Fähigkeit der Kinder, sich in andere hineinzuversetzen, aktiv unterstützen. So wurde mir, wenn ich z.B. ein Stück Schokolade von meinen Eltern bekam und „vergaß", meinen Spielkameraden etwas abzugeben, gesagt, dass ihnen „das Herz blutet". Und wenn wir in der Grundschule dabei erwischt wurden, dass wir z.B. Butterbrotpapier fallengelassen hatten, wurde uns gesagt, dass der Hausmeister das ja jetzt für uns wegmachen müsste. Wenn allerdings immer wieder die Wichtigkeit der eigenen Perspektive betont wird, muss man sich nicht wundern, wenn Kinder auch später in der Schule nur eingeschränkt lernen, andere Blickwinkel zur Kenntnis zu nehmen und auch zu respektieren.

   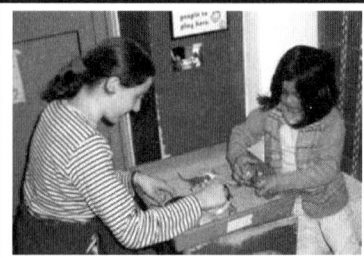

Links:	*Dieser vierjährige Junge geht auf die Bedürfnisse seiner zweijährigen Schwester ein: er wischt ihren Mund ab.*
Halblinks:	*Der dreijährige Junge „hilft" seiner Mutter beim Tischdecken.*
Halbrechts:	*Der serbische Junge hilft beim Renovieren seines Kindergartens.*
Rechts:	*Die ältere Schülerin hilft einem Vorschulkind.*

Abbildung 5-49: **Der Egozentrismus im kindlichen Denken hat Ausnahmen und Grenzen** (Bild links aus: Berk, 1991, S. 231)

Neuere, gut kontrollierte Untersuchungen haben dazu geführt, dass einige der Ausführungen Piagets revidiert oder ergänzt werden müssen. Auf einige dieser Punkte gehe ich in Abschnitt 5.5.4 ein. Allerdings schmälern diese neueren Erkenntnisse Piagets Verdienst für die Untersuchung der Entwicklung des kindlichen Denkens und seine Bedeutung für die Entwicklungspsychologie kaum; seine zentralen Konzepte erweisen sich insbesondere im erzieherischen und schulischen Feld nach wie vor als aktuell und brauchbar.

Denkentwicklung ist nach Piaget in großen Teilen eine Lösung aus der eigenen, beschränkten Perspektive hin zur Fähigkeit, Perspektiven anderer Menschen wahrzunehmen. Dazu gehört auch, dass man akzeptiert, dass es Dinge zwischen Himmel und Erde gibt, die dem eigenen Einfluss entzogen sind. Den allmählichen Prozess, den eigenen Standpunkt, eigene Wahrnehmungen, das eigene Wissen und die eigenen Fähigkeiten nicht mehr als Nabel der Welt, als ausschließlichen Ausgangspunkt für eigene Überlegungen und Handlungen zu machen, nennt Piaget *Dezentrierung*. Es ist ein weiter Weg dahin, mit vielen Dornen. Wesentliche Stationen bis ca. zum Schuleintritt möchte ich in den folgenden Abschnitten nachzeichnen.

5.5.3   Entwicklungsstadien in der Vorschulzeit

Das kindliche Verhalten und Denken ist geprägt durch charakteristische „Fehler" und Einschränkungen, die Erwachsene manchmal „witzig" finden, manchmal nicht nachvollziehen können und manchmal ungerechterweise bestrafen. Die wichtigsten Ursachen dafür, dass Denken und Handeln kleiner Kinder anders verlaufen als bei Erwachsenen, ergibt sich schon aus den Ausführungen von Rauh (1974) im Abschnitt 5.5.1. Ausgehend von diesen charakteristischen Merkmalen des kindlichen Denkens und Handelns unterscheidet Piaget vier qualitativ wohl unterschiedene Entwicklungsstadien:

1. Das *Stadium der sensumotorischen Intelligenz*, das die Altersspanne von der Geburt bis ca. dem Ende des zweiten Lebensjahres umfasst[32];

2. Das *Stadium des voroperatorischen Denkens* im Alter von ca. zwei Jahren bis zur Einschulung;

3. Das *Stadium der konkreten Operationen*, das den Zeitraum von der Einschulung bis ungefähr zur Pubertät umfasst;

4. Und schließlich das *Stadium der formalen Operationen*, das sich von der Pubertät bis zum Erwachsenenalter erstreckt.

Die beiden ersten Stadien der kindlichen Denkentwicklung diskutiere ich in den folgenden Abschnitten; die beiden anderen werden in den Abschnitten 6.2 und 7.3 dargestellt.

5.5.3.1   Stadium der sensumotorischen Intelligenz

Das Stadium der sensumotorischen Intelligenz umfasst nach Piaget ungefähr den Zeitraum von der Geburt bis zum Ende des zweiten Lebensjahres und ist vom Erwerb und der Verfeinerung ganz wesentlicher psychischer Grundleistungen gekennzeichnet.

5.5.3.1.1   Psychische Grundleistungen während des sensumotorischen Stadiums

In den ersten Lebensmonaten verschafft sich das Kind einen Überblick über seine Umwelt – unter Einsatz seiner (noch stark eingeschränkten) Wahrnehmungs- und Handlungsmög-

---

[32] Die Altersangaben sind mit äußerster Vorsicht zu genießen. Es gibt auch bei der Denkentwicklung große individuelle Unterschiede, bessere Ausbildungsmöglichkeiten sind nicht ohne Einfluss, und letztendlich beruhen die Altersangaben Piagets auf älteren Beobachtungen.

lichkeiten, also seiner kognitiven Schemata. Es schafft sich so unerlässliche Voraussetzungen für seine weitere kognitive Entwicklung.

Kreisreaktionen. Die ersten Interaktionen eines Kindes mit seiner Umwelt sind relativ einfache motorische Reaktionen auf Umweltreize. Es sind anfangs im Wesentlichen motorische Abläufe, die das zugrunde liegende kognitive Schema herausbilden und stabilisieren. Sie laufen zunächst ziemlich stereotyp ab und wiederholen sich. Später werden diese Abläufe variabler und zielgerichtet; sie werden dann auch vom Kind bewusst herbeigeführt und den jeweiligen Umständen immer besser angepasst (Abbildung 5-50).

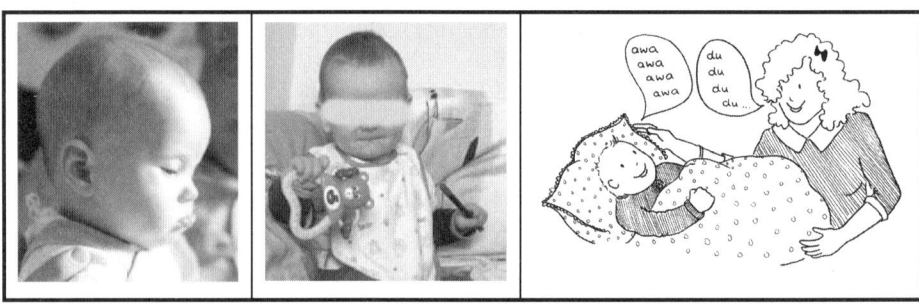

Abbildung 5-50:   **Beispiele für Kreisreaktionen: Produktion von Speichelblasen (links), Rassel (Mitte), Lallmonologe (rechts)** (Bild rechts aus: Radigk, 1982b, S. 13)

Abbildung 5-51:   **Klara (links) greift zielstrebig nach der Tasse, das Mädchen in der Mitte und rechts wirft zielgerichtet seine Rassel auf den Boden, um zu sehen was passiert** (Bilder Mitte und rechts aus: Hetherington & Parke, 2003, S. 328)

Zielgerichtetes Verhalten. Mit zunehmender Erfahrung wird das Verhalten des Kindes zielgerichteter: es greift nicht nur reflexiv oder mehr oder weniger zufällig nach einer Rassel, die ihm in die Hand gegeben wird, sondern greift bereits danach, wenn es sie sieht. Auch andere Objekte und Gegebenheiten in der Umwelt werden aktiv erkundet (Abbildung 5-51).

Objektpermanenz. Wenn ca. in den ersten vier Lebensmonaten ein Gegenstand aus dem Blickwinkel eines Kindes verschwindet (z.B. weil es seine Rassel wegwirft oder weil die Mutter ihr Gesicht vom Kinderwagen zurückzieht), zeigt es in dieser Zeit kein Suchverhalten: weder dreht es den Kopf noch zeigt es Symptome, dass ihm der entsprechende Gegenstand fehlt. Es spricht einiges dafür, dass zu dieser Zeit das Kind noch nicht weiß, dass ein Gegenstand auch dann existiert, wenn er aus dem Wahrnehmungsfeld verschwunden ist – etwa nach dem Motto: „Aus dem Auge, aus dem Sinn" (vgl. Abbildung 5-52). Für das Wissen, dass Gegenstände unserer Umwelt auch dann existieren, wenn wir sie nicht wahrnehmen (weil sie z.B. hinter einer Tür, einem Vorhang oder in einem Kasten verborgen sind), hat Piaget den Begriff der „Objektpermanenz" geprägt. Objektpermanenz ist eine wesentliche Voraussetzung für symbolisches Denken und bildet sich ca. ab dem achten Lebensmonat heraus.

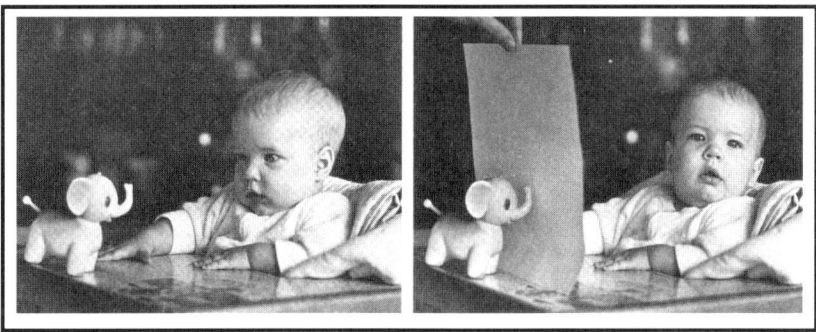

Abbildung 5-52: **Bei diesem Säugling ist die Objektpermanenz noch nicht aus-gebildet** (aus: H. Gardner, 1978, S. 78)

5.5.3.1.2   Verlauf der Denkentwicklung in den beiden ersten Lebensjahren

In seinem Buch „Das Erwachen der Intelligenz beim Kinde" unterscheidet Piaget (1973) im Stadium der sensumotorischen Intelligenz sechs relativ gut voneinander abgrenzbare Sub-stadien:

1. *Übung und Perfektionierung angeborener Reflexe (Geburt bis ca. 1 Monat)*
    Wie in Abschnitt 4.1.3 dargestellt, kommt das Neugeborene mit einer Reihe von Reflexen auf die Welt, die in den ersten Tagen praktisch das gesamte Verhaltens-inventar bilden. In den ersten Tagen und Wochen nach der Geburt wird dies Ver-halten eingeübt und perfektioniert. So wird z.B. nach dem wiederholten Anlegen des Kindes an die Brust das Saugen immer effektiver: es fließt weniger Milch vor-bei, die Saugbewegungen werden regelmäßiger und der Lippendruck nimmt zu. Auch Suchverhalten nach der Brust lässt sich erkennen. Das Verhalten des Kindes bleibt aber zunächst reflexgesteuert (Abbildung 5-53 links).

2. *Primäre Kreisreaktionen (ca. 1 bis ca. 4 Monate)*
    Die ersten Anzeichen für Lernen treten auf: erfolgreiches Verhalten wird wieder-holt und auf neue Situationen angewandt. So saugt das Kind nicht nur an der

Brustwarze oder an der Flasche, die ihm hingereicht wird, sondern am Daumen, den es vielleicht zufällig an seine Lippen geführt hat. Erste Antizipationen treten auf: erblickt der Säugling z.B. den Löffel, mit dem er normalerweise seinen Brei isst, oder die Brust der Mutter, so öffnet er schon den Mund, bevor der Löffel oder die Brustwarze seine Lippen berührt. Ein typisches Beispiel für primäre Kreisreaktionen ist auch das Daumenlutschen (Abbildung 5-53 Mitte).

In dieser Phase zeigt der Säugling – wie bereits oben gesagt – allerdings noch kein aktives Suchverhalten nach Dingen, die aus seinem Wahrnehmungsfeld verschwinden: es gibt keine Anzeichen für Objektpermanenz (Abbildung 5-52).

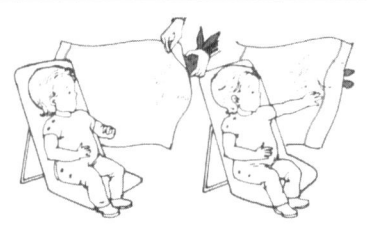

Links: Durch Wiederholung wird das Saugen immer effektiver (aus: H. Gardner, 1978, S. 61).
Mitte: Daumenlutschen ist eine typische primäre Kreisreaktion.
Rechts: Sekundäre Kreisreaktionen: Suchen nach teilweise versteckten Gegenständen beginnt (aus: Fischer & Lazerson, 1984, S. 227)

Abbildung 5-53: **Perfektionierung angeborener Reflexe (links), primäre (Mitte) und sekundäre Kreisreaktionen (rechts)**

3. *Sekundäre Kreisreaktionen (ca. 4 bis 8 Monate)*
   Die Verhaltensweisen des Kindes sind jetzt schon zielgerichtet. Sie beziehen sich nicht nur (wie im 2. Substadium) auf den eigenen Körper, sondern auf Objekte der Umwelt. Dadurch entdeckt das Kind erste Ursache-Wirkungs-Beziehungen, und erfolgreiche Verhaltensweisen können gezielt wiederholt werden, damit so erwünschte Zustände aufrechterhalten werden.

   Anfänge der Objektpermanenz zeigen sich: die Kinder suchen aktiv nach Gegenständen, allerdings nur, wenn sie teilweise sichtbar sind (Abbildung 5-53 rechts).

4. *Koordination der sekundären Kreisreaktionen und deren Anwendung auf neue Situationen (ca. 8 bis 12 Monate)*
   Kinder in diesem Stadium perfektionieren zielgerichtetes Verhalten und kombinieren verschiedene Verhaltensmöglichkeiten, um ein bestimmtes Ziel zu erreichen. Z.B. könnte das Kind gezielt ein Hindernis (z.B. den Arm des Vaters, der vor der Lieblingspuppe liegt) beseitigen, das es daran hindert, an ein bevorzugtes Spielzeug (die Puppe) zu gelangen und damit zu spielen: in diesem Beispiel würden das kognitive Schema „Hindernisbeseitigung" (Arm), „Greifen" (nach der Puppe) und „Spielen" (mit der Puppe) zielgerichtet aufeinander bezogen.

Die Objektpermanenz wird weiter vervollkommnet, ist allerdings noch unvollständig: wenn man ein beliebtes Spielzeug für das Kind sichtbar z.B. sukzessive von einer Schachtel in die nächste steckt, sucht das Kind da, wo das Spielzeug verschwunden ist, und nicht dort, wo es zuletzt gesehen wurde (Abbildung 5-54 oben).

5. *Tertiäre Kreisreaktionen (ca. 12 bis 18 Monate)*
   Das Kind beginnt, mit seinen neuen kognitiven Schemata (es beginnt zu laufen und zu sprechen) zu experimentieren. Z.B. können Kinder verschiedene Spielzeuge (etwa einen Bauklotz, einen Ball oder einen Flumi) auf den Boden werfen und dabei prüfen, ob und wie er zurückspringt. Der Fortschritt gegenüber Substadium 4 besteht darin, dass Kinder ihr neues Verhaltensinventar nicht mehr primär als Selbstzweck einsetzen, sondern um gezielt die Wirkungen auf die Umwelt zu prüfen. Damit bekommen sie Einsicht in Ursache-Wirkungs-Beziehungen.

   Die Objektpermanenz entwickelt sich weiter: wenn man jetzt einen Gegenstand vor den Augen des Kindes nacheinander in drei verschiedenen Kästchen versteckt, sucht es im letzten Kasten. Wenn es ihn dort nicht findet, sucht es allerdings in der Regel nicht weiter (Abbildung 5-54 unten).

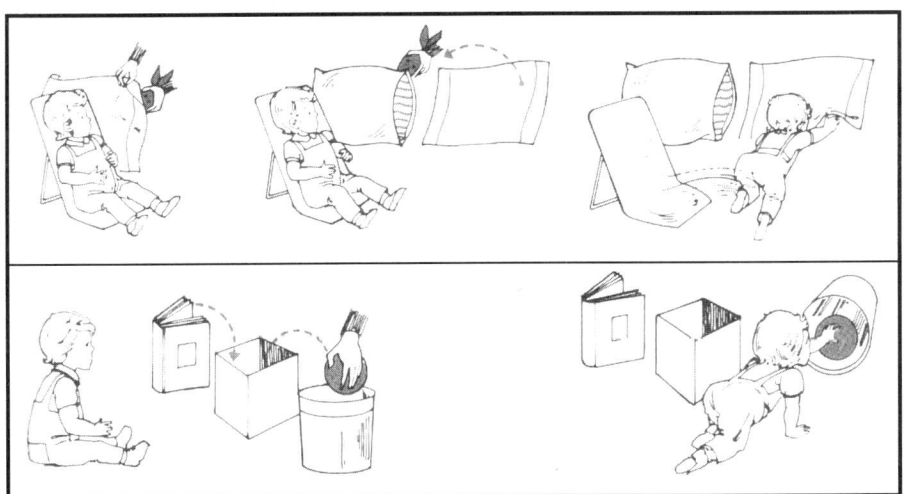

Abbildung 5-54:   Koordination sekundärer Kreisreaktionen (oben) und tertiäre Kreisreaktionen (unten)

6. *Beginn des symbolischen Denkens*
   Die Kinder haben laufen und sprechen gelernt, können Fotos „entschlüsseln" und z.B. im Spiel einfache Symbole gebrauchen (Abschnitt 5.2.3; Abbildung 5-9). Die Symbole sind austauschbar; z.B. kann der Bahnhof der „Playmobil"-Eisenbahn, der gerade woanders gebraucht wird, durch einen Pappkarton ersetzt werden, und die nicht auffindbare Trillerpfeife für das Zugpersonal wird durch ein lautes „Tüü-üüt" ersetzt.

Die verwendeten „Symbole" werden durchaus korrekt eingesetzt: die Puppe erhält ihren Gute-Nacht-Kuss und darf dann nicht mehr gestört werden, weil sie sonst wach wird, und die Untersuchungen beim Kinderarzt werden unter Einsatz von Wasser, Bleistiften, Stühlen u.a. nachgespielt.

Zu dieser Zeit ist die Objektpermanenz fast vollständig entwickelt: wenn man vor dem Kind etwas versteckt, sucht es nicht nur dort, wo der Gegenstand verschwunden ist, sondern auch in der Umgebung (Abbildung 5-55).

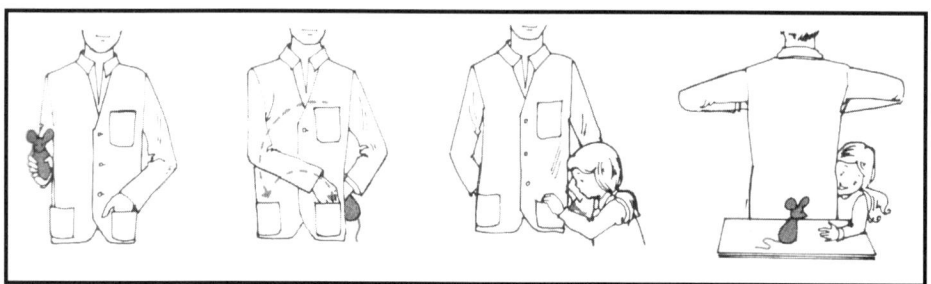

Abbildung 5-55: **Beginn des symbolischen Denkens**. Nach versteckten Gegenständen sucht das Kind jetzt auch an ungewöhnlichen Orten (aus: Fischer & Lazerson, 1984, S. 227)

5.5.3.2   Stadium des voroperatorischen Denkens (ca. 2 bis 7 Jahre)

Mit dem Ende des zweiten Lebensjahres vervollkommnen sich die Fähigkeiten der Kinder, mit Symbolen umzugehen. Ihre Vorstellungen von der Umwelt in Form der durch fortwährende Assimilation und Akkomodation veränderten kognitiven Schemata werden immer realistischer. Sie werden unabhängiger von ihren konkreten motorischen Handlungen, weil sie im Spiel oder bei der Bearbeitung von Problemen immer mehr auf ihre eigenen Erfahrungen zurückgreifen können, die Wirkungen ihrer Handlungen in begrenztem Umfang vorhersehen können, ohne konkret zu handeln, und weil sie ein grundlegendes Verständnis von Raum und Zeit erworben haben, das es ihnen erlaubt, komplizierte Verhaltensweisen räumlich und zeitlich zu koordinieren. Das kindliche Denken wird insgesamt immer unabhängiger vom Handeln und kann effektiv auch dort eingesetzt werden, wo sich konkretes Handeln verbietet: z.B. kann im Illusionsspiel durchaus ein imaginäres Haus in Brand gesetzt und dann wieder gelöscht werden, was im realen Handeln an den Verboten der Eltern scheitert (hoffentlich).

Allerdings haben Kinder im Vorschulalter noch einige Probleme, ihre kognitiven Schemata mit der realen Umwelt ins Gleichgewicht zu bringen: ihr Denken unterliegt noch charakteristischen Einschränkungen. Die Kinder sind erst ca. mit dem Zeitpunkt der Einschulung in der Lage, logische, formale und organisierte Prozesse („Operationen") zu vollziehen, die für unser Denken so elementar sind: ihr Denken ist voroperatorisch (präoperativ).

Die wichtigsten der im Vorschulalter zu beobachtenden Eigenarten des kindlichen Denkens stelle ich im Folgenden vor. Das Stadium des voroperatorischen Denkens ist übrigens eine der am besten untersuchten Phasen des kindlichen Denkens und wohl auch eine der interessantesten und witzigsten.

5.5.3.2.1   Voroperatorischer Egozentrismus

Die weitgehende Unfähigkeit der Kinder, sich in andere hineinzuversetzen und Blickwinkel und Perspektiven anderer zu übernehmen, wurde schon im Abschnitt 5.5.2.5 als „Egozentrismus" des kindlichen Denkens vorgestellt. Die wohl bekannteste Anordnung zu seiner Untersuchung ist der in Abbildung 5-56 dargestellte „3-Berge-Versuch".

> „Dem Kind wird ein Landschaftsmodell mit drei Bergen gezeigt, dazu Ansichten des Modells in Form von Fotos von verschiedenen Seiten. Das Kind bekommt das Gebirge von allen Seiten aus zu sehen und kann die dazugehörigen Ansichtskarten auswählen; dann wird eine Puppe an eine Position gesetzt, die nicht der gegenwärtigen Position des Kindes selbst entspricht, und das Kind soll das Bild zeigen, das die Puppe jetzt sieht" (Wendt, 1997, S. 299).

Abbildung 5-56:   **Der 3-Berge-Versuch zur Untersuchung des voroperatorischen Egozentrismus** (Bild nach: Shaffer, 1999, S. 243). Erläuterungen im Text

Ein Kind in diesem Entwicklungsstadium wählt überwiegend die Ansicht aus, die es selbst auf die „Berglandschaft" hat, obwohl es vorher die Ansicht der Puppe gesehen hat. Kinder meinen offenbar, dass andere die Dinge ebenso sehen wie sie selbst.

5.5.3.2.2   Animistisches Denken und falsche Generalisierungen

Bei Kindern im Vorschulalter ist es nicht selten, dass sie unbelebten Gegenständen Merkmale der belebten Natur unterstellen, wie die folgenden Beispiele aus Montada (1995a, S. 523) zeigen:

Mit 4;6 sagt J.: „Die Wolken gehen sehr langsam, weil sie keine Füße und Beine haben: Sie machen sich lang wie Würmer und die Raupen, daher gehen sie so langsam."

Noch mit 6;5 sagt sie, als die Tür des Hühnerstalles vom Wind zugeschlagen wird und sie vor Schreck aufschreit: „Er ist böse, der Wind, er macht uns Angst." „Aber nicht absichtlich?" „Doch absichtlich. Er ist böse, er hat gesagt, dass wir böse waren." „Aber weiß der Wind, was er tut?" „Er weiß, dass er bläst."

Auch der folgende Dialog eines Erwachsenen (E) mit einem dreijährigen Kind (K) offenbart animistische Deutungen:

E: Geht es deiner Puppe Lucia heute gut?
K: Das ist keine Puppe. Lucia ist mein Kind. Ich habe 21 Kinder.
E: Und geht es Lucia heute gut?
K: Nein. Sie fühlt sich nicht wohl.
E: Und warum?
K: Weil sie heute zum Arzt muss. Deswegen weint sie.
E: Und dein Puppenwagen?
K: Der weint auch.

Animistisches Denken ist nur ein Merkmal für die Tendenz vieler Vorschulkinder, für sie eigentlich noch nicht Erklärbares aus ihrer Umwelt mit ihren eigenen Erfahrungen zu erklären: so wird etwa von einer Treppenstufe, über die das Kind stolpert, gesagt, der böse Zwerg Fuzzi habe sie dorthin getan, damit die kleine Anna stolpert (*finalistisches Denken*), oder eine Tochter Piagets erklärt die Entstehung eines Berges damit, dass jemand einen kleinen Stein dorthin geworfen habe, der dann zu dem Berg herangewachsen sei (*artifizialistisches Denken*).

Die angeführten Deutungen sind (betrachtet aus der Erwachsenenperspektive) falsche Generalisierungen der kindlichen Erfahrungen, also falsche Assimilationen. Sie hängen mit dem noch unvollständigen Wissen der Kinder und ihrem begrenzten Erfahrungsschatz zusammen.

5.5.3.2.3 Zentrierung auf ein Merkmal

Eine wesentliche Einschränkung des voroperatorischen Denkens besteht darin, dass es Kindern nicht gelingt, zwei verschiedene Aspekte einer Situation gleichzeitig zu bedenken. Das kann man z.B. mit Hilfe der in Abbildung 5-57 dargestellten Anordnung prüfen. Wenn Vorschulkinder angeben sollen, wie sich z.B. Orangensaft in einer undurchsichtigen Flasche verteilt, wenn man sie kippt, so erhält man meist eine der in Abbildung 5-57 gezeigten skurrilen Antworten. Die kleinen Kinder schaffen es offensichtlich (noch) nicht, in ihrer Vorstellung die Flaschen als Gefäß und die darin befindliche Flüssigkeit als unabhängig voneinander zu betrachten: der Flüssigkeitsspiegel verläuft immer parallel zum Flaschenboden, und die Flüssigkeit scheint unten in der Flasche quasi festgeklebt.

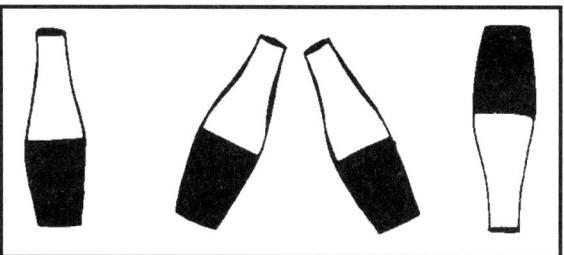

Abbildung 5-57: **Von Vorschulkindern vermutete Flüssigkeitsstände in einer undurchsichtigen Flasche** (aus: Rübeling & Schweißgut, 1997, S. 68). Erläuterungen im Text.

Auch die im Abschnitt 5.5.3.2.9 dargestellten Einschränkungen bei verschiedenen Erhaltungsaufgaben (Tabelle 5-16) sind auf die Zentrierung auf ein besonders ins Auge fallendes Merkmal zurückzuführen.

5.5.3.2.4 Eingeschränktes Verständnis von Transformationen

Vorschulkinder haben offensichtlich Probleme, Prozesse und Abläufe, die sich vor ihren Augen abspielen, nachzuvollziehen. Das kann man mit der in Abbildung 5-58 dargestellten einfachen Anordnung prüfen. Man stellt vor dem Kind einen Bleistift oder einen dünnen Stab senkrecht hin, so dass er umfällt, wenn man ihn loslässt. Diese Anordnung charakterisiert eine Transformation: der zunächst senkrecht stehende Stab durchläuft sukzessiv mehrere Neigungszustände, bis er schließlich waagerecht auf dem Tisch liegt.

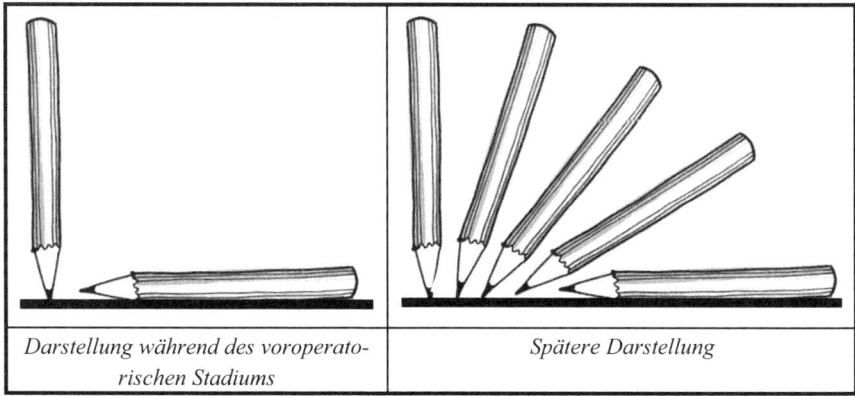

| *Darstellung während des voroperatorischen Stadiums* | *Spätere Darstellung* |

Abbildung 5-58: **Zentrierung auf Zustände statt auf Transformationen**

Bittet man Vorschulkinder und ältere Kinder oder Erwachsene, den gesehenen Vorgang darzustellen (die künstlerische Qualität der Zeichnung spielt keine Rolle), so zeichnen Vorschulkinder nur den Ausgangszustand und den Endzustand auf (Abbildung 5-58 links), während später auch ausgewählte Übergangsstadien dargestellt werden (Abbildung 5-58 rechts). Man kann diesen Befund vielleicht so interpretieren, dass Vorschulkinder bei dieser Anordnung das darstellen, was sie sehen, während später das dargestellt wird, was man weiß oder erschlossen hat.

5.5.3.2.5   Irreversibilität

Kinder im voroperatorischen Stadium denken in eine Richtung: ihr Denken ist irreversibel. Das bedeutet, dass sie einen Vorgang, den sie in der Realität beobachtet oder mental konstruiert haben, nicht ohne weiteres mental rückgängig machen können, um so zur Ausgangssituation zurückzukehren. Wäre das möglich, so dürften einige der bei den im Abschnitt 5.5.3.2.9 skizzierten Probleme nicht auftreten. Die Kinder müssten dann z.B. erkennen, dass – wenn man das Wasser bei den Umfüllaufgaben wieder in das Ausgangsgefäß zurückschüttet – dort die ursprüngliche Füllhöhe wieder hergestellt wird: in beiden Gläsern muss sich also dieselbe Flüssigkeitsmenge befinden, ob man sie in unterschiedlich geformte Gläser umschüttet oder nicht. Kinder müssten dann auch in der Lage sein, z.B. ein zerbrochenes Gefäß mental wieder zu rekonstruieren (Abbildung 5-59 links und Mitte links). Mangelnde Einsicht in die Reversibilität von Handlungen und Vorgängen ist wohl auch ein Grund dafür, dass Kinder ihr Spielzeug zwar leicht zerlegen, aber ohne Hilfe oft nicht mehr zusammensetzen können. Aber auch Erwachsene haben ja manchmal Probleme, Scherben wieder zusammensetzen – insbesondere dann, wenn – z.B. bei archäologischen Ausgrabungen – wesentliche Teile fehlen (Abbildung 5-59 rechts).

Abbildung 5-59:   **Irreversibilität.** Links: Kindern im voroperatorischen Stadium fällt es schwer, die Ergebnisse ihres Handelns und Denkens an den Anfang zurückzuverfolgen. Rechts: Rekonstruktion einer Amphore

5.5.3.2.6   Intuitives Denken

Diskussionen mit Kindern im Vorschulalter sind für Erwachsene manchmal frustrierend: sie erscheinen manchmal rechthaberisch oder sagen ab und an etwas, was der „objektiven" Wahrheit widerspricht[33]. Bevor sie in die Schule kommen, lernen sie schon so viel Neues,

---

[33] Jean Piaget hat sich im Rahmen seiner Überlegungen zur Entwicklung des moralischen Urteils bei

dass sie mit ihren begrenzten Erklärungsmöglichkeiten einfach nicht nachkommen. Wenn sie dann etwas erklären sollen, was sie eigentlich noch nicht wissen oder kennen, konstruieren Sie sich u.U. adäquate Erklärungsmuster. Wir abgeklärten Erwachsenen würden sie vielleicht „Ausreden" nennen. Die schon im Abschnitt 5.5.3.2.2 dargestellten Erklärungen für Naturphänomene gehören genauso dazu wie geradezu groteske Übertreibungen („Heute habe ich im Zoo den größten Elefanten der Welt gesehen").

Wenn man die Erklärungen der Kinder anzweifelt, beharren sie meist auf ihren Behauptungen (ihr Denken ist eben noch nicht reversibel) oder legen sich ihre Umwelt so zurecht, wie es ihnen in den Kram passt. Das kann man sehr schön mit der in Abbildung 5-60 gezeigten Anordnung zeigen.

In einem Raum sind möglichst weit voneinander entfernt die abgebildeten Türme aus je sechs Klinkersteinen aufgebaut. Ein Turm sei aus Klinkern im etwas größeren deutschen Normalformat, der andere aus sechs Klinkern im gebräuchlichen, kleineren niederländischen Waalformat gebaut. Die unterschiedlichen Turmhöhen sind in der Abbildung übertrieben dargestellt; sie sind erst „auf den zweiten Blick" sichtbar. Wichtig ist bei der Anordnung, dass die Kinder beide Türme nicht unmittelbar vergleichen können. Die Kinder werden nun gefragt, ob die Türme gleich hoch sind oder ob einer höher sei. Die meisten Vorschulkinder werden die Klinker zählen und antworten: „Die Türme sind beide gleich hoch". Als Begründung geben sie an, dass beide aus sechs Steinen gebaut seien. Wenn man ihnen nun ein Seil zum Kontrollieren der Turmhöhe an die Hand gibt, kommt es vor, dass sie das Seil am rechten Turm locker lassen und weiterhin behaupten, die Türme seien gleich hoch (vgl. Arbinger & Reither, 1973).

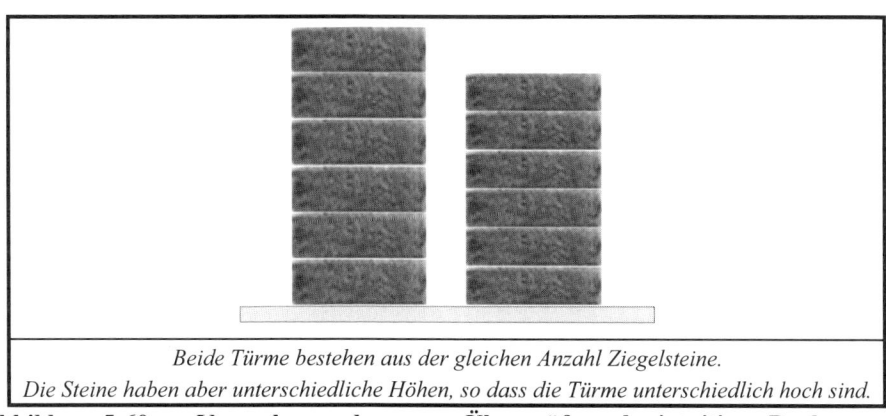

Beide Türme bestehen aus der gleichen Anzahl Ziegelsteine.
Die Steine haben aber unterschiedliche Höhen, so dass die Türme unterschiedlich hoch sind.

Abbildung 5-60: **Versuchsanordnung zur Überprüfung des intuitiven Denkens**

Kindern auch mit dem Problem befasst, wie Kinder Unwahrheiten oder gar absichtliche Lügen bewerten. Aus Raumgründen möchte ich hier darauf nicht weiter eingehen und kann interessierten Lesern die Arbeit von Wimmer & Gruber (1986) empfehlen.

5.5.3.2.7   Probleme bei der Herstellung von Rangordnungen („Seriationen")

Fordert man Vorschulkinder auf, eine Reihe von Gegenständen zu ordnen, so bereitet ihnen das auch dann Schwierigkeiten, wenn sie nur ein Merkmal beachten sollen. Zeigen kann man diese noch nicht vollständige Ausbildung der Fähigkeit zur „Seriation"[34] z.B. an Hand der Aufgabe, Stäbe der Größe nach zu ordnen (Abbildung 5-61).

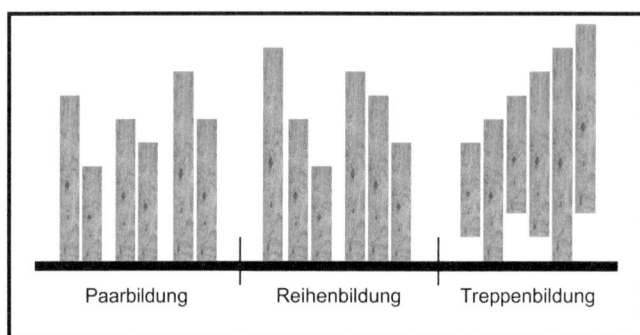

Abbildung 5-61:   **Beispiele für unvollständige Seriationen** (nach: Montada, 1995a, S. 533; leicht verändert)

Im Vorschulalter ordnen Kinder eine größere Anzahl verschieden langer Stäbe nicht in einer vollständigen Rangreihe an, sondern bilden z.B. Paare oder Tripel (Abbildung 5-61 links bzw. Mitte). Später können auch Treppenbildungen (Abbildung 5-61 rechts) beobachtet werden, in denen die obere Kante zwar fein säuberlich geordnet erscheint, aber die untere Kante ausgefranst ist: die Kinder konzentrieren sich offenbar nur auf die obere Kante.

5.5.3.2.8   Unvollständige Hierarchisierung von Begriffen

Weil Kinder im voroperatorischen Stadium ihrer Denkentwicklung noch nicht über alle notwendigen logischen Operationen verfügen, haben sie Probleme bei der Kategorisierung von Gegenständen, insbesondere wenn die Kategorien hierarchisch angeordnet sind. Die Probleme werden offenbar an der berühmten Anordnung Piagets zur „Klasseninklusion" (Abbildung 5-62).

Kindern werden z.B. Bilder von 12 alltäglichen Dingen (im Beispiel: Äpfel) vorgelegt, die alle derselben Kategorie angehören (Äpfel), sich aber in einem Merkmal unterscheiden (z.B. in der Farbe). Es gibt – auf einen Blick erkennbar – mehr rote als grüne Äpfel. Zunächst werden die Kinder gebeten, die grünen bzw. die roten Äpfel zu zeigen. Diese Aufgabe bewältigen sie korrekt. Wenn man nun Kinder fragt, ob sie auf den Bildern mehr „rote Äpfel" oder mehr „Äpfel" sehen, bekommt man von Vorschulkindern einigermaßen regelmäßig die Antwort: „Mehr rote Äpfel". Die Kinder beachten die hierarchische Schachtelung nicht ausreichend. Sowohl grüne als auch rote Äpfel gehören zu den Äpfeln: es gibt

---

[34] Tut mir leid – das Fachvokabular Piagets ist halt umfangreich und schwierig...

also mehr Äpfel als rote Äpfel. Auch auf Nachfrage hin korrigieren kleinere Kinder ihr Urteil in der Regel nicht – selbst wenn sie auf die hierarchische Beziehung zwischen roten und grünen Äpfeln und Äpfeln ausdrücklich hingewiesen werden.

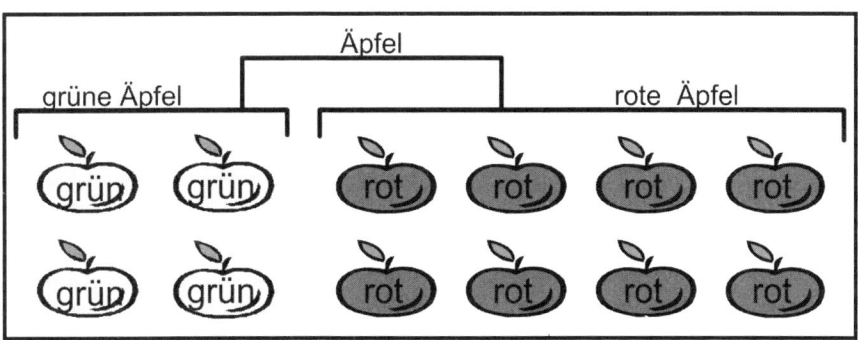

Abbildung 5-62: **Klasseninklusion.** Vorschulkinder haben Probleme mit der hierarchischen Ordnung von Begriffen.

5.5.3.2.9   Unvollständige Einsicht in die Erhaltung

Charakteristika des voroperatorischen Denkens werden besonders klar an Hand von Aufgaben zur „Erhaltung". Die kindlichen Antworten zu Aufgaben dieses Typs zeigen die Zentrierung des kindlichen Denkens auf ein Merkmal deutlich und demonstrieren, wie stark das Denken in diesem Alter noch von der Wahrnehmung abhängt und wie viel Wissen den Kindern noch fehlt. Einige dieser Aufgaben sind in Tabelle 5-16 zusammengestellt.

Typische Antworten zu den verschiedenen Bereichen sind wie folgt:

- *Volumen*:   „Im rechten Glas ist weniger Flüssigkeit. Das sieht man doch, denn das Wasser ist niedriger."
- *Menge*:   „In der oberen Reihe sind mehr Geldstücke. Die Reihe ist länger."
- *Länge*:   „Die beiden Stäbe sind nicht gleich lang. Der rechte (oder der linke) ist länger, weil er weiter nach rechts (bzw. nach links) herausragt."
- *Masse*:   „Die Wurst enthält mehr Knetgummi. Sie ist länger."
- *Fläche*:   „Die Kuh hat jetzt weniger Gras zu fressen, weil die Kartons mehr von der Wiese wegnehmen."

Die zugrunde liegenden Konzepte entwickeln sich nicht alle gleichzeitig: die Mengen- und Längenerhaltung ist in der Regel schon kurz nach der Einschulung nachweisbar, Erhaltung der Fläche und des Volumens als schwerer zu verstehende Konzepte treten später auf.

Bereich	Ausgangssituation	Transformation	Endsituation
Volumen	*Ist in beiden Gläsern gleich viel Wasser?*	Aus dem einen Glas wird vor den Augen des Kindes Wasser in ein anderes Glas mit größerer Grundfläche gegossen.	*Ist in beiden Gläsern gleich viel Wasser oder ist in einem Glas mehr?*
Menge	*Sind in beiden Reihen gleich viele Geldstücke?*	Die Abstände zwischen den Geldstücken werden in einer Reihe vergrößert.	*Sind in beiden Reihen gleich viele Geldstücke oder sind in einer Reihe mehr?*
Länge	*Sind die beiden Stäbe gleich lang?*	Einer der beiden Stäbe wird gegenüber dem anderen nach links oder rechts verschoben.	*Sind die beiden Stäbe gleich lang oder ist einer länger?*
Masse	*Enthalten beide Kugeln gleich viel Knetgummi?*	Aus dem einen Ball Knetmasse wird eine längliche Wurst geformt.	*Enthalten beide Klumpen gleich viel Knetgummi oder enthält einer mehr?*
Fläche	*Haben beide Kühe gleich viel Gras zu fressen?*	Die Quadrate werden mit größeren Zwischenräumen auf die Fläche verteilt.	*Haben beide Kühe gleich viel Gras zu fressen, oder hat eine mehr Platz?*

Tabelle 5-16: **Einige Anordnungen zur Untersuchung der Erhaltung**

Übrigens haben auch wir Erwachsene mit komplexeren Erhaltungsaufgaben manchmal noch Probleme, z.B. bei der Erhaltung der Energie. Wenn man Erwachsene (nicht gerade Physiker oder Ingenieure) fragt, ob es in einem geschlossenen Raum wärmer oder kälter würde, wenn man die Kühlschranktür offen lässt, antworten viele wie selbstverständlich (und falsch): „Es wird kälter, denn der Kühlschrank kühlt." Richtig ist hingegen, dass es wärmer wird, weil Energie zugeführt wird, die großenteils in Abwärme des Kühlschranks umgesetzt wird.

5.5.3.2.10 Mangelndes Verständnis der Identität

Kinder im voroperatorischen Stadium der Denkentwicklung sind sich keineswegs sicher, ob wesentliche Merkmale ihrer Person oder anderer Lebewesen in ihrer Umgebung unveränderbar sind. Sie sind sich z.B. keineswegs sicher, ob sie ihr Leben lang ein Junge oder ein Mädchen bleiben werden (vgl. Dull et al., 1975; oder: Gouze & Nadelman, 1980). Sie glauben offenbar auch, dass sie sich später einmal in ihren Lieblingshund oder ihre Hauskatze verwandeln können. Und Entwicklungsprozesse sind ihrer Meinung nach umkehrbar: so verkündete die vierjährige Klara, als sie mit ihren Puppen spielte, sie hätte dazu jetzt keine Lust mehr und wolle selbst wieder ein Baby werden.

Abbildung 5-63: **Mangelndes Verständnis der Identität** (nach: de Vries, 1969). Der Kater Maynard ohne (links) und mit Hundemaske (rechts).

Eine interessante Untersuchung zu diesem Thema führte de Vries (1969) durch. Dem Kater Maynard (Abbildung 5-63 links) wurden Gesichtsmasken verschiedener Tiere umgehängt (Abbildung 5-63 rechts). Kinder im Alter zwischen drei und sechs Jahren wurden dann befragt, was für ein Tier das sei. Dann wurde die Maske abgenommen und wieder nach der Tierart gefragt. Die jüngeren Kinder glaubten offenbar, dass Maynard sich in unterschiedliche Tiere verwandelte, wenn man die Maske aufsetzte oder abnahm. Ältere Kinder bestätigten, dass Maynard immer ein Kater blieb, auch wenn er eine Maske trug.

Ein hübsches Beispiel für mangelndes Verständnis der Identität findet sich in dem sehenswerten IWF-Film zum voroperatorischen Denken Arbinger & Reither (1973): In einer charakteristischen Szene verkleidet sich die Mutter eines etwa dreijährigen Jungen vor seinen Augen als Nikolaus. Das Kind flüchtet sich in die Arme der älteren Schwester: es glaubt offenbar wirklich, dass sich seine Mutter in den Weihnachtsmann verwandelt hat. Erst als die Mutter ihre Verkleidung abgelegt hat, darf sie ihren Sohn wieder trösten.

5.5.4 *Kritische Würdigung des Ansatzes von Piaget*

Jean Piaget ist einer der Titanen der Entwicklungspsychologie, dessen Bedeutung auch heute noch kaum hoch genug eingeschätzt werden kann. Sein Einfluss auf die Arbeit im Kindergarten und in der Schule ist immens (und hat leider auch zu problematischen Missverständnissen und Fehlentwicklungen geführt; vgl. z.B. die Diskussion um die „Neue Mathematik" oder die allseitigen Polemiken gegen einen gut organisierten Frontalunterricht in der Schule). Sein größtes Verdienst ist vielleicht, dass er eine in sich konsistente Theorie der Entwicklung des kindlichen Denkens vorgelegt hat, und dass er diese Theorie auf andere Bereiche (Entwicklung des Kinderspiels, Entwicklung des moralischen Urteils oder Religionsverständnisses) ausgeweitet und sie dort erprobt hat. Außerdem hat er eine Unzahl von Studien angeregt, die eine Überprüfung seiner Annahmen und Aussagen zum Gegenstand hatten.

Darüber hinaus sind einzelne seiner Ideen und Methoden von anderen Wissenschaftlern weiterentwickelt und modifiziert worden, so dass an dieser Stelle nur eine globale Wertung Piagets im Hinblick auf schulische Fragen dargestellt werden kann. Schlaglichtartig und in Einklang mit der von mir bevorzugten Darstellungsweise möchte ich mich dabei an besonders wichtigen, teilweise klassischen Studien langhangeln.

5.5.4.1 Wesentliche inhaltliche und methodische Kritikpunkte an Piagets Befunden

Trotz des immensen Einflusses von Piaget auf die Erforschung besonders des kindlichen Denkens gibt es einige zentrale Kritikpunkte an seinen Methoden und Ergebnissen, die ich nicht unerwähnt lassen möchte, zumal sie den Wert des Ansatzes von Piaget nur peripher berühren. Einige dieser Kritikpunkte habe ich in der folgenden Übersicht zusammengefasst.

1. *Piagets Theorie ist eine Stufentheorie.* Dabei wird unterstellt, dass sich der Entwicklungsprozess in qualitativ unterscheidbare Entwicklungsstufen untergliedern lässt und diejenigen Variablen, nach denen die Entwicklungsstufen gebildet werden, auch von zentraler Bedeutung sind. Auf die Problematik dieser Betrachtung der menschlichen Entwicklung habe ich schon im Abschnitt 1.6.2 hingewiesen (siehe auch: Gelman & Brown, 1986).

   Piaget betont besonders die Bedeutung der von ihm beschriebenen, für eine Entwicklungsstufe jeweils zentralen Denkstruktur, die jeweils auch für andere Entwicklungsfelder (Spielverhalten, moralische Entwicklung, Sozialverhalten) bestimmend sein soll. Zwar kann man auch nach neueren Untersuchungen davon ausgehen, dass sich die Denkentwicklung des Kindes kohärent und als Abfolge unterscheidbarer Entwicklungsabschnitte vollzieht, jedoch sind diese Entwicklungsabschnitte nicht notwendigerweise die von Piaget beschriebenen. Außerdem kann Piagets Auffassung, dass die Denkentwicklung des Kindes sich in einer ganzheitlichen, quasi die gesamte Persönlichkeit des Kindes übestrahlenden, völlig geordneten und vorhersagbaren Art und Weise vollzieht, zumindest in Teilbereichen als widerlegt gelten.

2. *Phasenlehren vernachlässigen individuelle und kulturelle Unterschiede*; sie suggerieren, dass mehr Ähnlichkeiten zwischen Kindern einer Altersgruppe bestehen, als in Wirklichkeit vorgefunden werden. Zwar hat schon Piaget dieses Problem erkannt und auf mögliche Abweichungen vom „normalen" Entwicklungsverlauf hingewiesen. So bezeichnet er etwa mit „Vertikalverschiebung" Unterschiede in der zeitlichen Abfolge verschiedener Entwicklungsstadien und mit „Horizontalverschie-

bung" die Tatsache, dass verschiedene Denkstrategien je nach Problembereich unterschiedlich früh oder spät auftreten können. Allerdings sind diese „Verschiebungen" oft so groß, dass man von einer übergeordneten Entwicklugnsstruktur kaum mehr ausgehen kann.

Das sei an einer Untersuchung von Dasen (1984) demonstriert. Er untersuchte die Beherrschung der Konzepte der Horizontalität und der Volumenkonstanz von Flüssigkeiten an jeweils 10 Kindern in unterschiedlichem Alter aus zwei sehr verschiedenen Kulturen: den Inuit der Northern Territories in Kanada und der Baoulé in West Afrika. Wie Abbildung 5-64 zeigt, sind die Entwicklungsverläufe je nach kulturellem Hintergrund sehr unterschiedlich. Für die Inuit ist die Beherrschung der Horizontalität besonders wichtig (z.B. wenn sie sich in ihren Booten bewegen), für die Baoulé ist Wasser von großer Bedeutung. Entsprechend unterschiedlich sind die Entwicklungsverläufe.

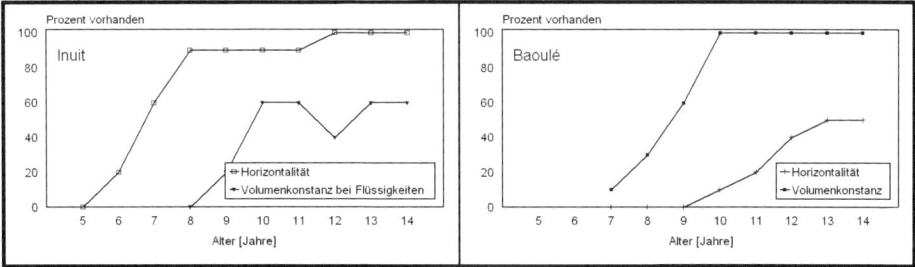

Abbildung 5-64: **Erfassung der Horizontalität und der Volumenkonstanz bei Flüssigkeiten bei Kindern der Inuit (Nordkanada; links) und der Baoulé (West Afrika; rechts).** (nach: Dasen, 1984, S. 410)

3. *Piagets Konzepte sind nur schwer operational zu definieren.* Zur wissenschaftlichen Überprüfung fordert man in der Regel, dass zentrale Konzepte einer Theorie „gemessen" werden können. Das ist bei Piaget oft nur schwer möglich, weil subjektive Bewertungen und Interpretationen eine Rolle spielen.

4. *Einige der Behauptungen Piagets haben sich als falsch oder zumindest ergänzungsbedürftig erwiesen.* Verfeinerte Methoden und teilweise geringe Änderungen in der Untersuchugnsanordnung haben gezeigt, dass Piaget die Fähigkeiten von Kindern offenbar systematisch unterschätzt hat und dass sich für die kognitive Entwicklung zentrale Strukturen eher herausbilden als von Piaget angegegeben. Das möchte ich an drei ausgewählten Beispielen zeigen.

- *Volumenkonstanz:* Das Denken von Vorschulkindern ist weniger egozentrisch, wenn man die Aufgaben etwas leichter gestaltet. Z.B. fiel Kindern das Verständnis der Volumenkonstanz bei den Umfüllaufgaben leichter, wenn man die in Abbildung 5-65 gezeigte Versuchsanordnung wählte (siehe auch: Wilkening, 1994).

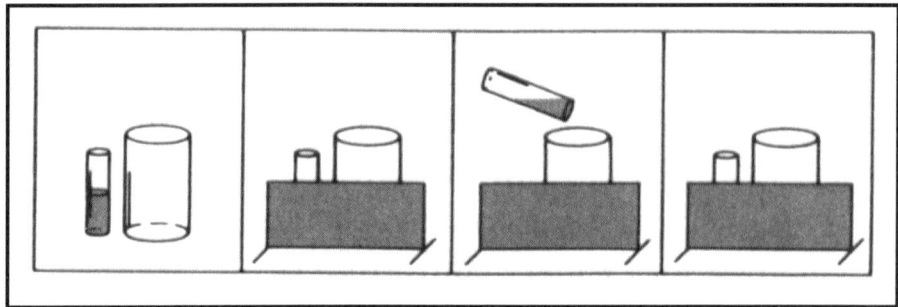

Abbildung 5-65: **Die von Bruner, Olver, & Greenfield (1966) verwendete Anordnung zur Untersuchung der Volumenkonstanz** (aus: H. Gardner, 1978, S. 377)

Auch wenn man beim 3-Berge-Versuch (Abschnitt 5.5.3.2.1) statt Fotos oder Zeichnungen – wie sie häufig benutzt werden – kleinere wirklichkeitsgetreue Modelle der Landschaft verwendet, schneiden Kinder bei dieser Aufgabe besser ab (Newcombe & Huttenlocher, 1992).

- *Objektpermanenz:* Nach den Untersuchungen Piagets entwickelt sich die Objektpermanenz normalerweise zwischen dem 9. und dem 18. Lebensmonat (vgl. Abschnitt 5.5.3.1.2). In einer spannenden Serie von Experimenten konnte die kanadische Psychologin Renée Baillargeon zeigen, dass Piaget die Fähigkeiten von Babies ziemlich massiv unterschätzt hat und dass bei Babys schon im Alter von 3½ Monaten Anfänge der Objektpermanenz nachgewiesen werden können (Baillargeon, 1986, 1987). Sie benutzte dazu eine Anordnung, bei der in einer Art Guckkasten eine Pappscheibe rotiert werden konnte. Nachdem sich die Kinder mit der Anordnung vertraut gemacht hatten (Abbildung 5-66 oben), wurde hinter die Pappscheibe ein bunt bemalter Kasten gestellt, so dass die Scheibe nicht mehr um 180° gedreht werden konnte (Abbildung 5-66 Mitte). Allerdings konnte der Kasten in einer für die Babys unsichtbaren Falltür abgesenkt werden, so dass auch in der „unmöglichen" Versuchsbedingung die Scheibe um 180° gedreht werden konnte (Abbildung 5-66 unten). Schon ein großer Teil der ganz jungen Babys reagierte in dieser Bedingung „verwundert".

- *Kausalität:* Auch das Verständnis für Ursache-Wirkungs-Zusammenhänge entwickelt sich offenbar eher als von Piaget angegeben. In einer Reihe von Kollisionsuntersuchungen von Baillargeon (1994) zeigten sich Babys im Alter von 5½ bis 6½ Monaten nach einer Eingewöhnungsphase (Abbildung 5-67 oben) verwundert darüber, dass ein sehr kleiner Zylinder einen mittelgroßen Zylinder und ein Spielzeug sehr weit bewegen kann (unmögliches Ereignis; Abbildung 5-67 unten).

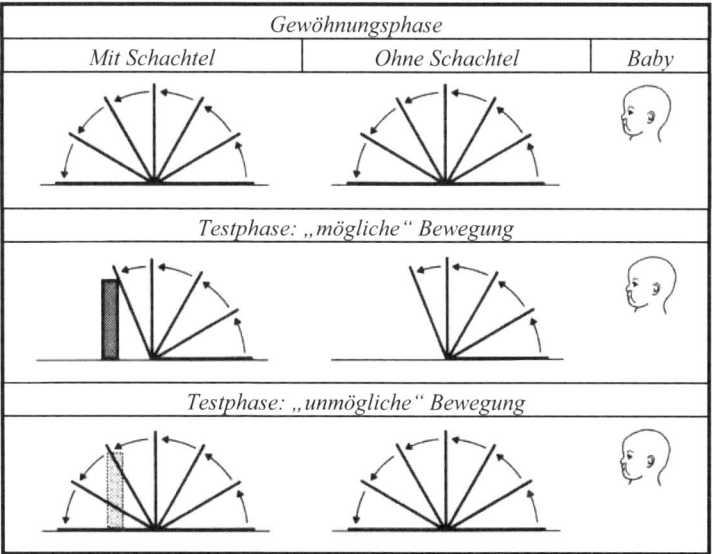

Abbildung 5-66: **Die Versuchsanordnung von Baillargeon zur Untersuchung der Objektpermanenz bei Babys** (nach: Baillargeon, 1987, S. 656; Erläuterungen im Text)

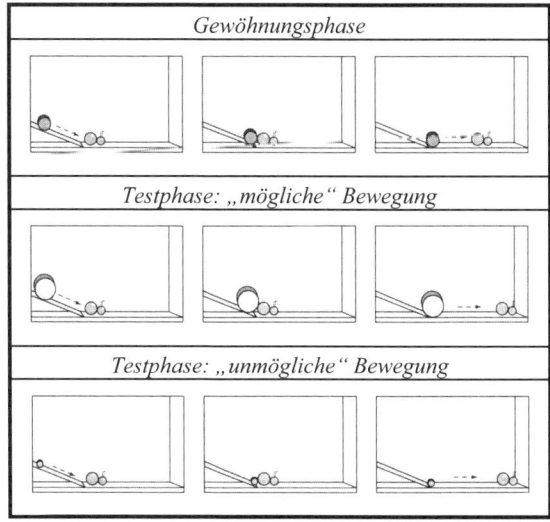

Abbildung 5-67: **Die Versuchsanordnung von Baillargeon zur Untersuchung von Ursache-Wirkungs-Beziehungen bei Babys** (nach: Baillargeon, 1994, S. 135)

- *Physikalisches Verständnis im Alltag:* Baillargeon und ihre Arbeitsgruppe konnten sogar nachweisen, dass nur einige Monate alte Babys offenbar ein rudimentäres Verständnis von Schwerkraft haben. Babys im Alter zwischen 3 und 6½ Monaten konnten beobachten, wie eine Hand eine bemalte Schachtel zunächst bis ans Ende ihrer Unterlage schob (Abbildung 5-68 oben). Sodann wurde die Schachtel weit über die Unterlage hinaus geschoben (unmögliche Bedingung; Abbildung 5-68 unten). Die jüngeren Babys zeigten hier keine besonderen Reaktionen, während die älteren ihr Blickverhalten eindrucksvoll änderten; das interpretiert die Autorin als Indikator für besonderes Interesse der Babys an dieser physikalisch nicht möglichen Situation. Vielleicht ist diese Reaktion ja dem Staunen vergleichbar, das wir Erwachsene empfinden, wenn uns Magier mit „physikalisch unmöglichen" Effekten konfrontieren und unterhalten.

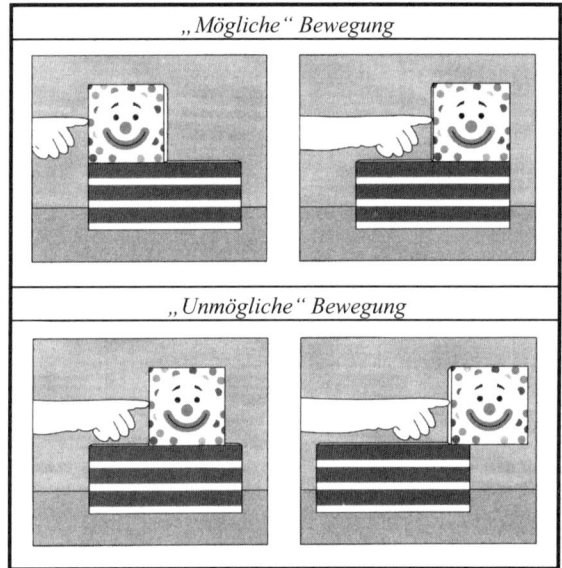

Abbildung 5-68:   **Die Versuchsanordnung von Baillargeon zur Untersuchung des physikalischen Verständnisses im Alltag bei Babys** (nach: Baillargeon, 1994, S. 134)

5. *Die behauptete Universalität der Denkentwicklung ist fragwürdig.* So können spezielle Förder- und Ausbildungsprogramme den Entwicklungsverlauf beeinflussen. Eigene Erfahrungen sind dazu nicht notwendig; eine verbale Vermittlung oder Demonstrationen sind u.U. ausreichend.

6. *Die empirische Basis mancher Aussagen ist noch zu klein.* Piaget stützte seine Theorien ganz wesentlich auf Beobachtungen an seinen eigenen Kindern. Zwar wurden in Folgeuntersuchungen seine Annahmen auch an anderen Stichproben überprüft,

aber nichtsdestoweniger sind weitere empirisch fundierte, kontrollierte Untersuchungen notwendig.

7. *Die von Piaget bevorzugte „Klinische Methode" erfordert, dass der Beobachter aktiv in die Situation eingreift und die Handlungen auch interpretiert.* Damit wird das Ergebnis sehr stark vom Untersucher abhängig.

> „Piaget fordert mindestens ein Jahr Übung mit der »klinischen Methode«, ehe man sie sinnvoll einsetzen könne – boshaft kann man sagen: Dann bekommt der so geschulte Beobachter das heraus, was er gelernt hat, dass er sehen *soll*, weil Piaget es für richtig hält. Es ist zu befürchten, dass diese Ausbildung zum »Beobachter« zu Wahrnehmungsverfälschungen zugunsten der favorisierten Theorie (nämlich der Piagets) führt. Die Ergebnisse von Forschungsunternehmen mit der »klinischen Methode« sind sehr subjektiv und schwer nachprüfbar, objektive Daten werden kaum angegeben – nicht einmal Stichprobengrößen werden genannt" (Wendt, 1997, S. 289).

5.5.4.2 Stärken des Ansatzes von Piaget

Weiter oben habe ich schon gesagt, dass der Einfluss Jean Piagets auf die Entwicklungspsychologie trotz mancherlei Kritik, gegenläufiger Befunde und Weiterentwicklungen kaum überschätzt werden kann. Seine Überlegungen haben die Entwicklungspsychologie bereichert, und auch im schulischen Kontext haben sie wertvolle Anregungen gegeben. Ich möchte die folgenden Stärken der entwicklungspsychologischen Forschung Piagets besonders herausheben:

1. *Piagets Theorie der kognitiven Entwicklung ist eine umfassende, integrative Theorie.* Sie beschränkt sich nicht nur auf die Denkentwicklung im engeren Sinn, sondern bietet viele Anknüpfungspunkte an andere Entwicklungsbereiche (Neugierverhalten, Spielverhalten, moralische Entwicklung), Anregungen für die didaktische Gestaltung des vorschulischen und schulischen Unterrichts (vgl. Abschnitt 5.5.5) und Hinweise auf erfolgreiches Erzieherverhalten.

2. *Bei der Entwicklung des kindlichen Denkens wirken genetische und Umweltfaktoren untrennbar zusammen.* Ausgangspunkt der Denkentwicklung nach Piaget sind die angeborenen einfachen kognitiven Schemata, die durch Assimilation und Akkomodation quantitativ und qualitativ verändert werden. Damit sind z.B. Diskussionen darüber, in welchem Umfang etwa die Intelligenz vererbt wird, unzulässig vereinfacht und damit unsinnig (vgl. Abschnitt 3.4).

3. *Piaget hat nachgewiesen, wie wichtig eigene Erkundungen besonders im Kleinkindalter für die kognitive Entwicklung sind und wie sich Denken und Handeln wechselseitig befruchten können.* Dieser Befund hat vielseitige erzieherische Maßnahmen angeregt und ist konform mit Ergebnissen aus der Lernpsychologie, dass eine aktive, handelnde Auseinandersetzung mit der Umwelt dem Lernen und Behalten sehr förderlich sein kann. Man darf das allerdings nicht missverstehen. Wenn Schüler

z.B. eine Europakarte mit Buntstiften ausmalen, ist das wohl für den Lernerfolg eher unerheblich.

4. *Piagets Stufenlehre kann für Eltern, Erzieherinnen und Lehrer eine sehr grobe Orientierung dafür sein, welche Leistungen man von Kindern in welchem Alter erwarten kann oder nicht.* Wegen der zunächst vorherrschenden Zentrierung auf ein Merkmal und des intuitiven Denkens (Abschnitte 5.5.3.2.3 und 5.5.3.2.6) sind viele Begriffe und Vorstellungen der Kinder nach unseren Erwachsenenmaßstäben unvollständig und/oder falsch. Andererseits können gezielte Erziehungsmaßnahmen Kinder helfen, mit ihren Denk- und Verhaltenseinschränkungen fertig zu werden. Hübsche Beispiele dafür findet man in dem schon zitierten Buch von Mary Sime (1978). Die Autorin schreibt z.B. (vgl. Abbildung 5-69) :

> Aus dem Fernsehen erkannte Derek „die Geige als etwas, was unter sein Kinn gehörte: Es blieb jedoch während des kurzen Zeitraums, in dem er sich in dieser Haltung abmühte, ein ängstlicher Ausdruck auf seinem Gesicht, bevor er eine bessere Idee hatte. Als Kontrabass gab das neue «Spielzeug» immerhin Töne von sich, und so machte seine Angst einem flüchtigen Interesse Platz. Reines Entzücken zeigte sich in dem Moment auf seinem Gesicht, als er sein Spielzeug zu einer Gitarre machte. Seine Freude war vollständig und andauernd. Er hatte das Spielzeug sich und sich dem Spielzeug angepasst" (Sime, 1978, S. 11).

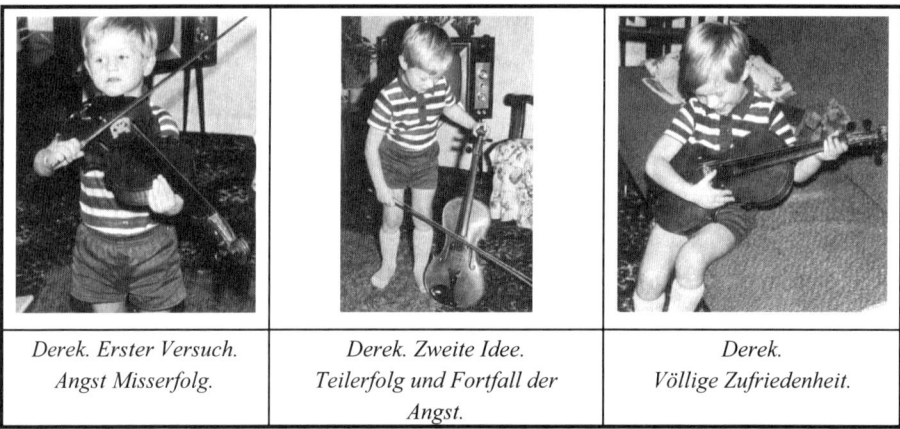

Derek. Erster Versuch. Angst Misserfolg.	Derek. Zweite Idee. Teilerfolg und Fortfall der Angst.	Derek. Völlige Zufriedenheit.

Abbildung 5-69: **Der 3½jährige Derek und seine Versuche, einer Geige Töne zu entlocken** (aus: Sime, 1978, S. 10)

5. *Piagets Befunde zeigen deutlich, dass das Denken bei Kindern in unterschiedlichen Altersstufen unterschiedlich verläuft.* Der seit langem bekannte Befund, dass z.B. jüngere Kinder Begriffe anders („funktional") beschreiben als ältere, spiegelt die unterschiedliche Denkstruktur jüngerer und älterer Kinder schlaglichtartig wider. Während kleinere Kinder auf die Frage: „Was ist ein Ball?" vielleicht antworten: „Ich habe auch einen." oder: „Meiner ist kaputt.", heben ältere Kinder eher die Ma-

terialeigenschaften und funktionalen Charakteristika eines Balls hervor: „Damit kann man spielen." oder: „Die sind oft rot". Erst Kinder weit im Schulalter zeigen die für Erwachsene charakteristische hierarchische begriffliche Einordnung.

6. *Piagets Erhebungsmethode bezieht sich vor allem auf die dem Denkergebnis zugrunde liegenden Prozesse.* Kinder machen bei der Beurteilung ihrer Umwelt charakteristische Fehler, die Indizien für Ihrem Denken zugrunde liegende Prozesse sind. Aus diesen Fehlern lernen Kinder. Fehler können vermieden werden, wenn die entsprechenden kognitiven Prozesse verändert, d.h. besser an die Erfordernisse der Umwelt angepasst werden.

7. *Fortschritte im Denken vollziehen sich nach Piaget durch Interaktion der subjektiven Realität (dem Miteinander verschiedener kognitiver Schemata) mit der objektiven Realität.* Der Fortschritt zeigt sich vor allem in der Überwindung der o.a. charakteristischen „Denkfehler".

8. *Mit fortschreitender Entwicklung wird das kindliche Denken immer besser strukturiert und koordiniert.* Dabei profitieren Kinder insbesondere von ihrem Vorwissen und ihren aktuellen Erfahrungen.

9. *Die kognitive Entwicklung ist in vielen Bereichen intrinsisch motiviert.* So verfügen Kinder über eine natürliche Neugier, die man fördern und lenken kann. Externe Anreize sind in diesen Fällen weitgehend entbehrlich. Allerdings darf man das auch nicht fehlinterpretieren. Viele zur Bewältigung gesellschaftlicher Aufgaben notwendige Kulturtechniken (z.B. Lesen und Schreiben) sind nicht oder nicht durchgängig intrinsisch motiviert. Da ist ein gelinder Zwang angebracht und notwendig. Nur aus sich selbst heraus lernen Kinder normalerweise weder zu schreiben noch zu rechnen oder gar lateinische Texte zu übersetzen.

5.5.5 *Relevanz der beschriebenen Befunde Piagets für den Bereich des Kindergartens und der Vorschulerziehung*

Trotz mannigfacher Fehlinterpretationen und Übergeneralisierungen der Befunde und Überlegungen Piagets verbleiben einige für die familiäre, vorschulische und schulische Erziehung und Bildung wichtige Gesichtspunkte, wie sie z.B. bei McDevitt & Ormrod (2002, S. 127-131) zusammengestellt sind. Ich habe sie im Folgenden leicht verändert übernommen und vor dem Hintergrund der Verhältnisse in Deutschland erläutert.

Schaffen Sie für Ihre Kinder mannigfache Möglichkeiten, mit Objekten und Phänomenen in ihrer Umwelt zu experimentieren. Gute Möglichkeiten, Kinder mit ihrer Umwelt vertraut zu machen, bieten z.B. „Waldkindergärten" (Abbildung 5-70 links). Kinder lernen mit allen Sinnen, systematisch und unsystematisch. Sie sind neugierig und wissbegierig und löchern Erwachsene geradezu mit ihren Fragen. Das bedeutet für die vorschulische Bildung und Erziehung vor allem, dass man kindgerechte Anregungen schaffen sollte. Dazu muss aber eine kompetente Erklärung kommen. Vom Bauen eines Staudamms (Abbildung 5-70 links) allein lernen Kinder wenig, wenn man ihnen nicht z.B. die Bedeutung des Gefälles, Wasserdruck, Wasserlöslichkeit usw. erläutert.

 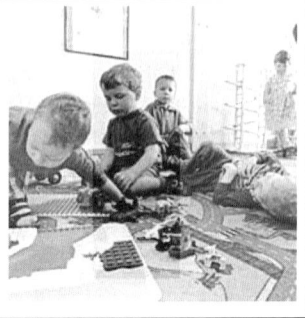

Abbildung 5-70: **Waldkindergärten (links) oder Bastelstuben (rechts) bieten gute Möglichkeiten zur Erkundung der kindlichen Umwelt. Allerdings sollten sie von Erläuterungen begleitet sein.**

Auch von Erfahrungen, wie sie in unten in Tabelle 5-17 beschrieben werden und häufig in Kindergärten bevorzugt werden, die gemäß dem „offenen Konzept" organisiert sind, profitieren Kinder wenig, wenn nicht klar ist, welche Erfahrungen Kinder machen sollen. Sollen sie barfuss laufen? Moos spüren? Ihre „Sinne schärfen"? Da wäre eine gelenkte Unterweisung wahrscheinlich vorzuziehen.

Moos unter nackten Füßen

Vorschulkinder inspizieren den Wald am Hüggel

kwe **HASBERGEN.** „Autsch, das tut aber weh!", quietscht Aaron völlig entgeistert, als er seine Gummistiefel und Socken auszieht. Denn das Moos, in das er gerade seine Füße taucht, ist gar nicht so weich, wie es aussieht. „Ja, kleine Stöckchen sind da auch zwischen", erklärt die Leiterin der Awo-Kindertagesstätte Martina Kirstein dem Gepeinigten.

Mehrmals im Jahr nehmen die Vorschulkinder an den Waldwochen der Kita teil. Hier sollen Gleichgewichtssinn, die natürliche Bewegung, das Gemeinschaftsgefühl und der bewusste Umgang mit der Natur geschult werden. „Die Kinder schärfen so ihre Sinne, was für das spätere Leben von enormer Wichtigkeit ist", weiß Kirstein.

Auch das Zeitgefühl sei anders. Die ungewohnte Stille mag dazu beitragen, jedenfalls verlaufe der Tag im Wald insgesamt langsamer. Für die Vorschulkinder ist auch das Zusammentreffen mit Käfern und Libellen ein Erlebnis. Immerhin kennen sie diese fast nur aus dem Fernsehen.

Wie auch das Moos. Nach einigen Minuten haben sich die Kinder aber an das Gefühl unter ihren Füßen gewöhnt und finden es richtig klasse. Alexandra hat inzwischen herausgefunden, dass Moos auch tatsächlich weich sein kann, und tastet sich mit ihren Zehen vorsichtig vorwärts. Genauso wie Fabian: „Der Wald ist toll zum Spielen", freut er sich.

Neue Osnabrücker Zeitung, 05. Mai 2006

Tabelle 5-17: **Der Lerneffekt unstrukturierter Erfahrungen ist gering**

Beobachten Sie intensiv, wie Kinder mit Problemen in ihrer Umwelt umgehen,sie lösen und welche Informationen sie dazu wie verwenden. So schulen z.B. der Umgang mit Duplo- oder Legosteinen die räumliche Vorstellung. Die Herstellung einfacher Gegenstände aus verschiedenen Einzelteilen (ggf. nach Vorlagen), wie es z.B. bei den leider aus der Mode gekommenen Plastik- oder Metallbaukästen das Ziel war (Abbildung 5-71 links), bietet gute Beobachtungsmöglichkeiten zum Umgang mit Werkzeugen, und das Zuschneiden eigener Puppenkleidung hat eigentlich auch dann, wenn die Kleidung nicht dem letzten Schrei der Barbie-Mode entspricht, einen höheren Lern- und Beobachtungswert als das An- und Ausziehen einer Puppe (Abbildung 5-71 rechts).

 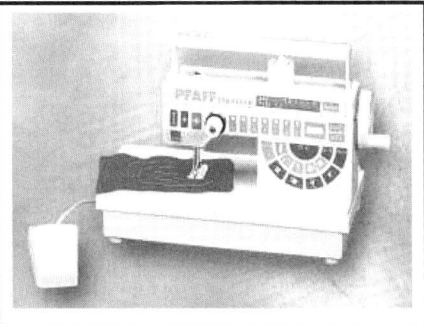

Abbildung 5-71: **Herstellungsprozesse helfen beim Beobachten und Problemlö-sen**

Machen Sie sich beim Entwurf von Bildungsanregungen mit den wesentlichen Merkmalen der Entwicklungsstufen Piagets vertraut, aber nehmen Sie sie nicht allzu wörtlich. Schon weiter oben habe ich darauf hingewiesen, dass insbesondere die Altersangaben Piagets mit Vorsicht zu genießen sind. Insbesondere die von ihm so genannte „Horizontalverschiebung" und „Vertikalverschiebung" (vgl. Abschnitt 5.5.4.1) und die daraus resultierenden großen individuellen Unterschiede verkomplizieren die Beurteilung individueller Entwicklungsverläufe.

Arbeiten Sie auch mit komplexen Phänomenen und Situationen, die die Kinder mit ihrem Alltagswissen nicht ohne weiteres überschauen können. Nur so erzielen Sie auch Lernfortschritte, nutzen die Neugier der Kinder und vermeiden Langeweile. Vorschulische Erziehung bedeutet eben nicht, dass man „Kinder da abholen muss, wo sie sind", wie man es allenthalben vernehmen kann, sondern es bedeutet, dass man komplexe Phänomene auf einfachere, verständliche Prinzipien zurückführen und/oder begrenzen und so gliedern sollte, dass die wesentlichen Prinzipien für die Kinder verständlich werden. Und dann sollten auch überraschende Gegenbeispiele für vertraute Tatbestände nicht zu kurz kommen. Dazu ein Beispiel. Nehmen wir einmal an, Kinder hätten gelernt, wie man aus Papier durch geschickte Faltung einen Hut herstellt (Abbildung 5-72 links). Durch einige weitere Handgriffe kann man daraus ein Schiff (Abbildung 5-72 Mitte links), einen Papierflieger (Abbildung 5-72 Mitte rechts) oder einen Teufel (Abbildung 5-72 rechts) herstellen.

Abbildung 5-72: **Ungewöhnliche Lernerfahrungen wirken sich positiv auf den Lernprozess aus.** Aus Papier kann man aus fast den gleichen Grundfaltungen verschiedene Dinge herstellen: einen Hut (links), ein Schiff (Mitte links), einen Papierflieger (Mitte rechts) oder einen Teufel (rechts).

Sehen Sie Gruppensitzungen vor, bei denen jedes Kind seine Erkenntnisse vortragen und mit anderen Kindern austauschen kann. Die Interaktion mit Gleichaltrigen ermöglicht den Kindern, ihre eigenen Meinungen, Erfahrungen und Begründungen klarzustellen und andere Kinder ggf. davon zu überzeugen. Das was Kinder erzählen, ist selbstverständlich fehlerhaft und stimmt mit der Realität gar nicht oder nur unvollständig überein. Andererseits können Kinder bei Aufgaben, die sie beherrschen, wertvolle Hilfen geben, weil sie sich noch an charakteristische Fehler erinnern. Durch ein solches Vorgehen wird außerdem der „soziokognitive Konflikt" konstruktiv genutzt, bei dem Kinder mit Ideen, Standpunkten und Erfahrungen konfrontiert werden, die ihren eigenen Auffassungen widersprechen. Das konnten Bell, Grossen & Perret-Clermont (1985) in einer Untersuchung zur Erhaltung des Volumens (Tabelle 5-16 oben) demonstrieren. Je zwei Kinder, bei denen die Erhaltung des Volumens noch nicht ausgebildet war, sollten die gleiche Menge Fruchtsaft in zwei unterschiedlich geformte Gläser (breit und niedrig bzw. schmal und hoch) gleich aufteilen und austrinken. Die meisten Kinder richteten sich zunächst fälschlicherweise nach dem sichtbaren Flüssigkeitsstand im Glas. Nach Protest der durch das schmale und hohe Glas benachteiligten Partner ergaben sich Diskussionen, die letztendlich zu einer annähernd gleichen Aufteilung des Fruchtsafts führten. Diese Erfahrung hatte auch längerfristig positive Auswirkungen.

Beziehen Sie sich bei komplexen Problemen und Begründungen zunächst auf einfache, für Kinder überschaubare Situationen. Auch dazu ein Beispiel. Nehmen wir an, Kinder hätten im Wasserspielplatz ihres Kindergartens (so es ihn gibt …) oder im Urlaub am Strand gelernt, dass man durch das Aufschütten von Sand Wasser stauen kann (Abbildung 5-73 links und Mitte links). Im Waldkindergarten soll dann ein Wasserlauf aufgestaut werden, aber die Versuche mit Sand schlagen fehl, weil der Sand immer wieder weggespült wird. Die Kinder sehen dann vielleicht oder werden darauf hingewiesen, dass Steine auch in fließendem Wasser liegen bleiben, aber leider das Wasser durchlassen (Abbildung 5-73 Mitte rechts). Durch weitere Hinweise, Beobachtungen oder Überlegungen kann dann vielleicht ein relativ haltbarer und funktioneller Staudamm aus Steinen, Holz und Sand gebaut werden (Abbildung 5-73 rechts).

Abbildung 5-73: **Erfahrungen in einfach strukturierten Situationen sind bei der Bewältigung komplexerer Probleme oft nützlich.** Erläuterungen im Text

Um es zum Abschluss dieses Kapitels noch einmal deutlich zu sagen: die Ausführungen Piagets zur Denkentwicklung bei Kindern (und auch zu anderen Bereichen) haben einen unschätzbaren wissenschaftlichen Wert und setzen nach wie vor Standards in diesem Feld. Allerdings sind einzelne Aspekte revisions- oder ergänzungsbedürftig.

Ein größeres Problem stellen m.E. die von Piaget geprägten Konzepte dar. Ihr Bezug zu Forschungsergebnissen aus anderen wichtigen Bereichen der Psychologie (z.B. der Lernforschung) bleibt unklar, und eine Einordnung der Theorien Piagets in einen übergeordneten Zusammenhang ist deshalb schwierig.

6   Von der Einschulung bis zur Vorpubertät

„Ein Schullehrer und Professor kann keine Individuen erziehen, er erzieht bloß Gattungen. Ein Gedanke, der sehr viel Beherzigung und Auseinandersetzung verdient."

Georg Christoph Lichtenberg (1742 - 1799)
Sudelbücher, Heft J, 61

Die Einschulung nach der Vollendung des sechsten Lebensjahrs bedeutet für die meisten Kinder einen spürbaren Einschnitt: sie müssen jetzt regelmäßig einen großen Teil ihrer Zeit in einer externen Institution verbringen, dort Pflichten übernehmen, u.U. etwas tun, wozu sie weder prinzipiell noch zur angesetzten Zeit Lust haben, und auch (im Wettbewerb mit anderen Kindern) in Kauf nehmen, dass ihre Leistungen mit denjenigen anderer Kinder verglichen werden. Innerhalb weniger Monate verändert sich ihr äußeres Erscheinungsbild. Im Zuge des ersten Gestaltwandels (Tabelle 6-1) überwinden sie ihre Kleinkindform – und obendrein gehen die Zähne aus (Abbildung 6-1): Zahnlücken, -fehlstellungen und -spangen begleiten sie oft einige Jahre lang.

Abbildung 6-1:   **Zahnlücken sind eines der typischen Kennzeichen der Schulanfänger.** Klara (7; linkes Feld links), Ann-Kathrin (6; linkes Feld rechts) und Wiebke (6; rechtes Feld links) tragen es mit Fassung.

Die Änderungen im körperlichen Erscheinungsbild sind auffällig – so wie später in der Pubertät (die manchmal auch als zweiter Gestaltwandel bezeichnet wird) –, aber keineswegs so entscheidend wie Veränderungen im Denken, in der sozialen Orientierung hin zur Gruppe der Gleichaltrigen oder beim Erwerb wesentlicher Kulturtechniken: Lesen, Schreiben und Rechnen[35].

---

[35] Eine für unsere Kultur zunehmend wichtige Kompetenz, nämlich der Umgang mit Computern,

Typischer Körperbau des Kleinkindes	Typischer Körperbau des Schulkindes
Der Kopf ist im Vergleich zum Rumpf relativ groß. Der Rumpf ist rundlich, die Taille ist noch nicht angedeutet. Die Arme sind im Vergleich zu Kopf und Rumpf relativ kurz. Die Beine sind im Vergleich zum Rumpf relativ kurz. Insgesamt wirkt der Körperbau „kindlicher".	Der Kopf ist im Vergleich zum Rumpf kleiner. Der Rumpf ist konturiert, und eine Taille ist deutlich sichtbar. Die Arme sind im Vergleich zu Kopf und Rumpf gestreckter. Die Beine sind im Vergleich zum Rumpf länger. Insgesamt wirkt der Körperbau „erwachsener".

Tabelle 6-1: **Typisches Erscheinungsbild eines Kleinkindes (links) und eines Schulkindes (rechts)**

Der Zeitraum zwischen fünf und sieben Jahren markiert in großen Teilen der Welt den Beginn der eigentlichen Schulpflicht. Zwar gibt es in einzelnen Ländern gut ausgebaute vorschulische Einrichtungen, und in besonders armen Ländern müssen Kinder in diesem Alter schon zum Unterhalt der Familie beitragen, aber eigentlich ist es erstaunlich, dass – wenn eine Schulpflicht besteht – der Beginn derselben fast einheitlich um das sechste Lebensjahr angesetzt wird (siehe auch: Tücke, 2005b, Kapitel 4). Es markiert wohl den Beginn einer Entwicklungsperiode, die für die grundlegende schulische Ausbildung besonders geeignet ist.

6.1 Körperliche und motorische Entwicklung

Für den langjährigen Schulbesuch ist nach Meinung mancher Autoren (z.B. Nickel, 1975) ein körperlich adäquater Entwicklungsstand Voraussetzung; wohl auch deswegen werden vor der Einschulung schulärztliche Untersuchungen durchgeführt. Oftmals wird nach wie vor die Einschulung an den Eintritt des ersten Gestaltwandels (Tabelle 6-1) gekoppelt, obwohl es gute Argumente dagegen (vgl. z.B. Tücke, 2005b, Kapitel 4) und brauchbare Alternativen zu diesem Vorgehen gibt (Burgener-Wöffray, 1996; Kormann, Storath, & Schlegel, 1993).

---

wird leider in Deutschland formell nur unzureichend vermittelt. Eine mir bekannte Schule ist zwar vollständig vernetzt und verfügt über ausreichend viele Computer, aus Angst vor den „Gefahren des Internets" stehen diese Computer aber den Schülern nur in Ausnahmefällen und im Klassenraum nie zur Verfügung. Wie sich da „Medienkompetenz" entwickeln soll, erschließt sich meiner Phantasie nicht.

Insgesamt sind die Beziehungen zwischen der körperlichen Entwicklung und verschiedenen psychischen Merkmalen nicht sehr eng, und es ist wohl nur der „unmittelbaren Evidenz" der Schulärzte zu verdanken, dass – abgesehen von gravierenden körperlichen Beeinträchtigungen – überhaupt noch der körperliche Entwicklungsstand für die Einschulung von Bedeutung ist. Vor dem Hintergrund der Unsinnigkeit mancher Untersuchungen zur körperlichen Schulreife und der Zunahme übergewichtiger und bewegungsgestörter Kinder wird manchmal vorgeschlagen, den Aspekt der körperlichen Entwicklung zum Zeitpunkt der Einschulung zur ersetzen durch Untersuchungen zur Bewegungskoordination, Belastbarkeit und ggf. Übergewichtigkeit (vgl. z.B. Krenz, 2003, S. 73-76).

Vor dem Hintergrund der Änderung des körperlichen Erscheinungsbildes im ersten Gestaltwandel könnte man vermuten, dass auch andere körperliche Veränderungen in dieser Zeit sehr schnell vor sich gehen. Das Gegenteil ist der Fall. Die Kinder wachsen langsam, aber stetig, bis zur Zeit der Pubertät ein erneuter Wachstumsschub einsetzt (Abbildung 6-2).

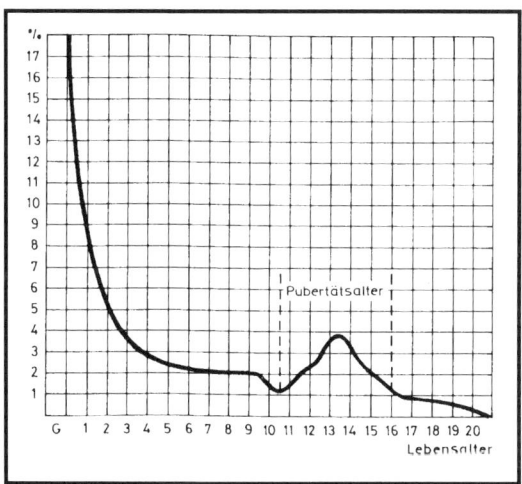

Abbildung 6-2:   **Körperliches Wachstum in Kindheit und Jugend** (aus: Kleber, 1974, S. 111)

Parallel zum Wachstum nimmt das Körpergewicht der Kinder zu. Das ist im Wesentlichen auf eine Zunahme der Knochenmasse und der Muskulatur zurückzuführen. Die damit zusammenhängenden körperlichen (sportlichen) Fähigkeiten verbessern sich: Körperkraft, Bewegungskoordination, Schnelligkeit und Ausdauer nehmen zu, und in dieser Zeit scheinen die Auswirkungen eines maßvollen sportlichen Trainings auf die allgemeine Leistungsfähigkeit besonders günstig zu sein (Oschütz, 1991).

In den letzten Jahren sind im Zusammenhang mit der körperlichen Entwicklung im Schulkindalter zwei Probleme immer wichtiger geworden: der zunehmende Bewegungsmangel bei Kindern und ein immer größerer Anteil übergewichtiger Kinder.

Kindlicher Bewegungsmangel hat viele Ursachen: zum einen mangelt es in unserer Gesellschaft an Bewegungsräumen und –möglichkeiten (vgl. z.B. Grude & Preuss, 1995; R. Zimmer, 1993). Zum anderen werden in den letzten Jahren selbstverständliche körperliche Betätigungen von Kindern immer mehr eingeschränkt, z.B. durch freien Bustransport zur Schule auch bei geringen Entfernungen, vermehrten „Taxiservice" der Eltern und die generelle Verfügbarkeit von komfortablen und billigen Transportmitteln. Auch veränderte Freizeit- und Spielgewohnheiten mögen direkt oder indirekt zum Bewegungsmangel beitragen: traditionelle Sportarten finden bei Kindern und Jugendlichen zunehmend weniger Anklang, und alternative Möglichkeiten, „ihre" Sportarten preisgünstig auszuüben, sind sehr beschränkt. Darüber hinaus nehmen die „Angebote" (z.B. im Rahmen von Ferienpass-Aktionen oder Gesprächsrunden) für Kinder zu, was einer aktiven körperlichen Betätigung wohl nicht gerade förderlich ist. Dass das Hantieren an Spielkonsolen oder virtuelle Realitäten am Computer dem kindlichen Bewegungsdrang nicht gerade entgegenkommt, liegt auf der Hand (vgl. Abbildung 6-3).

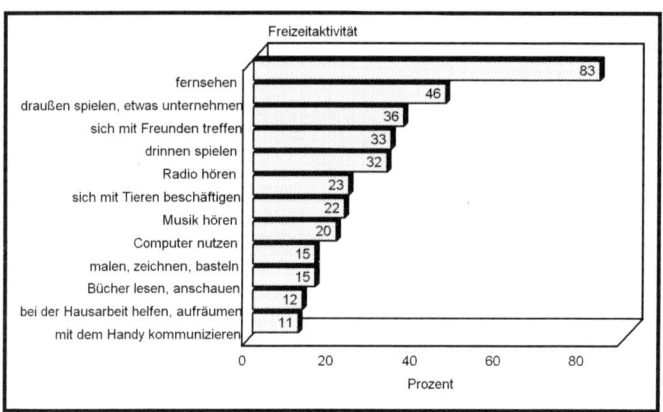

Abbildung 6-3:   **Typische Freizeitaktivitäten deutscher Kinder im Alter von 6 bis 13 Jahren** (Stand: Ende 2003)

Den relativ großen Anteil übergewichtiger Kinder in verschiedenen Altersgruppen habe ich nach den Angaben bei Wirth (1997) in Abbildung 6-4 zusammengestellt. Bei den kleinen Kindern sind mehr Mädchen übergewichtig (d.h. sie liegen um mehr als 15% über ihrem Referenzgewicht), bei den älteren Kindern sind es erstaunlicherweise mehr Jungen.

Genaue aktuelle, auf repräsentativen Erhebungen basierende Daten zur Gewichtsentwicklung bei Kindern gibt es in Deutschland leider nicht, so dass man zur Abschätzung der Prävalenz von Übergewicht auf ältere Quellen oder auf nicht repräsentative Daten angewiesen ist. Die beste Datensammlung dieser Art findet man wohl im Internet bei der Arbeitsgemeinschaft Adipositas im Kindes- und Jugendalter (www.a-g-a.de; Link: Prävalenz und Epidemiologie). Nach diesen Angaben hat das Übergewicht bei Kindern in den letzten 25 Jahren stark zugenommen. Bei ungefähr der Hälfte der adipösen Kinder liegt mindestens eine Folgeerkrankung (Bluthochdruck, Störungen im Fettstoffwechsel, Diabetes mellitus 2, Gelenkprobleme) vor. Der noch bei Wirth gefundene Geschlechtsunterschied zwischen

Mädchen und Jungen scheint sich zu verringern: Mädchen und Jungen werden zu gleichen Teilen immer dicker.

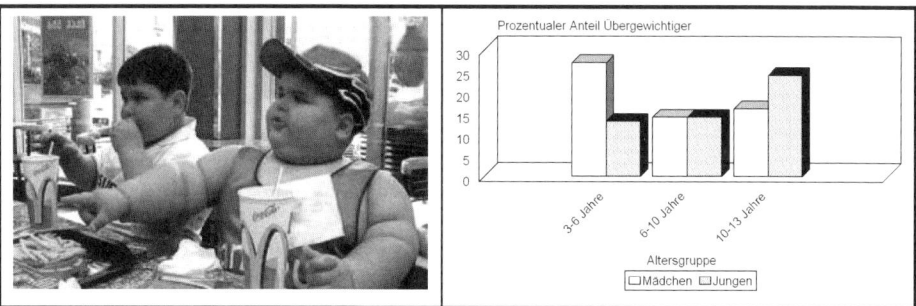

Abbildung 6-4: **Prozentualer Anteil übergewichtiger Kinder in verschiedenen Altersgruppen** (nach: Wirth, 1997, S. 43)

Dass in unserer Gesellschaft, in der übermäßiges Schlanksein zum Schönheitsideal wurde, Übergewicht bei Kindern ein Problem ist, mutet zunächst komisch an. In der Tat wird das Körpergewicht nicht ausschließlich von individuellen und kulturellen Faktoren bestimmt, sondern die Gewichtsregulation hat auch eine genetische Komponente; daher greift eine einseitige Attribution auf „ungesunde" Ernährungsgewohnheiten („Junk Food") sicher zu kurz. Am *Wissen* um eine gesunde bzw. ungesunde Ernährung wird es auch wohl kaum liegen, denn schon in der Grundschule werden Komponenten gesunder Ernährung ausführlich behandelt, und zusätzliche Aufklärungsprogramme in Kindergärten und Grundschulen (siehe z.B. von Bismarck-Helmke & Helmke, 1993) werden wohl kaum die erhoffte Wirkung auf das Ernährungs*verhalten* haben.

Abbildung 6-5: **Essgewohnheiten der Eltern (links und Mitte) sowie Fernsehgewohnheiten können zum Übergewicht bei Kindern beitragen** (Bild Mitte rechts aus: Feldman, 1998, S. 324)

Als wichtige Einflussfaktoren auf kindliches Übergewicht sind zwei Faktoren gut nachgewiesen. Das sind zum einen die Essgewohnheiten der Eltern (Abbildung 6-5 links und Mitte links): Kinder, deren Mütter wenig Wert auf ihre Ernährung legen, haben häufiger

Übergewicht als Kinder, deren Mütter sich kontrolliert ernähren (Franzen & Florin, 1995). Zum anderen scheint die Zeit eine Rolle zu spielen, die Kinder vor dem Fernseher oder mit TV-Spielen verbringen (Dietz, 1990; Shimai, Yamada, Masuda, & Tada, 1993). Vielleicht ist dabei von Bedeutung, dass beim Fernsehen häufig auch gegessen und getrunken wird (Abbildung 6-5 Mitte rechts) oder dass soziale, bewegungsintensive Verhaltensweisen gegenüber dem Fernsehen zurücktreten (Abbildung 6-5 rechts).

Möchte man die unangenehmen Effekte von kindlichem Bewegungsmangel und Übergewicht bekämpfen, sind – wie oben gesagt – zusätzliche Aufklärungskampagnen wohl kaum wirkungsvoll: Wissen bedeutet eben nicht, dass man sich auch seinem Wissen entsprechend verhält. Dagegen ist die Wirksamkeit verhaltensorientierter Programme gut nachgewiesen – und auch deren längerfristige Wirksamkeit über einen Jojo-Zyklus hinaus (siehe z.B. Epstein, Saelens, Myers, & Vito, 1997).

Zur langfristigen Bekämpfung von Übergewicht bei Kindern ist eine Änderung der Ernährungs- und Lebensgewohnheiten der gesamten Familie notwendig. So heben Ray & Klesges (1993, S. 59) hervor, dass

> „das wichtigste Forschungsergebnis zum Einfluss des Verhaltens Erwachsener auf das Essverhalten von Kindern darin besteht, dass Kinder mit größerer Wahrscheinlichkeit ebenfalls etwas essen, wenn sie sehen, dass ein Erwachsener das isst".

Außerdem entwickeln Kinder offenbar die gleichen Essenspräferenzen wie ihre Eltern: sie übernehmen weitgehend sowohl deren positive als auch ihre negativen Essgewohnheiten. Wichtiger als Belehrungen über gesundes Essen sind offenbar das Modellverhalten der Eltern und ihre Bemühungen, auf ihr Gewicht zu achten.

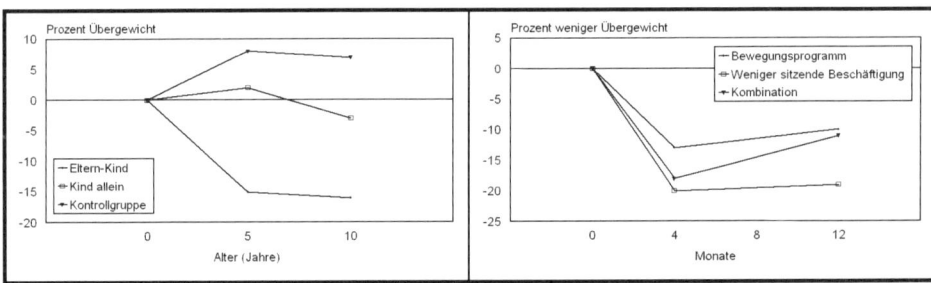

Abbildung 6-6: **Modellverhalten der Eltern (links) und Änderung des Lebensstils (rechts) sind effektive Interventionen zur Bekämpfung des Übergewichts bei Kindern** (Bild rechts nach: Epstein et al., 1995; Bild links nach: Epstein, Valoski, Wing, & McCurley, 1994)

Die Wirksamkeit von komplexen Programmen zur langfristigen Gewichtsreduktion, die sowohl Änderungen des Lebensstils als auch das Modellverhalten der Eltern einbezogen, konnten Epstein, Valoski, Wing, & McCurley (1994) und Epstein et al. (1995) nachweisen. Wie Abbildung 6-6 links zeigt, war ein Interventionsprogramm zur Übergewichtsreduktion bei Kindern über einen Zeitraum von 10 (!) Jahren wirksamer, wenn die Eltern einbezogen waren als wenn die Kinder allein am Programm teilnahmen. Die nicht behandelten Kinder der Kontrollgruppe waren demgegenüber nach 10 Jahren nochmals dicker geworden! In der in Abbildung 6-6 rechts dargestellten Untersuchung konnten übergewichtige Kinder zwischen zwei Programmen zur Gewichtsreduktion wählen: entweder konnten sie an einem speziellen Bewegungsprogramm teilnehmen, oder sie sollten das Ausmaß sitzender Freizeitbeschäftigungen (Fernsehen, Computerspiele,...) verringern. Es zeigte sich, dass letztere Maßnahme wirksamer war als das Bewegungsprogramm.

Feldman (1998, S. 326-327) hat einige praktische Regeln zusammengestellt, die helfen sollen, den Bewegungsmangel von Kindern zu bekämpfen und damit der Übergewichtigkeit vorzubeugen. Ich habe sie leicht verändert in Tabelle 6-2 aufgenommen.

Was Eltern und Lehrer zur Verbesserung der körperlichen Fitness von Kindern tun können

1. *Bewegung soll Spaß machen.* Kinder sollten bei Bewegungsprogrammen alle teilnehmen können. Je mehr Kinder warten, desto schlimmer. Vermeiden Sie besonders zu Beginn übermäßigen Wettbewerb.

2. *Körperliche Bewegung soll dem Kind angepasst sein.* Die eingesetzten Geräte sollten dem körperlichen Entwicklungsstand der Kinder entsprechen.

3. *Bewegung macht mit Freunden oder in einer Gruppe mehr Spaß.* Am besten geeignet als Partner sind gleichaltrige Kinder. Kinder können sich wechselseitig anregen, Neues auszuprobieren.

4. *Gehen Sie behutsam vor.* Kinder müssen sorgsam an Bewegungsprogramme herangeführt werden, damit Misserfolgserlebnisse vermieden werden.

5. *Die Teilnahme an einem Fitnessprogramm sollte regelmäßig zu festen Terminen sein.* So wird die Teilnahme ritualisiert und zu einer Selbstverständlichkeit.

6. *Sorgen Sie dafür, dass Bewegung positive Konsequenzen hat.* Vermeiden Sie deshalb negative Konsequenzen von Bewegung (z.B. Seitenstiche nach längeren Läufen).

7. *Vermeiden Sie eine übermäßige Betonung des gesundheitlichen Aspekts.* Kinder im Schulalter erfreuen sich meist guter Gesundheit, und die längerfristigen Auswirkungen von Übergewicht und Bewegungsmangel sind für Kinder noch weniger einsichtig als für Jugendliche oder Erwachsene.

Tabelle 6-2: **Einige Regeln zur Verbesserung der körperlichen Fitness bei Kindern** (nach: Feldman, 1998, S. 326-327; verändert)

Die motorische Entwicklung ist – wie bereits oben gesagt – gekennzeichnet von zunehmender Stärke, Schnelligkeit und Koordination der Bewegungen und stetig ansteigender Belastbarkeit und Ausdauer. Dabei treten zunehmend Geschlechtsunterschiede zutage: Jungen sind im Durchschnitt größer[36], athletischer und kräftiger als Mädchen, während letztere bei Geschicklichkeits- und Balanceaufgaben Vorteile haben. Dementsprechend bevorzugen Jungen eher bewegungsorientierte, aktive Spiele, während Mädchen ruhigeres Spiel bevorzugen. Das spiegelt sich auch in den Unfallstatistiken wider: Jungen erleiden in der Schule häufiger Unfälle als Mädchen (Abbildung 6-7).

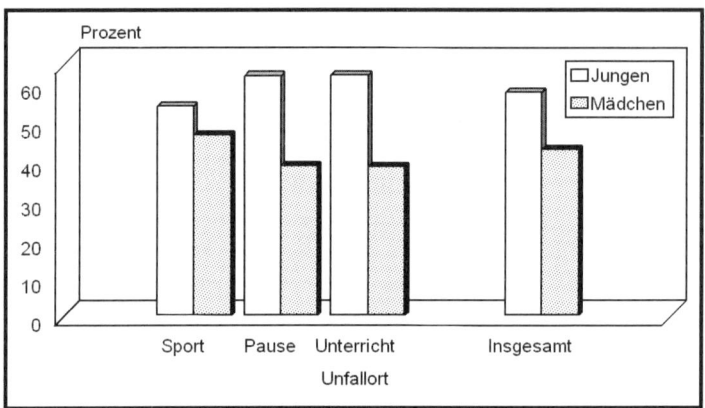

Abbildung 6-7:   **Jungen haben häufiger Unfälle als Mädchen: Gemeldete Schülerunfälle im Jahr 2004** (nach: www.unfallkassen.de)

6.2   Kognitive Entwicklung: Das Stadium der konkreten Operationen (ca. 7 bis 11 Jahre)

Mit dem Schulbeginn werden die kognitiven Fertigkeiten der Kinder systematisch weiter ausgebildet: Ihr Gedächtnis wird besser; ihre Intelligenz nimmt zu. Ihre Interessen werden ausgeprägter und differenzierter. Viele von ihnen lernen eine zweite Sprache und kommen z.B. während des Urlaubs mit anderen Kulturen bewusst in Kontakt. Sie lernen vielleicht, ein Musikinstrument zu spielen oder ihre Grundkenntnisse darin zu vervollkommnen. Sie interessieren sich für Naturphänomene und gesellschaftliche Probleme. Zur Lösung der ihnen gestellten oder von ihnen selbst gewünschten Aufgaben bedienen sie sich teilweise komplizierter Hilfsmittel (wie eines Füllhalters oder eines Computers). Und sie können (wenn sie wollen und vom Elternhaus dabei unterstützt werden) durch Lesen unendlich viele Informationen effektiv aufnehmen. Dass damit auch für Eltern und Lehrer neue Probleme auftreten können, zeigt Abbildung 6-8.

---

[36] Mit Ausnahme eines kurzen Zeitraums während der Pubertät. Der puberale Wachstumsschub setzt bei Mädchen eher ein als bei Jungen, und sie sind zu dieser Zeit etwas größer als Jungen im gleichen Alter (vgl. Abschnitt 7.2.1)

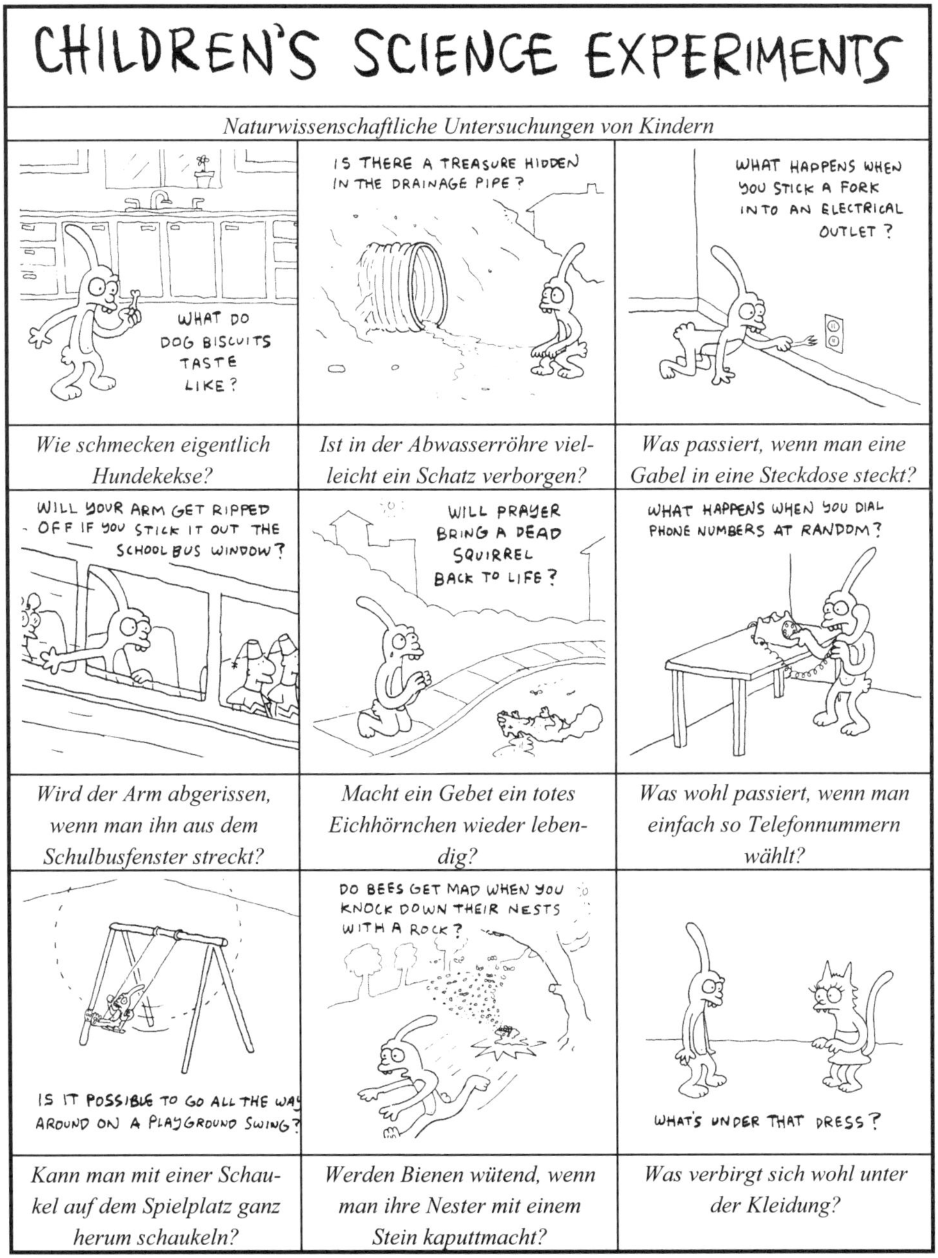

Abbildung 6-8: **Mit der Ausbildung neuer Denkfähigkeiten und -gewohnheiten verändern sich Fragen von Kindern und daraus resultierende Probleme** (aus: Cole & Cole, 1993, S. 452)

Jean Piaget hat diesen Abschnitt der Entwicklung des kindlichen Denkens „Stadium der konkreten Operationen" genannt, weil Kinder in diesem Alter (ca. 7 bis 11 Jahre) wesentliche logische Denkoperationen herausbilden und letztlich beherrschen und weil diese Operationen vorwiegend auf konkret gegebene Objekte und Sachverhalte angewendet werden können (Arbinger, 1997).

Mit abstrakt gestellten Aufgaben wie:

> „Jürgen ist älter als Hans.
> Und Hans ist älter als Peter.
> Wer ist der älteste der drei Männer?"

haben Kinder im Stadium der konkreten Operationen noch einige Schwierigkeiten. Das bedeutet allerdings nicht, dass Kinder in diesem Alter zu abstraktem Denken nicht fähig sind: sie können z.B. durchaus Additionsaufgaben lösen, ohne dass diese durch Äpfel oder Birnen veranschaulicht werden müssen. Finger sind allerdings hilfreich – wie manchmal bei Erwachsenen auch noch.

Der Fortschritt im Denken der Schulkinder besteht vor allem in der Überwindung der für das voroperatorische Stadium typischen Einschränkungen, so dass die im Abschnitt 5.5.3.2 skizzierten Begrenzungen immer seltener werden und schließlich ganz verschwinden.

- *Abbau des voroperatorischen Egozentrismus.* Ältere Kinder sind in der Lage, Standpunkte und Perspektiven von anderen zu übernehmen. Das bezieht sich auch auf soziale Gegebenheiten, wie eine Untersuchung von Friend & Davis (1993) gezeigt hat.

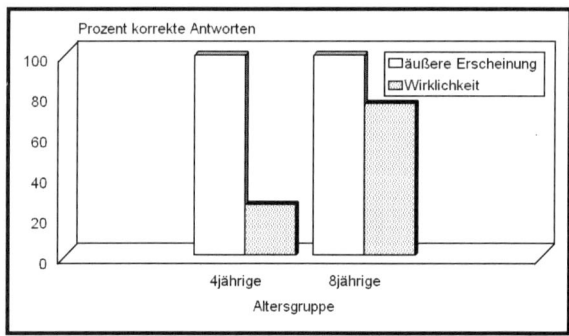

Abbildung 6-9:   **Im Stadium der konkreten Operationen können Kinder besser zwischen äußerer Erscheinung und Realität unterscheiden** (nach: Friend & Davis, 1993)

Die Autorinnen erzählten knapp 150 vier- und achtjährigen Kindern kleine Geschichten, in denen die äußere Erscheinung eines Kindes mit seinen Gefühlen in Konflikt stand. Beispielsweise wurde von Sally, einem Schulkind, erzählt, das traurig ist, weil es von seinem Onkel eine Kinderrassel zum Geburtstag bekommen hat.

Um den Onkel nicht zu enttäuschen, lächelt sie, als sie das Geschenk sieht. Den Kindern wurde dann ein Foto gezeigt, auf dem Sally ihren Onkel anlacht. Dabei wurden den Kindern zwei Fragen gestellt: Zunächst danach, ob Sally auf dem Foto *glücklich aussieht* („äußere Erscheinung"), dann danach, ob Sally *glücklich ist* („Wirklichkeit"). Die in Abbildung 6-9 dargestellten Ergebnisse zeigen, dass Kinder im voroperatorischen Stadium offenbar wegen des vorherrschenden Egozentrismus nur unvollständig zwischen äußerer Erscheinung und Realität unterscheiden können.

- *Rückgang animistischer Deutungen.* Kinder in dieser Altersgruppe können z.B. durchaus akzeptieren, dass unsere Welt aus einem Urknall entstanden ist; die Schöpfungsgeschichte ist für sie nicht die einzige Deutungsmöglichkeit.

- *Abbau der Zentrierung und damit Möglichkeit zur gleichzeitigen Beachtung mehrerer Merkmale.* Demonstrieren kann man diesen Fortschritt z.B. an zweidimensionalen Seriationsaufgaben, bei denen Gegenstände gleichzeitig nach zwei Gesichtspunkten sortiert werden müssen.

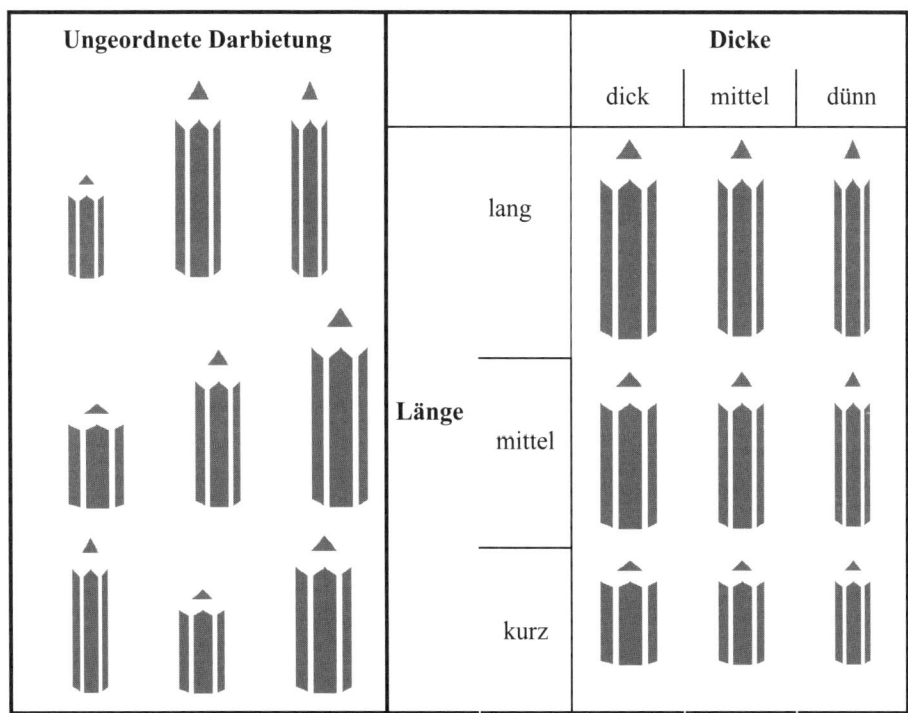

Abbildung 6-10: **Eine Aufgabe zur zweidimensionalen Seriation. Die Bleistifte müssen nach Länge und Dicke geordnet werden**

Ein Beispiel dafür findet sich in Abbildung 6-10. Den Kindern werden ungeordnet z.B. Bleistifte vorgelegt, die sich hinsichtlich Länge und Dicke unterscheiden. Die Kinder werden nun gebeten, die Stifte zu ordnen, ohne dass sie auf die unterschiedlichen Merkmale hingewiesen werden. Kleinere Kinder berücksichtigen meist nur ein Merkmal (entweder Länge oder Dicke), während ältere Kinder beide Merkmale gleichzeitig berücksichtigen können.

Der Abbau der Zentrierung auf ein Merkmal lässt sich auch an Kippbildern oder mehrdeutigen Bildern demonstrieren (Abbildung 6-11).

Kippbild	Mehrdeutiges Bild
Man kann entweder eine alte Frau oder eine junge Frau sehen.	Man kann entweder einen Roller oder Süßwaren (Lutscher, Schnecken) erkennen.

Abbildung 6-11: **Mehrdeutige oder Kippbilder werden korrekt gedeutet**

- *Herausbildung stabiler Erhaltungskonzepte*. Die Kinder erkennen, dass bestimmte Beziehungen zwischen Objekten in ihrer Umwelt unveränderlich („invariant") bleiben. Sie können damit die in Tabelle 5-16 aufgeführten Erhaltungsaufgaben erfolgreich bewältigen.

  „Das Auftreten von Erhaltungsbegriffen ist der eindeutigste Indikator für konkretes Denken. Am wichtigsten sind die Invarianz der *Menge* oder *Substanz* (ca. 7/8 Jahre), des *Gewichts* (ca. 9/10 Jahre), des *Volumens* (ca. 11/12 Jahre)" (Arbinger, 1997, S. 119).

- *Ausbildung stabiler Konzepte von Raum und Zeit*. Kinder im voroperatorischen Stadium unterscheiden noch nicht sicher zwischen räumlichen und zeitlichen Konzepten. Das zeigt sich z.B. bei Umwegaufgaben (Abbildung 6-12). Kinder im voroperatorischen Stadium beantworten die Frage, welches der beiden Autos längere Zeit unterwegs war, wenn sie beide zur gleichen Zeit losgefahren und zur gleichen Zeit angekommen sind, mit „Auto A". Sie begründen ihre Antwort meist damit, dass der Weg weiter sei, und zeigen damit, dass sie Raum und Zeit noch nicht sauber trennen. Kinder im Stadium der konkreten Operationen können die unterschiedliche Fahrgeschwindigkeit in Rechnung stellen. Sie beantworten nicht nur die Frage korrekt („Beide Autos sind gleich lange Zeit unterwegs"), sondern liefern auch eine korrekte Begründung für ihre Antwort.

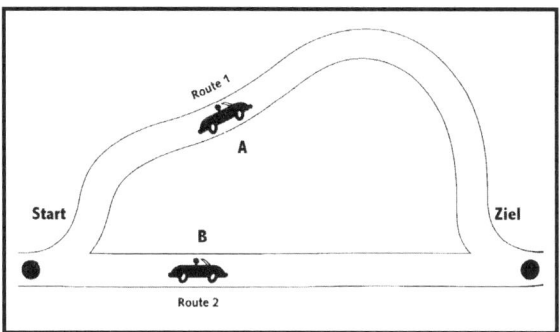

Abbildung 6-12: **Umwegprobleme zeigen, ob die Konzepte Zeit und Raum unterschieden werden**

- *Orientierung im Raum.* Aus der Versuchsanordnung in Abbildung 5-60 kann man schließen, dass Kinder im voroperatorischen Stadium noch kein stabiles Maßstabskonzept entwickelt haben: sie reduzieren die Höhenmessung des Turms auf das einfachere Zählen der Ziegel und beachten deren unterschiedliche Höhe nicht. Im Stadium der konkreten Operationen ist das kein Problem mehr. Und da Kinder jetzt auch die Zentrierung auf ein Merkmal und den früher überaus einflussreichen Egozentrismus im Denken überwinden, sind sie auch besser in der Lage, sich in Räumen oder an Hand von Landkarten zu orientieren.

Diese neuen Fähigkeiten zeigen sich sowohl in der erfolgreichen mentalen Bewältigung der in Abbildung 6-12 dargestellten Umwegprobleme als auch im verbesserten Verständnis der räumlichen Konzepte *Entfernung, Wege* und *kognitiven Landkarten.*

Kinder im voroperatorischen Stadium geben überwiegend an, dass die Bäume in (b) näher zusammen stehen als in (a).
Bei beiden Anordnungen sind die Bäume gleich weit voneinander entfernt.

Abbildung 6-13: **Versuchsanordnung zur Untersuchung der Invarianz von Entfernungen**

235

1. Entfernung: Wenn man einem Kind im voroperatorischen Stadium die in Abbildung 6-13 dargestellte räumliche Anordnung vorlegt und es befragt, welche Bäume denn näher zusammen stehen oder ob alle Bäume gleich weit voneinander entfernt sind, antworten sie überwiegend, dass die Bäume in der rechten Anordnung (b) näher zueinander stehen als in (a): Entfernungen sind noch nicht invariant. Schon zu Beginn des Stadiums der konkreten Operationen werden Aufgaben dieser Art korrekt beantwortet.

2. Wege: Während des voroperatorischen Stadiums reihen Kinder, wenn sie z.B. ihren Weg zum Kindergarten beschreiben, einzelne Orientierungshilfen („Dann kommt ein Baum. Dann eine Bank. Und dann kommt ein Hund.") analog der eindimensionalen Seriation (vgl. Abschnitt 5.5.3.2.7) aneinander, aber Angaben zu Entfernungen und Richtungen („rechts", „links", „geradeaus") sind noch durchaus unzuverlässig. Schon bald nach der Einschulung werden Richtungsangaben stabiler, und mit einigen Hilfen sind die Wegbeschreibungen auch für Außenstehende nachvollziehbar.

3. Kognitive Landkarten: Die mentalen Abbildungen größerer Räume (z.B. der eigenen Wohnung, der Schule oder des bevorzugten Schulwegs werden im Stadium der konkreten Operationen stark verbessert: die Kinder können einfache Grundrisse entziffern und zuordnen und haben Spaß daran[37]. Sie können schon bald an Hand einer Karte „Schätze suchen", Wege zu ihnen unbekannten Zielen finden und anderen Menschen diese Wege beschreiben. Demonstrieren kann man diese neue Errungenschaft z.B. mit der in Abbildung 6-14 gezeigten Anordnung.

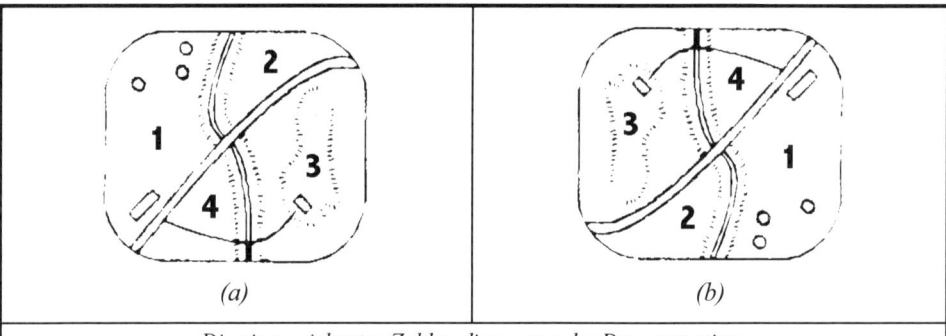

(a)   *(b)*

Die eingezeichneten Zahlen dienen nur der Demonstration.
Sie entfallen bei der Durchführung des Versuchs.
In Landschaft (a) wird eine Puppe gestellt, z.B. an die Stelle 3. Das Kind soll seine Puppe in Landschaft (b), die gegenüber (a) gedreht ist, genau dort aufstellen, wo auch die andere Puppe steht.

Abbildung 6-14:   **Anordnung zur Untersuchung kognitiver Landkarten** (nach: Arbinger, 1997, S. 75)

---

[37] Manche Computerspiele machen extensiven Gebrauch von dieser Fähigkeit der Kinder. Vielleicht sind diese Spiele ja doch nützlich...

- *Beherrschung der Klasseninklusion und Hierarchisierung von Begriffen.* Im Abschnitt 5.5.3.2.8 habe ich schon die Probleme angesprochen, die Kinder im Vorschulalter mit der hierarchischen Anordnung von Begriffen haben (Probleme der Klasseninklusion; Abbildung 5-62). Mit ihrer zunehmenden Fähigkeit, Beziehungen zu erkennen, auch wenn sie mehr als ein Merkmal umfassen, sind Schulkinder sehr bald in der Lage, hierarchische Anordnungen korrekt zu erkennen (also Aufgaben zur Klasseninklusion erfolgreich zu bewältigen). Sie können später komplexere Systeme erkennen und auch korrekt konstruieren bzw. die Relationen zwischen verschiedenen Klassifikationsebenen korrekt angeben (Abbildung 6-15).

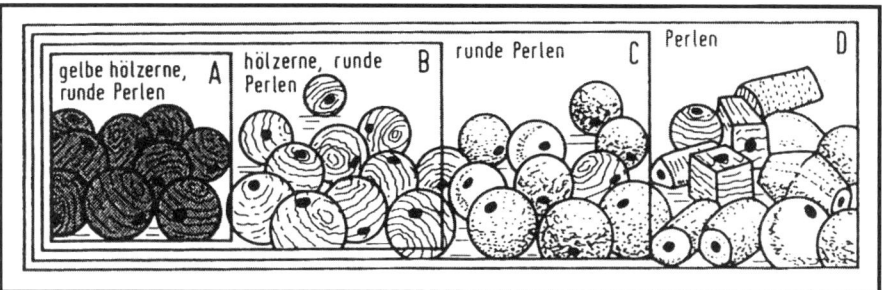

Abbildung 6-15: **Auch kompliziertere Probleme der Klasseninklusion werden im Stadium der konkreten Operationen bewältigt** (aus: Montada, 1995a, S. 535; vereinfacht)

Auch zur kognitiven Entwicklung im frühen Schulalter gibt es vom IWF in Göttingen einen sehr illustrativen, aber leider schon etwas älteren Film: „Die Entwicklung des Denkens nach Jean Piaget – Konkrete Operationen" (Arbinger, Hoffmann, & Reither, 1974).

Aus dem bisher Gesagten dürfte klar geworden sein, dass die kognitive Entwicklung auch in diesem Entwicklungsabschnitt ganz entscheidend von kulturellen Rahmenbedingungen, insbesondere der Lebenssituation der Kinder, mitbestimmt wird. Piagets Aufgaben orientieren sich ganz stark an schulischem Wissen und schulnahen Problemlösestrategien, wie sie insbesondere in den naturwissenschaftlichen Fächern in unserer westlichen Mittelstandskultur vermittelt werden. Dementsprechend kommt der Schule und den von ihr vermittelten Werten, Inhalten und Methoden der Problemlösung bei der Bewältigung typischer „Piaget-Aufgaben" eine ganz entscheidende Rolle zu. Wenn man die Struktur der Aufgaben beibehält, sie aber in den jeweiligen Lebenszusammenhang der untersuchten Kinder integriert, zeigt sich dieser Einfluss ganz deutlich.

Ceci & Roazzi (1994) untersuchten am Beispiel der Klasseninklusion (Abschnitt 5.5.3.2.8), welchen Einfluss eine lebensnähere Gestaltung der Inklusionsaufgaben auf die Lösung hat. Sie ließen die traditionelle Piaget-Aufgabe und eine angepasste Aufgabe von 6- bis 9jährigen brasilianischen Straßenhändlern, die praktisch keine formelle Schulausbildung haben, und von Kindern aus dem Mittelstand bearbeiten. In der angepassten Aufgabe wurden den Kindern vier Stücke Pfefferminz- und zwei Stücke Erdbeer Kaugummi vorgelegt, und sie wurden befragt, wann sie mehr Geld einnehmen könnten: wenn sie die Pfefferminz-Kaugummis verkauften oder wenn sie die Kaugummis verkauften.

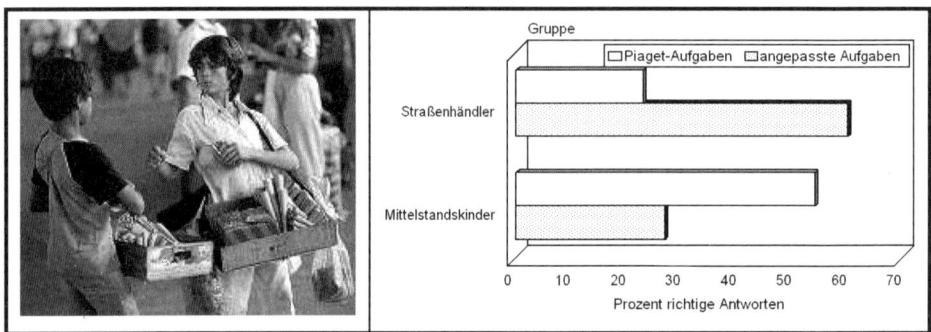

Abbildung 6-16: **Bedeutung der Lebenssituation für die Bearbeitung von Piaget-Aufgaben** (nach: Ceci & Roazzi, 1994; weitere Erläuterungen im Text)

Die Ergebnisse in Abbildung 6-16 zeigen deutlich den Einfluss der Alltagssituation: Mittelstandskinder kamen mit den traditionellen Piaget-Aufgaben besser zurecht, Straßenhändler schnitten bei den angepassten Aufgaben besser ab. Zu ähnlichen Ergebnissen kamen Roazzi & Bryant (1997), die die Erhaltung des Volumens, der Masse und der Menge an ca. 250 fünf- bis achtjährigen Kindern aus verschiedenen sozialen Schichten überprüften.

Dass bei typischen Piaget-Aufgaben zu den konkreten Operationen das vorhandene Wissen von großer Bedeutung ist und dass Kinder bedeutend früher mit dem Konzept der Erhaltung umgehen können als bisherige Untersuchungen vermuten ließen, konnten Macnamara & Austin (1993) in einer allerdings kontrovers diskutierten Studie zeigen. Dass sich – wie von Piaget gefordert – die wesentlichen Aspekte der konkreten Operationen kulturübergreifend herausbilden, darf mittlerweile als gut abgesichert angesehen werden. Dass es allerdings sowohl im Niveau als auch im Verlauf große kulturelle Unterschiede gibt, ist ebenfalls gesichertes Wissen.

Beispielhaft für diese Art Studien möchte ich eine Untersuchungsserie von Dasen, Ngini, & Lavallée (1979) anführen. Das Erhaltungskonzept entwickelt sich bei australischen Stadtkindern ca. 3 Jahre früher als bei Aborigines ländlicher Herkunft („Vertikalverschiebung"; vgl. Abbildung 6-17). Obendrein verfügt bis zum Alter von 14 Jahren nur ca. jedes zweite Landkind über stabile Erhaltungskonzepte. Durch spezielle Trainings erreichen allerdings auch die Landkinder (mit Verspätung) ein den Stadtkindern vergleichbares Entwicklungsniveau (Abbildung 6-17 rechts oben).

238

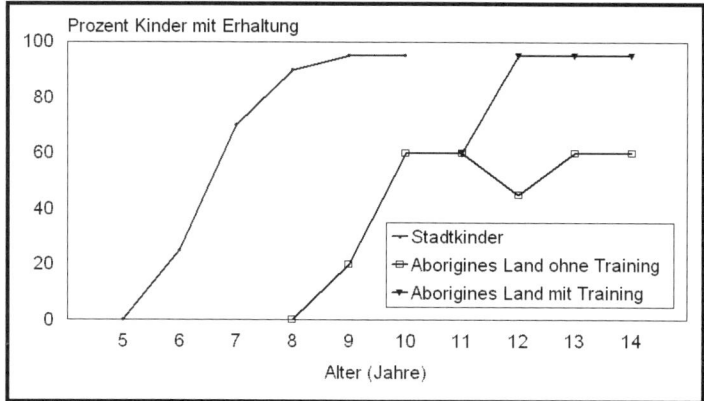

Abbildung 6-17: **Entwicklung der Erhaltung bei australischen Stadtkindern und Aborigines in ländlicher Umgebung** (nach: Dasen, Ngini, & Lavallée, 1979; Erläuterungen im Text)

Dass schließlich und endlich auch Erwachsene durch „falsche" Fragen in die Irre geführt und zu „falschen" Antworten verleitet werden können, zeigte sich z.B. in den Studien von Winer, Craig, & Weinbaum (1992) und Winer & McGlone (1993). So wurden z.B. Studenten gefragt, wann sie mehr wögen: beim Laufen oder beim Gehen. Oder sie wurden gefragt, wann Knetgummi mehr wöge: wenn es eine Kugel bilde oder wenn es ausgewalzt wäre. Viele Vpn gaben falsche Antworten.

Diese kritischen Befunde fasst Berk (1997, S. 241) so zusammen:

> „Die Ergebnisse zeigen, dass die konkreten Operationen noch nicht einmal von Erwachsenen immer benutzt werden. Wir verfügen statt dessen wahrscheinlich über zwei Denkstile, die in verschiedenen Situationen eingesetzt werden: einen personenzentrierten, intuitiven, und einen objektzentrierten, logisch konsistenten Denkstil. Das ist für Piagets Theorie insofern problematisch, als es zeigt, dass die konkreten Operationen keine logischen Denkformen sind, die sich quasi universell im Schulalter entwickeln und – wenn sie einmal ausgebildet sind – weniger „reife" Denkstile ersetzen. Sie sind wohl eher das Ergebnis direkter Unterweisung, verschiedener Kontexte und kultureller Einflüsse."

6.3 Regeln und moralisches Urteilen

6.3.1 Moral als System gesellschaftlicher Regeln

Montada (1995c) schreibt auf S. 862:

> „In jeder Gemeinschaft gibt es Normen: Gebote und Verbote, Pflichten oder Verantwortlichkeiten gegenüber anderen und sozialen und staatlichen Gemeinschaften (und entsprechende Rechte). Die Normen entstammen kulturellen oder religiösen Traditionen, oder es handelt sich um staatliche Gesetze oder um Regeln, die in Gemeinschaften neu in Kraft gesetzt wurden. Über die Legitimität gegebener Normen können die Überzeugungen divergieren: Staatliche Gesetze, die verbindliches positives Recht darstellen, können gegen Natur- oder Menschenrechte und moralische Überzeugungen von Teilpo-

239

pulationen verstoßen, Gebote und Verbote, die in einer Gemeinschaft gelten, mögen von anderen Gemeinschaften als sittenwidrig abgelehnt werden, immer wieder stellt die junge Generation die Tradition in Frage."

Wenn im Folgenden von „Moral" gesprochen wird, sind damit Entwicklung, Befolgung und Verständnis dieses Regelsystems gemeint. Die leider in der deutschen Sprache konnotativ mitschwingende Eingrenzung auf bestimmte Verhaltensbereiche (z.B. die Sexualität) oder bestimmte auf „moralisch-ethische" Korrektheit spezialisierte Institutionen (z.B. die christlichen Kirchen) sind hier nicht gemeint. Vielleicht entspricht der von Mönks & Knoers (1996) verwendete Begriff des „Normgefühls" am ehesten dem hier Gemeinten – aber er ist ungebräuchlich. Deshalb verwende ich trotz „Bauchschmerzen" den in der Literatur verbreiteten Begriff der Moral.

6.3.2   Soziobiologisches Verständnis der Moral

In den 70er und 80er Jahren boomte die wissenschaftliche Literatur zu Fragen prosozialen Verhaltens: Untersuchungen zur Hilfeleistung, zum Mitleid oder zu altruistischem Verhalten wurden als Gegengewicht zu den bereits gängigen Studien zum antisozialen Verhalten populär (vgl. z.B. Bierhoff, 1980). In diesem Kontext wurden (und werden) auch Beobachtungen veröffentlicht, die prosoziales Verhalten bei verschiedenen Tierarten zum Gegenstand hatten. Verschiedene Arten von Hilfeleistung oder uneigennützigem Verhalten wurden nicht nur bei Insekten, sondern auch bei vielen Säugetierarten nachgewiesen – durchaus nicht nur bei Menschenaffen (z.B. Goodall, 1990; R. Masters, 1978).

Im Rahmen der sich zur gleichen Zeit entwickelnden Soziobiologie wurde schon sehr früh versucht, „moralisches" Verhalten auf mögliche genetische Grundlagen zurückzuführen. Dabei kam man zu der Erkenntnis, dass nicht nur egoistisches Verhalten der Selektion der eigenen Familie förderlich ist, sondern dass unter gewissen Umständen auch ein scheinbar den Fortpflanzungschancen abträgliches Verhalten evolutionär sinnvoll sein kann – nämlich immer dann, wenn es die Fortpflanzungschancen der Art insgesamt erhöht[38]. Das ist beispielhaft in Abbildung 6-18 gezeigt.

---

[38] An eine erblich bedingte Komponente der „Moral" dachte schon Charles Darwin in seinen „Notebooks": „Wenn der Naturforscher den Menschen betrachtet wie irgendein anderes Säugetier, kann er schließen, dass dieser elterliche, eheliche und soziale Instinkte hat und vielleicht auch noch andere ... Diese Instinkte bestehen aus einem Gefühl der Liebe oder des Wohlwollens gegenüber dem fraglichen Objekt. Ohne Beachtung ihrer Abstammung sehen wir in anderen Tieren, dass sie aktive Zuneigung zeigen, dass das Individuum sich selbst vergisst, anderen auf eigene Kosten hilft, sie verteidigt und für sie handelt." (Charles Darwin, zitiert nach: Keynes, 2002, S. 68)

240

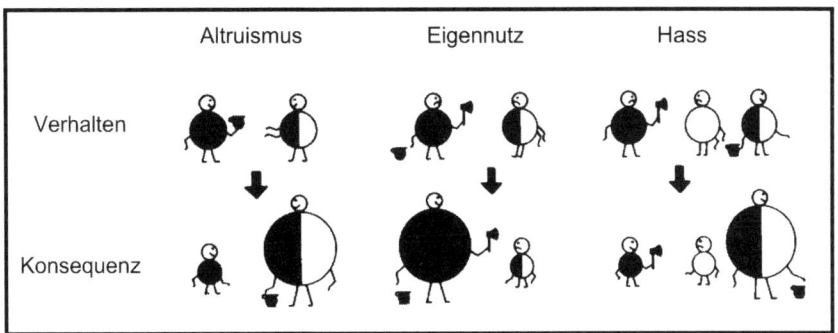

Abbildung 6-18: **Veranschaulichung der Vererbung von Altruismus, Eigennutz und Feindschaft** (nach: E. Wilson, 1978, S. 30)

Die jeweiligen Familienmitglieder sind ganz eingeschwärzt, Verwandte halb. Nichtverwandte sind weiß. Typische Verhaltensweisen sollen sein: *Hilfeleistung* (symbolisiert durch ein schwarzes Gefäß) oder *Schädigung* (symbolisiert durch ein Beil). Nach diesen (sehr stark vereinfachten) Überlegungen stärkt altruistisches Verhalten die genetische Fitness der Verwandten, Eigennutz stärkt die eigene Fitness und Feindschaft die Fitness der Verwandten. Für alle drei Verhaltensklassen sind also je nach Art und ökologischem Kontext verschiedene evolutionär vorteilhafte Strategien denkbar.

Vielleicht ist der Mensch ja von Natur aus weder „edel, hilfreich und gut" noch „von Natur aus böse". Wahrscheinlicher ist es, dass wir in unserer genetischen Ausstattung von allem etwas mitschleppen, das je nach den situativen Bedingungen offen zutage treten kann oder im Verborgenen bleibt. Aber natürlich reichen soziobiologische Ansätze nicht aus, das vielfältige Repertoire menschlicher moralischer Verhaltensweisen zu beschreiben oder gar zu erklären (Herbig, 1996).

6.3.3 Moral als Beachtung sozialer Regeln

Die meisten Regeln und Normen, die unser Verhalten in verschiedenen sozialen Zusammenhängen (Familie, Kindergarten, Spielgruppe, Schule, Verein, Straßenverkehr) steuern, sind erlernt.

Ihre Befolgung hängt von vielen Faktoren ab, wie wir tagtäglich beobachten können: Verkehrsregeln (Abstand; Abbildung 6-19 links) werden nur unzulänglich beachtet (Wolf & Tücke, 1996), schon bei Grundschulkindern klafft ein großer Gegensatz zwischen ihrem Wissen über umweltgerechtes Verhalten (Abbildung 6-19 Mitte links) und ihrem tatsächlichen Tun (Wiesenthal, Schumann-Hengsteler, & Thomas, 1996), und je nach Situation kann man (z.B. im Sport) bestimmte Regeln der Fairness oder zum Anti-Doping (Abbildung 6-19 Mitte rechts und rechts) befolgen oder nicht (Rössner, 1996).

Drängler auf der Auto-bahn	Müll im Wasch-raum eines Schul-landheims	Foul im Fußball	Der Weltrekordsprinter Tim Montgomery wurde wegen Doping mit dem Steroid THG 2 Jahre für alle Wettkämpfen gesperrt

Abbildung 6-19: **Längst nicht alle verbindlichen moralischen Regeln werden auch wirklich befolgt**

Mit Turiel, Killen & Helwig (1987; zitiert nach: Cole & Cole, 1993, S. 525-526) kann man die in Tabelle 6-3 dargestellten Regeln unterscheiden. Diese Regeln können auf unterschiedlichen Wegen vermittelt werden:

- *Durch klassisches Konditionieren* (vgl. Abschnitt 4.4.5.2). Mit entsprechenden Rahmenbedingungen können von einer Gesellschaft geschätzte Normen auch individuell positiv besetzt werden. Z.B. ist in Teilen unserer Gesellschaft ein individuell (u.U. auch auf Kosten anderer) erzielter Erfolg hochgeschätzt und ruft entsprechend positive Gefühle hervor.

- *Durch operantes Konditionieren* (vgl. Abschnitt 4.4.5.3). Normwidriges Verhalten kann direkt (z.B. durch Bußgelder) oder indirekt (z.B. durch „böse Blicke") bestraft, normgerechtes Verhalten kann belohnt werden. Auf die Probleme des Einsatzes operanter Konditionierungstechniken in der Erziehung zu moralischem Verhalten kann ich hier aus Platzgründen nicht näher eingehen und verweise auf Montada (1995c, S. 867) und Tücke (2005b, Kapitel 13 und 14) .

- *Durch Beobachtung und Nachahmung des Verhaltens Erwachsener* (vgl. Abschnitt 4.4.5.4). Die Nachahmung von Vorbildern ist eine besonders effektive Möglichkeit, Einfluss auf das Verhalten von Kindern zu nehmen. Leider werden nicht nur wünschenswerte Verhaltensweisen imitiert, sondern auch besonders unerwünschte, z.B. aggressive (Bandura, Ross, & Ross, 1963). Vorbilder finden Kinder vor allem in ihrer eigenen Familie, im Kindergarten und in der Schule, und in diesen Bereichen ist „vorbildliches" Verhalten der Eltern, Erzieher und Lehrer ein absolutes Muss. Kinder entdecken sehr schnell, wenn gepredigtes und tatsächlich gezeigtes Verhalten auseinanderklaffen. Vielleicht ist ja der immer wieder beklagte und keineswegs neue „Verfall der Sitten" bei Kindern und Jugendlichen[39] im Wesentlichen eine

---

[39] Eine ergötzliche Darstellung dieses Problems findet sich in der „Frommen Helene" von Wilhelm (Busch, 1980) – eine nicht nur in diesem Kontext außerordentlich empfehlenswerte Lektüre.

Nachahmung von Verhaltensweisen, die sie sich bei den Erwachsenen abgeguckt haben...

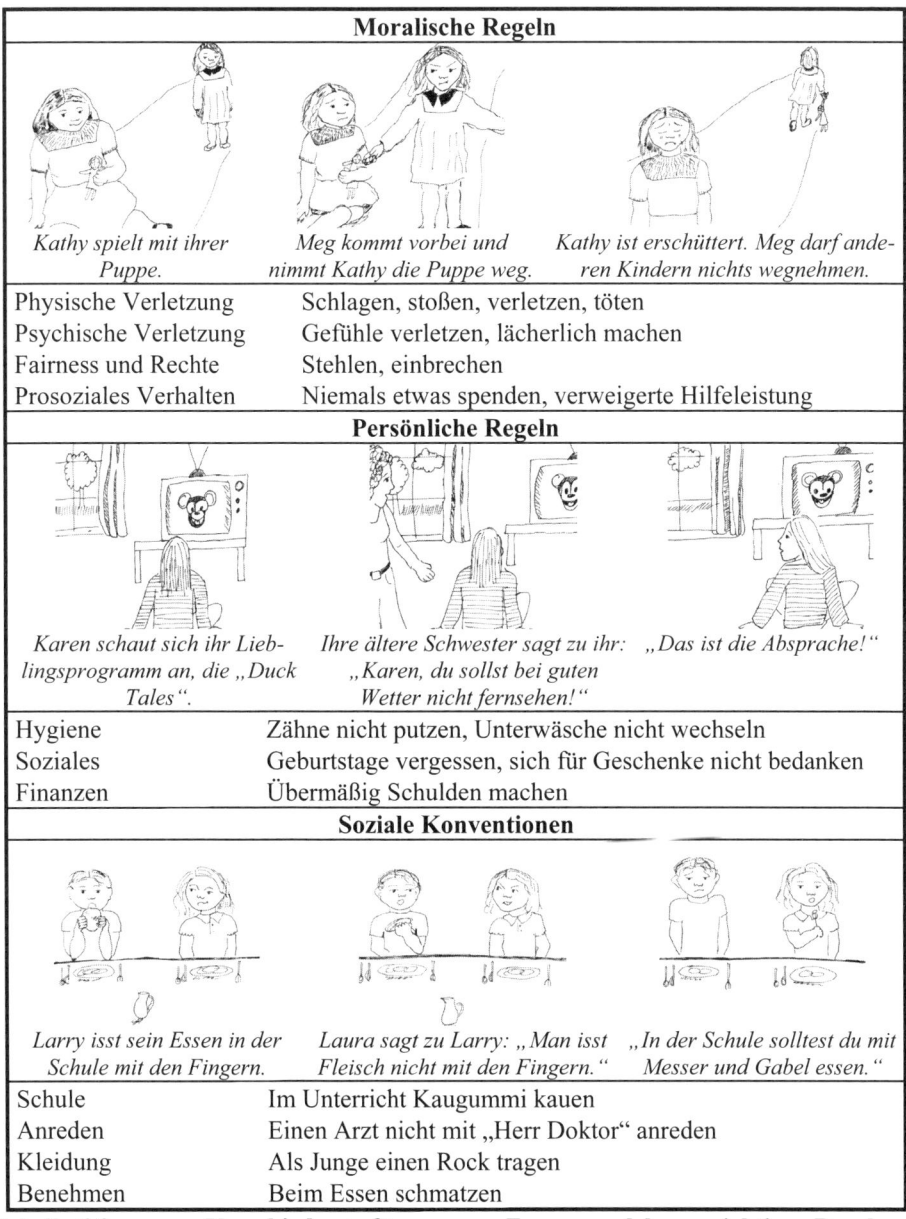

Moralische Regeln		
Kathy spielt mit ihrer Puppe.	Meg kommt vorbei und nimmt Kathy die Puppe weg.	Kathy ist erschüttert. Meg darf anderen Kindern nichts wegnehmen.
Physische Verletzung	Schlagen, stoßen, verletzen, töten	
Psychische Verletzung	Gefühle verletzen, lächerlich machen	
Fairness und Rechte	Stehlen, einbrechen	
Prosoziales Verhalten	Niemals etwas spenden, verweigerte Hilfeleistung	

Persönliche Regeln		
Karen schaut sich ihr Lieblingsprogramm an, die „Duck Tales".	Ihre ältere Schwester sagt zu ihr: „Karen, du sollst bei guten Wetter nicht fernsehen!"	„Das ist die Absprache!"
Hygiene	Zähne nicht putzen, Unterwäsche nicht wechseln	
Soziales	Geburtstage vergessen, sich für Geschenke nicht bedanken	
Finanzen	Übermäßig Schulden machen	

Soziale Konventionen		
Larry isst sein Essen in der Schule mit den Fingern.	Laura sagt zu Larry: „Man isst Fleisch nicht mit den Fingern."	„In der Schule solltest du mit Messer und Gabel essen."
Schule	Im Unterricht Kaugummi kauen	
Anreden	Einen Arzt nicht mit „Herr Doktor" anreden	
Kleidung	Als Junge einen Rock tragen	
Benehmen	Beim Essen schmatzen	

Tabelle 6-3: **Verschiedene für unser Zusammenleben wichtige Regeln** (nach: Turiel, Killen, & Helwig, 1987; aus: Cole & Cole, 1993, S. 525-526)

- *Durch Interaktion mit Gleichaltrigen.* Je älter Kinder werden, desto wichtiger werden die Einflüsse Gleichaltriger auf fast alle Bereiche der Entwicklung (vgl. z.B. van Lieshout, van Aken, & van Seyen, 1991; Wilk & Bacher, 1994). Zwar stimmen in grundlegenden Bereichen (z.B. politische Orientierungen und Überzeugungen) die Werte und Normen zwischen Eltern und ihren Kindern relativ gut überein, aber in eher peripheren Bereichen sind die Abweichungen u.U. so groß, dass sich der Begriff des „Generationenkonflikts" eingebürgert hat (vgl. Abschnitt 7.8), der sich besonders in und nach der Pubertät verschärfen soll. Zwischen Kindern bzw. Jugendlichen und Erwachsenen unterschiedliche Werte und Normen zeigen sich in so heterogenen Bereichen wie Pünktlichkeit, Ordnung und Sauberkeit, Kleidung, Sexualität, Musikvorlieben etc. Aber auch bezüglich für unsere Gesellschaft so zentraler Normen wie Ehrlichkeit, Tüchtigkeit, Respekt vor dem Eigentum oder Gewaltfreiheit scheint der Konsens zwischen der älteren Generation und zumindest Teilen der Kinder und Jugendlichen nicht mehr vollständig zu sein.

6.3.4   *Moralisches Verständnis und Urteilen*

6.3.4.1   Die Überlegungen Piagets

Wie bereits oben im Abschnitt 6.3.3 gesagt, wird unser Verhalten in verschiedenen sozialen Kontexten von Regeln und Normen beeinflusst, die ein geordnetes soziales Verhalten erst ermöglichen und großenteils gelernt werden.

Piaget beobachtete Kinder beim Murmelspiel und befragte sie zu den Regeln, die ihrem Spiel zugrunde lagen (zum Regelspiel vgl. Abschnitt 5.2.3). Er stellte fest, dass mit zunehmendem Fortschritt der kognitiven Entwicklung auch die angewandten Regeln komplizierter und von den Kindern immer besser befolgt wurden. Das ist bei den heutigen Spielen noch genauso. So umfasst etwa die Kurzanleitung zu den „Siedlern von Catan" (Teuber, o.J.) 12 Seiten, und das Regelwerk kann durch Zusätze und eigene Varianten noch komplizierter gestaltet werden (Abbildung 6-20). Zwar sind nicht alle Regeln gleich wichtig, aber das Spiel wird wesentlich interessanter, wenn alle beachtet werden.

Abbildung 6-20:   In Spielen wie "Die Siedler" lernen Kinder, auch komplizierte Regelsysteme zu beachten

6.3.4.1.1 Das Stadium der heteronomen oder externen Moral

Für Piaget bedeutete moralisches Denken und Verhalten zu einem großen Teil Respekt vor und Befolgung von gemeinsamen Regeln. So kam er zu der Auffassung, dass man aus der Beobachtung von Kinderspielen etwas über das moralische Verständnis von Kindern und Jugendlichen erfahren kann. Die Bedeutung der Regeln für das Kinderspiel nimmt nach den Beobachtungen Piagets zum Ende des voroperativen Stadiums der kognitiven Entwicklung zu: die Kinder kommen in das Stadium der *heteronomen oder externen Moral*. Dieses Stadium umfasst ungefähr die Zeit vom fünften bis zum zehnten Lebensjahr.

Heteronom bedeutet „fremdbestimmt" oder „von fremden Gesetzen abhängig" (Bertelsmann Electronic Publishing, 1997): Kinder in diesem Alter glauben, dass Regeln in verschiedenen Bereichen von höheren Autoritäten erlassen worden sind, nicht angezweifelt werden dürfen und buchstabengetreu einzuhalten sind. Jede Verhaltensweise, die den Regeln entspricht, ist gut; jede nicht regelkonforme Verhaltensweise ist schlecht.

Nach Piaget wird ihr moralisches Verständnis bei Kindern in diesem Alter von zwei Faktoren dominiert:

1. *Der Auffassung, dass Erwachsene darauf bestehen können, dass von ihnen gesetzte Regeln widerspruchslos eingehalten werden und Regelverletzungen von ihnen legitim bestraft werden dürfen;*

2. *Der Auffassung, dass für alle Menschen die gleichen Regeln verbindlich sind und alle Menschen diese Regeln auch gleich interpretieren. Regeln sind so wirklich wie Steine, die Eltern oder andere konkret fassbare Dinge in der Umwelt der Kinder.*

Man kann besonders wegen des Punkts 2 auch sagen, dass dieses Entwicklungsstadium von „*moralischem Realismus*" gekennzeichnet ist. Vor diesem Hintergrund sind Regelverstöße besonders schlimm, wenn sie schlimme Konsequenzen haben. Die Intention einer Handlung bleibt weitgehend unbeachtet.

Demonstrieren kann man das an Hand kleiner Geschichten, wie sie neben Piaget auch andere Autoren zur Erforschung des moralischen Urteils angewandt haben. Es werden darin je zwei Tatbestände geschildert, und die Kinder werden am Ende nach verschiedenen Dingen gefragt, z.B. was schlimmer war oder wer härter bestraft werden soll. Ein Beispiel zeigt Tabelle 6-4. Kinder im Stadium der heteronomen Moral halten das Geschehen in der 1. Geschichte für schlimmer.

1. Geschichte	2. Geschichte

Ein kleiner Junge namens Hans war in seinem Zimmer. Man rief ihn zum Essen. Er ging ins Speisezimmer. Aber hinter der Tür stand ein Stuhl. Auf dem Stuhl war ein Tablett, und auf dem Tablett standen fünfzehn Tassen. Hans konnte nicht wissen, dass all dies hinter der Tür war. Er trat ein: die Tür stieß an das Tablett und Bums! – die fünfzehn Tassen waren zerbrochen.	Es war einmal ein kleiner Junge, der hieß Heinz. Eines Tages war seine Mama nicht da, und er wollte Marmelade aus dem Schrank nehmen. Er stieg auf einen Stuhl und streckte den Arm aus. Aber die Marmelade war zu hoch, und er konnte nicht drankommen. Als er doch versuchte, daran zu kommen, stieß er an eine Tasse. Die Tasse ist heruntergefallen und zerbrochen.

Tabelle 6-4:   **Beispiele für Geschichten zur Untersuchung der moralischen Entwicklung** (Abbildungen aus: A. Clarke-Stewart, Friedman, & Koch, 1985, S. 544)

6.3.4.1.2   Das Stadium der autonomen Moral oder der moralischen Reziprozität

Gegen Ende des Stadiums der konkreten Operationen ändert sich auch das Regelverständnis der Kinder grundlegend: sie verstehen jetzt Regeln als wechselseitige Übereinkunft, die auch nach Absprache geändert werden können. Die Bedeutung der Autorität nimmt ab, und je nach Konvention sind auch Regelverletzungen unterschiedlich zu bewerten: die Intention spielt eine größere Rolle als der angerichtete Schaden. Bei Strafen sollten der angerichtete Schaden, die Intention des Täters und ein Ausgleich für das Opfer berücksichtigt werden.

In diesem Stadium wandelt sich auch die Auffassung von der Lüge. Erwachsene wundern sich manchmal, wie stark Kinder übertreiben, wenn sie etwas erzählen, oder wie sehr sie die Realität zu ihren Gunsten zurechtbiegen. Sie machen sich dann manchmal Sorgen, ob in ihrer Obhut nicht vielleicht ein kleiner Lügenbold herangewachsen ist. Aber keine Angst: Lügen verdeutlichen im Stadium der heteronomen Moral eher die Wünsche der Kinder, und erst während des Stadiums der der autonomen Moral werden Lügen sehr problematisch. Auch das hat Piaget mit kleinen Geschichten nach den in Tabelle 6-5 dargestellten untersucht. Auch hier wird wieder gefragt, welches Kind etwas „schlimmeres" erzählt hat und warum.

1. Geschichte	2. Geschichte
Ein kleiner Junge geht auf der Straße spazieren und trifft einen großen Hund, der ihm große Angst macht. Da geht er nach Hause zurück und erzählt seiner Mutter, er habe einen Hund gesehen, der sei so groß wie eine Kuh gewesen.	Ein Kind kommt von der Schule nach Hause und erzählt seiner Mutter, die Lehrerin habe ihm gute Noten gegeben. Da war seine Mama sehr froh und hat ihm eine Belohnung gegeben. Die Geschichte war aber nicht wahr; die Lehrerin hatte ihm keine Note gegeben, weder eine gute noch eine schlechte.

Tabelle 6-5:   **Beispielgeschichten zur Untersuchung der Beurteilung von Lügen**

6.3.4.1.3   Vergleich der heteronomen und autonomen Moral sowie kritische Würdigung

Bereich	Heteronome Moral	Autonome Moral
Eltern	Eltern sind eine absolute Instanz, müssen einseitig geachtet werden und können Zwang ausüben.	Das Verhalten der Eltern darf hinterfragt und kritisiert werden. Sie sind weder unfehlbar noch immer gerecht.
Lügen	Eine Aussage hat den Charakter eines Wunsches.	Lügen sind eine wissentliche Täuschung.
Gerechtigkeit	Gerecht ist das, was die Erwachsenen sagen und tun.	Gerechtigkeit beinhaltet Vergeltung und berücksichtigt einen Ausgleich für den angerichteten Schaden.
Strafe	Der Sühneaspekt für den angerichteten Schaden steht im Vordergrund.	Strafe muss ausgewogen werden zwischen Schaden, Intention des Täters und dem Opfer.

Tabelle 6-6:   **Synopse der Stadien der moralischen Entwicklung nach J. Piaget**

Die wesentlichen Unterschiede zwischen dem Stadium der heteronomen und der autonomen Moral habe ich in Tabelle 6-6 aufgeführt.

Der große Verdienst J. Piagets besteht darin, die Entwicklung des moralischen Verständnisses mit der kognitiven Entwicklung verknüpft und in seine umfassende Theorie integriert zu haben. Die von ihm vorgeschlagenen Entwicklungsstadien sind relativ gut unterscheidbar, und die verwendete Methode der kleinen Geschichten mit anschließender Befragung der Kinder hat eine Unzahl von Folgestudien initiiert.

Allerdings haben diese Studien auch gezeigt, dass der Ansatz Piagets in einigen Details revisionsbedürftig ist:

- *Die in Tabelle 6-6 aufgeführten Bereiche entwickeln sich nicht vollständig synchron* (vgl. Lickona, 1976; Nunner-Winkler, 1992).

- *Regelverständnis und Regelbeurteilung sind nach einer Untersuchung von Thorkildsen (1989) situationsabhängig.* Die Autorin ließ Kinder der ersten, dritten und fünften Klassenstufe beurteilen, wie fair ihrer Meinung nach verschiedene Verhaltensweisen (Hilfeleistung, unabhängiges Arbeiten und Wettbewerb) in drei unterschiedlichen Situationen (Leseübung, Buchstabierwettbewerb, Klassenarbeit) sind. Wie Abbildung 6-21 zeigt, wird Hilfeleistung bei Leseübungen als fair angesehen, nicht hingegen bei Wettbewerben oder Klassenarbeiten.

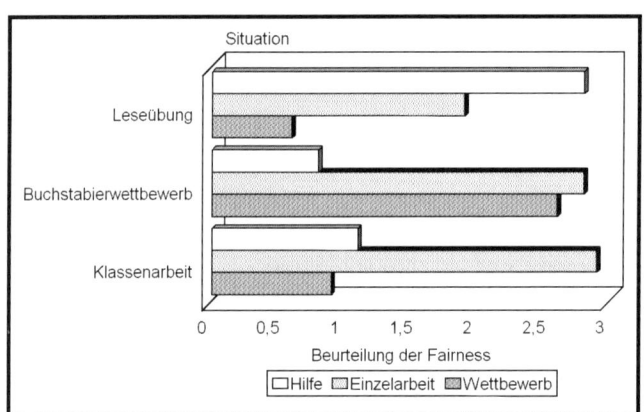

Abbildung 6-21: **Auch jüngere Schulkinder beurteilen die Fairness verschiedener Verhaltensweisen schon situationsspezifisch** (nach: Thorkildsen, 1989)

- *Die Aussagen zum Verständnis der Autorität von Erwachsenen, besonders der Eltern, sind heute wohl so nicht mehr haltbar*, weil Kinder schon vor der Schulzeit trainiert werden, Autoritäten anzuzweifeln. Blindes, widerspruchsloses Befolgen von Anweisungen oder Regeln ist wohl eher selten.

- *Moralisches Urteil und moralisches Verhalten klaffen auseinander*: teilweise verhalten sich Kinder in der Realität „moralischer" als in ihrem Urteil (Nunner-Winkler, 1996).

- *Die Betonung der Konsequenzen einer Regelverletzung ist revisionsbedürftig.* In einer Studie von Doil, Dettenborn, & Boehnke (1992) konnten Kinder verschiedene Absichten, die moralisch relevantem Verhalten zugrunde liegen (vgl. Tabelle 6-4), besser und schneller beurteilen als deren Folgen.

- *Die Aussagen Piagets zum Altersverlauf der moralischen Entwicklung sind nicht mehr korrekt.* In einer auch heute noch sehr lesenswerten Untersuchung von Kemmler, Windheuser, & Morgenstern (1970), die sich methodisch eng an Piagets Studien anlehnte, wurde an Hand der drei Bereiche „Gerechtigkeit", „Autorität" und „Strafe" gezeigt, dass schon Schüler im vierten Schuljahr überwiegend „moralisch autonom" urteilen.

6.3.4.2   Die Theorie Kohlbergs

Lawrence Kohlberg (1995) hat die grundlegenden Arbeiten Piaget aufgegriffen, erweitert und geringfügig modifiziert und seit 1963 (Kohlberg, 1963) eine seither weit verbreitete Theorie der Entwicklung des moralischen Urteils vorgelegt (zur Einführung siehe auch: Garz, 1996). Er modifizierte Piagets Methode der „moralischen Geschichten" und entwickelte eine Reihe von „moralischen Dilemmata", in denen eine Konfliktsituation geschildert wird und die Hauptperson eine Entscheidung zwischen zwei Alternativen treffen muss. Wohl die berühmteste dieser Geschichten ist das in Tabelle 6-7 angeführte „Heinz-Dilemma".

Kohlbergs Geschichten wurden mehrfach zu testähnlichen Erfassungsinstrumenten zur Moralentwicklung verfeinert (vgl. z.B. Briechle, 1981; J. Gibbs, Basinger, & Fuller, 1992) und in vielen von Kohlbergs Überlegungen angeregten empirischen Untersuchungen eingesetzt. Bei der Auswertung der Antworten ist die Handlung fast irrelevant (d.h. es ist egal, ob die Vpn der Meinung sind, Heinz durfte das Medikament stehlen, oder ob sie sagen, er hätte das nicht gedurft); das Entscheidende sind vielmehr die Begründungen (böse Zungen sagen auch: Ausreden oder Rechtfertigungen), die die Vpn für ihre Antworten geben. Je nach der Struktur der Begründung wird das Niveau der moralischen Entwicklung festgelegt.

Lawrence Kohlberg und das häufig verwendete „Heinz-Dilemma"

Lawrence Kohlberg
1927-1987

In einem europäischen Staat stand eine Frau kurz vor ihrem Tod durch eine seltene Krebsart. Es gab ein Medikament, das ein Chemiker vor kurzem erfunden hatte und das sie heilen könnte.

Der Chemiker verkaufte das Medikament für 50.000 €; das entsprach dem 10fachen Herstellungspreis. Heinz, der Ehemann der krebskranken Frau, konnte trotz aller Bemühungen nur 25.000 € zusammenbringen. Er erzählte dem Chemiker vom bevorstehenden Tod seiner Frau und bat ihn, ihm das Medikament billiger zu verkaufen oder ihn den Rest später bezahlen zu lassen. Der Chemiker lehnte das ab.

Heinz brach daraufhin bei dem Chemiker ein und stahl das Medikament, um seine Frau zu retten.

Hat Heinz richtig gehandelt?

Warum oder warum nicht?

Tabelle 6-7: **Lawrence Kohlberg war einer der einflussreichsten Forscher zur Entwicklung des moralischen Urteils. Berühmt ist das häufig verwendete "Heinz-Dilemma" zur Untersuchung der Entwicklung des moralischen Urteils (leicht verändert)**

Auch Kohlberg hat eine Stufentheorie der moralischen Entwicklung vorgelegt. Er unterscheidet drei Niveaus mit je zwei Stufen (also insgesamt sechs Abschnitte) der moralischen Entwicklung. Sie sind im Folgenden zusammengefasst.

- NIVEAU I: PRÄKONVENTIONELLE MORAL. Diese Stufe ist weitgehend mit dem „heteronomen Stadium" bei Piaget identisch: die Kinder akzeptieren von Autoritäten gesetzte Regeln, und die Schwere eines Verstoßes hängt von dessen Folgen ab. Verhalten, das bestraft wird, ist schlecht, belohntes Verhalten ist gut.

  - *Stufe 1: Orientierung an Strafe und Gehorsam.* Kinder in dieser Stufe haben Schwierigkeiten, die beiden Entscheidungsalternativen in den Dilemma-Geschichten zu unterscheiden. Sie unterwerfen sich stärkeren Mächten (wie Erwachsenen, besonders Eltern), um so Strafen zu vermeiden. Sie können die Absichten der Akteure noch nicht berücksichtigen.

    Pro-Stehlen: *„Wenn man seine Frau sterben lässt, ist das schlimm, und man wird dafür bestraft."*

    Contra-Stehlen: *„Man darf nicht stehlen, denn dann wird man bestraft und kommt ins Gefängnis."*

  - *Stufe 2: Naiver instrumenteller Hedonismus.* Die eigenen Interessen sind das Maß für Gut und Böse: was den eigenen Bedürfnissen entgegenkommt, ist gut, was ihnen widerspricht, ist schlecht. Reziprozität besteht im Wesentlichen aus Vergeltung: Auge um Auge, Zahn um Zahn.

Pro-Stehlen: *„Heinz kann tun, was er will, und der Chemiker kann tun, was er will."*

Contra-Stehlen: *„Dass Heinz sein Leben riskiert, ist seine Frau nicht wert."*

- **NIVEAU II: KONVENTIONELLE MORAL.** In dieser Stufe sehen Kinder ein, dass Regeln notwendige Konventionen sind. Ihr Ziel ist die Aufrechterhaltung der sozialen Rollen und Normen.

  - *Stufe 3: Orientierung am „guten Jungen" bzw. „guten Mädchen".* Kinder in dieser Stufe sind daran interessiert, gute Beziehungen zu Freunden und Verwandten aufrechtzuerhalten. Sie möchten als „guter Junge" oder „nettes Mädchen" angesehen werden. Sie können den Blickwinkel anderer Menschen schon berücksichtigen.

    Pro-Stehlen: *„Niemand hält es für schlecht, wenn man das Medikament stiehlt. Aber man bekommt Ärger mit den Freunden und der Familie, wenn man seine Frau sterben lässt. "*

    Contra-Stehlen: *„Wenn man das Medikament stiehlt, wird man von allen als Dieb angesehen und kann niemandem mehr ins Gesicht schauen. "*

  - *Stufe 4: Orientierung an der Aufrechterhaltung der sozialen Ordnung.* Regeln müssen befolgt werden, damit die soziale Ordnung erhalten bleibt, und Nichtbefolgung darf unter keinen Umständen geduldet werden.

    Pro-Stehlen: *„Heinz hat die Pflicht, das Leben seiner Frau zu schützen."*

    Contra-Stehlen: *„Stehlen ist verboten, und es liegt nicht in der Gewalt von Heinz, die Gesetze zu ändern."*

- **NIVEAU III: POSTKONVENTIONELLE MORAL.** In dieser Stufe erkennen Kinder, dass Regeln Übereinkünfte sind, die man je nach Situation und Notwendigkeit auch ändern kann.

  - *Stufe 5: Orientierung am sozialen Vertrag.* In dieser Stufe werden Gesellschaftsformen und die zugrunde liegenden Regeln als Übereinkunft erkannt. Alternative Regelungen sind möglich, wenn eine Mehrheit das will. Wenn Gesetze in Übereinkunft mit den Interessen der Menschen sind, werden sie befolgt. Grundlegende Werte, wie Menschenwürde und -rechte werden als unveränderbar anerkannt

    Pro-Stehlen: *„Gesetze gegen das Stehlen wurden nicht erlassen, Menschenleben zu gefährden. Stehlen ist zwar gesetzeswidrig, aber ein solches Gesetz müsste geändert werden, wenn durch seine Vorschriften Menschenleben bedroht werden."*

    Contra-Stehlen: *Auf dieser Stufe ist keine Argumentation gegen das Stehlen möglich.*

- *Stufe 6: Orientierung an den Grundsätzen des eigenen Gewissens und universeller ethischer Grundsätze.* Diese Stufe wird nach Kohlberg selten erreicht. Steuerungsinstanz für das eigene Verhalten ist das Gewissen, das ethischen Prinzipien folgt, die für alle Menschen verbindlich sind.

  Pro-Stehlen: *„Respekt vor Eigentum kann man nicht höher bewerten als Respekt vor dem Leben. Respekt vor dem Leben ist ein absoluter Wert."*

  Contra-Stehlen: *Auf dieser Stufe ist keine Argumentation gegen das Stehlen möglich.*

Wie bereits oben erwähnt, haben die Überlegungen Kohlbergs zu einer Fülle empirischer Untersuchungen angeregt. Hier kann ich nur die wesentlichen Ergebnisse aufführen.

- *Moralisches Urteil und chronologisches Alter.* In einer aufwendigen Längsschnittuntersuchung über mehrere Jahrzehnte hinweg wurde die Entwicklung des moralischen Urteils untersucht. Wesentliche Ergebnisse finden sich in Abbildung 6-22.

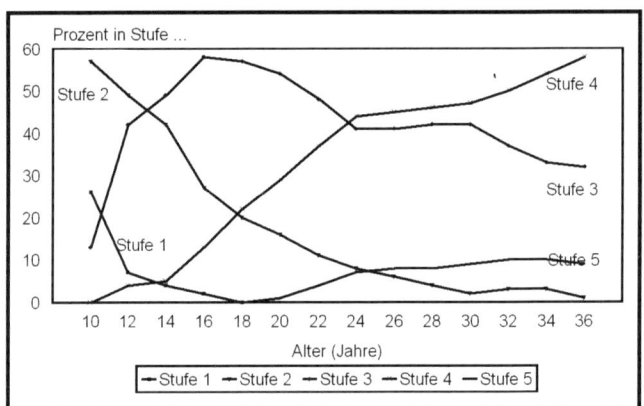

Abbildung 6-22: **Entwicklung des moralischen Urteils von der Kindheit bis zum Erwachsenenalter** (nach: Colby, Kohlberg, Gibbs, & Lieberman, 1983)

- *Kulturelle Einflüsse auf das moralische Urteil.* Nach einer klassischen Untersuchung von Kohlberg (1969; zitiert nach: H. Gardner, 1978, S. 488-490), in der die Antworten 10-, 13- und 16jähriger Kinder in den USA, Taiwan und Mexiko auf adaptierte Versionen des Heinz-Dilemmas (Tabelle 6-7) ausgewertet wurden, ist die Abfolge der Entwicklungsstufen des moralischen Urteils universell, allerdings gibt es kulturelle Unterschiede im zeitlichen Verlauf und in der Wertigkeit verschiedener Begründungen. In westlichen Kulturen mit starker Betonung individueller Rechte werden z.B. im Heinz-Dilemma mehr Antworten gegeben, die diesen Gesichtspunkt betonen, als in Bevölkerungsgruppen mit hinduistischen Traditionen, in denen die Verantwortung und Sorge für andere stärker betont wird (Miller & Bersoff, 1992).

Der Einfluss des vorherrschenden Wertesystems auf das moralische Urteil wurde auch in einer Untersuchung von Nisan & Kohlberg (1982) an türkischen Männern (Studenten, Soldaten, Arbeitern) aus verschiedenen Regionen nachgewiesen. Insbesondere letztere Untersuchung gibt der Überlegung Raum, ob die gefundene Universalität der Moralentwicklung vielleicht nur ein Indikator der zunehmenden Universalität unserer „westlichen" Kultur sein könnte (siehe auch: Snarey, 1985).

- *Schulische Einflüsse auf das moralische Urteil.* Zwischen dem erreichten Schulabschluss und dem moralischen Urteil gibt es einen relativ engen Zusammenhang: je höher der Schulabschluss, desto größer der Anteil „moralisch höherer" Antworten (Abbildung 6-23). Dieser Befund nährt vielleicht die Annahme, dass berichtete kulturelle Differenzen zumindest zu einem Teil auf unterschiedlichen Bildungschancen beruhen könnten.

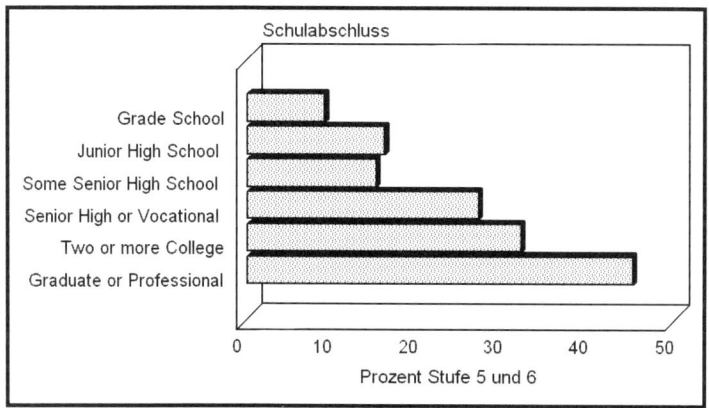

Abbildung 6-23: **Schulabschluss und moralisches Urteil** (nach: Dortzbach, 1975; zitiert nach: Berk, 1991, S. 497)

- *Zur Frage der Geschlechtsneutralität.* Viele der Befunde zur Theorie Kohlbergs basieren auf den Antworten männlicher Probanden, und da stellt sich natürlich die Frage, ob in der verwendeten Methode und den resultierenden Ergebnissen nicht ein subtiler Geschlechtsbias verborgen ist. Ausgehend von der Überlegung, dass Frauen über moralische Fragen eher aus ihrer Tendenz, anderen zu helfen, urteilen, hat Gilligan (1982) eine Theorie vorgelegt, die den spezifisch weiblichen Wegen des moralischen Urteils gerechter werden soll. Der wissenschaftliche Stellenwert dieses Ansatzes ist noch ungeklärt.

- *Moralisches Urteil und Verhalten.* Ein (allerdings nicht sehr enger) Zusammenhang zwischen dem Niveau des moralischen Urteils und prosozialem Verhalten (Hilfeleistung, altruistischem Verhalten, Mitleid, Empathie, Ehrlichkeit; vgl. Abschnitt 6.6.1) ist in mehreren Studien nachgewiesen worden. Allerdings werden diese Verhaltensweisen von so vielen (besonders situativen) Faktoren beeinflusst, dass man einen engen Zusammenhang zur moralischen Entwicklung kaum erwarten kann (siehe z.B. Borkenau, 1996; Harbach, 1992, Kapitel 11; Montada, 1995c, S. 885-889).

6.3.5 Selbstkontrolle

Studien zum moralischen Urteil geben Aufschluss darüber, was Leute denken und wie sie sich (hypothetisch) entscheiden würden, wenn sie sich in einer vergleichbaren Situation befinden. Allein: zwischen Denken, Reden und dem beobachtbaren Verhalten klafft eine große Lücke, wie z.B. Untersuchungen zur Hilfeleistung gezeigt haben. Wir wissen eigentlich alle, dass wir Leuten in Bedrängnis helfen sollten, und wenn wir gefragt werden, ob wir ihnen helfen würden, zögern wir nicht, das zu bejahen. In der Realität jedoch ist Nichtbeachtung oder gar absichtlich unterlassene Hilfeleistung die Regel (Schwind, Roitsch, Gielen, & Gretenkordt, 1998).

6.3.5.1 Entwicklung der Selbstkontrolle

Ob Kinder, Jugendliche und Erwachsene sich auch wirklich ihren Überzeugungen gemäß verhalten, hängt von vielen Faktoren ab. Einer der wichtigeren davon ist Selbstkontrolle. Darunter versteht man, vereinfacht gesagt, die mehr oder weniger ausgeprägte Eigenschaft von Menschen, Verhalten zu unterlassen, das mit den moralischen Regeln unserer Gesellschaft nicht in Einklang steht. Beispiele dafür wären etwa, ein gefundenes Portemonnaie mit Geld nicht zu behalten, sondern beim Fundbüro abzugeben; sich auch in Abwesenheit der Eltern vom Taschengeld nicht die von ihnen verbotenen „Landser"-Hefte zu kaufen und auch noch zu lesen; auch dann nicht zu rauchen, wenn es keiner sieht; oder von den vielen „Maoam"-Päckchen, die die Großmutter zum Geburtstag geschenkt hat, wirklich nur eines pro Woche zu essen, auch wenn der Verbrauch nicht kontrolliert wird. In allen diesen Situationen wird von den Betroffenen verlangt, dass sie einer Versuchung widerstehen, die ihnen (kurzfristig) Vorteile bringt. Wenn sie dieser Versuchung aber nachgeben, verletzen sie eine mehr oder weniger wichtige moralische Regel.

Regelverletzungen sind in unserer Gesellschaft gang und gäbe, ohne dass jede Übertretung gleich geahndet wird: im Verkehr (Wolf & Tücke, 1996), bei der Umweltverschmutzung, bei Vergehen gegen das Betäubungsmittelgesetz, bei Eigentumsdelikten durch Jugendliche, bei Verstößen gegen das Vermummungsverbot von Demonstranten oder bei Krankmeldungen zu Prüfungsterminen. Offensichtlich definiert jede Gesellschaft moralische Regeln, die von ihren Mitgliedern als wenig verbindlich oder gar überflüssig angesehen und deshalb nur selten befolgt werden, und solche moralischen Forderungen, die zentral sind und auf deren Befolgung größter Wert gelegt wird: regelmäßige Treppenhausreinigung in Mietshäusern, Vermeidung der Bezeichnung „Zigeuner", Verwendung unbeholfener Formulierungen wie „Wählerinnen und Wähler", Respekt vor dem Eigentum anderer oder ordentliche Essmanieren. Art und Umfang dieser Regeln variieren je nach (Sub-) Kultur: während Trunkenheit bei Fußballfans und damit zusammenhängende Zerstörungen in Sonderzügen in Deutschland weitgehend toleriert werden, ist das z.B. in New York ganz anders: dort winken Strafen und Schadenersatzforderungen (Beispiele siehe Abbildung 6-24).

Bei uns einzuhaltende Regeln		
Zigeuner nicht „Zigeuner", sondern „Sinti und Roma" nennen	*Den „Wählerinnen und Wählern" nach einer Wahl formelhaft zu danken*	*Mülltrennung*
Regeln, die bei uns faktisch verletzt werden dürfen		
Geschwindigkeitsbeschränkung	*Ausschank von Alkohol an Jugendliche*	*Schwarzarbeit*

Abbildung 6-24: **Beispiele für moralische Regeln, die bei uns strikt eingehalten werden (oben) oder faktisch verletzt werden dürfen (unten)**

Die moralischen Regeln bezüglich der Selbstkontrolle sind vielleicht teilweise angeboren (z.B. die Tötungshemmung: (Lorenz, 1963; siehe aber: Thiel & Voland, 1993); oder das Inzesttabu: (Bischof, 1985)), werden aber zum überwiegenden Teil im Sozialisationsprozess, also durch Erziehung, erworben. Dass dieser Prozess zumindest in den USA schon sehr früh einsetzt, zeigt eine Untersuchung von Gralinski & Kopp (1993). Die Autorinnen untersuchten, wie Mütter ihren Kleinkindern selbstreguliertes Verhalten beibringen. Sie befragten Mütter, welche Regeln von ihren kleinen Kindern beachtet werden müssen. Wie Abbildung 6-25 zeigt, müssen schon 13monatige Kinder andere Personen und fremdes Eigentum respektieren und grundlegende Sicherheitsregeln beherrschen. Wenn ihre Kinder 30 Monate alt sind, legen amerikanische Mütter Wert auf die Einhaltung praktisch aller untersuchten Regelbereiche. Darüber hinaus betonen sie einen Trend von Fremd- zur Selbstkontrolle und Eigenverantwortlichkeit. Dieser Befund ist in mehreren Untersuchungen bestätigt worden; dabei hat sich auch ein konstanter Geschlechtereffekt gezeigt: Mädchen beachten und verinnerlichen Verhaltensregeln eher und intensiver als Jungen, d.h. sie verhalten sich häufiger als Jungen auch dann „korrekt", wenn ihr Verhalten nicht von außen kontrolliert wird (Kochanska, Murray, Jacques, Koenig, & al., 1996; Logue & Chavarro, 1992).

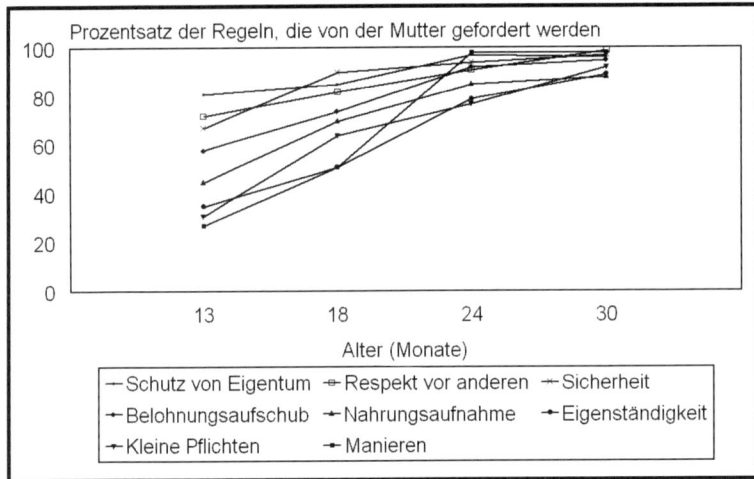

Abbildung 6-25: **Prozentsatz verschiedener Verhaltensregeln, auf deren Einhaltung amerikanische Mütter Wert legen** (nach: Gralinski & Kopp, 1993)

Vergleichbare Untersuchungen aus dem deutschen Sprachraum habe ich nicht gefunden, bin also hier auf Spekulation oder gelegentliche Beobachtungen und Mitteilungen angewiesen. Mir scheint, dass in der frühkindlichen Erziehung in Deutschland wenig Wert darauf gelegt wird, dass Kinder überhaupt Regeln einhalten, und Eigenverantwortlichkeit scheint in der Kindererziehung keine große Rolle zu spielen. Freie Angebote in Kindergärten, Toleranz auch schwerer Regelverletzungen durch Kinder (etwa im Bereich der Kinderkriminalität), Betonung von Schülerrechten statt Schülerpflichten in der Schule oder auch allgegenwärtige Unterstützungen bei von Kindern selbstverschuldeten Misslichkeiten interpretiere ich als Anhaltspunkte dafür, dass die Einhaltung auch einfachster Regeln in der deutschen Erziehungswirklichkeit nur eine untergeordnete Rolle spielt: man kann Leute anrempeln, ohne sich dafür zu entschuldigen; man darf Nachfolgenden Schwingtüren an den Kopf fallen lassen; man darf schulischen Unterricht schwänzen, ohne dafür zur Rechenschaft gezogen zu werden – kurz gesagt: die „kindgerechte" Welt in Deutschland ist wenig geprägt von Anforderungen, externe Sanktionen für Regelverletzungen sind selten, und die Verinnerlichung von Verhaltensregeln wird nicht gefördert. Dass z.B. Mädchenzentren auf Plakaten damit werben, dass Kinder die Zunge herausstrecken, unterstreicht meiner Meinung nach das Gesagte: Befolgung von Regeln wird als „Bravheit" fehlinterpretiert, und ihre bewusste Nichtbeachtung als wünschenswert dargestellt nach dem Motto: „Gute Mädchen kommen in den Himmel, böse überall hin" (Ehrhardt, 1997). Wenn wir unsere Kinder nicht dazu erziehen, Regeln zu respektieren und diese auch ohne Sanktionen einzuhalten, müssen wir uns nicht wundern, wenn genau diese Regeln in der Schule und außerhalb keine Rolle mehr spielen!

Das im obigen Absatz Gesagte möchte ich mit zwei Beispielen untermauern, die gut demonstrieren, dass in großen Teilen der deutschen Erziehungswirklichkeit auch (ü-ber)lebenswichtige Anforderungen und Regeln den unreflektierten Wünschen und Bedürfnissen von Kindern unterworfen werden. Eine gute Freundin unserer Familie fragte bei uns an, ob Sie sich den Fahrradhelm unserer Tochter Klara ausleihen könne; an der Grundschule ihrer Tochter fände am nächsten Tag die alljährliche „Fahrradprüfung" statt. Auf meine entgeisterte Gegenfrage, ob ihre Tochter denn etwa ohne Fahrradhelm fahre, entgegnete sie, ihre Tochter weigere sich, einen Helm aufzusetzen, denn die seien doch so hässlich. Ich habe dann von der Gefährlichkeit des Radfahrens ohne Helm berichtet und gefragt, ob sie denn angesichts der offensichtlichen Gefahren im Straßenverkehr und der besonderen Verletzungsgefahr für kleinere Kinder die Weigerung der Tochter so hinnehmen könne. Sie sagte darauf nur, die anderen Kinder weigerten sich auch, einen Fahrradhelm zu tragen. Damit war die Sache erledigt. Die Tochter unserer Bekannten hat zwar bei der „Prüfung" gut abgeschnitten, benutzt aber weiterhin keinen Fahrradhelm. Unsere Tochter Klara hingegen benutzt auch heute noch als Erwachsene regelmäßig ihren Helm – wie wir auch.

Das zweite Beispiel habe ich bei Görnandt (2001, S. 46) gefunden. Die Autorin schreibt dort zum wunderschönen „Coastal Path" in Südwestengland:

> „Ängstliche Eltern sollten sich überlegen, ob Küstenwanderungen mit ihren Sprösslingen ideal sind: die Wege sind nicht gesichert, und wer an den englischen common sense nicht gewöhnt ist, wird sich darüber wundern, dass manche Wanderwege nur wenige Meter am Abgrund entlangführen. Für Eltern mit temperamentvollen (sprich: nicht zur Einhaltung elementarer Regeln erzogenen – M.T.) Kindern kann dies zum Stress werden."

Es ist aus meiner Sicht schwer nachzuvollziehen, dass viele der erziehungspflichtigen deutschen Eltern auch die Einhaltung zentraler Regeln von ihren Kindern nicht mehr einfordern, sondern bei kleinsten Widrigkeiten ihre Erziehungsaufgabe und ihre Pflicht zum Schutz ihrer Kinder den Wünschen und Bedürfnissen ihrer Kinder komplett unterordnen, obwohl auch ihnen klar sein müsste, dass vor allem kleinere Kinder die Wichtigkeit bestimmter Regeln noch nicht oder gemäß irrelevanter Kriterien beurteilen. Erziehung und die Einforderung der Einhaltung wichtiger Regeln bedeutet ja nicht Dressur, und die unreflektierte Akzeptanz des Willens und der Wünsche der eigenen Kinder ist noch keine Erziehung.

Wesentlicher Bestandteil der Erziehung zur Selbstkontrolle ist der Aufbau der Fähigkeit zum Belohnungsaufschub. Darunter versteht man die Tendenz, (1) ein Verhalten, das man augenblicklich zeigen möchte, auf einen geeigneteren Zeitpunkt zu verlegen, (2) der Versuchung, ein unerwünschtes Verhalten zu zeigen, zu widerstehen und insbesondere (3) auf eine direkte (kleine) Belohnung zugunsten einer zukünftigen, größeren – also auf den Spatz in der Hand zugunsten der Taube auf dem Dach – zu verzichten.

Dass schon kleine Kinder zum Belohnungsaufschub in der Lage sind, zeigte z.B. eine Untersuchung von Vaughn, Kopp, & Krakow (1984). Dort wurden 72 Kinder im Alter von 18, 24 und 30 Monaten u.a. mit drei Aufgaben zum Belohnungsaufschub konfrontiert. Bei der ersten Aufgabe wurde den Vpn verboten, mit einem Spieltelefon zu hantieren, das in ihrer unmittelbaren Umgebung stand. In der zweiten Aufgabe wurden Weintrauben unter einer Tasse versteckt, und die Kinder wurden instruiert, dass sie diese erst nach expliziter Aufforderung durch die Aufsichtsperson essen dürften. In der dritten Aufgabe wurden sie aufgefordert, ein Geschenk für sie erst zu öffnen, wenn ihnen das ausdrücklich erlaubt worden war. Die wesentlichen Ergebnisse finden sich in Abbildung 6-26 links. Man sieht, dass in allen drei Bereichen die Fähigkeit zum Belohnungsaufschub mit dem Alter zunimmt. Für die älteren Kinder ist es am schwierigsten, der leckeren Weintraube lange zu widerstehen.

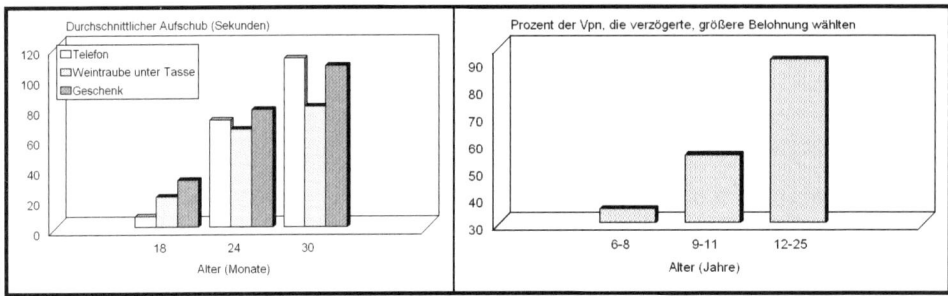

Abbildung 6-26: **Belohnungsaufschub bei kleinen (links) und älteren Kindern (rechts)** (rechts nach: Rotenberg & Mayer, 1990; links nach: Vaughn, Kopp, & Krakow, 1984)

Die Fähigkeit zum Belohnungsaufschub entwickelt sich langsam. Das konnten Rotenberg & Mayer (1990) an einer Studie an kanadischen Kindern und Jugendlichen zeigen. N=89 Vpn aus drei Altersgruppen (6 bis 8 Jahre, 9 bis 11 Jahre und 12 bis 25 Jahre) konnten zwischen einer sofortigen, kleineren Belohnung und einer späteren, größeren Belohnung wählen. Die Ergebnisse zeigt Abbildung 6-26 rechts.

Dass für die Entwicklung der Selbstkontrolle das Modellverhalten der Erwachsenen eine wichtige Einflussgröße ist, konnten Bandura & Mischel schon 1965 am Beispiel des Belohnungsaufschubs zeigen.

Die Autoren stellten zunächst an ca. 250 Grundschulkindern fest, ob sie sich als Belohnung für eine kleine Aufgabe spontan für eine sofortige kleine Belohnung (kleiner Schokoriegel; „niedrige Selbstkontrolle") oder für eine spätere größere Belohnung (größerer Schokoriegel; „hohe Selbstkontrolle") entschieden. In einer zweiten Phase des Experiments konnten die Kinder ein erwachsenes Modell beobachten, das eine ihrer ursprünglichen Wahl entgegengesetzte Belohnungsentscheidung traf und die Entscheidung auch begründete. Registriert wurde, in welchem Ausmaß die Kinder das ihrem vorherigen Verhalten entgegengesetzte Modellverhalten übernahmen. Die Ergebnisse in Abbildung 6-27 zeigen, dass die für die spätere Selbstkontrolle besonders wichtige Fähigkeit zum Belohnungsaufschub bei Grundschulkindern leicht und entscheidend vom Verhalten Erwachsener beeinflusst werden kann.

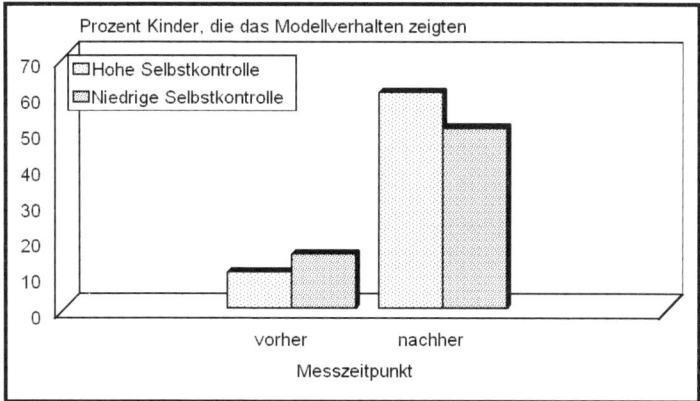

Abbildung 6-27: **Beeinflussung des Entscheidungsverhaltens für eine Belohnung bei Grundschulkindern durch das Verhalten eines erwachsenen Modells** (nach: Bandura & Mischel, 1965; Erläuterungen im Text)

Die Nutzanwendung dieser Untersuchung für das „tägliche Leben" ist offensichtlich. Erziehung zur Beachtung von Regeln und zur Selbstkontrolle kann und soll sich nicht auf Predigen und Ermahnungen beschränken. Offensichtlich viel entscheidender ist das Modellverhalten Erwachsener, also bei kleineren Kindern vor allem der Eltern, der Erzieherinnen im Kindergarten und der Lehrer.

Auch im Kontext des Belohnungsaufschubs kann man sich fragen, ob bei uns dieses Ziel als wichtig erachtet wird. Offene Konzepte in der Kindergartenarbeit sind einem Belohnungsaufschub nicht förderlich, materielle Bedürfnisse können sich viele Kinder sofort erfüllen, und Übertretungen z.B. von Verboten in der Schule sind praktisch ohne Konsequenzen (von schwerwiegenden Fällen einmal abgesehen). Wenn aber das Ziel eines Belohnungsaufschubs in der Erziehung der Kinder in Deutschland nur eine untergeordnete Rolle spielt, kann man erwarten, dass so erzogene Kinder später Probleme haben, wenn ihren Bedürfnissen nicht (sofort) nachgegeben wird – etwa bei der schulischen und beruflichen Ausbildung, bei der Erfüllung von Anforderungen in Schule und Beruf, beim Verdienst oder bei der Entwicklung langfristigerer Lebensperspektiven.

6.3.5.2   Auswirkungen der Selbstkontrolle im späteren Leben

Eine Fülle empirischer Untersuchungen hat sich mit der Frage beschäftigt, welche Bedeutung die Selbstkontrolle in der späteren Entwicklung hat. Dabei wurde klar, dass sie für viele spätere Entwicklungsprobleme einige Relevanz hat. Selbstkontrolle ist als Ursache oder zumindest wichtige Moderatorvariable bei den folgenden Entwicklungsproblemen nachgewiesen, und es muss verwundern, dass ihr in der deutschen Psychologie und in den vorherrschenden Erziehungsideologien nur so geringer Raum gegeben wird.

- *Aufmerksamkeitsstörungen.* Mangelnde Selbstkontrolle steht z.B. nach Untersuchungen von Schweitzer & Sulzer-Azaroff (1995) sowie Schachar, Tannock, Marriott, & Logan (1995) bei Schulkindern in engem Zusammenhang mit den als „Aufmerksamkeits-Defizit-Störung" (ADS) bzw. „Aufmerksamkeits-Defizit-Hyperaktivitätsstörung" (ADHS) geführten Aufmerksamkeitsstörungen. Nähere Informationen zu ADS bzw. ADHS finden sich z.b. bei Tücke (2005b, Abschnitte 9.2.2 und 9.3) oder im zugehörigen Arbeitsbuch (Tücke, 2005a, Kapitel 9).

- *Essprobleme und Einhaltung von Diätplänen.* In einer Untersuchung von S. Williams, Michela, Contento, Gladis, & al. (1996) an mehr als 400 amerikanischen Jugendlichen erwies sich Selbstkontrolle z.b. als wichtige Moderatorvariable in Bezug auf das Essverhalten.

- *Aggressionsprobleme bei Kindern.* Aggressive Kinder zeigen weniger Selbstkontrolle, und die Förderung der Selbstkontrolle hat sich als effektiv bei der Behandlung besonders aggressiver Kinder herausgestellt (vgl. z.B. Baier, 2005; oder: U. Petermann, 1993).

- *Jugendkriminalität und Unfälle.* In Längsschnittuntersuchungen wurde nachgewiesen, dass Kinder mit einem geringen Ausmaß an Selbstkontrolle häufiger kriminell auffällig und stärker in Unfälle verwickelt sind als Kinder mit ausgeprägter Selbstkontrolle (Pulkkinen & Hamalainen, 1995; Tremblay, Boulerice, Arsenault, & Niscale, 1995).

- *Schulerfolg und Emotionskontrolle.* Kinder, die schon im Vorschulalter zur Selbstkontrolle erzogen werden, erzielen bessere Schulleistungen, kommen mit sozialen Problemen besser zurecht und bewältigen Frustrationen und Stresssituationen besser als Menschen mit wenig Selbstkontrolle. Das konnte in der Arbeitsgruppe von Walter Mischel in einer bemerkenswerten, über 10 Jahre dauernden Längsschnittstudie nachgewiesen werden (Mischel & Rodriguez, 1993; Mischel, Shoda, & Rodriguez, 1989; Shoda, Mischel, & Peake, 1990). Von ursprünglich N=653 Kindern, die im Alter von ca. sechs Jahren an einem Experiment zum Belohnungsaufschub teilgenommen hatten, konnten 10 Jahre später (die Kinder waren da also 15 bis 16 Jahre alt) noch 506 lokalisiert werden. Ihre Eltern erhielten einen Fragebogen, den 185 Eltern auch beantworteten und zurückschickten. Die erstaunlichen Einzelergebnisse zeigt Tabelle 6-8.

- *Körperliche und seelische Gesundheit.* In einer Fragebogenuntersuchung an mehr als 200 Probanden konnte nachgewiesen werden, dass Selbstkontrolle eine wesentlicher Faktor bei der Unterlassung gesundheitsschädlicher und der Einhaltung gesundheitsfördernder Verhaltensweisen ist (Tausch, Langer, Larsson, & Sellhorn-Peuckmann, 2005).

Zusammenhang zwischen Selbstkontrolle und ...	Zusammenhang
Emotionskontrolle	
Gibt Versuchungen leicht nach	-0,50
Ablenkbarkeit bei Konzentrationsaufgaben	-0,41
Persönlichkeitseigenschaften	
Ist zielstrebig, denkt voraus	+0,36
Ist bei Stress nervös und unorganisiert	-0,34
Schulerfolg (Scholastic Aptitude Test – SAT)	
Verbale Leistungen	+0,42
Quantitativ-numerische Leistungen	+0,57
Die angegebenen Werte sind Korrelationskoeffizienten. Das sind statistische Kennwerte, die die Richtung und Stärke eines Zusammenhangs zwischen zwei Variablen angeben. Beispiel 1: Körpergröße und Körpergewicht korrelieren zu ca. +.60. Das bedeutet: je größer jemand ist, desto schwerer ist er auch im Durchschnitt. Wäre der Zusammenhang perfekt, wäre der Korrelationskoeffizient +1.00. Beispiel 2: IQ und Mathematiknote korrelieren zu ca. -.50. Je höher der IQ ist, desto besser (allerdings numerisch kleiner – gute Note: 1, schlechte Note: 6) ist im Durchschnitt auch die Mathematiknote. Zusammenhänge ab ca. (absolut) .35 sind in der Regel psychologisch bedeutsam.	

Tabelle 6-8:   **Zusammenhänge zwischen Maßen des Belohnungsaufschubs bei 6jährigen Kindern und Emotionskontrolle, Persönlichkeitsmerkmalen und Schulerfolg 10 Jahre später** (Shoda, Mischel, & Peake, 1990)

6.4 Vom Hineinwachsen in die Geschlechterrolle

Im zwischenmenschlichen Umgang spielt das Geschlecht bei uns eine große Rolle: man kann es in der Regel leicht bei jedem Menschen an äußeren Merkmalen feststellen; es ist (von Ausnahmen abgesehen; vgl. Abschnitte 3.2.3 bis 3.2.3.3) eindeutig; es bleibt (ebenfalls von Ausnahmen abgesehen) während des ganzen Lebens konstant und es ist gesellschaftlich wichtig: u.U. hängt es vom Geschlecht ab, ob man z.B. ein bestimmtes Promotionsstipendium bekommt oder nicht oder ob man eine körperlich belastende Arbeit ausführen darf oder nicht. Mädchen und Jungen, Frauen und Männer unterscheiden sich in vielen Fähig- und Fertigkeiten, Verhaltensweisen sowie Vorlieben und Interessen. In diesem Abschnitt möchte ich wesentliche Punkte darstellen, die die Entwicklungspsychologie über diesen Lernprozess herausgefunden hat.

6.4.1 Geschlechterstereotype

Nicht nur in unserer Gesellschaft besteht weitgehende Einigkeit darüber, was als „typisch männlich" bzw. „typisch weiblich" zu gelten hat und welches Verhalten Mädchen bzw. Frauen und Jungen bzw. Männern in verschiedenen Situationen angemessen ist. Manches aus dem Bereich geschlechtsspezifischer Verhaltensweisen ist genetisch vorgegeben oder zumindest mitbedingt. Man muss aber wohl davon ausgehen, dass der überwiegende Teil geschlechtsspezifischer Empfindungen, Vorlieben und Verhaltensweisen im Sozialisationsprozess (also im Wesentlichen durch Erziehung und/oder sie Interaktion mit Gleichaltrigen) erworben wird bzw. durch entsprechende Interventionsmaßnahmen beeinflusst werden kann – wenn man das will.

Das Geschlecht ist meist leicht zu erkennen; es ist – wie oben bereits ausgeführt – von Ausnahmen abgesehen, über das ganze Leben hin konstant und eindeutig; es hat (ebenfalls von seltenen Ausnahmen abgesehen) eine genetische Basis (vgl. die Abschnitte 3.2.3 bis 3.2.3.3). Damit kann man praktisch jeden Menschen nach seinem Geschlecht sicher einordnen. Solche Bedingungskonstellationen fördern das Entstehen von Stereotypen. Das sind nach Hofstätter (1958, S. 226):

> „Eigenschaftskonfigurationen, die von jedem Angehörigen der betreffenden Gruppe mit einiger Sicherheit erwartet werden. ... Stereotype entsprechen dem ‚Ruf‘, den Einzelpersonen genießen. Sie sind wandelbar, jedoch eignet ihnen eine erhebliche Trägheit."

Wie tief Stereotype verwurzelt sind, konnte Wolfgang Köhler (1929) in einem klassischen Experiment nachweisen. Er zeigte seinen Vpn zwei abstrakte Figuren; die eine war eher rundlich, die andere spitz (Abbildung 6-28). Die Vpn sollten den Figuren die Kunstwörter „Maluma" bzw. „Takete" zuordnen. Es bestand weitgehende Übereinstimmung, dass die rundliche Figur eine „Maluma", die spitze dagegen ein „Takete" sei. Wenn man nun noch weiter nach dem Geschlecht der Figuren fragte, wurde „Maluma" als weiblich, „Takete" als männlich angesehen.

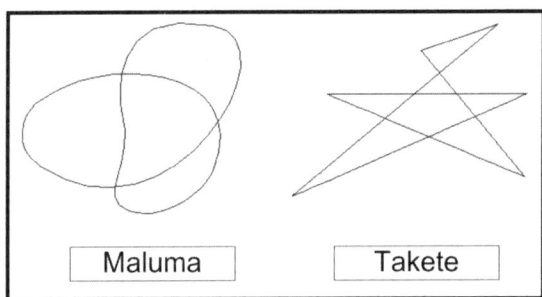

Abbildung 6-28: **Die von Köhler (1929) verwendeten Figuren und Kunstwörter**

Wie einfach und schnell wir eine Zuordnung von Individuen nach ihrem Geschlecht vornehmen (können), zeigt Abbildung 6-29. Die beiden Kinder unterscheiden sich nur in der Haartracht – trotzdem haben wir keine Probleme, die linke Silhouette als Jungen und die rechte als Mädchen zu identifizieren.

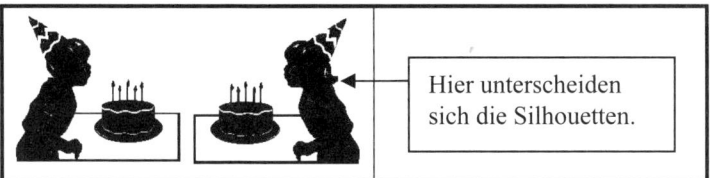

Hier unterscheiden sich die Silhouetten.

Abbildung 6-29:   **Beispiel für ein Geschlechtsstereotyp**

Geschlechterstereotype finden sich wahrscheinlich in allen (Sub-)Kulturen, jedoch umfassen sie unterschiedliche Eigenschaften und Verhaltensweisen und sind unterschiedlich akzentuiert. In einer groß angelegten, interkulturellen Studie erhoben J. Williams & Best (1990) in 30 Ländern ca. 300 Merkmale, um so Aufschluss über kulturell bedingt unterschiedliche Geschlechterstereotype zu erhalten. Einen kleinen Teil der Ergebnisse zeigt Abbildung 6-30. Es scheint so, als ob bezüglich der dargestellten Eigenschaften die Geschlechterstereotype in den USA ausgeprägter sind als in Deutschland oder Japan.

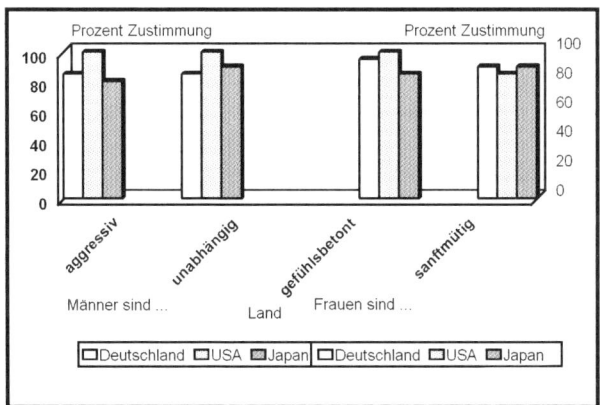

Abbildung 6-30:   **Geschlechterstereotype in ausgewählten Ländern** (vereinfacht nach: J. Williams & Best, 1990)

Stereotype stellen einen Verhaltens- und Beurteilungsrahmen dar, der akzeptierte bzw. nicht akzeptierte, gewünschte und nicht erwünschte, erwartete und nicht erwartete Verhaltensweisen festlegt. Interessant ist, dass – entgegen der vorherrschenden Alltagsmeinung – in Deutschland nach Eckes (1996) offenbar das weibliche Stereotyp mehr Freiheiten lässt als das männliche (vgl. Abschnitt 6.4.2). Stereotype sind eigentlich allgegenwärtig. Sie erleichtern uns zwar in unsicheren Situationen die Orientierung, sind aber insofern lästig, als sie die individuellen Persönlichkeitsmerkmale überlagern (können). Ob das allerdings Forderungen nach verstärkter Zensur in den Massenmedien rechtfertigt, wie sie von Teilen der Frauenbewegung (z.B. Beckmann et al., 1996) erhoben werden, lasse ich dahingestellt.

Selbst bei gut ausgebildeten erwachsenen Menschen sind Geschlechterstereotype offenbar fest verwurzelt, wie Schmid-Mast in einer Untersuchung an Studenten zeigen konnte (Schmid-Mast, 2004). Nach ihren Ergebnissen gibt es eine Affinität zwischen „männlich" und „hierarchischer Orientierung", während Frauen eher mit egalitären sozialen Strukturen in Verbindung gebracht werden.

Geschlechterstereotype werden im Lauf der kindlichen Entwicklung immer stabiler und differenzierter, wie eine Untersuchung von Best et al. (1977) gezeigt hat. Die Autorin und ihre Arbeitsgruppe befragten 5- und 11jährige Kinder, ob bestimmte Eigenschaften typisch männlich oder typisch weiblich wären. Schon die 5jährigen Mädchen und Jungen waren sich (in Übereinstimmung mit Erwachsenen) einig darin, dass Jungen „stark, aggressiv, unordentlich, grausam, grob, ehrgeizig und überheblich", Mädchen hingegen „gefühlsbetont, sanftmütig, weichherzig, liebevoll und schwach" seien. Diese Stereotype waren bei den 11jährigen Jungen und Mädchen noch ausgeprägter und ebenfalls weitgehend identisch mit denjenigen der Erwachsenen. Vor diesem Hintergrund kann man sich fragen, ob Bestrebungen, „typische" Eigenschaften von Mädchen als Basis für spezielle Erziehungsmaßnahmen (etwa partielle Aufhebung des gemeinsamen Unterrichts) zu nehmen, dem Abbau von Stereotypen und einem verbesserten Verständnis zwischen den Geschlechtern förderlich sind.

Bereits im Vorschulalter entwickeln Kinder also Vorstellungen darüber, wie sich ein „typisches" Mädchen oder ein „typischer" Junge zu verhalten bzw. was sie/er zu tun und zu lassen hat. Diese Einschätzungen sind – wie oben gesagt – ziemlich konstant: so weigerte sich unsere Tochter Klara bis zum Ende ihrer Grundschulzeit, Schuhe mit Klettverschluss zu tragen, „weil das ja typische Jungenschuhe sind". Später scheinen sich diese Vorurteile durch intensiveren wechselseitigen Kontakt zu relativieren – und auch hier scheint die Frage angebracht, ob die von Frauenbüros und ähnlichen Institutionen praktizierte Einrichtung spezieller Angebote für Mädchen dem Abbau von Vorurteilen zuträglich ist. Vorurteile ändern sich nicht nur durch Information, sondern vor allem durch soziale Kontakte und gemeinsame Aktionen.

Zum Abbau wechselseitiger Geschlechterstereotype zwischen Jungen und Mädchen wäre wohl eher die Betonung individueller Verhaltensmöglichkeiten zu empfehlen – auch solcher Verhaltensweisen, die dem klassischen Stereotyp widersprechen. Mädchen können eben auch Fahrräder reparieren, und Jungen können durchaus zärtlich sein. Allerdings sind die den Geschlechtern zugeschriebenen *wünschenswerten* Eigenschaften und Verhaltensweisen auch Modeströmungen unterworfen: der noch vor einigen Jahren positiv eingeschätzte „weibliche" Mann sinkt offenbar in der Achtung, und die (auch in der Familie) „harte" Frau scheint auf dem Rückzug.

Ob Bestrebungen, Kinder „androgyn" zu erziehen, zukünftig erfolgreich sein werden, bedarf immer noch der Überprüfung. Und ob (vor allem wohl werbetechnisch motivierte) Kampagnen zur Änderung „typisch weiblicher" Klischees mit Hilfe von Assoziationen aus der (männlich dominierten) Berufswelt (z.B. „Familienmanagerin"; vgl. Abbildung 6-31) dauerhafte Effekte haben werden, scheint mir sehr zweifelhaft.

Abbildung 6-31: **Ein Versuch zum Abbau geschlechtsgebundener Stereotype: die "Familienmanagerin"** (Quelle: www.familien-managerin.de)

6.4.2 Geschlechtsunterscheidung, -stabilität und -konstanz sowie Geschlechterstereotype

Die Annahme geschlechtsspezifischer Verhaltensweisen und Überzeugungen ist ein langwieriger Prozess, den man aus verschiedenen Blickwinkeln betrachten kann. Dieser Prozess basiert auf kognitiven Bewertungen und vollzieht sich in mehreren Abschnitten zwischen dem zweiten Lebensjahr und der Einschulung. Große Akzeptanz hat in diesem Bereich ein Vorschlag von Kohlberg (1966) gefunden, der drei mehr oder weniger universelle Entwicklungsstufen des eigenen Geschlechtsbewusstseins unterscheidet. Sie sind in Tabelle 6-9 zusammengefasst.

Die Entwicklung des eigenen Geschlechtsbewusstseins nach Kohlberg (1966)

1. **Stufe:** *Geschlechtsunterscheidung.* Schon ab dem zweiten oder dritten Lebensjahr können Kinder die beiden Geschlechter unterscheiden und sich selbst als Junge oder Mädchen einstufen. Sie beginnen, geschlechtsspezifisches Spielzeug zu benutzen, bevorzugen gleichgeschlechtliche Spielpartner und ordnen Männern und Frauen jeweils spezifische Aufgaben zu.

2. **Stufe:** *Geschlechtsstabilität.* Etwa ab dem dritten oder vierten Lebensjahr erkennen Kinder, dass ihr Geschlecht lebenslang stabil bleibt. Kinder wissen in diesem Alter, dass aus Mädchen Frauen werden und aus Jungen Männer. Allerdings ist das Wissen um die Stabilität des Geschlechts noch nicht sehr gefestigt: sie können sich vorstellen, dass Änderungen im äußeren Erscheinungsbild (z.B. der Haartracht) oder im Verhalten eventuell zu einer Änderung des Geschlechts führen.

3. **Stufe:** *Geschlechtskonstanz.* Zwischen dem vierten Lebensjahr und der Einschulung wissen Kinder, dass ihr Geschlecht lebenslang konstant und dass diese Entwicklung unabhängig von den eigenen Wünschen und Vorlieben ist.

Tabelle 6-9: **Entwicklung des Geschlechtsbewusstseins** (nach: Kohlberg, 1966)

Während die Überlegungen Kohlbergs Aufschluss über die *Abfolge* der Entstehung des Geschlechtsbewusstseins geben, haben Martin & Halverson (1981; , 1987) Überlegungen angestellt, *auf welche Art und Weise* geschlechtsspezifische Erlebnis- und Verhaltensweisen entstehen könnten und die Bedeutung von Geschlechterschemata für den Entwicklungsprozess untersucht.

Nach dieser Theorie, deren Grundzüge in Abbildung 6-32 dargestellt sind, interpretieren insbesondere Kinder im Vorschulalter z.B. verschiedene Spielzeuge nach globalen Regeln bezüglich des eigenen Geschlechts. So würde etwa ein Mädchen, das im Spielzimmer ihres Kindergartens eine Puppe sieht und sowohl gelernt hat, dass es ein Mädchen ist, als auch dass Puppen Spielzeuge für Mädchen sind, tendenziell Puppen eher akzeptieren und deshalb mehr Erfahrungen mit Puppen sammeln als Jungen.

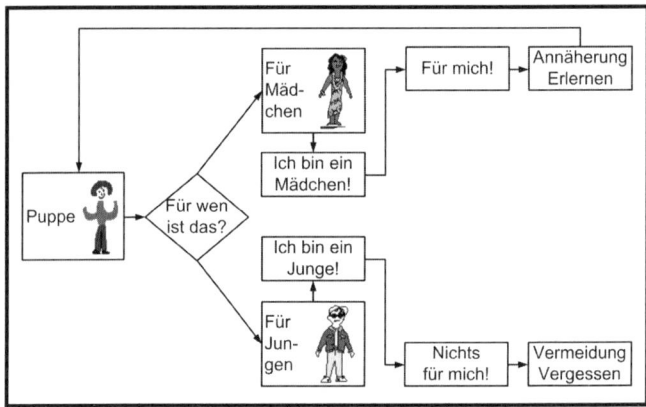

Abbildung 6-32: **Der Einfluss von Geschlechterschemata auf geschlechtsspezifische Vorlieben und Verhaltensweisen** (nach: Martin & Halverson, 1981)

Geschlechterschemata können bei Kindern durch adäquate Erziehungsmaßnahmen verändert werden, wie z.B. eine Untersuchung von Fagot & Leinbach (1995) gezeigt hat. Die Autorinnen verglichen in einer Längsschnittstudie zunächst die Geschlechterschemata von 2¼jährigen Kindern aus 27 Familien, die nach eigener Einschätzung ihre Elternpflichten gleichmäßig auf Mutter und Vater verteilten, und aus 42 Vergleichsfamilien. Eine Nachfolgeuntersuchung zu dem Zeitpunkt, als die Kinder 4 Jahre alt waren, ergab, dass die Geschlechterschemata bei den Kindern aus „gleichberechtigten" Familien weniger ausgeprägt waren und sich später entwickelten.

Dass Geschlechterschemata auch durch schulische Maßnahmen stabilisiert oder verändert werden können, konnte Bigler (1995) in einer Untersuchung an N=66 6-10jährigen Schulkindern zeigen. Die Kinder wurden in drei Typen von Klassen unterrichtet. In einem Typ wurde das Geschlecht durch die Lehrer besonders betont („Alle Jungen gehen nach hier, alle Mädchen nach dort." – „Jungen arbeiten links von mir, Mädchen in der rechten Hälfte des Klassenzimmers."). In einem zweiten Typ wurde das Geschlecht nicht verwendet (stattdessen wurde an Hand von Namenslisten eingeteilt), und in einem dritten Typ wurden die Gruppen willkürlich nach „Roter Gruppe" und „Grüner Gruppe" eingeteilt. Nach vier Wochen wurde die Ausprägung der Geschlechterstereotypen erfasst. In den Klassen, in der das Geschlecht besonders betont wurde, wurde besonders bei den Kindern, die ohnehin zu stereotypen Meinungen tendierten, diese Tendenz durch das Verhalten der Lehrer noch verstärkt. Dass Geschlechterschemata auch bei Erwachsenen noch veränderbar sind, konnten Lafleur & Alain (1992) durch Diskussionen mit Studienanfängern zeigen.

Diese Ergebnisse legen nahe, dass geschlechtsstereotypes Verhalten durch die Verwendung des Geschlechts als wesentlichem Klassifikationsmerkmal für Menschen, wie es z.B. Frauenbüros oder Volkshochschulen durch spezielle Veranstaltungen für Mädchen, durch die Betonung der Unterschiedlichkeit von Jungen und Mädchen („Jungen sind frech") praktizieren, verstärkt werden können. Ähnliches ist für Maßnahmen zu erwarten, die das Geschlecht der Schüler besonders betonen: z.B. für Mädchen und Jungen getrennter Sportunterricht, teilweise Aufhebung der Koedukation im Informatik- oder naturwissenschaftlichen Unterricht oder auch spezielle, sicher gut gemeinte, Fördermaßnahmen für Mädchen und Frauen, die immer auch eine Ausgrenzung von Jungen und Männern zur Folge haben. Obendrein gibt es Anhaltspunkte dafür, dass erwartete positive Effekte durch teilweise Aufhebung der Koedukation wohl in erster Linie auf Erwartungseffekte ("Pygmalioneffekt"; vgl. Tücke, 2005b, Abschnitt 11.2) zurückzuführen sind (siehe auch: Ziegler, Broome, & Heller, 1998).

Dass diese geschlechtsstereotypen Erwartungseffekte durchaus weit über das Schulalter hinaus andauern können, hat eine kanadische Untersuchung erst kürzlich wieder gezeigt (Tabelle 6-10).

Beeinflusste Frauen schlechter in Mathe

Studie: Manipulation durch erfundene Berichte

AFP **VANCOUVER.** Frauen lassen sich offenbar von angeblichen Forschungsergebnissen mehr beeinflussen als von ihren Genen. Werden ihnen Berichte über angeblich genetisch bedingte geringere Fähigkeiten von Frauen im Bereich Mathematik vorgelegt, sind sie anschließend tatsächlich schlechter im Lösen von Mathe-Aufgaben, heißt es in einer im Wissenschaftsjournal „Science" veröffentlichten Studie.

Kanadische Psychologen untersuchten das Verhalten von 220 Frauen, denen zum Teil erfundene Berichte über angeblich bewiesene mangelhafte mathematische Leistungen von Frauen vorgelegt wurden. In einem Bericht hieß es etwa, es sei entdeckt worden, dass das Y-Chromosom Männern einen fünfprozentigen Vorteil beim Lösen von Mathe-Aufgaben gebe.

Die Studie zeige, dass Menschen Stereotypen überwinden könnten, sagte einer der Forscher. Wenn sie allerdings ihre genetischen Veranlagungen für einen Mangel an Fähigkeiten verantwortlich machten, gäben sie auf.

Tabelle 6-10:   **Geschlechtsspezifische Pygmalioneffekte sind auch nach dem Schulalter noch beobachtbar**

Zur Untersuchung der Geschlechtskonstanz wurden verschiedene Erfassungsinstrumente entwickelt (z.b. Dull et al., 1975; Fagot, 1985; Slaby & Frey, 1976), die zwar interessante Ergebnisse erbracht haben, deren methodische Qualität aber zu wünschen übrig lässt. Überdies sind die Entwicklungsstufen nicht sehr gut unterscheidbar (Emmerich, Goldman, Kirsh, & Sharabany, 1977). Das sei an einem Beispiel verdeutlicht. Die Frage, ob die Geschlechtskonstanz vollständig erreicht ist, wird in der Regel so untersucht, dass man das äußere Erscheinungsbild von Bildvorlagen ändert und die Kinder fragt, ob es sich bei dem Bild um einen Jungen oder ein Mädchen handelt.

„Bem (1989) hat dies mit einer Untersuchung von Vorschulkindern (drei bis fünf Jahre alt) demonstriert. Den Versuchsteilnehmern wurden zuerst Photos von nackten Kindern gezeigt, auf denen die Genitalien deutlich erkennbar waren. Das eindeutig als Knabe identifizierbare Kind wurde als «Gaw», das Mädchen mit dem Namen «Kwan» bezeichnet. Die Versuchsteilnehmer wurden zuerst gefragt, welches Geschlecht sie den abgebildeten nackten Kindern zuordnen würden und warum («This is Gaw. What does Gaw look like – a girl or a boy?» und «How do you know?»). Danach wurden ihnen andere Bilder vorgelegt in denen Gaw und Kwan in Haartracht und Kleidung des anderen Geschlechts zu sehen waren. Gaw hatte beispielsweise eine Damenperücke auf dem Kopf und war mit einer schillernden Bluse gekleidet. Wieder wurden dieselben Fragen gestellt, wobei die Versuchsteilnehmer nun zugeben mussten, dass Gaw jetzt wie ein Mädchen aussah. Schließlich folgte die abschließende Frage: «What is Gaw really – a boy or a girl?». Nach der erfolgten Irreführung durch die Verkleidung konnten nur noch etwa 40 Prozent der am Versuch teilnehmenden Vorschulkinder die korrekte Antwort auf diese Frage geben. Es waren dies ausnahmslos jene Kinder, die bereits die erste «How do you know?»-Frage richtig beantwortet hatten, also jene, die wussten, dass das «wirkliche» Geschlecht anhand der Genitalien bestimmt wird. Dies ist für Kinder dieses Alters keine Selbstverständlichkeit und außerdem auch sehr schwer selbst zu erschließen Schließlich wird beständig über Männer und Frauen, Mädchen und Knaben gesprochen und zwar üblicherweise ohne dass die Geschlechtsteile der betreffenden Personen öffentlich zur Schau gestellt werden. Für die Kinder sind daher Haartracht und Kleidung die besten Orientierungsmerkmale, wenn sie nicht explizit auf die Bedeutung des anatomischen Unterschieds zwischen den Geschlechtern aufmerksam gemacht werden" (aus: Rossmann, 1996, S. 105).

Eigentlich muss man sich nicht wundern, dass kleine Kinder in Untersuchungen wie der oben skizzierten Probleme mit ihrer Geschlechtskonstanz haben, wenn man bedenkt, wie schon kleine Änderungen im äußeren Erscheinungsbild (siehe Abbildung 6-29) die Entscheidung zugunsten des einen oder anderen Geschlechts auch bei uns Erwachsenen beeinflussen. Und viele Kinder kennen wohl keine eindeutigeren Identifizierungsmerkmale. Wenn sie allerdings mit der Bedeutung der Genitalien für die Geschlechtsfestlegung vertraut sind, haben sie damit nach Ergebnissen der o.a. Studie von Bem (1989) auch weitgehende Geschlechtskonstanz erreicht (Abbildung 6-33): sie sind auf weitere Hinweise nicht mehr angewiesen.

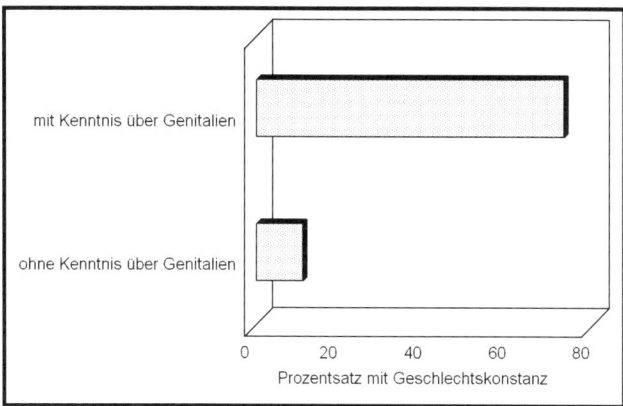

Abbildung 6-33: **Prozentsatz der Vorschulkinder mit Geschlechtskonstanz** (nach: Bem, 1989)

„Vorschulkinder sind im Allgemeinen sehr bemüht, sich entsprechend den gängigen Geschlechtsrollenstereotypen für Mädchen oder Knaben, Frauen oder Männer zu verhalten. Die Kinder scheinen, ähnlich wie beim Spracherwerb, ständig auf der Suche nach Regeln zu sein, an denen sie sich orientieren können. Und wie auch beim Erlernen der Grammatik, werden zuerst die Regeln und dann erst die Ausnahmen erlernt. Vorschulkinder tendieren deshalb oft zu einer recht engen und rigiden Interpretation dessen, was für ein Mädchen und was für einen Buben als angemessen zu betrachten sei. Damit schaffen die Kinder selbst Druck zur Anpassung an ein als geschlechtstypisch erachtetes Verhalten, oft gegen die erklärten Intentionen von Eltern und Erziehern" (Rossmann, 1996, S. 106).

Im Schulkindalter kann man nun beobachten, dass sich die Entwicklung geschlechtsspezifischer Einstellungen und Verhaltensweisen für Jungen und Mädchen unterschiedlich vollzieht: während sich Jungen während der Schulzeit immer stärker mit typisch männlichen Eigenschaften identifizieren, nimmt die Identifikation der Mädchen mit typisch weiblichen Eigenschaften ab. Mädchen sind also im Schulalter androgyner als Jungen (Boldizar, 1991; Plumb & Cowan, 1984). Ähnliches zeigt sich im Verhalten: während Jungen mit zunehmendem Alter eine immer größere Vorliebe für typisch männliche Verhaltensweisen entwickeln, beziehen ältere Mädchen neben typisch weiblichen Beschäftigungen (mit Puppen spielen, Handarbeiten, Mutter-und-Kind-Spiele) immer stärker typisch männliche Verhaltensweisen ein (Sport, Basteln, körperbetontes Spiel).

Dass Mädchen und junge Frauen sich auch in ihrer späteren Entwicklung immer stärker „männlichen" Interessenbereichen zuwenden, während Jungen und junge Männer in ihrem relativ starren „männlichen" Rollenverständnis verharren, zeigt sich in den letzten Jahren auch bei der Berufswahl. Ein immer größerer Anteil junger Frauen interessiert sich für traditionell männliche Berufe und beginnt dort eine Ausbildung, während sich umgekehrt junge Männer für typische Frauenberufe nur wenig interessieren. Allerdings mag dabei auch von Bedeutung sein, dass bei der Auswahl von Bewerbern für einen Ausbildungsplatz die Konkurrenz zugenommen hat. Da Mädchen und Frauen bessere Schulleistungen erzielen und auch bei den „Kopfnoten" zum Arbeits- und Sozialverhalten besser abschneiden, werden sie vielleicht stärker als bisher ihren männlichen Mitbewerbern vorgezogen.

Diesen Entwicklungsverlauf kann man unterschiedlich interpretieren:

- *Das weibliche Geschlechterstereotyp ist in unserer Gesellschaft weniger attraktiv und wird deshalb auch von Mädchen zunehmend gemieden.* Dies ist die bevorzugte Interpretation frauenbewegter Untersuchungen. Sie dient oft als Ausgangspunkt für mannigfache Aktivitäten zur Änderung des Frauen- bzw. Mädchenbildes in unserer Gesellschaft.

- *Das weibliche Stereotyp ist weniger festgelegt als das männliche; deshalb sind die weiblichen Verhaltensregeln schwieriger zu lernen.* Diese Interpretation steht in Übereinstimmung mit Befunden von Eckes (1996), nach denen dem weiblichen Geschlecht mehr „adäquate" Verhaltensweisen zur Verfügung stehen als dem männlichen. Es gibt auch Anhaltspunkte dafür, dass Jungen für nicht geschlechtsadäquates Verhalten stärker bestraft werden als Mädchen. Das zeigt sich schon in Kleinigkeiten: Mädchen dürfen durchaus Hosen und Baseballkappen tragen, Jungen dagegen weder Kleider noch Haarspangen. Ein Mädchen, das herumtollt, erhöht allenfalls den Waschmittelverbrauch, während ein Junge, der liebevoll mit Puppen spielt, immer noch gut daran tut, das verborgen zu halten.

- *Im Erziehungsprozess werden differenziertere Informationen über weibliches Denken und Handeln vermittelt als über den männlichen Gegenpart.*

„Da aber in unserer Gesellschaft die Erziehung von Kindern ein stark von Frauen dominierter Bereich ist (Väter kümmern sich im allgemeinen weniger um die Kinder als Mütter, es gibt kaum männliche Kinder«schwestern» oder Tages«mütter», es gibt so gut wie keine Männer, die in Krabbelstuben arbeiten, kaum Kindergärtner und nur wenige Volksschullehrer und Horterzieher), bekommen die Kinder beiderlei Geschlechts wesentlich mehr differenzierte Information über die weibliche als über die männliche Rolle. Dies ist möglicherweise einer der Gründe für die bei einschlägigen Untersuchungen immer wieder feststellbare Tatsache, dass für die Kinder offenbar die männliche Rolle enger und stereotyper definiert ist" (Rossmann, 1996, S. 107).

6.4.3   Geschlechterdifferenzen

Dass es – über die Geschlechterstereotypen hinaus – Unterschiede (aber auch viele Übereinstimmungen) zwischen dem weiblichen und dem männlichen Geschlecht im Erleben und Verhalten gibt, ist eigentlich banal. Dazu gibt es eine umfangreiche Literatur. Empfehlen kann ich zu diesem Thema die beiden Bücher von Alfermann (1996) und Eckes (1997). Einen kompakten Überblick über einschlägige Theorien zur Erklärung von Geschlechtsunterschieden liefert Kasten (1998), Informationen zu schulisch relevanten Geschlechterdifferenzen finden sich z.B. bei Tücke (2005b; besonders in den Kapiteln 3, 7, 14 und 15).

Aus verschiedenen Arbeiten hat Berk (1997, S. 526) einen ausgezeichneten Überblick über nachgewiesene Geschlechterunterschiede im Fähigkeits- und Persönlichkeitsbereich zusammengestellt. Ich habe diese Angaben leicht verändert in Tabelle 6-11 übernommen.

Geschlechterunterschiede im Fähigkeits- und Persönlichkeitsbereich	
Bereich	**Geschlechterunterschied**
Verbale Fähigkeiten	Die Sprachentwicklung verläuft bei Mädchen schneller, und sie lesen und schreiben während der gesamten Schulzeit besser als Jungen.
Räumliche Vorstellung	Von Beginn der Schulzeit an schneiden Jungen bei den meisten räumlichen Aufgaben besser als Mädchen ab. Dieser Unterschied bleibt bis ins Erwachsenenalter bestehen.
Mathematische Fähigkeiten	Vom späteren Schulalter an schneiden Jungen in Mathematiktests besser ab als Mädchen. Der Unterschied ist besonders krass bei hochbegabten Kindern und Jugendlichen.
Schulleistungen	Besonders in den ersten Schuljahren werden Mädchen besser benotet als Jungen. Sie erreichen bessere Schulabschlüsse.
Leistungsmotivation	Die Unterschiede sind bereichsspezifisch: Jungen haben in „jungentypischen" Bereichen (z.B. Mathematik, Sport, handwerkliche Tätigkeiten), Mädchen in „mädchentypischen" Bereichen (z.B. Sprachen, künstlerische Tätigkeiten) höhere Ansprüche und Erwartungen.
Emotionale Sensibilität	Mädchen gehen sensibler mit emotionalen Signalen um und schätzen sich selbst als feinfühliger ein.
Ängstlichkeit	Praktisch von Geburt an sind Mädchen ängstlicher als Jungen. Sie haben in der Schule mehr Angst vor Misserfolgen und strengen sich mehr an, um sie zu vermeiden. Jungen sind risikofreudiger und haben deshalb häufiger Unfälle und Verletzungen.
Gehorsam und Abhängigkeit	Mädchen sind empfänglicher für Anordnungen von Erwachsenen oder Gleichaltrigen. Sie suchen häufiger Hilfe. Jungen sind dominanter und selbstsicherer.
Körperliche Aktivität	Jungen sind körperlich aktiver als Mädchen.
Aggression und Gewalt	Jungen zeigen mehr Aggressionen als Mädchen. Mit zunehmendem Alter lösen Jungen ihre Konflikte häufiger mit direkter Gewalt, während Mädchen indirekte Formen bevorzugen. Jungen haben häufiger Verhaltensstörungen und treten häufiger kriminell in Erscheinung.
Entwicklungsprobleme	Fast alle Entwicklungsprobleme (z.B. Lese-Rechtschreib-Störungen, Sprachfehler, Hyperaktivität) sind bei Jungen häufiger.

Tabelle 6-11: **Nachgewiesene Geschlechterunterschiede im Fähigkeits- und Persönlichkeitsbereich** (aus: Berk, 1997, S. 526; leicht verändert)

Bei der Interpretation von Geschlechterdifferenzen ist Vorsicht angebracht. Selbst wenn Unterschiede zwischen Jungen und Mädchen gut nachgewiesen sind, wie bei den in Tabelle 6-11 aufgeführten, sind die Differenzen nur selten so groß oder bedeutend, dass sie z.B. für schulische Maßnahmen ausreichen, ohne eine individuelle Diagnose vorzuschalten. Die z.Zt. vorherrschende Betonung der *Unterschiedlichkeit* der Geschlechter statt einer stärkeren Gewichtung der *Gemeinsamkeiten* verstärkt – wie im Abschnitt 6.4.2 gezeigt – sicherlich die Entstehung wechselseitiger Stereotype und Vorurteile. Ob sie hilfreich ist, ist noch nicht abschließend geklärt.

Besonders zu beachten bei der Interpretation von Geschlechterunterschieden sind die folgenden Punkte:

- *Die zitierten Unterschiede beziehen sich auf Durchschnittswerte.* Selbst wenn – wie an Hand hypothetischer Überlegungen in Abbildung 6-34 gezeigt – substantielle durchschnittliche Unterschiede bestehen, gibt es einen sehr großen Überlappungsbereich, in dem sich Mädchen und Jungen eben nicht wesentlich unterscheiden.

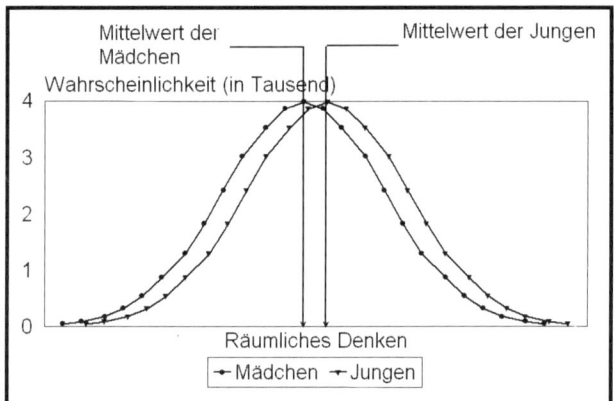

Abbildung 6-34:   Veranschaulichung von Geschlechterunterschieden (hypothetische Daten)

- *Je mehr man sich vom Mittelwert entfernt, desto größer werden die Differenzen.* Das gilt auch bei durchschnittlich sehr kleinen Unterschieden und zeigt sich sowohl am unteren als auch am oberen Ende.

- *Obwohl einige Geschlechterunterschiede nachgewiesen sind, gibt es viele Bereiche, bei denen eben keine Unterschiede gefunden wurden.* Man kann sich vorstellen, dass – wenn die Haarfarbe über so viele Jahre hinweg so systematisch untersucht worden wäre wie das Geschlecht – auch für blonde Menschen gegenüber Menschen mit anderer Haarfarbe einige systematische Unterschiede gefunden worden wären.

Über die im Abschnitt 6.4.2 angeführten Befunde hinaus gibt es weitere Untersuchungen zur Bedeutung von Elternhaus und Schule zur Entwicklung geschlechtsspezifischer Verhaltensweisen. Vielleicht den fundiertesten Aufschluss über den Einfluss elterlicher Erziehung liefert eine Metaanalyse von 172 veröffentlichten Studien aus verschiedenen westlichen Kulturen. Die Autoren fanden heraus, dass Eltern ihre Jungen und Mädchen überwiegend gleich behandelten: sie interagierten gleich häufig mit Jungen und Mädchen und bevorzugten oder benachteiligten kein Geschlecht – mit zwei Ausnahmen: bei in den USA durchgeführten Studien stellte sich heraus, dass beide Elternteile typisch männliches bzw. weibliches Verhalten unterstützten, und es zeigte sich, dass besonders Väter in diesen Bereichen unterschiedlich mit ihren Töchtern und Söhnen umgingen.

Das mag damit zusammenhängen, dass – wie ich in Abschnitt 5.3.5 schon kurz erwähnt habe – Väter häufiger mit ihren Kindern spielen als Mütter, die eher für die Erledigung von „Routinen" in der Kindererziehung zuständig sind, und dass sich besonders im Spielverhalten gravierende Geschlechtsunterschiede zeigen, die dann von den Vätern verstärkt werden. Jungen bevorzugen körperbetonte, risikoreichere Spiele, Mädchen sind zurückhaltender, und entsprechend unterscheidet sich das Verhalten der Väter, wenn sie mit ihren Kindern spielen. Sie spornen Jungen an, Neues auszuprobieren und zu erkunden, und geben Mädchen Hilfestellung, wenn diese sie darum bitten. Sie balgen mit ihren Söhnen herum und spielen Fußball, während sie mit ihren Töchtern basteln oder deren Puppen reparieren.

Nun wäre es allerdings eine allzu naive Folgerung, wenn man die Väter für das geschlechtsspezifische Verhalten ihrer Kinder „verantwortlich" machen wollte, denn eine aktive Veränderung insbesondere des Spielverhaltens von Kindern und Jugendlichen ist schwierig, worauf schon Maccoby (1990) hingewiesen hat:

- *Schon ab dem zweiten Lebensjahr bevorzugen Kinder gleichgeschlechtliche Spielpartner, wenn sie diese frei wählen können.*

- *Diese Bevorzugung erfolgt spontan, auch ohne Beeinflussung durch Erwachsene.*

- *Wenn Eltern ihre Kinder auffordern, mit gegengeschlechtlichen Partnern zu spielen, tun sie das nicht gern: sie maulen, und die Spielgruppen sind nicht stabil.*

- *Die Wahl gleichgeschlechtlicher Spielpartner ist nicht auf typisch männliche (z.B. Fußball) bzw. weibliche (z.B. Puppen) Spiele beschränkt, sondern zeigt sich in praktisch allen Bereichen: beim gemeinsamen Erledigen von Hausarbeiten, beim Fernsehen oder beim Schulweg.*

Maccoby (1990) glaubt, dass die Bildung gleichgeschlechtlicher Spielgruppen vor allem dadurch bedingt ist, dass die „Spielstile" von Jungen und Mädchen nicht zueinander passen:

- *Jungen bevorzugen körperbetonte, wettbewerbsorientierte Spiele, aus denen sie gern als Sieger hervorgehen möchten* (Abbildung 6-35 links).

- *Mädchen bevorzugen ruhige, kooperative Spiele und legen Wert auf wechselseitige Hilfe und Unterstützung* (Abbildung 6-35 rechts).

Abbildung 6-35: **Jungen und Mädchen haben unterschiedliche „Spielstile"**

Wenn nun Jungen und Mädchen zusammen spielen (bzw. von Erwachsenen dazu angehalten werden), ist das für beide Geschlechter wenig attraktiv: Mädchen stellen sich den Wettbewerbsspielen der Jungen nicht gern und sind obendrein (bis auf eine kurze Zeit während der Pubertät) den Jungen körperlich unterlegen, und Jungen treffen mit ihren Spielvorlieben bei Mädchen auf wenig Gegenliebe.

Das eben Gesagte möchte ich mit einer kleinen Geschichte illustrieren. Nach heftiger Diskussion mit ihren Freundinnen hattte Klara beschlossen, zu ihrem zehnten Geburtstag endlich auch mal einen Jungen aus ihrer Klasse einzuladen. Der war mutig, nahm die Einladung an und kam dann auch wirklich. Allerdings war seine Mitwirkung beim Kindergeburtstag für die anderen (weiblichen) Gäste alles andere als erfreulich: er tobte durch den Garten, aß Unmengen von Gummibären und Pommes, wollte unbedingt im Garten Fußball spielen und hatte absolut kein Interesse, in „Klaras Bibliothek" einer von ihr vorgelesenen Geschichte zu lauschen, wie es „Tradition" war. In den nächsten Jahren waren Klaras Kindergeburtstage dann wieder Termine, zu denen nur Mädchen eingeladen wurden.

Die Geschlechtertrennung verliert sich mit der Pubertät weitgehend, obwohl auch im Erwachsenenalter noch Reste davon weiterleben. Übrigens: ob die skizzierten weiblichen Vorlieben im Berufsleben von Vorteil oder von Nachteil sind, ist noch nicht endgültig geklärt (vgl. Rastetter, 1997).

Bei der Sozialisation geschlechtstypischer Verhaltensweisen spielt sicher auch die Schule eine Rolle. Dass Lehrer Jungen und Mädchen zumindest in zwei Bereichen unterschiedlich behandeln, ist gut belegt:

- *Lehrer schätzen im Unterricht solche Eigenschaften, die eher als weiblich gelten* (Bravheit, Fleiß, Sorgfalt, Anpassung, Ruhe, Hilfeleistung, Kooperation).

- *Lehrer interagieren häufiger mit Jungen als mit Mädchen*, d.h. sie nehmen Jungen häufiger dran, reden häufiger und länger mit ihnen und loben sie offenbar auch häufiger. Mädchen erhalten von ihnen eher Lob für Gehorsam, Jungen für gute Arbeiten. Jungen werden von ihren Lehrern eher für Disziplinverstöße getadelt, Mädchen für falsche Antworten.

Besonders im Kindergarten- und Grundschulbereich sind in den letzten Jahren in den Räumen besondere „Aktivitätsecken" eingerichtet worden (z.B. Leseecke, Bastelecke, Ruhezone, Hüpfecke), die geschlechtsspezifisch genutzt werden und entsprechend der Stabilisierung geschlechtsspezifischen Verhaltens dienen können, weil es den Kindern überlassen ist, welches Angebot sie nutzen. Zur Verringerung dieses Effekts scheint nützlich zu sein, wenn typischerweise von Mädchen bzw. Jungen genutzte Angebote räumlich benachbart oder gar integriert sind.

Trotz vieler Ansätze, die Unterschiede zwischen den Geschlechtern zu verringern, die je nach betrachtetem Verhalten zu Benachteiligungen bzw. Vorteilen beim einen oder anderen Geschlecht führen, bleiben fundamentale Geschlechterunterschiede im Kindesalter bestehen:

> „Die Ungleichheit schleicht sich von selbst in unsre Werke ein – keine Kunst erreicht jemals Gleichheit. ... Die Ähnlichkeit vereinheitlicht weniger, als die Unähnlichkeit trennt. Die Natur hat es sich zur Aufgabe gesetzt, nie ein Zweites zu schaffen, das nicht vom Ersten abwiche" (de Montaigne, 1998, S. 537).

6.5 Gleichaltrige Kinder, Gruppenprozesse und Freundschaften

Oerter (1995a) schreibt auf S. 295:

> „In der Kindheit wird der Gleichaltrige („Peer") zur wichtigsten Bezugsperson".

Abbildung 6-36: **In der Kindergarten- und Schulzeit wird die Gruppe der gleichaltrigen Kinder immer wichtiger.** Marie-Luise, Ann-Kathrin und Klara genießen ihre regelmäßigen Treffen.

Dem ist uneingeschränkt zuzustimmen (vgl. Abbildung 6-36). Zwar sind offensichtlich schon im Babyalter Geschwister und gleichaltrige Spielkameraden von Bedeutung (vgl. Abschnitt 4.4.2), jedoch werden schon im Kindergarten und später in der Schule Kontakte zu gleichaltrigen Spielkameraden häufiger und intensiver – ohne dass allerdings der Kontakt zur engeren Familie weniger wichtig wird.

„Die beiden Sozialbereiche Familie und Gleichaltrigenwelt stehen nicht unverbunden nebeneinander, addieren sich auch nicht nur in ihrem Beitrag zur Entwicklung des Kindes, sondern erscheinen als Systeme, die sich aufeinander abstimmen und vor allem, wenn diese Abstimmung gelingt, die Stellung des Kindes unter den Gleichaltrigen zu fördern vermögen. ... Auffälligerweise gibt es negative Auswirkungen sowohl bei einer altersunangemessenen Überbehütung des Kindes, die den Raum eigenständiger Erfahrungen in nachteiliger Weise für das Kind einengt, als auch bei mangelnder Unterstützung, durch die das Kind vor überfordernde Aufgaben gestellt wird ... Es ist weniger das Tun und Lassen der Eltern, das die Kinder belastet, als vielmehr die nicht dem Entwicklungsstand adjustierte Balance zwischen Unterstützung und anerkannter Eigenständigkeit" (Cyprian & Franger, 1997, S. 174).

6.5.1   Gleichaltrige und Erwachsene (besonders Eltern) als Interaktionspartner

Dass mit zunehmendem Alter Gleichaltrige als Partner für Kinder und ihr Hineinwachsen in die Welt wichtiger werden, bedeutet also zunächst keineswegs, dass damit die Eltern weniger wichtig werden (erst nach der Pubertät nimmt die Bedeutung der Eltern als Partner für Kinder wesentlich ab):

- *Die Zeit, die Kinder mit der engeren Familie verbringen, ist bis über die Pubertät hinaus recht konstant* (R. Larson, Richards, Moneta, Holmbeck, & Duckett, 1996). Zwar nimmt der intensive Kontakt zur Familie während der gesamten Schulzeit ab, aber dieser Trend zeigt sich merklich erst im 10. Schuljahr, also ungefähr im Alter von 16 Jahren. Besonders krass ist dann der Rückgang gemeinsamer Aktivitäten mit der ganzen Familie (Abbildung 6-37).

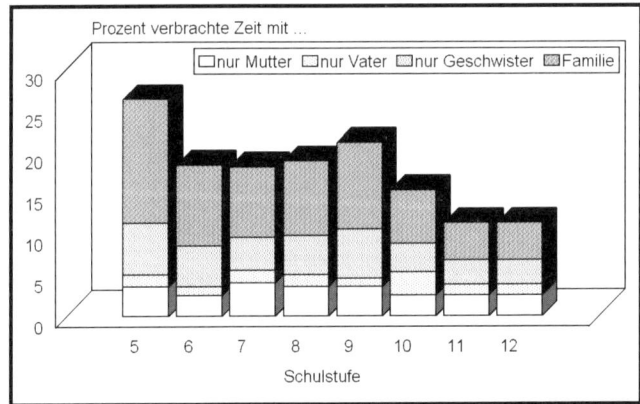

Abbildung 6-37:   **Der Zeitanteil, den Kinder mit der engeren Familie verbringen, ist bis zur Pubertät recht konstant** (nach: Larson et al., 1996)

- *Eltern sind auch für ältere Kinder noch wichtige Ansprechpartner bei Problemen* (Abbildung 6-38). Besonders für Jungen sind nach einer Befragung von N=314 Eltern und Kindern zwischen 12 und 18 Jahren (Oswald & Boll, 1992) die Eltern die wichtigsten Ratgeber bei Problemen, während für Mädchen Eltern und Peers gleich häufig als Ratgeber bei Problemen angegeben werden. Das mag mit dem allgemeinen Entwicklungsvorsprung der Mädchen (bei ihnen beginnt die Pubertät ca. 1½ Jahre eher als bei Jungen; vgl. Abschnitt 7.2.1) oder mit ihrer ausgeprägteren sozialen Kompetenz zusammenhängen. Interessant ist in diesem Kontext vielleicht auch, dass Jungen und Mädchen mittlerweile wohl ein gleich gutes Verhältnis zu ihren Eltern haben. Ältere Untersuchungen hatten meist ergeben, dass Mädchen besser als Jungen mit ihren Eltern zurechtkommen (Cyprian & Franger, 1997, S. 56).

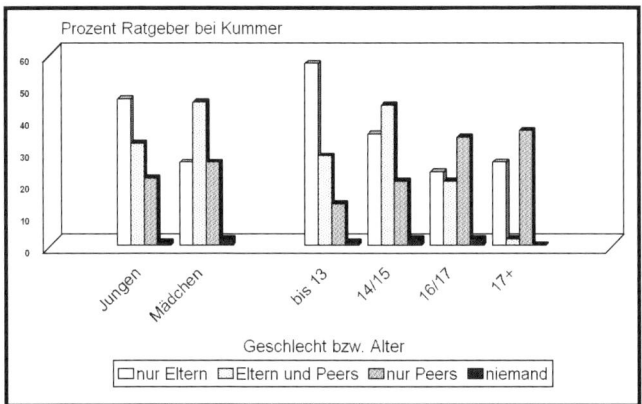

Abbildung 6-38:   **Eltern und Gleichaltrige als Ratgeber bei Kummer** (nach: Oswald & Boll, 1992)

• *Wenn Kinder gute Beziehungen zu ihren Eltern haben, nimmt deren Bedeutung als Ansprechpartner im Vergleich zu Gleichaltrigen weniger ab als wenn die Eltern-Kind-Beziehung weniger gut ist.* Das zeigten Untersuchungen von L. Larson (1972; , 1974) an amerikanischen Jugendlichen im 7., 9. und 12. Schuljahr (siehe auch: Arbinger, 1996, S. 52-53).

Allerdings gehen Kinder unter ihresgleichen anders miteinander um als mit Erwachsenen – wen wundert's? Oerter (1995a, S. 295) sagt dazu:

„Die Interaktion mit Gleichaltrigen fördert die Entwicklung eines Sozialverhaltens, das im Gegensatz zur Interaktion mit Erwachsenen stärker symmetrisch ist, das Verständnis für Gleichheit und Gerechtigkeit aufbaut und wesentlich zum Selbstverständnis („Selbstkonzept") der Kinder beiträgt."

Etwas überspitzt charakterisiert Mechsner (1993, S. 149) in einem lesenswerten, populären Artikel den „Kosmos" der Kinder und Jugendlichen, also ihre mit Gleichaltrigen geteilte Erlebnis- und Verhaltenswelt:

„Auf ganz andere Weise als im Kontakt mit Erwachsenen verhalten die Kinder sich hier nicht als unmündige, unfertige Untertanen, sondern als gleichberechtigte Teilnehmer am Spiel des Lebens.

Miteinander und aneinander lernen sie, sich in komplizierten Beziehungsgeweben zu bewegen und zu behaupten, sich einzufügen und die anderen geschickt zu beeinflussen. Sie bekommen die für das Selbstwertgefühl so überaus wichtige Anerkennung von ihresgleichen, handeln Normen aus, streiten und vertragen sich. Sie lernen Anteilnahme und Hilfsbereitschaft, vielleicht Freunde zu gewinnen und an ihnen zu wachsen, gleichzeitig aber auch ihren Vorteil auf Kosten der anderen zu betreiben und ihnen auf immer gerissenere Weise eins auszuwischen.

In dieser Schule des Menschseins sind Kinder Lehrer und Schüler zugleich."

Es wird deutlich, dass es in Kinder- und Jugendgruppen in der Regel keineswegs „egalitär" oder „basisdemokratisch" zugeht. Dem ist nicht so. Vielmehr bauen sich in Gruppen gleichaltriger Kinder selbstverständlich auch Autoritäten, Normen und Regeln auf (vgl. z.B. Tücke, 2003, Kapitel 7; oder: Tücke, 2005b, Kapitel 15). Aber im Unterschied zur Interaktion mit Eltern und anderen Erwachsenen (z.B. Erzieherinnen und Lehrern) entfällt bei Gruppen Gleichaltriger die formale, quasi kodifizierte Ungleichheit auf Grund des a priori unterschiedlichen Status.

„So wichtig eine liebevolle Atmosphäre im Elternhaus für den Start ins Leben ist, so stark Erwachsene ihre Kinder durch beständiges Beispiel beeinflussen und formen können, so sehr die Kleinen von den Großen eine Erklärung der Welt brauchen – letztlich bleiben alle Bemühungen der Eltern Rohmaterial, aus dem sich die Sprösslinge ihr eigenes Weltbild zurechtzimmern. Denn Kinder erziehen sich zum guten Teil selbst und gegenseitig" (Mechsner, 1993, S. 157).

6.5.2 Soziale Kompetenz

Schon in den in Abschnitt 2.1.2.3 (vgl. Abbildung 2-15) dargestellten Untersuchungen von Harlow an Rhesusäffchen (Harlow, 1969) bin ich auf die Bedeutung der Interaktion mit gleichaltrigen Spielpartnern für die weitere Entwicklung eingegangen: Tiere, die nur von ihrer Mutter – also ohne Kontaktmöglichkeiten mit Gleichaltrigen – aufgezogen worden waren, zeigten charakteristische Verhaltensstörungen: sie waren aggressiver, ihr Spielverhalten war nicht altersgemäß, sie waren ängstlicher und als ausgewachsene Tiere nicht zur Kooperation fähig.

Schon im Alter von wenigen Monaten nehmen Babys Kontakt zu Gleichaltrigen auf: sie lächeln sie an, „begreifen" sie oder „babbeln" mit ihnen. Die Kontakte sind zwar kurz, werden aber schon im Lauf des ersten Lebensjahres koordinierter. Schon in diesem Alter bevorzugen sie nach amerikanischen Untersuchungen Gleichaltrige gegenüber der Mutter als Spielpartner. Allerdings gibt es aus Deutschland gegenteilige Befunde: Bei Kindern in Kinderkrippen nahmen nach einer Studie von Bensel (1994) Kontakthäufigkeit, -dauer und -intensität zu gleichaltrigen Kindern zwischen dem ersten und dem Ende des Lebensjahrs zwar kontinuierlich zu, aber auch bei 3jährigen Kindern spielten sie nur eine untergeordnete

Rolle. Das mag damit zusammenhängen, dass die Familien in Deutschland durchschnittlich kleiner und Kontaktmöglichkeiten zu Gleichaltrigen schlechter sind als in den USA.

Schon diese frühen Kontakte zu gleichaltrigen Spielkameraden sind überwiegend freundlich, aber (kurze) Konflikte (besonders um gemeinsames Spielzeug) sind häufig. Aber auch diese kleinen Streitereien sind offenbar für eine erfolgreiche Ausbildung sozialer Kompetenz wichtig: die Kinder lernen nachzugeben, zu teilen, sich durchzusetzen, zu tauschen und auf Wünsche ihrer Spielpartner einzugehen. Sie lernen, Ärger zu bewältigen, Problemsituationen spielerisch (die Spielgruppen in diesem Alter umfassen nur sehr selten mehr als zwei Kinder) zu lösen (Laursen & Hartup, 1989) – und sie lernen vor allem, dass soziale Kontakte dann am besten funktionieren, wenn sich Geben und Nehmen der einzelnen Kinder im Gleichgewicht befinden. Wenn das nicht der Fall ist, werden die Sozialkontakte häufig abgebrochen (Laursen, Hartup, & Koplas, 1996).

Trotz dieser mannigfachen sozialen Aktivitäten nimmt bis weit in das Vorschulalter hinein nicht-soziales Verhalten einen breiten Raum ein (Abbildung 6-39): bei den 3-4jährigen Kindern sind es 41% der Gesamtspielzeit, bei den 5-6jährigen immerhin noch 34%.

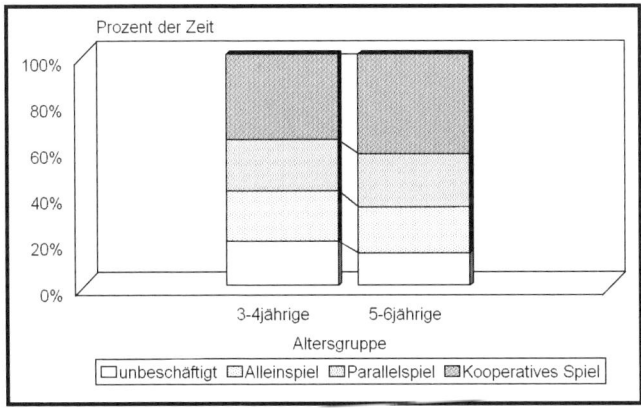

Abbildung 6-39:   **Zeltanteile verschiedener Spielformen im Vorschulalter** (nach: Berk, 1997, S. 583)

Während der Schulzeit werden die Sozialkontakte zu Gleichaltrigen häufiger und differenzierter. Die Kinder lernen (auch bedingt durch Wechsel vom Elternhaus bzw. dem Kindergarten zur Grundschule und dann von der Grundschule zu den verschiedenen weiterführenden Schulen), sich in neuen Spiel- und Arbeitsgruppen zurechtzufinden. Sie lernen, dass andere Menschen zu wichtigen Fragen einen anderen Standpunkt haben können als man selbst, und sie lernen auch, diesen Standpunkt zu respektieren. Für die weitere Entwicklung besonders wichtig und interessant sind solche Verhaltensweisen, die sich auf Höflichkeit, Respekt vor Normen und Hilfeleistung beziehen („prosoziales Verhalten") bzw. sozial schädliche Verhaltensweisen („antisoziales Verhalten"). Auf diese Bereiche gehe ich im Abschnitt 6.6.1 getrennt ein. Einen gut lesbaren Überblick über prosoziales Verhalten gibt das Buch von Schwind, Roitsch, Gielen, & Gretenkordt (1998); schulisch relevante Formen und Interventionsmöglichkeiten antisozialen Verhaltens sind z.b. bei Tücke (2005b, Kapitel 13 und 14) zusammengestellt.

Mit der zunehmenden Bedeutung gleichaltriger Sozialpartner nimmt der Konformitätsdruck auf Kinder und Jugendliche zu. Je nach Bezugsgruppe und familiärem Hintergrund kann das erfreuliche oder unerfreuliche Auswirkungen auf das Sozialverhalten haben: einerseits können Gruppendruck und damit zusammenhängende Konformität unerwünschtes, deviantes oder aggressives (z.b. fremdenfeindliches) Verhalten begünstigen (Möller, 1995), andererseits kann die Integration in eine Gruppe die Aufrechterhaltung schulischer Leistungen, die Übernahme von außerschulischen Verpflichtungen z.b. im Ehrenamt oder das Engagement für Ziele nach sich ziehen, die die Gruppe insgesamt für wichtig hält (z.b. Natur- und Umweltschutz).

Viele Eltern sind der Meinung, dass ihre Erziehungsmaßnahmen mit zunehmendem Einfluss gleichaltriger Interaktionspartner immer weniger Wirkung zeigen und immer weniger wichtig sind. Das ist aus zwei Gründen falsch. Einerseits gibt es – im Gegensatz zu in westlichen Kulturen weit verbreiteten Alltagsmeinungen – keine durchgängige Brüche im Sinne eines „Generationenkonflikts" (vgl. Abschnitt 7.8) zwischen Kindern und ihren Eltern. Andererseits sind das Familienklima und das Erziehungsverhalten der Eltern von erheblicher Bedeutung dafür, wie empfänglich Kinder für Einflüsse von Gleichaltrigen sind, inwieweit sie ihren schulischen Pflichten nachkommen und wie gut sie z.b. Drogengebrauch widerstehen können.

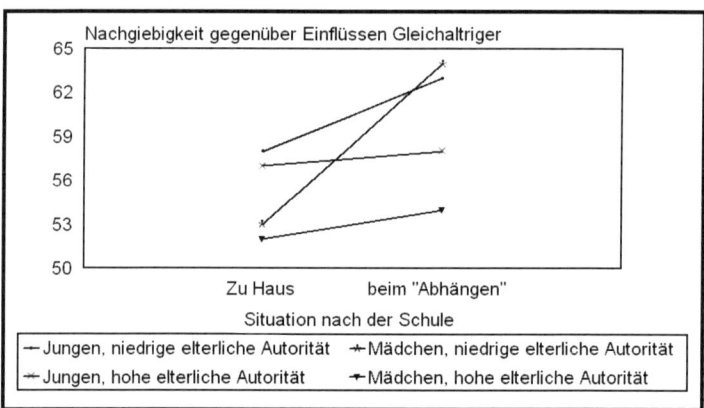

Abbildung 6-40: **Elterliches Erziehungsverhalten und Nachgiebigkeit gegenüber Einflüssen Gleichaltriger**

In einer Untersuchung an ca. 500 amerikanischen „Schlüsselkindern" der Klassen 5 bis 9 konnte Steinberg (1986) einen Zusammenhang zwischen dem Erziehungsverhalten der Eltern und der Nachgiebigkeit gegenüber unerwünschten Einflüssen Gleichaltriger nachweisen. Wenn Kinder autoritativ erzogen werden (d.h. die Eltern über das Tun und Lassen ihrer Zöglinge informiert sind, sich um ihre Kinder kümmern und sie sowohl fordern als auch fördern), dann sind diese Kinder auch dann, wenn sie der elterlichen Aufsicht nicht unterliegen (z.B. beim „Abhängen"), resistenter gegen unerwünschte Einflüsse gleichaltriger (Abbildung 6-40).

Brown & Huang (zitiert nach: Hetherington & Parke, 2003, S. 545) untersuchten die Beziehungen zwischen elterlichem Erziehungsstil, Bezugsgruppe Gleichaltriger und akademischer Orientierung und Drogengebrauch. Die Autoren erhoben vier Aspekte des elterlichen Erziehungsverhaltens (emotionale Wärme, elterliche Anforderungen, zugelassene Autonomie und Wertschätzung schulischer Bildung). Als „inhibitiv" klassifizierten sie Eltern, die in mindestens einem der Bereich besonders niedrige Werte erzielten, als „facilitativ" (erleichternd) bezeichneten sie Eltern, die in mindestens einem der Bereiche besonders hohe Werte erzielten. Bei den Kindern (10. bis 12. Schuljahr) registrierten die Autoren die für schulische Hausaufgaben aufgewendete Zeit sowie einen Indikator zum Drogengebrauch. Bei der Bezugsgruppe wurde zwischen adaptiver (positiver), neutraler und nicht adaptiver (negativer) Bezugsgruppe unterschieden. Die Ergebnisse zeigt Abbildung 6-41. Unterstützende elterliche Erziehung hat also durchaus Wirkungen über das Elternhaus hinaus und kann negative Einflüsse Gleichaltriger abmildern oder ihnen vorbeugen.

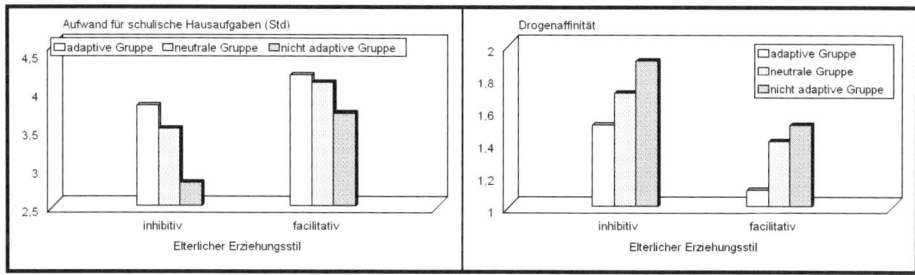

Abbildung 6-41: **Beziehungen zwischen elterlichem Erziehungsverhalten und Zeit für schulische Hausaufgaben (links) sowie Drogenaffinität (rechts) in Abhängigkeit von der Bezugsgruppe Gleichaltriger** (nach: Brown & Huang, 1995, zitiert nach: Hetherington & Parke, 2003, S. 545)

Diese Befunde lassen die Abnahme elterlicher Erziehungsintensität in unserer Gesellschaft in einem neuen Licht erscheinen: Eltern tragen über das Geschehen im Elternhaus hinaus durchaus eine erhebliche Mitverantwortung für das, was ihre Kinder in der Schule und in ihrer Freizeit tun, wie wichtig sie schulische Pflichten nehmen und wie kompetent sie mit Drogen (also auch Alkohol und Rauchen) umgehen können.

In einem Interview mit dem „Spiegel" hat der ehemalige Leiter der Internatsschule Schloss Salem, Bernhard Bueb, diese Befunde prägnant zusammengefasst:

> „Der Schaden ist immens, wenn Sekundärtugenden nichts mehr gelten. Wir haben uns aufgrund unserer Geschichte in der Pädagogik mehr und mehr zu Gärtnern entwickelt: Wir lassen unsere Kinder behutsam aufwachsen und korrigieren ihren Wuchs allenfalls sachte. Doch die Methode des Gärtners birgt immer die Gefahr, dass er gar nicht mehr erzieht. Dieser Zustand ist eingetreten." (Bueb, 2006a, S. 212-213)

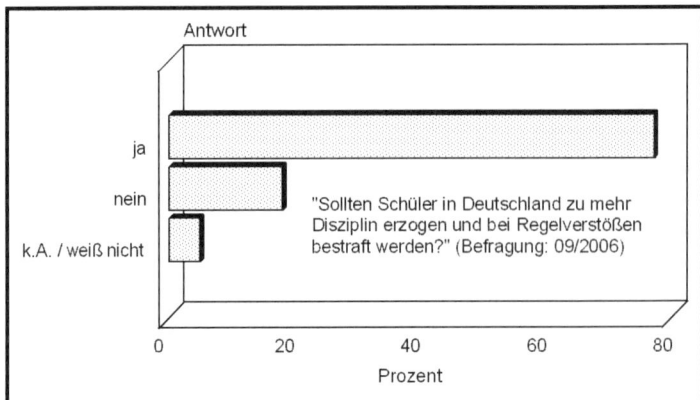

Abbildung 6-42: **Disziplin wird (wieder) als wichtiger Bestandteil der Erziehung angesehen** (nach: Bueb, 2006a, S. 214)

Diese grundlegenden Einsichten scheinen sich mittlerweile auch in großen Teilen der deutschen Bevölkerung (wieder) durchzusetzen, wie Abbildung 6-42 zeigt. Merke: von nichts kommt nichts!

6.5.3   *Soziale Attraktivität und Beziehungen zu Gruppen Gleichaltriger*

Kinder unterscheiden sich bezüglich ihrer Attraktivität für Gleichaltrige. Dabei spielen mannigfache Faktoren eine Rolle: das Geschlecht, das äußere Erscheinungsbild, Schulleistungen, familiärer Hintergrund, Wohngegend oder Kontakthäufigkeit. Besonders in größeren, formellen Gruppen, wie beispielsweise Schulklassen, bilden sich informelle Untergruppen oder Cliquen. Bis zur Vorpubertät bewegen sich Jungen und Mädchen weitgehend in geschlechtshomogenen Cliquen: Jungen in Jungencliquen und Mädchen in Mädchencliquen. Zwischen beiden besteht oft eine herzliche Ablehnung („Jungen sind doof" oder „Mit Mädchen kann man doch nichts anfangen").

Die informellen Beziehungen von Kindern untereinander können z.B. für Lehrer interessant sein, wenn in einer neuen Klasse die Sitzordnung bestimmt wird oder wenn auf einer Klassenfahrt die Verteilung auf die Schlafräume ansteht. Zur Untersuchung von Sympathie und Antipathie sowie der sozialen Interaktion der Mitglieder einer Gruppe hat sich das so genannte „Soziogramm" bewährt (Dollase, 1998). Bei dieser Technik werden die Kinder befragt, wen sie z.B. besonders gut leiden bzw. nicht ausstehen können, wen sie gern zum Geburtstag einladen würden, neben wem sie sitzen bzw. auf keinen Fall sitzen möchten usw. Die Ergebnisse können z.B. grafisch dargestellt werden, wie es z.B. in Abbildung 6-43 gezeigt ist.

Die Kinder sollten angeben, mit welcher/m ihrer Klassenkamerad(inn)en[40] sie gern an einem Projekt arbeiten würden und mit wem sie nicht zusammenarbeiten möchten. Jedes Kind gab also je eine Positiv- und eine Negativwahl ab. Man sieht auf einen Blick, dass die

---

[40] Ja, ja, ich weiß – derlei Schreibweisen wollte ich eigentlich vermeiden ...

positiven Wahlen überwiegend das gleiche Geschlecht und die Negativwahlen das andere Geschlecht betreffen. Bei den Jungen ist Brad der „Star" (er ist als Partner am begehrtesten), bei den Mädchen sind es Kim und Caroline. Roosevelt und Brad sowie Kim und Caroline wählen sich jeweils wechselseitig: sie bilden eine „Clique innerhalb der Clique". Velma und Jun können sich wechselseitig nicht ausstehen. Nicky ist bei den Jungen und Velma bei den Mädchen am unbeliebtesten; beide erhalten keine einzige Positivwahl. Scotty, Eve und Carlos werden weder positiv noch negativ gewählt: sie sind echte Außenseiter und stehen offenbar weitgehend neben dem Rest der Gruppe.

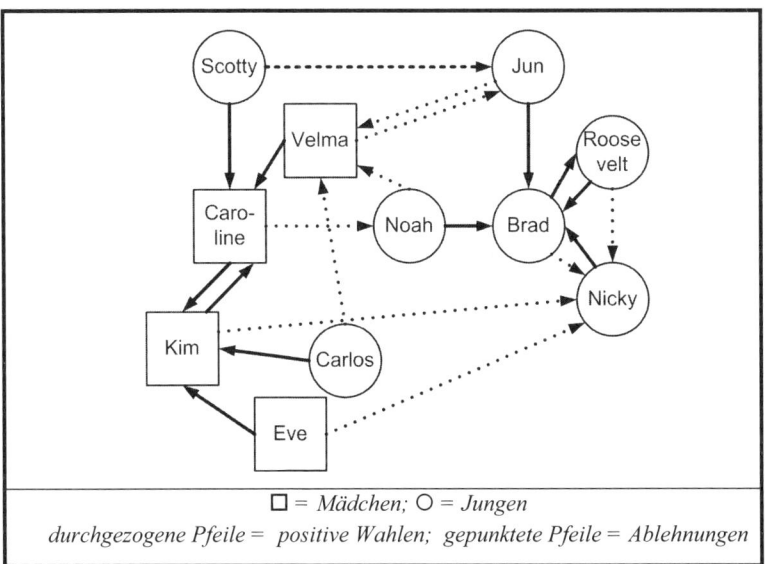

Abbildung 6-43: **Beispiel für ein Soziogramm** (nach: Flake-Hobson, Robinson, & Skeen, 1983, S. 395)

Informationen aus Soziogrammen können Lehrern und anderen Gruppenleitern, die eine neue Klasse oder Gruppe übernehmen, wesentliche Hinweise zu möglichen bzw. notwendigen Interventionen geben. Z.B. könnte man zu eruieren versuchen, warum Velma und Nicky so unbeliebt sind und ggf. Gegenmaßnahmen einleiten; man könnte versuchen, die Außenseiter mit besonders populären Schülern zusammenarbeiten zu lassen (manchmal hilft das) oder man könnte geschlechtsheterogene Arbeitsgruppen bilden, damit die Kinder sich näher kommen und lernen, besser miteinander umzugehen (auch das hilft manchmal).

Gemäß den erhaltenen Wahlen kann man die in Abbildung 6-44 dargestellten Schülertypen unterscheiden:

- *Populäre Schüler.* Sie erhalten viele positive und kaum negative Urteile. Sie sind die Stars der Gruppe.

- *Kontroverse Schüler.* Sie erhalten ebenfalls relativ viele positive Urteile, aber auch viele negative.

- *Abgelehnte Schüler.* Sie erhalten überwiegend negative Urteile und gelten als besonders unbeliebt.

- *Nicht beachtete Schüler*: Sie erhalten weder positive noch negative Urteile und bekleiden in der Gruppe eine Außenseiterposition.

Populäre und kontroverse Schüler sind in ihrer Gruppe meist geachtet, während abgelehnte und unbeachtete Schüler einen niedrigen Sozialstatus haben. Wesentliche Unterschiede zwischen diesen beiden Schülertypen sind in den Kästchen rechts in der Abbildung nach Feldman (1998, S. 493) zusammengestellt. Kontroverse Schüler gehören oft Cliquen an, die sich wechselseitig nicht sonderlich mögen: zunächst etwa Jungen und Mädchen, später vielleicht Vegetarier und Nicht-Vegetarier oder CDU-Sympathisanten und Anhänger von Bündnis 90 / Die Grünen.

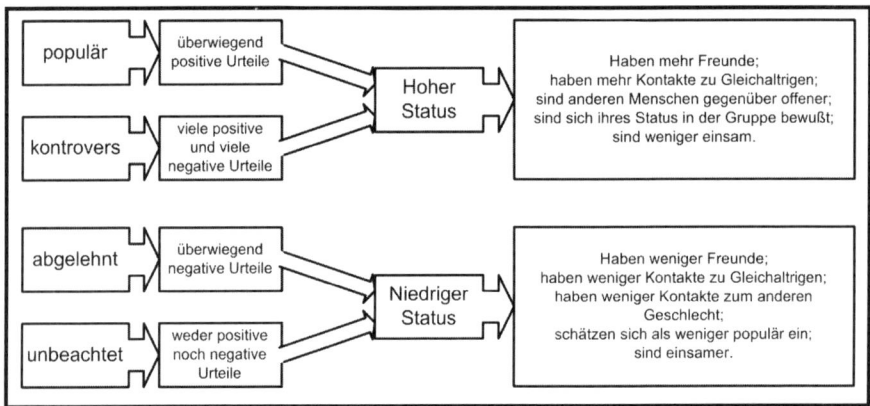

Abbildung 6-44: **Soziale Situation gemäß der im Soziogramm erhaltenen Wahlen** (nach: Feldman, 1998, S. 493)

Die soziometrischen Verfahren wurden vor mehr als 30 Jahren durch einen kreativen Ansatz von Rollett & Bartram (1976a) erweitert, der leider nicht fortgeführt wurde. Unter Einsatz einer etwas veränderten Datenerhebung (jeder Schüler beurteilt jeden Mitschüler) und statistischer Gruppierungsverfahren (sog. „Clusteranalysen") konnte die Bildung von Subgruppen und Cliquen formalisiert werden. Darüber hinaus schlugen Rollett & Bartram (1976a) weitere Maße vor, mit denen z.B. der Status eines Schülers in der Gruppe, das Ausmaß der Urteilskonsistenz oder Mitgliedschaften in verschiedenen Cliquen beschrieben werden können.

Die Auswertung eines Soziogramms gemäß dem Vorschlag von Rollett & Bartram (1976a) möchte ich an einem Beispiel zeigen. Das Soziogramm wurde in einer 7. Klasse einer Realschule erhoben. Die Schüler[41] sollten auf einer 5-poligen Skala angeben, wie gern

---

[41] Natürlich wurden die Namen verändert.

bzw. ungern sie mit jeder ihrer Mitschülerinnen bzw. jedem ihrer Mitschüler in einem Projekt zusammenarbeiten würden. Die wesentlichen Ergebnisse zeigt Abbildung 6-45.

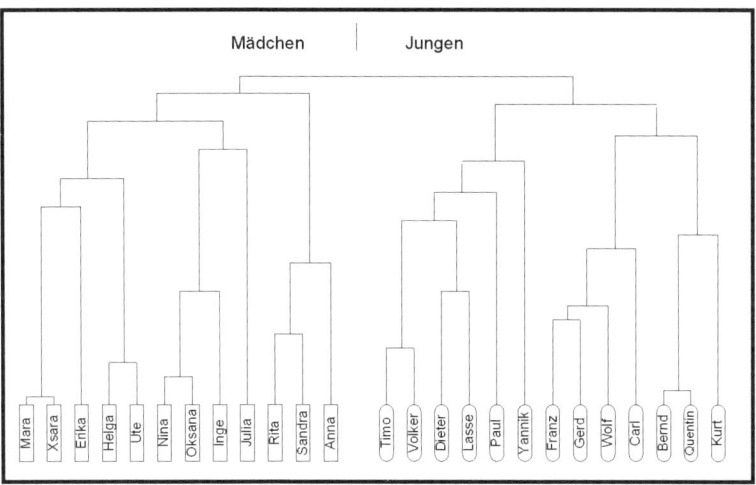

Abbildung 6-45:   **Strukturauswertung eines Soziogramms einer siebten Klasse nach der von Rollett & Bartram (1976a) vorgeschlagenen Methode**

Zunächst sieht man auf einen Blick, dass die soziale Struktur der Klasse zwei große Gruppen umfasst, nämlich Jungen und Mädchen; Jungen bevorzugen eine Zusammenarbeit mit Jungen, Mädchen arbeiten lieber mit Mädchen zusammen. Das überrascht nicht – die Frage ist, welche Konsequenzen man z.B. bezüglich der Koedukation daraus zieht. Insgesamt gibt es bei den Mädchen mehr kleine Cliquen als bei den Jungen, bei denen die Vorlieben und Abneigungen weniger pointiert sind und sich gleichmäßiger verteilen. Es gibt drei Kinder in der Klasse, die weniger gut integriert sind Bei den Mädchen ist es Julia, die wohl auf Grund ihrer Herkunft von ihren Klassenkameradinnen weniger gut akzeptiert wird. Bei den Jungen sind es Paul und Yannik. Yannik beteiligt sich auf Grund seiner Religionszugehörigkeit kaum an den sozialen Aktivitäten der Gemeinschaft, und Paul wird vom Lehrer als „frech" und „vorlaut" eingestuft. Zusatzauswertungen ergaben, dass die Urteile der Mädchen über die Jungen im Durchschnitt besser ausfielen als die Beurteilungen der Mädchen durch die Jungen. Vielleicht spiegelt sich darin das größere Verständnis von Mädchen im sozialen Bereich wider; vielleicht ist aber auch wegen ihres Entwicklungsvorsprungs das Interesse der Mädchen an Jungen schon größer als umgekehrt. Das kann man den Daten nicht entnehmen. Es gibt natürlich auch ausgesprochene „Stars" in der Klasse. Bei den Mädchen ist das Erika, die eine hohe schulische Motivation hat; bei den Jungen sind es Timo und Volker, die nach Informationen des Lehrers beide „sehr gut aussehen".

Leider ist die Methode des Soziogramms zur Diagnose informeller Gruppenstrukturen in Deutschland aus der Mode gekommen, obzwar zur Vereinfachung der Datenanalyse schon früh PC-Hilfen entwickelt wurden (vgl auch: von Saldern, 1987) und sich das Soziogramm trotz weiterhin bestehender methodischer Probleme auch empirisch vielfach bewährt hat, z.B. im Musikunterricht (Rötter, 1987) oder zur Analyse der sozialen Stellung von Mädchen in einer Grundschulklasse (Preuß-Lausitz, 1992).

6.5.4   Kooperation und Wettbewerb

Zwar kann man gelegentlich beobachten, dass schon Kinder im zweiten Lebensjahr ihre Spielgefährten in den Arm nehmen und trösten, wenn sie weinen, oder ihnen ihr Lieblingsspielzeug anbieten. Allerdings sind diese Episoden kurz und inkonsistent und werden erst mit dem Abbau des kindlichen Egoismus im Denken konsistent und vorhersagbar (vgl. Abschnitt 5.5.2.5). Das erklärt vielleicht auch, warum die Tendenz zur Hilfeleistung im Vorschulalter nur geringfügig ansteigt (Zahn-Waxler, Radke-Yarrow, Wagner, & Chapman, 1992) und längerfristige Zusammenarbeit auf ein gemeinsames Ziel hin erst im Schulalter funktioniert.

Vielleicht sind ja auch die kulturellen Rahmenbedingungen in unserer Gesellschaft (bzw. den westlichen Kulturen) der Entwicklung von Kooperation nicht sehr förderlich. Zwar wird überall betont, wie wichtig Zusammenarbeit wäre, aber Belohnungen in Form von Zensuren oder später Gehaltserhöhungen bzw. Beförderungen werden meist individuell vergeben. Altruistisches, uneigennütziges Verhalten zahlt sich in unserer Gesellschaft eigentlich nicht aus und wird schon in der Schule ausgenutzt: wer regelmäßig seine Hausaufgaben zum Abschreiben zur Verfügung stellt, wird allenfalls als Streber eingeordnet, aber wohl kaum ernst genommen.

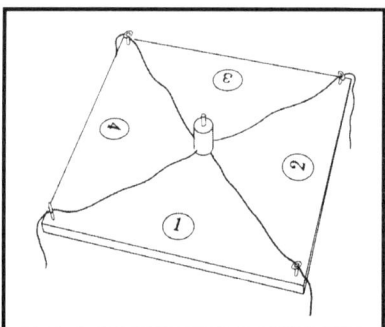

Abbildung 6-46:   Das Kooperationsbrett nach Madsen wird häufig zur Untersuchung der Kooperationsfähigkeit bei Kindern verwendet

Zur Untersuchung der Kooperationsfähigkeit wurde häufig das „Madsen Cooperation Board" (Abbildung 6-46) eingesetzt (Madsen & Shapira, 1970). Das Brett besteht aus einem Schreibstift in der Mitte, der mit Hilfe von vier Schnüren, die von jeweils einem Kind gezogen werden können, bewegt wird. Man kann verschiedene Aufgaben definieren, z.B. eine Figur nachzufahren oder gemeinsam ein definiertes Ziel auf der Zeichenfläche zu erreichen. Außerdem kann man die Belohnungsstrategien variieren: z.B. können alle vier Kinder gemeinsam für einen Erfolg belohnt werden (*Gruppenbelohnung*) oder jedes Kind kann individuelle Belohnungen einheimsen (z.B. indem man Ziele vorgibt, die jedes Kind nur auf Kosten der anderen erreichen kann; *individuelle Belohnung*).

Bei diesen Untersuchungen wurden kulturelle Einflüsse auf das kooperative Verhalten von Kindern wiederholt nachgewiesen (vgl. z.B. Alvarez & Pader, 1979; Madsen & Lancy, 1981; Madsen & Shapira, 1977). Zwar kooperieren bei Gruppenbelohnung die Spielpartner in allen Kulturen, aber bei individueller Belohnung (also Betonung des individuellen Vorteils) kooperieren z.B. Kinder aus städtischen Gebieten weniger als Kinder vom Lande. Kinder aus israelischen Kibbuzim halfen einander sogar bei individueller Belohnung.

In einer klassischen Untersuchung von Kagan & Madsen (1972) wurden 5-6jährige und 8-10jährige US-amerikanische Kinder mexikanischer und anglo-amerikanischer Herkunft verglichen, inwieweit sie sich hinsichtlich kooperativem bzw. rivalisierendem (d.h. einen Vorteil auf Kosten des Partners zu erlangen) Verhalten unterschieden. Dabei verwendeten die Autoren das in Abbildung 6-47 gezeigte, von ihnen erfundene „Spiel". Die „Spielpartner" müssen dabei abwechselnd einen Spielstein ziehen, und die Aufgabe besteht darin, auf ein Spielfeld zu kommen, das vorher vom Stein des Partners belegt war. Abbildung 6-47 zeigt den Spielstand, nachdem jeder Partner zweimal gezogen hat. Spieler 2 muss sich nun überlegen, ob er das Feld räumt und Spieler 1 gewinnen lässt oder ob er auf dem Feld bleibt und Spieler 1 so blockiert. Wenn das Spiel nach 24 Zügen noch nicht beendet war, erhielt kein Kind eine Belohnung.

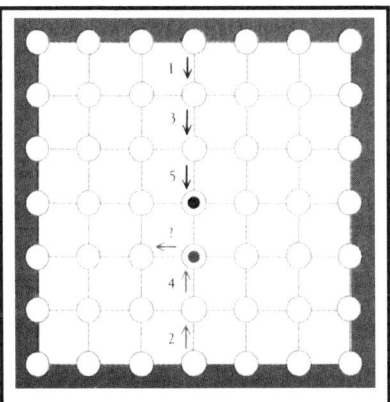

Abbildung 6-47: **Das von Kagan & Madsen (1972) verwendete Kooperationsspiel** (Erläuterungen im Text)

In dieser Untersuchung zeigten sich charakteristische kulturelle Unterschiede:

- Ältere Kinder rivalisierten stärker miteinander als jüngere.

- Kinder mexikanischer Herkunft blockierten ihre Partner weniger häufig als Kinder anglo-amerikanischer Herkunft: sie blockierten nur in 2% aller Fälle gegenüber 24% bei den Kindern anglo-amerikanischer Herkunft.

- Mit zunehmendem Alter werden die kulturellen Differenzen größer.

- Jungen anglo-amerikanischer Herkunft zeigen mit zunehmendem Alter mehr Rivalität als Mädchen. Dieser Effekt zeigte sich bei den Kindern mexikanischer Herkunft nicht.

Nach den o.a. Untersuchungen nimmt sowohl kooperatives Verhalten als auch kompetitives (wettbewerbsorientiertes) bzw. rivalisierendes (rücksichtsloses) Verhalten mit dem Alter der Kinder zu, wobei offenbar die (sub-) kulturellen Rahmenbedingungen entscheidend dazu beitragen, welche Verhaltensweisen stärker betont werden. Mit der Wandlung der Erziehungsideale in unserer Gesellschaft wird trotz aller verbalen Betonungen des Gegenteils kooperatives Verhalten kaum belohnt. Vielmehr lohnt es sich fast überall (auch durchaus im wörtlichen Sinn) sich rücksichtslos zu verhalten: in der Schule wird Rücksichtslosigkeit kaum formell bestraft, bringt aber mittelfristig durchaus Vorteile. Das setzt sich in der Universität fort. Und auch im Privatleben hat man kaum Vorteile davon, wenn man sich gegenüber einer Solidargemeinschaft rücksichtsvoll verhält, indem man z.B. auf Steuervorteile verzichtet, die Sozialsysteme nicht bis zum letzten Cent in Anspruch nimmt oder auf Privilegien verzichtet. Da muss es eigentlich nicht verwundern, wenn Kinder diese Verhaltensmuster übernehmen.

6.5.5 Verlauf und Bedeutung von Kinderfreundschaften

Sein lesenswertes Buch „Kinderfreundschaften. Wie sie entstehen – was sie bedeuten" leitet Wagner (1994) mit den Sätzen ein:

> „Das Erlebnis von Freundschaft gehört zu jenen unvergesslich-beglückenden Erfahrungen, die die meisten von uns in ihrer Kindheit und vielleicht nur in ihrer Kindheit gemacht haben. Wem dies nicht vergönnt war, der konnte zumindest Freundschaften zwischen anderen Kindern beobachten oder sie, sozusagen aus zweiter Hand, aus Büchern erfahren" (Wagner, 1994, S. 1).

Abbildung 6-48: **Freunde und Freundinnen machen vieles gemeinsam. Manchmal baden sie auch zusammen.** (Bild rechts aus: de.wikipedia.org/wiki/Freundschaft

In der Tat nehmen Freunde und Freundinnen in der Gruppe der Gleichaltrigen eine Sonderstellung ein und werden für die Kinder mit zunehmendem Alter zusehends wichtiger:

Beziehungen zu Freunden und Freundinnen (bis zur Pubertät haben Mädchen fast ausschließlich Freundinnen, Jungen dagegen Freunde) bilden sich schon im Vorschulalter, wenn Kinder in Spielgruppen einzelne Partner bevorzugen, mehr Zeit mit ihnen verbringen, sie bei gemeinsamen Tätigkeiten oder Aufgaben bevorzugen (Abbildung 6-48) und traurig sind, wenn sie nicht da sind. Besonders kleine Kinder haben auch häufig imaginäre Freunde (Kuscheltiere, Puppen, Teddybären oder Haustiere), mit denen sie so umgehen wie mit ihren „wirklichen" Freunden und deren Abwesenheit genauso schlimm ist – man denke nur an die Schmusedecke von Linus van Pelt aus den „Peanuts". Unter den Freunden sticht besonders bei Mädchen noch die „beste Freundin" hervor, die gegenüber allen anderen bevorzugt wird; allerdings können „beste Freunde" und „beste Freundinnen" bei jüngeren Kindern durchaus auch wechseln wie das Wetter im April.

Freunde und Freundinnen gleichen sich in vielerlei Hinsicht: sie haben meist das gleiche Geschlecht, sind annähernd gleichaltrig, gehören einer ähnlichen sozialen Schicht an, haben ähnliche Temperamente und Begabungen, interessieren sich für die gleichen Dinge und schwärmen für dieselben Vorbilder, wobei die Übereinstimmungen bei Mädchen meist größer und die freundschaftlichen Beziehungen enger sind als bei Jungen (Youniss & Smollar, 1985). Dass sich befreundete Kinder auch häufiger streiten als nicht befreundete, konnten Hartup, French, Laursen, Johnston, & Ogawa (1993) zeigen. Vielleicht ist es ja ein Zeichen echter Freundschaft, dass man in der Lage ist, Konflikte offen zu legen, auszutragen zu lösen und konstruktiv zu nutzen?

Auf die entwicklungspsychologische Bedeutung von Kinderfreundschaften haben Hartup, French, Laursen, Johnston, & Ogawa (1993) hingewiesen (siehe auch: Hartup, 1996; Hartup & Stevens, 1997). Danach sind Kinderfreundschaften bezüglich fünf wesentlicher Bereiche für die weitere Entwicklung wichtig:

1. *Freundschaften sind wichtige Rahmenbedingungen für die Entwicklung grundlegender sozialer Fertigkeiten, wie Kooperation, Kommunikation und der Fähigkeit, neue Gruppen zu bilden oder sich in bestehende Gruppen zu integrieren.*

2. *Sie liefern wichtige Informationen über sich selbst und Beziehungen zu anderen.*

3. *Sie bieten mannigfache kognitive und emotionale Möglichkeiten, Spaß zu haben und mit den täglichen kleinen Problemen des Lebens fertig zu werden.*

4. *Sie sind wesentliche Voraussetzung für die Bildung und Aufrechterhaltung stabiler Beziehungen im späteren Leben.*

5. *Enge Freundschaften können sich positiv auf Schulleistungen und Einstellungen zur Schule auswirken.*

Wenn man unterschiedlich alte Kinder danach fragt, was denn eine gute Freundin oder einen guten Freund ausmache, so sieht man, dass sie je nach Alter verschiedene Gesichtspunkte herausstellen. Während 6- bis 7jährige Kinder ihre Freunde im Wesentlichen als Spielgefährten sehen, mit denen sie auch z.B. ihr Spielzeug teilen, betonen 9- bis 10jährige gemeinsame Interessen und Unterstützung durch Freunde. Sie betonen, dass Freundschaft über kurzfristige Bekanntschaften hinausgeht und auf wechselseitiger Verantwortung füreinander und gegenseitigem Eintreten füreinander beruht. In einer grundlegenden Abhandlung hat Youniss (1982) dafür den Begriff der *symmetrischen Reziprozität* geprägt, der zeigen soll, dass Freundschaft eine wechselseitige Beeinflussung voraussetzt.

Zur Untersuchung der Entwicklung des Verständnisses von Freundschaft bei Kindern und Jugendlichen hat Selman (1981; , 1984) in Anlehnung an die von Piaget (vgl. Tabelle 6-4) und später Kohlberg (vgl. Tabelle 6-7) verwendeten Dilemma-Geschichten zur Untersuchung des moralischen Urteils kleine Geschichten erfunden, die Kindern vorgelesen werden. Anschließend werden die Kinder zu verschiedenen Punkten einer Freundschaft befragt. Ein Beispiel für eine solche Geschichte (aus: Wagner, 1994, S. 25-26) findet sich in Tabelle 6-12.

Ein „Freunde-Dilemma" zur Untersuchung des Verständnisses von Kinderfreundschaften

Kathy und Becky sind seit dem Kindergarten beste Freundinnen. Sie gehen in der Schule in dieselbe Klasse. Jeden Samstag versuchen sie, etwas Besonderes zusammen zu unternehmen, in den Park oder zum Laden zu gehen, oder etwas Besonderes zu spielen. Sie haben sich immer gut miteinander vergnügt.

Eines Tages zog ein neues Mädchen, Jeanette, in ihre Gegend. Bald stellte sie sich den beiden Mädchen vor. Von Anfang an schienen Jeanette und Kathy sich gut miteinander zu verstehen. Sie unterhielten sich darüber, wo Jeanette herkommt, und was sie in der neuen Stadt alles unternehmen könnte. Becky andererseits schien Jeanette nicht besonders zu mögen. Sie hielt Jeanette für eine Angeberin und war eifersüchtig auf die Aufmerksamkeit, die Kathy ihr schenkte. Nachdem Jeanette die beiden anderen allein gelassen hatte, sagte Becky zu Kathy, was sie über Jeanette dachte: »Was hältst Du von ihr, Kathy? Ich finde sie etwas aufdringlich, wenn sie sich bei uns so einmischt.« »Ach, komm, Becky. Sie ist neu in der Stadt und versucht bloß, neue Freunde zu finden. Wir können wenigstens nett zu ihr sein.« »Ja, aber das heißt nicht, dass sie unsere Freundin werden muss«, erwiderte Becky. »Also gut, was würdest Du denn gerne diesen Samstag machen? Du kennst doch diese alten Kasperlefiguren von mir; ich hab mir gedacht, wir könnten sie reparieren und uns unser eigenes Puppenspiel machen.« »Klar; Becky, das hört sich toll an«, sagte Kathy. »Ich komme nach dem Mittagessen zu Dir rüber. Jetzt sollte ich lieber nach Hause gehen. Also bis morgen.« Am gleichen Abend noch rief Jeanette bei Kathy an und überraschte sie mit einer Einladung zum Zirkus, der letzten Vorstellung in der Stadt. Das einzige Problem war, dass sie zur gleichen Zeit stattfand, zu der Kathy Becky versprochen hatte, zu ihr zu kommen. Kathy wusste nicht, was sie tun sollte: zum Zirkus gehen und ihre beste Freundin allein lassen, oder zu ihrer besten Freundin halten und ein Vergnügen verpassen (Selman, 1984, S. 296-297)".

Tabelle 6-12: **Ein „Freunde-Dilemma" zur Untersuchung des Verständnisses von Freundschaft bei Kindern** (aus: Wagner, 1994, S. 25-26)

Entwicklungsstufen des Freundschaftsverständnisses bei Kindern	Alter ca.
Stufe 0: Enge Freundschaft als momentane physische Interaktion; physische Konfliktlösung. Ein guter Freund wohnt in der Nähe und kommt regelmäßig zum Spielen vorbei. Etwa entstehende Konflikte werden durch Gewalt oder Nichtbeachtung gelöst. In dieser Stufe unterscheiden Kinder noch nicht die eigene Perspektive von derjenigen anderer (vgl. die Abschnitte 5.5.2.5 und 5.5.3.2.1). Sie erkennen noch nicht, dass jemand anders dieselbe soziale Situation anders auffassen kann als sie selbst.	3 – 7 Jahre
Stufe 1: Enge Freundschaft als einseitige Hilfestellung; isolierte Konfliktlösung. Freunde tun das, was man selbst will. Sie haben die gleichen Vorlieben und Abneigungen. Konflikte entstehen durch Fehlverhalten der anderen und werden gelöst, indem der andere nachgibt. Die Kinder können zwischen eigenen Ideen und Bedürfnissen und denjenigen ihrer Freunde unterscheiden, können sich aber noch nicht in die Rolle des anderen hineinversetzen.	4 – 9 Jahre
Stufe 2: Enge Freundschaft als „Schönwetterkooperation"; kooperative Konfliktlösung. Kinder verstehen jetzt die Sichtweisen ihrer Freunde und bemühen sich um wechselseitige Berücksichtigung ihrer Interessen und Bedürfnisse. Freundschaftliche Beziehungen dienen in erster Linie den Interessen der Partner und können deshalb schon bei kleineren Meinungsverschiedenheiten „abkühlen". Konflikte werden gelöst, indem man sich wechselseitig entschuldigt oder die Freundschaft für begrenzte Zeit auf Eis legt.	6 – 12 Jahre
Stufe 3: Enge Freundschaft als gegenseitiger intimer Austausch; auf Gegenseitigkeit beruhende Konfliktlösung. Die Kinder sehen in dieser Stufe über die momentane Situation hinaus: Konflikte vergehen, Freundschaften bestehen. Konfliktlösungen müssen beide Partner zufrieden stellen. Wesentliche Gefahren für Freundschaften sind in dieser Zeit Besitzergreifung und Eifersucht.	9 – 15 Jahre
Stufe 4: Enge Freundschaft als Autonomie und Interdependenz; symbolisches Handeln als Konfliktlösung. In einer freundschaftlichen Beziehung haben sowohl die individuelle Autonomie als auch wechselseitige Abhängigkeit ihren Platz. Freundschaften können in allgemeinere gesellschaftliche Beziehungen eingeordnet werden, d.h. jeder Partner hat das Recht, zusätzliche Freundschaftsbeziehungen einzugehen. Konflikte werden durch Gespräche oder „Versöhnungsrituale" gelöst.	12 – Erwachsenenalter

Tabelle 6-13: **Die Entwicklungsstufen des Freundschaftsverständnisses nach Selman** (Bezeichnungen der Stufen nach: Wagner, 1994, S. 27-29)

Die Auswertung der Antworten im Anschluss an diese Geschichten[42] veranlasste Selman, eine kognitive Entwicklungstheorie des Verständnisses von Kinderfreundschaften vorzulegen. Die Grundzüge dieser Theorie finden sich in Tabelle 6-13.

Der Vorteil des Ansatzes von Selman besteht sicherlich in der Anbindung an allgemeine Theorien der kognitiven Entwicklung. Wesentliche Mängel bestehen in der (noch) geringen empirischen Untermauerung und den skizzierten methodischen Unzulänglichkeiten. Der von Selman vorgeschlagene Entwicklungsverlauf scheint darüber hinaus von schicht- und geschlechtsspezifischen Gegebenheiten abzuhängen.

Kleine Streitereien sind besonders bei kleinen Kindern häufig (Abbildung 6-49), und zwar unter Freunden und bei Nicht-Freunden. Das bedeutet aber auch, dass man Kindern Gelegenheit geben muss, ihre Konflikte konstruktiv zu nutzen, d.h. Lösungsstrategien zu erlernen, die einerseits ihrem Alter angemessen sind und andererseits nicht zum Abbruch der Freundschaft führen. Wenn Eltern, Erzieherinnen oder Lehrer bei jedem Konflikt eingreifen (müssen; zumindest in der Schule scheinen in diesem Bereich ja die Haftpflichtversicherungen zu bestimmen, was für die Kinder richtig ist oder nicht), haben Kinder kaum Gelegenheit, ihre Konflikte mit den ihnen zur Verfügung stehenden Mitteln zu bewältigen. Das wiederum kann dazu führen, dass ältere Kinder, da sie über altersgemäße Lösungsstrategien nicht verfügen, die Mittel einsetzen, die sie kennen – oft also physische Mittel: Prügel, den berüchtigten „Schwitzkasten", Anspucken oder Anschreien. Hier sind aus meiner Sicht dringend weitere Forschungen notwendig, besonders in Anbetracht der allseits beklagten Zunahme von Gewalt in unseren Schulen (Schwind, 1995; Schwind, Roitsch, & Gielen, 1995; Tücke, 2005b, Kapitel 13 und 14).

Abbildung 6-49: **Auch befreundete Kinder streiten sich häufig, und manchmal ist es für Erwachsene schwer zu entscheiden, ob man eingreifen muss** (Bild rechts aus: SPIEGEL spezial, 12/1997, S. 32)

---

[42] Leider lässt die methodische Exaktheit des Vorgehens von Selman zu wünschen übrig, weil das Anschlussinterview nicht standardisiert ist und die Antworten entsprechend von der Art und Fragewahl des Interviewers abhängig sind. Diese Art der Befragung soll Aufschluss geben über zugrunde liegende kognitive Prozesse.

6.6 Prosoziales und antisoziales Verhalten

6.6.1 Prosoziales Verhalten

Unter prosozialen Verhaltensweisen fasst man verschiedene in unserer Gesellschaft zumindest verbal sehr hoch geschätzte Verhaltensweisen wie Hilfeleistung, Trost, Mitleid, Spendenbereitschaft zusammen, die teilweise unter erheblichen Kosten und Gefahren (auch für das eigene Leben) freiwillig erbracht werden. Teilweise wird noch nach „altruistischem" und „hilfreichem" Verhalten unterschieden, wobei man unter altruistischem Verhalten selbstloses, uneigennütziges oder aufopferungsvolles Verhalten versteht, das nicht belohnt wird – jedenfalls nicht direkt, nicht materiell und nicht ohne weiteres sichtbar. Beispiele wären etwa die Tochter, die ihren alkoholkranken Vater zu Hause pflegt, ohne auf das gezahlte Pflegegeld Wert zu legen, oder Amseln, die ihr Junges unter Einsatz des eigenen Lebens gegen eine hungrige Katze verteidigen. Ich möchte im Folgenden alle diese Verhaltensweisen unter dem Begriff „prosoziales Verhalten" zusammenfassen.

Dass prosoziale Verhaltensweisen eine erbliche Komponente haben (können), wurde schon im Abschnitt 6.3.2 angesprochen (Abbildung 6-18, S. 241). Im Tierreich (etwa bei Insekten oder bestimmten Fledermausarten) ist diese Annahme unstrittig; beim Menschen ist es wahrscheinlich, aber ein Beweis ist schwierig: die Frage, ob der Mensch „von Natur aus" edel, hilfreich und gut oder grausam und böse sei, ist bis heute ungeklärt und kann Gegenstand erbaulicher Diskussionen sein (siehe Abbildung 6-50). Wahrscheinlich tragen wir in unserem Erbgut die Anlagen zu Beidem, und je nach Entwicklungsverlauf und Situation tritt das eine oder das andere stärker hervor (Bierhoff, 1980, S. 40-43). Dass auch kulturelle Rahmenbedingungen von Bedeutung sind, konnten z.B. Trommsdorf & Kornadt (1995) an einem Vergleich von Jugendlichen aus West- und Ostdeutschland sowie Kienbaum (1996) an russischen und deutschen Kindern zeigen.

Abbildung 6-50: **Ob Kinder „von Natur aus böse" oder „von Natur aus gut" sind, lässt sich wissenschaftlich exakt nicht überprüfen.** (links: der "böse Friederich"; aus: Hoffmann, 1925; rechts: Rembrandt, Der barmherzige Samariter; Mitte links und Mitte rechts aus: Shaffer, 1999, S. 8)

Prosoziale Verhaltensweisen werden schon bei kleinen Kindern beobachtet, und bis zum Alter von etwa 10 Jahren steigt die Bereitschaft zur Hilfeleistung an. Diese Befunde fasst Oerter (1995a, S. 301) so zusammen:

> „Bereits mit drei Jahren und zuvor wollen Kinder anderen Kindern, die traurig sind, helfen und Trost spenden. Sie ziehen z.B. das Hemd hoch und zeigen ihren Bauch, sie bieten Spielzeug an und offerieren sogar manchmal ihr Lieblingsspielzeug. Daraus kann man schließen, dass das Bedürfnis zu helfen uneigennützig ist, was ältere Kinder bei Befragung auch stets zum Ausdruck bringen.
>
> Im Vorschulalter beobachtet man prosoziales Verhalten als Reaktion auf den Stress anderer. Die Kinder erkennen bereits die Ursache des Schmerzes. Sie helfen, die Handlungsbarrieren beim anderen zu beseitigen, z.B. Bausteine zu reichen, beim Anziehen zu helfen oder Farbstifte zu besorgen. Nach wie vor trösten sie andere, indem sie etwa den eigenen Bären hergeben u.ä..
>
> Im Grundschulalter wächst die Unterstützung anderer, die man als belastet wahrnimmt. Die Kinder sind nun sensitiver, und sie können die Sprache stärker als bisher zum Trost einsetzen."

Leider nimmt gegen Ende der Grundschulzeit die Bereitschaft zur Hilfe ab, wie Staub (1970) in einer klassischen Studie an N=232 Kindern zeigen konnte. Vorschulkinder und Kinder aus den 1., 2., 4. und 6. Schuljahren befanden sich entweder allein oder mit einem gleichgeschlechtlichen Spielpartner in einem Raum. Ihnen wurde gesagt, dass auch im Nachbarraum, dessen Tür geschlossen war, ein Kind spiele. Nach einiger Zeit wurde ein Tonband abgespielt, so dass die Kinder glauben mussten, das Kind im Nachbarzimmer sei vom Stuhl gefallen. Registriert wurde, ob die Kinder selbst versuchten zu helfen oder versuchten, den Vorfall einem Erwachsenen zu melden.

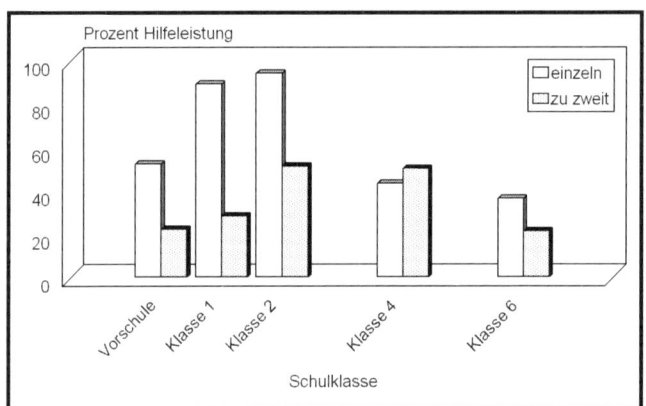

Abbildung 6-51: **Hilfeleistung bei Vorschul- und Schulkindern** (nach: Staub, 1970)

Die in Abbildung 6-51 dargestellten Ergebnisse sind relativ eindeutig:

- Wenn Kinder allein im Zimmer waren, versuchten sie häufiger zu helfen, als wenn sie zu zweit spielten.

- Die Hilfsbereitschaft steigt zunächst bis zum Ende der Grundschulzeit an, danach sinkt sie ab.

Wesentliche Einflussgrößen auf Hilfeleistung: personenspezifische Merkmale

- Die **Stimmungslage** und **Selbstbezogenheit** des potentiellen Helfers: eigene Probleme wie z.B. beruflicher Stress, Zeitdruck usw. können dazu führen, dass Notsituationen falsch interpretiert werden und die „Kosten" einer Hilfeleistung als sehr hoch eingeschätzt werden;

- Die **Mitleidfähigkeit** (Empathie): bei ausgeprägter Empathiefähigkeit wird die Not des anderen vermutlich als eigener Schmerz erlebt;

- Das **Verantwortungsgefühl**: Zuschauer mit hohem Verantwortungsgefühl ergreifen in Notfällen eher selbst die Initiative als sich auf andere Anwesende zu verlassen;

- **Erlerntes prosoziales Verhalten**: Konditionierungsprozesse, Modell- und Beobachtungslernen (z.B. schon in der Familie) fördern die Entwicklung des Sozial- und Hilfeverhaltens;

- **Normeneinflüsse**: soziales Verhalten wird auch durch gesellschaftliche Vorgaben und Normen (z.B. das biblische Postulat der Nächstenliebe oder die Strafandrohung des § 323c StGB) gefördert;

- **Sich-Nicht-Einmischen-Wollen**: Anonymitätsprobleme, „Kosten"-„Nutzen"-Überlegungen und die Tabuisierung der Privatsphäre können „Wegschau-Tendenzen" beim potentiellen Helfer erzeugen;

- Das **Ausmaß der Bewertungsangst**: der potentielle Helfer greift aus Angst, sich vor der Zuschauergruppe zu blamieren („Lampenfieber"), nicht ein;

- Die **Einschätzung der eigenen Kompetenz**: der potentielle Helfer fühlt sich der Aufgabe eventuell nicht gewachsen, weil er z.B. nur über geringe Erste-Hilfe-Kenntnisse verfügt; die Verantwortung wird dann eher professionellen Helfern übertragen oder es wird – wenn möglich – indirekte Hilfe geleistet.

Tabelle 6-14: **Wesentliche Einflussgrößen auf Hilfeleistung: personenspezifische Merkmale** (nach: Schwind, Roitsch, Gielen, & Gretenkordt, 1998, S. 115-117)

Die Bereitschaft zur Hilfeleistung wird im Jugendalter differenzierter: mit der Herausbildung zur Perspektivübernahme anderer und der damit verbundenen Empathie (vgl. die Abschnitte 5.5.3.2, 6.2 und 6.3.4.2) nimmt einerseits die Fähigkeit zur differenzierten Beurteilung einer Situation zu, andererseits vergrößert sich der Entscheidungsspielraum, zu helfen oder eben nicht zu helfen. Individuelle Unterschiede sowohl in der Bereitschaft als auch in der Art zu helfen (Jungen helfen z.B. eher durch konkretes Verhalten, Mädchen eher durch allgemeine verbale und emotionale Unterstützung) treten damit stärker zutage. Ob es bei älteren Kindern, Jugendlichen und Erwachsenen zu konkretem helfendem Verhalten kommt, wenn es eigentlich erforderlich wäre, hängt von vielen Faktoren ab.

Die wesentlichen Ergebnisse habe ich nach Schwind, Roitsch, Gielen, & Gretenkordt (1998, S. 77-79 und 115-117) in Tabelle 6-14 und Tabelle 6-15 zusammengestellt Zwischen diesen Merkmalen gibt es zahlreiche Wechselbeziehungen; sie bilden ein komplexes Wirkungsgefüge, das insgesamt einer Hilfeleistung förderlich oder hinderlich sein kann. Aus Platzgründen gehe ich darauf hier aber nicht weiter ein, sondern verweise auf die einschlägige spezielle Literatur (z.B. Bierhoff, 1990, 2002).

Zunächst sind Persönlichkeitsmerkmale und -fähigkeiten von Bedeutung (Tabelle 6-14). Über die schon erwähnte Fähigkeit zur Empathie sind die folgenden personenspezifischen Merkmale im Hinblick auf ihren Einfluss auf das prosoziale Verhalten untersucht worden. Darüber hinaus spielen vor allem situative Gegebenheiten eine große Rolle (Tabelle 6-15).

Wesentliche Einflussgrößen auf Hilfeleistung: situative Merkmale

- Die **Zeit** und der **Ort** des Geschehens: nachts und in fremder Umgebung wird ein Notfall seltener wahrgenommen;

- Die **Eindeutigkeit** der Situation: wird das Opfer z.B. gesehen und gehört, ist die Notlage eindeutiger;

- Die **Anwesenheit anderer Personen**: soziale Hemmungsprozesse (pluralistische Ignoranz, Verantwortungsdiffusion, Bewertungsangst) können den Effekt des non helping bystander auslösen;

- Die **Kommunikationsmöglichkeiten** der Anwesenden: Absprachen erleichtern die Interpretation der Situation und die Durchführung der Hilfeleistung;

- **Opfermerkmale**: das Geschlecht des Opfers, vermutlich auch Äußerlichkeiten des Opfers, Vermutungen über die Schuld des Opfers an seiner Notlage und Vermutungen über seine Beziehung zum Täter können die Entscheidung des potentiellen Helfers beeinflussen;

- Das **Ausmaß der Gefahr** für den potentiellen Helfer: Bedrohungen durch den Täter und andere hohe „Kosten" des Eingreifens verringern die Chance auf Hilfe;

- Die zur Verfügung stehenden **Umweltressourcen**: entsprechende Hilfsmittel können die Entscheidung für (direkte oder indirekte) Hilfe erleichtern.

Tabelle 6-15:   **Wesentliche Einflussgrößen auf Hilfeleistung: situative Merkmale** (nach: Schwind, Roitsch, Gielen, & Gretenkordt, 1998, S. 77-79)

Eltern und andere Erzieher haben sicher ein Interesse daran, zu erfahren, durch welche Maßnahmen sie prosoziales Verhalten bei ihren Kindern fördern können. Eine Möglichkeit ist die direkte Belohnung dieses Verhaltens. Diese Erziehungsstrategie ist zwar durchaus hilfreich, hat aber nach bei Lepper & Greene (1978) zusammengestellten Untersuchungen durchaus unerwünschte Nebenwirkungen: wenn nämlich die Belohnung für das Verhalten wegfällt, verringert sich (wie nach den Befunden zum operanten Konditionieren – vgl. Abschnitt 4.4.5.3 – nicht anders zu erwarten) auch die Häufigkeit des belohnten Verhaltens. Dagegen haben sich zwei Typen erzieherischer Maßnahmen als effektiv für die Herausbildung prosozialen Verhaltens bei Kindern erwiesen: *Modellverhalten* und die Betonung von *Regeln* in der Erziehung. Modellverhalten führt nicht nur zu einer Erhöhung prosozialer Verhaltensweisen, wenn das Modellverhalten direkt wahrgenommen wird, sondern auch wenn das Modellverhalten nur vermittelt erlebt wird (Pass, 1983). Erklärungen allgemeiner Verhaltensregeln in konkreten Erziehungssituationen, Hervorhebung erwünschter, aber auch ein eindeutiges Verbot unerwünschter Verhaltensweisen sind nach den Beobachtungen von Mullis, Smith, & Vollmers (1983) zumindest im Vorschulalter eine empfehlenswerte Erziehungsstrategie. Das bedeutet, dass man einem Kind, das z.B. über ein anderes Kind lacht, das mit seinem Fahrrad hingefallen ist, einerseits eindeutig sagt, das sich das nicht gehört, weil ein solches Verhalten den Schmerz des anderen Kindes vergrößert, und dass man andererseits selbst dem Kind hilft, wieder auf die Beine zu kommen, und dem eigenen Kind dabei erläutert, wie man in vergleichbaren Situationen zu helfen kann und warum das wichtig ist (siehe auch: Kienbaum, 2003).

6.6.2 Antisoziales Verhalten

6.6.2.1 Definitionen und Erscheinungsformen von antisozialem Verhalten

Unter dem Begriff „Antisoziales Verhalten" fasst man verschiedene Verhaltensweisen zusammen, z.B.:

- *Aggression und Gewalt.* Unter Aggressionen versteht man absichtliche Schädigungen eines anderen Menschen (Städtler, 1998), z.B. körperliche Aggressionen, verbale Angriffe oder Hänseleien („Muttersöhnchen", „Streber") und Beschimpfungen („Alte Fotze"). Damit momentane Verärgerungen und „Aussetzer" unberücksichtigt bleiben, betrachtet man nur solche Episoden, die wiederholt über längere Zeit gezeigt werden. Darüber hinaus kann man „proaktive Aggression" (direkte, gegen eine Person gerichtete Aggression) und „reaktive Aggression" (Reaktion auf eine Frustration (vgl. z.B. Tücke, 2003, Abschnitt 2.7.2) oder Provokation) unterscheiden.

- *Verstoß gegen elementare Regeln des Zusammenlebens.* Hierzu zählen etwa Verstöße gegen das Gebot der Hilfeleistung, besonders schwerwiegende Unhöflichkeiten oder ein über das Normale hinausgehender brutaler Sprachgebrauch.

- *Rücksichtslosigkeit* gegenüber alten und behinderten Menschen, ausgeprägter Egoismus oder gegenüber dem Eigentum anderer. Das zeigt sich auch in „Kleinigkeiten", wie der Bereitschaft, alten Menschen den eigenen Sitzplatz im Bus anzubieten, oder im Umgang mit öffentlichem Eigentum, z.B. ausgeliehenen (Schul) Büchern.

- *Provokationen* von Eltern, Lehrern oder auch Polizisten. Oftmals dienen Provokationen der Entschuldigung des eigenen aggressiven Verhaltens, wenn z.B. bei „Demonstrationen" Polizisten mit „Dreckiger Bulle" beschimpft oder mit Steinen beworfen oder in der Schule Lehrer als „Blöde Pauker" bezeichnet werden.

- *Vandalismus.* Besonders im Umgang mit Privateigentum (auch im Bereich der Schule) ist mutwillige Beschädigung ein nicht zu vernachlässigender gesellschaftlicher Kostenfaktor (vgl. z.B. Bade, 1994; Meier, Melzer, Schubarth, & Tillmann, 1995).

- *Kinder- und Jugendkriminalität.* Durch Polizeistatistiken ist dokumentiert, dass in den letzten Jahren die Anzahl der von Kindern (im Alter bis 14 Jahren) und Jugendlichen (im Alter von 14 bis 18 Jahren) begangenen Straftaten zugenommen hat. So wurden 1996 in Deutschland ca. 130.000 tatverdächtige Kinder (2005: ca. 103.000) und ca. 280.000 tatverdächtige Jugendliche (2005: ca. 285.000) registriert. Allerdings sind die weitaus meisten Straftaten „Bagatellsachen", wie Ladendiebstahl, wie der Direktor des Kriminologischen Forschungsinstituts Niedersachsen in einem Interview mit „SPIEGEL spezial" betonte (Pfeiffer, 1997, S. 30):

> **SPIEGEL spezial**: Die Polizeistatistik registriert rund 130000 tatverdächtige Kinder unter 14 Jahren – mit steigender Tendenz. Ist dieser Trend nicht in der Tat alarmierend?
>
> **Pfeiffer**: 1984 wurden im Westen genau 1,5 Prozent der Kinder als Tatverdächtige registriert. 1996 waren es 2,2 Prozent. Bei den Jugendlichen stieg die Quote von 4,0 Prozent auf 7,3 Prozent. Im Übrigen dominiert bei der Kinderkriminalität ganz eindeutig der Ladendiebstahl – mit 60 Prozent. Und der Schaden ist gering, er liegt in zwei Dritteln aller Fälle unter 25 Mark. Kinder klauen Kaugummi und ähnliches. Aber auch bei den rund 280000 jugendlichen Tatverdächtigen des Jahres 1996 standen die Bagatellsachen an der Spitze."

Abbildung 6-52: **Manche Formen von Gewalt werden in unserer Gesellschaft toleriert. Fußballfans (links), Vandalismus in der Berliner S-Bahn**

Was unter antisozialem Verhalten verstanden wird, unterliegt gesellschaftlichen Wertungen und zeitlichen Veränderungen. Auch die Toleranz gegenüber diesen Regelverstößen und zugelassene Sanktionen ändern sich je nach Zeit und Gesellschaft. So dürfen z.B. sog. „Fußballfans" weitgehend sanktionsfrei randalieren, andere Leute (z.B. die „Fans" des gegnerischen Clubs) beleidigen, sie provozieren oder sich mit ihnen prügeln. Auch Vandalismus nach einem Großereignis wird oft als „Kollateralschaden" in Kauf genommen (Abbildung 6-52). Ähnliche Verhaltensweisen würden im schulischen Umfeld einen allgemeinen Aufschrei zur Folge haben.

Die Formen aggressiver Auseinandersetzungen ändern sich mit dem Alter: während körperliche Auseinandersetzungen ab einem Lebensalter von ca. 18 Monaten konstant bleiben, werden nach einer Untersuchung von Dunn (1988) verbale Aggressionen häufiger (Abbildung 6-53).

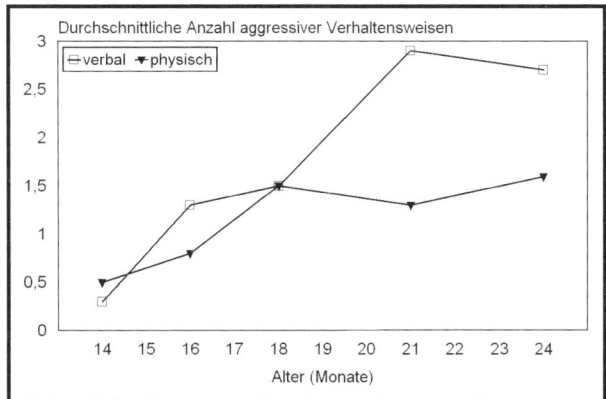

Abbildung 6-53: **Mit zunehmendem Alter werden verbale Aggressionen häufiger als körperliche Auseinandersetzungen** (nach: Dunn, 1988)

Schon früh zeigen sich Geschlechterunterschiede in Art und Umfang antisozialer Verhaltensweisen:

- *Jungen üben häufiger Gewalt aus als Mädchen und sind auch häufiger Opfer von Gewalt* (vgl. Olweus, 1995; oder zusammenfassend: Tücke, 2005b, Kapitel 14) Dieser Geschlechterunterschied zeigt sich schon früh. Während bei Mädchen die Anzahl aggressiver Verhaltensweisen nach dem Ende des ersten Lebensjahres sinkt, steigt sie nach Legault & Strayer (1991) bei Jungen weiter an (Abbildung 6-54).

Die über alle Altersgruppen und Kulturen zu beobachtende höhere Aggressivität des männlichen Geschlechts spricht wohl für eine genetische Mitbedingtheit dieses Verhaltens. Diese Vermutung wird auch durch eine Studie von Berenbaum & Resnick (1997) gestützt, in der gezeigt wurde, dass Frauen mit adrenogenitalem Syndrom (AGS; vgl. Abschnitt 3.2.3.1) in Persönlichkeitstests ein höheres Ausmaß an Aggressivität angaben als Frauen einer Vergleichsgruppe.

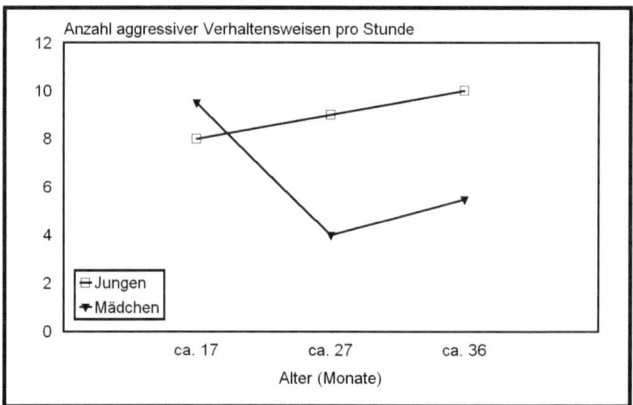

Abbildung 6-54: **Geschlechterunterschiede bezüglich aggressiven Verhaltens zeigen sich schon in den ersten Lebensjahren** (nach: Legault & Strayer, 1991)

- *Während Jungen eher zu körperlicher Auseinandersetzung neigen, greifen Mädchen eher zu Intrigen und verbalen Sticheleien.* In Studien von Lagerspetz, Bjoerkqvist, & Peltonen (1988) und Bjoerkqvist, Lagerspetz, & Kaukiainen (1992) an 8- bis 15jährigen Kindern zeigte sich, dass „indirekte Aggressionen" die vorherrschenden Formen aggressiven Verhaltens bei Mädchen sind. Dieser Befund wurde auch in einer Untersuchung von Crick & Grotpeter (1995) an Kindern des dritten bis sechsten Schuljahres bestätigt. In dieser Studie sollten die Kinder ihre Klassenkameraden danach einstufen, inwieweit sie direkte (körperliche) bzw. indirekte (soziale) Aggressionen zeigten. Die wesentlichen Ergebnisse zeigt Abbildung 6-55. Interessant ist vielleicht noch, dass – wenn man beide Formen von Gewalt kombiniert – *Mädchen insgesamt genauso aggressiv* eingestuft wurden wie Jungen.

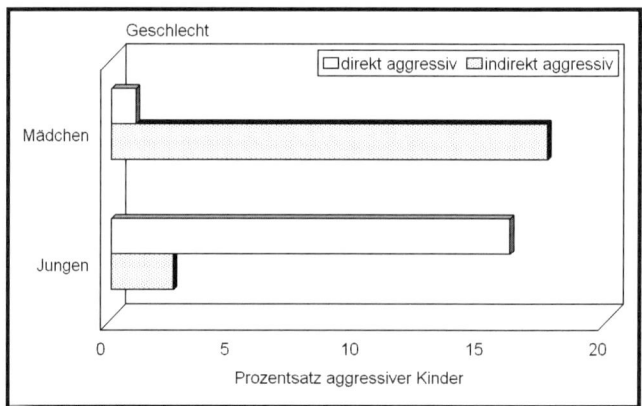

Abbildung 6-55: **Mädchen tendieren eher zu indirekten, Jungen eher zu direkten Formen von Aggression** (nach: Crick & Grotpeter, 1995)

- *Aggressive Handlungen von oder gegen Jungen werden in westlichen Gesellschaften offenbar weniger sanktioniert als Aggressionen von und gegen Mädchen.* In einer Studie von Perry, Perry, & Weiss (1989) sollten 10- bis 11jährige Mädchen und Jungen angeben, welche Konsequenzen sie für aggressives Verhalten erwarten. Es zeigte sich, dass Jungen weniger schwere negative Konsequenzen als Folge aggressiven Verhaltens erwarteten als Mädchen. Jungen und Mädchen gaben an, dass sie mit schlimmeren Konsequenzen rechneten, wenn sie gegen Mädchen aggressiv waren als bei Aggressionen gegen Jungen.

Einen Sonderfall innerhalb der antisozialen Verhaltensweisen bildet die sog. „instrumentelle Aggression". Darunter fasst man (eigentlich antisoziale) Verhaltensweisen zusammen, die bewusst und überlegt („kaltblütig": deshalb spricht man auch von „kalter" Aggression) eingesetzt werden, um ein bestimmtes Ziel zu erreichen. Dazu zählen etwa das bewusste Herabsetzen von Mitmenschen zum eigenen Vorteil oder verschiedene Techniken des Mobbing, um so z.B. einen Konkurrenten um eine angestrebte Stelle zu irritieren. Manche dieser Verhaltensweisen sind in unserer Gesellschaft zumindest in gewissen Situationen bei einigen Menschen hoch geschätzt (z.B. die Fähigkeit, angesichts der notorischen finanziellen Unterausstattung von Schulen und Hochschulen auf Kosten anderer mit allen Mitteln einen Vorteil herauszuholen; oder die dümmliche Tendenz mancher Politiker, Angehörigen anderer Parteien nachgewiesene Kompetenzen abzusprechen; oder das absichtliche, lebensgefährliche „Abschießen" eines Konkurrenten im Weltmeisterschaftskampf der Formel 1). Andere haben zwar einen Hautgout, sind aber weit verbreitet (z.B. Petzen, um beim Lehrer angesehener zu sein, oder nur vorgetäuschte Solidarität mit benachteiligten Mitbürgern).

Vor diesem Hintergrund muss man wohl davon ausgehen, dass antisoziale Verhaltensweisen zumindest in unserer Gesellschaft ubiquitär sind – und es wäre außerordentlich ungewöhnlich, wenn man sie bei Kindern und Jugendlichen nicht finden würde: die Utopie einer aggressionsfreien Gesellschaft ist wohl genau das: ein „unerfüllbarer Wunschtraum, nicht zu verwirklichender Plan" (Bertelsmann Electronic Publishing, 1997). Schwerpunkt psychologischer Bemühungen können deshalb wohl nur die Fragen nach positiven und negativen Entwicklungsbedingungen und nach Entwicklung und Einsatzmöglichkeiten geeigneter Interventions- oder Präventionsmöglichkeiten sein.

Antisoziale Verhaltensweisen sind über die Lebensspanne hin erstaunlich stabil (Zumkley, 1994). So schreibt F. Petermann (1995, S. 1020-1021):

> „Empirische Befunde zeigen, dass aggressives Verhalten nicht nur über die einzelnen Altersstufen hinweg stabil, sondern auch das Ausmaß der Aggression relativ konstant bleibt. ... In einer deutschen Längsschnittstudie von Esser et al. (1992)[43] zeigte es sich, dass die Hälfte der Kinder, die im Alter von acht Jahren durch Aggression auffiel, diese Verhaltensstörung auch noch mit 18 Jahren aufwies. Die 13jährigen mit aggressiven Auffälligkeiten konnte man folgenden Gruppen zuweisen:
>
> - ungefähr ein Viertel zeigte schon mit acht Jahren solche Verhaltensmuster,

---

[43] Ich habe die Literaturstelle in das Literaturverzeichnis aufgenommen, damit interessierte Leser sie im Original nachlesen können. Sie stand mir allerdings im Original nicht zur Verfügung.

- rund 16% stammten aus der Gruppe der ehemals Hyperaktiven und
- der Rest war vorher psychisch unauffällig.

Insgesamt wiesen die Kinder, die schon mit acht Jahren aggressiv waren, die ungünstigste Prognose auf. ... Die entwicklungspsychologische Schlussfolgerung ist damit eindeutig: Kinder, die in früher Kindheit durch ein aggressives Verhalten auffällig werden, entwickeln eine enorm stabile Verhaltensstörung."

6.6.2.2 Entwicklungsbedingungen antisozialer Verhaltensweisen

Auf einen sehr wahrscheinlichen genetischen Einfluss auf die Entwicklung antisozialer Verhaltensweisen habe ich schon im Abschnitt 6.6.2.1 hingewiesen. Hier soll es darum gehen, darüber hinaus wesentliche Bedingungen aufzuzeigen, deren Einfluss auf Form und Häufigkeit aggressiven Verhaltens bei Kindern und Jugendlichen nachgewiesen ist.

- *Mangelnde elterliche bzw. erzieherische Aufsicht fördert späteres antisoziales Verhalten* (Abbildung 6-56). In einer aufwendigen Längsschnittuntersuchung an 120 britischen Familien aus schwierigen Wohngegenden konnte H. Wilson (1987; , 1994) nachweisen, dass mangelnde erzieherische Aufsicht der Kinder späterer Jugenddelinquenz förderlich ist.

Abbildung 6-56: **Mangelnde erzieherische Aufsicht fördert die Entstehung antisozialer Verhaltensweisen** (Bild links aus: W. Gibbs, 1997, S. 105). Die Kinder aus Philadelphia (links) spielen mit leeren Kokainhülsen. Bild rechts aus dem Film „Knallhart" von Detlef Buck.

- *Aggressives Verhalten wird besonders leicht nachgeahmt* (Abbildung 6-57). Aggressives Verhalten von Vorbildern, wie Eltern, Lehrern oder Gleichaltrigen fördert das Auftreten antisozialen Verhaltens. In einer klassischen Untersuchungsserie von Albert Bandura und seiner Arbeitsgruppe in den 60er- und 70er Jahren wurde die Nachahmung aggressiver Verhaltensweisen Erwachsener durch Kinder untersucht. So traktierten in einer Studie von Bandura, Ross, & Ross (1961) erwachsene Modelle eine Puppe z.B. mit einem Gummihammer, warfen sie um und kickten sie mit dem Fuß. 4jährige Kinder, die das beobachten konnten, imitierten die Verhaltensweisen bis ins einzelne (Abbildung 6-58).

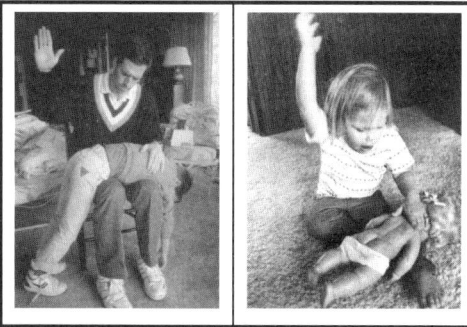

Abbildung 6-57: **Nachahmung elterlicher Verhaltensweisen** (Bild rechts aus: Hetherington & Parke, 2003, S. 656; Bild links aus: Kail, 1998, S. 323)

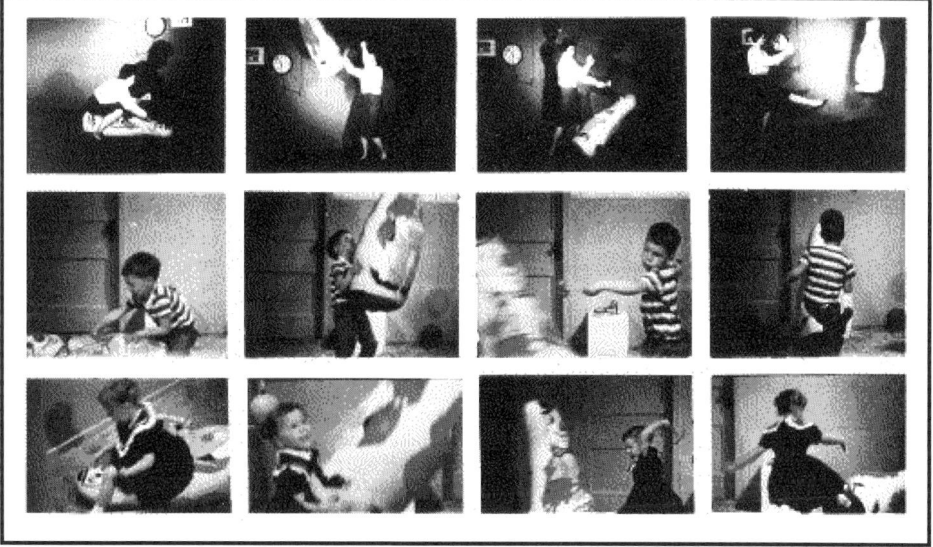

Abbildung 6-58: **Kinder ahmen aggressives Verhalten Erwachsener nach** (aus: Atkinson, Atkinson, Smith, & Hilgard, 1987, S. 372)

- *Wenn Kinder sehen, dass aggressives Verhalten belohnt wird, übernehmen sie dieses Verhalten leichter.* Eine grundlegende Studie zu dieser Frage stammt von Bandura (1965):

  „An der Untersuchung nahmen je 33 Jungen und Mädchen im Alter von 3 bis 6 Jahren teil, die alle den gleichen Kindergarten besuchten, in dem auch das Experiment stattfand. Vor Beginn des eigentlichen Experiments wurden die Kinder nach dem Zufallsprinzip in 3 Experimentalgruppen mit je 11 Jungen und Mädchen eingeteilt. Das Experiment bestand aus 3 Phasen. In der 1. Phase, der Beobachtungsphase, sah jedes

Kind den gleichen Fernsehfilm; der Filmheld namens »Rocky« übte je 4 physische und 4 verbale Aggressionen gegenüber einer aufblasbaren Plastikpuppe aus.

Der Ausgang des Films wurde in unterschiedlichen Versionen gezeigt. Für die Experimentalgruppe wurde Rocky durch einen Erwachsenen für seine aggressive Verhaltensweise belobigt und mit Süßigkeiten bedacht. Für die Experimentalgruppe 2 wurde Rocky durch den Erwachsenen bestraft. Für die Experimentalgruppe blieb das Verhalten der Modellperson ohne Konsequenz.

In der 3. Phase des Experiments, in der spontanen Imitationsphase, brachte die Versuchsleiterin jedes Kind einzeln in ein Spielzimmer, das die gleichen Gegenstände enthielt, die zuvor im Film zu sehen waren: die lebensgroße Plastikpuppe sowie die Gegenstände, mit denen Rocky die Puppe traktiert hatte. Um jedem Kind Gelegenheit zu geben, sowohl imitative als auch nicht-imitative Verhaltensweisen zu zeigen, befanden sich in dem Spielzimmer gleichfalls sog. »neutrale« Spielsachen, die im Film nicht vorhanden waren. Nachdem die Versuchsleiterin dem Kind ausdrücklich mitgeteilt hatte, es dürfe mit jedem beliebigen Spielzeug spielen, ließ sie es für 10 Minuten unter einem Vorwand allein. Das Kind wurde in dieser Phase von ihm unbemerkt durch eine Person beobachtet, die nicht wusste, welchen Ausgang der Film für das Kind genommen hatte" (aus: Bredenkamp & Bredenkamp, 1974, S. 624-625).

Die Ergebnisse zeigt Abbildung 6-59. Man sieht, dass Kinder in der Gruppe, in der das Modellverhalten belohnt wurde, das gezeigte aggressive Verhalten am meisten imitierten. Wenn dagegen eine Bestrafung des Modellverhaltens gezeigt worden war, wurde am wenigsten imitiert. Durchgängig zeigten erwartungsgemäß Mädchen weniger aggressives Verhalten als Jungen, waren aber auch aggressiver, wenn das Modell belohnt worden war.

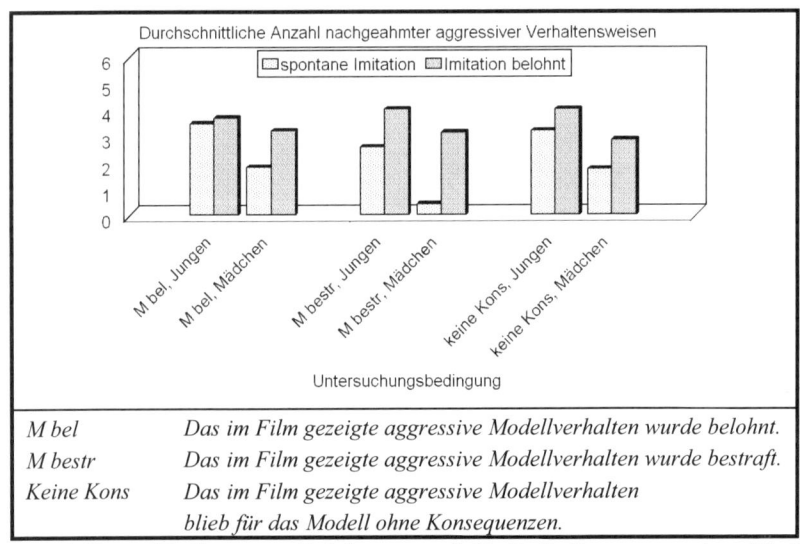

M bel	Das im Film gezeigte aggressive Modellverhalten wurde belohnt.
M bestr	Das im Film gezeigte aggressive Modellverhalten wurde bestraft.
Keine Kons	Das im Film gezeigte aggressive Modellverhalten
	blieb für das Modell ohne Konsequenzen.

Abbildung 6-59: **Einfluss von Belohnung auf die Imitation aggressiver Verhaltensweisen** (nach: Bandura, 1965)

- *Die Darstellung aggressiver Verhaltensweisen in den Massenmedien beeinflusst wahrscheinlich die Herausbildung dieses Verhaltens bei Kindern.* Auch zu dieser Frage hat Albert Bandura (1973) eine heute klassische Untersuchung vorgelegt.

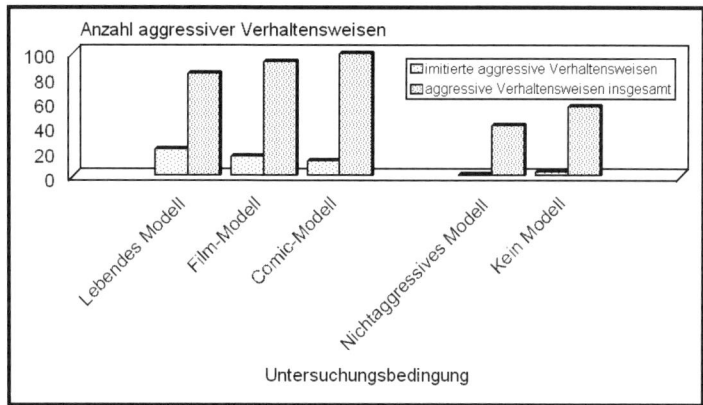

Abbildung 6-60: **Imitation aggressiver Verhaltensweisen bei verschiedenen Modellen** (nach: Bandura, 1973)

Kindern wurde aggressives Modellverhalten auf verschiedene Art und Weise gezeigt: Live, im Film oder im Comic. Den in Abbildung 6-60 dargestellten Ergebnissen kann man entnehmen, dass spezifische, vom Modell gezeigte aggressive Verhaltensweisen am häufigsten nachgeahmt wurden, wenn die Kinder das Modell direkt, live beobachten konnten, dass aber die Gesamtzahl der von den Kindern gezeigten aggressiven Verhaltensweisen beim Film- oder Comic-Modell größer war.

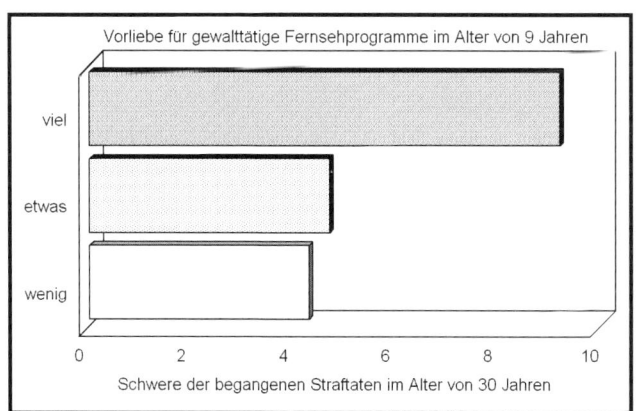

Abbildung 6-61: **Zusammenhang zwischen Fernsehgewohnheiten im Alter von 9 Jahren und der Schwere begangener Straftaten im Alter von 30 Jahren** (nach: R Huesmann, 1986)

Eine in diesem Kontext ebenfalls einschlägige Studie von Eron, Huesmann, Lefkowitz, & Walder (1972) habe ich schon im Abschnitt 2.1.2.2 vorgestellt (Abbildung 2-13, Seite 57). Im weiteren Verlauf dieser Untersuchung wurde auch ein Zusammenhang zwischen Fernsehvorlieben und der im Alter von 30 Jahren registrierten Schwere begangener Straftaten festgestellt (Abbildung 6-61). Es zeigte sich, dass diejenigen Kinder, die eine große Vorliebe für gewalttätige Fernsehsendungen hatten, als Erwachsene auch schwerere Straftaten begangen hatten. Natürlich ist hier – wie im Abschnitt 2.1.2.2 schon ausführlicher dargestellt – eine Kausalinterpretation fragwürdig – auch wenn R. Huesmann, Eron, Lefkowitz, & Walder (1973) anderer Meinung sind.

- *Antisoziales Verhalten in der Kindheit hängt zumindest bei Jungen / Männern mit späteren Gesetzesübertretungen zusammen.* Das ergab eine schwedische Längsschnittstudie von Stattin & Magnusson (1989).

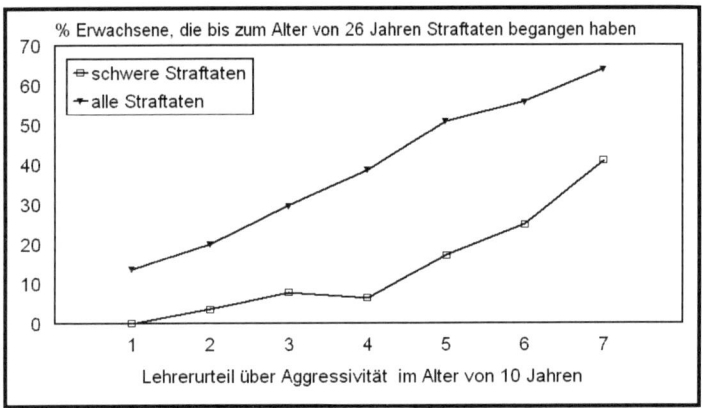

Abbildung 6-62:   **Beziehung zwischen Aggressivität in der Kindheit und Delinquenz im Erwachsenenalter** (nach: Stattin & Magnusson, 1989)

Die Aggressivität von über 500 10jährigen Jungen wurde von ihren Lehrern eingeschätzt. Diese Daten wurden mit den späteren Kriminalitätsakten derselben Vpn bis zum Alter von 26 Jahren verglichen. Sowohl für die Gesamtzahl der Straftaten als auch für die gesondert ausgewerteten schweren Straftaten ergab sich eine relativ enge Beziehung (Abbildung 6-62).

6.6.2.3   Interventions- und Präventionsmöglichkeiten: allgemeine Betrachtungen

Im vorhergehenden Abschnitt haben wir gesehen, dass neben genetischen Einflussgrößen auf antisoziale Verhaltensweisen auch Umweltgegebenheiten gefunden wurden, die mit einiger Wahrscheinlichkeit deren Herausbildung fördern oder zumindest einen Einfluss darauf haben, ob, wann, wo und in welcher Häufigkeit und Intensität sie gezeigt werden.

Vor diesem Hintergrund kann man versuchen, bei für antisoziales Verhalten besonders anfälligen Kindern und Jugendlichen zu intervenieren oder die Rahmenbedingungen so zu beeinflussen, dass eine mögliche Entwicklung besonders unerwünschter Aggressionen vermindert wird. Um es nochmals klar zu sagen: diese Maßnahmen können nach den bisherigen Erkenntnissen wohl kaum eine vollständig aggressionsfreie Entwicklung zum Ziel haben – und sollten das vielleicht auch nicht, weil – wie oben bereits gesagt – manche Aggressionsformen in unserer Gesellschaft durchaus erwünscht sind. Vielmehr sollten gesellschaftlich besonders unerfreuliche Auswüchse korrigiert oder zumindest verringert werden.

Nach F. Petermann (1995, S. 1023) sollten Erfolg versprechende Interventions- bzw. Präventionsprogramme bei antisozialem Verhalten von Kindern und Jugendlichen die folgenden gut gesicherten Punkte berücksichtigen:

> „- je häufiger das problematische Verhalten auftritt, desto stabiler ist auch der Verlauf;
> - je ausgeprägter das Verhalten ist, desto eher wird es beibehalten;
> - je vielfältiger das Problem erhalten (= das Kind belügt nicht nur die Eltern, sondern stiehlt auch), desto beständiger ist es;
> - je unabhängiger das Verhalten vom jeweiligen Kontext auftritt (= Anzahl der betroffenen Alltagsbereiche), desto wahrscheinlicher wird das Problemverhalten aufrechterhalten; und
> - je jünger die Kinder auffällig werden, desto größer ist die Gefahr, dass sie sich in eine delinquente Karriere verstricken."

Interventionsprogramme sollten demgemäß möglichst früh eingesetzt werden, bevor sich weitergehendes Problemverhalten herausgebildet hat. Sie sollten möglichst variabel sein, d.h. nicht nur einen Lebensbereich (z.B. die Schule) umfassen, und mögliche Vorbilder (z.B. Eltern oder Betreuer) mit einbeziehen. Als generellen Grundsatz für derartige Programme kann man das Motto:

„Begrenzen und bekräftigen"

zugrunde legen.

Das bedeutet, dass man im Umgang mit Kindern und Jugendlichen mit ausgeprägtem antisozialen Verhalten auf *strikte Einhaltung von Regeln* besteht („*Begrenzen*"), dass man mit den Betroffenen zusammen erwünschte *Verhaltensalternativen* entwickelt und dass man – wenn erwünschtes Verhalten gezeigt wird – dieses Verhalten auch *belohnt* („*Bekräftigen*"). *Toleranz bei Regelüberschreitungen (z.B. bei „geringfügigen" Ladendiebstählen, Beschimpfung des Lehrers oder anderen „kleinen Sünden") ist wenig empfehlenswert, weil sie tendenziell zur generellen Missachtung auch wichtiger Regeln des Zusammenlebens führen kann, wie man tagtäglich z.B. im Straßenverkehr sehen kann.*

Sowohl verhaltensorientierte Programme (das sind z.B. verschiedene Techniken der Verhaltensmodifikation, die aus den Prinzipien des Lernens am Erfolg (siehe Abschnitt 4.4.5.3) abgeleitet sind) als auch kognitive Programme haben sich im Umgang mit aggressiven Kindern und Jugendlichen bewährt. Aus Platzgründen verweise ich auf die Übersicht bei Tücke (2005b, Kapitel 14) und die praxisnahen Vorschläge von F. Petermann & Petermann (1995).

Bei der Bewertung von Programmen sollten Sie meiner Meinung nach darauf achten, ob dazu empirische Nachweise ihrer Effektivität vorliegen – Sie wären ja sicherlich auch nicht zufrieden mit teuren Medikamenten, deren Wirksamkeit fragwürdig ist. Programme mit (gelinde gesagt) fragwürdiger Wirksamkeit gibt es (leider) zuhauf. Ob Kinder oder Jugendliche, die wegen wiederholten Autoklauens mit einem Segeltörn in die Karibik oder einem Urlaub in Finnland „belohnt" werden, anschließend mit dem Klauen aufhören, ist empirisch nicht nachgewiesen. Ebenso wenig ist die Effektivität von Maßnahmen zur „kathartischen Abfuhr" aggressiver Energien erwiesen. Skrupellose, unseriöse oder wenig lernfähige „Therapeuten" und „Psychologische Ratgeber" schlagen bei Kindern (und auch noch bei Erwachsenen) häufig vor, ihre Klienten sollten bei Problemen im Umgang mit ihrer Aggression „ihre Emotionen 'rauslassen" und garnieren ihre „gruppentherapeutischen Sitzungen" mit Sandsäcken oder fordern dazu auf, in Rollenspielen andere Mitglieder der Gruppe zu beschimpfen. Ein solches Vorgehen ist nicht nur unsinnig, sondern sogar schädlich, weil damit die Kontrolle über die eigene Aggression nicht geschult wird. Die so genannte „Katharsis-Hypothese" zur unschädlichen Abfuhr aggressiver Energien ist längst keine Hypothese mehr, sondern ein nicht enden wollender schädlicher Mythos (Hetherington & Parke, 2003, S. 658-659).

Ob vor dem Hintergrund allfälliger Toleranz gegenüber Aggression, täglich auch bei Erwachsenen beobachtbarem antisozialen Verhalten und sich verschärfenden sozialen Konflikten Aggressionstrainings ein vernünftiger Ansatz oder nur eine dünne Farbschicht sind, die allgemeine Probleme unseres Zusammenlebens übertünchen – diesen Gedanken möchte ich nur in den Raum stellen:

> „,In den siebziger Jahren', resümiert der Bielefelder Sozialforscher Wilhelm Heitmeyer, ging es um Selbstverwirklichung, in den Achtzigern um Selbstbehauptung und heute hauptsächlich um Selbstdurchsetzung. ,Institutionen wie Kirche und Nachbarschaft, die früher Halt boten, haben an Einfluss verloren. Die soziale Kontrolle lässt nach', klagt Heitmeyer. Und je weiter die Gesellschaft zerfalle, ,desto mehr wird die Gewalt eskalieren'." (D. Lehmann, 1993, S. 100-101)

6.6.2.4 Interventions- und Präventionsmöglichkeiten: spezielle Hinweise für Eltern und Lehrer

Ausgehend von den o.a. allgemeinen Gesichtspunkten lassen sich für Eltern, Betreuer und Lehrer konkrete Handlungsrichtlinien und/oder auch differenzierte Programme zum Umgang mit Aggressionen von Kindern und Jugendlichen entwickeln. Einige davon habe ich im Folgenden zusammengestellt (McDevitt & Ormrod, 2002, S. 502-506).

- *Aggression zu begrenzen und erwünschtes Verhalten zu bekräftigen ist auch im normalen Unterricht effektiv umsetzbar.* So finden sich auf dem Berliner Bildungsserver Vorschläge, wie diese Grundsätze im konkreten Lehrerverhalten berücksichtigt werden können:

> „Dieses Programm beschreibt eine Möglichkeit, *unerwünschtes* Schülerverhalten im Klassenzimmer zu vermindern und *erwünschtes* Schülerverhalten häufiger auftreten zu lassen. Sein Kern ist *sehr konsequentes Lehrerverhalten*. Das ist keineswegs gleichbedeutend mit *Drohungen* und *Strafen*; vielmehr kommt es auf ein kon-

sequentes Verhalten an, das von den Schülern *akzeptiert* werden kann. Dieses Programm umfasst folgende Schritte.

1. *Freundlicher Ton*

   Die Lerngruppe bzw. der einzelne Schüler soll *bestimmt, aber freundlich* angesprochen werden. Das erleichtert es ihnen, die Äußerungen des Lehrers anzunehmen.

2. *Anordnungen als Bitten formulieren*

   Wählt der Lehrer für Anordnungen die sprachliche Form der Bitte, so zeigt er den Schülern, dass er sie akzeptiert, auch wenn er im Augenblick eine Verhaltensänderung herbeiführen will.

3. *Möglichst frühes Eingreifen*

   Auf unerwünschte Verhaltensweisen soll gleich dann reagiert werden, wenn sie aufgetreten sind. Ein Schüler kann dann leichter ein ungünstiges Verhalten beenden, ein Lehrer ist *noch nicht verstimmt*, kann also noch freundlich, ohne mühsam unterdrückten Ärger reagieren.

4. *Definierte Toleranzgrenzen*

   Zwischen Lehrern und Schülern soll eindeutig geklärt sein, welche Verhaltensweisen zugelassen und welche nicht erlaubt sind. Hohe Toleranz einerseits, gereiztes Reagieren andererseits führt zu Verhaltensunsicherheiten.

   Viele Lehrer haben eine *zu hohe Toleranzgrenze*, andere sind jedoch schon bei geringfügigen Unterbrechungen überempfindlich.

5. *Häufiges Eingreifen*

   Sobald die definierte Toleranzgrenze überschritten ist greift der Lehrer ein, wie beschrieben: *frühzeitig, freundlich, in Form einer Bitte.*

   Der Lehrer hofft also nicht, dass das unerwünschte Verhalten *von allein* verschwindet, sondern spricht es sofort an.

   Das führt zunächst zu häufigem Eingreifen, weil ohne Aufschub und Ausnahmen auf jedes Verhalten reagiert werden muss, das den definierten Regeln nicht entspricht.

   Das konsequente Verhalten des Lehrers lässt die Regelverstöße der Schüler bald zurückgehen, so dass er immer seltener eingreifen muss. Obwohl dabei zunächst weniger Stoff geschafft werden kann, führt der rasche Erfolg in mittlerer Sicht zu effektiverem Unterricht.

6. *Auf alle Schüler achten*

   Der Lehrer darf sich nicht damit begnügen, dass der große Teil der Schüler seiner Aufforderung nachkommt. Er muss vielmehr genau beobachten, ob *jeder* Schüler seiner Bitte folgt. Schüler, die dies nicht tun, müssen dann gesondert angesprochen werden. Das kann zunächst aufwendig sein, lohnt sich jedoch mittelfristig.

7. *Den erwünschten Zustand bekräftigen*

Sind alle Schüler der jeweiligen Bitte gefolgt, so darf der Lehrer nicht einfach im Unterricht fortfahren, sondern muss bestätigen, dass der erwünschte Zustand erreicht ist. Das kann durch Gestik, Mimik oder eine anerkennende Bemerkung und deren Tonfall geschehen.

Es kommt entscheidend darauf an, den erwünschten Zustand zu bekräftigen.

Ist es den Schülern schwer gefallen, auf das Begrenzen des Lehrers zu reagieren, o-der war das langwierig, so kann der Lehrer sich ausdrücklich für das Eintreten des erwünschten Zustandes *bedanken*, Er bekundet damit den Schülern seine Wertschätzung, die Schüler empfinden den Dank als positiv."

(bebis.cidsnet.de/weiterbildung/sps/allgemein/bausteine/stoerungen/begrenzen.htm)

• *Manche verbalen Aggressionen sind weit verbreitet und haben durchaus eine soziale Funktion.* So sind kleine Zänkereien z.b. um Spielzeug auch (oder gar besonders) unter Freunden üblich. Nach dem Grundsatz: „Was sich liebt, das neckt sich!" zeigen Freunde oft ihre Zuneigung. „Tratschen" über Freunde und Bekannte ist auch unter Erwachsenen praktisch allgegenwärtig (wie man z.b. beim Bäcker oder in Betriebskantinen sieht) und dient oftmals auch dem Schmieden von Koalitionen oder dem „Wir-Gefühl". Und manchmal muss man seine eigenen Interessen ja auch durchsetzen und verteidigen, wenn man nicht komplett untergebuttert werden will.

Die in letzter Zeit zu beobachtende ausufernde Interpretation des Gewalt- oder Aggressionsbegriffs ist unter diesem Gesichtspunkt nicht förderlich und kann einem gedeihlichen Miteinander durchaus entgegenstehen. Ich plädiere deshalb einerseits für eine „enge" Betrachtung von antisozialem Verhalten, andererseits aber bei Überschreitung allgemein akzeptierter Grenzen für ein niederschwelliges und konsequentes Einschreiten – sowohl in der Familie als auch in der Schule.

• *Aggressive Kinder haben Probleme, die Standpunkte und Interessen anderer Menschen zu erkennen und zu akzeptieren.* Nach McDevitt & Ormrod (2002, S. 504-505) zeigt sich das besonders, wenn man Kinder und Jugendliche nach ihren subjektiven Begründungen für vorher gezeigtes aggressives Verhalten befragt.

„Die Art und Weise, auf die aggressive Jugendliche oft ihr aggressives Verhalten begründen, enthüllt ihre Abkoppelung von den Gefühlen und den Rechten anderer. Beispielsweise können sie gewalttätige Verhaltensweisen rationalisieren, indem sie ihren eigenen Ruf betonen („Ich bin hier der Herr!"), ihre Verhaltensweisen mit schwereren Vergehen vergleichen („Schließlich habe ich niemanden erschossen!"), ihr Verhalten beschönigend umschreiben („Ich muss es Billy endlich einmal zeigen!"), von ihrer persönlichen Verantwortung ablenken („Ich habe doch nur das getan, was Vater auch immer tut!") oder ihre Opfer mit entmenschlichenden Etikettierungen abwerten („Sie ist einfach nur blöde und zimperlich!")".

Zur Stärkung der Empathiefähigkeit können auch in kleinerem Kreis (Familie und Schule) z.B. die aus der Kriminalitätsprävention bekannten verschiedenen Ansätze des Täter-Opfer-Ausgleichs (vgl. z.B. Präventionsrat der Stadt Lingen, 2000) oder spezielle Trainingsprogramme, die sich als effektiv erwiesen haben (z.B. Guerra,

Eron, Huesmann, Tolan, & Van Acker, 1997), eingesetzt werden. Durchgängiges Prinzip sollte sein, die aggressiven Kinder und Jugendlichen immer wieder mit der Opfersituation zu konfrontieren und sie ggf. auch selbst erfahren zu lassen.

- *Aggressive Kinder haben Defizite bei der Lösung sozialer Probleme.* Nehmen wir einmal an, mehrere Kinder möchten an einem attraktiven Spielgerät spielen, das jeweils nur von einem Kind benutzt werden kann. Hier sind normalerweise Planung und Absprachen notwendig, damit jedes Kind einmal drankommt. Aggressive Kinder können das nicht so gut und versuchen, ihre Interessen unmittelbar, ggf. auch auf Kosten der anderen Gruppenmitglieder, durchzusetzen. Sie sind der Überzeugung, dass dieses Verhalten für sie nützlich ist und haben vielleicht auch die Erfahrung gemacht, dass Nachgeben und Rücksicht auf die Interessen anderer ihnen kurz- und mittelfristig Nachteile bringen kann. Das ist immer dann der Fall, wenn nur beschränkte Ressourcen zur Verfügung stehen. Eltern und Lehrer sollten derlei Verhaltensweisen konsequent unterbinden und ggf. so erlangte Vorteile wieder einkassieren – auch wenn das zu Frustrationen und ggf. kurzfristig erhöhter Aggression bei den betroffenen Kindern führen kann.

- *Aggressive Kinder haben andere soziale Prioritäten als nicht-aggressive Kinder.* Während für viele Kinder die Integration in eine Gruppe und gemeinsame Aktivitäten per se wichtig sind, halten aggressive Kinder Beziehungen zu anderen Gruppenmitgliedern vor allem deshalb aufrecht, weil sie der eigenen Machterhaltung oder eigenen, egoistischen Vorteilen dienen. Diese krass egoistischen Verhaltensweisen sind in unserer Gesellschaft auch bei älteren Jugendlichen und Erwachsenen weit verbreitet („Selber essen macht fett!"; „Kollege Meier ist ungeheuer kooperativ. Er tut genau das, was ich sage!"). Für einen längerfristigen, freundschaftlichen, toleranten und gleichberechtigten Umgang miteinander sind sie aber Gift. Eltern und Lehrer sollten, wenn sie das im Umgang mit Spielkameraden, Freunden oder Geschwistern bemerken, niederschwellig gegensteuern.

- *Aggressive Kinder betrachten aggressives Verhalten oft als sozial akzeptabel.* Insbesondere bei provozierter Aggression halten sie eine gewalttätige Reaktion für legitim. Dass das auch bei vielen Erwachsenen noch so ist, zeigt ein Vorfall bei der Fußballweltmeisterschaft 2006. Der italienische Spieler Marco Materazzi hatte offenbar den französischen Nationalspieler Zinédine Zidane verbal beleidigt, worauf letzterer mit einem gezielten Kopfstoß antwortete (Abbildung 6-63 links). Selbstverständlich wurde Zidane für seine Tätlichkeit vom Schiedsrichter vom Platz verwiesen (Abbildung 6-63 rechts). Auch viele Erwachsene aus meinem Bekanntenkreis äußerten allerdings Verständnis für Zidanes Verhalten.

Abbildung 6-63: **Beispiel für die Sanktionierung einer provozierten Aggression**. Der französische Fußball-Nationalspieler Zinédine Zidane wird nach einem Kopfstoß gegen den Italiener Marco Materazzi, der ihn vorher beleidigt hatte, vom Schiedsrichter vom Spiel ausgeschlossen.

Eltern und Lehrer sollten bei vergleichbaren Vorfällen bei Kindern so reagieren wie der Schiedsrichter: aggressives Verhalten – provoziert oder nicht – ist niemals akzeptabel und gehört adäquat sanktioniert. Ermahnungen sind allenfalls bei sehr kleinen Vorfällen und bei „Ersttätern" wirksam. Wenn es dabei bleibt, lernen die Kinder vor allem, dass Aggressionen in bestimmten Situationen erfolgreich und ohne merkliche negative Konsequenzen sind.

7 Pubertät und Jugendalter

> *„Eine von den Hauptfragen ist wohl immer, und zwar bei den bekanntesten Dingen: Ist das wohl auch wirklich so? ... Es ist hier nur schade, dass man dann nicht fragt, wenn es am nötigsten wäre."*
>
> Georg Christoph Lichtenberg (1742 - 1799)
> Sudelbücher, Heft J, 1332

7.1 Das Jugendalter

Unsere 10jährige Tochter Klara kam eines Tages von der Schule nach Hause und erzählte, ein Mitschüler hätte sie gehänselt: „Du siehst ja aus wie ein Jugendlicher!" Das machte sie damals traurig, weil sie doch eigentlich glaubte, langsam erwachsen zu werden. Jugendliche waren für sie in erster Linie Jungen aus der Orientierungsstufe, die ohne Rücksicht auf Mädchen mit einem schweren Rucksack und zu schnell und ohne Helm Fahrrad fuhren, am Bach vor ihrer Schule rauchten und schlecht rochen. Offensichtlich war der Status des Jugendlichen für sie damals noch nicht attraktiv.

Ältere Menschen tendieren dagegen wohl eher dazu, ihre eigene Jugend zu verklären:

> „Die glücklichen Zeiten des Lebens, da man noch nicht denkt, wie alt man ist, noch kein Buch hält über die Haushaltung des Lebens"

schreibt Lichtenberg in seinen Sudelbüchern, Heft L, 79 (Friederici, 1985, S. 158).

Die Glorifizierung der eigenen Jugend scheint dabei einher zu gehen mit einer zunehmend geringschätzigeren Beurteilung der „heutigen Jugend" – kein neues Phänomen, wie die folgende Einschätzung des Isokrates zeigt, eines griechischen Lehrers und Beraters von Politikern, der 436 v. Chr. in Athen geboren wurde und 338 v. Chr. Selbstmord durch freiwilliges Verhungern beging:

> Die Jugend „verflacht: anstatt in wetteiferndem Streben etwas leisten zu wollen, gibt sie sich oberflächlichen Vergnügungen hin, wobei der Sexualtrieb eine bestimmende Rolle spielt; sie kennt keine Zurückhaltung mehr in der Öffentlichkeit, sei es auf der Straße, sei es in Gaststätten niedrigster Art; sie erkennt keine Autorität der Erwachsenen an; sie will sich durch Geistreicheleien interessant machen" (aus: Mietzel, 1997, S. 253).

„Jugend" ist offenbar eine relativ neue „Erfindung". Während sich in „Meyers Kleines Konversations-Lexikon" (Meyers Lexikon-Redaktion, 1892/93) vier Begriffe zur Jugend (Jugendkohorte, Jugendliches Alter[44], Jugendsparkassen und Jugendspiele) und im „Brock-

---

[44] Das (straf- und arbeitsrechtlich relevante) jugendliche Alter umfasste damals noch den Zeitraum

haus Konversations-Lexikon aus der gleichen Zeit (Brockhaus Lexikon Redaktion, 1894) ebenfalls nur fünf Eintragungen (Jugend, Jugendschriften, Jugendspiegel, Jugendspiele und Jugendwehren) finden, widmet „Meyers Lexikon" aus dem Jahre 1927 (Meyers Lexikon-Redaktion, 1927) demselben Themenbereich 30 Eintragungen auf über vier Seiten (darunter auch „Jugendpsychologie"). Schließlich finden sich im „Großen Brockhaus" von 1953 (Brockhaus Lexikon Redaktion, 1953) immerhin 43 Einträge auf über zwölf Seiten. Ein neueres gedrucktes Lexikon kann ich mir weder leisten noch unterbringen, aber in dem relativ kleinen „Bertelsmann Universallexikon" (Bertelsmann Electronic Publishing, 1997) auf meiner CD-ROM finden sich auch schon 21 Einträge zur Jugend. Irgendwie ist „Jugend" und alles, was damit zusammenhängt, für unsere Gesellschaft in den letzten Jahren wohl um vieles wichtiger geworden, als es noch vor 100 Jahren war.

Das Jugendalter schließt sich an die Kindheit an und wird eingeleitet durch die Pubertät, auf die ich im Folgenden noch näher eingehe. Es wird oft als Übergangsstadium zwischen dem Kind-Sein und dem Erwachsen-Sein charakterisiert und soll nach Ansicht mancher Autoren mit besonders tief greifenden Verwerfungen und Auseinandersetzungen mit den Eltern einhergehen, dem sog. „Generationenkonflikt". Wendt (1997) formulierte diese auch heute besonders in der Alltagspsychologie noch weit verbreitete Einschätzung des Jugendalters so:

> „Man hat daher auch von der »Sturm- und Drang-Periode« des Jugendlichen gesprochen und sie in den 20er und 30er Jahren zum Gegenstand literarischer Darstellungen gemacht und das dann für Psychologie gehalten (und manche Laien tun das auch heute noch), aber empirische Untersuchungen an größeren Stichproben haben das nicht bestätigt (Wendt, 1997, S. 352)".

Nach neueren Untersuchungen spricht einiges dafür, dass die Entwicklung vor, während und nach der Pubertät im Allgemeinen um einiges ruhiger verläuft, und dass viele der Probleme, als deren Verursacher Jugendliche angesehen werden, mit einer verzerrten Wahrnehmung der Elterngeneration zusammenhängen (Ecarius, 1998; Helsper & Kramer, 1998). In zentralen Werten sind die Übereinstimmungen zwischen Eltern und Kindern enger als bisher vermutet, und das Verhältnis zwischen den Generationen ist nach einer Untersuchung von Mansel & Hurrelmann (1991), in der mehr als 2.000 Jugendliche einer repräsentativen Stichprobe Auskunft über das Verhältnis zu ihren Eltern gaben, eher gut; allerdings ist das Verhältnis zu den Müttern etwas besser als zu den Vätern (Abbildung 7-1).

---

vom 12. bis zum 18. Lebensjahr.

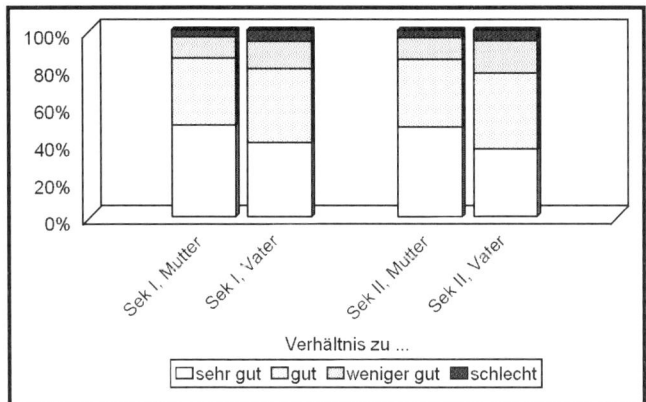

Abbildung 7-1: **Beziehungen Jugendlicher zu den Eltern** (nach: Mansel & Hurrelmann, 1991, S. 152)

Ob sich in den letzten Jahren und Jahrzehnten die Häufigkeit der Konflikte zwischen Eltern und ihren Kindern verändert hat, lässt sich nicht eindeutig beantworten. Ich möchte die damit verbundenen Schwierigkeiten an einem Beispiel verdeutlichen, das sich bei Cyprian & Franger (1997) auf S. 65 findet. Da diese „Kritische Bestandsaufnahme der sozialwissenschaftlichen Forschung" (so der Untertitel) im Auftrag des Bundesministeriums für Familie, Senioren, Frauen und Jugend erstellt wurde, kommt der Untersuchung eine gewisse Autorität zu. Im Kapitel „Konflikte früher und heute" (S. 63 bis 65) wird dort eine Studie des Jugendwerks der Deutschen Shell dargestellt:

> „Zu den wichtigsten Quellen für nachgewiesene Veränderungen im Eltern-Kind-Verhältnis in der Nachkriegszeit gehört die Studie „Jugendliche und Erwachsene" von Zinnecker (1985). Er vergleicht die Aussagen von Jugendlichen und Erwachsenen über Konflikte mit den Eltern in Kindheit und Jugend und betrachtet anschließend zwei kontrastierende Gruppen: Jugendliche mit geringen im Vergleich zu Jugendlichen mit vielen Elternkonflikten" (S. 63).

Aus der dort auf S. 65 aufgenommenen Zusammenstellung (siehe Auszug in Tabelle 7-1) kann man vielleicht entnehmen, dass (neben mangelnden Schulleistungen) „Alltagskonflikte zwischen Jugendlichen und Eltern in den familialen Auseinandersetzungen überwiegen" (Cyprian & Franger, 1997, S. 66), aber die ins Auge springende Zunahme der Konflikte (Spalte „sehr häufig/häufig") ist nicht interpretierbar (und wird bei Cyprian & Franger (1997) auch mit keinem Wort erwähnt): sie ist wohl zu einem großen Teil Widerspiegelung der Fähigkeit unseres Gedächtnisses, unsere Vergangenheit durch eine rosa Brille betrachten zu können (vgl. z.B. Filipp, 1996, besonders S. 220-222). Ich will allerdings nicht bestreiten, dass vielleicht mit veränderten Erziehungspraktiken und der Zulassung größerer Eigenständigkeit für Jugendliche innerhalb der Familie das Konfliktpotential gewachsen sein kann – nur die skizzierten Daten sind aus methodischen Gründen völlig ungeeignet, darüber Auskunft zu geben. Wir wissen es zumindest nach dieser Studie noch nicht.

	Jugend der 50er Jahre (n = 729)				Jugend der 80er Jahre (n = 1472)			
	Rang	sehr häu-fig/ häu-fig	gele-gent-lich	nie	Rang	sehr häu-fig/ häu-fig	gele-gent lich	nie
		%	%	%		%	%	%
wegen meiner Leistungen in der Schule	1	14	46	40	3	31	43	26
wegen dem Ausgehen abends	2-3	19	37	44	5	34	40	27
wegen Freundschaften mit Jungen (nur Frauen)	2-3	12	44	44	7	16	40	43
wegen meiner Unordentlichkeit	4	15	40	45	1	46	37	17
weil ich zu Hause nicht helfen wollte	5	16	36	49	2	31	49	21
wegen meiner Kleidung	6	10	39	51	4	27	41	32
wegen Freundschaften mit Mädchen (nur Männer)	7	7	34	59	12	8	25	68
weil ich keine guten Umgangsformen hatte	8	5	33	62	6	16	46	38
wegen meiner Frisur	9	7	23	70	8	21	34	46
wegen der Musik, die ich hören wollte	10	7	19	74	9	19	31	50
wegen dem Rauchen	11	7	17	76	10	20	23	58
wegen unterschiedlicher politischer Meinung	12	3	11	86	11	11	23	65

Tabelle 7-1: **Situationen, die in Kindheit und Jugend zu Auseinandersetzungen mit den Eltern führten** (aus: Cyprian & Franger, 1997, S. 65)

Was nun genau unter „Jugendalter" zu verstehen sei, ist nicht verbindlich zu sagen. Grob & Jaschinski (2003, S. 13) drücken das so aus:

„Was das Jugendalter ist und welche Entwicklungsschritte im Jugendalter beschrieben werden, unterliegt einem epochalen Wandel."

Es ist irgendwo zwischen Kindheit und Erwachsensein angesiedelt – aber was bedeutet „Erwachsensein"? Früher war das an die „Wehrtüchtigkeit" und an weitgehende wirtschaftliche Selbständigkeit gekoppelt, aber mit verlängerten Ausbildungszeiten und damit verbundener finanzieller Abhängigkeit vom Elternhaus verlieren diese Kriterien an Relevanz. Einzig die Jurisprudenz ist eindeutig: § 1 des Jugendgerichtsgesetzes (JGG) legt fest, dass Menschen

- zwischen dem vollendeten 14. bis zum 18. Lebensjahr *„Jugendliche"*
- und zwischen dem vollendeten 18. bis zum 21. Lebensjahr *„Heranwachsende"*

sind. Solche Festlegungen sind im Sinne der Rechtssicherheit sicher sinnvoll, aber psychologisch problematisch, weil individuell unterschiedliche Entwicklungsverläufe unberücksichtigt bleiben. Da in unserer Gesellschaft Übergangsrituale zwischen Kindheits- und Erwachsenenstatus (Abbildung 7-2), wie z.B. Mannbarkeitsriten, weitgehend fehlen (von Ausnahmen, wie kirchlichen Ritualen oder Initiationsriten in Männerbünde, einmal abgesehen), sind eindeutige Festlegungen schwierig.

Links: Erst mit 18 Jahren dürfen junge Eipo Penis-Kalebasse und Gürtel tragen. Sie sind für sie die Zeichen ihrer Reife.

Mitte: Jugendweihe in der DDR (70er Jahre)

Rechts: Konfirmation in Dänemark (2005)

Abbildung 7-2:   **Übergangsrituale fehlen in unserer Gesellschaft weitgehend oder sind von der Entwicklung im Jugendalter entkoppelt** (Bild links aus: Rössiger, 1993, S. 127)

Oerter & Dreher (1995) haben sich die Mühe gemacht, die vielfältigen in Zusammenhang mit dem Jugendalter gebräuchlichen Konzepte zu systematisieren (Abbildung 7-3).

Genauere Eingrenzungen sind schwierig, wie Ewert (1983, S. 13) betont:

„Da sich der endgültige Übergang ins Erwachsenenalter nicht eindeutig festlegen lässt, vor allem nicht universal für alle Angehörigen eines Jahrgangs, drohen die Konturen der Begriffe Adoleszenz und Jugendalter nach oben hin zu verschwimmen. Wenn 25- bis 35jährige als typische Vertreter und Sprecher »der« Jugend auftreten, so kommt dies manchem als Maskerade vor, so als habe sich, wie in der »Feuerzangenbowle«, ein junger Doktor unter die Pennäler gemischt. Auch wenn es keine Norm gibt, die bestimmt, ab wann man ein Erwachsener zu sein hat, auch dann, wenn es jedem freisteht, sich so lange als Jugendlicher zu geben, wie er sich als ein solcher fühlt, scheint es Fremdeinschätzungen zu geben, die den Einzelnen spüren lassen, wenn er sein »Jugendalter« zu sehr überzieht. In der alten Jugendbewegung kannte man den »Berufsjugendlichen«; in unserer Zeit hören wir von solchen, die sich seit einem Dutzend Jahren keine »Demo« entgehen ließen, dass sie von Jüngeren gelegentlich als verkleidete Polizeispitzel verdächtigt werden, die sich aus Gründen der Tarnung als verspätete Jugendliche geben. Obwohl sich Altersnormen psychologisch nicht begründen lassen, schlagen wir aus terminologischen Gründen vor, junge Menschen vom 21. bis zum 25. Lebensjahr als *junge Erwachsene* zu bezeichnen."

317

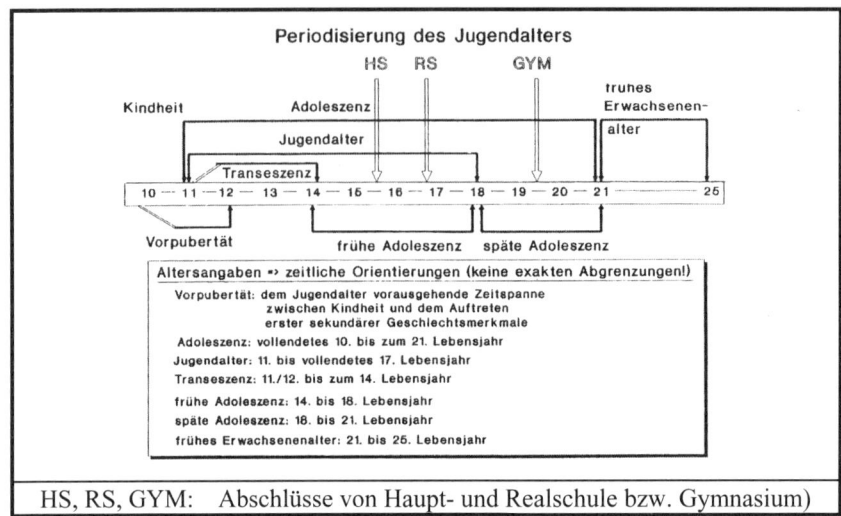

HS, RS, GYM: Abschlüsse von Haupt- und Realschule bzw. Gymnasium)

Abbildung 7-3:   **Strukturierung der Lebensphase „Jugend"** (aus: Oerter & Dreher, 1995, S. 312)

Ich möchte deshalb in diesem Kapitel den Begriff „Jugendalter" im Alltagsverständnis gebrauchen, d.h. als Synonym für die „Reifezeit, die mit dem Einsetzen der Pubertät beginnt (etwa 12. Lebensjahr) und mit der physischen und seelischen Reife im Erwachsenenalter (etwa 20. Lebensjahr) endet" (Bertelsmann Electronic Publishing, 1997). Den o.a. Vorschlag von Ewert, für die Altersgruppe der 21- bis 25jährigen den Begriff „junge Erwachsene" zu verwenden, möchte ich übernehmen.

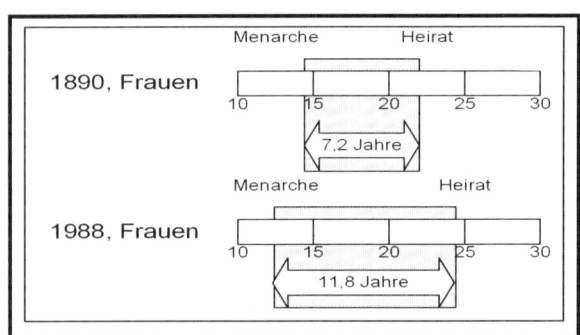

Abbildung 7-4:   **Das Jugendalter verlängert sich immer mehr** (nach: Myers, 1998, S. 116)

In unserer Gesellschaft kann man beobachten, dass das Jugendalter immer mehr verlängert wird und das Erreichen des Erwachsenenstatus offenbar für viele Jugendliche wenig attraktiv ist (vgl. Abbildung 7-26 und Abbildung 7-27). Die Verlängerung des Jugendalters lässt sich auch hübsch an dem Zeitraum demonstrieren, der bei Mädchen/Frauen zwischen dem durchschnittlichen Menarchealter und dem durchschnittlichen Heiratsalter vergeht (Abbildung 7-4).

Nach Myers (1998, S. 116) betrug dieser Zeitraum in den USA 1890 noch 7,2 Jahre; 1988 war er auf 11,8 Jahre angewachsen. Das liegt zum einen daran, dass sich wegen der säkularen Entwicklungsbeschleunigung (vgl. Abschnitt 7.2.2) der Zeitpunkt der ersten Regelblutung von 14,8 Jahre auf 12,5 Jahre vorverlagert hat; zum anderen heiraten Frauen immer später: das durchschnittliche Heiratsalter amerikanischer Frauen lag 1890 bei 22,0 und 1988 bei 24,3 Jahren.

7.2   Körperliche Veränderungen in der Pubertät

Die meisten physiologischen Vorgänge um die Pubertät dürften den Lesern noch aus der Schule bekannt sein; deshalb möchte ich mich hier auf grundlegende Geschehnisse beschränken, von denen man nachgewiesen hat oder zumindest vermuten kann, dass sie mit psychischen und/oder schulischen Prozessen etwas zu tun haben.

7.2.1   Der puberale Wachstumsschub und die Geschlechtsreifung

Der Beginn der Geschlechtsreifung (Pubertät) kündigt sich durch beschleunigtes körperliches Wachstum an, den „puberalen Wachstumsschub" (Abbildung 7-5), den ich schon im Zusammenhang mit dem von de Montbeillard dokumentiertem Wachstum seines Sohnes erwähnt habe (vgl. Abschnitt 1.5; Abbildung 1-9).

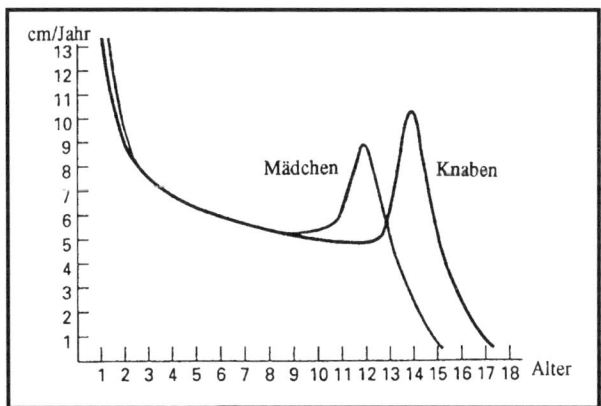

Abbildung 7-5:   Durchschnittliches Körperwachstum bei Mädchen und Jungen von der Geburt bis zum Ende der Pubertät (aus: Rossmann, 1996, S. 135)

Der puberale Wachstumsschub setzt bei Mädchen mit ca. 10 Jahren ein, bei Jungen ca. 1½ Jahre später; er dauert ca. 3 Jahre und erreicht sein Maximum (ca. 9 cm Längenwachstum pro Jahr bei Mädchen, über 10 cm bei Jungen) im Alter von ca. 11-12 Jahren (Mädchen) bzw. 14-15 Jahren (Jungen).

Allerdings spiegeln solche Durchschnittswerte und -kurven die individuellen Besonderheiten der Entwicklung in der Pubertät nur unzulänglich wieder, wie Abbildung 7-6 zeigt. Das linke Schaubild zeigt fünf verschiedene Wachstumskurven und (gestrichelt) die daraus resultierende Durchschnittskurve. Man sieht, dass in letzterer die individuelle Dramatik der körperlichen Veränderungen unterschätzt wird. Legt man hingegen die Kurven auf der Zeitachse so übereinander, dass jeweils die Zeitpunkte des maximalen Wachstums übereinander liegen, so ergibt sich ein anderes Bild: Anstieg und Abfall des Wachstumsschubs vollziehen sich schneller als von der Durchschnittskurve suggeriert.

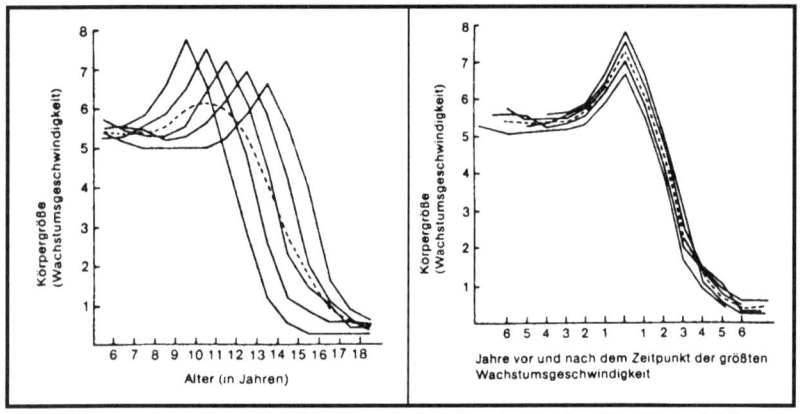

Abbildung 7-6: **Durchschnittskurven spiegeln individuelle Entwicklungsverläufe während der Pubertät nur unzulänglich wider** (nach: Tanner, 1962, S. 10)

Dass sich während der Wachstumsphase auch die Körperproportionen verschieben, ist bekannt; ich erwähne das nur der Vollständigkeit halber. So wächst bei Jungen der Schultergürtel länger als bei Mädchen, so dass sich nach der Pubertät die „typisch männliche" (schulterbetonte) und „typisch weibliche" (hüftbetonte) Silhouette herausgebildet hat. Darüber hinaus nimmt während und nach der Pubertät (teilweise hormonell bedingt, teilweise wohl auch durch unterschiedliches körperliches Training) die Muskelkraft bei Jungen stärker zu als bei Mädchen, so dass nach der Pubertät der relative Fettanteil am Körpergewicht bei Mädchen größer ist als bei Jungen. Dieser Fettanteil ist für das normale „Funktionieren" von Eisprung und Regel offenbar von zentraler Bedeutung (siehe unten Abschnitt 7.2.3.3). Allerdings kann diese absolute und relative Zunahme des Körperfettanteils vor dem Hintergrund der allgegenwärtigen, bis zur Grenze des ästhetisch und körperlich Erträglichen abgemagerten „Supermodels" und des von ihnen verkörperten Schönheitsideals besonders bei einem Teil der Mädchen zur Besorgnis über ihren Körper und/oder zu Essproblemen führen (vgl. Grob & Jaschinski, 2003, S. 35 und 160-171).

320

Mehr oder weniger parallel zum puberalen Wachstumsschub vollzieht sich die Geschlechtsreifung, die in Abbildung 7-7 zusammengefasst ist. Man sieht auf einen Blick den Entwicklungsvorsprung der Mädchen auf der einen und die auch im Normalbereich immensen individuellen Unterschiede auf der anderen Seite.

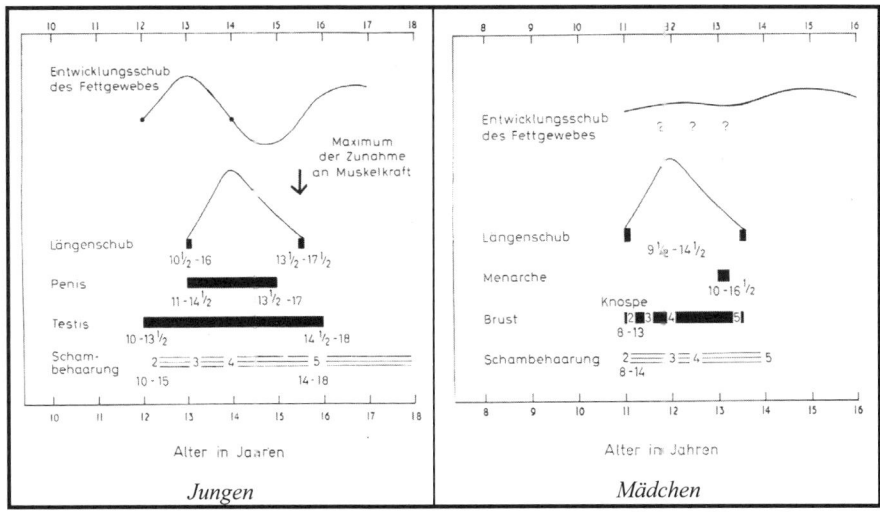

Abbildung 7-7: **Beginn und Ende wesentlicher körperlicher Veränderungen während der Pubertät.** Die Zahlen bei der Schambehaarung stehen für verschiedene Stadien: 2 = spärlich, glatt; 3 = pigmentiert, gelockt; 4 = behaartes Feld noch kleiner als bei Erwachsenen; 5 = voll ausgeprägt. (aus: Tanner, 1962, S. 34 und 44)

Weil die Pubertät bei Mädchen durchschnittlich ca. 1½ Jahre eher einsetzt als bei Jungen, sind sie in diesem Alter oft größer und wirken reifer (Abbildung 7-8 rechts). Das kann insofern problematisch sein, als ihre schnellere körperliche Entwicklung nicht mit einer schnelleren psychischen Entwicklung einhergeht.

Wie Abbildung 7-8 (links und Mitte) zeigt, springen während der Pubertät unterschiedliche körperliche Entwicklungsstände und -geschwindigkeiten besonders ins Auge.

321

Die drei Mädchen links sind 12 Jahre, die beiden Jungen in der Mitte 14 Jahre alt.
Ihr körperlicher Entwicklungsstand ist offensichtlich sehr unterschiedlich.

Abbildung 7-8: **Unterschiede in der körperlichen Entwicklung treten in der Pubertät besonders hervor** (aus: Fischer & Lazerson, 1984, S. 569)

Interessant ist vielleicht in diesem Zusammenhang noch ein geringer, aber systematischer Zusammenhang zwischen dem Eintritt der Pubertät und der sozialen Schicht: konträr zum „Alltagswissen" vieler Menschen tritt die Pubertät bei den Angehörigen der sozialen Mittel- und Oberschicht (Abbildung 7-9, untere Werte: „O") im Durchschnitt eher ein als in der Unterschicht (obere Werte: „U").

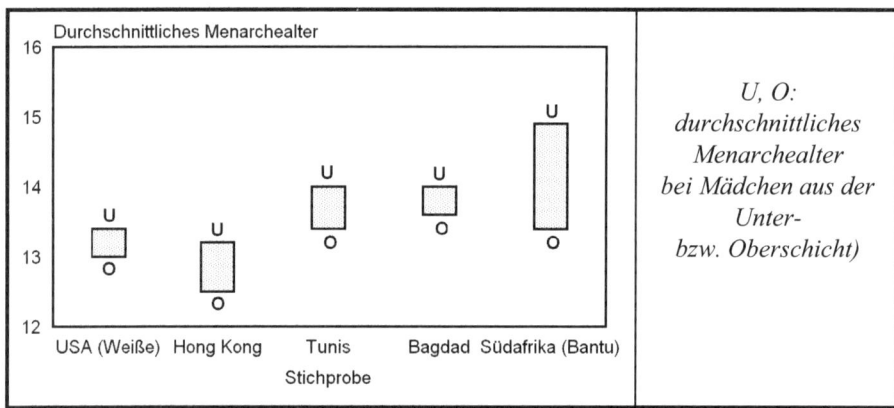

Abbildung 7-9: **Durchschnittliches Menarchealter bei Angehörigen unterschiedlicher sozialer Schichten in verschiedenen Kulturen** (nach: Eveleth & Tanner, 1976)

7.2.2 Die säkulare Entwicklungsbeschleunigung („Akzeleration")

Wenn man als unbefangener Besucher durch alte Bauernhäuser (z.B. im Museumsdorf Cloppenburg oder im Westfälischen Freilichtmuseum Detmold) geht, so muss man auch als durchschnittlich großer Mensch oft den Kopf einziehen, wenn man durch Türen geht, damit man sich am Rahmen keine Beule holt. Kinder wundern sich, wie denn Erwachsene in den kleinen Alkoven dort schlafen konnten. Und Ritterrüstungen (z.B. in der Dresdner Waffenkammer) wirken auf uns Heutige, als ob sie für Kinder gemacht worden seien. Schließlich und endlich kann man häufig beobachten, dass viele Kinder größer sind als ihre Eltern oder gar Großeltern. Das hat seinen Grund: schon seit ca. 150 Jahren werden bei uns und in anderen Ländern die Menschen immer größer und schwerer. Für diesen Trend hat sich der Begriff „säkulare Akzeleration" (langfristige Entwicklungsbeschleunigung) eingebürgert. Er ist am Beispiel der Körperlänge schwedischer Jungen und Mädchen aus zwei Querschnittsuntersuchungen in den Jahren 1883 und 1938 in Abbildung 7-10 veranschaulicht.

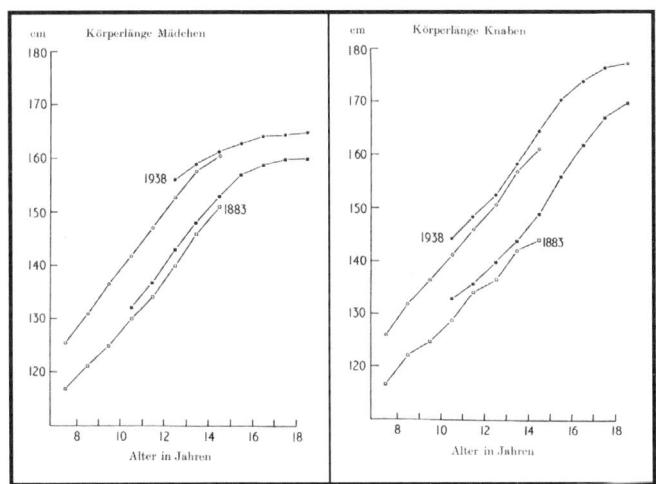

Abbildung 7-10: **Die säkulare Zunahme der Körperlänge am Beispiel schwedischer Jungen und Mädchen in Querschnittsuntersuchungen der Jahre 1883 und 1938** (aus: Tanner, 1962, S. 156)

Zunächst sieht man auf einen Blick, dass sowohl Mädchen als auch Jungen in allen Altersgruppen 1938 größer waren als 1883. Diesen Unterschied rechnet man der säkularen Entwicklungsbeschleunigung zu. Darüber hinaus wurden die Kinder noch nach der Schulform unterschieden (die damals noch ganz wesentlich soziale Unterschiede widerspiegelte): die Kurven für die Altersgruppen 7 bis 14 Jahre beziehen sich auf Grund- und Hauptschulkinder, die Kurven für die 10- bis 18jährigen auf Schüler in höheren Schulen. Letztere Kurven liegen über ersteren: Kinder aus der Mittel- und Oberschicht waren früher und sind auch heute noch durchschnittlich etwas größer als Kinder aus der sozialen Grundschicht.

Die langfristige Entwicklungsbeschleunigung ist auch heute noch spürbar:

„In der BRD waren die Männer des Jahrgangs 1942 durchschnittlich 174 cm groß, die von 1952 schon 176 cm und die von 1962 dann 178 cm. Extrapoliert man diese Daten, so kommt man für 2000 auf 181 cm, für 2100 auf 200 cm – das mag noch angehen, aber für 3000 auf 4 m, und so groß können Menschen aus statischen Gründen nicht werden. ... Für eine weitere Akzeleration müsste der Mensch also umkonstruiert werden" (Wendt, 1997, S. 349-350).

Parallel zur Zunahme der Körpergröße hat auch das durchschnittliche Körpergewicht in allen Altersgruppen kontinuierlich zugenommen (und nimmt weiter zu), wobei allerdings die veränderte Ernährungslage, Bewegungsmangel und der damit zusammenhängende zunehmende Anteil übergewichtiger Kinder (siehe Abschnitt 6.1) in Rechnung gestellt werden müssen.

Die säkulare Akzeleration hat einen zweiten Aspekt, nämlich die kontinuierliche Vorverlagerung der Geschlechtsreife. Wenn man die erste Regelblutung der Mädchen als Maß für den Beginn der Geschlechtsreife ansetzt (bei Jungen ist z.B. der Zeitpunkt des ersten Samenergusses weniger genau zu bestimmen), so erkennt man aus langfristig angelegten Untersuchungen, dass sich dieser Zeitpunkt in verschiedenen Ländern immer weiter nach vorn verlagert hat und noch weiter vorverlagert (Abbildung 7-11). Auch hier bestehen Unterschiede zwischen den sozialen Schichten (vgl. Abbildung 7-9), die sich aber in Deutschland mit der Angleichung der Lebensverhältnisse wohl verringert haben.

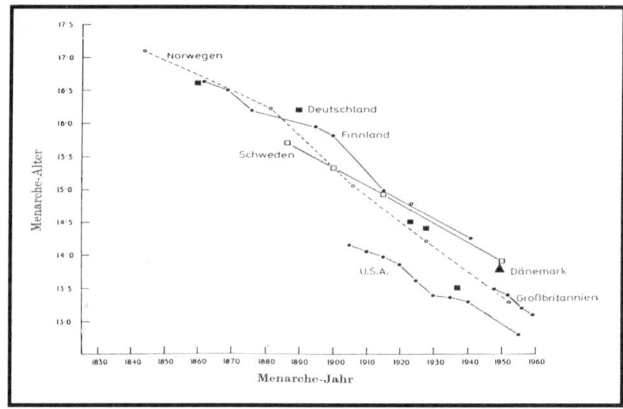

Abbildung 7-11:   Säkulare Akzeleration des Menarchealters in verschiedenen Ländern (aus: Tanner, 1962, S. 165)

Der immer frühere Eintritt der Pubertät hat auch schulische Konsequenzen. So ist es durchaus normal, dass bei einzelnen Mädchen schon gegen Ende der Grundschulzeit Anzeichen der einsetzenden Pubertät erkennbar sind. Für diese Mädchen kann das eine gewisse Belastung darstellen, weil die meisten ihrer Mitschülerinnen und besonders ihrer Mitschüler noch keine körperlichen Veränderungen zeigen. Ein besonders früher Eintritt der Pubertät verstärkt bei ihnen offenbar den Druck, sich dem herrschenden Schlankheitsideal anpassen zu müssen und führt zu geringerer Zufriedenheit mit ihrem Körperbild und besonders ihrem Körpergewicht (Dorn, Crockett, & Petersen, 1988); bei Jungen ist ein negativer Effekt eines frühen Beginns der Pubertät nicht durchgängig nachgewiesen (siehe aber: O'Dea & Abraham, 1999) – vielleicht weil sie bei Jungen ohnehin durchschnittlich später beginnt.

7.2.3   *Mit den Veränderungen in der Pubertät gekoppelte Entwicklungsprobleme*

Die (hormonell bedingten) körperlichen Veränderungen führen zu einer Reihe jugendtypischer Entwicklungsprobleme, auf deren für den schulischen Alltag wichtigste ich in diesem Abschnitt kurz eingehe. Eine ausführlichere Darstellung der pubertätstypischen Entwicklungsprobleme geben Böhles, Kollmann, & Leitner (1992). Auf einige genetisch bedingte Probleme der körperlichen Entwicklung, die in der (Vor-) Pubertät besonders virulent werden, bin ich weiter oben schon eingegangen: das Klinefelter-Syndrom (Abschnitt 3.2.3.3; Abbildung 3-19), das Turner-Syndrom (Abschnitt 3.2.3.2; Abbildung 3-19) und das adrenogenitale Syndrom (AGS; Abschnitt 3.2.3.1).

7.2.3.1   Akne („Pickel")

Akne („Pickel" oder „Hautausschlag") ist eine bei Jungen und Mädchen in der Pubertät weit verbreitete Hautkrankheit (Abbildung 7-12). Sie ist hormonell bedingt und umfasst Entzündungen von Talgzellen. Besonders im Gesicht ist Akne lästig, weil sie sichtbar ist und in schwereren Fällen nach Abheilung sichtbare Narben hinterlässt.

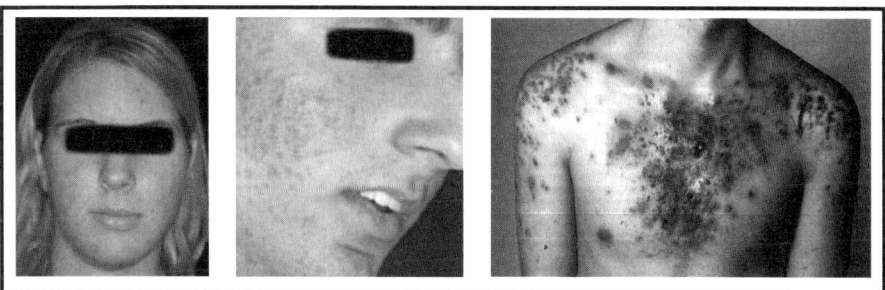

Abbildung 7-12:   Verschiedene Formen von Akne sind während der Pubertät bei Mädchen und Jungen häufig (Bild rechts aus: Böhles, Kollmann, & Leitner, 1992, S. 79)

Als Lehrer hat man, denke ich, die Pflicht, darauf einzuwirken, dass Kinder mit schwererer Akne nicht gehänselt werden. Vielleicht kann da gezielte Aufklärung hilfreich sein. Als besonderes Problem erscheint mir die populäre Werbung für diverse Hautwässerchen, in denen die Ablehnung von Jugendlichen, die viele Pickel haben, durch das andere Geschlecht betont wird, und die nach regelmäßigem Einsatz des beworbenen Produkts wieder viele Freunde haben. Das ist einem vernünftigen Umgang mit alltäglichen Hautproblemen in der Pubertät kaum zuträglich, zumal Jugendliche ohnehin zu einer gesteigerten Körperbezogenheit neigen („jugendlicher Egozentrismus"; vgl. Abschnitt 7.4).

7.2.3.2 Störungen der Entwicklung der sekundären Geschlechtsmerkmale

Bei der Entwicklung der sekundären Geschlechtsmerkmale kann es zu (seltenen) Störungen kommen. So können sich die Brüste bei Mädchen stark asymmetrisch entwickeln, oder es kann zu einer übermäßigen Behaarung kommen („Hirsutismus"). Beides stellt die betroffenen Mädchen vor besondere Belastungen, weil während der Pubertät die Körperzentriertheit besonders ausgeprägt ist und beide Komplikationen äußerlich sichtbar sind. Nach Böhles, Kollmann, & Leitner (1992) tritt Hirsutismus bei der Mittelmeerbevölkerung doppelt so häufig auf wie bei uns, so dass Schulklassen mit hohem Anteil von Kindern aus diesen Ländern stärker betroffen sind. Das sollten Lehrer wissen.

Bei Jungen kann es vorübergehende Probleme mit dem Peniswachstum geben; das kann bei den betroffenen Jungen zu Schamgefühlen führen. Problematischer ist noch die „Pubertätsgynäkomastie", d.h. die vorübergehende Entwicklung einer Brust bei Jungen.

> „Für viele Jungen in der Pubertät ist es eine beängstigende Erfahrung, an ihrem Körper eine Brustentwicklung auszumachen – ein Vorgang, der allgemein als ausschließliches Charakteristikum der weiblichen Pubertät gilt. Neben Zweifeln an der eigenen sexuellen Identität führt die Angst vor einer bösartigen Erkrankung diese Jugendlichen zum Arzt. Häufig findet dieser einen Jugendlichen vor, der sich aufgrund der Erfahrung, Zielscheibe des Spotts der Gleichaltrigen – besonders beim Sport – zu sein, von vielen altersgemäßen Aktivitäten zurückgezogen hat" (Böhles, Kollmann, & Leitner, 1992, S. 101).

Fast zwei von drei Jungen entwickeln zu Beginn der Pubertät eine Brust, die sich später wieder zurückbildet.

> „Mit einer Prävalenz von 65% in der Gruppe der 14- bis 14,5jährigen Jungen muss man die Pubertätsgynäkomastie als physiologischen Bestandteil der männlichen Pubertät ansehen" (Böhles, Kollmann, & Leitner, 1992, S. 101).

Auch das sollten Lehrer wissen.

7.2.3.3 Amenorrhöe

Unter einer Amenorrhöe versteht man das (vorübergehende) Ausbleiben der Regel, deren normale Funktion von einem ausreichenden Fettanteil im Körper abhängt (vgl. oben Abschnitt 7.2.1). Zunächst ist die Regel nach der Menarche noch ziemlich unregelmäßig und spielt sich erst allmählich ein. Verzögerung oder Ausbleiben der einen oder anderen Monatsblutung ist also zunächst kein Grund zur Besorgnis. Sinkt allerdings z.B. durch intensives körperliches Training oder nicht ausreichende Nahrungsaufnahme (Anorexie; vgl. Abschnitt 7.2.3.4) der Fettanteil unter eine kritische Masse, bleiben Eisprung und Regel aus. Normalerweise spielt sich das zwar wieder ein, wenn sich das Körpergewicht wieder normalisiert. Die Anorexie mit ihren Begleitsymptomen muss aber in jedem Fall behandelt werden; ggf. sollten Lehrer rechtzeitig mit den Eltern Rücksprache nehmen.

7.2.3.4   Essstörungen während der Pubertät

Die häufigste Essstörung vor, während und nach der Pubertät ist Übergewicht, das in unserer Gesellschaft auch schon bei jungen Menschen sehr häufig ist; darauf bin ich aber schon im Abschnitt 6.1 eingegangen und verweise auf das Standardwerk von Wirth (1997). Aktuelle Daten finden sich in der Kinder-Gesundheits-Studie des Robert-Koch-Instituts (www.kiggs.de).

Nach Gerlinghoff (1996) treten bei ca. 1% bis 4% der Mädchen während der Pubertät über die minder schweren Essstörungen hinaus schwere, krankhafte Essstörungen auf, für die es keine physiologisch-biologische Erklärung gibt. Jungen sind in geringerem Umfang betroffen.

> „Eine sozioökonomische Bevorzugung oberer sozialer Schichten kann nicht mehr belegt werden. Ein erhöhtes Risiko, an einer Essstörung zu erkranken, lässt sich bei bestimmten Berufsgruppen beobachten, wie etwa bei Fotomodellen und Balletttänzerinnen sowie bei Leistungssportlerinnen" (Gerlinghoff, 1996, S. 74).

Jedes dritte Mädchen hat Essstörungen

Studie: Arme besonders betroffen

Mit Essstörungen und Krankheiten wie Magersucht, Ess-Brech-Sucht oder auch Fettsucht fielen bei den Elf- bis 17-Jährigen durchschnittlich 21,9 Prozent auf. Bei Jungen sind es 15,2 Prozent, bei Mädchen ist dagegen fast jedes dritte betroffen. Im Alter von 17 Jahren leiden sogar 30,1 Prozent der Mädchen unter Essstörungen.

Tabelle 7-2: **Essstörungen bei Jugendlichen haben in den letzten Jahren ein erschreckendes Ausmaß angenommen** (aus: Neue Osnabrücker Zeitung, 26. September 2006, S. 1)

327

Essstörungen sind jugendtypische Beeinträchtigungen, die in den letzten Jahren massiv zugenommen haben (Tabelle 7-2) und sich in schwereren Fällen zu ernsthaften Krankheiten entwickeln, bis weit in das Erwachsenenalter anhalten und auch zum Tode führen können. Klinisch unterscheidet man zwei Typen, die Anorexia nervosa („Magersucht") und Bulimia nervosa („Ess-Brech-Sucht"). Sie werden in den folgenden beiden Abschnitten etwas genauer beschrieben, weil Ernährungs- und Gewichtsprobleme in den letzten Jahren auch in ihren schulischen Auswirkungen eine größere Bedeutung erlangt haben.

7.2.3.4.1 Anorexie

Anorexia nervosa (Magersucht) ist eine Essstörung, die durch starken Gewichtsverlust gekennzeichnet ist. Symptome sind ein Gewichtsverlust bis zu 50% des Ausgangsgewichts mit teilweise schwerwiegenden Folgen: Hormonstörungen und Ausbleiben der Menstruation, Muskelschwäche, Kreislaufprobleme und körperliche Mangelerscheinungen. Wegen fehlender Krankheitseinsicht und potenzieller Selbstmordgefahr ist in eine ärztliche Beobachtung oder (in schwereren Fällen) eine längerfristige Behandlung in spezialisierten Kliniken notwendig.

Die Anorexia nervosa wird mittlerweile als eigenständiges Krankheitsbild eingestuft. Die zugrunde gelegten Kriterien (auf die auch Lehrer bei der am häufigsten betroffenen Zielgruppe achten sollten, damit ggf. die Eltern informiert werden können) finden sich in Tabelle 7-3.

Diagnostische Kriterien für die Anorexia nervosa

1. Das Körpergewicht wird absichtlich nicht über dem der Körpergröße oder dem Alter entsprechenden Minimum gehalten; das Gewicht liegt mehr als 15 Prozent unter dem angemessenen Minimalgewicht.

2. Starke Angst vor Gewichtszunahme oder Angst davor dick zu werden, obwohl Untergewicht besteht.

3. Verzerrte Körperwahrnehmung, d.h. die eigene Körperwahrnehmung ist hinsichtlich Gewicht, Größe oder Form gestört. Die Patientinnen sind oft davon überzeugt, dass sie zu dick seien, obwohl das Untergewicht offensichtlich ist.

4. Amenorrhöe bei Frauen und Mädchen, d.h. das Ausbleiben von mindestens 3 aufeinander folgenden Menstruationszyklen.

Tabelle 7-3:   **Diagnostische Kriterien für die Anorexia nervosa**

Die betroffenen Mädchen und jungen Frauen (fast 95% der Betroffenen sind weiblich) reduzieren ihre Nahrungsaufnahme drastisch, obwohl sie in dieser Zeit durchschnittlich 2.200 (Mädchen) bzw. 2.800 (Jungen) Kalorien benötigen.

„Die erstrebte »schlanke Linie« führt ... zur Anorexie, einer Verweigerung der Nahrungsaufnahme" (Wendt, 1997, S. 352).

Der überwiegende Teil der betroffenen Frauen überwindet diese schwierige Entwicklungsphase mit elterlicher, ärztlicher und/oder psychologischer Hilfe oder aus eigener Kraft und findet zu einem „normalen" körperlichen Erscheinungsbild und einem unauffälligen Lebensablauf zurück (Abbildung 7-13 links). Allerdings endet nach neueren Daten eine Pubertätsmagersucht für ca. 5 Prozent der Frauen tödlich (Abbildung 7-13 rechts).

Magersucht ist zu einem großen Teil heilbar.	*Aber ca. 5% der erkrankten Frauen sterben an ihrer Magersucht.*

Links: *vor der Behandlung*
Rechts: *nachher*
	Links: *Die Gymnastin Christy Henrich während*
	          ihrer aktiven Zeit.
	Rechts: *Christy Henrich starb 1994 im Alter von 22*
	          Jahren an ihrer Magersucht.

Abbildung 7-13:   **Anorexia nervosa tritt während der Pubertät vor allem bei Frauen auf.** (Bild links aus: Berk, 1997, S. 191; Bild Mitte links aus: Hetherington & Parke, 2003, S. 213; Bild rechts aus: Shaffer, 1999, S. 171)

7.2.3.4.2   Bulimie

Bulimia nervosa („Esssucht") ist ebenfalls eine Essstörung, die in der Alltagssprache auch als „Ess-Brech-Sucht" bezeichnet wird. Bei der Diagnose der Esssucht werden zwei typische Verläufe unterschieden.

- *Abführender Typ:* die Mädchen/Frauen versuchen, ihr übermäßiges Essen durch regelmäßiges Erbrechen oder den Missbrauch von Abführmitteln, Diuretika oder Einläufen auszugleichen;

- *Nicht abführender Typ:* die betroffenen Personen treiben während einer „Essphase" übermäßig Sport oder fasten anschließend, um die Essanfälle zu kompensieren. Die Mädchen/Frauen erbrechen nicht und verwenden auch keine Abführmittel, Diuretika oder Einläufe.

Im Unterschied zur Magersucht bestehen bei den Mädchen mit Bulimie Krankheitseinsicht und Leidensdruck.

Auch die Bulimia nervosa ist mittlerweile als eigenständiges Krankheitsbild eingestuft.
Die zugrunde gelegten Kriterien finden sich in Tabelle 7-3.

Diagnostische Kriterien für die Bulimia nervosa

1. Regelmäßige Essanfälle. Ein Essanfall ist dadurch gekennzeichnet, dass innerhalb
   eines relativ kurzen Zeitraums eine sehr große Nahrungsmenge verschlungen
   wird. Gleichzeitig kann während des Anfalls das Essverhalten nicht mehr kontrolliert werden.

2. Um eine Gewichtszunahme zu vermeiden, wird das Essen wieder erbrochen, es
   werden Diuretika und Abführmittel verwendet oder es wird exzessiv Sport getrie-
   ben.

3. Es kommt über einen Zeitraum von mindestens Monaten hinweg mindestens zweimal pro Woche zu einem Essanfall.

4. Die Mädchen/Frauen beschäftigen sich in übertriebenem Maß mit ihrer Figur und
   ihrem Körpergewicht.

5. Die Störungen des Essverhaltens treten nicht ausschließlich während einer anorek-
   tischen Phase auf.

Tabelle 7-4: **Diagnostische Kriterien für die Bulimia nervosa**

Prinzessin Diana hat in einem Interview mit der BBC am 24. November 1995 den typischen Verlauf einer bulimischen Phase anschaulich geschildert. Der entsprechende Auszug
aus dem Interview in deutscher Übersetzung findet sich in Tabelle 7-5.

„Ich hatte mehrere Jahre lang Bulimie, und das ist ja
eine Art geheime Krankheit. Man fügt sich das selber
zu, weil man sich schlecht fühlt und weil man meint,
dass man keinen Wert hat. Man füllt den Magen vier-,
fünfmal am Tag, manchmal sogar öfter, und man
fühlt sich gut. Das ist, als würde einen jemand umar-
men, aber das hält nur eine gewisse Zeit an. Und dann
ekelt man sich vor seinem gequollenen Bauch, über-
gibt sich. Und das wiederholt sich immer wieder –
eine Zerstörung des eigenen Ichs. Es war ganz normal für mich, nach Hause zu kommen
und zum Kühlschrank zu gehen.“

Tabelle 7-5: **In einem Interview mit der BBC berichtete Prinzessin Diana
über ihre Essanfälle**

7.2.3.4.3   Einige empirische Befunde zu Essstörungen

Dass das z.Zt. vorherrschende Schönheitsideal (Abbildung 7-14) bei der Genese der Anorexie eine wichtige Einflussgröße ist, ist unbestritten. Eklatant ist die besonders bei Frauen offensichtliche Kluft zwischen dem körperlichen Idealbild (das z.Zt. ungefähr einer Kleidergröße von 34 entspricht; vgl. Abbildung 7-17) und der tatsächlichen Erscheinung. Anorektische Mädchen und Frauen sind häufig davon überzeugt, dass ihr Erscheinungsbild durchaus normal ist (Abbildung 7-13 links) und kaschieren ihre übermäßige Schlankheit durch weite, wenig körperbetonte Kleidung.

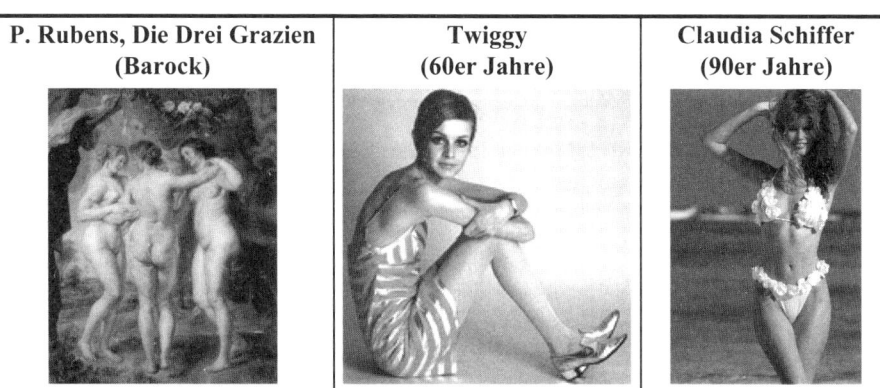

| P. Rubens, Die Drei Grazien (Barock) | Twiggy (60er Jahre) | Claudia Schiffer (90er Jahre) |

Die Änderung des weiblichen Schönheitsideals. Früher galt Wohlbeleibtheit als Wohlstandsmerkmal (links). In den 60er Jahren waren extrem magere Models noch die Ausnahme und sorgten deshalb für Aufregung (Mitte). Die heutigen „Supermodels" sind extrem dünn, aber trotzdem noch „kurvig" (rechts).

Abbildung 7-14:   Die in den letzten Jahren besonders krasse Änderung des weiblichen Schönheitsideals trägt wahrscheinlich zur Zunahme der Anorexie bei.

Die oben skizzierte Vermutung wird gestützt durch eine umfangreiche Untersuchung von Fend (1990). Zwar ergaben sich auch in dieser Studie keine Anhaltspunkte für generell krisenhafte Veränderungen während der Pubertät (das sagt natürlich nichts über Einzelfälle); allerdings sind Mädchen konstant (übrigens auch Frauen im Erwachsenenalter) mit ihrem eigenen körperlichen Erscheinungsbild weniger zufrieden als gleichaltrige Jungen und Männer (vgl. Abbildung 7-15).

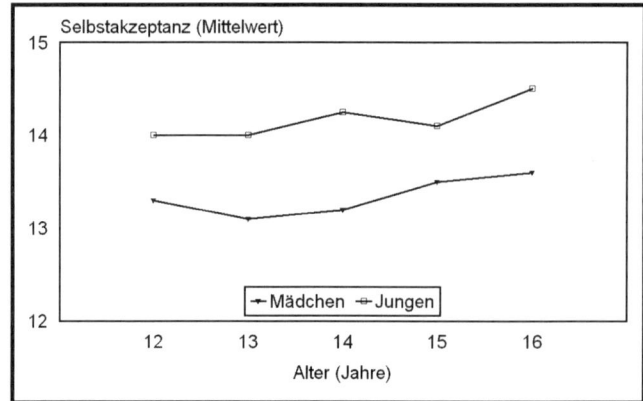

Abbildung 7-15: **Mädchen sind weniger mit ihrem körperlichen Erscheinungs-bild zufrieden als Jungen** (nach: Fend, 1990). Erläuterungen im Text.

Weiterhin unterstützt wird die o.a. Vermutung durch eine Repräsentativbefragung (Westenhöfer, 1992). Lediglich Frauen, deren „Body Mass Index (BMI)"[45] unter 20 lag, wollten nicht schlanker werden; selbst Frauen mit einem BMI von 20 wollten dagegen durchschnittlich knapp 1 Kilogramm abnehmen. Das bedeutet, dass nur knapp 15% der deutschen Frauen das angestrebte Idealgewicht haben. Wie absurd diese Vorstellungen sind, habe ich in Abbildung 7-16 dargestellt. Danach müssten 1,60 m große Frauen ideal-erweise nur weniger als 51 kg wiegen; bei einer Größe von 1,50 m wird dagegen nur ein Gewicht von weniger als 45 kg voll akzeptiert. Dass dieser Schlankheitswahn Essprobleme beschleunigen kann, dürfte wohl außer Zweifel stehen.

Bei Männern sind die Verhältnisse nicht ganz so krass. Sie akzeptieren einen BMI von 22 – der allerdings auch nur von 11% der Befragten erreicht wurde. Männer haben offenbar im Wesentlichen die gleichen Schlankheitsprobleme wie Frauen, reagieren aber weniger sensibel darauf.

Dass ein niedriges Körpergewicht nicht in erster Linie aus gesundheitlichen Gründen angestrebt wird, sondern dass Schlankheit einen Wert an sich darstellt, hat eine Befragung von 35.000 Leserinnen der Frauenzeitschrift „Brigitte" ergeben, in der als wesentliche Gründe für Schlankheit angegeben wurde, „dass sich jemand selbst so nicht leiden kann" oder „sich wohler fühlen will" (Pudel & Westenhöfer, 2003, S. 198).

---

[45] Der Body-Mass-Index (BMI) ist ein Maß für das Körpergewicht in Relation zur Körpergröße und berechnet sich als: Körpergewicht (kg) dividiert durch quadrierte Körpergröße (m). Ein BMI von 20 bis 25 gilt als Normalbereich.

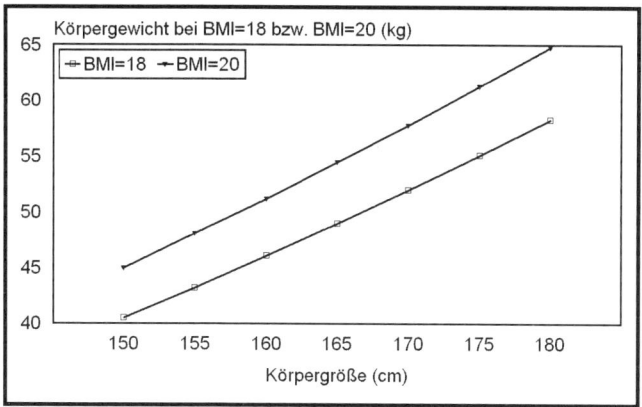

Abbildung 7-16: Zusammenhang zwischen Körpergröße und Körpergewicht bei einem BMI von 18 bzw. 20

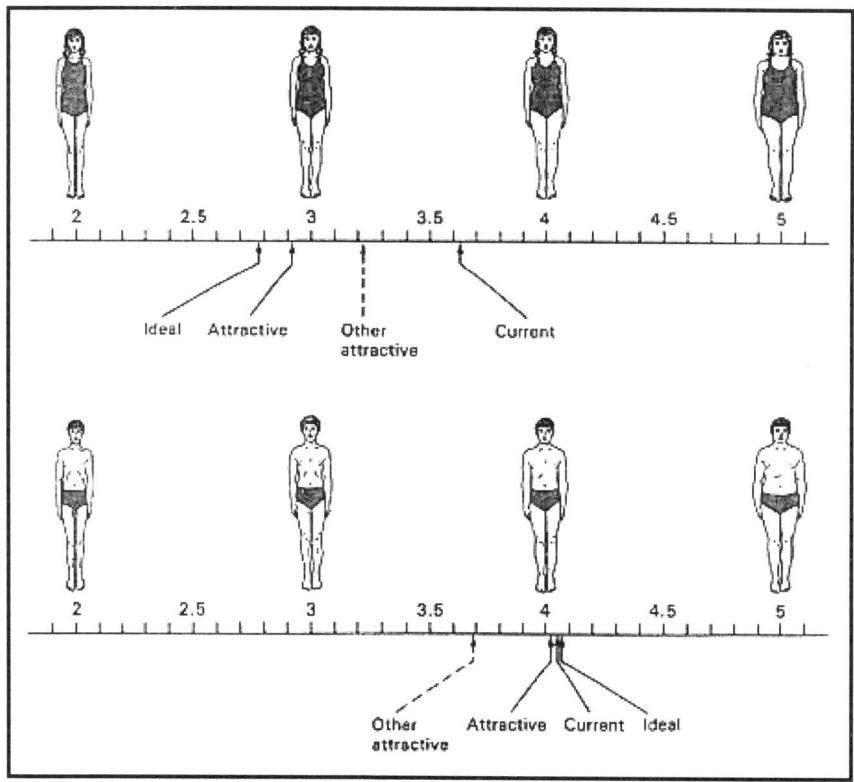

Abbildung 7-17: Beurteilung von Körpersilhouetten durch amerikanische Studentinnen und Studenten aus (aus: Logue, 1991, S. 182). Erläuterungen im Text.

Eine interessante Untersuchung zur Diskrepanz zwischen realem und idealem körperlichen Erscheinungsbild führten Fallon & Rozin (1985) durch. Sie legten ca. 500 amerikanischen Studentinnen und Studenten Körperzeichnungen vor, an Hand derer die Vpn ihr eigenes Erscheinungsbild, ihr Idealbild und die ihrer Meinung nach für das andere Geschlecht attraktivste Silhouette angeben sollten. Außerdem wurde gefragt, welche Silhouette des anderen Geschlechts sie besonders attraktiv fänden. Die Ergebnisse finden sich in Abbildung 7-17.

Beide Geschlechter irrten sich in Bezug darauf, welches Erscheinungsbild für das andere Geschlecht jeweils am attraktivsten sei: Frauen bevorzugen schlankere Männern als von diesen vermutet, und Männer möchten ihre Frauen etwas fülliger als diese glauben. Generell waren die Diskrepanzen bei Frauen größer.

Zusammenfassend ist zu sagen, dass Anorexie und Bulimie nicht ganz ungefährliche Erkrankungen sind und unbedingt in ärztliche Behandlung gehören, die meist recht langwierig ist. Besonders Sportlehrer sollten, wenn sie eine merkliche Abmagerung bei einer ihrer Schülerinnen bemerken, unbedingt ein Gespräch mit den Eltern suchen. Besonders dringlich wird eine Behandlung, wenn schon (z.B. im Sportunterricht) Leistungsbeeinträchtigungen auftreten oder die betroffenen Mädchen nicht mehr regelmäßig am Sportunterricht teilnehmen (können). Angesichts der Tatsache, dass die Sterblichkeit bei Anorexie nicht zu vernachlässigen ist, kommt auch Lehrern hier eine besondere Verantwortung zu.

Als weiterführende, fundierte Literatur zu diesem Thema empfehle ich die Bücher von Alexandra Logue (1995) oder Pudel & Westenhöfer (2003), die gut verständlich über fast alle psychologisch interessanten Aspekte der Nahrungsaufnahme informieren.

7.2.3.5 Selbstmord bei Jugendlichen

Zur Zeit der Pubertät nehmen besonders Selbstmorde (bei Jungen) und Selbstmordversuche (bei den Mädchen) zu, so dass Selbstmord nach Verkehrsunfällen und Krebs bei amerikanischen Jugendlichen zwischen 15 und 24 Jahren die dritthäufigste Todesursache ist (Abbildung 7-18). Nach Oerter & Dreher (1995) ist Selbstmord bei den deutschen Jugendlichen sogar die zweithäufigste Todesursache nach Unfällen. Diese Rangfolge zeigt sich auch in neuesten Daten 2006.

Zwar hat Deutschland im internationalen Vergleich eine eher geringe Selbstmordrate, und sie ist in den letzten Jahren auch kontinuierlich abgesunken. Aber besonders bei den Jungen kann man seit 1960 einen kontinuierlichen Anstieg der Selbstmordrate beobachten (1960 bis 1962 begingen ca. 4 von 100.000 männlichen Jugendlichen im Alter von 15 bis 19 Jahren Selbstmord, 1987/88 war diese Quote auf ca. 10 pro 100.000 gestiegen). Bei den weiblichen Jugendlichen war dieser Anstieg wesentlich geringer; allerdings finden sich bei den jungen Frauen wesentlich mehr Suizid*versuche*. Gut nachgewiesen sind auch in Deutschland starke regionale Unterschiede und Geschlechterdifferenzen bezüglich der Art der Selbstmord(versuch)e. Der Anstieg der Suizidraten besonders bei männlichen Jugendlichen ist auch insofern beunruhigend, zumal man damit rechnen kann, dass unter den anders eingestuften Todesarten (z.B. Verkehrsunfälle) auch noch Selbsttötungsabsichten bedeutsam sein könnten.

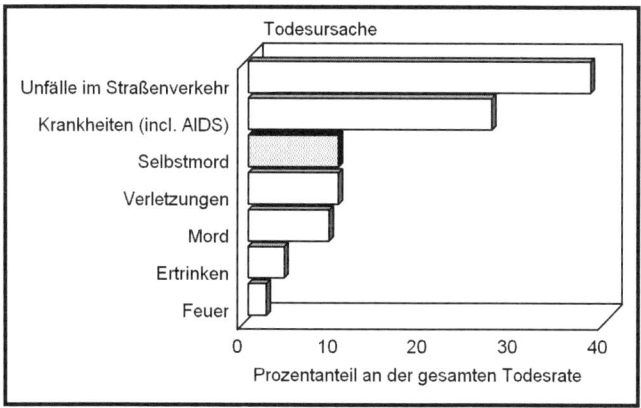

Abbildung 7-18: **Todesursachen bei amerikanischen Jugendlichen 1995** (nach: Rosenberg, Ventura, Maurer, & al., 1996)

7.3 Kognitive Entwicklung während des Jugendalters: das Stadium der formalen Operationen

7.3.1 Wesentliche Kennzeichen des Denkens im Jugendalter

Im Abschnitt 1.6.1 (Abbildung 1-19) bin ich schon kurz darauf eingegangen, dass sich die Struktur der Intelligenz mit zunehmendem Alter ändert. In den Abschnitten 5.5 und 6.2 habe ich dargestellt, wie sich nach den Überlegungen und Befunden Jean Piagets die Denkentwicklung im Vorschulalter (Stadium der sensumotorischen Intelligenz und Stadium des voroperatorischen Denkens) und im frühen Schulalter (Stadium der konkreten Operationen) vollzieht. Daran schließt sich ab ca. dem 12. Lebensjahr das Stadium der formalen Operationen an, das ich im Folgenden zusammenfassend darstellen möchte.

Montada (1995a, S. 540) weist auf ein populäres Missverständnis im Vergleich zwischen dem Stadium der konkreten und der formalen Operationen hin und bringt die Unterschiede zwischen konkretem und formalem Denken auf den Punkt:

> „Was sind die neuartigen Leistungen der formalen Operationssysteme, die etwa vom zehnten Lebensjahr die konkret-operatorischen Strukturen ergänzen? Vielfach ist zu lesen, das konkret-operatorisch denkende Kind könne noch nicht mit abstrakten Zeichensystemen operieren, es benötige eine Abstützung des Denkens auf konkret-anschauliche Gegebenheiten. Dies trifft nicht den Kern der Unterschiede. Im konkret-operatorischen Denken ist das Kind beschränkt auf gegebene Informationen, seien sie konkret-anschaulich oder sprachlich repräsentiert. Demgegenüber geht das formal-operatorische Denken in spezifischer Weise über vorgefundene oder -gegebene Informationen hinaus. Heranwachsende urteilen und folgern nicht nur auf der Basis der aktuell gegebenen Informationen, sondern beziehen mögliche weitere Informationen ein, die sie zu gewinnen suchen."

Wesentliche Kennzeichen des Denkens im Stadium der formalen Operationen

- *Jugendliche können über Möglichkeiten nachdenken.* Im Unterschied zu jüngeren Kindern, die wesentlich auf Grund der aktuell verfügbaren Informationen denken und urteilen, können Jugendliche auch solche Gesichtspunkte berücksichtigen, die nicht unmittelbar auf der Hand liegen oder zu denen sie sich noch Materialien beschaffen müssen.

- *Jugendliche können über die Zukunft nachdenken.* Durch ihre Fähigkeit, auch nicht unmittelbar verfügbare oder hypothetische Gegebenheiten zu berücksichtigen, können sie Situationen vorwegnehmen, die noch nicht eingetreten sind. Sie können sich auf Zukünftiges freuen (z.B. den ersten Urlaub ohne die Eltern mit Freund oder Freundin) oder darüber besorgt sein (z.B. zukünftige Studien- und Arbeitsmöglichkeiten oder globale Erwärmung).

- *Jugendliche können über Tatbestände nachdenken, die möglich oder wahrscheinlich sind*, deren Wahrheitsgehalt aber nicht bewiesen ist (Hypothesen), und daraus „vernünftige" Folgerungen ableiten. Weil sie in der Lage sind, hypothetische Möglichkeiten in ihr Denken einzubeziehen und deren (zukünftige) Konsequenzen zu berücksichtigen, können Jugendliche Verhaltensalternativen bedenken und daraus adäquate Schlussfolgerungen ziehen. So könnte sich ein Jugendlicher, der schon relativ genau weiß, dass er später einmal Biochemie studieren möchte, durchaus dagegen entscheiden, Leistungskurse in Biologie und/oder Chemie zu belegen, weil es vielleicht in Informatik bessere Noten gibt und dadurch die Chancen im späteren Zulassungsverfahren verbessert werden.

- *Jugendliche können über Konventionen hinaus denken.* Eine Diskussion mit Jugendlichen ist oft schwierig, weil von Erwachsenen oft konventionelle „Machbarkeitsargumente" ins Spiel gebracht werden. So können Jugendliche durchaus die Abschaffung der Bundeswehr ernsthaft erwägen, während wir „abgeklärte" Erwachsene einfach „wissen", dass das nicht geht – so wie die meisten von uns auch „gewusst" haben, dass eine Vereinigung von BRD und DDR unmöglich sein wird...

- *Jugendliche können ihr eigenes Denken analysieren.* Damit können sie etwa in Diskussionen durchaus konträre Standpunkte einnehmen, wenn sie dazu aufgefordert werden: sie können z.B. in einer Podiumsdiskussion in der Klasse als überzeugte Wehrdienstverweigerer *zugunsten* des Wehrdienstes zu argumentieren oder die Pro und Contras abzuwägen. Früher wurde das in den Schulen z.B. im sog. „Besinnungsaufsatz" systematisch geübt.

- *Jugendliche können sich eigene Realitäten konstruieren, die über ihre momentane Existenz hinausgehen.* So können sie etwa gesellschaftliche Utopien konstruieren, diese analysieren, mit der vorgefundenen Realität vergleichen oder verbessern.

Tabelle 7-6:   **Wesentliche Kennzeichen des Denkens im Stadium der formalen Operationen**

Jugendliche im Stadium der formalen Operationen können also über Dinge nachdenken, die nicht unmittelbar anstehen. Das sieht man z.B. daran, dass sie verstärkt über Dinge nachdenken, die sie nicht unmittelbar berühren, die aber von übergeordnetem Interesse sind: Umweltschutz, soziale Gerechtigkeit, Gleichberechtigung, Sinn militärischer Einsätze in Krisengebieten oder Tierschutz. Dass die zugrunde gelegten Informationen nicht immer ausgewogen oder vollständig sind und dass die Urteile u.U. einseitig ausfallen („Schnell ist die Jugend mit dem Wort!"), ist dabei eigentlich normal – schließlich nehmen wir „weisen" Erwachsenen noch jahrelang weitere Informationen auf (wenn wir das wollen) und wägen unser Urteil ab (wenn uns nicht z.B. religiöse oder ideologische Schranken daran hindern).

Zusammenfassend kann man die Unterschiede zwischen dem Denken in der späteren Kindheit (d.h. im Stadium der konkreten Operationen) und demjenigen im Jugendalter (im Stadium der formalen Operationen) so zusammenfassen, wie sie oben in Tabelle 7-6 dargestellt sind.

7.3.2 Einige klassische Versuchsanordnungen Piagets zur Untersuchung des formalen Denkens

Piaget hat mit seiner Arbeitsgruppe eine Reihe heute klassischer Versuchsanordnungen entwickelt und ausprobiert. Ich stelle einige davon vor, weil sich damit einerseits gut illustrieren lässt, welche Merkmale das Denken Jugendlicher auszeichnet. Andererseits zeigen diese Anordnungen auch, dass Piaget vorwiegend solche Denk- und Problemlösestrategien betrachtet hat, die wir heute als „naturwissenschaftliche" Methoden der Erkenntnisgewinnung kennzeichnen. Alternative Denk- und Erkenntnismethoden (z.B. Meditation, empathisches Verstehen) spielen bei Piaget keine Rolle.

1. Der Pendelversuch

Bei diesem Versuch sollen die Vpn herausfinden, wovon die Schwingungsfrequenz eines Pendels abhängt. Dazu stehen ihnen verschieden lange Pendel und eine Reihe verschieden schwerer Gewichte zur Verfügung, die sie ausprobieren können (Abbildung 7-19).

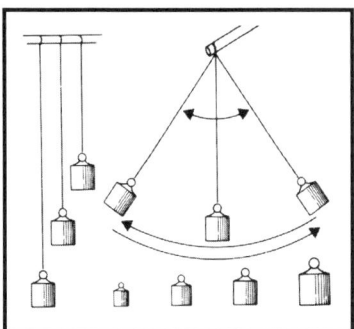

Abbildung 7-19:   **Der Pendelversuch nach Inhelder & Piaget** (1955; Bild aus: Mietzel, 1997, S. 245)

Grundsätzlich könnte die Geschwindigkeit, mit der das Pendel schwingt, z.B. abhängen von der Länge des Pendels und vom angehängten Gewicht bzw. Kombinationen davon. Sie könnte auch abhängen vom Startpunkt oder vom Startimpuls, aber das lassen wir hier einmal außer Acht – dann wird's zu kompliziert. Wenn man herauskriegen will, wie es nun wirklich ist, muss man systematisch alle Möglichkeiten durchprobieren. Wenn jede der möglichen Einflussgrößen nur in zwei Ausprägungen vorliegt (Länge: lang – kurz; Gewicht: schwer – leicht) und außerdem noch Wechselwirkungen möglich sind, so sind immerhin schon die im Folgenden aufgeführten 16 Kombinationen denkbar.

Das Pendel kann schnell schwingen:

1. Überhaupt nicht; d.h. die Geschwindigkeit hängt weder von der Länge noch vom Gewicht ab. Das nennt man „*Kontradiktion*".
2. Bei langem und schwerem Pendel;
3. Bei langem und leichtem Pendel;
4. Bei kurzem und schwerem Pendel;
5. Bei kurzem und leichtem Pendel;
6. Bei langem Pendel; Gewicht ist irrelevant;
7. Bei schwerem Pendel; Länge ist irrelevant;
8. Bei langem und schwerem sowie bei kurzem und leichtem Pendel;
9. Bei kurzem und schwerem sowie bei langem und leichtem Pendel;
10. Bei leichtem Pendel; Länge ist irrelevant;
11. Bei kurzem Pendel; Gewicht ist irrelevant;
12. Bei langem oder schwerem Pendel, d.h. ein kurzes Pendel muss schwer sein;
13. Bei langem oder leichtem Pendel, d.h. ein kurzes Pendel muss leicht sein;
14. Bei kurzem oder schwerem Pendel, d.h. ein langes Pendel muss schwer sein;
15. Bei kurzem oder leichtem Pendel, d.h. ein kurzes Pendel muss leicht sein;
16. Das Pendel schwingt immer schnell, d.h. Länge und Gewicht sind irrelevant. Das nennt man „*Tautologie*".

Ein Kind im Stadium der konkreten Operationen überschaut nach Piaget nicht die ganze Komplexität dieses Problems und kommt dementsprechend zu falschen Antworten, die aus seinem Alltagsverständnis abgeleitet sind, z.B. „Kurze leichte Pendel schwingen schnell, lange und schwere schwingen langsam."

In dieser Versuchsanordnung wird die Fähigkeit zur systematischen Variation von Lösungsmöglichkeiten und zur Variablenisolation (d.h. die Untersuchung des Einflusses einer Variablen durch Kombination mit allen anderen Möglichkeiten) untersucht.

2. Der Balkenwaage-Versuch

Vor den Vpn wird eine Balkenwaage (Abbildung 7-20) aufgebaut. An einem Arm wird in einem bestimmten Abstand vom Drehpunkt ein Gewicht angehängt (z.B. 5g im Abstand 8), und die Vpn müssen die Waage ins Gleichgewicht bringen (z.B. durch Anhängen von 20g im Abstand 2 oder 10g im Abstand 4).

In dieser Versuchsanordnung wird erwartet, dass die Vpn mit multiplikativen Verknüpfungen von Variablen umgehen können (Kraft * Kraftarm = Last * Lastarm) und das Konzept der Proportionalität korrekt anwenden können (Gewicht 1 verhält sich zu Gewicht 2 wie Abstand 2 zu Abstand 1).

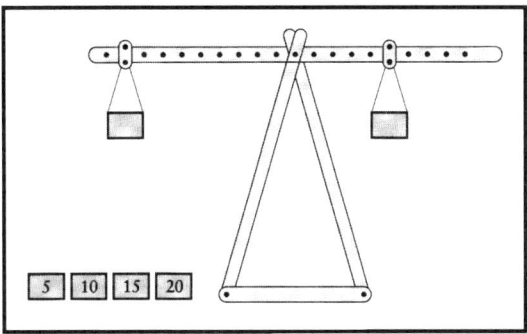

Abbildung 7-20:   **Der Balkenwaage-Versuch nach Piaget** (aus: Cole & Cole, 1993, S. 613) Die Vpn müssen herausfinden, unter welchen Bedingungen sich die Waage im Gleichgewicht befindet.

3. Der Versuch zur Kombination von Chemikalien

Vor den Vpn werden 4 Flaschen mit klaren Flüssigkeiten aufgebaut, die mit 1 bis 4 nummeriert sind. Daneben steht eine Flasche mit Testflüssigkeit. In zwei weiteren Gläsern befindet sich eine ebenfalls klare Flüssigkeit, eine Kombination aus 1 und 3 (Abbildung 7-21). Vor den Augen der Vpn wird dem ersten Glas etwas Testflüssigkeit (T) zugefügt, wodurch sich die Flüssigkeit gelb färbt. Wenn man dem Inhalt des zweiten Glases zuerst etwas Flüssigkeit 2 zufügt, färbt sich die Flüssigkeit gelb. Fügt man dann Flüssigkeit 4 hinzu, wird sie wieder klar. Die Aufgabe der Vpn besteht darin, diese Verhältnisse herauszubekommen, wobei ihnen natürlich nicht gezeigt oder gesagt wird, welche Flüssigkeiten sich in den Gläsern oder in den Pipetten befinden.

Auch diese Aufgabe dient der Untersuchung der Variablenisolation in komplexen Anordnungen. Außerdem wird von den Jugendlichen gefordert, die Aufgabe *als Ganzes* zu betrachten, denn sowohl die Kombination als auch die Reihenfolge einzelner Lösungsschritte sind zu beachten. Wenn man die Aufgabe „zerstückelt", d.h. immer nur eine Flüssigkeit nach der anderen mit der Testflüssigkeit untersucht, kommt man zu keiner Lösung. Wenn man eine falsche Reihenfolge wählt, stellt sich ebenfalls kein Erfolg ein.

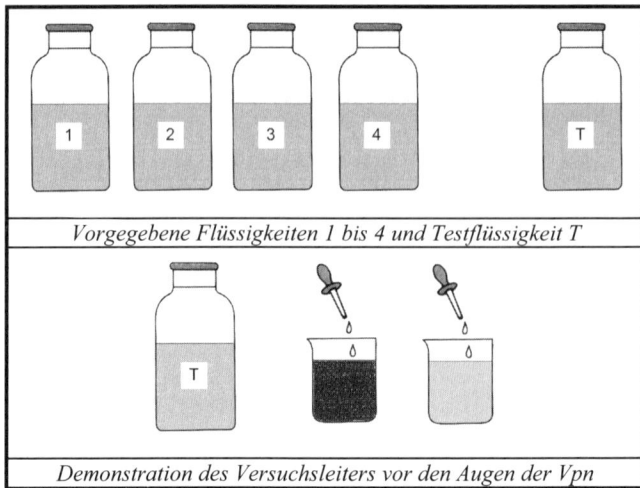

Vorgegebene Flüssigkeiten 1 bis 4 und Testflüssigkeit T

Demonstration des Versuchsleiters vor den Augen der Vpn

Abbildung 7-21: **Piagets Versuch zur Kombination von Chemikalien. Erläuterungen im Text**

7.3.3   Kritische Würdigung der Befunde Piagets zu den formalen Operationen

In Folgeuntersuchungen insbesondere im Anschluss an das Erscheinen der amerikanischen Übersetzung des Buches von Inhelder & Piaget (1955) im Jahre 1958 stellte sich heraus, dass einige der zentralen Annahmen Piagets bezüglich des formal-operatorischen Denkens ergänzungsbedürftig sind. Einige dieser Kritikpunkte habe ich im Folgenden zusammengestellt.

- *Formale Operationen treten nicht als universelles Entwicklungsstadium auf.* Ich habe schon weiter oben gesagt, dass Piaget einseitig die naturwissenschaftliche Erkenntnismethode favorisiert hat und andere Herangehensweisen an Probleme vernachlässigt. Ob Jugendliche dieses Entwicklungsstadium erreichen, hängt ganz entscheidend von ihrer soziokulturellen Herkunft und ihrer Schulbildung ab.

- *Die Annahme, dass formale Kategorien und Regeln generell unser Denken bestimmen, ist problematisch* (J. Thomas & Schillig, 1996). Kinder und Jugendliche, aber auch Erwachsene gehen an viele Probleme intuitiv heran, und dieses Vorgehen ist sehr effektiv. Die von Piaget favorisierte Untersuchung aller Lösungsmöglichkeiten und der damit verbundene Ausschluss falscher Hypothesen („Falsifikationsstrategie") ist gegenüber einer heuristischen, plausiblen Lösungsstrategie („Verifikationsstrategie") zwar exakt, aber im Alltag schwer zu handhaben. Unser alltägliches Denken wird wesentlich von effektiven, aber manchmal eben fehlerhaften Lösungsstrategien bestimmt (vgl. zusammenfassend: Tücke, 2003, Kapitel 4). Formale Strategien kommen dann zum Einsatz, wenn unsere gewohnten Denkweisen versagen (J. Thomas & Schillig, 1996).

- *Jungen und Mädchen unterscheiden sich im Einsatz formaler Denkoperationen.* Nach einer Metaanalyse von Meehan (1984) schneiden Jungen bei Problemen zur Aussagenlogik, zu kombinatorischem Denken und zu Denken mit Proportionen besser ab als Mädchen. Die Unterschiede sind zwar gering, aber systematisch. Das ist vielleicht ein Symptom dafür, dass Piaget naturwissenschaftliche Denkstile bevorzugt – also solche Denkstile, mit denen Jungen im Durchschnitt weniger Probleme haben.

- *Nicht alle Jugendlichen und Erwachsenen erreichen das Stadium der formalen Operationen, oder sie setzen formales Denken nicht durchgängig ein.* Besonders in Alltagssituationen werden einfachere Strategien mit gutem Erfolg eingesetzt. In einer hübschen Untersuchung von Capon & Kuhn (1979) sollten Käuferinnen in einem Supermarkt entscheiden, welche Packungsgröße eines Knoblauchpulvers günstiger war: die kleine oder eine größere Packung. Bei einfachen Packungsproportionen setzte nur jede dritte Frau formales Denken ein, bei komplexeren Proportionen war der Anteil noch geringer.

- *Es gibt bemerkenswerte kulturelle Einflüsse auf die Entwicklung des formalen Denkens.* Angehörige ländlicher Kulturen zeigen weniger formales Denken als gut ausgebildete Städter aus westlichen Kulturen.

- *Formales Denken umfasst nicht unbedingt alle Problembereiche, sondern ist bereichsspezifisch.* So ist es gut möglich, dass wir bei weniger wichtigen oder solchen Problemen, über die wir schon über ein gutes Vorwissen verfügen, einfachere, heuristische Strategien einsetzen, während wir bei wichtigen Problemen und solchen, über die wir so gut wie nichts wissen, formale Operationen einsetzen. Anhaltspunkte für eine solche Vermutung liefert eine Untersuchung von Tschirgi (1980). Die Autorin legte N=24 Erwachsenen und N=72 Kindern des zweiten, vierten und sechsten Schuljahres kleine alltägliche Geschichten vor (Tabelle 7-7).

John backt einen Kuchen und verwendet dazu, weil ihm einige Zutaten fehlen, Honig statt Zucker, Margarine statt Butter und braunes (Vollkorn-) statt weißem Mehl. In einem Teil der Geschichten wurde der Kuchen besonders gut ("saftig"), in einem anderen misslang er (er wurde "loofsch", wie Sachsen wohl sagen würden). In beiden Fällen vermutet John Honig als Ursache. In beiden (formal gleichen) Situationen ist die Frage, was John tun muss, um seine Vermutung zu überprüfen. Nur wenn der Kuchen misslungen war, schlugen die Vpn John vor, den Honig gegen Zucker auszutauschen ("Falsifikationsstrategie"). War der Kuchen hingegen gelungen, schlugen sie vor, die anderen Komponenten auszutauschen ("Verifikationsstrategie"). Diese Lösungsmuster fanden sich in allen Altersgruppen – auch bei den Erwachsenen. Beide Strategien sind formal-logisch unvollkommen – aber der Situation angemessen, weil man ja normalerweise keine Lust hat, ziemlich viele Kuchen zu backen und die dann auch noch zu essen.

John wollte einen Kuchen backen. Aber ihm fehlten einige Zutaten. Deshalb

- nahm er Margarine statt Butter als Backfett;
- nahm er Honig statt Zucker als Süßstoff;
- nahm er braunes statt des normalen weißen Backmehls.

Der Kuchen wurde ganz toll, weil er so saftig war.

John glaubte, dass der Honig den Kuchen so saftig gemacht hatte. Er dachte, dass das Backfett (Butter oder Margarine) oder das Mehl (braun oder weiß) unwichtig war.

 macht einen saftigen Kuchen!

Was müsste John tun, um seine Vermutung zu überprüfen?

Er könnte den Kuchen noch einmal mit Zucker statt Honig backen, die Margarine und das braune Mehl aber beibehalten.

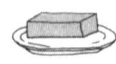 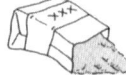

Er könnte den Kuchen noch einmal backen, aber mit Zucker, Butter und dem normalen weißen Mehl.

Er könnte den Kuchen noch einmal mit Honig backen, aber diesmal mit Butter und dem normalen weißen Mehl.

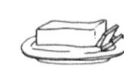 

Tabelle 7-7: **Die Untersuchungsanordnung von Tschirgi** (1980). Erläuterungen im Text. (Bilder aus: Cole & Cole, 1993, S. 619)

7.4 Egozentrismus im Jugendalter

Wenn William Shakespeare (o.J., S. 270-271) in seiner unsterblichen Komödie „Wie es euch gefällt" schreibt:

> „Die ganze Welt ist Bühne
> Und alle Fraun und Männer bloße Spieler."

(ein Zitat, das die älteren von uns wohl noch aus dem gesprochenen Teil von Elvis Presleys Schmusehit „Are you lonesome tonight?" kennen), können die meisten wohl zustimmen. Fast jeder von uns hat wohl schon das Gefühl gehabt, wie ein Schauspieler von anderen (dem Publikum) intensiv beobachtet zu werden. Ich habe über einen Zeitraum von mehr als 15 Jahren regelmäßig gejoggt (jetzt macht das mein rechtes Knie nicht mehr mit) und musste eigentlich wissen, dass sich beim Waldlauf allenfalls Hunde für entgegenkommende Läufer interessieren, nicht aber Wanderer oder Spaziergänger. Trotzdem habe ich mich zusammengerissen, mein Lauftempo beschleunigt und versucht, auch nach 10 Kilometern noch einen „frischen" Eindruck zu machen, wenn mir Leute (z.B. Wanderer oder andere Jogger) entgegenkamen. Meine Frau läuft noch nicht so lange und hat, obwohl das unsere Nachbarn wirklich nicht interessiert (sie wundern sich allenfalls, dass man auch bei Regen und Kälte ungeschützt durch das wirklich hübsche Osnabrücker Land laufen kann), schon Probleme, total verschwitzt und mit rotem Gesicht vor unserem Haus „aufzulaufen".

Besonders beobachtet fühlt man sich, wenn einem etwas „Peinliches" widerfährt: wenn man z.B. im Restaurant ein Messer fallen lässt, wenn man bei einer Fahrscheinkontrolle im Bus den Fahrausweis nicht auf Anhieb findet oder wenn man beim Einparken sein Auto partout nicht parallel zum Bordstein ausrichten kann. Bei Jugendlichen ist die subjektive Vermutung, selbst dauernd beobachtet zu werden, ein „imaginäres Publikum" zu haben, nach Elkind (1967), besonders ausgeprägt (siehe auch: Buis & Thompson, 1989):

> „Und eben, weil der Jugendliche meint, die Aufmerksamkeit aller sei auf ihn gerichtet, fragt er sich immerzu, was andere von ihm denken, und geniert sich deshalb. Dieser E-gozentrismus geht nach Elkind auch aus der Überbewertung der eigenen Empfindungen hervor, die der Jugendliche als einzigartig und weltumfassend betrachtet. Diese Über-schätzung der eigenen Einzigartigkeit kann zu der Überzeugung führen, dass ihm man-ches niemals passieren wird. Dies nennt Elkind die ‚persönliche Fabel'" (de Wit & van der Veer, 1982, S. 73).

Weil Jugendliche häufig glauben, dass sie unter permanenter Beobachtung stehen, kön-nen sie ein schiefes Bild von sich selbst entwickeln. Sie halten sich für einmalig und beson-ders wichtig. Sie sehen oft auf das Leben der Eltern herab, das sie als eng und langweilig empfinden und das sie für sich selbst anders gestalten möchten. Sie überschätzen ihre eige-nen Möglichkeiten und Kompetenzen und unterschätzen Einschränkungen („Ich möchte Astronaut werden – und nicht Elektriker wie mein Vater"). Sie halten sich für privilegiert und unverletzlich („Das könnte mir doch nicht passieren!"). Für diese Eigenart Jugendli-cher hat David Elkind (1967) den Begriff der „*persönlichen Fabel*" geprägt.

Der Egozentrismus im Denken Jugendlicher zeigt sich in vielen Bereichen. Jugendliche verbringen viel Zeit vor dem Spiegel und reagieren sensibel auch auf kleinste körperliche Veränderungen (z.B. Pickel oder einzelne beim Kämmen ausfallende Haare), weil sie sich von einem *imaginären Publikum* permanent beobachtet und kontrolliert fühlen (Abbildung 7-22). Sie reagieren besonders sensibel auf abfällige Bemerkungen über ihr äußeres Er-scheinungsbild (und dazu gehört natürlich auch ihre Kleidung) und achten darauf, dass damit „alles im grünen Bereich" ist (und dazu gehört – leider – oft auch die richtige Klei-dungsmarke). Körperpflege wird viel wichtiger als in der Kindheit, und Eltern tun gut dar-an, sich auf längere Blockaden des Badezimmers einzurichten, weil manche Jugendliche ihre körperliche Unbefangenheit auch gegenüber den Eltern verlieren.

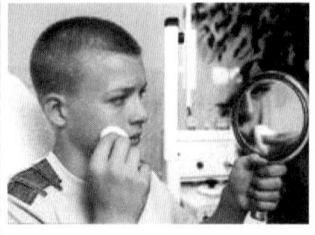

Jugendliche achten besonders auf ihr äußeres Erscheinungsbild (links; Bild aus: Flake-Hobson, Robinson, & Skeen, 1983, S. 423) und reagieren sensibel auf kleine körperliche Veränderungen wie Pickel (Mitte links). Weit verbreitete Brillen oder Zahnspangen werden glücklicherweise nicht mehr als Makel empfunden (rechts; Bild aus: Morché, 1997, S. 121).

Abbildung 7-22: **Der Egozentrismus im Denken Jugendlicher zeigt sich zunächst darin, dass sie handeln wie vor einem „imaginären Publikum".**

Problematisch kann die Vorstellung eines imaginären Publikums für Kinder werden, die z.B. aus gesundheitlichen Gründen auf bestimmte „peinliche" Verrichtungen (z.B. Spritzen) angewiesen sind, obwohl nach einer Studie von Vera, Nollet-Clémencon, Vila, Mouren-Simeoni, & al. (1997) diese Vermutung bei jugendlichen Diabetikerinnen nur teilweise gestützt wurde. Glücklicherweise werden Brillen, Zahnspangen oder auch Fahrradhelme heute nicht mehr als Makel empfunden, sondern gelten bei entsprechender Aufmachung durchaus als willkommenes Statussymbol:

> „Das Gestänge (eine Zahnspange – MT) erinnert an den Gesichtsschutz irgendwelcher Pitbull-Rangers. Das Kind ist begeistert. Aber es will nicht nachts mit dem Gesichtsbogen schlafen, „da sieht einen ja keiner", Marie will das metallische Lächeln. Erstaunt registrieren selbst Klammer-Skeptiker unter den Kieferorthopäden, dass manche Kinder ganz enttäuscht sind, wenn sie weiterhin normal lächeln müssen, weil sie keine Zahnspange brauchen" (Morché, 1997, S. 122).

Persönliche Fabeln führen offenbar zu besonderem Risikoverhalten. Jugendliche fahren im Straßenverkehr schneller und risikoreicher als andere Gruppen (und bezahlen dafür häufig mit ihrem Leben oder ihrer körperlichen Unversehrtheit; Abbildung 7-23). Sie schützen sich bei Sexualkontakten weniger vor ungewollten Schwangerschaften oder sexuell übertragbaren Krankheiten, wie AIDS (Serovich & Greene, 1997). Diese Erkenntnis könnte auch Auswirkungen auf eine wirkungsvolle Ansprache Jugendlicher in Kampagnen zu sicherem Verhalten haben: der Glaube an die eigene „Unverwundbarkeit" kann als Schutzschild gegen die Auseinandersetzung mit notwendigen Verhaltensänderungen wirken (Greene, Rubin, & Hale, 1995). Kampagnen, die Verhaltensalternativen oder die Spaßkomponente eines erwünschten Verhaltens betonen (z.B. den Gebrauch von Kondomen, Mopedhelmen oder Sicherheitsgurten) sind bei Jugendlichen offenbar wirkungsvoller als Warnungen vor schädlichen Auswirkungen eines unerwünschten Verhaltens.

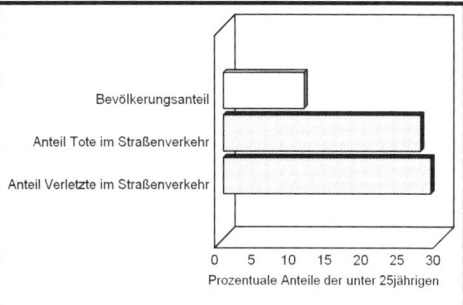

Aufgrund ihrer „persönlichen Fabel" halten sich Jugendliche häufig für gefeit gegen Unglück, was sie zu besonders riskantem Verhalten verleiten kann. Typische Indikatoren dafür sind schwere Unfälle im Straßenverkehr (links; aus: Neue Osnabrücker Zeitung vom 29.09.1998, S. 21; rechts: nach Daten des Statistischen Bundesamts für 1997)

Abbildung 7-23: **Der Egozentrismus im Denken Jugendlicher zeigt sich auch im Glauben an ihre „persönliche Fabel" – an ihre Einmaligkeit und Unverletzlichkeit.**

7.5 Soziale Entwicklung im Jugendalter

In entwickelten, wohlhabenden Gesellschaften, die es sich leisten können, junge Menschen über lange Zeit hinweg auszubilden und während dieser Zeit von darüber hinausgehenden gesellschaftlichen Verpflichtungen freizustellen[46], kann man (mindestens) drei große Bereiche von Subkulturen unterscheiden: eine Kinderkultur, eine Jugendkultur und eine Erwachsenenkultur. Alle drei sind keineswegs homogen und lassen sich zeitlich und sozial weiter untergliedern. Ihre chronologische Zuordnung kann sich langfristig ändern (Abbildung 7-24). Jede dieser Subkulturen hat bestimmte gesellschaftliche Funktionen und Aufgaben („Entwicklungsaufgaben"), die typisch und wichtig für den jeweiligen Lebensabschnitt sind und die sich natürlich ebenfalls ändern können (Hurrelmann, 1994a, 1994b).

Abbildung 7-24 kann man entnehmen, dass die Rahmenbedingungen für die individuelle Entwicklung heute weniger starr sind als in der Vergangenheit – und in Zukunft noch variabler sein werden als jetzt. Das bedeutet, dass auch die eigene Lebenssituation immer weniger starr wird, dass Umstellungen auf veränderte Anforderungen und Lebensbedingungen immer wichtiger werden, dass soziale Beziehungen wahrscheinlich langfristig weniger planbar und oberflächlicher geworden sind und zukünftig weiterhin werden (siehe auch: Keupp, 1997).

---

[46] Dass das eben Gesagte in Deutschland nur noch eingeschränkt gilt, zeigt sich z.B. darin, dass jeder dritte Student durch Arbeit neben dem Studium wesentlich zu seinem Lebensunterhalt beitragen muss.

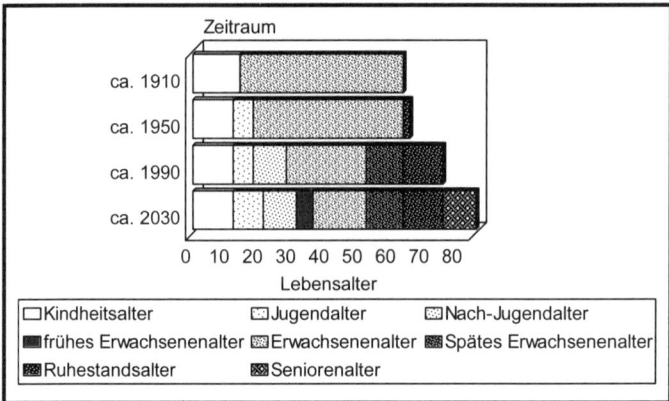

Abbildung 7-24: Änderungen des zeitlichen Bezugsrahmens für Kindheits-, Jugend- und Erwachsenenalter

Im Zuge der deutschen Vereinigung haben besonders ehemalige Bewohner der DDR, deren Leben bis zum Wegfall der innerdeutschen Grenze streng planbar und vorhersagbar war, Probleme bekommen, sich selbst neu zu definieren. Ein Beispiel dafür bietet vielleicht die am 03.10.1998 in der Neuen Osnabrücker Zeitung veröffentlichte Geschichte der Familie Müller aus Rügen, die 1994 aus beruflichen Gründen in den Westen an die Unterelbe in die Nähe Hamburgs gezogen ist. Nach anfänglichen Umstellungsschwierigkeiten betrachtet sich die Familie jetzt als gut integriert, aber mit Einschränkungen, wie Tabelle 7-8 zeigt.

> Nach Rügen wollen sie nicht mehr zurück. Allerdings verbringen sie jeden Urlaub auf der Insel, und „alle halbe Jahr muß ich mindestens für ein Wochenende nach Hause", sagt Sonja Müller, auch wenn ihre Freunde sie jetzt als „Wessis" behandelten. Dabei „bin und bleibe ich Ossi", ruft sie und geht in die Küche, um Kaffee zu holen. Dort sitzen in einem Vogelbauer zwei Sittiche. Die Käfigtür ist geöffnet, aber die Vögel fliegen nicht raus.

Tabelle 7-8: Nach der Vereinigung Deutschlands haben viele ehemalige Bewohner der DDR Probleme mit ihrer Identität

Das Gesagte möchte ich noch an einem zusätzlichen Beispiel demonstrieren. Wenn man meinen Vater (Jahrgang 1911) gefragt hat, was er denn sei, so kam ohne Zögern die Antwort: „Ich bin Lokführer". Sein Beruf (den auch er wegen der Massenarbeitslosigkeit zu

Beginn der 30er Jahre mehrfach wechseln musste: er war von Beruf Klempner, schulte dann zum Werkzeugmacher um und wechselte schließlich 1938 zur damaligen Deutschen Reichsbahn, um eine Ausbildung als Lokführer zu beginnen) bestimmte bis zu seiner Pensionierung und eine gute Zeit danach sein Leben. Er definierte sich ganz wesentlich über seine Arbeit. Dass er daneben auch für eine Familie zu sorgen hatte, trat offenbar in den Hintergrund. Anders meine Mutter, die sich eigentlich ihr Leben lang (auch als sie voll berufstätig war) als Hausfrau und später als Mutter verstand (und – zu meinem Leidwesen – z.B. bei meinen Besuchen dieses Selbstverständnis auch bis zu ihrem Lebensende beibehalten hat).

Diesen Selbsteinschätzungen liegen offenbar verschiedene Wertsysteme zugrunde oder vielleicht auch soziale Faktoren. Wenn man mich heute fragt, was ich bin, könnte ich natürlich sagen: „Ich bin Professor" – aber das fällt mir schwer. Denn ich könnte mit genau derselben Berechtigung sagen: „Ich bin Schinkelaner"[47] oder: „Ich bin Psychologe"[48] oder gar: „Ich bin Provence- und England-Fan". Auch meine sozialen Beziehungen sind keineswegs einheitlich: beim Bäcker morgens treffe ich Nachbarn, mit denen ich besondere Anlässe (Hochzeiten, Geburtstage) gern zusammen begehe. In der Universität treffe ich Kollegen, und mit einigen verbinden mich langjährige Freundschaften. Und schließlich habe ich persönliche Beziehungen zu Leuten in der Provence, mit denen ich gern bei Rotwein und Lammbraten beisammen sitze, philosophiere oder auch einfach nur diskutiere. Last not least gibt es natürlich meine Familie, mit der ich fast täglich zusammen bin und die mein Leben zentral mitbestimmt.

Für Kinder haben die Fragen nach dem eigenen Selbst (der eigenen Identität) weniger Bedeutung – vielleicht auch deswegen, weil ihre Fähigkeit zur Selbstreflexion noch nicht sehr gut entwickelt ist. Auch Probleme sozialer Beziehungen und Freundschaften werden erst später artikuliert (Freunde sind zunächst Spielpartner und Helfer; erst später wird der Freund zum Partner; vgl. Abschnitt 6.5.5). Bei Jugendlichen hingegen haben Freundschaften und Cliquen eine zentrale Bedeutung, und die Frage, wer man eigentlich sei und was man später werden möchte, ist Gegenstand des Nachdenkens und intensiver Diskussionen mit Gleichaltrigen (und meist auch mit den Eltern).

7.5.1 *Entwicklung der eigenen Identität*

Die Frage, was eigentlich unter „Identität" oder „Identitätsentwicklung" zu verstehen sei, ist ungefähr so schwer zu beantworten, wie es problematisch ist, eine große Portion Wackelpudding heil von der Schüssel zum Teller zu befördern:

> „Diese »Identität« ist ein nicht sehr klar definiertes Konzept, das das ausmachen soll, was den Menschen »als einmalig und unverwechselbar durch seine soziale Umgebung wie durch das Individuum selbst« macht" (Wendt, 1997, S. 358).

---

[47] Der Stadtteil Schinkel ist das traditionelle Arbeiterviertel in Osnabrück. Es gilt als hässlich und wenig attraktiv. Ich habe dort meine Kindheit und Jugendzeit verbracht und nach dem Studium (mit kurzen Unterbrechungen) dort auch noch als Erwachsener ziemlich lange und gern gewohnt.

[48] Dann müsste ich allerdings hinzufügen, dass ich eigentlich kein „richtiger" Psychologe bin, denn ich bin weder therapeutisch ausgebildet, noch war ich jemals therapeutisch tätig.

Wenn man Kinder und Jugendliche verschiedener Altersstufen danach befragt, was denn für sie selbst typisch oder wichtig sei, so sieht man, dass in verschiedenen Altersstufen unterschiedliche Dinge eine Rolle spielen (Abbildung 7-25):

Vorschulalter	Schulalter	Jugendalter
• Eigener Besitz • Sichtbare Merkmale • Vorlieben • Fähigkeiten	• Emotionen • Soziale Bezugsgruppen • Vergleich mit Gleichaltrigen	• Einstellungen • Persönlichkeitsmerkmale • Meinungen können nach Kontext wechseln • Zukunftsorientiert

Abbildung 7-25: **Merkmale der eigenen Identität in verschiedenen Altersgruppen** (nach: Kail, 1998, S. 278)

"Throughout the preschool years, possessions continue to be one of the ways that children define themselves. Preschoolers are also likely to mention physical characteristics ("I have blue eyes"), their preferences ("I like spaghetti"), and their competencies ("I can count to 50"). What these features have in common is a focus on a child's characteristics that are observable and concrete.

Sometime between 6 and 8 years of age, children's self-descriptions begin to change. Children are more likely to mention emotions ("Sometimes I get angry"). They are also more likely to mention the social groups to which they belong ("I'm on the soccer team"). Finally, in contrast to preschool children, who simply mention their competencies, elementary-school children describe their level of skill in relation to their peers ("I'm the best speller in my whole class").

Self-concepts change again as children enter adolescence. They now include attitudes ("I love algebra") and personality traits ("I'm usually a very happy person"). Adolescents also begin to make religious and political beliefs a part of their self-concept ("I'm a Catholic") or (I'm a conservative Republican"). Another change is that adolescents' self concepts often vary with the setting. A teenager might say „I'm really shy around people that 1 don't know, but I let loose when I'm with my friends and family."

Yet another change is that adolescents' self-concepts are often future oriented: Adolescents often describe themselves in terms of what they will be when they reach adulthood. These descriptions may include occupational goals ("I'm going to be an English teacher"), educational plans ("I plan to go to a community college to learn about computers"), or social roles ("I want to get married as soon as I finish high school")

... The change in children's knowledge of themselves should not surprise you because it's exactly the type of change that Piaget described" (Kail, 1998, S. 277).

7.5.1.1   Der Ansatz von E. H. Erikson

Identitätsfindung ist nach Erikson (1998), dessen Buch für die Identitätsforschung besonders einflussreich war und noch ist, ein langwieriger Prozess, der von der Geburt bis ins Erwachsenenalter reicht und von besonderen Krisen geprägt ist[49]. Im Jugendalter soll diese „Identitätsfindung" besonders virulent sein und die in Tabelle 7-9 dargestellten Teilprozesse umfassen. Eigentlich sieht man schon an den Formulierungen, dass das Identitätskonzept ein sehr weiches, schwammiges Konstrukt ist und obendrein sehr stark von gesellschaftlichen Wertungen abhängig ist.

Nach Erikson vollzieht sich der Prozess der Identitätsfindung lebenslang und umfasst verschiedene Stufen; seine Überlegungen sind deshalb den Stufenlehren der menschlichen Entwicklung zuzurechnen (vgl. Abschnitt 1.6.2) Die Übergänge von einer Stufe zur anderen sollen von heftigen Krisen geprägt sein, die sich zwar durch das ganze Leben ziehen, aber im Jugendalter besonders schlimm sein sollen. Für die Erfassung der Identitätsentwicklung nach Erikson steht auch ein deutschsprachiger Fragebogen zur Verfügung (Kapfhammer, 1995).

---

[49] Diese „Krisen" beschaffen manchen Psychologen wohl auch Arbeit.

Wesentliche Punkte der Identitätsfindung
• Identität ist eine Antwort auf die Frage „Wer bin ich?"
• Im Allgemeinen führt die Antwort auf diese Frage zur Herausbildung einer neuen Ganzheit, in der die Elemente des „Alten" mit den Erwartungen an die Zukunft integriert sind.
• Diese Integration vermittelt die fundamentale Erfahrung von Kontinuität und Selbstsein.
• Die Antwort auf die „Identitätsfrage" wird durch eine realistische Einschätzung der eigenen Person und der eigenen Vergangenheit sowie der eigenen Kultur, insbesondere ihrer Ideologien und den Erwartungen der Gesellschaft an die eigene Person, erreicht.
• Gleichzeitig werden die kulturellen Erwartungen „kritisch hinterfragt", und auch die Berechtigung der sozialen Erwartungen wird überprüft (Krise).
• Der Prozess des Hinterfragens und der Integration kristallisiert sich um fundamentale Probleme, wie die berufliche Zukunft, die Partnerbeziehungen und um religiöse und politische Standpunkte.
• Er führt zu persönlichen Verpflichtungen in diesen Bereichen und ermöglicht – von einem objektiven Standpunkt aus gesehen – die produktive Integration in die Gesellschaft.
• Subjektiv vermittelt diese Integration ein Gefühl von Loyalität und „Treue" sowie ein tiefes Gefühl der Verwurzelung und des Wohlbefindens, der Selbstachtung und Zielstrebigkeit.
• Die sensible Phase für die Entwicklung der Identität ist die Adoleszenz.

Tabelle 7-9: **Wesentliche Punkte der Identitätsfindung** (aus: Arbinger, 1996, S. 26)

Ich habe die Überlegungen Eriksons im Anschluss an Trautner (1978, S. 272-273) und Arbinger (1996, S. 11) vereinfacht in Tabelle 7-10 aufgeführt.

Neuere Untersuchungen haben allerdings ergeben, dass Erikson (vielleicht auch aufgrund seiner eigenen Lebensgeschichte; vgl. Mietzel, 1997, S. 271) die Bedeutung der von ihm beschriebenen „Krisen" für das Entwicklungsgeschehen wohl überschätzt hat. Viele Jugendliche erfahren Übergänge als allmähliche Veränderungen, in denen sie Neues ausprobieren und alternative Problembewältigungen einsetzen können. Solche Lebensabschnitte beinhalten immer auch Herausforderungen, zu denen man Entscheidungen zu treffen hat, die aber oft von Eltern und Gleichaltrigen vorbereitet und unterstützt werden. Die weitaus meisten Jugendlichen werden mit diesen Übergängen gut fertig, fühlen sich im Netz ihrer sozialen Beziehungen wohl und empfinden sie eben nicht als „Krise"[50].

---

[50] Gegen diese Argumentation scheint die in Abschnitt 7.2.3.5 dargestellte hohe Selbstmordrate bei Jugendlichen zu sprechen; sie ist allerdings in späteren Lebensjahren noch höher.

Psychosoziale Krisen	Relevante Bezugspersonen	Psychosoziale Funktionsweisen	Elemente der Sozialordnung
Vertrauen vs. Misstrauen	Mutter	Empfangen, geben	Ernährung und Pflege des Kindes
Autonomie vs. Scham, Zweifel	Eltern	Behalten, hergeben	Einübung von Gehorsam
Initiative vs. Schuldgefühl	Familie	Tun, „tun als ob" (spielen)	Eltern und Idole als Vorbilder
Werksinn vs. Minderwertigkeitsgefühl	Nachbarschaft, Schule	Etwas machen, konstruieren	Dinge und Personen in der Umwelt
Identitätsfindung vs. Identitätsdiffusion	Gleichaltrige, Idole	Wer bin ich?	Meinungen, Einstellungen, Ideen, Ideologien
Intimität und Solidarität vs. Isolierung	Freunde, Sexualpartner, Rivalen	Sich im anderen finden	Kooperation und Wettstreit
Zeugungsfähigkeit vs. Selbstabkapselung	Arbeitsplatz, Haushalt	Schaffen, versorgen	Erziehung und Tradition
Integrität vs. Verzweiflung	Gesamte Menschheit	Eigene Entwicklung und Vergänglichkeit akzeptieren	Weisheit

Tabelle 7-10:   **Identitätsentwicklung nach Erikson** (vereinfacht nach: Arbinger, 1996, S. 11; und: Trautner, 1978, S. 272-273)

Die methodische Kritik am Ansatz Eriksons hat Wendt (1997, S. 359) anekdotisch, aber durchaus treffend, so zusammengefasst:

> „Es ist ein sehr verbreiteter Fehler in methodisch weniger gut fundierten Untersuchungen, dass sich die Aufmerksamkeit auf eine einzige Zelle einer an sich bestehenden Vier-Felder-Tafel konzentriert, wenn nicht sogar beschränkt. In einer Kirche an der englischen Küste zeigte einmal der Pastor dem zu seinen Lebzeiten schon berühmten Sir Francis Bacon die vielen Votiv-Schiffe, die dort von der Decke hingen und von Seeleuten gestiftet waren, die in Seenot gebetet hatten und gerettet worden waren. Francis Bacon fragte darauf nur, wo denn die Schiffe von denen seien, die auch in Seenot gebetet hätten, aber nicht gerettet worden wären. So erfahren wir aus einem großen Teil der Literatur nur von den Jugendkrisen derer, die welche erlebt haben, aber nicht von den vielen anderen, die keine solchen hatten."

7.5.1.2   Der Ansatz von J. Marcia

Ausgehend von den Überlegungen Eriksons entwickelte Marcia (1966) eine heute weit verbreitete Theorie der Identitätsentwicklung und einen Interviewleitfaden dazu, mit dessen

Hilfe die verschiedenen Identitätsschwerpunkte auch methodisch besser erfasst werden können als bei Erikson. Marcia (1994) betrachtet die Identitätsentwicklung in Abhängigkeit von zwei Einflussgrößen, der *Identitätsexploration* und der *Identitätsverpflichtung* (Tabelle 7-11).

Exploration	Verpflichtung	
	niedrig	hoch
niedrig	Diffuse Identität	Übernommene Identität
hoch	Identitätsmoratorium	Erarbeitete Identität

Tabelle 7-11: **Formen der Identität** (nach: Marcia, 1994)

Marcia versteht unter *Identitätsexploration* die Tendenz, einen Lebensbereich zu erkunden, um so künftige Entscheidungen fundierter treffen zu können. So können sich Jugendliche etwa zeitweise als Punks oder Skinheads definieren, ohne dass das zeitlich oder über verschiedene Lebensbereiche hin stabil sein muss. *Identitätsverpflichtung* kennzeichnet Art und Umfang des Engagements in einem Bereich und die Bereitschaft, darin auch Verantwortung zu übernehmen. Jugendliche, die sich politisch engagieren, übernehmen damit (u.U. sehr langfristig) auch Verpflichtungen, z.B. zum Plakate kleben, zur Unterstützung auch ungeliebter Kandidaten der eigenen Partei oder zu freiwilligen Einschränkungen der eigenen Freiheit zur Meinungsäußerung.

Die in Tabelle 7-11 aufgeführten „Identitätstypen" kann man wie folgt charakterisieren:

- *Diffuse Identität:* Jugendliche dieses Identitätstyps haben noch keine festen Überzeugungen und sind verwirrt oder überwältigt von ihrer Identitätsfindung. Sie tragen aktiv wenig dazu bei, ihre eigene Lebenssituation zu bestimmen und sind auch in zentralen Lebensbereichen wenig engagiert.

- *Übernommene Identität:* Diese Jugendlichen übernehmen wesentliche Wertvorstellungen von ihren Eltern oder Lehrern, ohne sie groß zu hinterfragen.

- *Identitätsmoratorium:* Dieser Identitätstyp erkundet mehr oder weniger spielerisch verschiedene unterschiedliche Alternativen möglicher Lebensgestaltungen. Die eingegangenen Verpflichtungen sind vorübergehend.

- *Erarbeitete Identität:* Diese Jugendlichen haben in der Regel verschiedene Alternativen möglicher Lebensgestaltung ausprobiert und haben sich bewusst für eine Alternative entschieden. Die Entscheidung ist relativ dauerhaft.

Den Zusammenhang zwischen verschiedenen Identitätstypen und zentralen Persönlichkeitsmerkmalen haben Oerter & Dreher (1995, S. 353) zusammengefasst; sie finden sich in Tabelle 7-12.

	Selbst-wertge-fühl	Autono-mie	Kognitiver Stil	Intimität	Soziale Interaktion
Diffuse Identität	Niedrig	Extern kontrol-liert	Impulsive, extrem kognitive Komplexi-tät	Stereotype Beziehun-gen	Zurückgezogen, fühlen sich von den Eltern nicht verstan-den, hören auf Gleichaltrige und Autoritäten
Über-nommene Identität	Niedrig (männl.) Hoch (weibl.)	Autoritär	Impulsiv, kognitiv simpel	Stereotype Beziehun-gen	Ruhig, wohlerzogen, glücklich
Identi-tätsmora-torium	Hoch	Internale Kontrolle	Reflexiv, kognitiv komplex	Fähig zu tiefen Be-ziehungen	Frei, streben intensi-ve Beziehungen an, wetteifern
Erarbei-tete Iden-tität	Hoch	Internale Kontrolle	Reflexiv, kognitiv komplex	Fähig zu tiefen Be-ziehungen	Zeigen nicht-defensive Stärke, können sich für andere ohne Eigen-nutz einsetzen

Tabelle 7-12: **Weitere Kennzeichen der Identitätstypen nach Marcia** (aus: Oerter & Dreher, 1995, S. 353)

Die von Marcia benannten Typen müssen weder in Folge noch vollständig auftreten. Nach neueren Untersuchungen kann das gezielte Hinausschieben der Identitätsfindung durchaus „kulturell adaptiv" sein, wie Kraus & Mitzscherlich (1995, S. 66) in einer Studie an 160 jungen Menschen zwischen 18 und 22 Jahren festgestellt haben:

> „In einer Gesellschaft, die gekennzeichnet ist von der Auflösung traditioneller Bezie-hungen, von Umstrukturierungen und Wertverschiebungen in allen Bereichen, mag es für Jugendliche nicht nur wenig sinnvoll, sondern geradezu kontraadaptiv sein, sich auf Werte, Beziehungen und persönliche Lebensziele verbindlich festzulegen".

7.5.1.3   Identitätsfindung deutscher Jugendlicher

Im Zusammenhang mit der Identitätsfindung Jugendlicher in Deutschland sind vor dem oben skizzierten Hintergrund einige Ergebnisse aus der 12. Shell-Jugendstudie interessant (Münchmeier, 1997a). Im Rahmen einer größeren Studie wurden mehr als 2.000 Jugendli-che und junge Erwachsene im Alter von 12 bis 24 Jahren danach befragt, ob sie sich selbst eher als Jugendliche oder eher als Erwachsene sehen. Die Ergebnisse zeigt Abbildung 7-26.

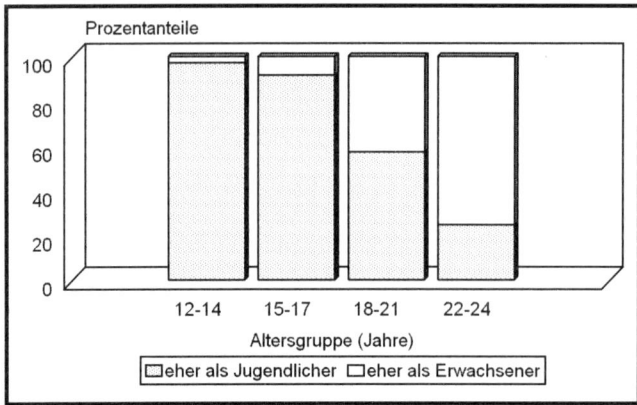

Abbildung 7-26: **Würdest du dich eher als Jugendliche(r) oder eher als Erwachsener sehen?** (nach: Münchmeier, 1997a, S. 286)

Nach diesen Daten vollzog sich der subjektive Übergang zum Erwachsenenstatus nach dem 18. Lebensjahr, also mit Erreichen der Volljährigkeit. Dabei zeigten sich keine bedeutsamen Geschlechterunterschiede. In den neuen Bundesländern lag der Anteil derjenigen, die sich eher als Jugendliche fühlten, durchschnittlich um ca. 10% höher als in den alten Ländern. Besonders interessant war aber, dass sich auch in den höheren Altersgruppen erstaunlich viele Befragte als Jugendliche sahen: bei den 22-24jährigen lag ihr Anteil noch bei fast 25%.

Erwachsen zu werden scheint in Deutschland auch nicht sonderlich attraktiv zu sein. Die Befragten sollten auf einer Skala von 1 („ganz langsam") bis 10 („ganz schnell") angeben, wie gern sie erwachsen werden möchten. Die Ergebnisse in Abbildung 7-27 zeigen einerseits, dass die meisten Befragten eher langsam erwachsen werden möchten, andererseits aber auch bedeutsame Unterschiede zwischen sozialen Gruppen. Besonders Studenten möchten sich mit dem Eintritt ins Erwachsenenalter wohl gern noch Zeit lassen. Ob das auch ein Faktor für die allseits spürbare Verlängerung der Studienzeiten ist?

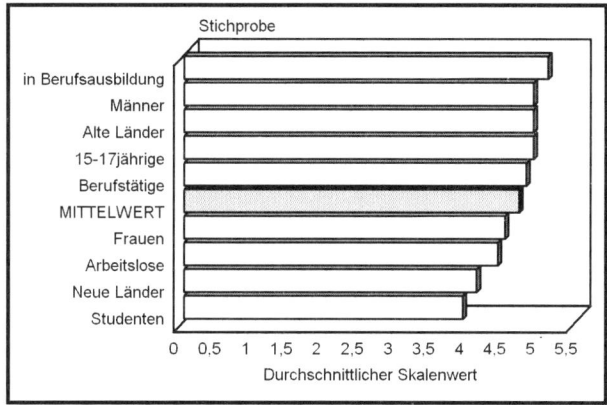

Abbildung 7-27: **Wie schnell willst du erwachsen werden?**

Identitätsfindungen können im Jugendalter sehr unterschiedliche Wege gehen und zu unterschiedlichen Ergebnissen führen. Das hat auch die o.g. Shell-Studie gezeigt (Münchmeier, 1997b). Die Befragten wurden auf Grund ausgewählter Interviewergebnisse zu „Jugendtypen" zusammengefasst, die besonders im Hinblick auf ihre Identität als Mitglieder einer demokratischen Gesellschaft diskutiert werden. Das dort eingesetzte statistische Verfahren der „Clusteranalyse" (vgl. z.B. Bailey, 1994; oder: Rollett & Bartram, 1976b) ergab fünf gut unterscheidbare Typen von Jugendlichen. Sie sind mit ihren wesentlichen Merkmalen im Folgenden aufgeführt.

- **Typ 1: Die Kids**; Durchschnittsalter: 14,3 Jahre.

„Vor allem lebensaltersmäßig jüngere Schüler, die erst auf dem Weg „ins Leben" sind, die in der traditionellen Jugendphase von 14 bis 17 stecken, noch relativ wenig festgelegt, aber auch eher noch unkritisch-offen sind; politisch sind sie noch ziemlich unentschieden oder uninteressiert. Als Noch-Nicht-Festgelegte könnten sie Aufmerksamkeit erwecken und die Frage auf sich ziehen, wie sie wohl später „werden". ... Für die politische Bildung scheint ihre Nichtfestgelegtheit und Offenheit Chancen zu bieten; gleichzeitig erschwert es ihre politikferne und desinteressierte Haltung, mit den klassischen Mitteln der politischen Bildung an sie heranzukommen." (Münchmeier, 1997b, S. 382)

- **Typ 2: Die Gesellschaftskritisch-Loyalen**; Durchschnittsalter: keine Angabe.

„Bei den „Gesellschaftskritisch-Loyalen" ist eine gesellschaftskritische Haltung ausgeprägter als sonst anzutreffen, was aber nicht dazu führt, dass sie sich stärker als andere engagieren. Viele Mädchen und junge Frauen finden sich hier. Sie sind kritisch, aber integriert, sie vertreten Reformideen, aber verhalten sich loyal. Von allen Gleichaltrigen vertreten sie am deutlichsten postmaterielle Werte. Sie haben den höchsten Wert auf der Skala Zukunftspessimismus. Sie stehen den Grünen nahe. Aber sie glauben am wenigsten an Möglichkeiten, ihre Ideen politisch zur Geltung zu bringen. ... Ihr hoher Informationsstand und ihre politischen Einsichten, die manchem politischen Bildner gefallen dürften, werden sie deshalb kaum zu politischem Engagement bewegen." (Münchmeier, 1997b, S. 384)

- **Typ 3: Die Traditionellen;** Durchschnittsalter: 20,1 Jahre.

„Die Traditionellen blicken weniger pessimistisch in die Zukunft und denken insgesamt positiver über Politik als die Altersgenossen. Sie haben deutlich niedrigere Werte auf den Skalen „Erlebter Gegensatz der Generationen", „Desinteresse der Politik an Jugend", „Politische Entfremdung". Dafür erreichen sie hohe Werte bei „Politische Wirksamkeit" und „Institutionalisierte politische Aktivitäten". Sie haben einen hohen politischen Wissens- und Interessenstand und setzen auf die traditionellen Mittel und Formen des politischen Engagements. Von daher sind sie sicherlich eine „leicht" zu mobilisierende Zielgruppe für politische Bildungsangebote, obwohl sie diese eigentlich am wenigsten bräuchten." (Münchmeier, 1997b, S. 386)

- **Typ 4: Die Konventionellen;** Durchschnittsalter: 21,5 Jahre.

„Sie haben einen geringeren Bildungsstand und sind mehrheitlich berufstätig. Es sind Jugendliche, die die größte Politikdistanz aufweisen, politisch sich entfremdet fühlen, Politik als unwirksamen Störfaktor sehen. Sie versprechen sich nichts von Politik und interessieren sich auch nicht dafür. Aber ihre Politikdistanz entspringt nicht einem kritischen Bewusstsein von Veränderungsbedarf. Für die politische Bildung werden sie wohl nur schwer zu mobilisieren sein." (Münchmeier, 1997b, S. 388)

- **Typ 5: Die (Noch-) Nicht-Integrierten;** Durchschnittsalter: 16,8 Jahre.

„Zu diesem Typ gehören mehrheitlich Schüler oder Azubis, die den naiven Optimismus der Kids nicht (mehr?) teilen, aber ihre Position (noch?) nicht gefunden haben. Sie sind in Bezug auf die eigene Zukunft besonders „düster". ... Sie haben die höchste „Distanz zur Politik". Politik ist für sie von Desinteresse gegenüber der Jugend gekennzeichnet, verstrickt in den besonders scharf erlebten „Gegensatz der Generationen". Bei „politische Entfremdung" und „Anomie" (Fehlen der Fähigkeit, sich in die gesellschaftliche Ordnung einzufügen – MT) haben sie deshalb mit Abstand den höchsten Wert aller Typen, bei „Politische Wirksamkeit" entsprechend den niedrigsten. Andererseits befürworten sie politische Aktivitäten und vertreten sowohl nutzen- als auch zielorientierte Motive für Engagement. Gemessen an den Vorstellungen von sozialer Integration kann man diesen Typ deshalb als wenig integriert bezeichnen. Ihre Position scheint „im Übergang" zu sein." (Münchmeier, 1997b, S. 389)

Identitätsfindung bedeutet auch eine Wertentscheidung: Was ist mir wichtig? Wer will ich werden und was muss ich dazu tun? Welches physische und soziale Umfeld kommt meinen Vorstellungen entgegen, welche Bedingungen sind eher hinderlich? In diesem Zusammenhang ist eine Untersuchung von Henneberger & Deister (1996) interessant, die ich hier in Auszügen wiedergeben möchte.

Die Autoren legten ca. 130 Schülerinnen der 12. Klasse eines katholischen Mädchengymnasiums (Durchschnittsalter: 18,4 Jahre) verschiedene Fragen zu ihrem sozialen Umfeld, Vorbereitung auf die Rolle als Erwachsener in Familie, Beruf und Gesellschaft sowie weitere Fragen vor, die für den hier besprochenen Kontext vernachlässigbar sind. Eine Zusammenfassung der Antworten mit Hilfe des statistischen Verfahrens der Hauptkomponentenanalyse (vgl. z.B. Flury & Riedwyl, 1983) ergab, dass für die befragten Mädchen zwei globale Gesichtspunkte bezüglich ihrer jetzigen und geplanten zukünftigen Orientierung besonders wichtig waren, nämlich

- *Orientierung*, z.B.:

  o Mir ist es wichtig, mich selbst besser kennen zu lernen.
  o Ich will meinen Horizont erweitern.

- *Partnerschaft*, z.B.:

  o Einen festen Partner zu haben, ist in meinem Alter sehr wichtig.
  o Mir ist es wichtig, Kontakt zu Jungen zu haben.

In der Studie stellte sich heraus, dass die o.g. Selbsteinschätzungen in Beziehung zur Wahl und Bewertung verschiedener sozialer Umfelder (Freundeskreis, Sportgruppe, kirchliche Jugendarbeit) stehen. Über die erhobenen Daten hinaus kann man vielleicht auch spekulieren, dass die Befragten ihre eigene Identität unterschiedlich definierten, nämlich einmal eher an einem traditionell „männlichen" Rollenverständnis (Verantwortung, Beruf, Unabhängigkeit), und zum anderen eher an einem traditionell „weiblichen" Rollenverständnis (Partnerschaft, Familie). Es wäre sicher interessant zu verfolgen, ob sich diese unterschiedlichen Orientierungsrahmen auch in der Entwicklung im Erwachsenenalter auswirken.

Im Zusammenhang mit der Identitätsfindung gibt es offenbar konsistente Unterschiede zwischen Mädchen und Jungen. In einer Laboruntersuchung konnte Hannover (1997) nachweisen, dass dabei offenbar geschlechtsspezifische alltägliche Verrichtungen eine Rolle spielen. In einer anderen Untersuchung (Hannover, 1992) glaubt die Autorin, mit Hilfe von Pfadanalysen nachgewiesen zu haben, dass mit der körperlichen Reifung in koedukativ unterrichteten Klassen bei Mädchen eher das Selbstkonzept, eine Frau zu sein, aktiviert wird, während in reinen Mädchenklassen ein stärker androgynes Selbstbild resultiert. Das wiederum soll sich in einem gesteigerten Selbstwertgefühl und einer positiveren Einstellung zu typisch männlichen Schulfächern niederschlagen. Allerdings hat die Untersuchung methodische Mängel, und die verwendete Pfadanalyse ist zur Überprüfung von Hypothesen insofern denkbar schlecht geeignet, als praktisch beliebige Modelle mit denselben Daten vereinbar sein können (vgl. Stelzl, 1982, S. 253-264; oder zusammenfassend: Tücke, 2005b, Kapitel 2).

7.5.2 Bedeutung von Cliquen und Freundschaften

Schon im Abschnitt 6.5 habe ich die Bedeutung der Gruppe der Gleichaltrigen für die Entwicklung im Kindesalter beschrieben. Im Jugendalter und später bei der Ablösung vom

Elternhaus gewinnt die eigene Clique noch mehr an Bedeutung, und die zentrale Position der Eltern als Ansprech- und Diskussionspartner bei Problemen nimmt ab. Das bedeutet zwar nicht, dass die Eltern als Ansprechpartner völlig außen vor bleiben (sie sind nach wie vor wichtige Ratgeber für ihre Kinder; vgl. Abbildung 6-38), aber besonders Mädchen, die sich nach den Ergebnissen von Fend (1990) im Elternhaus generell weniger wohl fühlen als Jungen, besprechen ihre Probleme nach der Pubertät eher mit Gleichaltrigen als mit ihren Eltern (Abbildung 7-28).

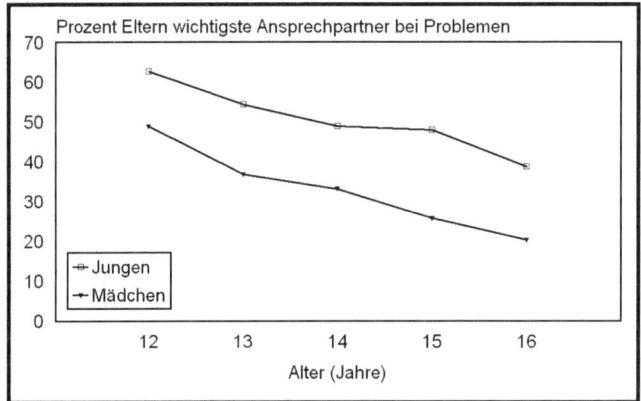

Abbildung 7-28: **Während und nach der Pubertät werden Eltern als Ansprechpartner bei persönlichen Problemen besonders bei Mädchen weniger wichtig** (nach: Fend, 1990)

Zur Veränderung der Gruppen- und Cliquenstruktur bei Jugendlichen hat der australischen Soziologe Dunphy (1963) eine heute klassische Studie an ca. 300 australischen Jugendlichen in Sydney durchgeführt, in der er eigene Beobachtungen, Fragebögen und Tagebuchaufzeichnungen seiner Vpn berücksichtigte. Dunphy unterschied zunächst „Cliquen" und „Gruppen". Cliquen umfassen in der Regel bis zu sieben Mitglieder die intensiv miteinander umgehen, viel gemeinsam unternehmen und untereinander befreundet sind. Sie bestehen zunächst fast ausschließlich aus gleichgeschlechtlichen Mitgliedern. Gruppen hingegen definieren sich über gemeinsame Vorlieben und Abneigungen, umfassen zwischen 15 und 30 Mitglieder und beide Geschlechter.

Aufgrund seiner Daten legte er ein Modell dafür vor, wie sich Cliquen im Lauf der Entwicklung Jugendlicher verändern und schließlich in Partnerschaften münden (Abbildung 7-29).

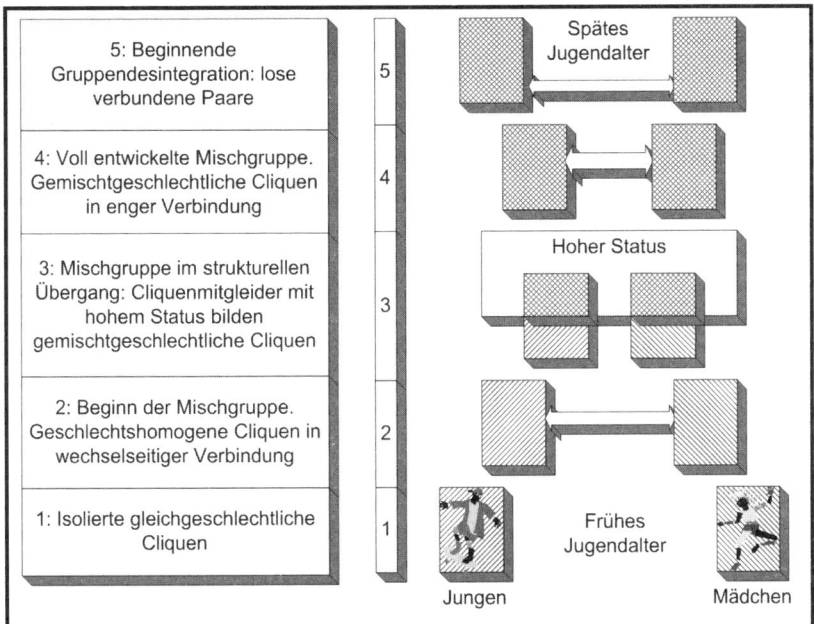

Abbildung 7-29: **Stadien der Entwicklung von Jugendcliquen** (nach: Dunphy, 1963)

In *Stufe 1* organisieren sich die Jugendlichen in gleichgeschlechtlichen, weitgehend iso-lierten Cliquen, die teilweise schon mehr oder weniger unverändert seit der Kindheit exis-tieren (Abbildung 7-30).

Abbildung 7-30: **Cliquen umfassen zunächst fast ausschließlich gleichge-schlechtliche Mitglieder** (Bild aus: Feldman, 1998, S. 490)

Stufe 2 charakterisiert erste Hinwendungen heterosexuellen Beziehungen. Die Cliquen treffen sich an festen Treffpunkten (z.B. in der Disko, beim Stadtbummel oder an der örtlichen Imbissbude) oder bei gemeinsamen Aktivitäten, wie Popkonzerten, Demonstrationen oder Schulveranstaltungen.

In *Stufe 3* gehen zunächst die Cliquenmitglieder mit dem höchsten „Ansehen" engere, individuelle Beziehungen mit einem andersgeschlechtlichen Partner ein, bleiben aber zunächst in ihrer Clique verankert, die ihnen nach wie vor wichtig ist. Ab diesem Entwicklungsstand verliert allerdings die Clique ihren zentralen Stellenwert, sie wird Zug um Zug durch Partnerbeziehungen ersetzt.

In *Stufe 4* überwiegen Partnerbeziehungen heterosexueller Partner, die gemeinsame Aktivitäten unternehmen, z.b. den gemeinsamen Disco-Besuch, Urlaubsreisen oder Partys.

Stufe 5 zeigt den Ersatz der Clique durch die Partnerbeziehung, die wichtige Entscheidungen (z.B. Verlobung, Heirat) gemeinsam planen und nur lockeren Kontakt zu anderen Paaren halten (z.B. anlässlich des jährlichen Skiurlaubs).

Natürlich ist das von Dunphy vorgelegte Schema nur ein beschreibender Rahmen, der individuellen Verläufen nicht gerecht wird, subkulturell oder modisch bedingte Unterschiede nicht berücksichtigt und nichts über zugrunde liegende Ursachen sagt. Nichtsdestotrotz sind Dunphys Überlegungen nach wie vor weit verbreitet. Allerdings muss man wohl davon ausgehen, dass die von Dunphy herausgestellte Bedeutung der gleichgeschlechtlichen Freundschaften schon früh durch heterosexuelle Freundschaften ergänzt bzw. ersetzt wird. Oerter & Dreher (1995, S. 381) schreiben zwar:

> „Im Großen und Ganzen kann dieser Verlauf auch bei Jugendlichen in Deutschland beobachtet werden.".

Kurz vorher kommentieren sie aber Ergebnisse aus der Studie von Fend, aus denen hervorgeht, dass schon ab dem Alter von 12 Jahren gegengeschlechtliche Freundschaften wichtiger als gleichgeschlechtliche werden:

> „Mit diesem Befund gerät der Mythos ins Wanken, dass die Peergruppe und die gleichgeschlechtlichen Peers zumindest eine Zeitlang den Jugendlichen bevorzugt begleiten. Das Interesse am anderen Geschlecht ist frühzeitig da, und viel Aktivitäten in der Peergruppe wie auch an verschiedenen Freizeitorten dienen offen oder latent dem Zweck, Kontakt mit dem anderen Geschlecht aufzunehmen." (Oerter & Dreher, 1995, S. 379)

Vielleicht hängt dieser scheinbare Widerspruch ja mit der säkularen Akzeleration (Abschnitt 7.2.2) oder mit dem in den letzten Jahren entkrampfteren Verhältnis der Geschlechter zueinander zusammen.

7.6 Sexualität

Im Jugendalter kommt der Sexualität eine besondere Bedeutung zu, und ich möchte deshalb in diesem Abschnitt zumindest auf grundsätzliche Fragen des Sexualverhaltens Jugendlicher eingehen. Veränderungen im Sexualverhalten haben sich vor allem seit den 50er/60er-

Jahren bis zum Beginn der 80 Jahre vollzogen. Gekennzeichnet sind diese Veränderungen vor allem durch:

- *Veränderungen der Einschätzung von Ehe und Familie als vorwiegendem Ort sexueller Betätigung.* Voreheliche Koituserfahrungen sind „normal" und oft sogar erwünscht. Jungfräulichkeit ist kein erstrebenswertes Ideal mehr. Vier von fünf Eltern haben nichts gegen Geschlechtsverkehr vor der Ehe einzuwenden; allerdings ist die Toleranz gegenüber Jungen etwas größer als bei Mädchen. Auch gegenüber Geschlechtsverkehr zwischen Jugendlichen unter 18 Jahren hat eine überwiegende Mehrheit der Eltern keine Einwände (Schmid-Tannwald & Kluge, 1998, S. 54-55).

- *Änderungen der Funktion von Sexualität.* Sexualität dient nicht (mehr) in erster Linie der Fortpflanzung, sondern ist eine vergnügliche Beschäftigung, die integraler Bestandteil einer Partnerschaft ist.

- *Größere Offenheit gegenüber allem, was mit Sexualität zusammenhängt.* Das betrifft besonders Probleme und Varianten, wie Homosexualität oder spezielle Sexualpraktiken.

- *Enttabuisierung großer Bereiche der Sexualität.* Eher wird das Gegenteil propagiert: was früher Tabu war, gilt manchmal als chic und wird in aller Öffentlichkeit breitgetreten (z.B. in Talkshows oder „Reports"). Wer Wert darauf legt, dass sein Intimbereich wirklich privat bleibt, gilt oft als „verklemmt" oder als „Spielverderber".

- *Ausweitung des „Normalitätsbereichs" von Sexualität.* Die Frage „normalen" Sexualverhaltens stellt sich nur noch selten, z.B. bei Pädophilie, Koprophilie oder Sodomie. Normal ist das, was beiden Partnern Spaß macht.

- *Lockerung von Vorschriften im Bereich des Sexualstrafrechts.* Strafvorschriften oder diskriminierende Vorschriften im Bereich der Sexualität wurden gelockert (Pornographie) oder abgeschafft (Strafbarkeit von Sexualkontakten zwischen Männern), so dass auch z.B. für männliche und weibliche Homosexuelle eine unbelastetere Partnerschaft möglich ist.

- *Mehr Offenheit und damit größere Übereinstimmung zwischen Einstellung und Verhalten.* Als Folge der o.g. Enttabuisierung muss sich Sexualität nicht mehr verstecken (von Ausnahmen abgesehen) und kann offener gezeigt werden.

- *Mehr Kenntnis über die menschliche Sexualität.* Seit den klassischen Studien von Kinsey, Pomeroy, & Martin (1948; , 1953; sowie: W. Masters & Johnson, 1966) sind eine Reihe gut fundierter empirischer Studien zur menschlichen Sexualität durchgeführt worden, die unser Wissen um „normales" menschliches Sexualverhalten in verschiedenen Kulturen und Subkulturen erweitert haben (in Deutschland z.B. Schmid-Tannwald & Kluge, 1998; oder: Schmidt, 1993).

- *Bedeutung einer festen Beziehung für die Aufnahme sexueller Kontakte.* Besonders Mädchen legen meist Wert darauf, zumindest Koitusbeziehungen mit einem Partner zu haben, mit dem sie auch eine einigermaßen feste Beziehung verbindet.

- *Entkrampfung sexueller Kontakte.* Während früher sexuelle Kontakte Jugendlicher oft unter Zeitdruck, in wenig erfreulichen Umgebungen[51] und häufig unter kräftiger Beteiligung von Alkohol stattfanden, tritt das heute zurück. Dafür spielt das Auto eine wichtige Rolle.

- *Rückgang der Angst vor heterosexuellen Kontakten.* Nach Erhebungen von Coleman (1984) hat z.B. die Angst vor Kontakten zum anderen Geschlecht bei 17jährigen nur noch eine verschwindend geringe Bedeutung.

In den letzten Jahren und besonders seit der Verbreitung von AIDS scheint sich das Sexualverhalten der Jugendlichen nur noch wenig verändert zu haben. So berichtete die „Berliner Morgenpost" am 30.05.1998 unter der Überschrift: „Sexualverhalten der Jugendlichen hat sich kaum verändert":

> „Das Sexualverhalten Jugendlicher hat sich in den vergangenen 30 Jahren kaum verändert: Nach wie vor haben etwa drei Fünftel der Jungen und Mädchen mit 16 oder 17 Jahren genitales Petting erlebt und etwa zwei Fünftel Geschlechtsverkehr. Das berichtet der Sexualwissenschaftler Prof. Volkmar Sigusch (Frankfurt am Main) im „Deutschen Ärzteblatt" (Köln).
>
> Nach seinen Angaben gehen Medienberichte, wonach die heutige Jugend sexuell enthemmt sei, an der Realität vorbei. Jungen hätten heute weniger Sexualpartnerinnen als vor einer Generation. Nur Minderheiten hätten im Jugendalter mehr als einen bis maximal drei Sexualpartner.
>
> Selbstbefriedigung und gleichgeschlechtliche Erlebnisse seien nicht mehr so bedeutungsvoll. Homosexuelle Kontakte sind, so der Wissenschaftler, inzwischen eine Seltenheit."

Natürlich kann ich in diesem Abschnitt aus Raumgründen die Entwicklung der Sexualität Jugendlicher und damit zusammenhängende zeitliche Trends nur in groben Zügen darstellen. Zur ausführlicheren Information verweise ich auf Schmidt (1993) und besonders Schmid-Tannwald & Kluge (1998).

7.6.1 Beziehung zum anderen Geschlecht

Für viele Jugendliche ist offenbar eine feste Freundschaft durchaus erstrebenswert, denn im Alter von 17 Jahren hat die Mehrheit der Mädchen und ca. die Hälfte der Jungen eine feste Beziehung, die zumindest einige Monate bestanden hat (Abbildung 7-31). An diesen Verhältnissen hat sich seit den 80er Jahren wenig geändert (Schmid-Tannwald & Kluge, 1998), S. 220-221).

---

[51] Die Zulassung von Sexualkontakten unverheirateter Menschen fiel zu meiner Jugendzeit noch unter den „Kuppelei"-Paragraphen.

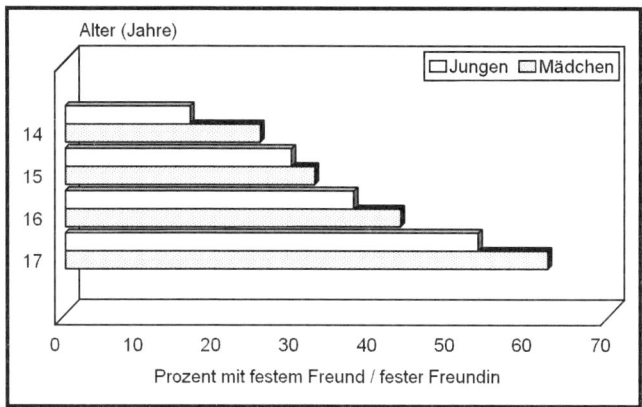

Abbildung 7-31: **Prozentsatz Jugendlicher mit einem festen Freund / einer festen Freundin** (nach: Schmid-Tannwald & Kluge, 1998, S. 41)

Heirats- und Kinderwunsch haben nach wie vor eine hohe Priorität, denn nur knapp 10%
der von Schmid-Tannwald & Kluge (1998) befragten Jugendlichen gaben an, „möglichst
überhaupt nicht" heiraten zu wollen, und 12% möchten später keine Kinder bekommen.

7.6.2 Masturbation

Während meiner Gymnasialzeit (1956-1965) wurden an unserer Schule (die in öffentlicher
Trägerschaft war und ist) noch versiegelte Umschläge verteilt mit der Aufschrift „Wichtige
Information nur für Eltern!". Natürlich habe ich dort hineingeschaut und war ziemlich ge-
schockt, darin Hinweise über die Gefahren der Selbstbefriedigung („Nervenschwäche") und
die höchst bemerkenswerten Auswirkungen frühzeitig verlorener Jungfräulichkeit („Dann
gibt es kein Halten mehr!") zu finden. Und als ich dann von einem Klassenkameraden, der
sich die Mühe gemacht hatte, alle „heißen" Stellen im Alten Testament herauszusuchen,
noch auf die Stelle im 1. Mos. 38, 9 und 10 hingewiesen wurde, in der Onan von Gott bestraft wird, wollte ich mich auf eigene Faust kundig machen und las im ererbten Brockhaus-
Konversations-Lexikon (Brockhaus Lexikon Redaktion, 1894) die in Abbildung 7-32 re-
produzierte Horrorstory.

Nun denn, ich hab's überlebt, und heute haben wir derlei Horrorstorys weitgehend überwunden[52], so dass ich zur ernsthaften Behandlung dieses Themas übergehen kann. Masturbation findet sich nicht nur beim Menschen und nicht nur im Jugendalter, sondern bei Tieren, bei Kindern und auch (neben „normalem" Sexualverhalten) bei Erwachsenen – wie
würden wohl sonst die Sex-Kinos und Peepshows überleben können? Sie ist insofern
durchaus „normal", als sie offenbar von einem großen Teil der Jugendlichen praktiziert
wird.

---

[52] Obwohl ich manchmal glaube, dass die früher dem Fernsehen und heute der Betrachtung unbeklei-
deter Menschen im Internet oder Computerspielen unterstellten schädlichen Wirkungen als würdiger
Ersatz dienen: viele der damit verbundenen Behauptungen sind ebenso unbewiesen. Aber das ist nur
meine persönliche, unverbindliche Meinung.

> **Onanie** (nach Onan, 1 Mof. 38, 9, fo benannt) oder Selbstbefleckung, Masturbation, eine fowohl beim männlichen als auch beim weiblichen Geschlecht häufig vorkommende Form von unnatürlicher Befriedigung des Geschlechtstriebes, welche in einer künstlichen, bis zur Befriedigung der geschlechtlichen Erregung betriebenen Reizung der äußern Genitalien besteht. Wie der übermäßige, mit der Ernährung des Körpers nicht Schritt haltende natürliche Geschlechtsgenuß den Körper (auch die Nervenapparate und somit die geistigen Fähigkeiten) wesentlich schwächt, übt auch die Selbstbefleckung unter denselben Bedingungen einen verderblichen Einfluß auf den Körper aus, so daß die bedenklichsten Störungen der Gesundheit herbeigeführt werden können. Die übeln, Geist und Körper zerrüttenden Folgen der Selbstbefleckung dürfen nicht leicht angeschlagen werden, indem dieselbe den Keim zu einer großen Abschwächung des Körpers und Geistes und selbst zur Rückenmarkslähmung legen kann. Außerdem aber schädigt die Selbstbefleckung im hohen Grade den sittlichen Charakter des Menschen. Die Behandlung der O. muß in allererster Linie eine pädagogische sein. Um namentlich Kinder vor diesen Ausschweifungen zu behüten, ist die Art ihrer Beschäftigung und Spiele unablässig und streng zu überwachen, das Verweilen an verstedt gelegenen Orten zu verhindern, sowie aufregende Lektüre ihnen zu entziehen. Man halte die Kinder zu einer gesunden, geistigen und körperlichen Thätigkeit an, versorge sie mit genügender, aber reizloser Nahrung und lasse sie nicht länger als nötig im Bett liegen. Fleißiges Turnen, Baden und Schwimmen sind vortreffliche Ableitungsmittel.

Abbildung 7-32: Darstellung der Selbstbefriedigung im Brockhaus Konversations-Lexikon von 1894 (Brockhaus Lexikon Redaktion, 1894, S. 592), S. 592)

Wie in Abbildung 7-33 gezeigt, geben ca. 80% der 16jährigen Jungen und ca. 40% der Mädchen an, sich schon einmal selbst befriedigt zu haben. Die Zahlen decken sich im Wesentlichen mit den von Klusmann & Kurrat (1993) berichteten Angaben, die 1990 erhoben wurden, und den von Schmid-Tannwald & Kluge (1998) berichteten Verhältnissen. Jungen onanieren durchschnittlich häufiger (mehrmals wöchentlich) als Mädchen (mehrmals monatlich). Sie tun das meist allein. Masturbation ist für Jungen und Mädchen überwiegend eine ganz normale Sache, und nur eine Minderheit empfindet noch Scham- oder Schuldgefühle dabei (de Wit & van der Veer, 1982, S. 114). Da sollten Eltern und Lehrer vielleicht nicht allzu schockiert sein, wenn sie einmal eines der ihnen anvertrauten Kinder „erwischen". ...

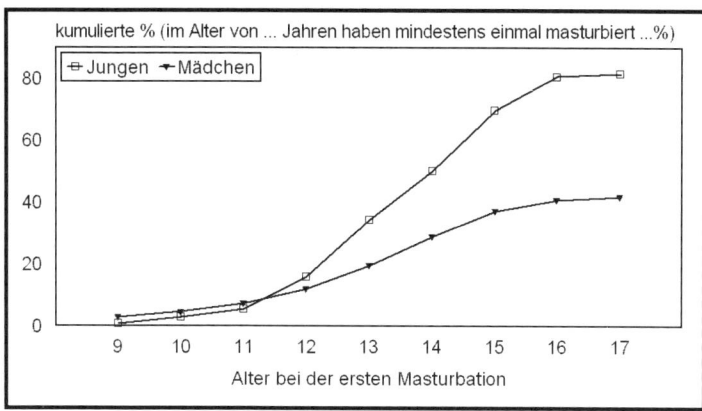

Abbildung 7-33: **Prozentualer Anteil Jugendlicher, die sich im jeweiligen Alter mindestens einmal selbst befriedigt haben** (nach: Schmid-Tannwald & Urdze, 1983)

7.6.3 Petting und Koitus

In einer oft zitierten Untersuchung unterschied Schofield (1965) fünf Stadien der sexuellen Intimität, deren Übergang jeweils das Überschreiten von Barrieren kennzeichnet:

Stadium 1: *Wenig oder kaum Kontakt mit dem anderen Geschlecht:* Vielleicht Dating-Erfahrung, dabei aber kein Austausch von Küssen.

Stadium 2: *Geringe Erfahrung mit sexuellem Verhalten:* Kusserfahrung (u.U. auch „Zungenküsse"), Berührung der bekleideten Brüste.

Stadium 3: *Sexuelle Intimität:* Körperkontakt, Berührung der nackten Brüste und Geschlechtsteile.

Stadium 4: *Vollständiger Geschlechtsverkehr mit einem Partner.*

Stadium 5: *Vollständiger Geschlechtsverkehr mit mehr als einem Partner.*

Diese Reihenfolge sexueller Erfahrungen hat sich im Wesentlichen auch in der 1990 in Deutschland durchgeführten Erhebung ergeben, deren im Hinblick auf die sexuelle Aktivität Jugendlicher in West- und Ostdeutschland wesentliche Ergebnisse sich in Abbildung 7-34 finden.

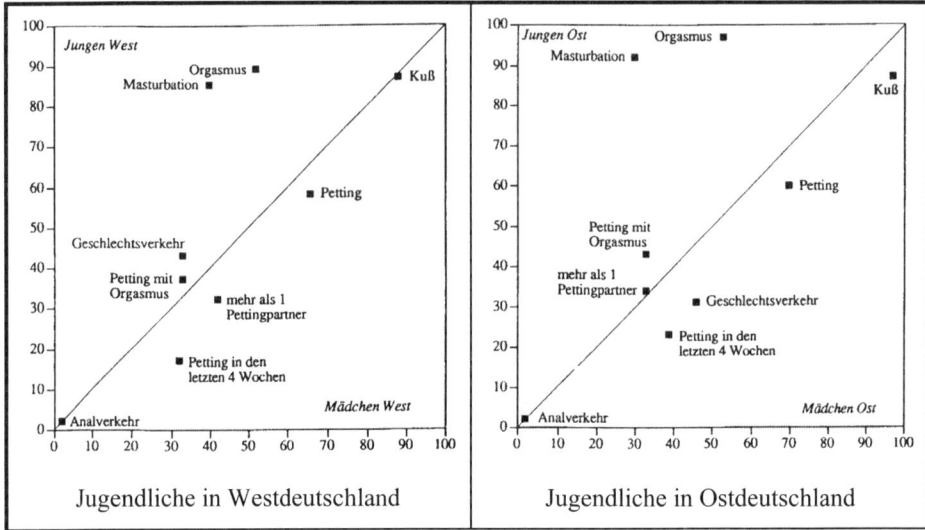

Jugendliche in Westdeutschland   Jugendliche in Ostdeutschland

Beispiele für das Ablesen der Diagramme: Von den 16- und 17jährigen Jugendlichen in Westdeutschland haben ca. 85% der Jungen und ca. 40% der Mädchen Erfahrung mit Masturbation. In Ostdeutschland hatten ca. ca. 45% der 16- bis 17jährigen Mädchen und ca. 30% der Jungen schon einmal Geschlechtsverkehr.

Abbildung 7-34:   Sexuelle Erfahrungen Jugendlicher in West- und Ostdeutschland (nach: Klusmann & Kurrat, 1993, S. 105; vereinfacht)

Petting ist bei Jungen und Mädchen in Ost und West eine normale Erfahrung: ca. 60% der befragten Jungen und ca. 70% der Mädchen kannten sich damit aus. Ein interessanter Ost-West-Unterschied fällt ins Auge: in Ostdeutschland hatten ca. 45% der Mädchen und 30% der Jungen schon Geschlechtsverkehr, im Westen sind es 30% der Mädchen und 45% der Jungen.

Über 90% der Jungen und ca. die Hälfte der Mädchen hat Orgasmuserfahrung, wobei allerdings Anlass bzw. Ursachen des erlebten Orgasmus bei Jungen und Mädchen unterschiedlich sind. Jungen machen ihre ersten Orgasmuserfahrungen vorwiegend durch Masturbation oder (spontan) im Schlaf, Mädchen erleben ihn häufiger beim Geschlechtsverkehr bzw. Petting (Abbildung 7-35).

Wenn Mädchen sich auf Geschlechtsverkehr einlassen, so tun sie das häufiger mit nur einem (festen) Partner, sind dann aber regelmäßiger aktiv als Jungen, die wiederum etwas häufiger den Sexualpartner wechseln als Mädchen.

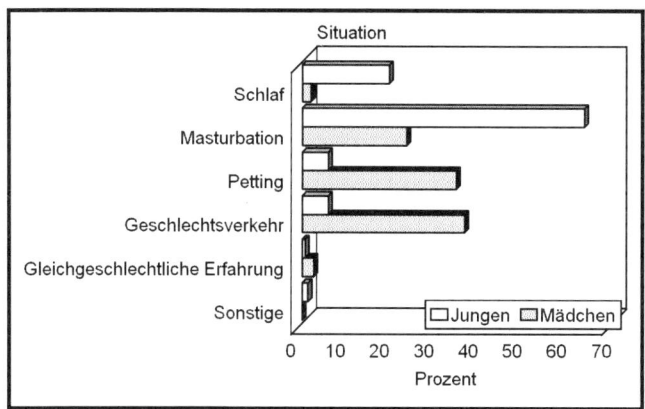

Abbildung 7-35: **Situation der ersten Orgasmuserfahrung** (nach: Klusmann & Kurrat, 1993, S. 108)

7.6.4 *Einstellung und Wissen zur Sexualität*

Beiden Geschlechtern macht Geschlechtsverkehr offenbar Spaß.Während z.B. in den älteren amerikanischen Untersuchungen (z.B. Sorensen, 1973) besonders Mädchen überwiegend über Ängste, Befürchtungen und Schuldgefühle beim Koitus berichteten, sieht das jetzt in Deutschland nach den Daten von Klusmann & Kurrat (1993) und Schmid-Tannwald & Kluge (1998) anders aus (Abbildung 7-36). In Ost und West tun's Mädchen und Jungen wohl ganz gern, und sie sind glücklich und sexuell befriedigt dabei, wobei Jungen besonders im Westen mehr Spaß haben als Mädchen. Schuldgefühle, ein schlechtes Gewissen oder Bedauern haben in West und Ost bei beiden Geschlechtern nur eine untergeordnete Bedeutung.

Bezüglich des Wissens über Sexualität klaffen bei den Jugendlichen leider ziemliche Lücken, wie sich in der Untersuchung von Schmid-Tannwald & Kluge (1998) herausgestellt hat. Befragt wurden die Jugendlichen u.a., wann ihrer Meinung nach der optimale Zeitpunkt für die Befruchtung eines Eis sei. Diese Kenntnis ist insofern wichtig, als viele Jugendliche keine oder nicht ausreichende Vorkehrungen zur Empfängnisverhütung treffen und eine „Ausrichtung am Kalender" zumindest einen gewissen Schutz vor ungewollter Schwangerschaft bieten könnte.

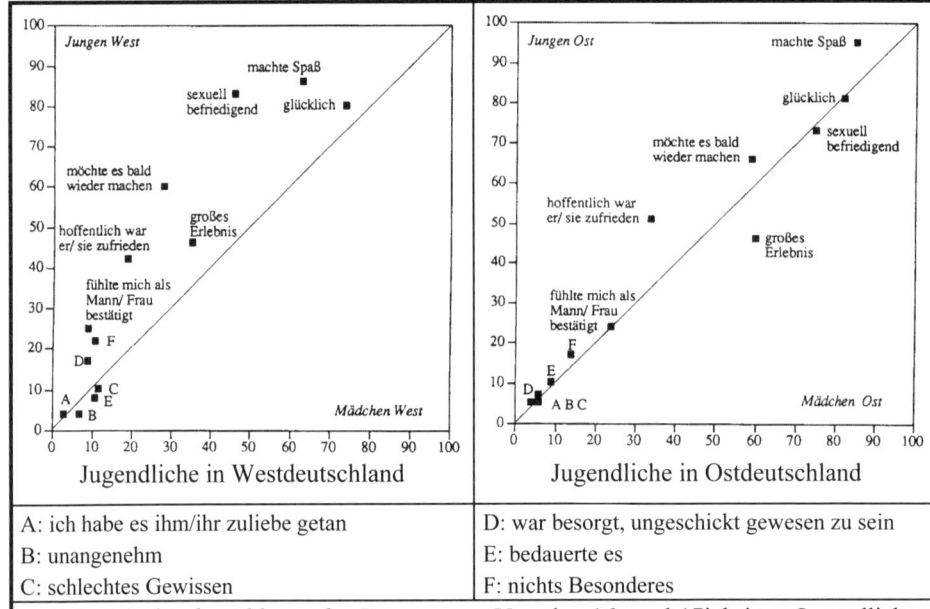

A: ich habe es ihm/ihr zuliebe getan

B: unangenehm

C: schlechtes Gewissen

D: war besorgt, ungeschickt gewesen zu sein

E: bedauerte es

F: nichts Besonderes

Beispiele für das Ablesen der Diagramme: Von den 16- und 17jährigen Jugendlichen in Westdeutschland machte der letzte Koitus ca. 85% der Jungen und ca. 60% der Mädchen Spaß. In Ostdeutschland möchten ca. ca. 60% der 16- bis 17jährigen Mädchen und ca. 65% der Jungen bald wieder Geschlechtsverkehr haben.

Abbildung 7-36: **Gefühle beim jüngsten Koitus** (aus: Klusmann & Kurrat, 1993, S. 112)

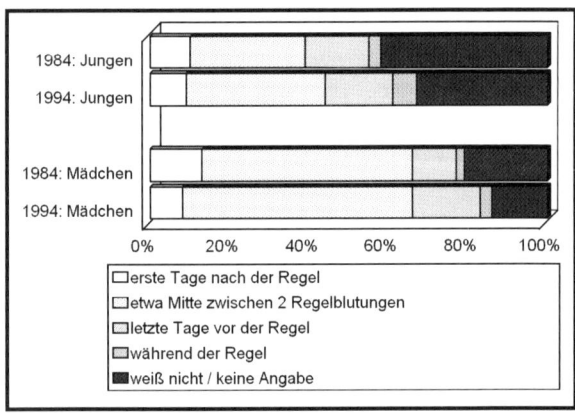

Abbildung 7-37: **Wissen um den optimalen Zeitpunkt der Befruchtung** (nach: Schmid-Tannwald & Kluge, 1998)

Die (wenig befriedigenden) Antworten finden sich in Abbildung 7-37. Zwar gaben in der neueren Befragung mehr Jungen und Mädchen die richtige Antwort („etwa in der Mitte zwischen zwei Regelblutungen"), aber besonders bei den Jungen sollte der hohe Anteil der „Weiß nicht"-Antworten zu denken geben. Hier sind in erster Linie die Eltern und die Schule gefordert, denn von dort beziehen fast alle Jugendlichen ihr Wissen (Arbinger, 1996, S. 25).

7.6.5 Weitere Einzelfragen

7.6.5.1 Jugendliche Homosexualität

Als Alfred Kinsey Ende der 40er- / Anfang der 50er-Jahre seine Studie über das sexuelle Verhalten bei Männern und Frauen veröffentlichte, war männliche Homosexualität in Deutschland noch strafbar (auch wenn beide Partner einverstanden waren), und weibliche Homosexualität war wesentlich stärker tabuisiert, als das heute der Fall ist. Man muss deshalb davon ausgehen, dass gleichgeschlechtliche Beziehungen häufiger waren als dort angegeben. Allerdings zeigt sich in der Arbeit von Schmidt, Klusmann, & Zeitzschel (1993) von 1970 bis 1990 bei den Jungen ein deutlicher Rückgang homosexueller Kontakte: während 1970 noch knapp 20% der befragten Jungen angaben, homosexuelle Kontakte gehabt zu haben, ging dieser Anteil 1990 auf 1% (bei Haupt- und Realschülern) bzw. 3% (bei den Gymnasiasten) zurück. Bei den Mädchen blieb der Anteil mit 6-8% dagegen konstant. Die Autoren kommentieren diesen Befund so):

> „Ganz offenbar ist die passagere homosexuelle Betätigung von Jungen in der Adoleszenz, die bisher immer wieder ausgewiesen wurde als eine Erfahrung nennenswerter Minderheiten – vor allem bei Mittelschicht-Jungen – ... eine verschwindende sexuelle Verhaltensform" (Schmidt, Klusmann, & Zeitzschel, 1993, S. 27).

Verkompliziert werden Aussagen zu homosexuellem Verhalten dadurch, dass Homo- und Heterosexualität keine exakt abgrenzbaren Kategorien, sondern Extreme einer Skala sind, zwischen denen sich alle möglichen Abstufungen der Ambisexualität finden, die je nach Situation zutage treten können. Vor diesem Hintergrund kann man wohl annehmen, dass ca. 2-5% der Jugendlichen sich ausschließlich oder überwiegend zum gleichen Geschlecht hingezogen fühlen, während ca. 85% ausschließlich heterosexuell orientiert sind (de Wit & van der Veer, 1982, S. 225).

7.6.5.2 Empfängnisverhütung und ungewollte Schwangerschaft bei Jugendlichen

Erste Koituserfahrungen werden immer noch allzu häufig gesammelt, ohne dass empfängnisverhütende Mittel eingesetzt werden. Zwar ist das Risiko einer unerwünschten Schwangerschaft bei Jugendlichen insofern verringert, als die Fruchtbarkeit bei weiblichen und männlichen Jugendlichen zunächst noch reduziert ist. Trotzdem stellen frühe, ungewollte Schwangerschaften insofern ein gesellschaftliches Problem dar, als die Betroffenen oft ihre Ausbildung noch nicht beendet haben, ihre finanzielle Situation noch unsicher ist und Partnerbeziehungen junger Eltern besonders instabil sind.

Abbildung 7-38 gibt einen Überblick über die Verwendung empfängnisverhütender Mittel bei amerikanischen Schülerinnen und Schülern. Danach fand in ca. 20% der Fälle der Koitus mehr oder weniger ungeschützt statt. Bemerkenswert ist auch, dass mit zunehmendem Gebrauch der Pille das Kondom weniger eingesetzt wird, so dass sich das Ansteckungsrisiko für sexuell übertragbare Krankheiten entsprechend erhöht. Die Verhältnisse sind, wenn man die Angaben bei Knopf & Lange (1993) und Schmid-Tannwald & Kluge (1998, S. 92) heranzieht, in Deutschland prinzipiell vergleichbar. Erfreulich aus präventiver Sicht ist, dass in Deutschland von 1970 bis 1994 der Kondomgebrauch insgesamt zugenommen hat.

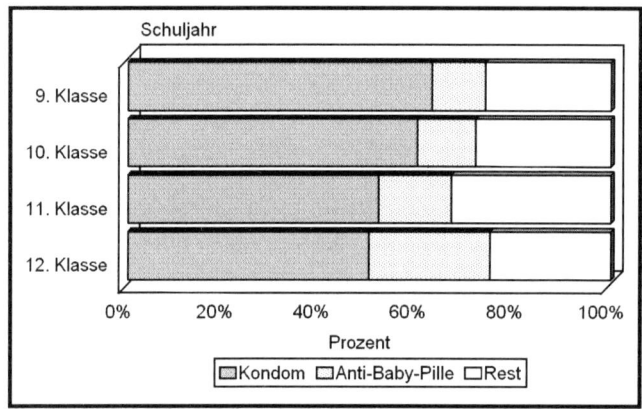

Abbildung 7-38: **Gebrauch von Verhütungsmitteln bei amerikanischen Schülern (1995)** (Daten aus: 1995 National Youth Risk Behavior Survey[53])

Ungewollte Schwangerschaften stellen besonders in den USA und in Großbritannien ein großes Problem dar, wie Abbildung 7-39 zeigt, in der die Anzahl Schwangerschaften auf je 1.000 weibliche Jugendliche der Altersgruppe von 15 bis 19 Jahren in verschiedenen Ländern dargestellt sind. Die Zahl der Frühschwangerschaften ist in den europäischen Ländern geringer als in den USA. Ca. 40% dieser Schwangerschaften werden in den USA abgebrochen, und bei knapp 15% treten Schwangerschaftskomplikationen auf. Für Deutschland habe ich vergleichbar exakte Werte nicht gefunden.

---

[53] Die Daten und Grafiken liegen im Internet: http://www.cdc.gov

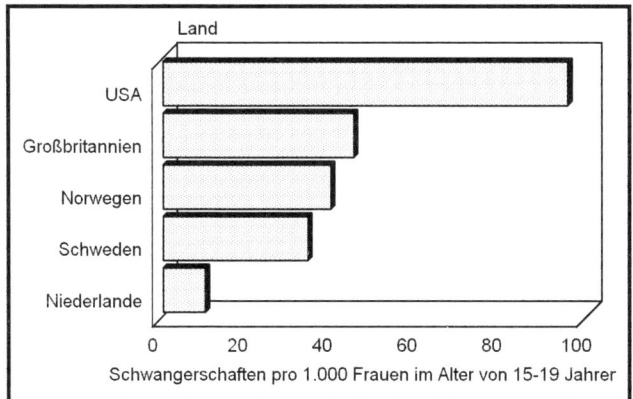

Abbildung 7-39: **Schwangerschaftsraten in der Altersgruppe 15-19 Jahre in ausgewählten Ländern** (nach: Feldman, 1998, S. 501; vereinfacht)

7.7 Rauchen und Saufen: Alltagsdrogen als Problem des Jugendalters

Die Jugend ist in großen Teilen der Spiegel unserer Gesellschaft. Dass Jugendliche aufgrund ihrer „persönlichen Fabel" (vgl. Abschnitt 7.4) höhere Risiken eingehen als ältere Menschen, ist bekannt. Dass sie neue Erfahrungen machen (sollen) und dabei auch mit den unerfreulichen Seiten des Lebens in Kontakt kommen (können), ist selbstverständlich. Und dass gesetzliche Vorschriften und/oder polizeiliche Kontrollen in einer weitgehend permissiven Gesellschaft nur gröbste Auswüchse verhindern können, dürfte sich herumgesprochen haben. Kurz: Jugendliche haben nicht nur, aber auch genau die wesentlichen Probleme, die unsere Gesellschaft hat – und sehen das auch so (Tabelle 7-13).

Interessant ist an den o.g. Angaben unter entwicklungspsychologischen Gesichtspunkten auch, dass zwar „Drogenprobleme" einen hohen Stellenwert haben, dass aber die für unsere Gesellschaft wesentlich bedeutsameren Probleme des Gebrauchs legaler Drogen (die auch heute noch oft euphemistisch als „Genussmittel" bezeichnet werden) wenig präsent sind. Alltagsdrogen, wie Zigaretten und Alkohol, sind in Deutschland offenbar ein so großes Geschäft, dass Maßnahmen, wie sie in anderen (auch europäischen) Ländern durchaus üblich sind (z.B. Werbeverbot für Tabakerzeugnisse, vorgeschriebene Nichtraucherecken in Gaststätten, generelle Rauchverbote an öffentlichen Plätzen oder in Gaststätten, Sonderabgaben auf hochprozentige alkoholische Getränke[54] oder bessere Kontrolle unerlaubter Abgaben von Alkohol und Zigaretten), bei uns offenbar nicht durchsetzbar sind.

---

[54] Beispielsweise nach dem französischen Muster: dort wird auf „hochprozentige" Getränke eine Sonderabgabe für die „Sécurité sociale" erhoben, die die hohen Kosten des Alkoholmissbrauchs auffangen soll.

371

Rang	Problem	Prozent
1	Arbeitslosigkeit	45,3%
2	Drogenprobleme	36,4%
3	Probleme mit Personen im Nahbereich	32,1%
4	Lehrstellenmangel	27,5%
5	Schul- und Ausbildungsprobleme	27,1%
6	Zukunftsangst / Perspektivlosigkeit	20,9%
7	Gewalt / Banden / Kriminalität	19,8%
8	Geldprobleme	18,9%
9	Gesundheitsprobleme	18,9%
10	Mangelnde Freizeitgelegenheiten	16,6%
11	Umweltprobleme	10,8%
12	Generelle Unzufriedenheit / Lustlosigkeit	9,3%
13	Fehler der Politik	8,8%
14	Probleme mit dem Erwachsenwerden	7,3%
15	Überzogenes Konsumdenken	6,9%
	Sonstige Einzelprobleme	21,1%
	Weiß nicht / keine Angabe	1,0%

Tabelle 7-13: **Hauptprobleme Jugendlicher heute nach Meinung der Jugendlichen** (Mehrfachnennungen möglich; nach: Münchmeier, 1997a, S. 279)

Dass Werbekampagnen, die nachgewiesenermaßen Jugendliche zur Zielgruppe haben (wie die Verwendung des „coolen" Joe Camel in Abbildung 7-40) und z.B. in den USA längst verboten sind, bei uns weiter erlaubt sind, finde ich persönlich höchst unerfreulich, obwohl ich weder militanter „Rauchbekämpfer" noch Antialkoholiker bin. Aber die Zeichen stehen auf Sturm, denn die in den letzten Jahren bei der Bekämpfung von Zigaretten- und Alkoholmissbrauch bei Jugendlichen erzielten Erfolge drohen zu verschwinden. Aber das hat natürlich auch sein Gutes: es entlastet die Rentenkassen. In den USA und in Dänemark sind (im Wesentlichen, weil dort immer mehr Frauen rauchen) die Lebenserwartungen der dortigen Frauen erstmals gesunken...

Abbildung 7-40: **Werbefiguren wie "Joe Camel", die besonders Jugendliche ansprechen, sind in den USA mittlerweile verboten – bei uns nicht.**

Der Gebrauch von Alltagsdrogen bei Jugendlichen ist deswegen ein besonderes Problem, weil diese Gruppe besonderem Konformitätsdruck durch Gleichaltrige ausgesetzt und deshalb für Verhaltensweisen, die in der Clique als „in" gelten, besonders anfällig ist (Abbildung 7-41). In Deutschland gehören – anders als in großen Teilen der USA – Alkohol und Feten oder Bierdosen und Fußballspiele so eng zusammen wie Adam und Eva: Kinder und Jugendliche werden so schon früh darauf sozialisiert. Und besonders für viele heranwachsende Mädchen gilt es wohl mittlerweile als „cool" oder als Zeichen der Emanzipation, sich schon kurz nach der Schule lässig eine Zigarette anzustecken und – wenn der Bus kommt – den Dreck mit lässiger Bewegung wegzuschnipsen. Das machen ihre männlichen Altersgenossen ja auch so, und wenn man erwachsene Autofahrer beobachtet, so fliegt dort noch mehr Abfall aus dem Fenster als brennende Zigarettenkippen und leere Bierdosen.

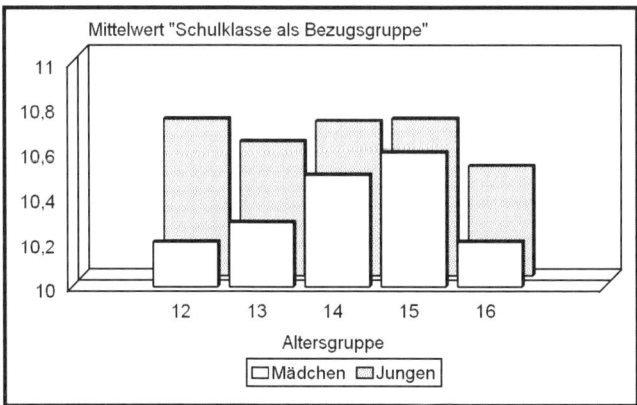

Abbildung 7-41: **Jugendliche sind einem erheblichen Konformitätsdruck ausgesetzt. Jungen erleben ihn stärker als Mädchen** (nach: Fend, 1990, S. 108)

Zwar fühlen Jugendliche den Druck Gleichaltriger nicht in allen Bereichen gleich stark und Mädchen sind empfänglicher dafür als Jungen, wie eine Untersuchung von B. Brown,

Lohr, & McClenahan (1986) ergeben hat (Abbildung 7-42). Gering ist der subjektive Druck Gleichaltriger aber eigentlich nur im Bereich unerwünschten Verhaltens. Beim äußeren Erscheinungsbild ist er konstant hoch, bezüglich des Sozialverhaltens wird er mit zunehmendem Alter größer.

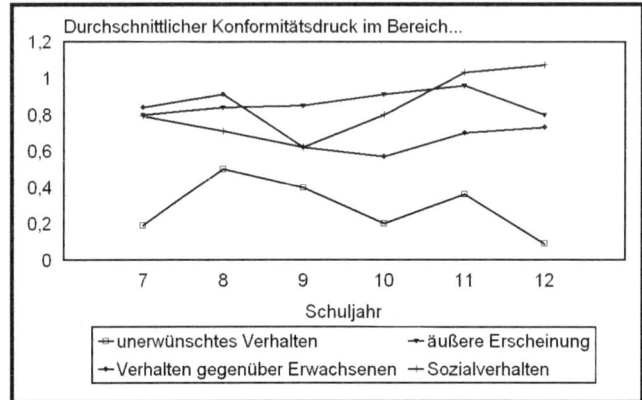

Abbildung 7-42: **Subjektiver Konformitätsdruck in Abhängigkeit vom Alter und Verhaltensbereich** (nach: B. Brown, Lohr, & McClenahan, 1986)

Besonders in einem Alter, das für die Herausbildung von Rauch- und Trinkgewohnheiten bei männlichen und weiblichen Jugendlichen ziemlich wichtig ist (den Jugendschutzbestimmungen zum Trotz: wen kümmert es schon, wenn 13jährige in der Öffentlichkeit rauchen oder 14jährige sich im Supermarkt oder abends an der Tankstelle mit Bierdosen eindecken?), wird der Konformitätsdruck im Sozialverhalten und äußeren Erscheinungsbild besonders intensiv erlebt. Bevor er dann wieder nachlässt, ist es häufig schon passiert: Rauch- und Trinkgewohnheiten haben sich stabilisiert. Aber natürlich gibt es auch Gruppen, die Rauchen und Trinken ablehnen und deshalb Druck in dieser Richtung auf Jugendliche ausüben können. Leider kann das (wie im Abschnitt 6.5.3 am Beispiel Yanniks gezeigt) dann auch zur sozialen Isolation beitragen: Alkohol und Zigaretten sind (leider immer noch) integraler Bestandteil der Jugendkultur bei uns.

In den folgenden Abschnitten möchte ich – im Wesentlichen unter Rückgriff auf die in diesem Zusammenhang führenden deutschen Datenquellen, die Berichte der Deutschen Hauptstelle für Suchtfragen (www.dhs.de) und der Bundeszentrale für gesundheitliche Aufklärung (www.bzga.de), wesentliche Probleme im Zusammenhang mit dem Drogengebrauch bei Jugendlichen darstellen.

7.7.1 Rauchen

In Deutschland rauchen ca. 40% der Männer und ungefähr 30% der Frauen. Raucherinnen konsumieren mit ca. 15 Zigaretten pro Tag nur unwesentlich weniger als Raucher (ca. 17 Zigaretten pro Tag). Insgesamt wurden 2004 ca. 112 Milliarden Zigaretten und mehr als

24.000 Tonnen Feinschnitt zur Herstellung selbst gedrehter Zigaretten verraucht. Zwar ist der Zigarettenkonsum seit 2002 rückläufig, dafür stieg im gleichen Zeitraum der Konsum von Feinschnitttabak stark an.

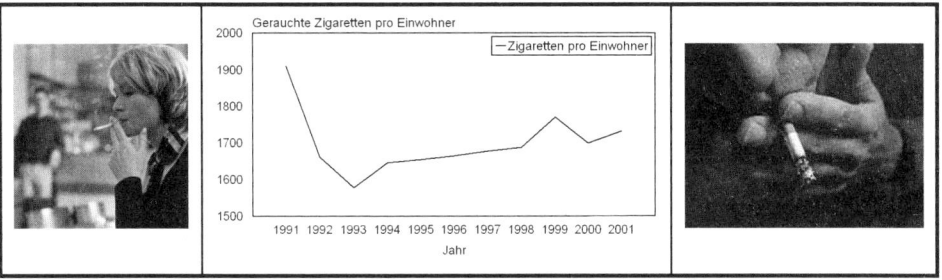

Abbildung 7-43:   Zigarettenverbrauch pro Kopf in Deutschland

Wie Abbildung 7-43 zeigt, fiel der Verbrauch bis 1993 kontinuierlich ab, stieg aber bis 2001 kontinuierlich wieder an. Seither sinkt der Verbrauch wieder langsam. Außerdem gibt es Änderungen in der Geschlechtszusammensetzung: der Raucheranteil bei Männern sinkt leicht, bei Frauen bleibt er mehr oder weniger konstant oder steigt sogar langsam an.

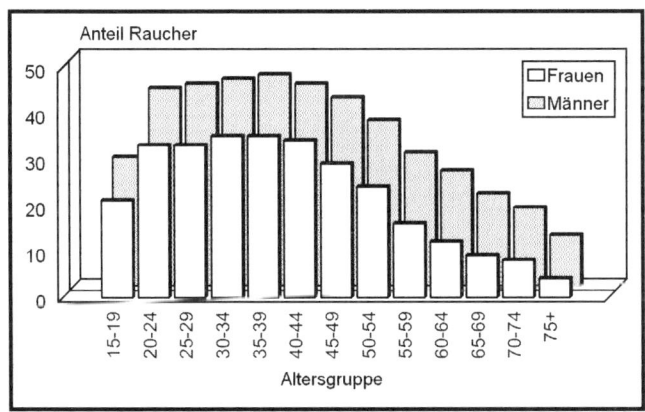

Abbildung 7-44:   Raucheranteile nach Alter und Geschlecht (nach: Junge & Thamm, 2003, S. 48)

Der Anteil von Rauchern steigt nach den Angaben der Deutschen Hauptstelle für Suchtfragen (Junge & Thamm, 2003) bis zur Altersgruppe der 35-39jährigen kontinuierlich an und fällt danach langsam ab. Dieser Abfall hat mannigfache Ursachen und bedeutet keinesfalls, dass eine Raucherentwöhnung leicht ist: Raucher haben eine geringere Lebenserwartung, die Daten sind von zeitlichen Trends überlagert (z.B. Änderung von Moden und Konventionen), Geld spielt vielleicht eine Rolle, oder körperliche Einschränkungen (die durch Rauchen beschleunigt werden können und erst mit höherem Alter in Erscheinung treten) mögen von Bedeutung sein, so dass eine ursächliche Interpretation des Absinkens des Raucheranteils mit höherem Alter sehr schwierig ist.

Der durchschnittliche Rauchbeginn wird mit ca. 15 Jahren angegeben; bezüglich des „Einstiegsalters" unterscheiden sich die Geschlechter kaum noch. Allerdings scheint sich das Einstiegsalter nach vorne zu verlagern. In einer Befragung von 1.346 Schülerinnen und Schülern in Osnabrück, die überwiegend zwischen 15 und 16 Jahre alt waren, rauchten schon 34,5%. Von den Rauchern haben genau 50% zwischen 14 und 15 Jahren und ca. ein Drittel zwischen 12 und 13 Jahren damit angefangen (Hunsicker, Bruns, Oevermann, & Ratermann, 1998, S. 171).

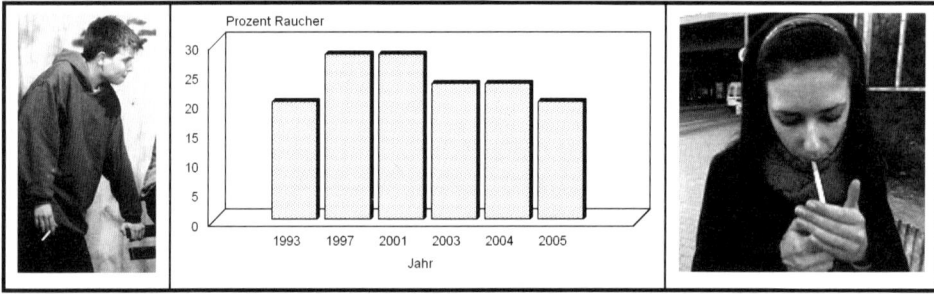

Abbildung 7-45:   **Entwicklung des Raucheranteils bei der Gruppe der 12- bis 17jährigen in Deutschland 1993 bis 2005** (nach: Bundeszentrale für gesundheitliche Aufklärung, 2005a). Es gibt keine Geschlechterunterschiede mehr.

In Deutschland raucht schon etwa jeder vierte Jugendliche im Alter zwischen 12 und 17 Jahren. Im Unterschied zum Zeitraum bis in die 80er Jahre hinein gibt es keine Geschlechtsunterschiede mehr – die „Benachteiligung" von Mädchen wurde auch in diesem Bereich überwunden (Abbildung 7-45).

Dieser Befund stimmt im Übrigen auch deshalb nachdenklich, weil unsere Jugendschutzbestimmungen Rauchen in der Öffentlichkeit und Abgabe von Tabakwaren an Jugendliche utner 16 Jahren verbieten. Aber um derlei Regeln durchzusetzen, müsste man ja die allenthalben in Schulnähe platzierten Zigarettenautomaten abschaffen. …

Durchschnittliches Geburtsgewicht von Kindern von Nichtraucherinnen: 3225g		Durchschnittliches Geburtsgewicht von Kindern von Raucherinnen: 2990g

Tabelle 7-14: **Durchschnittliches Geburtsgewicht bei Kindern von Raucherinnen bzw. Nichtraucherinnen** (aus: Bundeszentrale für gesundheitliche Aufklärung, 1990, S. 16)

Rauchen zieht langfristig ein erhebliches Gesundheitsrisiko nach sich. Auf den Einfluss des Rauchens während der Schwangerschaft auf das Geburtsgewicht bin ich schon im Abschnitt 3.3.2.5.3 eingegangen und möchte das hier etwas vertiefen. Längerfristiges Rauchen (mehr als 13 Jahre) begünstigt besonders bei älteren Müttern eine Reihe von Plazenta-Problemen (zu tiefe Lage der Plazenta, Plazenta-Infarkt und Plazenta-Ablösung) und erhöht die Wahrscheinlichkeit für Totgeburten. Das Geburtsgewicht bei Kindern von Müttern, die regelmäßig rauchen, ist – wie bereits gesagt – geringer als bei Kindern von Nichtraucherinnen (Tabelle 7-14). Die Differenz ist besonders groß bei Kindern, die vorzeitig geboren werden (Abbildung 7-46).

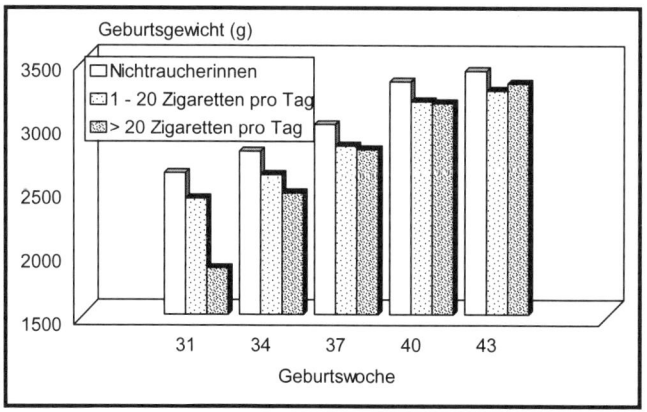

Abbildung 7-46: **Geburtsgewicht von Kindern in Abhängigkeit von den Rauchgewohnheiten der Mütter und der Geburtswoche** (nach: Naeye, 1981)

Der Einfluss des Rauchens auf Geburtsgewicht bzw. Totgeburten wurde auch experimentell im Tierversuch an Kaninchen nachgewiesen. Bei Kaninchen wurde der Kohlenmonoxid-Gehalt im Blut (HbCO) so erhöht, wie er sich bei starken Rauchern (HbCO 16-18%)

bzw. mittelstarken Rauchern (HbCO 9-10%) findet. Das Geburtsgewicht und die Totgeburten des Nachwuchses dieser Tiere wurden registriert und mit zwei Kontrollgruppen verglichen.

Die Ergebnisse in Tabelle 7-15 sprechen wohl für sich: die Anzahl der Totgeburten ist bei den „Rauchern" deutlich erhöht, das Geburtsgewicht verringert. Vor diesem Hintergrund ist die Zunahme rauchender Mädchen und Frauen besonders schlimm, weil die nächste Generation von diesem Verhalten direkt betroffen ist.

Gruppe	Kontrolle 1	Experimental 1	Kontrolle 2	Experimental 2
HbCO (%)	0%	16-18% (,,starke Raucher")	0%	9-10% (,,mittelstarke Raucher")
Durchschnitts-gewicht	57g	45g	58g	51g
Totgeburten	Ca. 1%	**Ca. 35%**	Ca. 5%	Ca. 8%

Tabelle 7-15:   **Zusammenhang zwischen Schwangerschaftskomplikationen und „Rauchen" im Tierversuch**

Aus dem menschlichen Bereich sind vielleicht noch folgende Zahlen wissens- und für die Arbeit in der Schule beherzigenswert:

- Zigarettenrauchen ist die verbreitetste Einzelursache für Krebserkrankungen;

- 80% aller Bronchialkrebs-Erkrankungen wurden durch Rauchen verursacht;

- 2 von 3 Deutschen wissen das.

- Zigaretten werden überwiegend (anonym und ohne Kontrolle) aus Automaten gezogen oder im Supermarkt gekauft, die durchaus auch gezielt in Schulnähe aufgestellt werden (können) ...

7.7.2   Alkohol

Alkoholische Getränke sind – das kann man mögen oder nicht – ein Bestandteil unserer (und nicht nur unserer) Kultur (Abbildung 7-47).

Abbildung 7-47: **Alkohol ist integraler Bestandteil unserer Gesellschaft** (Bild links aus: A. Lehmann & Gruner, 1989, 35, rechts: Anzeige in der NOZ am 6. Mai 2006)

Alkohol zieht sich durch die Geschichte, durch alle sozialen Schichten und Berufe (selbst Chirurgen sind schon betrunken am Arbeitsplatz aufgetaucht) und fast alle Altersgruppen (nicht selten dürfen auch schon kleine Kinder am Bier- oder Weinglas nippen). Eine so neugierige Gruppe wie Jugendliche vom Alkohol fernzuhalten, ist jetzt und in absehbarer Zeit wohl unmöglich. Für Eltern und Lehrer kann es eigentlich nur darum gehen, über die Wirkungen von Alkohol zu informieren, Missbrauch zu reduzieren und einen „vernünftigen" Umgang mit dieser Droge zu unterstützen.

7.7.2.1 Alkoholverbrauch in Deutschland

Alkoholische Getränke sind in Deutschland billig: relativ zu anderen Lebenshaltungskosten und teilweise sogar absolut sind alkoholische Getränke seit 1988 billiger geworden (Abbildung 7-48).

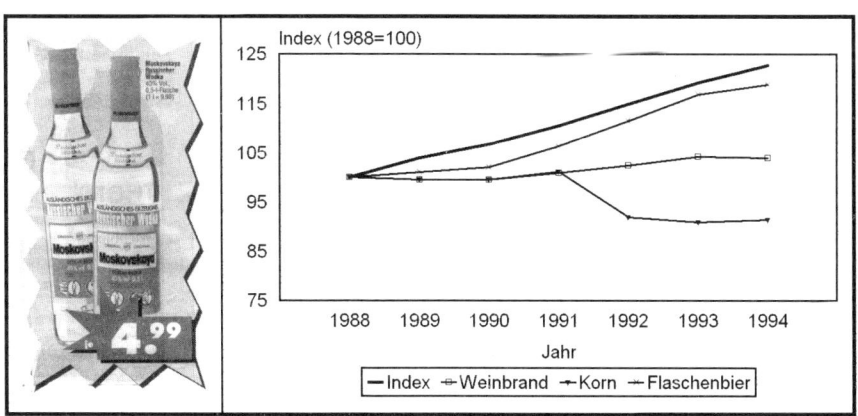

Abbildung 7-48: **Preisindex alkoholischer Getränke und Lebenshaltungsindex** (nach: Deutsche Hauptstelle gegen die Suchtgefahren, 1996, S. 13)

Deutschland nimmt in der „Rangliste" des (umgerechneten) Verbrauchs von reinem Alkohol pro Kopf mit mehr als 10 Litern einen der Spitzenplätze ein (Abbildung 7-49). Zwar ist in vielen europäischen Ländern der Alkoholverbrauch rückläufig. Im Gegensatz z.B. zu Frankreich sinkt in Deutschland der Alkoholverbrauch insgesamt nur sehr langsam. Zudem sind regionale und soziale Unterschiede bezüglich des Alkoholkonsums beträchtlich. So sind etwa die Trinkgewohnheiten in den neuen Bundesländern (mehr „harte" Spirituosen, mehr Bier) anders als in den alten (mehr Wein und Sekt, weniger „harte Sachen"). Außerdem ist die „Trinksozialisation" unterschiedlich.

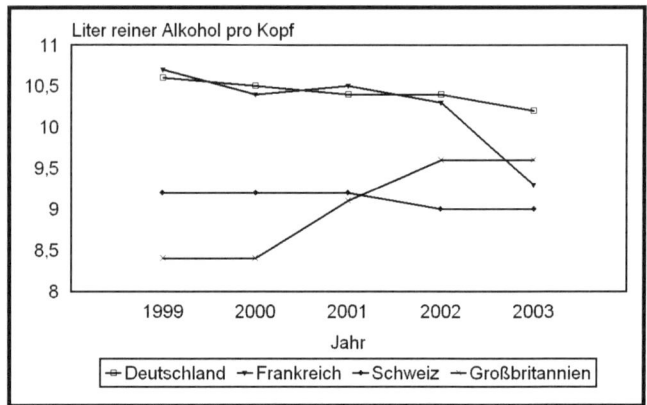

Abbildung 7-49: **Verbrauch reinen Alkohols pro Kopf in ausgewählten europäischen Ländern** (nach: www.dhs.de)

Alkohol ist individuell und volkswirtschaftlich eine der wichtigsten und schädlichsten Drogen. So starben 2004 bei ca. 22.500 alkoholbedingten Unfällen im Straßenverkehr (durchschnittlicher Alkoholisierungsgrad (Blutalkoholkonzentration) der Beteiligten: ca. 1,60 Promille) 704 Personen. Nach Angaben der Deutschen Hauptstelle für Suchtfragen sind in Deutschland 1,7 Millionen Personen alkoholabhängig.

7.7.2.2 Alkoholkonsum bei Kindern und Jugendlichen

Eigentlich könnten wir in Deutschland bezüglich des Alkoholkonsums Jugendlicher aufatmen, denn nach der regelmäßig durchgeführten Drogenaffinitätsstudie geht der Alkoholkonsum Jugendlicher und junger Erwachsener seit den 70er Jahren kontinuierlich zurück (Abbildung 7-50).

> „Deutlich wird, dass der Anteil der Jugendlichen, der regelmäßig, d. h. mindestens einmal pro Woche, Alkohol konsumiert, in den letzten drei Jahrzehnten deutlich kleiner geworden ist. Besonders der Bier- und Weinkonsum geht stark zurück." (L. Kraus, Augustin, & Töppisch, 2003, S. 125)

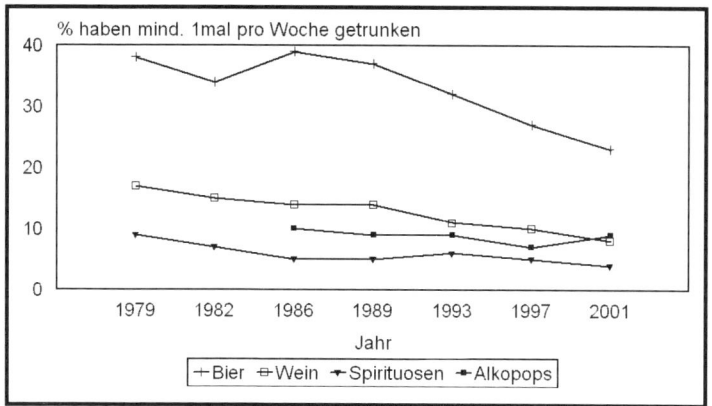

Abbildung 7-50: **Entwicklung der Alkoholkonsumfrequenz bei 12- bis 25jährigen Personen** (nach: L. Kraus, Augustin, & Töppisch, 2003, S. 125)

Nach den Daten von L. Kraus, Augustin, & Töppisch (2003, S. 126-127) verbergen die o.a. globalen Daten allerdings ein seit den 90er Jahren beobachtbares zunehmendes Alkoholproblem bei der Gruppe der Jugendlichen und jungen Erwachsenen. Während der Alkoholkonsum bei den älteren Erwachsenen konstant war oder abgesunken ist, steigt er bei der Gruppe der 18- bis 24jährigen bei beiden Geschlechtern für fast alle Getränke wieder an (Abbildung 7-51 links). Auch die Häufigkeit des Konsums alkoholischer Getränke hat im gleichen Zeitraum bei den jüngeren Befragten zunächst meist ab- und dann wieder zugenommen, so dass im Jahre 2000/2001 weit mehr als ein Drittel der Altersgruppe von 16 bis 25 Jahren bereits angibt, mindestens einmal pro Woche Alkohol zu trinken (Abbildung 7-51 rechts).

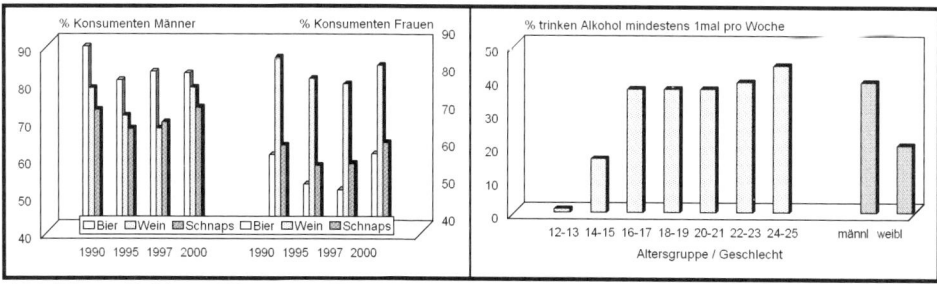

Abbildung 7-51: **Konsum alkoholischer Getränke bei Jugendlichen und jungen Erwachsenen**

Wie präsent Alkohol für Jugendliche in Deutschland ist, möchte ich exemplarisch an zwei Beispielen zeigen. Nach Ergebnissen der Bundeszentrale für gesundheitliche Aufklärung (www.bzga.de) steigt der Anteil Jugendlicher und junger Erwachsener mit Alkoholrausch-Erfahrungen seit Jahren stark an (Abbildung 7-52 links). An Hand der schon im vorherigen Abschnitt zitierten Schülerbefragung in Osnabrück konnten Hunsicker, Bruns, Oevermann, & Ratermann (1998) zeigen, dass nur gut 40% der befragten (überwiegend 15-16 Jahre alten) Schüler noch nie betrunken waren; jeder siebte Schüler hatte dieses Erlebnis schon mehr als 10mal (Abbildung 7-52 rechts). Regelmäßig Alkohol zu trinken, gaben immerhin 3,8% der Schüler und 1,6% der Schülerinnen an; es wurde umso mehr getrunken, je niedriger der Ausbildungsstand war. Diese Ergebnisse sind besonders brisant, als sie zeigen, dass offenbar die Jugendschutzbestimmungen in dieser Hinsicht nicht (mehr) greifen.

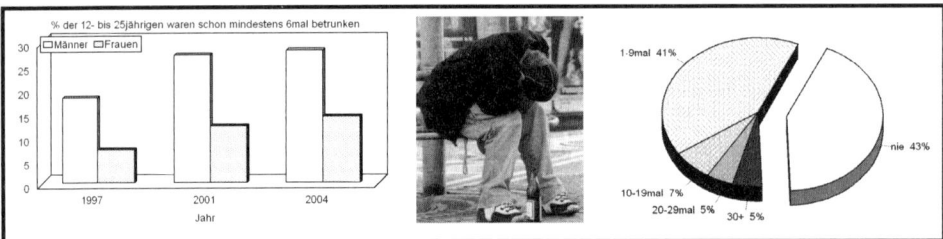

Abbildung 7-52: **Beispiele für Alkoholgebrauch bei Jugendlichen** (Bild Mitte aus: Der Spiegel 40/2006, S. 87). Links: Prozent 12- bis 25jähriger, die schon mindestens 6mal betrunken waren (nach: Der Spiegel, 40/2006, S. 87-89). Rechts: Prozent 15-16jähriger Schüler, die schon einmal betrunken waren (nach: Hunsicker, Bruns, Oevermann, & Ratermann, 1998, S. 175)

Auf die Auswirkungen von Alkoholgebrauch während der Schwangerschaft bin ich schon im Abschnitt 3.3.2.5.2 eingegangen. Darüber hinaus ist Alkohol im Straßenverkehr ein besonderer Risikofaktor. In Deutschland beträgt die „Promillegrenze" z.Zt. 0,5 Promille Blutalkohol. Bei den so genannten „Discounfällen" jugendlicher Autofahrer ist zwar überhöhte Geschwindigkeit die Hauptursache, aber man muss wohl davon ausgehen, dass die Wirkung von Alkohol hier unterschätzt wird. Alkohol wirkt in geringen Konzentrationen euphorisierend, und selbst wenn Jugendliche nur wenig Alkohol weit unter der gesetzlichen Grenze getrunken haben, kann das zur Enthemmung und damit erhöhten Tendenz zu gefährlichem Fahrverhalten führen. Allerdings gibt es zu diesem Problem in Deutschland keine exakten Zahlen. Man müsste dazu bei Verkehrsunfällen mit Jugendlichen am Wochenende grundsätzlich Blutproben entnehmen; das ist z.Zt. offenbar nicht durchsetzbar oder nicht gewollt.

7.7.2.3   Alkoholabhängigkeit

Regelmäßiger Alkoholgebrauch kann zur Alkoholabhängigkeit führen. Abhängiges Verhalten kann man unter unterschiedlichen Gesichtspunkten betrachten (MacMurran, 1994):

1. Nach dem *moralischen Modell*. Hiernach ist abhängiges Verhalten in erster Linie das Ergebnis einer „persönlichen Entscheidung". Das Verhalten wird aufrechterhalten, weil man es nicht ändern will. Die demnach vorherrschende Intervention ist *Bestrafung*.

2. Nach dem *medizinischen oder Krankheitsmodell*. Abhängiges Verhalten wird als Ergebnis der Wechselwirkung zwischen einer schädigenden Substanz („Droge") und er Reaktion des Körpers darauf angesehen. Was eine „Droge" ist, unterliegt z.B. gesellschaftlichen Bewertungen und industriellen Interessen. Die Ursachen für Abhängigkeiten werden überwiegend im Individuum angesiedelt. Vorherrschende Intervention ist der Entzug der Droge, die Gabe von Medikamenten („klinische Entgiftung") und ggf. eine ergänzende Psychotherapie.

3. Nach dem *psychologischen Modell*. Danach ist abhängiges Verhalten im Wesentlichen das Ergebnis eines Lernprozesses, wobei Signallernen (Abschnitt 4.4.5.2) und Lernen am Erfolg (Abschnitt 4.4.5.3) sowie Lernen durch Nachahmung (Abschnitt 4.4.5.4) von Bedeutung sind. Die Ursachen für abhängiges Verhalten können im Individuum, aber auch im Sozialsystem liegen. Vorherrschende Interventionsmaßnahmen sind individuelle oder systemisch orientierte Psychotherapieformen.

In Deutschland ist das medizinische Modell der Abhängigkeit am weitesten verbreitet, und die Therapieziele sehen meist einen absoluten Entzug vor. Das ist in zweierlei Hinsicht problematisch. Einerseits ist Alkohol in unserer Gesellschaft allgegenwärtig, und es ist entsprechend schwer, sich davon fernzuhalten, zum anderen gehört Alkoholabstinenz nicht zu unserem gesellschaftlich vorherrschenden „Normalverhalten". „Trockene" Alkoholiker ersetzen also eine nicht akzeptable Verhaltensweise (übermäßiges regelmäßiges Trinken) durch eine andere, sehr seltene (kein Alkohol). Entsprechend hoch sind die Rückfallquoten.

Einige Psychologen haben schon vor langer Zeit auf Grund von experimentellen Untersuchungen auf eine Ergänzung der beim Umgang mit abhängigem Verhalten zugrunde gelegten Modellvorstellungen und daraus resultierenden Interventionsmaßnahmen hingewiesen (z.B. Siegel, 1990; Vollmer & Ferstl, 1989a, 1989b). Besonders bei Jugendlichen erscheint mir eine Änderung auch der Information über Alkohol geboten, wobei Wert auf den vernünftigen Umgang mit dieser Gesellschaftsdroge gelegt werden sollte, ohne dass ihre Gefährlichkeit verharmlost werden darf.

7.7.3 *Weitere Rauschmittel*

Abweichend von der Präsenz in den Medien und teilweise kontrovers geführten Diskussionen auch auf politischer Ebene, spielen weitere Rauschmittel (die sog. „illegalen Drogen") im Vergleich zu Alkohol und Rauchen nach wie vor in Deutschland eine wesentlich geringere Rolle. Zwar gibt es Modedrogen, wie Ecstasy, die von einer gewissen Gruppe meist vorübergehend regelmäßig konsumiert werden, aber genaue Angaben sind insofern schwierig, als der Gebrauch illegaler Drogen in der Öffentlichkeit außerhalb spezieller Subkulturen stark tabuisiert ist und andererseits die polizeilichen Drogenstatistiken stark von der jeweiligen polizeilichen Kontrolltätigkeit abhängen. Dewald fasst die Befunde zum Gebrauch illegaler Drogen in Deutschland so zusammen:

„Im Jahr 2001 wurden im Bereich der Rauschgiftkriminalität unterschiedliche Tendenzen registriert. Während bei den Deliktszahlen und den Sicherstellungsmengen fast durchweg Anstiege zu verzeichnen waren, ist die Anzahl der Rauschgifttoten, Erstauffälligen Konsumenten harter Drogen und Sicherstellungsfälle gegenüber dem Vorjahr rückläufig. Zu berücksichtigen ist hierbei jedoch, dass die Indikatoren sowie Sicherstellungsfälle und -mengen maßgeblich vom Kontrollverhalten der Strafverfolgungsbehörden geprägt werden. Veränderte Zielrichtung und Intensität der polizeilichen Aktivitäten können auffällige statistische Veränderungen nach sich ziehen. Bei den Drogentoten ist der Zeitraum des registrierten Rückgangs zu kurz, um bereits von einer Trendwende zu sprechen. Rauschgiftdelikte im Zusammenhang mit Cannabis dominieren nach wie vor die Statistik. Synthetische Drogen gewinnen weiter an Bedeutung. Die Niederlande sind häufig Herkunftsland für in Deutschland sichergestelltes Rauschgift. Deutschland nimmt durch seine geografische Lage in Zentraleuropa eine bedeutende Funktion als Transitland im internationalen Drogenhandel ein" (Dewald, 2003, S. 79).

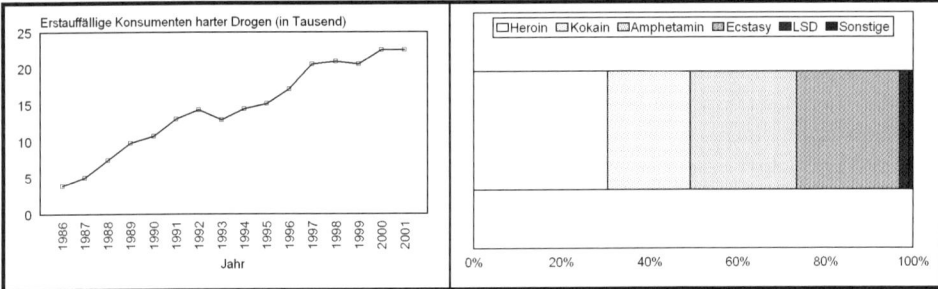

Abbildung 7-53: **Erstauffällige Konsumenten harter Drogen.** Links: Entwicklung seit 1986 (nach: Deutsche Hauptstelle gegen die Suchtgefahren, 1997, S. 76; Dewald, 2003, S. 87). Rechts: Aufgliederung nach Drogen 2001 (nach: Dewald, 2003, S. 88-89)

Trotz der o.a. methodischen Probleme und Eigenarten (z.B. Doppelzählungen) bei der Erfassung von Drogendelikten kann man wohl davon ausgehen, dass der Gebrauch illegaler Drogen in Deutschland zugenommen hat, zumindest sektoral immer noch zunimmt und zu Beunruhigung Anlass gibt (Abbildung 7-53). Bei der Interpretation sollte man allerdings (trotz der nach wie vor ernsten Lage beim Konsum harter Drogen) im Hinterkopf behalten, dass eine vergleichbare Statistik z.B. für Alkohol oder Zigaretten nicht erhoben wird – und weitaus größere Dimensionen hätte.

7.7.4 Einige Gesichtspunkte zum Umgang mit Drogen in der Schule

Eigentlich gehört die Vermittlung eines verantwortungsvollen Umgangs mit (legalen oder illegalen – das ist wirklich scheißegal!) Drogen zu den originären Erziehungsaufgaben der

Eltern. Allerdings kommt ein Großteil der Mütter und Väter aus den unterschiedlichsten Gründen, auf die ich hier aus Platzgründen nicht ausführlich eingehen kann, ihren Erziehungsaufgaben immer weniger ausdauernd und intensiv nach, so dass (wo immer möglich) „Erziehungsinstitutionen", vor allem also Kindertagesstätten, Krippen und Schulen, mit den resultierenden Versäumnissen konfrontiert werden und zu entsprechenden Maßnahmen aufgerufen sind. Insbesondere die Institution Schule wird dabei als erzieherischer „Reparaturbetrieb" mit immer mehr im engeren Sinne schulfremden Aufgaben überfrachtet, z.B. Verkehrserziehung, Alkohol-, Nikotin- und Drogenprävention, Schuldnerberatung, Benimmunterricht, Umgang mit Geld, Prävention von sexuellem Missbrauch – und dergleichen mehr, je nach Mode, Geld und Lobby. Diese Aufgaben kann Schule, wie sie in Deutschland organisiert ist, eigentlich nur sehr unzureichend erfüllen, u.a. weil das Zeitbudget bei Halbtagsschulen einfach nicht ausreicht, aber auch weil in großen Teilen der Bevölkerung Schule und Bildung nur noch einen sehr untergeordneten Stellenwert haben, Lehrer nur ein geringes Ansehen genießen und wichtige Zielgruppen in der Schule überhaupt nicht mehr erreicht werden.

Trotz dieser Schwierigkeiten können und wollen sich Lehrer dem gesellschaftlichen Druck und veränderten Rahmenbedingungen und -richtlinien nicht entziehen; darum betätigen sich alle Schulen mit mehr oder weniger Erfolg im Bereich Alkohol-, Nikotin- und Drogenprävention. Deshalb habe ich im folgenden Abschnitt einige Gesichtspunkte aufgeführt, die diese Arbeit effektiver machen können (vgl. Grob & Jaschinski, 2003, S. 156-159; McDevitt & Ormrod, 2002, S. 99-100).

1. *Institutionalisierte Präventionsprogramme*: Schulen können (z.B. innerhalb ihrer Profilbildung) integrierte Präventionsprogramme entwickeln, betreuen, durchführen und evaluieren. Hauptziele der Suchtprävention sind, den Beginn des Konsums von Suchtmitteln zu verhindern oder wenigstens weit hinauszuzögern und riskante Konsummuster bei legalen und /oder illegalen Suchtmitteln frühzeitig zu erkennen sowie möglichst zu beheben. Für die Entwicklung und Durchführung erfolgreicher Präventionsmaßnahmen gibt es drei Zielrichtungen:

- *Primärprävention*
  Ziel der Primärprävention ist es, Suchtprobleme möglichst gar nicht erst entstehen zu lassen. Primärprävention ist der umfassendste Ansatz, da es dabei nicht so sehr um einzelne Schüler geht, sondern um die Förderung eines gesundheitsgerechten Verhaltens in der gesamten Schule und möglichst auch der Gesellschaft.

- *Sekundärprävention*
  Sekundärprävention hat das Ziel, Menschen mit einem beginnenden Problemverhalten davor zu schützen, langfristig abhängig zu werden. Sekundärprävention setzt bei einzelnen Personen(-gruppen) an, die erste Zeichen eines Missbrauchs zeigen. Sekundärprävention versucht in erster Linie, die Zunahme des Problemverhaltens zu verhindern.

- *Tertiärprävention*
  Hat sich erst einmal ein Problemverhalten entwickelt, beginnt für den Einzelnen oft eine jahrelange Auseinandersetzung zwischen den subjektiv wahrgenommen

angenehmen Wirkungen der Droge und ihren bekannten negativen körperlichen und sozialen Folgen, die sich leider oft erst in höherem Alter zeigen. Tertiärprävention setzt deshalb während der Behandlung des Problemverhaltens an und versucht einen Rückfall bzw. eine Verschlimmerung der Abhängigkeit zu verhindern.

Eine wichtige Voraussetzung für die Effektivität von Programmen zur Drogenprävention ist das praktizieren einer „Null-Toleranz-Strategie", d.h. die Sanktionierung von Regelverletzungen ohne „Freischuss" und eine erhöhte Kontrollintensität. Nach Voelkl & Frone (2000) führt diese Strategie dazu, dass sich individuelle Gefährdungsfaktoren in der Schule weniger manifestieren und die Selbstdisziplin gefördert wird. Überspitzt und provokant, aber durchaus bedenkenswerte Äußerungen zu diesem Thema finden sich z.B. bei Bueb (2006a, S. 213):

„Disziplin ist das Tor zum Glück der Anstrengung und des Gelingens. Jeder, der etwa ein Fußballspiel gewinnt, eine Sonate fehlerfrei spielt oder einen Berg besteigt, kennt dieses Gefühl. Zudem kann Disziplin bei orientierungslosen Kindern, von denen es heute so viele gibt, heilend wirken. Denn oft finden sie nicht durch Einsicht zum richtigen Weg. ... Der Weg zur Selbstdisziplin und damit zur Freiheit führt über Disziplin. Man muss zum Beispiel mit einer 16-Jährigen darüber diskutieren, ob sie in die Disco darf. Die Eltern müssen mit dem Mädchen über die Gefährdungen sprechen und klären, ob sie ihm zutrauen, diesen zu widerstehen. Alles andere jedoch – Drogen, Alkohol, Zigaretten, Sexualität – müssen wir der 16-Jährigen verbieten: Sie muss sexuell nicht alles ausprobieren, damit sie ihr Sexualleben einmal frei gestaltet. Es ist auch nicht notwendig, mit 15 Jahren regelmäßig zu trinken, um den Umgang mit Alkohol zu erlernen."

Vertieft kann man Buebs Überlegungen in seinem Buch „Lob der Disziplin" nachlesen (Bueb, 2006b).

Die in Deutschland verbreiteten Furchtappelle (z.B. Fotos von Raucherlungen, in Erbrochenem liegende Betrunkene oder allgemeine Hinweise auf negative gesundheitliche Folgen) wirken dagegen bei Jugendlichen genauso wenig wie die allseits beliebten Programme zur allgemeinen Stärkung des Selbstbewusstseins („Sag einfach nein!"). Eher sind Ansätze zu empfehlen, bei denen Schüler öffentliche Selbstverpflichtungen in Form von Verträgen eingehen und Vertragsverletzungen dann auch sanktioniert werden, wie es z.B. bei dem Wettbewerb „Be smart – don't start!" versucht wird (Abbildung 7-54). Allerdings müssen diese Maßnahmen immer von Kontrollen begleitet sein, wenn sie wirksam sein sollen. Ansonsten werden die Schüler wohl eher dazu verleitet, unwahre Angaben zu machen, damit die ausgelobten Preise nicht verloren gehen.

Ohne Rauch geht's auch

Gesamtschulklasse ausgezeichnet

OSNABRÜCK. Für einige der Jungen und Mädchen war es allein die Autogrammstunde mit den VfL-Spielern Dominique Ndjeng und Andreas Schäfer wert, auf den blauen Dunst zu verzichten. Die Klasse 9g der Gesamtschule Schinkel wurde jetzt als Teilnehmer des Wettbewerbs „Be Smart – Don't Start" geehrt.

„Sei schlau – Fang gar nicht erst an" heißt übersetzt der Wettbewerb. Er soll Schülerinnen und Schülern der sechsten bis achten Klassen den Anreiz geben, gar nicht erst mit dem Rauchen anzufangen. Und das nicht nur in Deutschland, sondern auch in Belgien, Estland, Finnland, Frankreich, Griechenland, Großbritannien, Island, Italien, Lettland, Litauen, Luxemburg, den Niederlanden, Österreich, Polen, Rumänien, der Schweiz, der Slowakei, Spanien, Tschechien und Ungarn.

Auf diese Art und Weise wird das Thema Nichtrauchen in die Schulen gebracht. Bei nichtrauchenden Jugendlichen soll es den Einstieg verhindern. Diejenigen, die bereits mit dem Rauchen experimentieren, sollen von regelmäßigem Qualmen abgehalten werden.

Die Regeln: Mindestens 90 Prozent der Schüler entscheiden sich für die Teilnahme am Wettbewerb. Sie unterschreiben einen Vertrag, in dem sie sich verpflichten, ein halbes Jahr nicht zu rauchen. Wöchentlich geben sie Auskunft, ob sie rauchfrei geblieben sind. Wenn mehr als 10 Prozent der Schüler einer Klasse zur Zigarette greifen, scheidet sie aus. Als Gewinn lockt eine Klassenreise.

In Osnabrück hat das „Bündnis rauchfreie Schule" als weiteren Ansporn dreimal 100 Euro unter den teilnehmenden Klassen ausgelost. Zu den Gewinnern gehört die 9g der Gesamtschule, die den Preis nach einem halben rauchfreien Jahr von zwei Bündnis-Mitgliedern erhielt: Michael Rudolph vom Jugendschutz der Stadt und Ulrike Sensse von der Fachstelle für Sucht und Suchtprävention des Diakonischen Werkes. Als Überraschung liefen auch die beiden VfLer in der Schule auf.

Ergänzend zu „Be smart – Don't Start", unterstützt das Bündnis den Wettbewerb des städtischen Fachbereichs für Kinder, Jugendliche und Familien „Ohne Rauch geht's auch". Darin werden kreative Beiträge von Schülern zum Thema Nichtraucherschutz prämiert.

Abbildung 7-54: **Öffentliche, vertraglich fixierte Selbstverpflichtungen von Schülern können eine effektive Präventionsmaßnahme sein** (aus: Neue Osnabrücker Zeitung, 5. Oktober 2006, S. 17)

Idealerweise sollte der kulturelle Hintergrund der Schüler berücksichtigt werden. Das kann z.B. durch Einbeziehung von Rappern, Musikern, Sportlern oder „regionalen Berühmtheiten" geschehen.

Die Wirksamkeit von Präventionsprogrammen lässt mit der Zeit nach – einmalige „Projekte", wie sie z.Zt. Mode sind, sind ohne längerfristige Begleitung und Auffrischung ihr Geld nicht wert.

2. *Angebot attraktiver Verhaltensalternativen*

Jugendliche zeigen weniger gesundheitsschädliche Verhaltensweisen, wenn sie mit ihrer Zeit Besseres anzufangen wissen. Wenn die wesentlichen Hobbys und Freizeitbeschäftigungen im „Shopping", „Chillen" oder „Abhängen" bestehen, ist die Chance groß, dass einfach aus Langeweile oder Mangel an sichtbaren Alternativen unerwünschte Verhaltensweisen aufgebaut werden. Allerdings ist es mit Appellen nach dem Muster: „Tritt doch in einen Sportverein ein" oder „Komm doch zum CVJM" nicht getan. Auch einmalige Ereignisse, wie Fahrten zu Fußballspielen oder Rockkonzerten sind in dieser Hinsicht eher kontraproduktiv. Notwendig sind längerfristig einzuhaltende Verpflichtungen, befriedigende Hobbys und (durchaus auch anstrengende), im Freundeskreis zu realisierende Aktivitäten. Hier sind auch durchaus Jugendzentren gefordert. Wenn die Angebote dort so strukturiert sind, dass sie in erster Linie nur passiv konsumiert werden, mit keinen Verpflichtungen verknüpft sind und in der Regel nur punktuell genutzt werden, sind sie als Alternative zu problematischem Sozialverhalten oder als Suchtpräventionsmaßnahme kaum geeignet.

3. *Aufbau und Aufrechterhaltung längerfristiger Lebensperspektiven*

Wahrscheinlich greift eine Erklärung unerwünschter Verhaltensweisen Jugendlicher, die unreflektiert auf die „mangelnde Perspektive der heutigen Generation" verweist, viel zu kurz. Sicherlich bekommen viele Jugendlichen nicht den Ausbildungsplatz, den sie sich wünschen – aber dafür muss man eben auch etwas tun und sich kontinuierlich anstrengen. Spaß macht das nicht unbedingt, und ihren Traumberuf können auch in unserer Gesellschaft nur wenige Menschen ausüben. Andererseits ist Deutschland nach wie vor ein reiches Land, das (noch) keine existenziellen Probleme kennt und dem Einzelnen auch nach Beendigung der Schulzeit mannigfache Lebensperspektiven ermöglicht. Eine positive Lebenseinstellung ist eher geeignet, auch einmal längere Durststrecken zu überstehen, als Jammern und Rufen nach Hilfe und Unterstützung schon bei kleineren Widrigkeiten. Ich wage die Hypothese, dass die in Deutschland z.Zt. praktizierte Rundumversorgung Jugendlicher, allseitige Hilfsangebote und die Betonung der „Spaßkomponente" im Leben viele Jugendliche dazu verleiten, ihre Zukunft eben nicht mehr selbst in die Hand zu nehmen und passiv auf Hilfen von anderen (vor allem „dem Staat") zu vertrauen. Wenn's dann einmal nicht rundläuft, kann sich leicht eine Einstellung „Ist ja eh alles egal" oder „Ich habe ja sowieso keine Chance" breit machen. Langeweile und subjektive Perspektivlosigkeit sind guter Dünger für Drogenmissbrauch.

7.8 Der so genannte Generationskonflikt

Während meiner Vorpubertätszeit gab es regelmäßig mittwochs eine Stunde lang im Westdeutschen Rundfunk eine von Chris Howland moderierte Musiksendung, in der englische und amerikanische Pop-Musik gespielt wurde. Wie die meisten meiner Altersgenossen lag ich während dieser Zeit vor unserer „Loewe Opta"-Musiktruhe mit „3D-Raumklang" und führte Buch über die englische Hitparade, damit ich mir die neuesten Hits von Billy Vaughns Orchester oder dem Kingston Trio auf den neuen, teuren Schallplatten kaufen konnte, sobald es sie gab. Für „deutsche" Schlagerstars, wie Gerhard Wendland, Fred Bertelmann oder Freddy Quinn, hatte ich wenig übrig, und die von meinen Eltern bevorzugten „Schnulzen" von René Carol, Rudi Schurike oder gar Lys Assia waren für mich so unerträglich wie für große Teile der heutigen Generation[55] die von mir hoch gelobten Gesänge von Tom Waits oder Joe Cocker. Da gab es prächtige Auseinandersetzungen mit meinem Vater („Mach' sofort den Neger-Jazz aus!"), und zum Musikhören musste ich schließlich zu einem Freund flüchten, dessen Eltern oft Schichtarbeit hatten und deshalb nicht zu Hause waren.

Zur Zeit des Osnabrücker Jahrmarkts zog ich heimlich Jeans („Nietenhosen") und einen schwarzen Anorak an, weil man damit „Schlag" bei den Mädchen hatte und zu den Rock 'n' Roll-Hits von Little Richard, die vorwiegend auf der „Raupe" zu hören waren, so lässig (heute würde man wohl sagen „cool") „hotten" konnte. Eine meiner jüngeren Cousinen hatte schon einen Freund und hatte deswegen soviel „Knatsch" mit ihren Eltern, dass sie „abhauen" wollte.

Derlei Geschichten kann wohl jeder erzählen. Vergleichbare Probleme zwischen Eltern und Kindern sind in verändertem Kontext auch heute noch mehr oder weniger verbreitet und werden besonders in der „Alltags- und Betroffenheitsliteratur", aber auch in psychologisch-wissenschaftlichen Schriften als Beleg dafür angeführt, dass sich Jugendliche und Eltern entfremdeten (oder schon haben), dass familiäre Beziehungen auseinander brächen (oder schon gebrochen sind) oder dass die „Jugend von heute" keinen Respekt mehr vor der älteren Generation habe. Der Sammelbegriff für diese Auffassung ist der „Generationskonflikt" (engl.: „generation gap").

Leider ist die Diskussion um die Beziehungen zwischen Eltern und ihren heranwachsenden Kindern so stark ideologisch überlagert, dass es ist schwer ist, wesentliche empirische Befunde von vorschnellen Interpretationen und Wertungen zu trennen. So schreibt etwa Heinelt (1982, S. 116-117):

> „Eine weitere Vertiefung des Grabens zwischen den Generationen wurde von der antiautoritären Bewegung hervorgerufen, die den Begriff der Autorität abschaffen wollte. Ideologischer Fanatismus und arrogantes Besserwissertum haben dazu geführt, dass das Gespräch nahezu verstummte. Es wurden auf diese Weise von beiden Seiten Vorurteile und Feindbilder aufgebaut. Flexibilität und Offenheit waren nicht mehr aktuell. So trieben sich die Generationen gegenseitig in die Isolierung.

---

[55] Nebenbei gesagt: Für die Musik der heutigen Generation (Techno, House oder Heavy Metal) fehlt mir genauso das Verständnis, wie meinem Vater meine Vorliebe für Rock 'n' Roll nicht einsichtig war. Aber ist sie deshalb „schlechter"? Oder geht es mit der Popmusik „abwärts"? Nur so zum Nachdenken...

Die Auffassung, dass der heutige Generationskonflikt bereits in die Dimension einer Generationskrise übergegangen sei, kann manche Argumente bereitstellen.

In dem Maß, in welchem die ideologische Beeinflussung an Wirksamkeit verliert und die jungen Menschen wieder ohne vorgefertigte Denkschablonen an die gesellschaftliche Realität und den Mitbürger herantreten, hat das Gespräch wieder eine Chance."

Im Jugendalter sind Streitereien zwischen Eltern und ihren Kindern häufiger als während der Kindheit, und es kann durchaus vorkommen, dass sich aus kleinen Unstimmigkeiten durch unkluge Reaktionen von Eltern und Kindern massive Auseinandersetzungen entwickeln. Die Ursachen für diese Unstimmigkeiten hat man früher einseitig den Jugendlichen in die Schuhe geschoben: Jugendliche seien rebellisch, hätten keinen Respekt mehr vor den Eltern oder hätten sich von den Werten ihrer Eltern weit entfernt (der Soziologe Helmut Schelsky (1957) prägte dafür in einem damals sehr populären Buch den eingängigen Begriff der „skeptischen Generation"). De Wit & van der Veer (1982, S. 195) schreiben dazu:

„Besteht nun eine Kluft zwischen der Generation von ,Älteren' und ,Jüngeren'? Unserer Meinung nach kann nur insofern von einer Kluft gesprochen werden, als diese zwei verschiedenen Lebensweisen der ,Älteren' und ,Jüngeren' zur thematischen Entfremdung führen, d.h. zu Kommunikationsproblemen, die durch die unterschiedlichen Lebensweisen bedingt sind.

Empirische Belege dazu liegen allerdings kaum vor. Der angenommene Konflikt lässt sich auf jeden Fall nicht zwingend aus dem allgemeinen Auftreten heftiger Auseinandersetzungen zwischen Jugendlichen und ihren Eltern ableiten."

Die beobachtbaren Eltern-Kind-Auseinandersetzungen beziehen sich häufig auf das äußere Erscheinungsbild der Jugendlichen, das anders ist als dasjenige ihrer Eltern, und Verhaltensweisen, die die Eltern nicht billigen (Abbildung 7-55). So wie meine Eltern „Nietenhosen" als ungeeignet für einen Gymnasiasten ansahen, mögen sich heute Eltern darüber aufregen, dass ihre Kinder Hosen zerschneiden oder bewusst so groß kaufen, dass sie mit den Schuhen darauf herumtreten und (nach Meinung ihrer Eltern) darin „verlottert" aussehen. Auch die von vielen Frauen bevorzugte „bauchfreie" Mode trifft nicht den Geschmack vieler Eltern oder (älterer) Lehrer. Ein beliebtes Feld für Auseinandersetzungen zwischen Eltern und ihren pubertierenden Kindern sind auch typische Verhaltensweisen: lange Telefonrufe, die den Hausanschluss blockieren[56]; mangelnde „Ordnung" im eigenen Zimmer; mangelnde „Dankbarkeit" für elterliche Wohltaten; die Verwendung des eigenen Taschengeldes zum „Konsum" statt für zukünftige größere Anschaffungen; die Orientierung am „Hier und Jetzt" und eine daraus resultierende Gleichgültigkeit gegenüber elterlichen Befürchtungen für die Zukunft oder der nach Meinung der Eltern mangelnde Einsatz für die Schule. Allerdings ist übermäßige Anpassung oft ebenso wenig erwünscht: in Erwartung diverser Konflikte wundern sich manche Eltern, wenn ihre Sprösslinge plötzlich wieder Gefallen an Bällen finden, sich über die „schlampige" Kleidung und mangelndes Marken-

---

[56] Man sollte halt rechtzeitig einen ISDN-Anschluß beantragen...

bewusstsein ihrer Eltern aufregen oder schon während der Schulzeit Geld für besonders wichtig erachten[57].

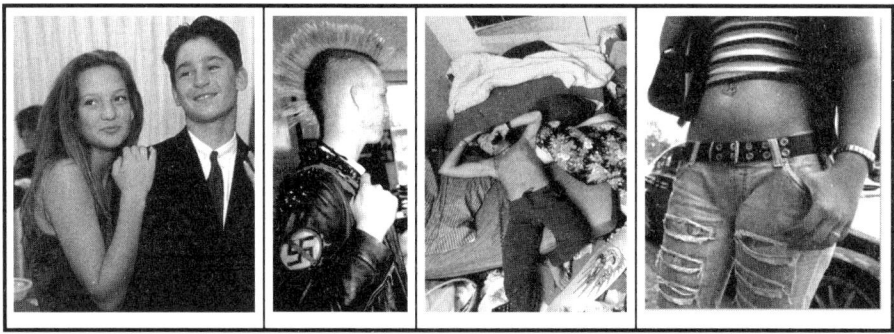

Abbildung 7-55: **Konflikte zwischen Eltern und ihren Kindern haben oft das äußere Erscheinungsbild oder charakteristische Verhaltensweisen Jugendlicher zum Anlass** (Bild Mitte links: Kosser, 1997, S. 50; links und Mitte rechts: Paulsen, 1993, S. 130 und S. 136)

Man sieht schon an diesen Beispielen, dass es wenig Sinn hat, die Ursachen für Eltern-Kind-Konflikte einseitig den Jugendlichen zuzuschieben. Darauf weisen de Wit & van der Veer (1982) explizit hin und schlagen vor, die folgenden Aspekte stärker zu berücksichtigen:

- *Unterschiedliches Erleben durch Verschiedenheit der Lebensphase.* Für Jugendliche steht (subjektiv) die Welt offen (oder auch nicht; vgl. die von Jugendlichen geäußerten Befürchtungen in Tabelle 7-13), sie müssen für ihr weiteres Leben wichtige Entscheidungen (z.B. in Schule, Studium und Beruf) treffen, und ihre sozialen Bezüge sind im Umbruch. Eltern hingegen haben eine Vielzahl materieller und sozialer Verpflichtungen (Auto, Haus, Aufbau einer Firma, Familie, ehrenamtliche Tätigkeiten,...), die sie teilweise langfristig festlegen und/oder einschränken können.

- *Unterschiedliches Erleben durch Verschiedenheit der Lebenserfahrung.* Für die Generation meiner Eltern (und auch – eingeschränkt – für mich) war es undenkbar, Nahrungsmittel, wie z.B. das Schulbrot, wegzuwerfen. Sie hatten Kriege, harte Arbeitslosigkeit und unzureichende soziale Sicherung sowie damit zusammenhängende Mangelsituationen erlebt, so dass Nahrungsmittel für sie einen anderen Stellenwert hatten als für heutige Jugendliche, die drückenden Mangel nicht erlebt haben (und hoffentlich auch nicht erleben werden). Auch die z.Zt. tobende Diskussion um die Rechtschreibreform kann man hier einordnen: wir Älteren haben ein anderes Verhältnis zu „unserer" gewohnten Schreibweise als Kinder und Jugendliche, die Veränderungen gelassener gegenüberstehen.

---

[57] Ein guter Freund fragte mich einmal um Rat, was er denn wohl bei der Erziehung seines Sohnes falsch gemacht haben könne, denn er interessiere sich schon im Alter von 16 Jahren überwiegend für die Vermehrung seiner Erbschaft durch Aktienkäufe.

- ***Thematische Entfremdung zwischen den Jüngeren und Älteren.*** Angehörige verschiedener Generationen können unterschiedliche Vorstellungen davon haben, was gut oder schlecht, angemessen oder unangemessen sowie aktuell oder erledigt ist. Das berührt weniger die zentralen Überzeugungen, als alltägliche Selbstverständlichkeiten: welche Kleidung für eine Schulfeier angemessen ist, welchen Stellenwert Ordnung hat, ob es wichtig ist, sich in der parteipolitischen Arbeit oder beim Deutschen Roten Kreuz zu engagieren oder ob die gewünschte Sony-Playstation wirklich ihr Geld wert ist. Die unterschiedliche Betonung verschiedener Themen kann dazu führen, dass man den Jugendlichen mangelndes Engagement (nämlich in Bereichen, die für sie uninteressant sind; z.Zt. z.B. Engagement in den Nachwuchsorganisationen der politischen Parteien) oder einseitigen Eifer (in für sie wichtigen Bereichen; z.Zt. z.B. Reisen zu Pop-Konzerten oder zur Love-Parade) unterstellt.

Angesichts unerfreulicher Verallgemeinerungen in Zusammenhang mit der (je nach politischem Standort mehr oder weniger beklagten) „zunehmenden Entfremdung" zwischen Eltern und Jugendlichen und damit verbundenen wechselseitigen Schuldzuweisungen (vgl. Cyprian & Franger, 1997, S. 12-17) ist es verwunderlich, dass seit längerer Zeit vorliegende empirische Ergebnisse zum „Mythos des Generationskonflikts" (Feldman, 1998, S. 487) nur unzureichend zur Kenntnis genommen werden. Vielleicht passen sie zu wenig ins Bild, das sich die Elterngeneration von „den" Jugendlichen macht? Oder eignet sich vielleicht der „Generationskonflikt" besonders gut für quotenträchtige Talkshows? Oder wird vielleicht auch der „Generationskonflikt" instrumentalisiert, um gesellschaftliche Entwicklungen, die dem eigenen Weltbild zuwider laufen (z.B. ein liberalisiertes Sexualverhalten, das frei von Schuld- und Angstgefühlen ist), zurückzudrehen bzw. favorisierte Maßnahmen (z.B. Verstärkung der funktionalen „Autorität" von Eltern oder Lehrern) zu unterstützen?

Empirische Ergebnisse relativieren Art und Umfang des „Generationskonflikts" in entscheidender Hinsicht:

- Schon im Abschnitt 6.5.1 habe ich darauf hingewiesen, dass die Zeit, die Kinder und Jugendliche mit der Familie verbringen, bis über die Pubertät hinaus einigermaßen konstant bleibt (Abbildung 6-37). Das wäre wohl kaum erträglich, wenn die Beziehungen zwischen Jugendlichen und ihren Eltern vom Generationskonflikt bestimmt würden.

- Mangelnde Übereinstimmungen zwischen Eltern und Jugendlichen gibt es vor allem in „peripheren" Bereichen. In zentralen Werten (Politische Überzeugungen, Religion, soziale Grundfragen) dagegen sind die Übereinstimmungen größer:

  „Bezüglich sozialer, politischer und religiöser Fragen stimmen Eltern und Jugendliche weitgehend überein, und die Sorgen der Kinder spiegeln diejenigen ihrer Eltern wieder. Sie haben auch ähnliche Berufswünsche und Einstellungen zur Arbeit. Tatsächlich unterscheiden sich verschiedene Jugendliche bezüglich der meisten Einstellungen und Wertvorstellungen weitaus mehr als Eltern und ihre heranwachsenden Kinder" (Feldman, 1998, S. 488).

- Wenn Kinder älter werden, weiten sie ihre Autonomie aus. Damit ändert sich die Wahrnehmung ihrer Eltern. Sie sehen sie weniger idealisiert und weniger in ihrer Funktion als Betreuer, sondern als Menschen mit individuellen, auch durchaus negativen Eigenschaften, die man kritisieren kann.

- Offenbar spielt die wechselseitige Wahrnehmung der Generationen eine Rolle für erlebte Konflikte. Dafür möchte ich zwei Beispiele anführen. In einer Studie von Maassen & de Goede (1992) konnte u.a. nachgewiesen werden, dass die Elterngeneration über Erwachsene positiver denkt als über Jugendliche, dass aber andererseits Jugendliche über Erwachsene ein positiveres Bild haben als über Jugendliche im allgemeinen. In diesem Zusammenhang ebenfalls interessante Studien sind z.B. bei Stiksrud (1994, S. 187-196) zusammengestellt. Generell zeigte sich in diesen Studien, dass die Beurteilung der Erwachsenen durch die Jugendlichen wesentlich günstiger ist als von den Erwachsenen vermutet; d.h. Jugendliche denken über Erwachsene besser als von letzteren vermutet.

- Die Beziehungen zwischen Jugendlichen und ihren Eltern werden von globalen Änderungen in wesentlichen Werten überlagert. Daraus resultierende Konflikte werden dann fälschlicherweise als Generationskonflikt interpretiert, obwohl sie Ausdruck eines längerfristigen, langsamen Wertewandels sind. Ein Beispiel dafür zeigt z.B. die Untersuchung von Böltken & Jagodzinski (1984), in der der Anteil von „Materialisten" und Postmaterialisten" zwischen 1970 und 1980 analysiert wurde. Die Autoren konnten bei verschiedenen Altersgruppen unterschiedliche zeitliche Trends nachweisen. Langfristige Änderungen in Bezug auf wünschenswerte Erziehungsziele führt auch Hille (1991) an. Wie Abbildung 7-56 zeigt, schreibt die deutsche Bevölkerung der Erziehung zur Selbständigkeit eine stetig größere Bedeutung zu, während Ordnungsliebe und Gehorsam als immer weniger wichtig angesehen werden.

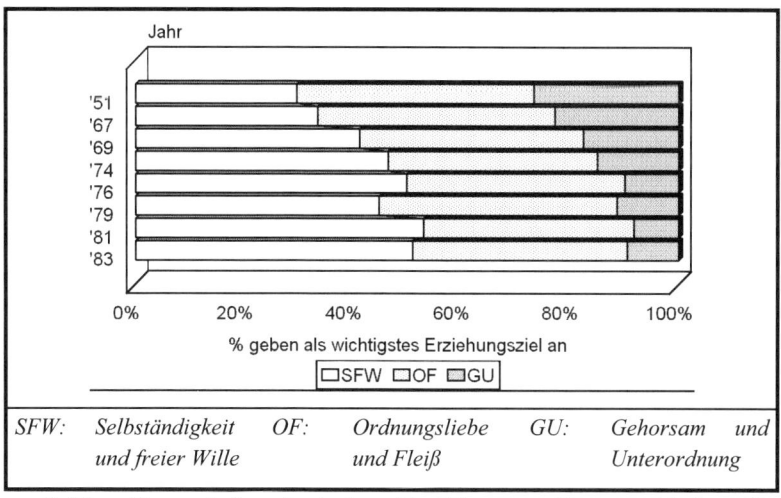

Abbildung 7-56: **Prozent der deutschen Bevölkerung, die verschiedene Erziehungsziele für am wichtigsten halten** (nach: Hille, 1991, S. 20)

- Schließlich und endlich kann man noch vermuten, dass auch der geringere äußere Druck, der heute auf den Familien lastet, dazu geführt hat, dass Familien nicht mehr so eng zueinander rücken wie früher, als materieller Mangel und/oder politischer Druck erheblich waren. Anhaltspunkte diese Vermutung finden sich in einem schon älteren Buch von Elder (1974). Er analysierte, wie sich familiär relevante Interessen bei Frauen und Männern geändert hatten, die mehr oder weniger stark von den Auswirkungen der ökonomischen Schwierigkeiten der USA in den Jahren 1929-1933 betroffen waren. In Familien, die mehr als 60% Prozent ihres Hab und Guts verloren hatten, kümmerten sich die betroffenen Frauen und Männer besonders intensiv um das Familienleben. Ähnliche anekdotische Befunde gibt es auch aus Familien, die nach dem zweiten Weltkrieg von Vertreibung betroffen waren, oder von Flüchtlingsfamilien aus der DDR, die teilweise einige Jahre in Flüchtlingslagern zubrachten und aus dieser Zeit über intensive familiäre Bande berichten. Wenn man diese Ergebnisse auf die heutige Zeit überträgt, könnte man vermuten, dass unter den jetzt vergleichsweise sehr guten Lebensbedingungen Familie als „Rückzugsgebiet" weniger wichtig ist und von unserer Gesellschaft gebotene Entfaltungsmöglichkeiten stärker genutzt werden.

Zusammenfassend kann man vor dem Hintergrund der vorliegenden Forschungsergebnisse wohl davon ausgehen, dass die Bedeutung des Generationskonflikts in unserem Alltagsverständnis überschätzt wird. De Wit & van der Veer (1982, S. 198) fassen das so zusammen:

„Unterschiedliche Interessen und Erfahrungen führen zu einer Distanz zwischen Jugendlichen und Älteren. Daraus kann das Problem der Entfremdung entstehen. Ob sich diese jedoch in einem Generationskonflikt äußern muss, ist zu bezweifeln. Es liegt wenig Evidenz für eine grundsätzliche Annahme vor, dass Konflikte auf den Generationsunterschied zurückzuführen sind.

Man sollte vielleicht eher von einem Wertkonflikt sprechen, wobei dieser nicht per definitionem zwischen Jugendlichen und Älteren auftritt.

Bei aller Diskussion um die Generationsunterschiede wird wenig beachtet, dass darin auch eine Möglichkeit liegt, die verschiedenen Erfahrungen in eine fruchtbare Zusammenarbeit einzubringen, und dass man sich wechselseitig ergänzen kann."

8 Literaturverzeichnis

„Zwei Absichten muss man bei der Lektüre beständig vor Augen haben, wenn sie vernünftig sein soll: einmal, die Sachen zu behalten und sie mit seinem System zu vereinigen, und dann vornehmlich, sich die Art zu eigen zu machen, wie jene Leute die Sachen angesehen haben."

Georg Christoph Lichtenberg (1742 - 1799)
Sudelbücher, Heft D, 302

Ahnert, L. (Ed.). (2004). *Frühe Bindung*. München: Reinhardt.

Ainsworth, M. (1967). *Infancy in Uganda: Infant care and the growth of love*. Baltimore, MD: Johns Hopkins University Press.

Ainsworth, M. (1973). The development of infant-mother attachment. In B. Caldwell & H. Ricciuti (Eds.), *Review of Child Development Research* (Vol. 3, pp. 1-94). Chicago: University of Chicago Press.

Ainsworth, M., Blehar, M., Waters, E., & Wall, S. (1978). *Patterns of attachment: Observations in the strange situation and at home*. Hillsdale: Erlbaum.

Akgün, L. (1993). Psychokulturelle Hintergründe türkischer Jugendlicher der zweiten und dritten Generation. In K. Lajios (Ed.), *Die psychosoziale Situation von Ausländern in der Bundesrepublik* (pp. 55-70). Opladen: Leske + Budrich.

Alfermann, D. (1996). *Geschlechterrollen und geschlechtstypisches Verhalten*. Stuttgart: Kohlhammer.

Allport, G. (1949). *Persönlichkeit*. Stuttgart: Klett.

Alvarez, C., & Pader, O. (1979). Cooperative and competititve behavior of Cuban-American and Anglo-American children. *Journal of Psychology, 101*, 265-271.

American Psychological Association. (2002). *Ethical principles of psychologists and code of conduct 2002*. Washington: APA (www.apa.org/ethics/code2002.pdf).

Arbinger, R. (1996). *Entwicklungspsychologie des Jugendalters*. Landau: Verlag Empirische Pädagogik.

Arbinger, R. (1997). *Entwicklung des Denkens* (2. ed.). Landau: Verlag Empirische Pädagogik.

Arbinger, R., Hoffmann, H., & Reither, F. (1974). Die Entwicklung des Denkens nach Jean Piaget - Konkrete Operationen [Film W 1307]. Göttingen: Institut für den Wissenschaftlichen Film.

Arbinger, R., & Reither, F. (1973). Die Entwicklung des Denkens nach Jean Piaget - Präoperative Phase [Film W 1704]. Göttingen: Institut für den Wissenschaftlichen Film.

Atkinson, R., Atkinson, R., Smith, E., & Hilgard, E. (1987). *Psychology*. San Diego, CA: Harcourt Brace Jovanovich.

395

Bade, R. (1994). Vandalismus. Was ein Kollegium tun kann. *Pädagogik, 46*, 39-40.

Baier, D. (2005). Abweichendes Verhalten im Jugendalter. Ein empirischer Vergleich verschiedener Erklärungsansätze. *Zeitschrift für Soziologie der Erziehung und Sozialisation, 25*, 381-398.

Bailey, K. (1994). *Typologies and taxonomies: An introduction to classification techniques.* Thousand Oaks, CA: Sage.

Baillargeon, R. (1986). Representing the existence and the location of hidden objects: Object permanence in 6- to 8-month-old babies. *Cognition, 23*(21-41).

Baillargeon, R. (1987). Object permanence in 3.5 and 4.5 month-old infants. *Developmental Psychology, 23*(655-664).

Baillargeon, R. (1994). How do infants learn about he physical world? *Current Directions in Psychological Science, 3*, 133-140.

Bandura, A. (1965). Influence of models' reinforcement contingencies on the acquisition of imitative responses. *Journal of Personality and Social Psychology*, 589-595.

Bandura, A. (1973). *Aggression: A social learning analysis.* Englewood Cliffs, NJ: Prentice-Hall.

Bandura, A., & Mischel, W. (1965). Modification of self-imposed delay of reward through exposure to live and symbolic models. *Journal of Personality and Social Psychology, 2*, 698-705.

Bandura, A., Ross, D., & Ross, S. (1961). Transmission of aggression through imitation of aggressive models. *Journal of Abnormal and Social Psychology, 63*, 575-582.

Bandura, A., Ross, D., & Ross, S. (1963). Imitation of film mediated aggressive models. *Journal of Abnormal and Social Psychology, 66*, 3-11.

Beckmann, M., Braun, J., Cornelissen, W., Engbers, R., Gödecke, M., & Rodde, I. (1996). Zur angemessenen Präsentation der Geschlechter im Fernsehen. *Zeitschrift für Frauenforschung, 14*, 105-114.

Bell, N., Grossen, M., & Perret-Clermont, A. (1985). Sociocognitive conflict and intellectual growth. *New Directions for Child Development, 29*, 41-54.

Bem, S. (1989). Genital knowledge and gender constancy in preschool children. *Child Development, 60*, 649-662.

Bensel, J. (1994). Bevorzugte Interaktionspartner bei Kleinstkindern. *Psychologie in Erziehung und Unterricht, 41*, 81-93.

Berenbaum, S., & Resnick, S. (1997). Early androgen effects on aggression in children and adults with congenital adrenal hyperplasia. *Psychoneuroendocrinology, 22*, 505-515.

Berk, L. (1991). *Child Development* (2. ed.). Boston: Allyn & Bacon.

Berk, L. (1997). *Child Development* (4. ed.). Boston: Allyn and Bacon.

Bernstein, B. (1970). A sociolinguistic approach to socialization: with some reference to educability. In F. Williams (Ed.), *Language and poverty: perspectives on a theme* (pp. 25-61). Chicago: Markham.

Bertelsmann Electronic Publishing. (1997). InfoROM '97/98. München: Bertelsmann Electronic Publishing GmbH.

Best, D., Williams, J., Cloud, J., Davis, S., Robertson, L., Edwards, J., et al. (1977). Development of sex-trait stereotypes among young children in the United States, England, and Ireland. *Child Development, 48*, 1375-1384.

Bierhoff, H. (1980). *Hilfreiches Verhalten.* Darmstadt: Steinkopff.

Bierhoff, H. (1990). *Psychologie hilfreichen Verhaltens.* Stuttgart: Kohlhammer.

Bierhoff, H. (2002). *Prosocial behaviour.* Hove: Psychology Press.

Bigler, R. (1995). The role of classification skill in moderating environmental influences on children's gender stereotyping: A study of the functional use of gender in the classroom. *Child Development, 66,* 1072-1987.

Bischof, N. (1985). *Das Rätsel Ödipus.* München: Piper.

Bjoerkqvist, K., Lagerspetz, K., & Kaukiainen, A. (1992). Do girls manipulate and boys fight? Developmental trends in regard to direct and indirect aggression. *Aggressive Behavior, 18,* 117-127.

Böhles, H., Kollmann, F., & Leitner, C. (Eds.). (1992). *Peripubertäre Entwicklungsprobleme.* Stuttgart: Wissenschaftliche Verlagsgesellschaft.

Boldizar, J. (1991). Assessing sex typing and androgyny in children: The Children's Sex Role Inventory. *Developmental Psychology, 27,* 505-515.

Böltken, F., & Jagodzinski, W. (1984). Viel Lärm um Nichts? Zur "Stillen Revolution" in der Bundesrepublik, 1970 - 1980. In A. Stiksrud (Ed.), *Jugend und Werte* (pp. 60-72). Weinheim: Beltz.

Borkenau, P. (1996). Prosoziales Verhalten. In M. Amelang (Ed.), *Temperaments- und Persönlichkeitsunterschiede* (pp. 377-406). Göttingen: Hogrefe.

Bosetzky, H. (1997). *Brennholz für Kartoffelschalen.* München: Deutscher Taschenbuch Verlag.

Bouchard, T. (1981). Familial studies of intelligence. *Science, 212,* 1055-1059.

Bowlby, J. (1951). Maternal care and mental health. *Bulletin of the World Health Organization, 3,* 355-533.

Bowlby, J. (1953). Critical Phases in the development of social responses in man and other animals. *New Biology, 14,* 25-32.

Bowlby, J. (1958). The nature of the child's tie to his mother. *International Journal of Psychoanalysis, 39,* 350-373.

Bowlby, J. (1969). *Attachment and Loss, Volume I: Attachment.* New York: Basic Books.

Brackbill, Y. (1971). Cumulative effects of continuous stimulation on arousal level in infants. *Child Development, 42,* 17-26.

Bradley, R., Whiteside, L., Mundfrom, D., Casey, P., Kelleher, K., & Pope, S. (1994). Contribution of early intervention and early caregiving experiences to resilience in low-birthweight, premature children living in poverty. *Journal of Clinical Child Psychology, 23,* 425-434.

Brakke, K., & Savage-Rumbaugh, S. (1995). The development of language skills in bonobo and chimpanzee: I. Comprehension. *Language and Communication, 15,* 121-148.

Brandt, I., Sticker, E., & Höcky, M. (1997). *Lebensqualität von Frühgeborenen und Reifgeborenen bis ins Erwachsenenalter.* Baden-Baden: Nomos.

Braun, C., Gründl, M., Marberger, C., & Scherber, C. (2001). *Beautycheck - Ursachen und Folgen von Attraktivität.* Regensburg: Universität Regensburg.

Brazelton, T. (1973). *Brazelton Neonatal Assessment Scale.* Philadelphia: Lippincott.

Brazelton, T., & Nugent, J. (1995). *Neonatal behavioral assessment scale.* London: McKeith Press.

Bredenkamp, K., & Bredenkamp, J. (1974). Was ist Lernen? In F. Weinert, C. Graumann, H. Heckhausen & M. Hofer (Eds.), *Pädagogische Psychologie, Band 2* (pp. 607-630). Frankfurt: Fischer.

Brenner, H., & Mielck, A. (1993). The role of childbirth in smoking cessation. *Preventive Medicine, 22*, 225-236.

Briechle, R. (1981). *Die Messung der moralischen Urteilsfähigkeit im MUP und MUT* (Projektbericht No. 1/81). Konstanz: Universität Konstanz, Sonderforschungsbereich 23.

Brockhaus Lexikon Redaktion. (1894). *Brockhaus' Konversations-Lexikon in 16 Bänden.* Leipzig: Brockhaus.

Brockhaus Lexikon Redaktion. (1953). *Der Große Brockhaus in zwölf Bänden.* Wiesbaden: Brockhaus.

Bronfenbrenner, U. (1981). *Die Ökologie der menschlichen Entwicklung.* Stuttgart: Klett-Cotta.

Bronfenbrenner, U. (1986). Ecology of the family as a context for human development: research perspectives. *Developmental Psychology, 22*, 723-742.

Brown, B., Lohr, M., & McClenahan, E. (1986). Early adolescents' perceptions of peer pressure. *Journal of Early Adolescence, 6*, 139-154.

Brown, R. (1973). *A first language: The early stages.* Cambridge, MA: Harvard University Press.

Bruner, J., Olver, R., & Greenfield, P. (1966). *Studies in cognitive growth.* New York: Wiley.

Bueb, B. (2006a). Disziplin ist das Tor zum Glück. *Der Spiegel, 37*, 212-216.

Bueb, B. (2006b). *Lob der Disziplin.* Berlin: List.

Bühler, C. (1928). *Kindheit und Jugend.* Leipzig: Hirzel.

Bühler, C. (1934). Drei Generationen im Jugendtagebuch (1870-1914). *Quellen und Studien zur Jugendkunde, 11 (ganzes Heft).*

Bühler, C. (1955). *Welt-Test.* Göttingen: Hogrefe.

Bühren, A., & Blin, J. (1991). Psychosexuelle Entwicklung bei Frauen mit Turner-Syndrom. *Sexualmedizin, 20*, 512-521.

Buis, J., & Thompson, D. (1989). Imaginary audience and personal fable: A brief review. *Adolescence, 24*, 773-781.

Bullinger, M., Heinzelmann, M., & Kuhnle-Krahl, U. (1996). Kindheit, Jugend und aktuelle Lebenssituation von Frauen mit kongenitalem adrenogenitalen Syndrom. In H. Michels (Ed.), *Chronisch kranke Kinder und Jugendliche* (pp. 279-289). Tübingen: Deutsche Gesellschaft für Verhaltenstherapie und psychosoziale Praxis.

Bundeszentrale für gesundheitliche Aufklärung. (1993). *Kinderspiele.* Köln: Bundeszentrale für gesundheitliche Aufklärung.

Bundeszentrale für gesundheitliche Aufklärung. (2005a). *Neue Ergebnisse zur Entwicklung des Rauchverhaltens bei Jugendlichen.* Köln: Bundeszentrale für gesundheitliche Aufklärung.

Bundeszentrale für gesundheitliche Aufklärung. (2005b). *Prävention von Schwangerschaften Minderjähriger - Medien und Materialien.* Köln: Bundezentrale für gesundheitliche Aufklärung.

Bundeszentrale für gesundheitliche Aufklärung (Ed.). (1990). *Drogen - Materialien zu den Themenbereichen Rauchen, Alkohol Opiate für den Biologieunterricht der gymnasialen Oberstufe (11.-13. Klasse).* Stuttgart: Klett.

Burgener-Wöffray, A. (1996). *Grundlagen der Schuleintrittsdiagnostik.* Bern: Haupt.

Bus, A., & van Ijzendoorn, M. (1995). Mothers reading to their 3-year-olds: The role of mother-child attachment security in becoming literate. *Reading Research Quarterly, 30*, 998-1015.

Busch, W. (1980). *Das farbige Wilhelm Busch Album*. Osnabrück: Osnabuch.

Busch, W. (o.J.). *Sämtliche Werke* (Vol. 2). Gütersloh: Bertelsmann Lesering.

Bushnell, I., Sai, F., & Mullin, J. (1989). Neonatal recognition of the mother's face. *British Journal of Developmental Psychology, 7*, 3-15.

Cabot, M. (2001). *Plötzlich Prinzessin*. München: Bertelsmann.

Canetti, L., Bachar, E., Galli-Weisstub, E., Kaplan-De-Nour, A., & al., e. (1997). Parental bonding and mental health in adolescence. *Adolescence, 32*, 381-394.

Capon, N., & Kuhn, D. (1979). Logical reasoning in the supermarket: Adult females' use of a proportional reasoning strategy in an everyday context. *Developmental Psychology, 15*, 450-452.

Carmichael, L. (1926). The development of behavior in vertebrates experimentally removed from the influence of external stimulation. *Psychological Review, 33*, 51-58.

Carmichael, L. (1927). A further study of the development of behavior in vertebrates experimetally removed from the influence of external stimulation. *Psychological Review, 34*, 34-47.

Carmichael, L. (1928). A further study of the development of behavior. *Psychological Review, 35*, 253-260.

Ceci, S., & Roazzi, A. (1994). The effects of context on cognition: Postcards from Brazil. In R. Sternberg & K. Wagner (Eds.), *Mind in context* (pp. 74-101). New York, NY: Cambridge University Press.

Chomsky, N. (1978). On the biological basis of language capacities. In G. Miller & E. Lennenberg (Eds.), *Psychology and biology of language and thought*. New York: Academic Press.

Clarke-Stewart, A., Friedman, S., & Koch, J. (1985). *Child Development: A Topical Approach*. New York: Wiley.

Clarke-Stewart, K. (1973). Interactions between mothers and their young children: Characteristics and consequences. *Monographs of the Society for Research in Child Development, 38*(6-7).

Coates, B., Anderson, E., & Hartup, W. (1972). The stability of attachment behaviors in the human infant. *Developmental Psychology, 6*, 231-237.

Colby, A., Kohlberg, L., Gibbs, J., & Lieberman, M. (1983). A longitudinal study of moral judgement. *Monographs of the Society for Research in Child Development, 48*.

Cole, M., & Cole, S. (1993). *The development of children* (2. ed.). New York: Freeman.

Coleman, J. (1984). Eine neue Theorie der Adoleszenz. In E. Olbrich & E. Todt (Eds.), *Probleme des Jugendalters* (pp. 50-67). Berlin: Springer.

Collard, R. (1967). Fear of strangers and play behavior in kittens with varied social experience. *Child Development, 38*, 877-891.

Cortina, K., Baumert, J., Leschinsky, A., Mayer, K., & Trommer, L. (2003). *Das Bildungswesen in der Bundesrepublik Deutschland*. Reinbek: Rowohlt.

Crick, N., & Grotpeter, J. (1995). Relational aggression, gender, and social-psychological adjustment. *Child Development, 66*, 710-722.

Cyprian, G., & Franger, G. (1997). *Familie und Erziehung in Deutschland*. Stuttgart: Kohlhammer.

Dalterio, S., & Fried, P. (1992). The effects of marijuana use on offspring. In T. Sonderegger (Ed.), *Perinatal substance abuse: Research findings and clinical implications* (pp. 161-183). Baltimore: Johns Hopkins University Press.

Dasen, P. (1984). The cross-cultural study of intelligence: Piaget and the Baoule. *International Journal of Psychology, 19*, 407-434.

Dasen, P., Ngini, L., & Lavallée, M. (1979). Cross-cultural studies of concrete operations. In L. Eckensberger, W. Lonner & Y. Poortinga (Eds.), *Cross-cultural contributions to psychology*. Amsterdam: Swets & Zeitlinger.

de Boor, W. (2002). *Kinderkriminalität - Chancen einer grundlegenden Prävention*. Lengerich: Pabst Science.

de Montaigne, M. (1998). *Essais*. Frankfurt: Eichborn.

de Vries, R. (1969). Constancy of gender identity in the years three to six. *Monographs of the Society for Research in Child Development, 34*, 56-60.

de Wit, J., & van der Veer, G. (1982). *Psychologie des Jugendalters*. Donauwörth: Auer.

Dennis, W., & Dennis, M. (1940). The effect of cradling practices upon the onset of walking in Hopi children. *Journal of Genetic Psychology, 56*, 77-86.

Deutsche Hauptstelle für Suchtfragen. (2005). *Jahrbuch Sucht 2006*. Geesthacht: Neuland.

Deutsche Hauptstelle gegen die Suchtgefahren (Ed.). (1996). *Jahrbuch Sucht '97*. Geesthacht: Neuland.

Deutsche Hauptstelle gegen die Suchtgefahren (Ed.). (1997). *Jahrbuch Sucht '98*. Geesthacht: Neuland.

Dewald, M. (2003). Rauschgiftlage 2001. In Deutsche Hauptstelle für Suchtfragen (Ed.), *Jahrbuch 2003* (pp. 79-91). Geesthacht: Neuland.

Dietz, W. (1990). You are what you eat: What you eat is what you are. *Journal of Adolescent Health Care, 11*, 76-81.

Doil, B., Dettenborn, H., & Boehnke, K. (1992). Die Relation von Absicht und Folge bei der Bewertung moralisch relevanter Handlungen durch Kinder. *Zeitschrift für Entwicklungspychologie und Pädagogische Psychologie, 24*, 156-168.

Dollase, R. (1998). Soziometrie. In D. Rost (Ed.), *Handwörterbuch Pädagogische Psychologie* (pp. 488-492). Weinheim: Psychologie Verlags Union.

Dorn, L., Crockett, L., & Petersen, A. (1988). The relations of pubertal status to intrapersonal changes in young adolescents. *Journal of Early Adolescence, 8*, 405-419.

Dornes, M. (1996). *Der kompetente Säugling*. Frankfurt: Fischer.

Dull, C., Guiora, A., Paluszny, M., Beit-Hallahmi, B., Catford, J., & Cooley, R. (1975). The Michigan Gender Identity Test (MIGIT). *Comprehensive Psychiatry, 16*, 581-592.

Dunn, J. (1988). *The beginnings of social understanding*. Cambridge, MA: Harvard University Press.

Dunphy, D. (1963). The social structure of urban adolescent peer groups. *Sociometry, 26*, 230-246.

Ecarius, J. (1998). Generationenbeziehungen und Generationenverhältnisse. Analyse zur Entwicklung des Generationenbegriffs. In J. Ecarius (Ed.), *Was will die jüngere mit der älteren Generation?* (pp. 41-66). Opladen: Leske + Budrich.

Eckes, T. (1996). Linking female and male subtypes to situations: A range-of-situation-fit effect. *Sex Roles, 35*, 401-426.

Eckes, T. (1997). *Geschlechterstereotype*. Pfaffenweiler: Centaurus.

Edelmann, W. (2000). *Suggestopädie / Superlearning*. Heidelberg: Asanger.

Eggert, D., & Ratschinski, G. (1993). *Diagnostisches Inventar motorischer Basiskompeten-*

zen bei lern- und entwicklungsauffälligen Kindern im Grundschulalter. Dortmund: Modernes Lernen.

Ehrhardt, U. (1997). Gute Mädchen kommen in den Himmel, böse überall hin. Frankfurt: Krüger.

Eibl-Eibesfeldt, I. (1984). Die Biologie des menschlichen Verhaltens. München: Piper.

Eilers, R., & Oller, D. (1994). Infant vocalizations and the early diagnosis of severe hearing impairment. Journal of Pediatrics, 124, 199-203.

Einsiedler, W. (1991). Das Spiel der Kinder. Bad Heilbrunn: Klinkhardt.

Elder, G. (1974). Children of the Great Depression. Chicago: University of Chicago Press.

Elkind, D. (1967). Egocentrism in adolescence. Child Development, 38, 1025-1034.

Emmerich, W., Goldman, K., Kirsh, B., & Sharabany, R. (1977). Evidence for a transitional phase in the development of gender constancy. Child Development, 48, 930-936.

Epstein, L., Saelens, B., Myers, M., & Vito, D. (1997). Effects of decreasing sedentiary behaviors on activity choice in obese children. Health Psychology, 16, 107-113.

Epstein, L., Valoski, A., Vara, S., McCurley, J., Wisniewski, L., Kalarchian, M., et al. (1995). Effects of decreasing sedentary behavior and increasing activity on weight change in obese children. Health Psychology, 14, 109-115.

Epstein, L., Valoski, A., Wing, R., & McCurley, J. (1994). Ten-year outcomes of behavioral family-based treatment for childhood obesity. Health Psychology, 13, 373-383.

Erikson, E. (1998). Jugend und Krise. Die Psychodynamik im sozialen Wandel (4. ed.). Stuttgart: Klett-Cotta.

Eron, L. (1999). Effects of television violence on children. Washington: www.senate.gov/~commerce/hearings/0518ero.pdf.

Eron, L., Huesmannn, L., Lefkowitz, M., & Walder, L. (1972). Does television violence cause aggression? American Psychologist, 27, 253-263.

Esser, G., Schmidt, M., Blanz, B., Fätkenheuer, B., Fritz, A., Koppe, T., et al. (1992). Prävalenz und Verlauf psychischer Störungen im Kindes- und Jugendalter. Zeitschrift für Kinder- und Jugendpsychiatrie, 20, 232-242.

Eveleth, P., & Tanner, J. (1976). Worldwide variation in human growth. New York: Cambridge University Press.

Ewert, O. (1983). Entwicklungspsychologie des Jugendalters. Stuttgart: Kohlhammer.

Fagot, B. (1985). Changes in thinking about early sex role development. Developmental Review, 5, 83-98.

Fagot, B., & Leinbach, M. (1995). Gender knowledge in egalitarian and traditional families. Sex Roles, 32, 513-526.

Fallon, A., & Rozin, P. (1985). Sex differences in perceptions of desirable body shape. Journal of Abnormal Psychology, 94, 102-105.

Fantz, R. (1961). The origin of form perception. Scientific American, 204, 66-72.

Fantz, R. (1963). Pattern vision in newborn infants. Science, 140, 296-297.

Fascher, H., & Flesch, O. (2006). Let the good times roll. Frankfurt: Eichborn.

Feldman, R. (1998). Child Development. Upper Saddle River: Prentice Hall.

Fend, H. (1990). Vom Kind zum Jugendlichen. Bern: Huber.

Fernald, A., Taeschner, T., Dunn, J., Papousek, M., de Boysson-Bardies, B., & Fukui, I. (1989). A cross-language study of prosodic modifications in mothers' and fathers' speech to preverbal infants. Journal of Child Language, 16, 477-501.

Filipp, S. (1996). "Wie schön war doch die Jugendzeit..." - Lebensrückschau im Alter. In R. Schumann-Hengsteler & H. Trautner (Eds.), *Entwicklung im Jungendalter* (pp. 217-238). Göttingen: Hogrefe.

Fischer, K., & Lazerson, A. (1984). *Human Development*. New York: Freeman.

Flake-Hobson, C., Robinson, B., & Skeen, P. (1983). *Child Development and Relationships*. Reading: Addison-Wesley.

Flehmig, I., Schloon, M., Uhde, J., & v. Bernuth, H. (1973). *Denver Entwicklungstest.* Hamburg: Hamburger Spastikerverein.

Flury, B., & Riedwyl, H. (1983). *Angewandte multivariate Statistik.* Stuttgart: Fischer.

Flynn, J. (1996). What environmental factors affect intelligence: The relevance of IQ gains over time. In D. Detterman (Ed.), *The environment* (pp. 17-29). Norwood: Ablex.

Fraiberg, S. (1975). The development of human attachments in infants blind from birth. *Merrill Palmer Quarterly, 21,* 315-334.

Frank, A., Pressler, M., & Frank, O. (2002). *Tagebuch. Die endgültige deutschsprachige Fassung.* Frankfurt/M: Fischer.

Frankenburg, W., & Dodds, J. (1967). The Denver Developmental Screening Test. *Journal of Pediatrics, 71,* 181-191.

Franzen, S., & Florin, I. (1995). Familiale Transmission von gezügeltem Eßverhalten. *Zeitschrift für Klinische Psychologie, 24,* 65-69.

Freeman, D. (1999). *The fateful hoaxing of Margaret Mead.* Boulder: Westview.

Freud, A., & Dann, S. (1951). An experiment in group upbringing. *Psychoanalytic Study of the Child, 6,* 127-168.

Fried, P. (1989). Postnatal consequences of maternal marijuana use in humans. *Annals of the New York Academy of Sciences, 562,* 123-132.

Friederici, H. (Ed.). (1985). *Lichtenbergs Werke.* Berlin: Aufbau.

Friend, M., & Davis, T. (1993). Appearance-reality distinction: Children's understanding of the physical and affective domains. *Developmental Psychology, 29,* 907-914.

Fritz, J. (1990). "Die Wirkung von Spielzeug wird überschätzt". *Psychologie heute, 17*(1), 40-41.

Fthenakis, W., & Textor, M. (2004). *Knaurs Handbuch Familie.* München: Knaur.

Gabriel, T., & Winkler, M. (Eds.). (2003). *Heimerziehung.* München: Reinhardt.

Gardner, A., & Gardner, B. (1973). Teaching sign language to the chimpanzee Washoe [Film W 1365]. Göttingen: Institut für den Wissenschaftlichen Film.

Gardner, A., & Gardner, B. (1978). Comparative psychology and language acquisition. *Annals of the New York Academy of Sciences, 309,* 37-76.

Gardner, H. (1978). *Developmental Psychology.* Boston: Little, Brown and Company.

Gardner, H. (1993). *Der ungeschulte Kopf.* Stuttgart: Klett-Cotta.

Gardner, R., & Gardner, B. (1969). Teaching sign language to a chimpanzee. *Science, 165,* 664-672.

Garz, D. (1996). *Lawrence Kohlberg zur Einführung.* Hamburg: Junius.

Gelman, R., & Brown, A. (1986). Changing views of cognitive competence in the young. In N. Smelser & D. Gerstein (Eds.), *Behavioral and social science: Fifty years of discovery* (pp. 175-207). Washington: National Academy Press.

Gerlinghoff, M. (1996). Anorexia nervosa und Bulimia nervosa. In Deutsche Hauptstelle gegen die Suchtgefahren (Ed.), *Jahrbuch Sucht '97* (pp. 73-81). Geesthacht: Neuland.

Gesell, A., & Thompson, H. (1929). Learning and growth in identical infant twins. *Genetic Psychology Monographs, 6*, 1-123.

Gibbs, J., Basinger, K., & Fuller, D. (1992). *Moral maturity: Measuring the develoment of sociomoral reflection.* Hillsdale: Erlbaum.

Gibbs, W. (1997). Seeking the criminal element. *Scientific American, Special Issue 7 (Mysteries of the Mind)*, 102-110.

Gilligan, C. (1982). *In a different voice: Psychological theory and women's development.* Cambridge: Harvard University Press.

Gleason, J., Ely, R., Perlmann, R., & Narasimhan, B. (1996). Patterns of prohibition in parent-child discourse. In D. Slobin, J. Gerhardt, A. Kyratzis & J. Guo (Eds.), *Social interaction, social context, and language* (pp. 205-217). Mahwah: Erlbaum.

Gleason, J., Perlmann, R., Ely, R., & Evans, D. (1994). The babytalk register: Parents' use of diminutives. In J. Sokolov & C. Snow (Eds.), *Handbook of research in language development using CHILDES* (pp. 50-76). Hillsdale, NJ: Erlbaum.

Gleitman, H. (1994). *Psychology.* New York: Norton.

Gloger-Tippelt, G., Vetter, J., & Rauh, H. (2000). Untersuchungen mit der "Fremden Situation" in deutschssprachigen Ländern: Ein Überblick. *Psychologie in Erziehung und Unterricht, 47*, 87-98.

Goodall, J. (1990). *Through a window: My thirty years with the chimpanzees of Gombe.* Boston: Houghton Mifflin.

Goodenough, F. (1926). *Measurement of intelligence by drawings.* New York: World Book Co.

Görnandt, C. (2001). *Cornwall - Somerset - Devon - Dorset.* Köln: DuMont.

Gouze, K., & Nadelman, L. (1980). Constancy of gender identity for self and others in children between the ages of three and seven. *Child Development, 51*, 275-278.

Gralinski, J., & Kopp, C. (1993). Everyday rules for behavior: Mothers' requests to young children. *Developmental Psychology, 29*, 573-584.

Greene, K., Rubin, D., & Hale, G. (1995). Egocentrism, message explicitness, and AIDS messages directed toward adolescents: An application of the theory of reasoned action. *Journal of Social Behavior and Personality, 10*, 547-570.

Greuel, L. (1997). Anatomische Puppen - Zur Kontroverse um ein diagnostisches Hilfsmittel. In G. Amann & R. Wipplinger (Eds.), *Sexueller Mißbrauch* (pp. 370-384). Tübingen: Deutsche Gesellschaft für Verhaltenstherapie.

Grimm, H. (1995a). Spezifische Störung der Sprachentwicklung. In R. Oerter & L. Montada (Eds.), *Entwicklungspsychologie* (pp. 943-953). Weinheim: Psychologie Verlags Union.

Grimm, H. (1995b). Sprachentwicklung - allgemeintheoretisch und differentiell betrachtet. In R. Oerter & L. Montada (Eds.), *Entwicklungspsychologie* (pp. 705-757). Weinheim: Psychologie Verlags Union.

Grob, A., & Jaschinski, U. (2003). *Erwachsen werden.* Weinheim: Beltz.

Grossmann, K. (1995). The evolution and history of attachment research and theory. In S. Goldberg, R. Muir & J. Kerr (Eds.), *Attachment Theory* (pp. 85-121). Hillsdale: Analytic Press.

Grossmann, K., August, P., Fremmer-Bombik, E., Friedl, A., Grossmann, K., Scheuerer-Englisch, H., et al. (1989). Die Bindungstheorie: Modell und entwicklungspsychologische Forschung. In H. Keller (Ed.), *Handbuch der Kleinkindforschung* (pp. 31-

56). Berlin: Springer.

Grude, U., & Preuss, S. (1995). *Kindgerechte Bewegungsförderung*. Hamburg: Czwalina.

Guerra, N., Eron, L., Huesmann, L., Tolan, P., & Van Acker, R. (1997). A cognitive-ecological approach to the prevention and mitigation of violence and aggression in inner-city youth. In D. Fry & K. Bjorkqvist (Eds.), *Cultural variation in conflict resolution: Alternatives to violence* (pp. 199-213). Hillsdale: Erlbaum.

Günzburg, H. (1977). *Pädagogische Analyse und Curriculum der sozialen und persönlichen Entwicklung des geistig behinderten Menschen*. Stratford-upon-Avon: SEFA.

Haaf, G., & Schrader, C. (1993). Vom ersten Schrei zum ganzen Satz. *GEO Wissen, 2*, 41-47.

Haeckel, E. (1874). *Anthropogenie*. Leipzig: Engelmann.

Hannover, B. (1992). Spontanes Selbstkonzept und Pubertät. *Bildung und Erziehung, 45*, 31-46.

Hannover, B. (1997). Zur Entwicklung des geschlechtsrollenbezogenen Selbstkonzepts: Der Einfluß "maskuliner" und "femininer" Tätigkeiten auf die Selbstbeschreibung mit instrumentellen und expressiven Personeigenschaften. *Zeitschrift für Sozialpsychologie, 28*, 60-75.

Hansen, D. (1996). *Spracherwerb und Dysgrammatismus*. München: Reinhardt.

Harbach, H. (1992). *Altruismus und Moral*. Opladen: Westdeutscher Verlag.

Harlow, H. (1958). The nature of love. *American Psychologist, 13*, 673-685.

Harlow, H. (1959). Love in infant monkeys. *Scientific American, 200*(6/59), 68-74.

Harlow, H. (1969). Age-mate or peer affectional system. In D. Lehrman, R. Hinde & E. Shaw (Eds.), *Advances in the study of behavior* (Vol. 2, pp. 333-383). New York: Academic Press.

Harlow, H., & Harlow, M. (1962). Social deprivation in monkeys. *Scientific American, 207*, 136-146.

Hart, B., & Risley, T. (1992). American parenting of language-learning children: Persisting differences in family-child interactions observed in natural home environments. *Developmental Psychology, 28*, 1096-1105.

Hart, B., & Risley, T. (1995). *Meaningful differences in the everyday experience of young American children*. Baltimore: Brookes.

Hartup, W. (1996). The company they keep: Friendships and their developmental significance. *Child Development, 67*, 1-13.

Hartup, W., French, D., Laursen, B., Johnston, M., & Ogawa, J. (1993). Conflict and friendship relations in middle childhood: Behavior in a closed-field situation. *Child Development, 64*, 445-454.

Hartup, W., & Stevens, N. (1997). Friendships and adaptation in the life course. *Psychological Bulletin, 121*, 355-370.

Haskett, M., & Kistner, J. (1991). Social interactions and peer perceptions of young physically abused children. *Child Development, 62*, 979-990.

Hauck, S. (1996). *Ich bin - Ich bin nicht.Tagebücher und Zeichnungen eines Schizophrenen - Spiegel seines Ringens bis zum Suizid*. Unpublished Dissertation, Universität Zürich, Zürich.

Haug-Schnabel, G. (1994). Der kompetente Säugling - das Verhaltensrepertoire im 1. Jahr. In K. Wessel & F. Naumann (Eds.), *Kommunikation und Humanontogenese* (pp. 275-284). Bielefeld: Kleine.

Haupt, H., Weber, U., Bürner, S., Frankfurth, M., Luxemburg, K., & Marth, D. (2003). *Handbuch Opferschutz und Opferhilfe*. Baden-Baden: Nomos.

Heckhausen, H. (1973). Entwurf einer Psychologie des Spielens. In C. Graumann & H. Heckhausen (Eds.), *Reader zum Funkkolleg Pädagogische Psychologie* (Vol. 1, pp. 155-174). Frankfurt: Fischer.

Heinelt, G. (1982). *Einführung in die Psychologie des Jugendalters*. Freiburg: Herder.

Heinz, W. (2003). *Jugendkriminalität in Deutschland*. Konstanz: Universität Konstanz (Konstanzer Inventar Kriminalitätsentwicklung).

Hellman, H. (2000). *Zoff im Elfenbeinturm*. Weinheim: Wiley-VCH.

Helsper, W., & Kramer, R. (1998). Pädagogische Generationenverhältnisse und -konflikte in der gymnasialen Subkultur - Eine exemplarische Fallstudie an einem ostdeutschen Gymnasium. In J. Ecarius (Ed.), *Was will die jüngere mit der älteren Generation?* (pp. 207-237). Opladen: Leske + Budrich.

Henneberger, A., & Deister, B. (1996). Jugendliche wählen ihre Umwelt. Die Bedeutung von Entwicklungsaufgaben im Lebenskontext. In R. Schumann-Hengsteler & H. Trautner (Eds.), *Entwicklung im Jugendalter* (pp. 19-40). Göttingen: Hogrefe.

Herbig, J. (1996). Die Evolution des Menschlichen. Kritische Anmerkungen zur Soziobiologie. *Universitas, 51*, 54-65.

Herrmann, T. (1997). *Immer noch: Die Sprachpsychologie und Chomsky* (Arbeiten der Forschungsgruppe "Sprache und Kognition" No. 63). Mannheim: Universität Mannheim, Lehrstuhl Psychologie III.

Herrnstein, R., & Murray, C. (1994). *The Bell Curve*. New York: The Free Press.

Hess, E. (1959). Imprinting. *Science, 130*, 133-141.

Hetherington, M., & Parke, R. (2003). *Child Psychology*. Boston: McGraw-Hill.

Hetzer, H. (1950). *Spiel und Spielzeug für jedes Alter*. Lindau: Verlag Kleine Kinder.

Hetzer, H. (1989). Gilt das Tagebuch eines halbwüchsigen Mädchens auch heute noch als "kleines Juwel", wie Freud es bezeichnet hat? *Unsere Jugend, 41*, 365-369.

Hetzer, H. (1990). Entwicklung des Spielens. In H. Hetzer, E. Todt, I. Seiffge-Krenke & R. Arbinger (Eds.), *Angewandte Entwicklungspsychologie des Kindes- und Jugendalters* (2. ed., pp. 77-103). Heidelberg: Quelle & Meyer.

Hille, B. (1991). *Jugend im vereinten Deutschland*. Frankfurt/M.: Pädagogische Arbeitsstelle des Deutschen Volkshochschulverbandes.

Hoffmann, H. (1925). *Der Struwwelpeter*. Frankfurt: Rütten & Loening.

Hofmann, A., Hoffmann, E., & Stengel-Rutkowski, S. (Eds.). (1998). *Kinder mit Down-Syndrom*. Stuttgart: Klett-Cotta.

Hofstätter, P. (1958). *Psychologie*. Frankfurt: Fischer.

Höhn, E. (1974). Schifferkinder. Eine Untersuchung über die Auswirkung eingeschränkter Umwelterfahrungen in früher Kindheit. *Psychologische Beiträge, 18*, 254-276.

Hopf, A. (1991). Fantasy- und Science-Fiction-Spielzeug im Kinderzimmer. Die Moden der Spielwelt und ihre Folgen für die Schule. In H. Retter (Ed.), *Kinderspiel und Kindheit in Ost und West* (pp. 153-162). Bad Heilbrunn: Klinkhardt.

Horn, H. (o.J.). *Einsichten - Aussichten - Absichten*. Osnabrück: Weser-Ems-Verlag.

Hoster, H. (1994). *Marci ist dabei: Ein Junge mit Down-Syndrom in der Grundschule*. Hagen: Fernuniversität Hagen (ZFE).

Howes, C., & Matheson, C. (1992). Sequences in the development of competent play with peers: Social and social pretend play. *Developmental Psychology, 28*, 961-974.

Huesmann, L., Moise-Titus, J., Podolski, C., & Eron, L. (2003). Longitudinal relations between children's exposure to TV violence and their aggressive and violent behavior in young adulthood: 1977-1992. *Developmental Psychology, 39*, 201-221.

Huesmann, R. (1986). Psychological processes promoting the relation between exposure to media violence and aggressive behavior by the viewer. *Journal of Social Issues, 42*, 125-139.

Huesmann, R., Eron, L., Lefkowitz, M., & Walder, L. (1973). Television violence and aggression: The causal effect remains. *American Psychologist, 28*, 617-620.

Hungar, B. (1997). Zerstörerische Aggression und Geburtstrauma. *International Journal of Prenatal and Perinatal Psychology and Medicine, 9*, 341-346.

Hunsicker, E., Bruns, B., Oevermann, M., & Ratermann, M. (1998). *Kriminologische Regionalanalyse Osnabrück 1996/97*. Osnabrück: Stadt Osnabrück.

Hurrelmann, K. (1994a). Die alten Kinder. *Psychologie heute, 21*(10), 72-77.

Hurrelmann, K. (1994b). *Lebensphase Jugend. Eine Einführung in die sozialwissenschaftliche Jugendforschung*. Weinheim: Juventa.

Hutt, C. (1966). Exploration and play in children. In P. Jewell & C. Loizos (Eds.), *Play, exploration, and territory in mammals* (pp. 61-81). London: Academic Press.

Huxley, A. (1972). *Schöne neue Welt*. Frankfurt: Fischer.

Immelmann, K., & Keller, H. (1987). Die frühe Entwicklung. In K. Immelmann, K. Scherer & C. Vogel (Eds.), *Funkkolleg Psychobiologie* (Vol. 5, pp. 11-68). Weinheim: Beltz.

Inciardi, J., Surrat, H., & Saum, C. (1997). *Cocaine-exposed infants: Social, legal, and public health issues*. Thousand Oaks: Sage.

Infante-Rivard, C., Mathonnet, G., & Sinnett, D. (2000). Risk of childhood leukemia associated with diagnostic irradiation and polymorphisms in DNA repair genes. *Environmental Health Perspectives, 108*, 495-498.

Inhelder, B., & Piaget, J. (1955). *De la logique de l'enfant à la logique de l'adolescent*. Paris: Presses Universitaires de France.

Isabella, R., & Belsky, J. (1991). Interactional synchrony and the origins of infant-mother attachment: A replication study. *Child Development, 62*, 373-384.

Jacoby, R., & Glauberman, N. (Eds.). (1995). *The Bell Curve Debate*. New York: Ramdom House.

Johnson, J., & Newport, E. (1989). Critical period effects in second language learning: Their influence of maturational state on the acquisition of English as a second language. *Cognitive Psychology, 21*, 60-99.

Jones, P. (1995). Contradictions and unanswered questions in the Genie case: A fresh look at the linguistic evidence. *Language and Communication, 15*, 261-280.

Jugendwerk der Deutschen Shell (Hrg.). (1997). *Jugend '97: Zukunftsperspektiven, Gesellschaftliches Engagement, Politische Orientierungen*. Opladen: Leske + Budrich.

Junge, M., & Thamm, M. (2003). Tabak - Zahlen und Fakten zum Konsum. In Deutsche Hauptstelle für Suchtfragen (Ed.), *Jahrbuch Sucht 2003* (pp. 34-61). Geesthacht: Neuland.

Kafka, F. (1999). *Brief an den Vater. Fassung der Handschrift*. Frankfurt: Fischer.

Kagan, S., & Madsen, M. (1972). Rivalry in Anglo-American and Mexican children of two ages. *Journal of Personality and Social Psychology, 24*, 214-220.

Kail, R. (1998). *Children and their Development*. Upper Saddle River: Prentice Hall.

Kapfhammer, H. (1995). *Psychosoziale Entwicklung im jungen Erwachsenenalter*. Berlin: Springer.

Kaplan, R., & Chadwick, M. (1987). Training sozialer Kompetenz bei Typ-I-Diabetes. In F. Strian, R. Hölzl & M. Haslbeck (Eds.), *Verhaltensmedizin und Diabetes mellitus* (pp. 309-325). Berlin: Springer.

Kappes, M. (1988). *Zu Verhaltens- und Persönlichkeitsmerkmalen von Patientinnen mit Störungen der körperlich-sexuellen Entwicklung*. Unpublished Dissertation, Universität Hamburg, Hamburg.

Kasten, H. (1998). Geschlechtsunterschiede. In D. Rost (Ed.), *Handwörterbuch Pädagogische Psychologie* (pp. 157-162). Weinheim: Psychologie Verlags Union.

Kastner-Koller, U., & Deimann, P. (2002). *Der Wiener Entwicklungstest*. Göttingen: Hogrefe.

Kautter, H., Klein, G., Laupheimer, W., & Wiegand, H. (1988). *Das Kind als Akteur seiner Entwicklung*. Heidelberg: Edition Schindele.

Keller, H., Chasiotis, A., Risau-Peters, J., Völker, S., Zach, U., & Restemeier, R. (1996). Psychological aspects of infant crying. *Early Development and Parenting, 5*, 1-13.

Keller, H., Föse, B., & Schölmerich, A. (1985). Materialanalyse explorationsinduzierender Objekte. In W. Einsiedler (Ed.), *Aspekte des Kinderspiels* (pp. 109-126). Weinheim: Beltz.

Keller, H., & Voss, H. (1976). *Neugier und Exploration*. Stuttgart: Kohlhammer.

Keller, H., & Zach, U. (1993). Developmental consequences of early eye contact behavior. *Acta Pädopsychiatrica, 56*, 31-36.

Kemmler, L., Windheuser, H., & Morgenstern, F. (1970). Gruppenanwendung von "Piaget"-Geschichten zum moralischen Urteil bei acht- bis neunjährigen Jungen im Vergleich mit einigen anderen Variablen. *Zeitschrift für Entwicklungspsychologie und Pädagogische Psychologie, 2*, 113-124.

Keupp, H. (1997). Von der (Un-)Möglichkeit, erwachsen zu werden - Jugend heute als "Kinder der Freiheit" oder als "verlorene Generation". *Journal für Psychologie, 5*, 36-54.

Keynes, R. (2002). *Annies Schatulle*. Berlin: Argon.

Kienbaum, J. (1996). Kindliche Sozialisation in unterschiedlichen Kulturen. In M. Honig, H. Leu & U. Nissen (Eds.), *Kinder und Kindheit. Soziokulturelle Muster - sozialisationstheoretische Perspektiven* (pp. 117-128). Weinheim: Juventa.

Kienbaum, J. (2003). *Entwicklungsbedingungen prosozialer Responsivität in der Kindheit*. Lengerich: Pabst.

Kinderheim St. Johann. (1995). *Ein Kinderheim im Spiegel der Zeiten*. Osnabrück: Kinderheim St. Johann.

Kindler, H., & Grossmann, K. (2004). Vater-Kind-Bindung und die Rollen von Vätern in den ersten Lebensjahren ihrer Kinder In L. Ahnert (Ed.), *Frühe Bindung* (pp. 240-255). München: Reinhardt.

Kinsey, A., Pomeroy, W., & Martin, C. (1948). *Sexual behavior in the human male*. Philadelphia: Saunders.

Kinsey, A., Pomeroy, W., Martin, C., & Gebhard, P. (1953). *Sexual behavior in the human female*. Philadelphia: Saunders.

Klann-Delius, G., & Kauschke, C. (1996). Die Entwicklung der Verbalisierungsfähigkeit von inneren Zuständen und emotionalen Ereignissen der frühen Kindheit in Abhängigkeit von Alter und Affekttyp: eine explorative, deskriptive Längsschnittstu-die. *Linguistische Berichte, 161*, 68-89.

Kleber, W. (1974). *Abriß der Entwicklungspsychologie*. Weinheim: Beltz.

Klicpera, C., & Gasteiger-Klicpera, B. (2004). Einfluss individueller und familiärer Merk-male von Schülern mit sonderpädagogischem Förderbedarf auf den Besuch einer Sonderschule bzw. Integrationsklasse. *Sonderpädagogik, 34*, 3-21.

Klusmann, D., & Kurrat, S. (1993). Unterschiede zwischen Jungen und Mädchen. In G. Schmidt (Ed.), *Jugendsexualität* (pp. 102-118). Stuttgart: Enke.

Knopf, M., & Lange, C. (1993). Verhütung, Schwangerschaft und Abtreibug. In G. Schmidt (Ed.), *Jugendsexualität* (pp. 145-153). Stuttgart: Enke.

Kochanska, G., Murray, K., Jacques, T., Koenig, A., & al., e. (1996). Inhibitory control in young children and its role in emerging internalization. *Chuild Development, 67*, 490-507.

Kohlberg, L. (1963). The development of children's orientations toward a moral order: I. Sequence in the development of moral thought. *Vita Humana, 6*, 11-33.

Kohlberg, L. (1966). A cognitive-developmental analysis of children's sex-role concepts and attitudes. In E. Maccoby (Ed.), *The development of sex differences* (pp. 82-173). Stanford: Stanford University Press.

Kohlberg, L. (1995). *Die Psychologie der Moralentwicklung*. Frankfurt: Suhrkamp.

Köhler, W. (1929). *Gestalt Psychology*. New York: Liveright.

Kormann, A., Storath, R., & Schlegel, H. (1993). Aktuelle Bestandsaufnahme der Einschu-lungsdiagnostik. In P. Langfeldt & H. Trolldenier (Eds.), *Pädagogisch-psychologische Diagnostik* (pp. 45-63). Heidelberg: Asanger.

Kosser, U. (1997). Ketten zum Raufklettern. *SPIEGEL spezial, 12/1997*, 50-51.

Kramer, J. (1972). *Kramer Intelligenz Test* (4. ed.). Solothurn: Antonius.

Kraus, L., Augustin, R., & Töppisch, J. (2003). Alkoholkonsumtrends bei Jugendlichen und Erwachsenen. In Deutsche Hauptstelle für Suchtfragen (Ed.), *Jahrbuch Sucht 2003* (pp. 118-131). Geesthacht: Neuland.

Kraus, W., & Mitzscherlich, B. (1995). Identitätsdiffusion als kulturelle Anpassungsleis-tung. *Psychologie in Erziehung und Unterricht, 42*, 65-72.

Krekeler, G. (1995). *Meßprobleme der Zeitbudgetforschung*. Münster: Waxmann.

Krenz, A. (2003). *Ist mein Kind schulfähig?* München: Kösel.

Kroh, O. (1928). *Psychologie des Grundschulkindes*. Langensalza: Beyer.

Kroh, O. (1932). *Psychologie der Oberstufe*. Langensalza: Beyer.

Kroppenberg, D. (1991). Wenn Kinder nicht sprechen - differentialdiagnostische Überle-gungen und pädagogische Konsequenzen. *Behindertenpädagogik, 30*, 381-390.

Kumar, C. (1997). "Anybody's child": Severe disorders of mother-to-infant bonding. *British Journal of Psychiatry, 171*, 175-181.

Kunz, W., & Kunz, A. (1993). Eine Bilderbuchkarriere. *GEO Wissen: Kindheit und Ju-gend, 2/1993*, 71.

Kury, H., & Obergfell-Fuchs, J. (Eds.). (2005). *Gewalt in der Familie*. Freiburg: Lamber-tus.

LaBarba, R. (1981). *Foundations of Developmental Psychology*. New York: Academic Press.

Lafleur, M., & Alain, M. (1992). Modification du schema de genre. *Cahiers Internationaux de Psychologie Sociale, 14*, 9-18.

Lagerspetz, K., Bjoerkqvist, K., & Peltonen, T. (1988). Is indirect aggression typical of females? Gender differences in aggressiveness in 11- to 12-year-old children. *Aggressive Behavior, 14*, 403-414.

Landesinstitut für Schule und Weiterbildung. (1995). *Werteerziehung in der Schule - aber wie?* Bönen: Verlag für Schule und Weiterbildung.

Larson, L. (1972). The influence of parents and peers during adolescence. The situation hypothesis revisited. *Journal of Marriage and the Family, 34*, 67-74.

Larson, L. (1974). An examination of the salience hierarchy during adolescence: The influence of the family. *Adolescence, 9*, 317-332.

Larson, R., Richards, M., Moneta, G., Holmbeck, G., & Duckett, E. (1996). Changes in adolescents' daily interactions with their families from ages 10 to 18: Disengagement and transformation. *Developmental Psychology, 32*, 744-754.

Laursen, B., & Hartup, W. (1989). The dynamics of preschool children's conflicts. *Merrill Palmer Quarterly, 35*, 281-297.

Laursen, B., Hartup, W., & Koplas, A. (1996). Towards understanding peer conflict. *Merrill Palmer Quarterly, 42*, 76-102.

Lefrancois, G. (1976). *Psychologie des Lernens*. Berlin: Springer.

Legault, F., & Strayer, F. (1991). Genèse de la ségrégation sexuelle et différences comportementales chez des enfants d'age préscolaire. *Behaviour, 119*, 285-301.

Lehmann, A., & Gruner, G. (1989). *Abhängig vom Alkohol?* Freiburg: Lambertus.

Lehmann, D. (1993). Die entfesselte Generation. *GEO Wissen, 2*, 100-101.

Lehmkuhl, U. (2004). Entwicklungschancen von Kindern aus Trennungsfamilien. *Kindheit und Entwicklung, 13*, 212-216.

Lengert, R. (1979). Zur Rechtfertigung einer größeren Sprechbeteiligung der Schüler am Unterricht. *Bildung und Erziehung, 32*, 209-218.

Lentz, G. (2004). *Muckefuck*. Neu-Isenburg: Melzer.

Lepper, M., & Greene, D. (Eds.). (1978). *The hidden costs of reward: New perspectives on the psychology of human motivation*. Hillsdale: Erlbaum.

Lester, B., Boukydis, C., & Tworney, J. (2000). Maternal substance abuse and child outcome. In C. Zeanah (Ed.), *Handbook of infant health*. New York: Guilford.

Lever, J. (1978). Sex differences in the complexity of children's play and games. *American Sociological Review, 43*, 471-483.

Lewis, M. (1969). Infants' responses to facial stimuli during the first year of life. *Developmental Psychology, 2*, 75-86.

Lickona, T. (1976). Research on Piaget's theory of moral development. In T. Lickona (Ed.), *Moral development and behavior* (pp. 219-240). New York: Holt, Rinehart & Winston.

Logue, A. (1991). *The psychology of eating and drinking*. New York: Freeman.

Logue, A. (1995). *Die Psychologie des Essens und Trinkens*. Heidelberg: Spektrum Akademischer Verlag.

Logue, A., & Chavarro, A. (1992). Self-control and impulsiveness in preschool children. *Psychological Record, 42*, 189-204.

Lorenz, K. (1935). Der Kumpan in der Umwelt des Vogels. *Journal für Ornithologie, 83*, 137-213.

Lorenz, K. (1942). Die angeborenen Formen möglicher Erfahrung. *Zeitschrift für Tierpsychologie, 5*, 235-409.

Lorenz, K. (1963). *Das sogenannte Böse*. Wien: Schöler.

Löser, H. (1996). Die kindliche Entwicklung bei mütterlicher Alkoholkrankheit. In Deutsche Hauptstelle gegen die Suchtgefahren (Ed.), *Alkohol - Konsum und Missbrauch, Alkoholismus - Therapie und Hilfe* (pp. 68-76). Freiburg: Lambertus.

Maassen, G., & de Goede, M. (1992). Intergenerational and intragenerational perception of adolescents and adults. *International Journal of Adolescence and Youth, 3*, 269-286.

Maccoby, E. (1980). *Social development: Psychological growth and the parent-child relationship*. New York: Harcourt Brace Jovanovich.

Maccoby, E. (1990). Gender and relationships: A developmental account. *American Psychologist, 45*, 513-520.

MacMurran, M. (1994). *The psychology of addiction*. London: Taylor & Francis.

Macnamara, J., & Austin, G. (1993). Physics and plasticine. *Canadian psychology, 34*, 225-232.

Madsen, M., & Lancy, D. (1981). Cooperative and competitive behavior: Experiments related to ethnic identity and urbanzation in Papua New Guinea. *Journal of Cross-Cultural Psychology, 12*, 389-408.

Madsen, M., & Shapira, A. (1970). Cooperative and competitive behavior of urban Afro-American, Anglo-American, Mexican-American, and Mexican village children. *Developmental Psychology, 3*, 16-20.

Madsen, M., & Shapira, A. (1977). Cooperation and challenge in four cultures. *Journal of Social Psychology, 102*, 189-195.

Manne, J. (1994). Rebirthing - an orphan therapy or a part of the family of psychotherapies? *International Journal of Prenatal and Perinatal Psychology and Medicine, 6*, 503-517.

Mansel, J., & Hurrelmann, K. (1991). *Alltagsstreß bei Jugendlichen*. Weinheim: Juventa.

Marcia, J. (1966). Development and validation of ego-identity status. *Journal of Personality and Social Psychology, 3*, 551-558.

Marcia, J. (1994). The empirical study of ego identity. In H. Bosma, T. Graafsma & H. Grotevand (Eds.), *Identity and development: An interdisciplinary approach* (pp. 67-80). Thousand Oaks: Sage.

Martin, C., & Halverson, C. (1981). A schematic processing model of sex typing and stereotyping in children. *Child Development, 52*, 1119-1134.

Martin, C., & Halverson, C. (1987). The role of cognition in sex role acquisition. In B. Carter (Ed.), *Current conceptions of sex roles and sex typing: Theory and research* (pp. 123-137). New York: Praeger.

Masters, R. (1978). Of marmots and men: Animal behavior and human altruism. In L. Wispé (Ed.), *Altruism, sympathy, and helping* (pp. 59-77). New York: Academic Press.

Masters, W., & Johnson, V. (1966). *Human sexual response*. Boston: Little, Brown & Comp.

Matas, L., Arend, R., & Sroufe, A. (1978). Continuity of adaptation in the second year: The relationship between quality of attachment and later competence. *Child Development, 49*, 547-556.

McDevitt, T., & Ormrod, J. (2002). *Child development and education*. upper Saddle River: Pearson Education.

McLoyd, V. (1983). The effects of the structure of play objects on the pretend play of low-income preschool children. *Child Development, 54*, 626-635.

Mead, M. (2002). *Jugend und Sexualität in primitiven Gesellschaften.* Eschborn: Klotz.

Mechsner, F. (1993). Trau keinem über 13. *GEO Wissen, 2*, 146-157.

Meehan, A. (1984). A meta-analysis of sex-differences in formal operational thought. *Child Development, 55*, 1110-1124.

Meier, U., Melzer, W., Schubarth, W., & Tillmann, K. (1995). Schule, Jugend und Gewalt. Ergebnisse einer Schulleiterbefragung in Ost- und Westdeutschland. *Zeitschrift für Sozialisationsforschung und Erziehungssoziologie, 15*, 168-182.

Meins, E. (1997). *Security of attachment and the social development of cognition.* Hove: Taylor and Francis.

Meltzoff, A., & Moore, M. (1977). Imitation of facial and manual gestures by human neonates. *Science, 198*, 75-78.

Merz, F., & Stelzl, I. (1977). *Einführung in die Erbpsychologie.* Stuttgart: Kohlhammer.

Meyers Lexikon-Redaktion. (1892/93). *Meyers Kleines Konversations-Lexikon.* Leipzig: Bibliographisches Institut.

Meyers Lexikon-Redaktion. (1927). *Meyers Lexikon in 12 Bänden.* Leipzig: Bibliographisches Institut.

Meyers Lexikon-Redaktion. (1989). *Meyers Jugend-Lexikon.* Mannheim: Meyers Lexikonverlag.

Mietzel, G. (1997). *Wege in die Entwicklungspsychologie. Band 1: Kindheit und Jugend.* Weinheim: Psychologie Verlags Union.

Miller, J., & Bersoff, D. (1992). Culture and moral judgement: How are conflicts between justice and interpersonal responsibilities resolved? *Journal of Personality and Social Psychology, 62*, 541-554.

Mischel, W., & Rodriguez, M. (1993). Psychological distance in self-imposed delay of gratification. In R. Cocking & A. Renninger (Eds.), *The development and meaning of psychological distance* (pp. 109-121). Hillsdale: Erlbaum.

Mischel, W., Shoda, Y., & Rodriguez, M. (1989). Delay of gratification in children. *Science, 244*, 933-938.

Mogel, H. (1991). *Psychologie des Kinderspiels.* Berlin: Springer.

Mohanty, A., & Perregaux, C. (1997). Language acqusition and bilingualism. In J. Berry, P. Dasden & T. Saraswathi (Eds.), *Handbook of cross-cultural psychology* (Vol. 2, pp. 217-253). Boston,MA: Allyn & Bacon.

Möller, R. (1995). Desintegration und Verunsicherung als Entstehungsfaktoren von Gewalt. In R. Arbinger & R. Jäger (Eds.), *Zukunftsperspektiven empirisch-pädagogischer Forschung* (pp. 68-78). Landau: Verlag Empirische Pädagogik.

Mönks, F., & Knoers, A. (1996). *Lehrbuch der Entwicklungspsychologie.* München: Reinhardt.

Montada, L. (1995a). Die geistige Entwicklung aus der Sicht Jean Piagets. In R. Oerter & L. Montada (Eds.), *Entwicklungspsychologie* (pp. 518-560). Weinheim: Psychologie Verlags Union.

Montada, L. (1995b). Fragen, Konzepte, Perspektiven. In R. Oerter & L. Montada (Eds.), *Entwicklungspsychologie* (pp. 1-83). Weinheim: Psychologie Verlags Union.

Montada, L. (1995c). Moralische Entwicklung und moralische Sozialisation. In R. Oerter & L. Montada (Eds.), *Entwicklungspsychologie* (pp. 862-894). Weinheim: Psychologie Verlags Union.

Morché, P. (1997). Blitzernde Brackets. *SPIEGEL spezial, 12/1997*, 121-122.

Morris, C., & Maisto, A. (2002). *Psychology*. Upper Saddle River: Prentice Hall.

Mullis, R., Smith, D., & Vollmers, K. (1983). Prosocial behaviors in young children and parental guidance. *Child Study Journal, 13*, 13-21.

Münchmeier, R. (1997a). Die Lebenslage junger Menschen. In Jugendwerk der Deutschen Shell (Ed.), *Jugend '97: Zukunftsperspektiven, Gesellschaftliches Engagement, Politische Orientierungen* (pp. 277-301). Opladen: Leske + Budrich.

Münchmeier, R. (1997b). Jung - und ansonsten ganz verschieden. In Jugendwerk der Deutschen Shell (Ed.), *Jugend '97: Zukunftsperspektiven, Gesellschaftliches Engagement, Politische Orientierungen* (pp. 379-389). Opladen: Leske + Budrich.

Mund, K. (1987). *Psychoanalytische Entwicklungspsychologie oder Die Schwierigkeit, erwachsen zu werden*. Frankfurt: Haag & Herchen.

Mussen, P., Conger, J., & Kagan, J. (1974). *Child Development and Personality*. New York: Harper & Row.

Myers, D. (1998). *Psychology*. New York: Worth.

Naeye, R. (1981). Influence of maternal cigarette smoking during pregnancy on fetal and childhood growth. *Obstetrics and Gynecology, 57*, 18-21.

Newcombe, N., & Huttenlocher, J. (1992). Children's ability to solve perspective-taking problems. *Developmental Psychology, 28*, 635-643.

Nickel, H. (1975). *Entwicklungspsychologie des Kindes- und Jugendalters* (3. ed. Vol. 1). Bern: Huber.

Nisan, M., & Kohlberg, L. (1982). Universality and variation in moral judgement: A longitudinal and cross-sectional study in Turkey. *Child Development, 53*, 865-876.

Nolte, R. (1990). Schlafentwicklung und Schlafstörungen im Neugeborenen- und Säuglingsalter. In K. Meier-Ewert & H. Schulz (Eds.), *Schlaf und Schlafstörungen* (pp. 132-144). Berlin: Springer.

Nunner-Winkler, G. (1992). Zur moralischen Sozialisation. *Kölner Zeitschrift für Soziologie und Sozialpsychologie, 44*, 252-272.

Nunner-Winkler, G. (1996). Moralisches Wissen - moralische Motivation - moralisches Handeln. In M. Honig, H. Leu & U. Nissen (Eds.), *Kinder und Kindheit* (pp. 129-156). Weinheim: Juventa.

O'Dea, J., & Abraham, S. (1999). Association between self-concept and body weight, gender, and pubertal development among male and female students. *Adolescence, 34*, 69-79.

Oerter, R. (1975). *Moderne Entwicklungspsychologie* (15. ed.). Donauwörth: Auer.

Oerter, R. (1995a). Kindheit. In R. Oerter & L. Montada (Eds.), *Entwicklungspsychologie* (pp. 249-309). Weinheim: Psychologie Verlags Union.

Oerter, R. (1995b). Kultur, Ökologie und Entwicklung. In R. Oerter & L. Montada (Eds.), *Entwicklungspsychologie* (pp. 84-127). Weinheim: Psychologie Verlags Union.

Oerter, R. (1995c). Motivation und Handlungssteuerung. In R. Oerter & L. Montada (Eds.), *Entwicklungspsychologie* (pp. 758-822). Weinheim: Psychologie Verlags Union.

Oerter, R., & Dreher, E. (1995). Jugendalter. In R. Oerter & L. Montada (Eds.), *Entwicklungspsychologie* (pp. 310-395). Weinheim: Psychologie Verlags Union.

Oerter, R., & Montada, L. (Eds.). (1995). *Entwicklungspsychologie* (3. ed.). Weinheim: Psychologie Verlags Union.

Ohrt, B., Schlack, H., Largo, R., Michaelis, R., & Neuhäuser, G. (1993). Fragebogen zur Erfassung von Entwicklungsauffälligkeiten bei Fünfjährigen. *Pädiatrische Praxis, 46*, 11-19.

Olweus, D. (1995). *Gewalt in der Schule. Was Lehrer und Eltern wissen sollten - und tun können.* Bern: Huber.

Ornoy, A., Michailevskaya, V., Lukashov, I., Bar-Hamburger, R., & al., e. (1996). The developmental outcome of children born to heroin-dependent mothers, raised at home or adopted. *Child Abuse and Neglect, 20*, 385-396.

Ort, M. (1976). *Sprache und soziale Schicht? Eine empirische Untersuchung zur Code-Theorie B. Bernsteins.* Unpublished Dissertation, Universität Heidelberg, Heidelberg.

Oschütz, H. (1991). Chronobiologische Aspekte des Turntrainings bei Schulkindern. *Leistungssport, 21*, 39-41.

Oswald, H., & Boll, W. (1992). Das Ende des Generationenkonflikts? Zum Verhältnis von Jugendlichen zu ihren Eltern. *Zeitschrift für Sozialisationsforschung und Erziehungssoziologie, 12*, 30-51.

Pancsofar, N., & Vernon-Feagans, L. (2006). Mother and father language input to young children: Contribution to later language development. *Journal of Applied Developmental Psychology, 27*, 571-587.

Papousek, H. (1962). On the development of the so-called voluntary movements in the earliest stages of the child's development. *Ceskoslovenska Pediatrie, 17*, 588-591.

Papousek, H., & Papousek, M. (1991). Innate and cultural guidance of infants' integrative competencies: China, the United States, and Germany. In M. Bornstein (Ed.), *Cultural Approaches to Parenting.* Hillsdale: Erlbaum.

Papousek, H., & Papousek, M. (1992). Beyond emotional bonding: The role of preverbal communication in mental growth and health. *Infant Mental Health Journal, 13*, 43-53.

Papousek, M. (1996). Frühe Eltern-Kind-Beziehungen: Gefährdungen und Chancen in der Frühentwicklung von Kindern mit genetisch bedingten Anlagestörungen. *Kindheit und Entwicklung, 5*, 45-52.

Parten, M. (1932). Social participation among pre-school children. *Journal of Abnormal and Social Psychology, 27*, 243-269.

Parten, M., & Newhall, S. (1943). Social behavior in preschool children. In R. Barker, J. Kounin & H. Wright (Eds.), *Child Behavior and development; a course of representative studies* (pp. 509-523). New York: McGraw-Hill.

Pascalis, O., de Schonen, S., Morton, J., Deruelle, C., & et al. (1995). Mother's face recognition by neonates: A replication and an extension. *Infant Behavior and Development, 18*, 79-85.

Pass, H. (1983). Nachahmung von verbal übermittelten Modellen aggressiver und prosozialer Interaktionen. Eine experimentelle Analyse. *Psychologie in Erziehung und Unterricht, 30*, 40-46.

Paulsen, S. (1993). Heikle Zeit der Reife. *GEO Wissen, 2*, 128-136.

Pepys, S. (1980). *Tagebuch. Aus dem London des 17. Jahrhunderts.* Ditzenbach: Reclam.

Perry, D., Perry, L., & Weiss, R. (1989). Sex differences in the consequences that children anticipate for aggression. *Developmental Psychology, 25*, 312-319.

Petermann, F. (1995). Aggressives Verhalten. In R. Oerter & L. Montada (Eds.), *Entwick-*

lungspsychologie (pp. 1016-1023). Weinheim: Psychologie Verlags Union.

Petermann, F., & Petermann, U. (1995). *Training mit aggressiven Kindern*. Weinheim: Psychologie Verlags Union.

Petermann, U. (1993). Aggressive Kinder: Ursachen und Hilfen. *Pädagogisches Forum, 6*, 40-43.

Petzold, H. (1994). "Ich kann nur warnen, sich solchen Behandlern anzuvertrauen..." *Psychologie heute, 21*(7), 30-31.

Pfeiffer, C. (1997). Wohin mit den Horror-Kids? Interview mit Christian Pfeiffer. *SPIEGEL spezial, 12/1997*, 30-33.

Piaget, J. (1973). *Das Erwachen der Intelligenz beim Kinde*. Stuttgart: Klett.

Pinneau, S. (1955). The infantile disorders of hospitalism and anaclitic depression. *Psychological Bulletin, 52*, 429-452.

Plumb, P., & Cowan, G. (1984). A developmental study of destereotyping and androgynous activity preferences of tomboys, nontomboys and males. *Sex Roles, 10*, 703-712.

Präventionsrat der Stadt Lingen. (2000). *Kriminalität, Kriminalitätsfurcht und Möglichkeiten der Prävention in einer Mittelstadt*. Lengerich: Pabst Science.

Prenzel, M., Baumert, J., Blum, W., Lehmann, R., Leutner, D., Neubrand, M., et al. (2005). *PISA 2003*. Münster: Waxmann.

Pressey, S., & Kuhlen, R. (1957). *Psychological development through the life span*. New York: Harper & Brothers.

Preuß-Lausitz, U. (1992). Mädchen an den Rand gedrängt? Soziale Beziehungen in Grundschulklassen. *Zeitschrift für Sozialisationsforschung und Erziehungssoziologie, 12*, 66-79.

Pudel, V., & Westenhöfer, J. (2003). *Ernährungspsychologie*. Göttingen: Hogrefe.

Pulkkinen, L., & Hamalainen, M. (1995). Low self-control as a precursor to crime and accidents in a Finnish longitudinal study. *Criminal Behavior and Mental Health, 5*, 424-438.

Rabaa, V. (2004). *Trennung, Scheidung, Scheidungsfolgen*. Heimsheim: Printsystem Medienverlag.

Radigk, W. (1982a). *Andi entwickelt psychische Grundleistungen*. Königstein: Scriptor.

Radigk, W. (1982b). *Wie Andi das Sprechen lernt*. Königstein: Scriptor.

Rastetter, D. (1997). Frauen - die besseren Führungskräfte? - "Soft Skills" als neue Anforderungen im Management. *Journal für Psychologie, 5*, 43-55.

Rauh, H. (1974). Entwicklung des Denkens. In F. Weinert, C. Graumann, H. Heckhausen & M. Hofer (Eds.), *Pädagogische Psychologie* (pp. 211-249). Frankfurt: Fischer.

Rauh, H. (1995). Frühe Kindheit. In R. Oerter & L. Montada (Eds.), *Entwicklungspsychologie* (pp. 167-248). Weinheim: Psychologie Verlags Union.

Rauh, H. (1997). Kleinkinder mit Down-Syndrom: Entwicklungsverläufe und Entwicklungsprobleme. In C. Leyendecker & T. Horstmann (Eds.), *Frühförderung und Frühbehandlung* (pp. 212-235). Heidelberg: Winter.

Ray, J., & Klesges, R. (1993). Influences on the eating behavior of children. In C. Williams & S. Kimm (Eds.), *Prevention and treatment of childhood obesity* (pp. 57-69). New York: The New York Academy of Sciences.

Retter, H. (1991). Aktionsspielzeug: Problematisches Spielzeug oder unproblematisches Vergnügen? In H. Retter (Ed.), *Kinderspiel und Kindheit in Ost und West* (pp. 163-170). Bad Heilbrunn: Klinkhardt.

Reznick, J., & Goldfield, B. (1992). Rapid change in lexical development in comprehension and production. *Developmental Psychology, 28*, 406-413.

Ringelnatz, J. (1996). *Und auf einmal steht es neben dir: Gesammelte Gedichte*. Frankfurt: Büchergilde Gutenberg.

Roazzi, A., & Bryant, P. (1997). Explicitness and conservation: Social class differences. *International Journal of Behavioral Development, 21*, 51-70.

Rogoff, B., Mistry, J., Goncu, A., & Mosier, C. (1993). Guided participation in cultural activity by toddlers and caregivers. *Monographs of the Society for Research in Child Development, 58*.

Rollett, B., & Bartram, M. (1976a). Der strukturanalytische Ansatz in der Forschungspraxis: Anwendungsbeispiel aus der Soziometrie und der Lernforschung. In B. Rollett & M. Bartram (Eds.), *Einführung in die hierarchische Clusteranalyse* (pp. 35-51). Stuttgart: Klett.

Rollett, B., & Bartram, M. (Eds.). (1976b). *Einführung in die hierarchische Clusteranalyse*. Stuttgart: Klett.

Roper Starch Worldwide. (1997). Kids worldwide: ihre Prioritäten und Präferenzen. *Marketing Journal, 30*, 250-251.

Rosenberg, H., Ventura, S., Maurer, J., & al., e. (1996). *Births and deaths: United States 1995*. Hyattsville: National Center for Health Statistics.

Rössiger, M. (1993). Das zärtliche Erbe. *GEO Wissen, 2*, 120-127.

Rossmann, P. (1996). *Einführung in die Entwicklungspsychologie des Kindes- und Jugendalters*. Bern: Huber.

Rössner, D. (1996). Sportliches Handeln zwischen Aggression, Regel und Fairness. In A. Conzelmann, H. Gabler & W. Schlicht (Eds.), *Soziale Interaktionen und Gruppen im Sport* (pp. 163-174). Köln: bps.

Rotenberg, K., & Mayer, E. (1990). Delay of gratification in Native and White children: A cross-cultural comparison. *International Journal of Behavioral Development, 13*, 23-30.

Rötter, G. (1987). Die soziale Situation in der Klasse. In H. de la Motte-Haber (Ed.), *Psychologische Grundlagen des Musiklernens* (pp. 332-382). Kassel: Bärenreiter.

Rovet, J., Netley, C., Keenan, M., Bailey, J., & al., e. (1996). The psychoeducational profile of boys with Klinefelter syndrome. *Journal of Learning Disabilities, 29*, 180-196.

Rübeling, R., & Schweißgut, J. (1997). *Psychologie in der Kinderkrankenpflege* (2. ed.). Stuttgart: Kohlhammer.

Rudinger, G., & Rietz, C. (1995). Intelligenz - Neuere Ergebnisse aus der Bonner Längsschnittstudie des Alterns. In A. Kruse & R. Schmitz-Scherzer (Eds.), *Psychologie der Lebensalter*. Darmstadt: Steinkopff.

Rühmkorf, P. (1969). *Über das Volksvermögen*. Reinbek: Rowohlt.

Rymer, R. (1993). *Genie: An abused child's flight from silence*. New York: Harper Collins.

Rymer, R. (1994). *Genie: A scientific tragedy*. New York: Harper-Collins.

Samlicki, A. (1994). *Der Einfluß von emotionaler Belastung auf die Schwangerschaft*. Unpublished Dissertation, Universität Graz, Graz.

Sander, E., Endepohls-Ulpe, M., & Gollia, A. (2005). Scheidungskinder im Urteil von Lehrerinnen und Lehrern. *Psychologie in Erziehung und Unterricht, 52*, 272-280.

Schachar, R., Tannock, R., Marriott, M., & Logan, G. (1995). Deficient inhibitory control in attention deficit hyperacticity disorder. *Journal of Abnormal Child Psychologiy,*

23, 411-437.

Schaffer, H. (1996). *Social development*. Cambridge: Blackwell.

Schaffer, H., & Emerson, P. (1964). The development of social attachments in infancy. *Monographs for the Society for Research in Child Development, 29*(3).

Schedle, A. (1989). Neugeborenenverhalten: Die Beurteilung durch Mütter und Säuglings-schwestern im Vergleich mit der Brazelton-Skala. *Psychologie in Erziehung und Unterricht, 36*, 174-186.

Schelsky, H. (1957). *Die skeptische Generation*. Düsseldorf: Diederichs.

Schenk-Danzinger, L. (1965). *Entwicklungstests für das Schulalter* (2. ed.). Wien: Jugend und Volk.

Schenk-Danzinger, L. (1984). *Entwicklung, Sozialisation, Erziehung. Von der Geburt bis zur Schulfähigkeit*. Wien: Österreichischer Bundesverlag.

Scherer, C., Braun, S., Prager, S., Fromm, W., & Schöler, H. (1996). *Bibliographie zur Spezifischen Sprachentwicklungsstörung* (Arbeitsberichte aus dem Forschungspro-jekt "Dysgrammatismus" No. 25). Heidelberg: Pädagogische Hochschule.

Scherer, K., Stahnke, A., & Winkler, P. (Eds.). (1987). *Psychobiologie*. München: Deut-scher Taschenbuch Verlag.

Schleidt, M. (1989). Die humanethologische Perspektive. In H. Keller (Ed.), *Handbuch der Kleinkindforschung* (pp. 15-30). Berlin: Springer.

Schleidt, M., & Genzel, C. (1990). The significance of mother's perfume for infants in the first weeks of their life. *Ethology and Sociobiology, 11*, 145-154.

Schmid-Mast, M. (2004). Men are hierarchical, women are egalitarian: An implicit gender stereotype. *Swiss Journal of Psychology, 63*, 107-111.

Schmid-Tannwald, I., & Kluge, N. (1998). *Sexualität und Kontrazeption aus der Sicht der Jugendlichen und ihrer Eltern*. Köln: Bundeszentrale für gesundheitliche Aufklä-rung.

Schmid-Tannwald, I., & Urdze, A. (1983). *Sexualität und Kontrazeption aus der Sicht der Jugendlichen und ihrer Eltern*. Stuttgart: Kohlhammer.

Schmidt, G. (Ed.). (1993). *Jugendsexualität*. Stuttgart: Enke.

Schmidt, G., Klusmann, D., & Zeitzschel, U. (1993). Veränderungen 1970-1990. In G. Schmidt (Ed.), *Jugendsexualität* (pp. 27-48). Stuttgart: Enke.

Schmidtchen, S., & Erb, A. (1976). *Analyse des Kinderspiels*. Köln: Kiepenheuer & Witsch.

Schneider, K., Moch, M., Sandfort, R., Auerswald, M., & Walther-Weckman, K. (1983). Exploring a novel object by preschool children: A sequential analysis of percep-tual, manipulating and verbal exploration. *International Journal of Behavioral De-velopment, 6*, 477-496.

Schofield, M. (1965). *The sexual behaviour of young people*. London: Langman.

Schölmerich, A. (2000). Buchbesprechung Manfred Tücke (1998). Entwicklungspsycholo-gie des Kindes- und Jugendalters für (zukünftige) Lehrer. *Psychologie in Erzie-hung und Unterricht, 47*, 239-240.

Scholz, B., & Endres, J. (1996). Aufgaben des psychologischen Sachverständigen beim Verdacht des sexuellen Kindesmißbrauchs. In B. Marchewka (Ed.), *Weißbuch se-xueller Mißbrauch* (pp. 237-254). Bonn: Holos.

Schrader, C. (1993). Die geborenen Experten. *GEO Wissen, 2/1993*, 27-35.

Schweitzer, J., & Sulzer-Azaroff, B. (1995). Self-control in boys with attention deficit hyperactivity disorder: Effects od added stimulation and time. *Journal of Child Psychology and Psychiatry and Allied Disciplines, 36,* 671-686.

Schwind, H. (1995). Handlungsstrategien - die Empfehlungen der Anti-Gewalt-Kommission. In K. Hurrelmann, C. Palentien & W. Wilken (Eds.), *Anti-Gewalt-Report* (pp. 211-229). Weinheim: Beltz.

Schwind, H., Roitsch, K., & Gielen, B. (1995). Gewalt in Schulen. Die Bochumer Studie zur Gewalt in Schulen. *Kriminalistik, 49,* 618-625.

Schwind, H., Roitsch, K., Gielen, B., & Gretenkordt, M. (1998). *Alle gaffen ... keiner hilft.* Heidelberg: Hüthig.

Seligman, M. (1992). *Erlernte Hilflosigkeit* (4. ed.). Weinheim: Psychologie Verlags Union.

Selman, R. (1981). The development of interpersonal competence: The role of understanding in conduct. *Developmental Review, 1,* 401-422.

Selman, R. (1984). *Die Entwicklung des sozialen Verstehens.* Frankfurt: Suhrkamp.

Serovich, J., & Greene, K. (1997). Predictors of adolescent sexual risk taking behaviors which put them at risk for contracting HIV. *Journal of Youth and Adolescence, 26,* 429-444.

Shaffer, D. (1999). *Developmental Psychology.* Pacific Grove: Brooks/Cole.

Shakespeare, W. (o.J.). *Gesammelte Werke in sechs Bänden* (Vol. 2). Gütersloh: Bertelsmann Lesering.

Sheppard, W., & Willoughby, R. (1975). *Child Behavior.* Chicago: Rand McNally.

Shimai, S., Yamada, F., Masuda, K., & Tada, M. (1993). TV game play and obesity in Japanese school children. *Perceptual and Motor Skills, 76,* 1121-1122.

Shoda, Y., Mischel, W., & Peake, P. (1990). Predicting adolescent cognitive and self-regulatory competencies from preschool delay of gratification: Identifying diagnostic conditions. *Developmental Psychology, 26,* 978-986.

Siegel, S. (1990). Classical conditioning and opiate tolerance and withdrawal. In D. Balfour (Ed.), *Psychotropic drugs and abuse* (pp. 59-85). Elmsford: Pergamon Press.

Sime, M. (1978). *So sieht ein Kind die Welt.* Olten: Walter.

Simon, C., & Ott, U. (2004). Interview: "Können Scheidungskinder glücklich werden?" *GEO Wissen: Partnerschaft und Familie, 34,* 116-121.

Skeels, H. (1966). Adult status of children with contrasting early life experiences. *Monographs of the Society for Research in Child Development, 31,* 1-65.

Skinner, B. (1957). *Verbal Behavior.* New York: Appleton-Century-Crofts.

Slaby, R., & Frey, K. (1976). Development of gender constancy and selective attention to same-sex models. *Child Development, 46,* 849-856.

Slater, A., Morison, V., & Somers, M. (1988). Orientation discrimination and cortical function in the human newborn. *Perception, 17,* 597-602.

Snarey, J. (1985). Cross-cultural universality of social-moral development: A critical review of Kohlbergian research. *Psychological Bulletin, 97,* 202-232.

Snijders, J., & Snijders-Oomen, N. (1977). *Snijders-Oomen nicht-verbale Intelligenztestreihe* (2. ed.). Groningen: Wolters-Noordhoff.

Society for Research on Child Development. (1991). *Ethical standards for research with children.* Ann Arbor: SRCD (www.srcd.org/ethicalstandards.html).

Soff, M. (1989). *Jugend im Tagebuch.* Weinheim: Juventa.

Soff, M. (1996). Die Veränderung von Kognitionen über sich selbst und andere Menschen im Jugendalter anhand von Tagebuch-Aufzeichnungen. In I. Deusinger & H. Haase (Eds.), *Persönlichkeit und Kognition* (pp. 70-85). Göttingen: Hogrefe.

Sorensen, R. (1973). *Adolescent sexuality in contemporary America.* New York: World Publishing.

Spangler, G., & Zimmermann, P. (Eds.). (1995). *Die Bindungstheorie.* Stuttgart: Klett-Cotta.

Sperry, R. (1968). Hemisphere deconnection and unity in conscious awareness. *American Psychologist, 23,* 723-733.

Spiering, B., & Baumann, C. (1993). So wie Du bist. Forchheim: Selbsthilfegruppe für Menschen mit Down-Syndrom und ihre Freunde.

Spitz, R. (1945). An inquiry into the genesis of psychiatric conditions in early childhood. *Psychoanalytic Study of the Child, 1,* 53-74.

Spitz, R. (1946). Hospitalism: A follow-up report on investigation described in Volume I, 1945. *Psychoanalytical Study of the Child, 2,* 113-117.

Spitz, R. (1950). Anxiety in infancy: a study of its manifestation in the first year of life. *International Journal of Psycho-Analysis, 31,* 138-143.

Sporer, S., & Bursch, S. (1997). Kinder vor Gericht: Soziale und kognitive Voraussetzungen der Aussagen von Kindern. *Psychologische Rundschau, 48,* 141-162.

Städtler, T. (1998). *Lexikon der Psychologie.* Stuttgart: Kröner.

Standop, J. (2005). *Werte-Erziehung.* Weinheim: Beltz.

Stangl-Taller, W. (2006a). *Modellvorstellungen für die Erklärung von Entwicklung.* Linz: Werner Stangls Arbeitsblätter (arbeitsblaetter.stangl-taller.at/PSYCHOLOGIEENTWICKLUNG/Entwicklungsmodelle.shtml).

Stangl-Taller, W. (2006b). *Rechte versus linke Gehirnhälfte?* Linz: Werner Stangls Arbeitsblätter (arbeitsblaetter.stangl-taller.at/GEHIRN/GehirnRechtsLinks.shtml).

Stattin, H., & Magnusson, D. (1989). The role of early aggressive behavior in the frequency, seriousness, and types of later crime. *Journal of Consulting and Clinical Psychology, 57,* 710-718.

Staub, E. (1970). A child in distress: The influence of age and number of witnesses on children's attempts to help. *Journal of Personality and Social Psychology, 14,* 130-140.

Stegat, H. (1973). *Untersuchungen über die Verhaltenstherapie der Enuresis mit Hilfe einer apparativen Behandlungsmethode.* Unpublished Dissertation, Universität Münster, Münster.

Stegat, H. (1996). Die Apparative Verhaltenstherapie der Enuresis. *Geistige Behinderung, 35,* 95-98.

Stein, Z., Susser, M., Saenger, G., & Marolla, F. (1975). *Famine and development: The Dutch hunger winter 1944-1945.* Oxford: Oxford University Press.

Steinberg, L. (1986). Latchkey children and susceptibility to peer pressure: An ecological analysis. *Developmental Psychology, 22,* 433-439.

Steinhausen, H. (1995). Children of alcoholic parents - A review. *European Child and Adolescent Psychiatry, 4,* 143-152.

Stelzl, I. (1982). *Fehler und Fallen der Statistik.* Bern: Huber.

Stiensmeier-Pelster, J., & Schlangen, B. (1996). Erlernte Hilflosigkeit und Leistung. In J. Möller & O. Köller (Eds.), *Emotionen, Kognitionen und Schulleistung* (pp. 69-90). Weinheim: Psychologie Verlags Union.

Stiksrud, A. (1994). *Jugend im Generationen-Kontext*. Opladen: Westdeutscher Verlag.

Strittmatter, E. (1990-1992). *Der Laden*. Berlin: Aufbau.

Strittmatter, E. (1991). *Der Wundertäter*. Berlin: Aufbau.

Suomi, S., Harlow, H., & McKinney, W. (1972). Monkey psychiatrists. *American Journal of Psychiatry, 128*, 927-932.

Tanner, J. (1962). *Wachstum und Reifung des Menschen*. Stuttgart: Thieme.

Tausch, R., Langer, I., Larsson, A., & Sellhorn-Peuckmann, D. (2005). Selbst-Disziplin (Selbst-Kontrolle). Bedeutsam für die körperlich-seelische Gesundheit - Empirische Befunde. *Prävention, 28*, 13-17.

Teuber, K. (o.J.). Die Siedler von Catan. Stuttgart: Franckh-Kosmos.

Thiel, A., & Voland, E. (1993). Eine angeborene Tötungshemmung beim Menschen gibt es nicht. *Der Nervenarzt, 64*, 623-624.

Thomas, J., & Schillig, S. (1996). Die Entwicklung hypothetisch-deduktiven Denkens im Jungendalter. In R. Schumann-Hengsteler & H. Trautner (Eds.), *Entwicklung im Jugendalter* (pp. 99-118). Göttingen: Hogrefe.

Thomas, K. (1979). *Abriß der Entwicklungspsychologie*. Freiburg: Herder.

Thompson, G. (1962). *Child Psychology*. Boston: Houghton Mifflin.

Thorkildsen, T. (1989). Pluralism in children's reasoning about justice. *Child Development, 60*, 965-972.

Tiedemann, J., & Billmann-Mahecha, E. (2004). Migration, Familiensprache und Schulerfolg. Ergebnisse aus der Hannoverschen Grundschulstudie. In W. Bos, E. Lankes, N. Plassmeier & K. Schwippert (Eds.), *Heterogenität. Eine Herausforderung an die empirische Bildungsforschung* (pp. 269-279). Münster: Waxmann.

Tomasello, M., Mannle, S., & Barton, M. (1989). The development of communicative competence in twins. *Revue Internationale de Psychologie Sociale, 2*, 49-59.

Trautner, H. (1978). *Lehrbuch der Entwicklungspsychologie* (Vol. 1). Göttingen: Hogrefe.

Trautner, H. (1995). *Allgemeine Entwicklungspsychologie*. Stuttgart: Kohlhammer.

Tremblay, R., Boulerice, B., Arsenault, L., & Niscale, M. (1995). Does low self control during chuldhood explain the association between delinquency and accidents in early childhood? *Criminal Behavior and Mental Health, 5*, 439-451.

Trommsdorf, G., & Kornadt, H. (1995). Prosocial and antisocial motivation of adolescents in East and West Germany. In J. Youniss (Ed.), *After the wall: Family adaptations in East and West Germany* (pp. 39-56). San Francisco: Jossey-Bass.

Tronick, E., Thomas, R., & Daltabuit, M. (1994). The Quechua manta pouch: A caretaking practice for buffering the Peruvian infant against the multiple stressors of high altitude. *Child Development, 65*, 1005-1013.

Tryon, R. (1940). Genetic differences in mazelearning ability in rats. *Yearbook of th National Society for the Study of Education, 39*, 111-119.

Tschirgi, J. (1980). Sensible reasoning: A hypothesis about hypothesis. *Child Development, 51*, 1-10.

Tücke, M. (1998). *Psychologie in der Schule - Psychologie für die Schule* (2. ed.). Münster: Lit.

Tücke, M. (2003). *Grundlagen der Psychologie für (zukünftige) Lehrer*. Münster: Lit.

Tücke, M. (2005a). *Arbeitsbuch: Psychologie in der Schule - Psychologie für die Schule*. Münster: Lit.

Tücke, M. (2005b). *Psychologie in der Schule - Psychologie für die Schule*. Münster: Lit.

Tücke, M. (2007). *Arbeitsbuch: Entwicklungspsychologie des Kindes- und Jugendalters für (zukünftige) Lehrer*. Münster: Lit.

Tücke, M., & Schnittger-Bähr, K. (1998). Helfen Bilder beim Lesenlernen? In.

van Ijzendoorn, M., & Kroonenberg, P. (1988). Cross-cultural patterns of attachment: A meta-analysis of the strange situation. *Child Development, 59*, 147-156.

van Lieshout, C., van Aken, M., & van Seyen, E. (1991). Peer-Beziehungen aus der Sicht von Müttern, Lehrern und Freunden und aus der Sicht des Kindes. In F. Mönks & G. Lehwald (Eds.), *Neugier, Erkundung und Begabung bei Kleinkindern* (pp. 102-118). München: Reinhardt.

Vaughn, B., Kopp, C., & Krakow, J. (1984). The emergence and consolidation of self-control from eighteen to thirty months of age: Normative trends and individual differences. *Child Development, 55*, 990-1004.

Velden, M. (1995a). Zur Erblichkeit psychischer Merkmale. Teil II: Evolutionsbiologische Überlegungen. *Psychomed, 7*, 124-126.

Velden, M. (1995b). Zur Erblichkeit psychischer Merkmale: Erblichkeitsberechnungen. *Psychomed, 7*, 54-56.

Velden, M. (1997). The heritability of intelligence: Neither known nor unknown. *American Psychologist, 52*, 72-73.

Vera, L., Nollet-Clémencon, C., Vila, G., Mouren-Simeoni, M., & al., e. (1997). Social anxiety in insulin-dependent diabetic girls. *European Psychiatry, 12*, 58-63.

Verband Katholischer Einrichtungen der Heim- und Heilpädagogik. (1994). *Kinder im Heim*. Freiburg: Lambertus.

Vinter, A. (1986). The role of movement in eliciting early imitation. *Child Development, 57*, 66-71.

Voelkl, K., & Frone, M. (2000). Predictors of substance use at school among high school students. *Journal of Educational Psychology, 92*, 583-592.

Volland, C. (1995). *Mutter-Kind-Beziehungsqualität als Entwicklungsbedingung von Empathie und prosozialem Verhalten in der Kindheit*. Regensburg: Roderer.

Vollmer, H., & Ferstl, R. (1989a). Der Rückfallprozeß bei Drogenabhängigen aus lerntheoretischer Sicht. In H. Watzl & R. Cohen (Eds.), *Rückfall und Rückfallprophylaxe* (pp. 385-397). Berlin: Springer.

Vollmer, H., & Ferstl, R. (1989b). Warum und wie werden Drogenabhängige rückfällig? In I. Hand & H. Wittchen (Eds.), *Verhaltenstherapie in der Medizin* (pp. 385-397). Berlin: Springer.

von Bismarck-Helmke, E., & Helmke, A. (1993). Gesundheitserziehung und Ernährungsaufklärung in Kindergärten und Schulen. *Sozialpädiatrie in Praxis und Klinik, 15*, 722-725.

von Saldern, M. (1987). PC-SOMA: Programm zur Berechnung soziometrischer Indizes. *Empirische Pädagogik, 1*, 88.

von Scheidt, J. (1994). *Reiseführer durch die wissenschaftliche Psychologie*. München: Quintessenz.

von Suchodoletz, W., & Höfler, C. (1996). Stellenwert des Heidelberger Sprachentwicklungstests in der Diagnostik von Kindern mit Sprachentwicklungsstörungen. *Zeitschrift für Kinder- und Jugendpsychiatrie, 24*, 4-11.

Wagner, J. (1994). *Kinderfreundschaften. Wie sie entstehen - was sie bedeuten*. Berlin: Springer.

Watson, J., & Rayner, R. (1920). Conditioned emotional reactions. *Journal of Experimental Psychology, 3*, 1-14.

Weinert, F. (1994). Entwicklung der Intelligenz, der Kreativität und des Wissens. In K. Schneewind (Ed.), *Psychologie der Erziehung und Sozialisation* (pp. 259-284). Göttingen: Hogrefe.

Weinstein, C. (1988). Preservice teacher expectations about the first year of teaching. *Teaching and Teacher Education, 4*, 31-40.

Welt, W. (1997). *Peggy Sue und andere Geschichten*. Bochum: Edition Xplora.

Wendeler, J. (1996). *Psychologie des Down-Syndroms*. Bern: Huber.

Wender, I., & Strohmeyer, A. (1992). *Entwicklungspsychologie - ein Kurzabriß* (Braunschweiger Arbeiten No. 1992/2). Braunschweig: Seminar für Psychologie, Technische Universität Braunschweig.

Wendt, D. (1997). *Entwicklungspsychologie: eine Einführung*. Stuttgart: Kohlhammer.

Westenhöfer, J. (1992). *Gezügeltes Essen und Störbarkeit des Eßverhaltens*. Göttingen: Hogrefe.

Wiesenthal, U., Schumann-Hengsteler, R., & Thomas, J. (1996). Umweltbewußtsein und ökologisches Handeln bei Kindern. *Umterrichtswissenschaft, 24*, 312-328.

Wilk, L., & Bacher, J. (1994). *Kindliche Lebenswelten*. Opladen: Leske + Budrich.

Wilkening, F. (1994). Kinder sind schlauer als manche Pädagogen denken. In F. Rösler & I. Florin (Eds.), *Psychologie und Gesellschaft* (pp. 89-97). Stuttgart: Hirzel.

Willemsen, E. (1979). *Understanding Infancy*. San Francisco: Freeman.

Williams, J., & Best, D. (1990). *Measuring sex stereotypes: A thirty-nation study*. Newbury Park: Sage.

Williams, S., Michela, J., Contento, I., Gladis, M., & al., e. (1996). Restrained eating among adolescents: Dieters are not always bingers and bingers are not always dieters. *Health Psychology, 15*, 176-184.

Wilson, E. (1978). The genetic evolution of altruism. In L. Wispé (Ed.), *Altruism, sympathy, and helping* (pp. 11-37). New York: Academic Press.

Wilson, G. (1992). Heroin use during pregnancy: Clinical studies of long-term effects. In T. Sonderegger (Ed.), *Perinatal substance abuse: Research findings and clinical implications* (pp. 224-238). Baltimore: Johns Hopkins University Press.

Wilson, H. (1987). Parental supervision re-examination. *British Journal of Criminology, 27*, 275-301.

Wilson, H. (1994). Parental supervision: A neglected aspect of delinquency. In D. Farrington (Ed.), *Psychological explanations of crime* (pp. 235-267). Aldershot: Dartmouth Publishing.

Wimmer, H., & Gruber, S. (1986). Sind junge Kinder moralische Realisten? In K. Daumenlang & J. Sauer (Eds.), *Aspekte psychologischer Forschung. Festschrift zum 60. Geburtstag von Erwin Roth* (pp. 179-190). Göttingen: Hogrefe.

Winer, G., Craig, R., & Weinbaum, E. (1992). Adults' failure on misleading weight-conservation tests: A developmental analysis. *Developmental Psychology, 28*, 109-120.

Winer, G., & McGlone, C. (1993). On the uncertainty of conservation: Responses to misleading conservation questions. *Developmental Psychology, 29*, 760-769.

Winneke, G. (1985). *Blei in der Umwelt*. Berlin: Springer.

Wirth, A. (1997). *Adipositas*. Berlin: Springer.

Wolf, U., & Tücke, M. (1996). *Reduzierung von Geschwindigkeiten im ländlichen Raum durch delegierte Belohnung und/oder intensivierte polizeiliche Überwachung* (Forschungsbericht No. 109). Osnabrück: Universität Osnabrück, Fachbereich Psychologie.

Wolff, P. (1963). Observations on the early development of smiling. In B. Foss (Ed.), *Determinants of Infant Behavior* (pp. 113-234). London: Methuen.

Wolke, D. (1997). Die Entwicklung Sehr Frühgeborener bis zum siebten Lebensjahr. In C. Leyendecker & T. Horstmann (Eds.), *Frühförderung und Frühbehandlung*. Heidelberg: Edition Schindele.

Wuketits, F. (1995). *Die Entdeckung des Verhaltens*. Darmstadt: Wissenschaftliche Buchgesellschaft.

Wunsch, A. (1998). Verwöhnung, die abhängigmachende Volks-Droge. *Jugendwohl, 7/8*, 326-330.

Youniss, J. (1982). Die Entwicklung und Funktion von Freundschaftsbeziehungen. In W. Edelstein (Ed.), *Perspektivität und Interpretation. Beiträge zur Entwicklung des sozialen Verstehens* (pp. 78-109). Frankfurt: Suhrkamp.

Youniss, J., & Smollar, J. (1985). *Adolescent relations with mothers, fathers, and friends*. Chicago: University of Chicago Press.

Zahn-Waxler, C., Radke-Yarrow, M., Wagner, E., & Chapman, M. (1992). Development of concern for others. *Developmetal Psychology, 28*, 126-136.

Zeller, W. (1952). *Konstitution und Entwicklung*. Göttingen: Hogrefe.

Zeller, W., & Thomas, K. (1964). *Konstitution und Entwicklung* (2. ed.). Göttingen: Hogrefe.

Zentralstelle für Psychologische Information und Dokumentation (ZPID). (2006). PsyndexPlus 1977 - März 2006. Trier: ZPID.

Ziegler, A., Broome, P., & Heller, K. (1998). Pygmalion im Mädchenkopf. Erwartungs- und Erfahrungseffekte koedukativen vs. geschlechtshomogenen Physikanfangsunterrichts. *Psychologie in Erziehung und Unterricht, 45*, 2-18.

Ziler, H. (1977). *Mann-Zeichen-Test in detailstatistischer Auswertung*. Münster: Aschendorf.

Zimmer, D. (1989). *Experimente des Lebens*. Zürich: Haffmanns.

Zimmer, R. (1993). Die Bedeutung der Bewegungsumwelt für die motorische Entwicklung von Kindern. *Kindheit und Entwicklung, 2*, 222-226.

Zumkley, H. (1994). The stability of aggressive behavior. *German Journal of Psychology, 18*, 273-281.

9 Autoren- und Stichwortverzeichnis

Osnabrücker Schriften zur Psychologie
hrsg. von Prof. Dr. Josef Rogner, Prof. Dr. Henning Schöttke und Prof. Dr. Manfred Tücke

Manfred Tücke
Psychologie in der Schule – Psychologie für die Schule
Eine themenzentrierte Einführung in die Pädagogische Psychologie für (zukünftige) Lehrer
Dieses Buch liegt jetzt in der vierten überarbeiteten und erweiterten Auflage vor. Es wurde für Lehramtsstudentinnen und Lehrerinnen geschrieben. Es ist weniger praxisnah als ein Kochbuch und weniger theoretisch orientiert als ein Nachschlagewerk. Sein Anliegen ist einfach, aber schwer zu realisieren: einen Überblick über klassische und aktuelle Themen der Pädagogischen Psychologie zu vermitteln, sie kritisch zu hinterfragen und auf ihre einigermaßen gesicherten Auswirkungen für die Schulpraxis hin zu untersuchen.
Wo immer es ohne wesentlichen Verlust an Exaktheit möglich war, wurde eine umgangssprachliche Darstellung gegenüber dem wissenschaftlichen Fachvokabular bevorzugt.

Bd. 4, 4., überarb. u. erw. Aufl. 2005, 552 S., 29,90 €, gb., ISBN 3-8258-8581-x

LIT Verlag Münster – Berlin – Hamburg – London – Wien – Zürich
Fresnostr. 2 48159 Münster
Tel.: 0251 – 62 032 22 – Fax: 0251 – 23 19 72
e-Mail: vertrieb@lit-verlag.de – http://www.lit-verlag.de

Osnabrücker Schriften zur Psychologie

hrsg. von Prof. Dr. Josef Rogner, Prof. Dr. Henning Schöttke und Prof. Dr. Manfred Tücke

Manfred Tücke
Arbeitsbuch: Grundlagen der Psychologie für (zukünftige) Lehrer
Mit diesem Arbeitsbuch können Sie sich in Verbindung mit dem Lehrbuch, auf das es sich bezieht, z.B. effektiv auf eine Prüfung in Psychologie vorbereiten (als Student) oder sich (als Lehrer) einen vertieften Überblick über thematisch wichtige Grundlagen der Psychologie verschaffen. Dies ist ein Arbeitsbuch, kein Lösungsbuch – es soll Ihnen sinnvolle Anregungen geben, den in meinem Lehrbuch dargestellten Stoff an Hand ergänzender Aufgaben sowie zusätzlicher Texte und grafischer Darstellungen eigenständig und gründlich nachzuarbeiten und zu vertiefen. Nicht zu allen Aufgaben gibt es eindeutige „Lösungen"; manchmal muss man auch eigene Betrachtungen anstellen und sie aus den im Buch dargestellten psychologischen Ergebnissen begründen. Aber auch dort, wo es „Lösungen" gibt, sind sie in diesem Buch nicht aufgeführt. Stattdessen sollten Sie an Hand der detaillierten Literaturhinweise eigenständig zu begründeten Antworten kommen.
„Es ist zum Erstaunen, wie weit ein gesunder Menschenverstand reicht. Es ist auch hier wie im gemeinen Leben: der gemeine Mann geht hin, wohin der Vornehme mit Sechsen fährt."
Georg Christoph Lichtenberg (1742-1799)

Bd. 11, 2006, 136 S., 14,90 €, br., ISBN 3-8258-9420-7

LIT Verlag Münster – Berlin – Hamburg – London – Wien – Zürich
Fresnostr. 2 48159 Münster
Tel.: 0251 – 62 032 22 – Fax: 0251 – 23 19 72
e-Mail: vertrieb@lit-verlag.de – http://www.lit-verlag.de

Osnabrücker Schriften zur Psychologie

hrsg. von Prof. Dr. Josef Rogner, Prof. Dr. Henning Schöttke und Prof. Dr. Manfred Tücke

Manfred Tücke
**Arbeitsbuch: Psychologie in der Schule –
Psychologie für die Schule**
Mit diesem Arbeitsbuch können Sie sich in Verbindung mit dem Lehrbuch, auf das es sich bezieht, z. B. effektiv auf eine Prüfung in Pädagogischer Psychologie vorbereiten (als Student) oder sich (als Lehrer) einen vertieften Überblick über thematisch wichtige Anteile der Pädagogischen Psychologie verschaffen. Dies ist ein Arbeitsbuch, kein Lösungsbuch – es soll Ihnen sinnvolle Anregungen geben, den in meinem Lehrbuch: *Psychologie in der Schule – Psychologie für die Schule* dargestellten Stoff an Hand ergänzender Aufgaben sowie zusätzlicher Texte und grafischer Darstellungen eigenständig und gründlich nachzuarbeiten und zu vertiefen. Nicht zu allen Aufgaben gibt es eindeutige „Lösungen"; manchmal muss man auch eigene Betrachtungen anstellen und sie aus den im Buch dargestellten psychologischen Ergebnissen begründen. Aber auch dort, wo es „Lösungen" gibt, sind sie in diesem Buch nicht aufgeführt. Stattdessen sollten Sie an Hand der detaillierten Literaturhinweise eigenständig zu begründeten Antworten kommen.

Bd. 10, 2005, 184 S., 14,90 €, br., ISBN 3-8258-9112-7

LIT Verlag Münster – Berlin – Hamburg – London – Wien – Zürich
Fresnostr. 2 48159 Münster
Tel.: 0251 – 62 032 22 – Fax: 0251 – 23 19 72
e-Mail: vertrieb@lit-verlag.de – http://www.lit-verlag.de

Osnabrücker Schriften zur Psychologie

hrsg. von Prof. Dr. Josef Rogner, Prof. Dr. Henning Schöttke und Prof. Dr. Manfred Tücke

Osnabrücker Schriften zur Psychologie 9

Manfred Tücke

Schulische Intelligenz und Hochbegabung

Basiswissen für (zukünftige)
Lehrer und Eltern

LIT

Manfred Tücke
Schulische Intelligenz und Hochbegabung
Schulische Hochbegabung ist seit einigen Jahren ein zentrales Thema in der Bildungsdiskussion, in den Medien und in der interessierten Öffentlichkeit. In diesem Band, der für (zukünftige) Lehrer und Eltern geschrieben wurde, wird kurz und verständlich, aber dennoch fachlich kompetent Basiswissen vermittelt, das es den Leserinnen und Lesern ermöglicht, die unterschiedlichen Informationen und Veröffentlichungen zum Thema „Hochbegabte Kinder" zu verstehen und zu bewerten.
Bd. 9, 2005, 88 S., 14,90 €, br., ISBN 3-8258-8364-7

LIT Verlag Münster – Berlin – Hamburg – London – Wien – Zürich
Fresnostr. 2 48159 Münster
Tel.: 0251 – 62 032 22 – Fax: 0251 – 23 19 72
e-Mail: vertrieb@lit-verlag.de – http://www.lit-verlag.de

Osnabrücker Schriften zur Psychologie

hrsg. von Prof. Dr. Josef Rogner, Prof. Dr. Henning Schöttke und Prof. Dr. Manfred Tücke

Osnabrücker Schriften zur Psychologie   7

Manfred Tücke

Grundlagen der Psychologie für (zukünftige) Lehrer

LIT

Manfred Tücke
Grundlagen der Psychologie für (zukünftige) Lehrer
Dies Buch wurde für LehramtsstudentInnen und LehrerInnen geschrieben. Darin werden wichtige Denkweisen und Ergebnisse der Psychologie vorgestellt, an Hand klassischer Untersuchungen erläutert und an Hand vieler Beispiele auf unser Alltagsleben bezogen. Wo immer es ohne wesentlichen Verlust an Exaktheit möglich war, wurde eine umgangssprachliche Darstellung gegenüber dem wissenschaftlichen Fachvokabular bevorzugt. Folgende Themen werden angesprochen: – Gegenstand und Methoden der Psychologie – Konditionieren und Lernen: Lernen aus Erfahrung – Erinnern und Vergessen: das menschliche Gedächtnis – Denken, Problemlösen und Entscheiden – Intelligenz und Intelligenzmessung – Emotionen – am Beispiel Glück, Zufriedenheit und Angst – Soziale Prozesse und soziales Verhalten
Bd. 8, 2. Aufl 2004, 472 S., 29,90 €, gb.,
ISBN 3-8258-7190-8

LIT Verlag Münster – Berlin – Hamburg – London – Wien – Zürich
Fresnostr. 2 48159 Münster
Tel.: 0251 – 62 032 22 – Fax: 0251 – 23 19 72
e-Mail: vertrieb@lit-verlag.de – http://www.lit-verlag.de

Osnabrücker Schriften zur Psychologie

hrsg. von Prof. Dr. Josef Rogner, Prof. Dr. Henning Schöttke und Prof. Dr. Manfred Tücke

Henning Schöttke
Neuropsychologie der Minus- und Plussymptomatik
Eine Mehrebenenanalyse bei schizophrenen und hirngeschädigten Menschen
Bd. 1, 1996, 224 S., 30,90 €, br., ISBN 3-8258-2817-4

Heinz W. Roßbach
Zur Psychosomatik des psychogenen Fiebers
Bd. 2, 1996, 160 S., 20,90 €, br., ISBN 3-8258-2749-6

Barbara Pütz
Psychosomatik und Verhaltensmedizin
Psychosomatische Zusammenhänge und die Wirksamkeit stationärer Psychotherapie
Psychotherapie in ihrer Eigenschaft als gleichberechtigter Partner der Organmedizin zieht ihre Berechtigung aus den Erkenntnissen der psychosomatischen Medizin. Den Brückenschlag zwischen den unterschiedlichen Perspektiven von Psychosomatik und Psychotherapie leistet das vorliegende Buch. Verschiedene Streßkonzepte, spezifiziert anhand des psychophysiologischen Modells von Henry, sind ebenso Thema wie die Entwicklung und der gegenwärtige Stand der Psychotherapie- und Ergebnisforschung. Der Hauptteil der Arbeit ist der Darstellung einer naturalistischen Evaluationstudie gewidmet. Für 105 Personen wurde katamnestisch, etwa 2 Jahre nach ihrem Aufenthalt in einer Rehabilitationsklinik für Psychosomatik und Verhaltensmedizin, die Wirksamkeit der stationären Therapie ermittelt. Indikatoren der Effektivität waren die emotionale und körperliche Befindlichkeit, die Veränderung der individuellen Symptomatik und das poststationäre Krankheitsverhalten. Zusätzlich wurden, in Fortführung einer Voruntersuchung die prädiktiven Zusammenhänge zwischen somatischen Parametern (Blutdruck, Lipide, Blutzucker, Harnsäure, Hämoglobin und Leukozyten) bei Klinikentlassung und psychologischen Merkmalen (emotionales und körperliches Befinden) zur Katamnese untersucht. Die Einbeziehung psychosomatischer Zusammenhänge, die Korrelationen der Effektivitätsindikatoren untereinander, die Art der Erfassung der individuellen Symptomatik und eine katamnestische Rücklaufquote von 94, 6% sind in dieser Studie von besonderer Bedeutung.
Bd. 3, 1997, 232 S., 25,90 €, br., ISBN 3-8258-3126-4

Günther Gediga
Skalierung
Eine Einführung in die Methodik zur Entwicklung von Test- und Meßinstrumenten in den Verhaltenswissenschaften
Dieses Buch entstand aus Veranstaltungen zum Thema "Skalierung" im Studiengang Psychologie. Die dargestellten Methoden zur Messung und Modellbildung sind für Forscher und Studierende im Bereich Psychologie, anderen Verhaltenswissenschaften und verwandten Gebieten (z. B. der Betriebswirtschaft) interessant. Thematisiert werden einfache und praktikable Skalierungsmodelle, wobei gezeigt wird, wie diese Modelle in angewandten Fragestellungen zu benutzen sind. Für wichtige Modelle findet man durchgerechnete Beispiele, bei denen sowohl Computer-Programme als auch Näherungslösungen mittels Taschenrechner oder Kalkulationsblatt zum Einsatz kommen.
Bd. 5, 1998, 160 S., 17,90 €, br., ISBN 3-8258-3701-7

Manfred Tücke unter Mitarbeit von Ulla Burger
Entwicklungspsychologie des Kindes- und Jugendalters für (zukünftige) Lehrer
Bd. 6, 3. Aufl. Frühjahr 2007, ca. 556 S., ca. 29,90 €, gb., ISBN 978-3-8258-0157-1

Susanne Ferber
Raumwahrnehmung bei Patienten mit Neglect
Die Neglect-Symptomatik gehört zu den häufigsten neurologischen Verhaltensauffälligkeiten nach rechtshemisphärischen Hirnschädigungen. Patienten ohne primär intellektuelles oder visuelles Defizit vernachlässigen plötzlich die kontraläsionale Seite des Raumes. Zur Erklärung dieser Symptomatik wurden verschiedene Ansätze einer veränderten Raumwahrnehmung bei diesen Patienten vorgeschlagen. Ziel der vorliegenden Arbeit war es zu untersuchen, ob bei diesen Patienten tatsächlich eine veränderte Geometrie der Raumwahrnehmung entlang der horizontalen Achse festzustellen ist. Durch verschiedene Experimente wurde gezeigt, daß Patienten mit Neglect zwar ihr subjektives Geradeaus als nach rechts verschoben empfinden, daß sie aber keine Störung der Geometrie der Raumwahrnehmung aufweisen. Die Diskrepanz des vorliegenden Befundes zu den Ergebnissen aus der Literatur wird erklärt über den Einfluß einer weiteren Variable, nämlich der Hemianopsie, die in den bisherigen Studien nicht ausreichend berücksichtigt wurde.
Bd. 7, 2000, 104 S., 25,90 €, br., ISBN 3-8258-4732-2

LIT Verlag Münster – Berlin – Hamburg – London – Wien – Zürich
Fresnostr. 2 48159 Münster
Tel.: 0251 – 62 032 22 – Fax: 0251 – 23 19 72
e-Mail: vertrieb@lit-verlag.de – http://www.lit-verlag.de